KB051970

민사법
실무강의

이 계 정

박영사

2015년부터 서울대학교 법학전문대학원에서 민사법실무를 가르치면서 학생들에게 배포해왔던 강의안을 그 형식 그대로 묶어서 출간을 하게 되었다. 그동안 학생들에게 민사법의 가장 중요한 부분을 우선적으로 이해하면 나머지 부분도 이해할 수 있는 힘이 생긴다는 점을 강조하였다. 본 강의안은 그 중요한 부분만을 저자가 직접 정리한 것이다.

본 강의안에 대하여 그동안 학생들로부터 과분한 말을 들었다. 가장 듣기 좋았던 말은 강의안을 접하기 시작하면서 미로를 빠져 나와 돈오(頓悟)의 순간을 접하게 되었다는 말이었다. 아울러 변호사가 되어서도 강의안을 계속 간직하면서 민사법의 근간이 되는 핵심 노트로 삼고 있다는 말도 저자에게 큰 행복감을 주었다. 출간을 하면서 다른 교과서와 마찬가지로 서술형 문장으로 바꿀지 고민을 했지만 가독성에 있어서 장점을 살리고자 학생들에게 사용했던 강의안 형식인 개조식 문장을 유지하기로 하였다.

본 책은 빠른 시간 내에 민사법의 핵심을 파악하고 민법, 민사소송법, 민사집행법을 아우르는 체계를 구축하는 데 도움이 되고자 마련한 것이다. 순서대로 읽는 방법도 있으나 평소에 이해에 어려움을 겪었던 부분을 찾아서 먼저 읽는 방법도 좋을 것이다. 민사법을 통합적으로 이해하는 데 어려움을 겪는 로스쿨 학생들, 무뎌진 민사법 지식의 칼을 벼리고자 하는 변호사, 법관이 되고자 하는 법조인에게 직접적으로 도움이 되었으면 하는 바람이다.

본 책이 출간되기까지 큰 도움을 주신 박영사 안종만 회장님, 조성호 이사님, 꼼꼼하게 교정을 보아서 잘못된 곳을 바로잡아 주신 이승현 차장님께 감사드린다. 끝으로 든든한 삶의 동반자로서 저를 항상 응원해 주는 아내 선희, 연구실에서 같이 시간을 보내는 것을 즐거워했던 재원, 시준 두 아들에게 이 책의 출간을 기회로 꼭 고맙다는 이야기를 남기고 싶다.

2024년 2월 새 학기를 기다리며
이계정 배상

일러두기

- 이 책은 앞에서부터 읽을 필요는 없으며 관심이 있는 주제별로 읽어도 무방하다.
- 이 책은 민법, 민사소송법, 민사집행법, 최신판례 순서로 기재되어 있으나 실무적 사고에서는 민법에 해당하는 주제에 대해서도 민사소송법, 민사집행법을 결합해서 이해해야 한다. 이에 이 책은 각 주제에 대하여 민사법을 통합하여 기술하였다.
- 각주에는 본문 내용과 관련하여 학생들이 많이 질문했던 내용이 포함되어 있다. 본문을 읽으면서 의문이 드는 경우 각주를 읽으면 의문이 해소될 수 있다. 가급적 각주 내용을 주의 깊게 읽기를 권한다.
- 이 책은 민법 중심이므로 민사소송법은 가장 중요하다고 생각되는 주제만 일부 선별하여 정리하였다.

CONTENTS
차례

CHAPTER 03 물권법

CHAPTER 07　민사집행법

CHAPTER 08 민사법 최신 판례

CHAPTER

01

채권총론

1-1 채권자대위권의 쟁점

Ⅰ 채권자대위권에서 채권자를 소송당사자로 볼 수 있는지 여부

1. 학설

1) 적극설: 소송담당자로 보는 견해(다수설)

▣ 채권자가 권리관계의 주체인 채무자와 함께 소송수행권을 가지는 병행형의 소송담당으로 봄 ⇨ 피보전채권 인정 안 되면 각하

2) 소극설: 소송담당자로 보지 않는 견해

▣ 채권자가 민법이 채권자에게 부여한 대위권이라는 실체법상의 권리를 소송상 행사하는 것이므로 소송담당자가 아님 ⇨ 피보전채권 인정 안 되면 기각

2. 판례 – 소송담당자로 봄

> 채권자대위소송에 있어서 대위에 의하여 보전될 채권자의 **채무자에 대한 권리가 인정되지 아니할 경우에는 채권자가 스스로 원고가 되어 채무자의 제3채무자에 대한 권리를 행사할 당사자적격이 없게 되므로** 그 대위소송은 부적법하여 각하할 수밖에 없다(1991. 6.11, 91다10008).

Ⅱ 채권자대위권과 중복제소의 문제

1. 중복제소의 해당요건(민사소송법 제259조)

1) 당사자의 동일

2) 소송물의 동일

3) 전소의 계속 중에 후소를 제기하였을 것

2. 채권자대위권 – 당사자의 동일의 요건 관련

1) 채권자대위소송 중 채무자의 후소 제기

▣ 판례) 채무자 후소는 중복제소 해당(1992.5.22, 91다41187)

- ◼ 학설
  - ● 제3자 소송담당이 아니므로 중복제소 아니라는 견해
  - ● 채무자가 채권자의 소 제기 사실을 안 경우에 한하여 중복제소 해당
- 2) 채무자 자신의 소송계속 중에 채권자대위소송 제기
  - ◼ 판례) 채권자대위소송은 중복제소 해당(1981.7.7, 80다2751)
  - ◼ 학설
    - ● 제3자 소송담당이 아니므로 채권자 대위권 행사요건 불비로 청구기각이라고 보아야 한다는 견해
- 3) 채권자대위소송 계속 중에 다른 채권자의 소송 제기
  - ◼ 판례) 다른 채권자의 소송은 중복제소 해당(1994.2.8, 93다53092)
  - ◼ 학설
    - ● 제3자 소송담당이 아니므로 중복제소 아니라는 견해
    - ● 채무자가 채권자의 소 제기 사실을 안 경우에 한하여 중복제소 해당

3. 관련) 추심소송과 중복제소

- 1) 추심권자가 소 제기 후 채무자 소 제기
  - ◼ 채무자 당사자 적격 상실(2000.4.11, 99다23888) ⇨ 채무자가 소 제기시 각하!,[1] 추심권자가 받은 판결의 효력은 채무자에게 기판력 미침
- 2) 채무자가 소 제기 후 추심권자가 소 제기
  - ◼ 채무자가 제3채무자를 상대로 제기한 이행의 소가 법원에 계속되어 있는 경우 압류채권자는 제3채무자를 상대로 압류된 채권의 이행을 청구하는 추심의 소를 제기 가능, 중복 제소 해당 ×(2013.12.18, 2013다202120 전합)[2]

> 채무자가 제3채무자를 상대로 제기한 이행의 소가 이미 법원에 계속되어 있는 상태에서 압류채권자가 제3채무자를 상대로 제기한 추심의 소의 본안에 관하여 심리·판단한다고 하여, 제3채무자에게 불합리하게 과도한 이중 응소의 부담을 지우고 본안 심리가 중복되어

---

1 공익사업을 위한 토지 등의 취득 및 보상에 관한 법률에 따른 토지소유자 또는 관계인의 사업시행자에 대한 손실보상금 채권에 관하여 압류 및 추심명령이 있는 경우, 채무자인 토지소유자 등이 보상금의 증액을 구하는 소를 제기한 경우에 그 소송을 수행할 당사자적격을 상실하지 않는다(2022.11.24, 2018두67 전합).
2 채무자의 소가 부적법하다는 점을 강조한 것으로 보인다.

당사자와 법원의 소송경제에 반한다거나 판결의 모순·저촉의 위험이 크다고 볼 수 없다 (2013.12.18, 2013다202120 전합).

4. 구별) 수인의 채권자의 채권자취소소송 - 중복제소 ✕

여러 명의 채권자가 사해행위취소 및 원상회복청구의 소를 제기하여 여러 개의 소송이 계속중인 경우에는 각 소송에서 채권자의 청구에 따라 사해행위의 취소 및 원상회복을 명하는 판결을 선고하여야 하고, 수익자(전득자를 포함한다.)가 가액배상을 하여야 할 경우에도 수익자가 반환하여야 할 가액을 채권자의 채권액에 비례하여 채권자별로 안분한 범위 내에서 반환을 명할 것이 아니라, 수익자가 반환하여야 할 가액 범위 내에서 각 채권자의 피보전채권액 전액의 반환을 명하여야 한다(2005.11.25, 2005다51457).

Ⅲ 재소금지의 문제

1. 요건(민사소송법 제267조 제2항)

1) 당사자 동일
2) 소송물 동일
3) 권리보호이익의 동일
4) 본안에 대한 종국판결선고 후의 취하

2. 채권자대위권 - 당사자의 동일의 요건 관련

▣ 본안판결 후에 취하한 자가 채권자대위소송을 한 채권자일 때에는 채무자가 대위소송이 제기된 것을 안 이상 채무자는 재소금지의 효과를 받음(1996. 9.20, 93다20177)

채권자대위권에 의한 소송이 제기된 사실을 피대위자가 알게 된 이상, 그 대위소송에 관한 종국판결이 있은 후 그 소가 취하된 때에는 피대위자도 민사소송법 제240조 제2항 소정의 재소금지규정의 적용을 받아 그 대위소송과 동일한 소를 제기하지 못한다(1996. 9.20, 93다20177, 20184).

3. 관련) 추심소송과 재소금지

▣ 추심권자 소 제기 후 항소심에서 취하한 경우 취하 후 추심명령을 받은 다른 추심권자의 소 제기는 재소금지 위반 ×

甲 주식회사가 乙 등에 대하여 가지는 정산금 채권에 대하여 甲 회사의 채권자 丙이 채권압류 및 추심명령을 받아 乙 등을 상대로 추심금 청구의 소를 제기하였다가 항소심에서 소를 취하하였는데, **그 후 甲 회사의 다른 채권자 丁 등이 위 정산금 채권에 대하여 다시 채권압류 및 추심명령을 받아 乙 등을 상대로 추심금 청구의 소를 제기한 사안**에서, 丙이 선행 추심소송에서 패소판결을 회피할 목적 등으로 종국판결 후 소를 취하하였다거나 丁 등이 소송제도를 남용할 의도로 소를 제기하였다고 보기 어려운 사정 등을 감안할 때, **丁 등은 선행 추심소송과 별도로 자신의 甲 회사에 대한 채권의 집행을 위하여 위 소를 제기한 것이므로 새로운 권리보호이익이 발생한 것으로 볼 수 있어 재소금지 규정에 반하지 않는다**(2021.5.7, 2018다259213).

Ⅳ 채권자대위권과 집행의 문제

1. 대위소송판결이 확정된 후 대위채권자의 채권자가 이를 압류할 수 있는가(소극)

자기의 금전채권을 보전하기 위하여 채무자의 금전채권을 대위행사하는 대위채권자는 제3채무자로 하여금 직접 대위채권자 자신에게 지급의무를 이행하도록 청구할 수 있고 제3채무자로부터 변제를 수령할 수도 있으나, 이로 인하여 채무자의 제3채무자에 대한 피대위채권이 대위채권자에게 이전되거나 귀속되는 것이 아니므로, **대위채권자의 제3채무자에 대한 추심권능 내지 변제수령권능은 자체로서 독립적으로 처분하여 환가할 수 있는 것이 아니어서 압류할 수 없는 성질의 것이고, 따라서 추심권능 내지 변제수령권능에 대한 압류명령 등은 무효이다.** 그리고 채권자대위소송에서 제3채무자로 하여금 직접 대위채권자에게 금전의 지급을 명하는 판결이 확정되었더라도 판결에 기초하여 금전을 지급받는 것 역시 대위채권자의 제3채무자에 대한 추심권능 내지 변제수령권능에 속하므로, 채권자대위소송에서 확정된 판결에 따라 대위채권자가 제3채무자로부터 지급받을 채권에 대한 압류명령 등도 무효이다(2016.8.29, 2015다236547).

2. 채권자대위권이 행사된 채권에 대한 압류명령의 효력(유효)

채권자대위소송에서 제3채무자로 하여금 직접 대위채권자에게 금전의 지급을 명하는 판결이 확정되더라도, 대위의 목적인 권리, 즉 채무자의 제3채무자에 대한 피대위채권이 판결의 집행채권으로서 존재하고 대위채권자는 채무자를 대위하여 피대위채권에 대한 변제를 수령하게 될 뿐 자신의 채권에 대한 변제로서 수령하게 되는 것이 아니므로, 피대위채권이 변제 등으로 소멸하기 전이라면 채무자의 다른 채권자는 이를 압류·가압류할 수 있다(2016.8.29, 2015다236547).

3. 채권자대위권이 행사된 채권에 대한 전부명령의 효력(무효)

● 압류 및 추심은 가능 ⇨ 이 경우 대위채권자는 직접 변제수령이 금지됨

대위채권자와 평등한 지위를 가지는 채무자의 다른 채권자가 피대위채권에 대하여 전부명령을 받는 것도 가능하다고 하면, 채권자대위소송의 제기가 채권자의 적법한 권리행사방법 중 하나이고 채무자에게 속한 채권을 추심한다는 점에서 추심소송과 공통점도 있음에도 그것이 무익한 절차에 불과하게 될 뿐만 아니라, 대위채권자가 압류·가압류나 배당요구의 방법을 통하여 채권배당절차에 참여할 기회조차 가지지 못하게 한 채 전부명령을 받은 채권자가 대위채권자를 배제하고 전속적인 만족을 얻는 결과가 되어, 채권자대위권의 실질적 효과를 확보하고자 하는 민법 제405조 제2항의 취지에 반하게 된다. 따라서 **채권자대위소송이 제기되고 대위채권자가 채무자에게 대위권 행사사실을 통지하거나 채무자가 이를 알게 된 이후에는 민사집행법 제229조 제5항이 유추적용되어 피대위채권에 대한 전부명령은, 우선권 있는 채권에 기초한 것이라는 등의 특별한 사정이 없는 한, 무효**이다(2016.8.29, 2015다236547).[3]

[정리]

1. 위 판결에 따르면 채권자대위권이 행사된 채권에 대하여 채무자의 다른 채권자는 압류명령 또는 압류 및 추심명령만 가능함
    ⇨ 위와 같은 다른 채권자의 압류명령 또는 압류 및 추심명령이 있는 경우 압류 등이 해제되지 않는 한 대위채권자가 대위소송판결에 기초하여 피대위채권을 추심할 수 없음은 물론 제3채무자도 대위채권자 또는 채무자에게 변제 불가능. 대위권자 실제 변제수령이 금지되고 자신도 집행권원을 얻어 집행절차에서 변제를 받아야 함(2016.9.28, 2016다205915).
2. 채무자의 다른 채권자가 추심명령까지 받았으면 추심명령에 기하여 제3채무자로부터 추심 가능
    ⇨ 제3채무자로서는 추심명령을 받은 다른 채권자의 추심청구에 응하여 그에게 변제하거

나 또는 피대위채권에 대한 압류 등을 원인으로 집행공탁을 함으로써 채무를 면할 수 있음. 대위채권자는, 피대위채권을 직접 압류하지 않은 다른 채권자들과 마찬가지로, 배당요구의 종기(추심채권자의 추심 후 추심신고시 또는 제3채무자의 집행공탁 후 사유신고시)까지 적법유효한 압류·가압류 또는 배당요구를 통하여 채권배당절차에 참가하여야만 그 배당절차에서 배당받을 수 있음.

3. 채권자대위권이 행사된 채권에 대하여 채무자의 다른 채권자가 압류명령 또는 압류 및 추심명령을 받은 경우에 제3채무자는 공탁을 통해 자신의 채무를 면할 수 있음(2016.9.28, 2016다205915).

Ⅴ 채권자대위권과 소멸시효의 문제

1. 채권자대위소송 제기로 인하여 채권자의 채권에 시효중단효가 있는지 여부

◉ 채권자가 채무자를 상대로 하는 것이 아니라는 점에서 부정[4]

2. 채권자대위소송 제기로 인하여 채무자의 채권에 시효중단효가 있는지 여부(적극)

[1] **채권자대위권 행사의 효과는 채무자에게 귀속되는 것이므로 채권자대위소송의 제기로 인한 소멸시효 중단의 효과 역시 채무자에게 생긴다.**

[2] 채권자 甲이 채무자 乙을 대위하여 丙을 상대로 부동산에 관하여 부당이득반환을 원인으로 한 소유권이전등기절차 이행을 구하는 소를 제기하였다가 피보전권리가 인정되지 않는다는 이유로 소각하판결을 선고받아 확정되었고, 그로부터 3개월 남짓 경과한 후에 다른 채권자 丁이 乙을 대위하여 丙을 상대로 같은 내용의 소를 제기하였다가 丙과 사이에 피보전권리가 존재하지 않는다는 취지의 조정이 성립되었는데, 또 다른 채권자인 戊가 조정 성립일로부터 10여 일이 경과한 후에 乙을 대위하여 丙을 상대로 같은 내용의 소를 다시 제기한 사안에서, **채무자 乙의 丙에 대한 위 부동산에 관한 부당이득반환을 원인으로 한 소유권이전등기청구권의 소멸시효는 甲, 丁, 戊의 순차적인 채권자대위소송에 따라 최초의 재판상 청구인 甲의 채권자대위소송 제기로 중단되었다고 본 원심판단을 정당하다고 한 사례**(2011.10.13, 2010다80930).[5]

---

3 위 판결에 대한 비판은 이계정, "채권자대위권의 행사와 전부명령의 효력", 법조 728호(2018. 4) 참조.
4 대위권 행사의 통지가 있으면 압류와 유사하게 처분제한의 효력이 발생하므로 압류에 준하여 채권자 자신의 채권에도 시효중단의 효력이 미친다고 보는 이설도 있다(민법주해(9), 박영사(1999), 778면 참조).
5 2019.3.14, 2018두56435 판결은 "민법 제174조가 시효중단 사유로 규정하고 있는 최고를 여러

3. 시효원용권의 문제

1) 시효원용권의 의의

- ▣ 소멸시효가 완성된 경우에 당사자가 이로 인한 이익을 받겠다는 의사를 표현하는 것을 말함[6]
- ▣ 소멸시효 완성을 원용할 수 있는 원용권자의 범위의 문제로 '시효이익의 직접수익자'에 해당하느냐 여부에 달려 있음

> 1. **채권의 소멸시효가 완성된 경우 이를 원용할 수 있는 자는 시효로 인하여 채무가 소멸되는 결과 직접적인 이익을 받는 자에 한정**되고, 그 채무자에 대한 채권자는 자기의 채권을 보전하기 위하여 필요한 한도 내에서 채무자를 대위하여 이를 원용할 수 있을 뿐이므로 채무자에 대하여 무슨 채권이 있는 것도 아닌 자는 소멸시효 주장을 대위 원용할 수 없다(2007.3.30, 2005다11312).
> - ⇨ 직접수익자가 아니면 독자적인 시효원용권은 없고 직접수익자를 대위하는 등의 방법으로만 시효이익을 원용할 수 있음.
> - ⇨ 채무자의 일반채권자는 독자적인 시효원용권은 없고 채권자대위에 의하여 시효이익을 원용할 수 있는바, 채무자가 그 전에 소멸시효의 이익을 받을 수 있는 권리를 이미 처분하여(예 채무자의 변제) 대위권 행사의 대상이 존재하지 않는 경우에는 채권자는 채권자

번 거듭하다가 재판상 청구 등을 한 경우에 시효중단의 효력은 항상 최초의 최고 시에 발생하는 것이 아니라 재판상 청구 등을 한 시점을 기준으로 하여 이로부터 소급하여 6월 이내에 한 최고 시에 발생하고, 민법 제170조의 해석상 재판상의 청구는 그 소송이 취하된 경우에는 그로부터 6월 내에 다시 재판상의 청구를 하지 않는 한 시효중단의 효력이 없고 다만 재판 외의 최고의 효력만을 갖게 된다. 이러한 법리는 그 소가 각하된 경우에도 마찬가지로 적용된다."고 판시하였는바, 위 판결과 2011.10.13, 2010다80930 판결은 다소 모순된다. 굳이 다른 이유를 찾자면 2010다80930 판결에서는 '피보전권리가 존재하지 않는다는 취지의 조정'이 성립되었다는 점에서 다르다. 일단 2010다80930 판결은 특이한 판결로 이해할 수 있을 듯하다.

6 소멸시효 완성의 효과와 관련하여 절대적 소멸설과 상대적 소멸설이 대립되고 있다. 기본적으로 통설, 판례는 절대적 소멸설이라고 설명되고 있으나 시효원용권의 문제는 상대적 소멸설에 의하여 설명하는 것이 더 자연스럽다. 절대적 소멸설에 의하면 소멸시효 완성에 따라 곧바로 권리가 소멸하기 때문에 소멸시효의 원용이라는 것은 소멸시효 완성에 의해 권리가 소멸되었다는 사실 자체를 재판 외에서 또는 소송상 공격방어방법으로 주장하는 것에 불과하다. 반면에 상대적 소멸설에 의하면 소멸시효가 완성하더라도 이로 인하여 이익을 받을 자에게 시효원용권이 발생하는 것에 그치고, 시효원용권자가 이를 행사하여야 비로소 권리 소멸의 효과가 발생하기 때문에, 소멸시효의 원용은 소멸시효 완성에 의해 권리가 소멸하기 위한 실체법상 요건이 된다.

대위에 의하여 시효이익 원용 불가(2014.5.16, 2012다20604)

2. 소멸시효를 원용할 수 있는 사람은 권리의 소멸에 의하여 직접 이익을 받는 사람에 한정되는바, 채권담보의 목적으로 매매예약의 형식을 빌어 소유권이전청구권 보전을 위한 가등기가 경료된 부동산을 양수하여 소유권이전등기를 마친 제3자는 당해 가등기담보권의 피담보채권의 소멸에 의하여 직접 이익을 받는 자이므로, 그 가등기담보권에 의하여 담보된 채권의 채무자가 아니더라도 그 피담보채권에 관한 소멸시효를 원용할 수 있다(1995.7.11, 95다12446).

⇨ 시효원용권자는 채무자가 시효이익을 포기하였는지 여부에 영향을 받지 않음.

2) 채권자대위권과 시효원용권

▣ 채권자의 소멸시효가 완성된 경우에 제3자 ⇨ 시효원용 不可

채권자가 채권자대위권을 행사하여 제3자에 대하여 하는 청구에 있어서 제3채무자는 채무자가 채권자에 대하여 가지는 항변으로는 대항할 수 없으므로, **채권의 소멸시효가 완성된 경우** 이를 원용할 수 있는 자도 원칙적으로는 시효이익을 직접 받는 자뿐이고 **채권자대위소송의 제3채무자가 이를 행사할 수는 없다**(1997.7.22, 97다5749).

⇨ 제3채무자가 채무자에 대하여 어떠한 채권도 가지고 있지 않으므로 대위하여서도 불가능함

주의

[1] 채권자가 채권자대위소송을 제기한 경우, **제3채무자는** 채무자가 채권자에 대하여 가지는 항변권이나 형성권 등과 같이 권리자에 의한 행사를 필요로 하는 사유를 들어 채권자의 채무자에 대한 권리가 인정되는지 여부를 다툴 수 없지만, **채권자의 채무자에 대한 권리의 발생원인이 된 법률행위가 무효라거나 위 권리가 변제 등으로 소멸하였다는 등의 사실을 주장하여 채권자의 채무자에 대한 권리가 인정되는지 여부를 다투는 것은 가능**하고, 이 경우 법원은 제3채무자의 주장을 고려하여 채권자의 채무자에 대한 권리가 인정되는지 여부에 관하여 직권으로 심리·판단하여야 한다(2015.9.10, 2013다55300).

⇨ 채권자대위소송을 제기한 채권자(신탁자)가 채무자(수탁자)를 대위하여 청구하는 경우에 제3채무자는 명의신탁약정이 무효라는 주장을 할 수 있으므로 결국 채권자의 청구를 각하하여야 한다고 한 사례.

4. 채권자대위권에 기한 청구를 하다가 피대위채권 자체를 양수하여 소를 변경한 경우 ⇨ 당초 청구부터 시효중단 ○

원고가 채권자대위권에 기해 청구를 하다가 당해 피대위채권 자체를 양수하여 양수금청구로 소를 변경한 사안에서, 이는 청구원인의 교환적 변경으로서 채권자대위권에 기한 구 청구는 취하된 것으로 보아야 하나, 그 채권자대위소송의 소송물은 채무자의 제3채무자에 대한 계약금반환청구권인데 위 양수금청구는 원고가 위 계약금반환청구권 자체를 양수하였다는 것이어서 양 청구는 동일한 소송물에 관한 권리의무의 특정승계가 있을 뿐 그 소송물은 동일한 점, 시효중단의 효력은 특정승계인에게도 미치는 점, 계속 중인 소송에 소송목적인 권리 또는 의무의 전부나 일부를 승계한 특정승계인이 소송참가하거나 소송인수한 경우에는 소송이 법원에 처음 계속된 때에 소급하여 시효중단의 효력이 생기는 점, 원고는 위 계약금반환채권을 채권자대위권에 기해 행사하다 다시 이를 양수받아 직접 행사한 것이어서 위 계약금반환채권과 관련하여 원고를 '권리 위에 잠자는 자'로 볼 수 없는 점 등에 비추어 볼 때, **당초의 채권자대위소송으로 인한 시효중단의 효력이 소멸하지 않는다고 본 사례**(2010.6.24, 2010다17284)

⇨ 소변경의 효과(구소취하 신소제기, 민사소송법 제265조)에 있어서 예외적 판례로 보아야 할 듯.

구별해야 할 판례

자신의 권원에 기하여 소를 제기하였다가 채권을 양수하여 양수금청구를 하는 것으로 청구원인을 변경한 경우에 ⇨ 소변경시에 비로소 소멸시효 중단의 효과 발생(2009.2.12, 2008다84229)

5. 관련) 압류 및 추심명령과 시효중단

▣ 채권자가 받은 압류명령 및 추심명령 ⇨ 채권자의 채무자에 대한 채권에 관하여 시효중단 효력 ○, 그러나 채무자의 제3채무자에 대한 채권에 관하여 시효중단 효력 ×, 최고 ○(시효소멸하기 전에 압류 및 추심명령이 제3채무자에게 송달, 그로부터 6개월 내 추심금청구소송 제기시 시효소멸하지 않음, 2003.5.13, 2003다16238)

Ⅵ 채권자대위권과 채권자가 제기할 수 있는 주장

▣ 채권자대위권을 행사하는 경우 채무자를 대위하여 주장하는 것인 원칙 ⇨ 채

권자대위권을 행사하는 경우 채권자는 독자적인 사정에 기한 사유 주장 ×

[1] **채권자대위권은 채무자의 제3채무자에 대한 권리를 행사하는 것**이므로, 제3채무자는 채무자에 대해 가지는 모든 항변사유로 채권자에게 대항할 수 있으나, **채권자는 채무자 자신이 주장할 수 있는 사유의 범위 내에서 주장할 수 있을 뿐 자기와 제3채무자 사이의 독자적인 사정에 기한 사유를 주장할 수는 없다.**

[2] 채권자가 무효인 소유권이전등기청구권의 보전을 위한 가등기의 유용 합의에 따라 부동산 소유자인 채무자로부터 그 가등기 이전의 부기등기를 마친 제3채무자를 상대로 채무자를 대위하여 가등기의 말소를 구한 사안에서, 채권자가 그 부기등기 전에 부동산을 가압류한 사실을 주장하는 것은 채무자가 아닌 채권자 자신이 제3채무자에 대하여 가지는 사유에 관한 것이어서 허용되지 않는다고 한 사례(2009.5.28, 2009다4787).

⇨ 사실관계 변형) ① 乙이 2012. 6. 30. 丙에게 금원을 차용하고 담보로 가등기를 경료하였는데 丙이 2014. 6. 30. 피담보채무를 모두 변제함. ② 그 후 乙이 2015. 6. 30. 丁과 사이에 위 가등기를 유용하기로 합의하고 丁으로부터 금원을 차용하고 丁 앞으로 가등기이전의 부기등기를 마침. ③ 그런데 그 사이에 乙의 채권자인 甲이 위 부동산에 2015. 3. 1. 가압류를 경료함.

⇨ 甲이 乙을 대위하여 丁에 대하여 가등기의 말소를 구하였는데, 위 가등기 유용의 합의는 가압류권자인 甲에게 대항할 수 없으나 채권자대위소송에서 甲은 자신의 독자적인 사유를 주장할 수 없으므로 이에 기하여는 가등기의 말소를 구할 수 없다고 판단.

Ⅶ 채권자대위권과 판결의 효력의 문제

1. 기판력의 주관적 범위

◙ CHAPTER 6-1 기판력 관련 중요 법리 참조

2. 채권자대위소송에서 채무자의 소송참가 방법

◙ **공동소송적 보조참가(민사소송법 제78조)**

● 사례형에서는 요건과 효과 언급 요함

◙ **공동소송참가(제83조) 가능여부**

● 공동소송참가는 소에 해당하므로 채무자의 공동소송참가는 중복제소에 해당되어 공동소송참가 불가능하다는 견해가 다수설 vs 중복제소의 영

향을 받지 않고 공동소송참가가 가능하다는 견해(호문혁)

■ 보조참가 가능 여부

● 공동소송적 보조참가가 가능한 상황이므로 보조참가 불요

3. 채권자대위소송에서 다른 채권자의 소송참가 방법

■ 공동소송참가 가능(판례)

● 별소제기 시 중복제소에 해당하므로 각하

채권자대위소송이 계속 중인 상황에서 다른 채권자가 동일한 채무자를 대위하여 채권자대위권을 행사하면서 공동소송참가신청을 할 경우, 양 청구의 소송물이 동일하다면 민사소송법 제83조 제1항이 요구하는 '소송목적이 한쪽 당사자와 제3자에게 합일적으로 확정되어야 할 경우'에 해당하므로 **참가신청은 적법**하다. 이때 양 청구의 소송물이 동일한지는 채권자들이 각기 대위행사하는 피대위채권이 동일한지에 따라 결정되고, 채권자들이 각기 자신을 이행 상대방으로 하여 금전의 지급을 청구하였더라도 채권자들이 채무자를 대위하여 변제를 수령하게 될 뿐 자신의 채권에 대한 변제로서 수령하게 되는 것이 아니므로 이러한 채권자들의 청구가 서로 소송물이 다르다고 할 수 없다(2015.7.23, 2013다30301, 30325).

I 요건사실

📖 요건사실

1. 채권자가 채무자에 대하여 가지는 채권의 존재
2. 채무자가 재산권을 목적으로 하는 법률행위를 하였을 것
3. 그 법률행위가 채권자를 해할 것
4. 채무자의 악의[1]

📖 항변사유

1. 수익자나 전득자의 선의[2]
1. 채무자의 자력회복[3]
1. 피보전채권의 시효소멸[4]

1. 채권자취소권 인정되는 경우

- ▣ 유일한 재산인 부동산 매각하는 경우 사해행위
  - ● 부동산의 매각 목적이 채무의 변제 또는 변제자력을 얻기 위한 것이고, 대금이 부당한 염가가 아니며, 실제 이를 채권자에 대한 변제에 사용하거나 변제자력을 유지하고 있는 경우는 사해행위 아님(2015.10.29, 2013다83992)
- ▣ 대물변제로 부동산 양도(2007.7.12, 2007다18218), 대물변제로 채권 양도(2010.9.30, 2007다2718)는 사해행위
  - ● 변제는 원칙적으로 인정하지 않음(2001.4.10, 2000다66034)

---

1 유일한 재산 매도하는 경우, 타인에게 무상으로 이전하는 경우 사해의사는 사실상 추정된다(2001. 4.24, 2000다41875).
2 사해행위취소소송에서 수익자의 악의는 추정된다(2008.7.10, 2007다74621, 2017.11.29, 2017다241819).
3 2007.11.29, 2007다54849.
4 2007.11.29, 2007다54849(시효원용권 인정됨).

◧ 물적 담보의 제공은 원칙적으로 사해행위
- 갱생 목적의 담보제공행위는 사해행위 안 됨(2001.5.8, 2000다66089)
- 채무자가 제3자로부터 자금을 차용하여 부동산을 매수하고 해당 부동산을 차용금채무에 대한 담보로 제공 or 채무자가 제3자로부터 부동산을 매수하여 매매대금을 지급하기 전에 소유권이전등기를 마치고 해당 부동산을 매매대금채무에 대한 담보로 제공한 경우 사해행위 아님(2017.9.21, 2017다237186)

2. 채권자취소권 인정되지 않는 경우(정당한 의도, 정당한 수단, 정당한 권리행사)

◧ 신용카드 사용 전 매도한 경우에 신용카드대금채권은 사해행위 피보전채권이 안 됨(2004.11.12, 2004다40955)

◧ 부동산 이중매매 제2양도행위에 대하여 사해행위 취소권 부정(1999.4.27, 98다56690)

◧ 채무자나 물상보증인이 채권자의 채권 전액에 대하여 근저당권 설정된 경우(2002.11.8, 2002다41589)

◧ 상속 포기(2011.6.9, 2011다29307), 유증 포기(2019.1.17, 2018다260855)
- 상속재산분할협의는 가능(2008.3.13, 2007다73765)

◧ 수급인의 저당권설정청구권 행사에 따라 건물에 저당권 설정한 경우 사해행위 아님(2018.11.29, 2015다19827)

Ⅱ 채권자취소권과 민사소송 - 각하 여부 판단 관련[5]

1. 피고 적격
◧ 채무자를 상대로 소 제기한 경우에 각하(1991.8.13, 91다13717)

2. 대상 적격
◧ 취소의 대상은 채무자와 수익자 사이에 행하여진 법률행위에 국한, 수익자와 전득자 사이의 법률행위의 취소를 구하면 각하(2004.8.30, 2004다21923)

---

5 사안을 주문과 연관하여 사고하는 것이 바로 실무적 생각이다.

3. 소의 이익

▣ 한 채권자가 동일한 사해행위에 대하여 승소판결을 받아 확정된 후 그에 기하여 재산이나 가액의 회복을 마친 경우 각하(2005.11.25, 2005다51457)[6]

▣ **구별)** 다른 채권자가 동일한 사해행위에 대하여 승소판결을 받아 확정된 경우 ⇨ 소의 이익 인정되므로 각하 ×(2003.7.11, 2003다19558)

● 채무자에서 수익자 앞으로 사해행위에 기하여 소유권이전등기가 마쳐진 경우에, 채권자 A가 승소한 경우에 소송의 당사자가 아닌 채권자 B는 채권자A의 승소판결에 기하여 채무자를 대위하여 말소등기를 신청할 수 없음(채권자 A가 승소판결을 받았어도 채권자 B의 소가 소의 이익이 있는 이유임). 그러나 일단 채권자 B가 채무자를 대위하여 말소등기를 마친 경우에 그 말소등기는 실체관계에 부합하는 등기로서 유효함(2015.11.17, 2013다84995).[7]

4. 중복제소

▣ 여러 명의 채권자가 동시에 또는 시기를 달리하여 사해행위 취소소송 제기한 경우 ⇨ 채권자취소권은 각 채권자의 고유의 권리이므로 중복제소 해당되지 않음, 각하 ×

▣ **채권자취소소송의 경합**

● **재판부의 판단:** 각 채권자 피보전채권액 전액 반환 명령(안분배당설이 아님, 2008.4.24, 2007다84352)[8]

---

6 민법 제407조 참조.
7 대상판결은 "수익자는 채무자의 다른 채권자에 대하여도 사해행위의 취소로 인한 소유권이전등기의 말소등기의무를 부담하는 점, 위와 같은 등기절차상의 흠을 이유로 말소된 소유권이전등기가 회복되더라도 다른 채권자가 사해행위취소판결에 따라 사해행위가 취소되었다는 사정을 들어 수익자를 상대로 다시 소유권이전등기의 말소를 청구하면 수익자는 그 말소등기를 해 줄 수밖에 없어서 결국 말소된 소유권이전등기가 회복되기 전의 상태로 돌아가는데 이와 같은 불필요한 절차를 거치게 할 필요가 없는 점"을 논거로 위와 같이 판시하였는데, 사해행위취소권을 각 채권자의 고유의 소권으로 보아온 그 동안의 대법원의 입장과 다소 모순된다.
8 안분배당설 비판: 가액배상판결은 채무자로부터 일탈된 재산을 채무자의 일반재산으로 귀속시키기 위하여 하는 것으로(즉, 가액배상판결은 강제집행의 준비의 수단이다), 가액배상판결에서 구체적으로 취소채권자의 배당액을 확정하기 위하여 안분의 절차를 취할 이유가 없다. 그리고 소송절차상 변론이 병합되었다는 이유로 병합되지 않은 경우와 결론을 달리할 합리적 근거가 없다.

- 채권자별로 이중집행의 문제: 수익자 청구이의의 소 가능(공탁 등을 통해)

5. 피보전채권이 인정되지 않는 경우 ⇨ 각하가 아닌 기각

- 사해행위 당시 채권자의 채권이 성립되지 않거나 장차 채권자의 채권이 발생할 고도의 개연성이 인정되지 않는 경우 ⇨ 기각 사유임
  - 채권자대위에 있어서 피보전채권이 인정되지 않으면 각하 사유인 것과 구별
- 특정물 채권의 보전을 위하여 채권자취소권을 행사하는 경우 ⇨ 기각

6. 제소기간 도과 ⇨ 각하사유(2012.2.23, 2011다76426)[9]

- 제소기간은 소송요건의 하나로 법원이 직권으로 증거조사 요함
- 사해행위의 취소를 청구하면서 보전하고자 하는 채권을 추가하거나 교환한 시점이 채권자가 취소원인을 안 날로부터 1년 경과 ⇨ 소 변경이 아니므로 제소기간 도과 아님(2003.2.27, 2001다13532)
- 사해행위 취소와 원상회복 청구를 분리하여 할 수 있으나 사해행위 취소는 제척기간(제406조 제2항) 내에, 원상회복 청구는 제척기간(제406조 제2항) 도과하여 한 경우 ⇨ 원상회복 청구를 제소기간 도과로 각하하여서는 안 됨. 사해행위 취소청구를 제척기간 내 한 경우 원상회복 청구는 제척기간 도과 후에도 가능(2001.9.4, 2001다14108)
- 제척기간은 채무자의 법률행위 시점을 기준으로 함 ⇨ 전득자에 대한 사해행위 취소 청구시 주의
  - 채무자가 甲 앞으로 이전등기, 甲은 乙 앞으로 가등기한 사안에서 채권자가 甲(수익자)에 대하여 2001. 12. 31. 사해행위취소판결을 받은 후 乙(전득자)의 가등기에 대해서 2002. 3. 25. 별도로 채권자취소권을 행사한 사안에서 채권자는 채무자의 법률행위에 취소원인이 있음을 알았고, 그로부터 1년이 경과되어 제기한 후소는 부적법하다고 판시(2005.6.9, 2004다17535)[10]

---

9 제3회 변시 기록형 문제 쟁점이었다.
10 위 법리는 이는 기존 전득자 명의의 등기가 말소된 후 다시 새로운 전득자 명의의 등기가 경료되어

- ▣ 수익자를 상대로 적법하게 채권자취소소송을 제기하여 이미 승소판결을 받은 후 전득자를 상대로 채권자취소권을 행사하는 경우
  - ● **청구취지**: 취소 + 원상회복(원상회복만을 구할 수 없음, 2005.6.9, 2004다17535)
  - ● 제척기간 경과 후 전득자에게 원상회복만 구하는 경우 ⇨ 제척기간 도과를 이유로 각하 要(2005.6.9, 2004다17535, 변시 제3회)
- ▣ 사해행위가 있은 후 채권자가 취소원인을 알면서 피보전채권을 양도하고 양수인이 그 채권을 보전하기 위하여 채권자취소권을 행사하는 경우 ⇨ 채권의 양도인이 취소원인을 안 날을 기준으로 제척기간 도과 여부 판단 要(2018.4.10, 2016다272311)
- ▣ 법인 대표자의 불법행위로 인한 법인의 대표자에 대한 손해배상청구권을 피보전권리로 하여 법인이 채권자취소권을 행사하는 경우 '취소원인을 안 날'의 의미 ⇨ 법인의 대표자가 아는 것만으로는 부족하고 법인의 이익을 정당하게 보전할 권한을 가진 다른 대표자, 임원 등이 손해배상청구권을 행사할 수 있을 정도로 이를 안 때를 의미(2015.1.15, 2013다50435)[11]

7. 기판력

- ▣ 채권자가 전소에서 패소 후 채권을 달리하여 동일한 법률행위의 취소 및 원상회복을 구하는 소를 제기한 경우 ⇨ 전소와 후소는 동일소송물이므로 전소의 기판력이 미친다고 보아 기각(모순금지설, 2012.7.5, 2010다80503 참조)[12]
- ▣ 채무자와 수익자 사이의 소송절차에서 확정판결 등을 통해 마쳐진 소유권이전등기가 사해행위취소로 인한 원상회복으로써 말소되는 경우, 그것이 확정판결 등의 효력에 반하거나 모순되는 것이 아님(2017.4.7, 2016다204783)[13]

새로운 전득자에 대한 관계에서 채무자와 수익자 사이의 사해행위를 취소하는 청구를 하는 경우에도 마찬가지로 적용된다(2014.2.13, 2012다204013). 한편, 전득자에 대하여만 사해행위취소청구를 하는 경우에 채무자와 수익자 사이의 법률행위를 취소해야 하나 수익자를 피고로 삼으면 안 되는 것임에 유의를 요한다.

11 불법행위로 인한 손해배상청구권의 단기소멸시효의 기산점도 마찬가지이다(2015.1.15, 2013다50435).

12 채권자가 보전하고자 하는 채권을 달리하여 동일한 법률행위의 취소 및 원상회복을 구하는 채권자취소의 소를 이중으로 제기하는 경우 전소와 후소는 소송물이 동일하다고 보아야 하고, 이는 전소나 후소 중 어느 하나가 승계참가신청에 의하여 이루어진 경우에도 마찬가지이다(2012.7.5, 2010다80503).

13 참고: 채무자가 사해행위 취소로 그 등기명의를 회복한 부동산을 제3자에게 처분하더라도 이는 무

Ⅲ 가액배상 관련 체크 포인트[14]

가액배상 청구 요건사실[15]
① 당해 부동산에 저당권이 설정되어 있었던 사실
② 저당권이 설정된 상태에서 사해행위로 부동산의 권리가 이전된 사실
③ 그 이후 그 저당권설정등기가 말소된 사실

핵심 포인트!
가액배상에 있어서 주의할 점은
① 가액배상 사안인지 여부를 가려야 한다는 점
② 부동산의 가액 산정의 기준은 사실심 변론종결시라는 점
③ 부동산의 가액에서 공제되는 것은 근저당권 채권최고액이 아닌 실제 피담보채무액이 기준이라는 점(증거로 현출이 안 된 경우 일응 채권최고액을 피담보채무액으로 추정하고 산정할 수밖에 없음)
④ 원고의 채권의 한도 내(우선변제 받을 액을 공제한 나머지 채권액)에서 가액배상을 하여야 한다는 점이다.

1. 가액배상 사안인지 여부

1) 기준

　▣ 원물반환이 불가능하거나 현저히 곤란한 경우에는 가액 상당을 배상하여야 하는데, 원물반환이 불가능하거나 현저히 곤란한 경우라 함은 원물반환이 단순히 절대적, 물리적으로 불능인 경우가 아니라 사회생활상의 경험법칙 또는 거래상의 관념에 비추어 그 이행의 실현을 기대할 수 없

권리자의 처분에 불과하여 효력이 없으므로, 채무자로부터 제3자에게 마쳐진 소유권이전등기나 이에 기초하여 순차로 마쳐진 소유권이전등기 등은 모두 원인무효의 등기로서 말소해야 한다(2017. 3.9, 2015다217980).

14 아래 논의는 사해행위임이 인정됨을 전제로 한 논의이므로, 사해행위로 인정되지 않는 경우 아래 논의는 필요 없는 것이다. 예를 들어 ① 목적물에 담보권이나 우선변제권이 설정되어 있는 경우로 피담보채권액이나 우선변제권이 인정되는 채권액의 합계가 목적물의 가액을 초과하고 있는 때에는 당해 목적물의 양도는 사해행위가 아니고(1997.9.9, 97다10864, 2007.7.26, 2007다29119 등 참조), ② 채권자의 채권 전액이 저당권, 질권 등으로 담보되는 경우에는 채무자의 처분행위는 사해행위에 해당하지 않는다(2002.11.8, 2002다41589).

15 다만, 이와 같은 경우가 아니라도 가액배상이 가능한 경우가 있다(사해행위 후 저당권이 설정된 경우).

는 경우를 말함(2001.2.9, 2000다57139)

2) 구체적인 판단(별지 등기부등본 참조)

- ◉ ① 사해행위 前 저당권이 있었고 사해행위 後 채무자나 수익자가 피담보 채무를 변제하여 저당권 말소(별지 등기사례 1) ⇨ 가액배상 ○, 원물반환 ×(2001.6.12, 99다20612, 저당권 말소가 누구의 변제에 의한 것인지는 중요하지 않음)

- ◉ ② 사해행위 前 저당권이 있었고, 피담보채무를 변제하지 아니하여 위 저당권이 그대로 존속하고 있는 경우(별지 등기사례 2) ⇨ 가액배상 ×, 원물반환 ○(원물반환에 있어 곤란한 사유 없음)[16]

- ◉ ③ 사해행위 後 저당권이 설정되어 사실심 변론종결 당시에도 존재하는 경우(별지 등기사례 3) ⇨ 가액배상 ○, 원물반환 ○(2001.2.9, 2000다57139)[17]

  - ● 채권자가 원물반환을 구하면서 수익자 명의의 소유권등기의 말소를 구하는 경우에, 채권자가 말소를 구하여 승소하더라도 등기상 이해 관계있는 제3자인 저당권자 등의 승낙서나 이에 대항할 수 있는 재 판의 등본을 첨부하지 못하여 등기의 말소를 신청할 수 없는 경우도 있으나, 채권자 스스로 그와 같은 위험을 감수한 이상 원물반환을 인 정해야 한다는 것임 ⇨ 채권자가 이러한 위험을 회피하려면 진정명의 회복을 원인으로 소유권이전등기를 구하면 됨(2000.2.25, 99다53704).

  - ● 원물반환 청구를 하여 승소 판결이 확정되었다면, 그 후 원물반환의 목적을 달성할 수 없게 되어 후소로 가액배상을 청구하는 경우에 권 리보호의 이익이 없어 각하(2006.12.7, 2004다54978).[18] 후소로 이전등 기절차도 구할 수 없음(2018.12.28, 2017다265815).

---

16 위 사안에서 저당권자는 등기상 이해관계있는 제3자가 아니므로 저당권자의 승낙을 받지 않고 소 유권이전등기의 말소등기청구가 가능하다.

17 채권자가 스스로 위험(전득자가 취득한 저당권 등의 부담을 안음으로써 생기는 위험)을 감수하면서 원물반환을 하겠다고 하는 경우에 이를 허용되지 아니하는 것으로 볼 것은 아니다(2001.2.9, 2000다57139).

18 전소의 기판력이 미치므로 각하되는 것이 아님에 유의. 원상회복청구권은 1회적으로 행사하여야 하기 때문이다(판례: 원상회복청구권은 사실심 변론종결 당시 채권자의 선택에 따라 원물반환과 가액배상 중 어느 하나로 확정된다. 2018.12.28, 2017다265815).

- 가액배상시 저당권의 피담보채무를 공제하지 않음에 주의!
- ◼ ④ 사해행위 前 가압류기입등기 마쳤는데, 변제나 해방공탁으로 가압류 해제시키거나 집행을 취소시킨 경우 ⇨ 가액배상 ×, 원물반환 ○(2003. 2.11, 2002다37474)[19]

3) 청구취지 관련
- ◼ 가액배상 사안에서 원물반환 청구취지만 있는 경우
  - 사해행위인 계약 전부의 취소와 부동산 자체의 반환을 구하는 청구 취지 속에는 일부취소를 하여야 할 경우 그 일부취소와 가액배상을 구하는 취지도 포함되어 있으므로 청구취지의 변경이 없더라도 바로 가액반환을 명할 수 있음[20](2002.11.8, 2002다41589)[21]
  - 주의) 원물반환을 구할 수도 있고, 원물반환에 갈음하여 목적물에 대한 가액 전부의 반환을 구할 수 있는 경우(위의 ③ 사안, 별지 등기사례 3을 말함)에 대해서까지 위 법리가 적용될 수 없다는 점에 주의하여야 하며, 그 경우는 소송물을 달리 하므로 가액배상에 대한 별도의 청구가 있어야 함.[22]

---

19 다른 사정으로 가액배상 명하는 경우에 가압류 청구채권 변제액을 공제할 것이 아니다(2003.2.11, 2002다37474).
20 일부만 인용되는 것이므로 나머지 청구 기각 주문을 빠뜨리면 안 된다.
21 전부 이행을 구하는 취지에 동시이행을 구하는 취지가 포함된다는 점과 같은 맥락임. 또한 채무부존재확인을 구하는 경우에 채무가 있는 경우에 전부 기각하지 않고, 채무가 존재하는 범위를 정한 후 나머지 청구를 기각하는 것과 같은 맥락이다. 피담보채무 변제를 이유로 근저당권말소등기를 구하는 경우에도 피담보채무 변제를 선이행으로 근저당권말소등기청구 일부 인용 가능한 것도 같은 맥락이다.
22 윤경, "근저당권이 설정된 不動産에 관하여 사해행위로서 소유권이전등기가 경료된 다음 근저당권이 말소된 경우 누가 근저당권을 변제하여 말소시켰는지에 따라 원상회복의 방법이 달라지는지 여부 및 원물반환을 구하는 채권자에 대하여 가액반환 판결을 할 수 있는지 여부", 대법원판례해설, 2001년 상반기(통권 제36호), 182면 이하. 계약에 기한 이행청구를 구한 경우에 법원이 이행에 갈음하는 전보배상을 명할 수 없다는 점도 착안을 요한다.

▣ 원물반환 사안에서 가액배상을 고집하는 경우[23]

● 청구기각

청구취지

원물반환

1. 소외 甲[24]과 피고 사이에 별지 목록 기재 아파트에 관하여 2021. 4. 1. 체결된 매매계약을 취소한다.
2. 피고는 甲에게 위 부동산에 관하여 인천지방법원 등기국 2021. 4. 2. 접수 제3254호로 마친 소유권이전등기의 말소등기절차를 이행하라.

가액배상

1. 피고와 소외 甲 사이에 X 부동산에 관하여 2021. 1. 10. 체결된 매매계약을 50,000,000원 한도 내에서 취소한다.
2. 피고는 원고에게 50,000,000원 및 이에 대하여 이 판결 확정일 다음날부터 다 갚는 날까지 연 5%의 비율로 계산한 돈을 지급하라.
3. 원고의 나머지 청구를 기각한다.

---

2. 부동산의 가액 산정의 기준은 사실심 변론종결시

▣ 사해행위 당시의 가액이 아님에 주의

3. 부동산의 가액에서 공제되는 것은 실제 피담보채무액(변제한 자료가 있으면 그 액수로, 자료가 없으면 채권최고액을 피담보채무액으로 추정)

▣ **사해행위 당시** 일반 채권자의 공동재산이었던 부분만을 산정해야 함

● 사해행위 당시 피담보채무액이 사실심 변론종결시에 줄어든 경우 ⇨ **사해행위 당시**의 피담보채무액 공제(2005.10.14, 2003다60891; 2007.7.12, 2005다65197)

● 사해행위 당시 피담보채무액이 사실심 변론종결시에 늘어난 경우 ⇨ 근저당권 채권최고액 범위 내에서 **사실심 변론종결시**의 피담보채무액 공제(2005.10.14, 2003다60891)

● 저당권이 설정되어 있는 부동산이 사해행위로 양도된 후 저당권설정등

---

23 가액배상판결은 실무상 채권자의 사실상 우선변제권이 인정되고 있으므로, 가액배상을 선호한다.
24 채무자를 의미한다.

기가 말소된 경우에도 저당권의 피담보채무액을 공제한 잔액 한도 내에서 가액 배상을 구해야 하며, 저당권설정행위 등이 사해행위로 인정되어 취소된 때에도 같은 법리 적용됨(2018.6.28, 2018다214319)

- ● **주의)** 채무자가 사해행위 이후 새로운 채무를 부담하여 저당권이나 근저당권설정등기를 마친 경우에 그 피담보채무액은 고려대상이 아님[25]
- ▣ 사해행위의 목적인 부동산에 수개의 저당권이 설정되어 있다가 사해행위 후 그 중 일부 저당권만이 말소된 경우 ⇨ 말소된 저당권의 피담보채권액과 말소되지 아니한 저당권의 피담보채권액을 모두 공제(2007.7.12, 2005다65197)
- ▣ 피담보채무액이 채권최고액을 넘는 경우 ⇨ 채권최고액만을 공제
- ▣ 전득자가 취득한 저당권의 피담보채무액은 공제 대상 ×(2003.12.12, 2003다40286)
- ▣ 임차인의 임차보증금도 부동산의 가액에서 공제하여야 하는지 여부

주택임대차보호법 제3조 제1항이 정한 대항력을 갖추었으나 그전에 이미 선순위 근저당권이 마쳐져 있어 부동산이 경락되는 경우 소멸할 운명에 놓인 임차권의 임차보증금반환채권은, ① **사해행위 당시 임대차계약서에서 확정일자를 받아 우선변제권을 가지고 있다거나 ② 주택임대차보호법상의 소액임차인에 해당한다**는 등의 특별한 사정이 없는 한 수익자가 배상할 부동산의 가액에서 공제할 것은 아니다(2001.6.12.99다51197).

⇨ 부동산에 관한 사해행위 이후 부동산을 임대한 경우에는 임차보증금을 가액반환의 범위에서 공제하면 안 됨(2018.9.13, 2018다215756)

⇨ 임차인이 공유자 전원으로부터 상가건물을 임차하고 상가건물 임대차보호법에 의한 대항요건을 갖추어 임차보증금에 관하여 우선변제를 받을 수 있는 권리를 가진 경우에, **상가건물의 공유자 중 1인인 채무자가 처분한 지분 중에 일반채권자들의 공동담보에 제공되는 책임재산은 우선변제권이 있는 임차보증금 반환채권 전액을 공제**한 나머지 부분임(2017.5.30, 2017다205073)[26]

---

25 사해행위의 목적인 부동산에 수개의 저당권이 설정되어 있다가 사해행위 후 그 중 일부 저당권만이 말소된 경우, 사해행위의 취소에 따른 원상회복은 가액배상의 방법에 의할 수밖에 없을 것이고, 그 경우 배상하여야 할 가액은 그 부동산의 가액에서 말소된 저당권의 피담보채권액과 말소되지 아니한 저당권의 피담보채권액을 모두 공제하여 산정하여야 하는데(2007.7.12, 2005다65197), 위와 같은 경우에는 말소되지 아니한 저당권의 피담보채무액으로 고려할 필요 없다는 것이다.

26 공동임대인은 보증금반환채무에 있어서 불가분채무를 부담하기 때문이다.

4. 원고의 채권의 한도 내(우선변제 받을 액을 공제한 나머지 채권액)

- ▣ **원칙**: 원고의 채권의 한도 내(우선변제 받을 액을 공제한 나머지, 2002.4.12, 2000다 63912)

  - ● 원고가 사해행위 이후 새롭게 성립한 채권으로는 원칙적으로 불가
  - ● 원고의 채권액에는 사해행위 이후 사실심 변론종결시까지 발생한 이자나 지연손해금 포함(2001.9.4, 2000다66416)
  - ● 채권자의 채권 원리금이 우선변제권에 의하여 전액 담보되지 아니하는 경우 ⇨ 변제충당의 법리 유추적용(2010.2.11, 2009다81616, 변제충당의 기준시는 사해행위시)

> 채권자의 채권원리금이 우선변제권에 의하여 **전액 담보되지 아니하는 경우에는 변제충당의 법리를 유추적용하여 이자가 원금에 우선하여 담보**된다고 보아야 하므로 사해행위의 시점에서 담보되지 아니하는 부분에는 원금에 해당하는 금원이 포함되어 남아 있게 되고, 따라서 **채권자가 채권자취소권을 행사할 수 있는 피보전채권의 범위는 사해행위 당시 담보부동산의 가액과 채권최고액 중 적은 금액을 초과하는 부분에 해당하는 채권 원리금 및 그 중 원금 부분에 대하여 그 후 사실심 변론종결시점까지 발생한 지연이자 상당의 금원**이 된다(2002.11.8, 2002다41589 참조).
>
> … 소외 회사는 2006. 5. 12. 원고에게 원고의 이 사건 건물 신축공사에 따른 공사대금 807,000,0000원 중 500,000,000원을 2006. 7. 31.에, 나머지 307,000,000원을 2006. 9. 30.에 변제하되 그 이행을 지체하는 경우 연 6%의 비율에 의한 지연손해금을 가산하여 지급하기로 약정하였는데, 그 공사대금 중 657,000,000원만 변제하고 나머지 150,000,000원은 변제하지 못한 사실, 이에 소외 회사는 그 잔여 채무를 담보하기 위하여 원고에게 이 사건 근저당권을 설정해 준 사실을 알 수 있는바, 앞서 본 법리에 비추어, 원고가 이 사건에서 채권자취소권을 행사할 수 있는 피보전채권의 범위는 이 사건 매매계약 당시의 채권원리금(공사대금 잔액 150,000,000원 및 이에 대하여 위 약정 최종변제기일 다음날인 2006. 10. 1.부터 이 사건 매매계약일인 2008. 7. 23.까지 위 약정지연손해금률인 연 6%의 비율로 계산한 지연손해금)에서 그 당시 이 사건 근저당권에 의하여 우선변제권이 확보되어 있던 금액으로서 원심이 적법하게 판시한 바와 같은 66,843,175원을 이자, 원금의 순으로 공제하고 남은 원금 및 그 원금에 대하여 이 사건 매매계약일 다음날부터 원심 변론종결일까지 연 6%의 비율로 계산한 지연손해금이라고 할 수 있다(2010.2.11, 2009다81616).

- 우선변제 받을 액수의 계산의 문제(원고가 저당권자인 경우)
  - 채권자가 근저당권자인 경우 근저당권으로부터 담보될 수 있는 금액은 공제하여야 함. 따라서 <u>사해행위 당시</u> 담보부동산의 시가(채권최고액 한도)를 기준으로 담보될 수 있는 금액을 계산하여야 함

> 사해행위 당시 담보부동산의 시가는 2억 8,500만 원
> 사해행위 당시 피보전채권액은 3억 1,000만 원[27]
> 원고의 근저당권의 채권최고액은 2억 8,000만 원인 경우
> ⇨ 원고는 3,000만 원(3억 1,000만 원−2억 8,000만 원)에 대하여 일반채권자 지위에 있으므로 3,000만 원 및 이에 대한 사실심 변론종결일까지의 이자 및 지연손해금 상당액에 대해서만 취소를 구할 수 있음.
> ⇨ 만약 사해행위 이후 진행된 경매에서 실제로 2억 원만 배당받은 경우(담보부동산의 시가대로 경매가 이루어지는 것은 아니기 때문)에도 원고는 1억 1,000만 원(3억 1,000만 원−2억 원) 범위 내에서 취소하는 것이 아니라 여전히 3,000만 원 범위 내에서 취소해야 함 (2002.11.8, 2002다41589 참조).[28]

  - 취소채권자가 '담보물로부터 우선변제받을 금액'은 사해행위 당시를 기준으로 담보물의 가액에서 우선변제권 있는 임금채권액을 먼저 공제한 다음 산정하여야 하고, 취소채권자는 그 채권액에서 위와 같이 산정된 '담보물로부터 우선변제받을 금액'을 공제한 나머지 채권액에 대하여만 채권자취소권이 인정됨(2021.11.25, 2016다263355)
- 예외: 다른 채권자가 배당요구를 할 것이 명백한 경우(1997.9.9, 97다10864)
  - 실제로는 위 예외가 적용되지 않는다고 보아야 함−사실상 배당절차가 마련되어 있지 않음

> 다른 채권자가 … 취소채권자를 상대로 하여 안분액의 지급을 직접 구할 수 있는 권리를 취득한다거나, 취소채권자에게 인도받은 재산 또는 가액배상금에 대한 분배의무가 인정된다고 볼 수는 없다(2008.6.12, 2007다37837).

---

27 실제 피담보채권액이 3억 1,000만 원＋지연손해금이라면 변제충당의 문제가 생긴다는 점에 유의해야 한다.
28 다만, 실제 설문에 담보부동산의 시가와 채권최고액이 명확하지 않은 경우에는 실제 배당받은 금원을 기준으로 판단할 수밖에 없음에 유의해야 한다.

5. 여론(餘論)

가. 가액배상 채권의 성질: 부당이득(2019.4.11, 2018다203715)

나. 수익자가 제기할 수 있는 주장

▣ 안분액의 배당요구권으로 상계 주장 - ×

수익자가 가액배상을 하는 경우에 수익자 자신도 사해행위취소의 효력을 받는 채권자 중의 1인이라는 이유로 취소채권자의 원상회복에 대하여 총채권액 중 자기의 채권에 해당하는 안분액의 배당요구권으로써 원상회복청구와의 상계를 주장할 수 없다(2001.2. 27, 2000다44348).

▣ 채무자에게 지급한 금원으로 공제 주장 - ×

1. 수익자가 채무자에게 가액배상금 명목으로 금원을 지급하였다는 점을 들어 채권자취소권을 행사하는 채권자에 대하여 가액배상에서의 공제를 주장할 수는 없다 (2001.6.1, 99다63183).
2. 수익자가 양수채권을 추심하여 그 돈을 채무자에게 주었다고 하더라도 그 금액 상당을 원상회복이나 가액반환의 범위에서 공제할 것은 아니다(2013.4.11, 2012다211).

다. 대상청구권 인정됨

신용보증기금이 甲 주식회사를 상대로 제기한 사해행위취소소송에서 **원물반환으로 근저당권설정등기의 말소를 구하여 승소판결이 확정**되었는데, 그 후 해당 부동산이 관련 경매사건에서 담보권 실행을 위한 경매절차를 통하여 제3자에게 매각된 사안에서, 위와 같이 부동산이 담보권 실행을 위한 경매절차에 의하여 매각됨으로써 확정판결에 기한 甲 회사의 근저당권설정등기 말소등기절차의무가 이행불능된 경우, 신용보증기금은 대상청구권 행사로서 甲 회사가 말소될 근저당권설정등기에 기한 근저당권자로서 지급받은 배당금의 반환을 청구할 수 있음(2012.6.28, 2010다71431)

⇨ 위 경우에 후소로 가액배상을 구하는 것이 권리보호의 이익이 없어 각하되므로(2006.12.7, 2004다54978), 이에 가액배상이라는 논리 대신 대상청구권이라는 논리를 쓴 것으로 보임.

라. 채권양도를 사해행위로 취소하는 경우

■ 아직 수익자가 채권 추심 전이면 채권양도+통지를 구하고, 이미 채권을 추심하였으면 가액배상을 구해야 함

수익자가 경매절차에서 채무자와의 사해행위로 취득한 근저당권에 기하여 배당에 참가하여 배당표는 확정되었으나 채권자의 배당금 지급금지가처분으로 인하여 **배당금을 현실적으로 지급받지 못한 경우**, 채권자취소권의 행사에 따른 원상회복의 방법은 수익자에게 바로 배당금의 지급을 명할 것이 아니라 수익자가 취득한 배당금지급청구권을 채무자에게 반환하는 방법으로 이루어져야 하고, 이는 결국 **배당금지급채권의 양도와 그 채권양도의 통지를 배당금지급채권의 채무자에게 하여 줄 것을 청구하는 형태**가 될 것이다(1997.10.10, 97다8687).

■ 채권양도 전에 제3자가 압류 및 추심명령을 받은 경우 원상회복시 고려 ×

채권에 대한 압류의 처분금지의 효력은 절대적인 것이 아니고, 이에 저촉되는 채무자의 처분행위가 있어도 압류의 효력이 미치는 범위에서 압류채권자에게 대항할 수 없는 상대적 효력을 가지는 데 그치므로, **압류 후에 피압류채권이 제3자에게 양도된 경우 채권양도는 압류채무자의 다른 채권자 등에 대한 관계에서는 유효하다.** 그리고 **채권양도 행위가 사해행위로 인정되어 취소 판결이 확정된 경우에도 취소의 효과는 사해행위 이전에 이미 채권을 압류한 다른 채권자에게는 미치지 아니한다**(2015.5.14, 2014다12072).

▷ 甲(채무자)이 丁(제3채무자)에게 채권을 가지고 있었음. 甲이 乙(수익자)에게 채권양도를 함. 그런데 그 채권양도 전에 丙이 압류 및 추심명령 받은 사안임. 위 채권양도는 丙에게만 대항할 수 없고, 나머지 사람에게 유효하다는 점에 착안 要. 사해행위취소판결의 상대적 효력에 의하여 위 판결의 효력은 압류채권자 丙에게 효력이 미치지 않고[29] 원고(취소채권자)와 乙(수익자) 사이에 미칠 뿐이므로 丙의 압류 및 추심명령을 고려할 필요 없이 채권양도 전부를 취소하면 된다는 취지임.

---

29 丙은 위 사해행위취소판결을 고려할 필요 없이 원래 할 수 있었던 권리행사, 즉 丁에게 추심금청구의 소를 제기하면 된다.

◼ 원상회복으로 채권양도가 취소된 경우 채권자가 채무자를 대위하여 제 3채무자에게 채권에 관한 지급을 청구할 수 없음

사해행위의 취소는 **채권자와 수익자의 관계에서 상대적으로 채무자와 수익자 사이의 법률행위를 무효로 하는 데에 그치고, 채무자와 수익자 사이의 법률관계에는 영향을 미치지 아니한다.** 따라서 채무자의 수익자에 대한 채권양도가 사해행위로 취소되고, 그에 따른 원상회복으로서 제3채무자에게 채권양도가 취소되었다는 취지의 통지가 이루어지더라도, 채권자와 수익자의 관계에서 채권이 채무자의 책임재산으로 취급될 뿐, 채무자가 직접 채권을 취득하여 권리자로 되는 것은 아니므로, 채권자는 채무자를 대위하여 제3채무자에게 채권에 관한 지급을 청구할 수 없다(2015.11.17, 2012다2743).

⇨ 취소채권자는 채무자의 제3채무자에 대한 채권이 있음을 전제로 압류 및 추심명령, 압류 및 전부명령과 같은 강제집행의 방법으로 만족을 취해야 함.

◼ 주문

원물반환

1. 채무자(甲)와 피고(수익자) 사이에 소외 홍길동에 대한 2021. 3. 20. 금전소비대차계약에 기한 대여금채권에 관하여 2021. 4. 20. 체결된 채권양도계약을 취소한다.

2. 피고(수익자)는 소외 홍길동에게 1항 기재 채권양도계약이 취소되었다는 통지를 하라(또는 피고(수익자)는 채무자(甲)에게 1항 기재 대여금 채권을 양도하고, 소외 홍길동에게 위 채권이 채무자에게 양도되었다는 취지의 통지를 하라).

가액배상

1. 채무자(甲)와 피고(수익자) 사이에 소외 홍길동에 대한 2021. 3. 20. 금전소비대차계약에 기한 대여금채권에 관하여 2021. 4. 20. 체결된 채권양도계약을 취소한다.

1. 피고는 원고에게 1,000만 원 및 이에 대하여 이 판결 확정일 다음날부터 다 갚는 날까지 연 5%의 비율로 계산한 돈을 지급하라.[30]

---

30 채권 가액이 1000만 원인 경우다. 만약 채권 가액이 2,000만 원이나 원고의 피보전채권이 1,000만 원인 경우에는 주문이 "1. 채무자(甲)와 피고(수익자) 사이에 소외 홍길동에 대한 2021. 3. 20. 금전소비대차계약에 기한 대여금채권에 관하여 2021. 4. 20. 체결된 채권양도계약을 <u>1,000만 원 한도 내</u>에서 취소한다.

2. 피고는 원고에게 1,000만 원 및 이 판결 확정일 다음날부터 다 갚는 날까지 연 5%의 비율로 계산한 돈을 지급하라."로 변경하여야 한다.

마. 가등기, 본등기 관련

■ 사해행위로 가등기 경료한 후 본등기 경료된 경우 제척기간 기산점은 가등기 원인행위가 사해행위임을 안 때(1991.11.8, 91다14079) ⇨ 채권자가 가등기의 원인행위가 사해행위임을 안 때부터 1년 내에 가등기의 원인행위에 대하여 취소의 소를 제기하였다면 본등기의 원인행위에 대한 취소 청구는 그 원인행위에 대한 제척기간이 경과한 후 제기하더라도 적법(2006.12.21, 2004다24960).

■ 가등기에 기하여 본등기가 경료된 경우 특별한 사정이 없는 한, 채무자의 무자력 여부는 가등기의 원인된 법률행위 당시를 기준으로 판단(1998.3.10, 97다51919).

■ 사해행위인 매매예약에 기하여 수익자 앞으로 가등기를 마친 후 전득자 앞으로 가등기 이전의 부기등기를 마치고 가등기에 기한 본등기까지 마친 경우, 채권자가 수익자를 상대로 채권자취소소송 가능 ○

사해행위인 매매예약에 기하여 수익자 앞으로 가등기를 마친 후 전득자 앞으로 가등기 이전의 부기등기를 마치고 나아가 가등기에 기한 본등기까지 마쳤다 하더라도, 위 부기등기는 사해행위인 매매예약에 기초한 수익자의 권리의 이전을 나타내는 것으로서 **부기등기에 의하여 수익자로서의 지위가 소멸하지는 아니하며, 채권자는 수익자를 상대로 사해행위인 매매예약의 취소를 청구할 수 있다.** 그리고 설령 부기등기의 결과 가등기 및 본등기에 대한 말소청구소송에서 수익자의 피고적격이 부정되는 등의 사유로 인하여 수익자의 원물반환의무인 가등기말소의무의 이행이 불가능하게 된다 하더라도 달리 볼 수 없으며, 특별한 사정이 없는 한 수익자는 가등기 및 본등기에 의하여 발생된 채권자들의 공동담보 부족에 관하여 원상회복의무로서 **가액을 배상할 의무**를 진다(2015.5.21, 2012다952 전합).

⇨ 사해행위인 매매예약에 의하여 마친 가등기를 부기등기에 의하여 이전하고 그 가등기에 기한 본등기를 마친 경우에, 그 가등기에 의한 권리의 양도인은 가등기말소등기청구 소송의 상대방이 될 수 없고 본등기의 명의인도 아니므로 가액배상의무를 부담하지 않는다는 취지의 대법원 2005.3.24, 2004다70079 변경함.

등기사례 1) 사해행위(소유권이전) 前 저당권, 사해행위 後 말소

등기사항전부증명서(말소사항 포함) - 토지

[토지] 서울 노원구 상계동 75　　　　　　　　　　　고유번호 1143-1972-211335

【 표　제　부 】		(토지의 표시)			
표시번호	접　수	소재지번	지　목	면　적	등기원인 및 기타사항
1 (전 2)	1988년 4월 1일	서울 노원구 상계동 75	대	100m^2	
					부동산등기법 제177조의6 제1 항의 규정에 의하여 2000년 3월 22일 전산이기

【 갑　　　구 】		(소유권에 관한 사항)		
순위번호	등기목적	접　수	등기원인	권리자 및 기타사항
1 (전 12)	소유권이전	2010년 4월 1일 제5259호	2010년 2월 2일 매매	소유자 상종구 591212-1265413 서울 노원구 상계동 34
2	소유권이전	2018년 3월 1일 제11093호	2018년 3월 1일 매매	소유자 양재호 550209-1273697 서울 서초구 사당로23바길 9

－－－－ 이　하　여　백 －－－－

*실선으로 그어진 부분은 말소사항을 표시함. *등기기록에 기록된 사항이 없는 갑구 또는 을구는 생략함

[인터넷 발급] 문서 하단의 바코드를 스캐너로 확인하거나, 인터넷등기소(http://www.iros.go.kr)의
발급확인 메뉴에서 발급확인번호를 입력하여 위·변조 여부를 확인할 수 있습니다. 발급확인번호를 통한
확인은 발행일로부터 3개월까지 5회에 한하여 가능합니다.

발행번호 1238923478910236783671893408293906783　1/2　**발급확인번호 AAIK-VPZF-0012**　발행일 2021/01/30

대 법 원

【 을 구 】	(소유권 이외의 권리에 관한 사항)			
순위번호	등기목적	접 수	등기원인	권리자 및 기타사항
1	근저당권설정	~~2016년 2월 22일~~ ~~제13423호~~	~~2016년 2월 22일~~ ~~설정계약~~	~~채권최고액 금 20,000,000원~~ ~~채무자 상종구~~ ~~─── 서울 관악구 관악로 9 ───~~ ~~근저당권자 김상수 690814-1224321~~ ~~─── 서울 강남구 서초대로 15 ───~~
2	1번 근저당권설정 등기말소	2018년 4월 1일 제22193호	2018년 4월 1일 해지	

──── 이   하   여   백 ────

수수료 1,000원 영수함   관할등기소 서울북부지방법원 북부등기소/발행등기소 법원행정처
등기정보중앙관리소

이 증명서는 등기기록의 내용과 틀림없음을 증명합니다.

서기 2021년 1월 30일

법원행정처 등기정보중앙관리소 전산운영책임관

*실선으로 그어진 부분은 말소사항을 표시함. *등기기록에 기록된 사항이 없는 갑구 또는 을구는 생략함.

[인터넷 발급] 문서 하단의 바코드를 스캐너로 확인하거나, 인터넷등기소(http://www.iros.go.kr)의
발급확인 메뉴에서 발급확인번호를 입력하여 위·변조 여부를 확인할 수 있습니다. 발급확인번호를 통한
확인은 발행일로부터 3개월까지 5회에 한하여 가능합니다.

발행번호 12389234789102367836718934082939069783   2/2   **발급확인번호 AAIK-VPZF-0012**   발행일 2021/01/30

등기사례 2) 사해행위(소유권이전) 前 저당권, 해당 저당권 존속

등기사항전부증명서(말소사항 포함) - 토지

[토지] 서울 노원구 상계동 75　　　　　　　　　　　고유번호 1143-1972-211335

【 표 제 부 】			(토지의 표시)		
표시번호	접 수	소재지번	지 목	면 적	등기원인 및 기타사항
1 (전 2)	1988년 4월 1일	서울 노원구 상계동 75	대	100m²	
					부동산등기법 제177조의6 제1항의 규정에 의하여 2000년 3월 22일 전산이기

【 갑 　 구 】			(소유권에 관한 사항)	
순위번호	등기목적	접 수	등기원인	권리자 및 기타사항
1 (전 12)	소유권이전	2010년 4월 1일 제5259호	2010년 2월 2일 매매	소유자 상종구 591212-1265413 서울 노원구 상계동 34
2	소유권이전	2018년 3월 1일 제11093호	2018년 3월 1일 매매	소유자 양재호 550209-1273697 서울 서초구 사당로23바길 9

---- 이 하 여 백 ----

*실선으로 그어진 부분은 말소사항을 표시함. *등기기록에 기록된 사항이 없는 갑구 또는 을구는 생략함

발행번호 1238923478910236783671893408293906783 1/2　발급확인번호 AAIK-VPZF-0012　발행일 2021/01/30

대 법 원

고유번호 1143-1972-211335

【 을 구 】		(소유권 이외의 권리에 관한 사항)		
순위번호	등기목적	접 수	등기원인	권리자 및 기타사항
1	근저당권설정	2016년 2월 22일 제13423호	2016년 2월 22일 설정계약	채권최고액 금 20,000,000원 채무자 상종구 　서울 관악구 관악로 9 근저당권자 김상수 690814-1224321 　서울 강남구 서초대로 15

- - - - 이 하 여 백 - - - -

수수료 1,000원 영수함 관할등기소 서울북부지방법원 북부등기소/발행등기소 법원행정처
등기정보중앙관리소

이 증명서는 등기기록의 내용과 틀림없음을 증명합니다.

서기 2021년 1월 30일

법원행정처 등기정보중앙관리소 전산운영책임관

*실선으로 그어진 부분은 말소사항을 표시함. *등기기록에 기록된 사항이 없는 갑구 또는 을구는 생략함.

[인터넷 발급] 문서 하단의 바코드를 스캐너로 확인하거나, 인터넷등기소(http://www.iros.go.kr)의
발급확인 메뉴에서 발급확인번호를 입력하여 위·변조 여부를 확인할 수 있습니다. 발급확인번호를 통한
확인은 발행일로부터 3개월까지 5회에 한하여 가능합니다.

대 법 원

등기사례 3) 사해행위(소유권이전) 後 저당권

등기사항전부증명서(말소사항 포함) - 토지

[토지] 서울 노원구 상계동 75 　　　　　　　　　　　고유번호 1143-1972-2 11335

【 표 제 부 】			(토지의 표시)		
표시번호	접 수	소재지번	지 목	면 적	등기원인 및 기타사항
1 (전 2)	1988년 4월 1일	서울 노원구 상계동 75	대	100m²	
					부동산등기법 제177조의6 제1항의 규정에 의하여 2000년 3월 22일 전산이기

【 갑 　 구 】			(소유권에 관한 사항)	
순위번호	등기목적	접 수	등기원인	권리자 및 기타사항
1 (전 12)	소유권이전	2010년 4월 1일 제5259호	2010년 2월 2일 매매	소유자 상종구 591212-1265413 서울 노원구 상계동 34
2	소유권이전	2018년 3월 1일 제11093호	2018년 3월 1일 매매	소유자 양재호 550209-1273697 서울 서초구 사당로23바길 9

- - - - 이 하 여 백 - - - -

*실선으로 그어진 부분은 말소사항을 표시함. *등기기록에 기록된 사항이 없는 갑구 또는 을구는 생략함

[인터넷 발급] 문서 하단의 바코드를 스캐너로 확인하거나, 인터넷등기소(http://www.iros.go.kr)의 발급확인 메뉴에서 발급확인번호를 입력하여 위·변조 여부를 확인할 수 있습니다. 발급확인번호를 통한 확인은 발행일로부터 3개월까지 5회에 한하여 가능합니다.

발행번호 1238923478910236783671893408293906783　1/2　**발급확인번호 AAIK-VPZF-0012**　발행일 2021/01/30

대 법 원

[토지] 서울 노원구 상계동 75 　　　　　　　　　고유번호 1143-1972-2 11335

| 【　을　　　구　】 | | | (소유권 이외의 권리에 관한 사항) | |
순위번호	등기목적	접　수	등기원인	권리자 및 기타사항
1	근저당권설정	2019년 4월 1일 제11193호	2019년 4월 1일 설정계약	채권최고액 금 50,000,000원 채무자 양재호 　　서울 서초구 사당로23바길 9 근저당권자 최서진 701223-1227324 　　서울 강서구 공항대로 223

－－－－ 이　하　여　백 －－－－

수수료 1,000원 영수함 관할등기소 서울북부지방법원 북부등기소/발행등기소 법원행정처
등기정보중앙관리소

이 증명서는 등기기록의 내용과 틀림없음을 증명합니다.

서기 2021년 1월 30일
법원행정처 등기정보중앙관리소 전산운영책임관

*실선으로 그어진 부분은 말소사항을 표시함. *등기기록에 기록된 사항이 없는 갑구 또는 을구는 생략함.

[인터넷 발급] 문서 하단의 바코드를 스캐너로 확인하거나, 인터넷등기소(http://www.iros.go.kr)의
발급확인 메뉴에서 발급확인번호를 입력하여 위·변조 여부를 확인할 수 있습니다. 발급확인번호를 통한
확인은 발행일로부터 3개월까지 5회에 한하여 가능합니다.

발행번호 12389234789102367836718934082939067
83 2/2 **발급확인번호 AAIK-VPZF-0012** 발행일 2021/01/30

대 법 원

주채무자와 보증인 I

I 보증채무이행청구의 요건사실(청구원인)

주채무의 발생+보증계약의 체결+서면에 기명날인 또는 서명[1]

II 보증인의 항변사항

1. 주채무에 관한 공격방어방법

가. 부종성의 항변: 주채무자에게 생긴 사유의 효력

- ◪ 주채무자의 항변으로 대항 가능(민법 제433조)
  - ● 例 주채무의 부존재항변(주채무 성립원인이 무효이거나 취소된 경우)
  - ● 例 주채무의 소멸의 항변(변제, 상계 등)[2]
  - ● 例 주채무가 시효로 소멸된 경우에도 부종성의 항변(아래 2. 참조)
  - ● 그러나 주채무자가 취소권, 해제권, 해지권 행사하지 않은 경우에는 민법 제435조에 따른 이행거절권만 행사 가능(아래 참조)
- ◪ 상계 항변
  - ● 보증인은 자신의 채권자에 대한 채권으로 채권자의 보증채권과 상계할 수 있음은 물론, 주채무자의 채권자에 대한 채권으로도 상계를 할 수 있음(민법 제434조)[3]

---

1 전형적인 기재례는 아래와 같다. "원고는 2015. 9. 1. 피고 이재석에게 3억 원을 이자 월 1%, 변제기 2016. 3. 31.로 정하여 대여하였고, 피고 김관수는 같은 날 박철홍에게 기명날인한 서면으로 위 차용금채무를 연대보증하였습니다."
2 일부보증 법률관계: 연대보증인이 주채무자의 채무 중 일정 범위에 대하여 보증을 한 경우에 주채무자가 일부변제를 하면, 특별한 사정이 없는 한 일부변제금은 주채무자의 채무 전부를 대상으로 변제충당의 일반원칙에 따라 충당되고, 연대보증인은 변제충당 후 남은 주채무자의 채무 중 보증한 범위 내의 것에 대하여 보증책임을 부담한다(2016.8.25, 2016다2840).
3 연대채무자의 경우 다른 연대채무자의 부담부분에 한하여 상계할 수 있다는 점에서 차이가 있다(민법 제418조 제2항)

　　　▣ 이행거절의 항변(민법 제435조)

　　　　● 주채무자에게 취소권, 해제권, 해지권이 있는 경우

　　　　● 보증인이 주채무자의 취소권, 해제권, 해지권을 행사할 수 있는 것은 아님에 유의

2. 주채무가 시효로 소멸한 경우

　　▣ 보증인은 주채무 시효소멸 원용하여 보증채무 소멸 주장 가능(2012.1.12, 2011다 78606)[4]

　　▣ 보증인에 대한 시효 중단 조치가 있었던 경우 ⇨ 그래도 주채무가 시효로 소멸하였으면 보증채무도 소멸함(보증인에 대한 시효중단의 효력이 주채무에 미치지 않음에 주의[5])

> 보증채무에 대한 소멸시효가 중단되는 등의 사유로 완성되지 아니하였다고 하더라도 주채무에 대한 소멸시효가 완성된 경우에는 시효완성 사실로써 주채무가 당연히 소멸되므로 보증채무의 부종성에 따라 보증채무 역시 당연히 소멸된다.
> 　그리고 **주채무에 대한 소멸시효가 완성되어 보증채무가 소멸된 상태에서 보증인이 보증채무를 이행하거나 승인하였다고 하더라도, 주채무자가 아닌 보증인의 행위에 의하여 주채무에 대한 소멸시효 이익의 포기 효과가 발생된다고 할 수 없으며,** 주채무의 시효소멸에도 불구하고 보증채무를 이행하겠다는 의사를 표시한 경우 등과 같이 부종성을 부정하여야 할 다른 특별한 사정이 없는 한 **보증인은 여전히 주채무의 시효소멸을 이유로 보증채무의 소멸을 주장할 수 있다고 보아야 한다**(2012.7.12, 2010다51192).

　　▣ 주채무자가 시효 이익을 포기한 경우 ⇨ 보증인은 여전히 시효소멸 원용 가능(1991.1.29, 89다카1114)(제433조 제2항)

4　보증인은 주채무의 시효소멸로 인하여 직접적으로 이익을 얻으므로 원용할 수 있는 것이다. 시효원용권자에 대한 "채권자가 채권자대위권을 행사하여 제3자에 대하여 하는 청구에 있어서, 제3채무자는 채무자가 채권자에 대하여 가지는 항변으로 대항할 수 없고, 채권의 소멸시효가 완성된 경우 이를 원용할 수 있는 자는 원칙적으로는 시효이익을 직접 받는 자뿐이고, 채권자대위소송의 제3채무자는 이를 행사할 수 없다"는 판결(1998.12.8, 97다31472)과 비교 요함.

5　이와 반대로 주채무자에 대한 시효 중단의 효력은 보증인에 대하여 효력이 있다(민법 제440조).

◼ 관련문제

● 보증인이 보증채무의 시효 완성 후 그 시효이익을 포기한 경우에도 주채무의 시효소멸을 원용할 수 있는지 여부 ⇨ 보증인의 의사는 주채무가 있으면 보증책임도 계속 부담하겠다는 것으로 특별한 사정이 없는 한 주채무의 시효소멸 원용 가능[6]

● 주채무 소멸시효 시간이 3년인 경우 보증채무 소멸시효 기간도 3년인지 여부

■ 사견(소극): 민법 제430조의 적용범위에 대해서 소멸시효 기간 적용되지 않음. 주채무, 보증채무 각각 별개로 소멸시효 기간을 정해야 함 (보증채무 민사면 10년, 상사면 5년, 아래 2014.6.12, 2011다76105 참조)

3. 주채무자에 대한 시효 중단의 문제

◼ **주채무자에 대한 시효중단(제440조)**: 부종성에 의한 것이 아니고 채권 담보를 위한 특별규정 ⇨ 주채무자의 시효가 연장되더라도 보증채무 시효 연장되지 않음!

1. 민법 제169조는 '시효의 중단은 당사자 및 그 승계인 간에만 효력이 있다.'고 규정하고 있고, 한편 민법 제440조는 '주채무자에 대한 시효의 중단은 보증인에 대하여 그 효력이 있다.'라고 규정하고 있는바, 민법 제440조는 민법 제169조의 예외 규정으로서 이는 채권자 보호 내지 채권담보의 확보를 위하여 주채무자에 대한 시효중단의 사유가 발생하였을 때는 그 보증인에 대한 별도의 중단조치가 이루어지지 아니하여도 동시에 시효중단의 효력이 생기도록 한 것이고, 그 시효중단사유가 압류, 가압류 및 가처분이라고 하더라도 이를 보증인에게 통지하여야 비로소 시효중단의 효력이 발생하는 것은 아니라 할 것이다(2005.10.27, 2005다35554, 35561).

2. 채권자와 주채무자 사이의 확정판결에 의하여 주채무가 확정되어 그 소멸시효기간이 10년으로 연장되었다 할지라도 그 보증채무까지 당연히 단기소멸시효의 적용이 배제되어 10년의 소멸시효기간이 적용되는 것은 아니고, 채권자와 연대보증인 사이에

---

6 2012.7.12, 2010다51192.

있어서 연대보증채무의 소멸시효기간은 여전히 종전의 소멸시효기간에 따른다(2006. 8.24, 2004다26287,26294).

▣ 주채무자에 대한 확정판결에 의하여 단기소멸시효에 해당하는 주채무의 소 멸시효기간이 10년으로 연장된 상태에서 주채무를 보증한 경우, 보증채무 의 소멸시효기간

[1] **보증채무는 주채무와는 별개의 독립한 채무이므로 보증채무와 주채무의 소멸시효 기간은 채무의 성질에 따라 각각 별개로 정해진다.** 그리고 주채무자에 대한 **확정판 결에 의하여 민법 제163조 각 호의 단기소멸시효에 해당하는 주채무의 소멸시효기 간이 10년으로 연장된 상태에서 주채무를 보증한 경우, 특별한 사정이 없는 한 보증 채무에 대하여는 민법 제163조 각 호의 단기소멸시효가 적용될 여지가 없고, 성질에 따라 보증인에 대한 채권이 민사채권인 경우에는 10년, 상사채권인 경우에는 5년의 소멸시효 기간이 적용된다.**

[2] 건설자재 등 판매업을 하는 甲이 乙 주식회사를 상대로 제기한 물품대금 청구소송 에서 甲 승소판결이 확정된 후 丙이 乙 회사의 물품대금채무를 연대보증한 사안에 서, 상인인 甲이 상품을 판매한 대금채권에 대하여 丙으로부터 연대보증을 받은 행 위는 반증이 없는 한 상행위에 해당하고, 따라서 甲의 丙에 대한 보증채권은 특별한 사정이 없는 한 상사채권으로서 소멸시효기간은 5년이라고 한 사례(2014.6.12, 2011 다76105).

4. 보증채무에 특유한 항변

1) 최고 · 검색의 항변권(민법 제437조)

▣ 이에 대한 재항변사유로 채권자는 당해 보증이 연대보증인 사실을 들어 재항변 가능하고,[7] 주채무자에 대하여 이미 권리행사를 하였던 사실을 들어 재항변 가능

---

7 주채무가 상행위로 인한 경우에 보증인은 연대보증인에 해당한다는 점에 유의해야 한다(상법 제57조 제2항).

5. 보증인보호를 위하여 민법이 개정됨

▣ 보증은 기명날인 또는 서명이 있는 서면이어야 유효. 전자적 형태로 표시한 경우에 효력 없음(민법 제428조의2)[8]

- **서명 관련**: 타인이 보증인의 이름을 대신 쓰면 보증의 효력이 없음(2017. 12.13, 2016다233576)[9]
- 보증채무 최고액이 얼마인지는 명시되어야 함(민법 제428조의3 제1항) ⇨ 그렇지 않으면 보증계약 무효(2019.3.14, 2018다282473)

▣ 근보증에 있어서 채무 최고액을 서면으로 특정하지 아니하면 보증계약 효력 없음(민법 제428조의3)

▣ 채권자의 정보제공의무와 통지의무(민법 제436조의2)

6. 보증인 보호를 위한 특별법

▣ 보증기간의 약정이 없는 때 그 기간을 3년으로 하고 있는데(제7조) 이는 보증인이 보증책임을 부담하는 주채무의 발생기간임. 보증채무의 존속기간 아님(2020.7.23, 2018다42231)

▣ 보증인 보호를 위한 특별법은 물상보증인의 경우에는 적용 안 됨(2015.3.26, 2014다83142)

Ⅲ 청구취지 연습

피고 甲이 2021. 1. 11. 원고로부터 금 2,000만 원을 무이자로 차용하였고, 피고 乙은 위 차용금을 연대보증하였고, 피고 丙은 단순보증하였다. 피고 甲, 乙, 丙이 위 차용금을 일체 지급하지 않아 원고는 피고 甲, 乙, 丙을 상대로 소를 제기하고자 한다. 청구취지를 작성하면?

---

8 전자문서 및 전자거래기본법 제4조 제2항 "보증인이 자기의 영업 또는 사업으로 작성한 보증의 의사가 표시된 전자문서는 「민법」 제428조의2 제1항 단서에도 불구하고 같은 항 본문에 따른 서면으로 본다."에 따라 전자적 형태로 표시한 경우에도 효력 인정됨에 유의해야 한다.

9 다만, 보증인의 기명날인은 타인이 대행하는 것으로 하여도 무방하다(2019.3.14, 2018다282473).

원고에게,

가. 피고 甲, 乙은 연대하여 금 2,000만 원,

나. 피고 丙은 피고 甲과 공동하여 위 금원 중 금 1,000만 원을 지급하라.

⇨ 단순보증에서는 분별의 이익이 있음(제439조)

[보증채무 요건사실]

📖 요건사실

보증금 청구의 요건사실

1. 주채무의 발생원인 사실

2. 보증계약체결 사실

3. 서면에 기명날인 또는 서명

항변사유

1. 부종성의 항변

　　가. 주채무의 부존재항변(제433조)

　　나. 주채무의 소멸의 항변(제433조)

　　다. 주채무의 시효소멸의 항변(제433조)▲

　　라. 주채무자의 채권과 상계 항변(4제34조)

　　마. 이행거절의 항변(제435조)

1. 보증채무 자체에 대한 항변

　　가. 시효소멸의 항변▽

　　나. 보증인에 의한 변제 등

　　다. 보증인에 대한 통지의무해태(채권자의 과실)

　　라. 최고 · 검색의 항변◇ → 1. 주채무자에게 변제자력이 있는 사실

　　　　　　　　　　　　　　 2. 그 집행이 용이한 사실

　　　　　　　　　　　　　　 3. 항변권 행사의 의사표시와 그 도달사실

재항변사유

1. 주채무에 대한 시효중단▲

1. 주채무에 대한 시효중단(제440조) 또는 보증채무 시효중단▽

1. 보증이 연대보증인 사실(제437조)◇

· ·

수탁보증인의 구상금 청구의 요건사실

1. 보증인이 주채무의 전부 또는 일부를 소멸시켰을 것

2. 그 소멸이 보증인의 출재로 인한 것일 것

3. 보증인의 출재에 과실이 없을 것

항변사유

1. 주채무자에게 통지하지 않은 사실(제445조)

1-3

채권총론

주채무자와 보증인 Ⅱ - 소멸시효(심화)

▣ 원칙적으로 주채무의 성질을 고려하지 않고 보증인에 대한 채권이 민사채권이면 10년, 상사채권이면 5년(예 채권자나 보증인 중 한 명이 상인인 경우)

▣ Case 1(제5회 변시)

● **주채무:** 어음금채무(소멸시효 3년)

● **보증채무:** 보증인이 상인(회사)이어서 소멸시효 5년(상인의 행위는 영업을 위하여 한 것으로 추정됨)

● 주채무자에 대한 확정판결로 시효 10년으로 연장 ⇨ 시효 연장은 보증인에게 미치지 않으므로 보증채무는 확정판결 다음날부터[1] 5년의 시효가 경과되어 소멸

▣ Case 2(2016.5.12, 2013다37552)

● **주채무:** 상사채무(소멸시효 5년, 사인간 자금 차용도 영업자금 차용이면 상사시효 적용됨)[2]

● **보증채무:** 원래 민사채무(채권자도 상인 아니고, 보증인(채무자의 종업원)도 상인 아님. 소멸시효 10년인지 5년인지 ⇨ 위 판례는 5년이라고 하였으나 이는 잘못된 것으로 보이고 10년이 맞음

● 다만, 위 판결에서 주채무자에 대한 확정판결로 시효 10년으로 연장 ⇨ 시효 연장은 보증인에게 미치지 않으므로 보증채무는 확정판결 다음날부터[3] 5년의 시효가 경과되어 소멸하는 것으로 판시

▣ Case 3

● **주채무:** 물품공급채무(소멸시효 3년, 지연손해금채무는 5년 소멸시효)

---

1 민법 제440조 참조.
2 영업자금의 차입 행위는 행위 자체의 성질로 보아서는 영업의 목적인 상행위를 준비하는 행위라고 할 수 없지만, 행위자의 주관적 의사가 영업을 위한 준비행위이고 상대방도 행위자의 설명 등에 의하여 그 행위가 영업을 위한 준비행위라는 점을 인식한 경우에는 상행위에 관한 상법의 규정이 적용된다(2016.5.12, 2013다37552).
3 민법 제440조 참조.

- 보증채무: 보증인이 상인 아님
- 보증채무에 대하여만 가압류 등 시효중단조치 ⇨ 그러나 주채무 시효 완성 시 보증채무는 부종성에 의하여 소멸

◨ Case 4
- 주채무: 물품대금채무 ⇨ 판결에 의하여 10년으로 연장됨
- 위와 같이 연장된 상태에서 주채무를 보증한 경우
  ▪ 보증인에 대한 채권이 민사채권이면 10년, 상사채권이면 5년(2014.6.12, 2011 다76105)

◨ Case 5(2016년 제1차 모의변시)
- 사실관계
  ▪ 원고는 2011. 5. 10. 피고 이산에게 사업자금 1억 원을 이자 월 2%, 변제 기 2012. 5. 9.로 정하여 대여하고, 피고 김상수는 같은 날 위 채무를 연대 보증
  ▪ 피고 이산이나 피고 김상수는 2011. 5. 10.부터 2011. 12. 9.까지 7개월 분 이자를 지급하였을 뿐 그 이후에 발생한 이자, 지연손해금 및 원금을 변 제하지 않음
  ▪ 원고가 2013. 12. 26. 피고 김상수에 대하여 시효중단[4]
- 결론
  ▪ 소장 작성일인 2016. 5. 9. 기준으로 2011. 12. 10.부터 2012. 5. 9.까지 발 생한 이자는 3년의 소멸시효 기간에 의하여 소멸 ⇨ 피고 김상수는 원금＋ 2012. 5. 10.부터 발생한 지연손해금만 부담[5]

◨ Case 6(제6회 변시 변형)
- 사실관계
  ▪ 주식회사 상원은 2012. 8. 1. 회사운영자금을 마련하기 위하여 원고로부

---

4 보증채무에 대하여만 가압류 등 시효중단조치 취해도 주채무 시효 완성시 보증채무는 부종성에 의하 여 소멸한다.
5 위 사안에서 주채무자인 피고 이산이 시효이익 포기했으나 보증인인 피고 김상수에게 미치지 않는다 (1991.1.29, 89다카1114).

터 1억 원을 이자 월 1%, 변제기는 2013. 7. 31.로 정하여 차용하였고, 당시 김인상은 피고 회사와 공동 명의로 위 금전을 차용

- 원고가 주식회사 상원에 최고서를 보내 최고서가 2018. 6. 16. 도달
- 원고가 주식회사 상원이 소외인에 대하여 가지는 채권에 대하여 2018. 10. 9. 압류 및 전부명령을 받아 그 결정이 같은 달 26. 소외인에게 송달
- 다만, 주식회사 상원이 소외인에 대하여 가지는 채권에 관하여 위 전부명령 전에 A 금고가 가압류함

● 결론
- 상법 제57조 제1항에 따라 원래 주식회사 상원과 김인상은 원고에게 연대하여 차용금을 반환할 의무가 있으나(연대채무), 김인상은 상인인 주식회사 상원과 공동명의로 금전을 차용하였으므로 김인상의 차용금반환채무에도 5년의 상사 소멸시효기간이 적용되어 시효 완성됨[6]
- 그러나 주식회사 상원에 대하여 시효완성 이전에 최고가 이루어지고, 그로부터 6개월 이내에 압류가 이루어졌으므로 주식회사 상원의 채무는 시효로 소멸하지 않음(다만, 원고의 채권 중 이자 부분은 3년의 소멸시효에 걸리므로 시효에 의하여 소멸. 압류 경합이 있어서 전부명령이 무효라고 하더라도 압류결정까지 무효가 되는 것은 아님)
- 연대채무자 1인의 채무에 대하여 소멸시효가 완성되면 그 부담부분에 한하여 다른 연대채무자도 채무를 면하고(민법 제421조), 주식회사 상원과 김인상의 각 부담부분은 균등한 것으로 추정되고, 주된 채권의 소멸시효가 완성되면 종속된 권리에도 그 효력이 미침(민법 제183조)
- 원고에게, 주식회사 상원은 5,000만 원 및 이에 대하여 2013. 8. 1.부터 다 갚는 날까지 월 1%의 비율로 계산한 지연손해금을 지급할 의무가 있음

---

6 상법 제3조에 따라 당사자 중 1인의 행위가 상행위인 때에는 전원에 대하여 상법이 적용되므로, 당사자의 일방이 수인인 경우에 그중 1인에게만 상행위가 되더라도 전원에 대하여 상법이 적용된다고 해석된다(2014.4.10, 2013다68207).

1-4 연대채무와 부진정연대채무

I 연대채무의 성립: 주관적 공동관계가 중요

1) 법률행위에 의한 성립

◾ 계약/단독행위

● 병존적 채무인수

병존적 채무인수에서 인수인이 채무자의 부탁 없이 채권자와의 계약으로 채무를 인수하는 것은 매우 드문 일이므로 채무자와 인수인은 통상 주관적 공동관계가 있는 연대채무관계에 있고, 인수인이 채무자의 부탁을 받지 아니하여 **주관적 공동관계가 없는 경우에는 부진정연대관계**에 있는 것으로 보아야 한다(2009.8.20, 2009다32409 등 참조).[1]

2) 법률규정에 의한 성립

◾ 공동임차인의 차임지급의무 등(제653조, 제616조)

◾ 가사로 인한 채무의 연대책임(제832조)

◾ 상행위로 인하여 부담시 연대채무임(상법 제57조 제1항, 조합채무에서 주의)

상인 아닌 사람으로부터 금전을 차용한 경우를 상정하면, 회사와 상인 아닌 사람이 공동차주인 경우에 연대채무 부담하고, 상인 아닌 사람(공동차주)에 대하여도 상사시효가 적용됨[2](2015.4.10, 2013다68207, 변시 제6회 기출). 사안을 달리하여 회사가 주채무자이고 상인 아닌 사람이 보증인인 경우에 상인 아닌 사람은 연대보증인이고(상법 제57조 제2항), 상인 아닌 사람에 대하여는 민사시효가 적용됨

---

1 사업이나 부동산을 매수하는 사람이 근저당채무 등 그 부동산에 결부된 부담을 인수하고 그 채무액만큼 매매대금을 공제하기로 약정하는 경우에, 특별한 사정이 없는 한 **이행인수**이다. 그러나 **인수의 대상으로 된 채무의 책임을 구성하는 권리관계도 함께 양도한 경우이거나 채무인수인이 그 채무부담에 상응하는 대가를 얻을 때에는** 특별한 사정이 없는 한 원칙적으로 **병존적 채무인수이다**(2008.3.13, 2007다54627).

2 상법 제3조에 따라 당사자 중 1인의 행위가 상행위인 때에는 전원에 대하여 상법이 적용되므로, 당사자의 일방이 수인인 경우에 그중 1인에게만 상행위가 되더라도 전원에 대하여 상법이 적용된다고 해석된다.

Ⅱ 연대채무자 중 1인에 대하여 생긴 사유의 효력

1. 절대적 효력이 있는 사유

1) 변제, 대물변제, 공탁

2) 상계(제418조)

　▣ 자동채권을 가진 연대채무자가 직접 상계한 경우에 그 연대채무자의 부담부분에 한하여 소멸하는 것이 아님

　▣ **상계권의 행사(제418조 제2항)**

　　● 자동채권을 가진 연대채무자가 상계하지 않은 때, 다른 연대채무자가 그 자동채권을 가지고 상계하는 경우를 말함 ⇨ 대위상계와 구별!

　　● 자동채권을 가지는 채무자의 부담부분에 한하여 허용됨

　　● **관련)** 보증인은 주채무자의 채권을 자동채권으로 한 상계 가능(민법 제434조)

3) 이행청구(제416조)

　▣ 이행청구로 인한 이행지체, 시효 중단도 절대적 효력 발생

4) 면제(제419조)

　▣ 면제를 받은 연대채무자 부담부분에 한하여 절대적 효력 발생

　　● 연대채무자 중 1인이 채무를 일부 면제받은 경우에 다른 연대채무자의 채무에 미치는 영향 ⇨ 항상 절대적 효력이 인정되는 것이 아니라 일부 면제의 결과 피면제자의 잔존 채무액이 부담부분보다 적은 경우에만 발생

> 민법 제419조는 … 면제의 절대적 효력을 인정한다. 이는 당사자들 사이에 구상의 순환을 피하여 구상에 관한 법률관계를 간략히 하려는 데 취지가 있는바, 채권자가 연대채무자 중 1인에 대하여 채무를 일부 면제하는 경우에도 그와 같은 취지는 존중되어야 한다. 따라서 연대채무자 중 1인에 대한 채무의 일부 면제에 상대적 효력만 있다고 볼 특별한 사정이 없는 한 **일부 면제의 경우에도** 면제된 부담부분에 한하여 **면제의 절대적 효력이 인정**된다고 보아야 한다.

구체적으로 **연대채무자 중 1인이 채무 일부를 면제받는 경우**에 그 연대채무자가 지급해야 할 **잔존 채무액이 부담부분을 초과하는 경우**에는 그 연대채무자의 부담부분이 감소한 것은 아니므로 다른 연대채무자의 채무에도 영향을 주지 않아 **다른 연대채무자는 채무 전액을 부담**하여야 한다. 반대로 일부 면제에 의한 피면제자의 잔존 채무액이 부담부분보다 적은 경우에는 차액(부담부분－잔존 채무액)만큼 피면제자의 부담부분이 감소하였으므로, 차액의 범위에서 면제의 절대적 효력이 발생하여 다른 연대채무자의 채무도 차액만큼 감소한다(2019.8.14, 2019다216435).[3]

5) 시효의 완성(제421조)

2. 상대적 효력이 있는 사유

1) 이행청구에 의하지 않는 시효 중단

[1] 채권자의 신청에 의한 경매개시결정에 따라 연대채무자 1인의 소유 부동산이 압류된 경우, 이로써 위 채무자에 대한 채권의 소멸시효는 중단되지만, 압류에 의한 시효중단의 효력은 다른 연대채무자에게 미치지 아니하므로, **경매개시결정에 의한 시효중단의 효력을 다른 연대채무자에 대하여 주장할 수 없다.**

[2] 채권자가 연대채무자 1인의 소유 부동산에 대하여 경매신청을 한 경우, 이는 최고로서의 효력을 가지고 있고, 연대채무자에 대한 이행청구는 다른 연대채무자에게도 효력이 있으므로, 채권자가 6월 내에 다른 연대채무자를 상대로 재판상 청구를 하였다면 그 다른 연대채무자에 대한 채권의 소멸시효가 중단되지만, 이로 인하여 중단된 시효는 위 경매절차가 종료된 때가 아니라 **재판이 확정된 때로부터 새로 진행**된다(2001.8.21, 2001다22840).

---

3 가령 A, B, C, D가 각자 균등한 부담비율로 甲에 대해서 100만 원 연대채무를 부담하는데 A가 60만 원 면제받은 경우에 잔존 채무액 40만 원이 부담부분 25만 원보다 많으므로 절대적 효력이 없음. 따라서 B, C, D는 여전히 100만 원의 연대채무를 부담한다(A가 잔존 채무액 40만 원 변제시 B, C, D에 대하여 10만 원씩 구상할 수 있다). 사안을 달리하여 A가 90만 원 변제받은 경우에 A의 채무부담부분이 종전에 비하여 15만 원 감소되므로(부담부분 25만 원－잔존채무액 10만 원) 그 15만 원에 대해서 절대적 효력이 있다. 일부 면제의 절대적 효력 인정 여부는 일부 면제를 받은 연대채무자의 부담부분이 감소하는지 여부에 있는 것이다.

⇨ 甲과 乙은 연대채무자, 채권자 丙이 甲에 대하여 경매신청하여 경매개시결정이 내려진 경우에 乙에 대한 채무가 시효로 소멸하는지 여부가 쟁점임.

① 압류에 의한 시효중단의 효력은 乙에게 아무런 효력이 없음.

② 만약 丙이 甲에 대한 경매신청 후 6개월 내에 乙에게 소를 제기한 경우에 甲에 대한 경매신청은 이행청구에 해당하므로 乙에게도 효력이 미치고, 甲이 그 6개월 내에 소를 제기하였으면 시효중단의 효과가 발생함. 그러나 위 소에 의한 판결이 확정되고 그로부터 10년이 경과하였으면 소멸시효가 완성된 것임.

2) 절대적 효력이 있는 사유를 제외한 나머지 사유는 상대적 효력

▣ 시효이익의 포기

Ⅲ 부진정연대채무의 성립

1. 주관적 공동관계가 없는 경우

▣ 부진정연대채무 관계는 서로 별개의 원인으로 발생한 독립된 채무라 하더라도 동일한 경제적 목적을 가지고 있고 서로 중첩되는 부분에 관하여 일방의 채무가 변제 등으로 소멸할 경우 타방의 채무도 소멸하는 관계에 있으면 성립할 수 있고, 반드시 양 채무의 발생원인, 채무의 액수 등이 서로 동일할 것을 요한다고 할 수는 없다(2009.3.26, 2006다47677).

2. 대표적인 예

▣ 사용자 책임

▣ 공동불법행위자 책임

▣ 직접점유자와 간접점유자의 부당이득반환의무(2012.9.27, 2011다76747)

▣ 상법 제24조에 의한 명의대여자와 명의차용자의 책임(2011.4.14, 2010다91886)

CHAPTER 01

채권총론

Ⅳ 부진정연대채무자 중 1인에 대하여 생긴 사유의 효력

1. 절대적 효력이 있는 사유

1) 변제, 대물변제, 공탁

◨ 부진정연대채무자 사이에 부담하는 채무액이 다른 경우 부진정연대채무자 중 1인이 변제를 하면 다른 부진정연대채무자의 채무는 어느 범위에서 소멸하는지의 문제

● 소액채무자가 변제시 변제금액만큼 다액 채무자의 채무 소멸함(2012. 2.9, 2009다72094)

> 부진정연대채무자 중 **소액 채무자가 자신의 채무 중 일부를 변제**한 경우, 변제된 금액은 소액 채무자가 다액 채무자와 **공동으로 부담하는 부분에 관하여 민법의 변제충당 일반 원칙에 따라 지연손해금, 원본의 순서로 변제에 충당**되고 이로써 공동 부담 부분의 채무 중 지연손해금과 일부 원금채무가 변제로 소멸하게 된다. 그리고 부진정연대채무자 상호 간에 채권의 목적을 달성시키는 변제와 같은 사유는 채무자 전원에게 절대적 효력이 있으므로, 이로써 다액 채무자의 채무도 지연손해금과 원금이 같은 범위에서 소멸하게 된다(2012.2.9, 2009다72094).

● 다액채무자가 변제시

■ 외측설(단독으로 부담하는 채무 부분부터 소멸)

> 1. 금액이 다른 채무가 서로 부진정연대 관계에 있을 때 **다액채무자가 일부 변제를 하는 경우** 변제로 인하여 **먼저 소멸하는 부분은 당사자의 의사와 채무 전액의 지급을 확실히 확보하려는 부진정연대채무 제도의 취지에 비추어 볼 때 다액채무자가 단독으로 채무를 부담하는 부분으로 보아야 한다.** 이러한 법리는 사용자의 손해배상액이 피해자의 과실을 참작하여 과실상계를 한 결과 타인에게 직접 손해를 가한 피용자 자신의 손해배상액과 달라졌는데 다액채무자인 피용자가 손해배상액의 일부를 변제한 경우에 적용되고, 공동불법행위자들의 피해자에 대한 과실비율이 달라 손해배상액이 달라졌는데 다액채무자인 공동불법행위자가 손해배상액의 일부를 변제한 경우에도 적용된다(2018.3.22, 2012다74236 전합).

⇨ 종전 과실비율설을 변경한 것임[4]

2. 금액이 다른 채무가 서로 부진정연대의 관계에 있을 때 **금액이 많은 채무의 일부가 변제 등으로 소멸하는 경우** 그 중 먼저 소멸하는 부분은 당사자의 의사와 채무 전액의 지급을 확실히 확보하려는 부진정연대채무 제도의 취지에 비추어 볼 때 **다른 채무자와 공동으로 채무를 부담하는 부분이 아니라 단독으로 채무를 부담하는 부분으로 보아야 한다**(2000.3.14, 99다67376).

2) 상계

▣ **부진정연대채무자 중 1인이 자신의 반대채권을 상계한 경우 – 연대채무와 마찬가지로 절대적 효력 인정!**

부진정연대채무자 중 1인이 자신의 채권자에 대한 반대채권으로 상계를 한 경우에도 채권은 변제, 대물변제, 또는 공탁이 행하여진 경우와 동일하게 현실적으로 만족을 얻어 그 목적을 달성하는 것이므로, 그 **상계로 인한 채무소멸의 효력은 소멸한 채무 전액에 관하여 다른 부진정연대채무자에 대하여도 미친다**고 보아야 한다. 이는 부진정연대채무자 중 1인이 채권자와 상계계약을 체결한 경우에도 마찬가지이다(2010.9.16, 2008다97218 전합).

▣ 부진정연대채무관계에서 다른 부진정연대채무의 상계권을 행사할 수 있는지 여부(소극)

부진정연대채무자 사이에는 고유의 의미에 있어서의 부담부분이 존재하지 아니하므로 위와 같은 고유의 의미의 부담부분의 존재를 전제로 하는 민법 제418조 제2항은 부진정연대채무에는 적용되지 아니하는 것으로 봄이 상당하고, 따라서 **부진정연대채무에 있어서는 한 부진정연대채무자가 채권자에 대하여 상계할 채권을 가지고 있음에도 상계를 하지 않고 있다 하더라도 다른 부진정연대채무자가 그 채권을 가지고 상계를 할 수는 없는 것으로 보아야 한다**(1994.5.27, 93다21521).

---

4 사용자책임의 경우 종전 과실비율설에 따르면 다음과 같다. 사용자가 80만 원, 피용자가 100만 원의 손해배상책임을 부담하는 경우에, 피용자가 40만 원을 변제한 경우에 사용자가 부담하는 액수는 48만 원이다[=80만 원-(40만 원×0.8)]. 그러나 외측설에 의할 경우에 위 사안에서 사용자가 부담하는 액수는 60만 원이 된다.

■ 부진정연대채무자가 다른 부진정연대채무자의 상계권에 대한 대위행사
가능 여부 ⇨ 장래 발생할 구상권을 피보전권리로 하여서 불가

채무자가 제3자에 대하여 갖는 상계권도 채권자대위권의 목적이 될 수 있지만, 채권자
대위권을 행사하기 위해서는 원칙적으로 채권의 존재 및 보전의 필요성, 기한의 도래 등
의 요건을 충족하여야 함에 비추어(1995.9.5, 95다22917; 2003.4.11, 2003다1250 등 참조),
**어느 부진정연대채무자가 현실적으로 자신의 부담부분을 초과하는 출재를 하여 채무를
소멸시킴으로써 다른 부진정연대채무자에 대하여 구상권을 취득한 상태에 이르지 아니
한 채 단지 장래에 출재를 할 경우 취득할 수 있는 다른 부진정연대채무자에 대한 구상
권을 보전하기 위하여 다른 부진정연대채무자가 채권자에게 갖는 상계권을 대위 행사하
는 것은 허용되지 아니한다**(2010.8.26, 2009다95769).

2. 상대적 효력이 있는 사유

1) 위와 같은 사유를 제외한 나머지는 상대적 효력
2) 채권자의 청구권 포기, 채무면제

1. 부진정연대채무에 있어서 채권자가 어느 채무자에 대하여 그의 부담부분이거나 또는
   이를 초과하는 **전채권액을 포기하는 의사표시를 하였다고 해도 다른 채무자들에게는
   상대적 효력밖에 없다**(1981.6.23, 80다1796).
2. 피용자의 사무집행에 관한 불법행위로 인한 피해자가 피용자 자신으로부터의 배상에
   의하여 일부 또는 전부의 현실적 만족을 얻었을 때에는 그 범위 내에서 사용자의 배
   상책임도 소멸하나 현실적 만족 이외의 **채무면제나 합의의 효력 등은 그 피해자가 나
   아가 다른 손해배상의무자(사용자)에 대하여는 더 이상의 손해배상청구를 하지 아니
   할 명시적 또는 묵시적 의사표시를 하는 등의 다른 특별한 사정이 없는 한 사용자에
   대하여는 그 효력이 미칠 수 없다**(1989.5.9, 88다카16959).

3) 이행청구(그로 인한 이행지체), 이행청구로 인한 시효중단

부진정연대채무에 있어 채무자 1인에 대한 이행의 청구는 타 채무자에 대하여 그 효력이 미치지 않으므로, 하천구역으로 편입된 토지의 소유자가 서울특별시장에게 보상금지급 청구를 하였다 하더라도 부진정연대채무관계에 있는 국가에 대하여 시효중단의 효과가 발생한다고 할 수 없다(1997.9.12, 95다42027).

4) 채무 승인 등의 소멸시효 중단 사유/소멸시효 이익의 포기

상법 제24조에 의한 명의대여자와 명의차용자의 책임은 동일한 경제적 목적을 가진 채무로서 서로 중첩되는 부분에 관하여 일방의 채무가 변제 등으로 소멸하면 타방의 채무도 소멸하는 이른바 부진정연대의 관계에 있다. 이와 같은 **부진정연대채무에 서는 채무자 1인에 대한 이행청구 또는 채무자 1인이 행한 채무의 승인 등 소멸시효의 중단사유나 시효이익의 포기가 다른 채무자에게 효력을 미치지 아니한다**(2011.4.14, 2010다91886).

I 채권양도의 요건사실

요건사실

양수금 청구의 요건사실

1. 채권의 존재사실

2. 채권양도계약

3. 대항요건의 구비(통지 또는 승낙. 제3자에 대해서는 확정일자 있는 증서에 의한 통지 또는 승낙)

항변사유

1. 채권의 성질이 양도를 허용하지 않는다(제449조 제1항).

1. 양도인과 채무자 간의 양도금지 특약이 있고 그에 관하여 양수인이 악의(중과실 포함)이다(제449조 제2항).[1]

1. 양수인에 우선하는 권리가 존재한다.

   ⅰ. 제3자가 먼저 양수하여 확정일자 있는 대항요건을 갖추었다.

   ⅱ. 양수인이 대항요건을 갖추기 전에 채권에 대한 가압류 결정이 있었고, 그 송달을 받았으며, 본안에서 승소확정판결을 받았다.[2]

   ⅲ. 기타 통지시까지 양도인에게 대항할 수 있는 사유의 존재(제451조)

[기재례]

소외 박철홍은 2012. 9. 1. 피고 이재석에게 3억 원을 이자 월 1%, 변제기 2013. 8. 31.로 정하여 대여하였고, 피고 김관수는 같은 날 박철홍에게 기명날인한 서면으로 위 차용금채무를 연대보증하였습니다.

박철홍은 2015. 9. 5. 원고에게 위 채권을 양도하고, 같은 날 주채무자인 피고 이재석에게 채권양도통지를 하여 피고 이재석은 2015. 9. 7. 이를 수령하였습니다.

---

1 제3자는 직접상대방에 한정되지 않으며 또한 엄폐물의 법칙이 적용된다. "민법 제449조 제2항 단서는 채권양도금지 특약으로써 대항할 수 없는 자를 '선의의 제3자'라고만 규정하고 있어 채권자로부터 직접 양수한 자만을 가리키는 것으로 해석할 이유는 없으므로, **악의의 양수인으로부터 다시 선**

1. 채권의 존재 사실: 이미 채권 양도한 자가 2차로 채권을 양도한 경우에 효력이 없음

양도인이 지명채권을 제1양수인에게 1차로 양도한 다음 제1양수인이 그에 따라 확정일자 있는 증서에 의한 대항요건을 적법하게 갖추었다면 이로써 채권이 제1양수인에게 이전하고 양도인은 채권에 대한 처분권한을 상실하므로, 그 후 양도인이 동일한 채권을 제2양수인에게 양도하였더라도 제2양수인은 채권을 취득할 수 없다. 이 경우 양도인이 **다른 채무를 담보하기 위하여 제1차 양도계약을 하였더라도** 대외적으로 채권이 제1양수인에게 이전되어 제1양수인이 채권을 취득하게 되므로 그 후에 이루어진 제2차 양도계약에 따라 **제2양수인이 채권을 취득하지 못하게 됨은 마찬가지이다.**
또한 **제2차 양도계약 후 양도인과 제1양수인이 제1차 양도계약을 합의해지한 다음 제1양수인이 그 사실을 채무자에게 통지함으로써 채권이 다시 양도인에게 귀속하게 되었더라도 특별한 사정이 없는 한 양도인이 처분권한 없이 한 제2차 양도계약이 채권양도로서 유효하게 될 수는 없으므로, 그로 인하여 제2양수인이 당연히 채권을 취득하게 된다고 볼 수는 없다**(2016.7.14, 2015다46119).

의로 양수한 전득자도 위 조항에서의 선의의 제3자에 해당한다. 또한 선의의 양수인을 보호하고자 하는 위 조항의 입법 취지에 비추어 볼 때, 이러한 **선의의 양수인으로부터 다시 채권을 양수한 전득자는 선의·악의를 불문하고 채권을 유효하게 취득**한다(2015.4.9, 2012다118020)."는 판결 참조. 표현대리에서 제3자는 직접상대방에 한정된다는 점과 비교를 요한다(1994.5.27, 93다21521).
2 대법원 2002.4.26, 2001다59033 판결. 이에 대하여는 가압류채권자가 본안소송에서 승소하는 등으로 그 집행권원을 취득하는 것만으로는 채권양도와 양립할 수 없는 상황이 확정되었다고 볼 수는 없고, 더 나아가 채권가압류집행이 목적을 달성한 단계 즉 집행권원을 얻어 압류 및 환가절차까지 모두 마친 상태에 이르러야만 위와 같은 상황이 확정된다고 봄이 타당하다는 비판이 있음에 유의해야 한다. 사안을 달리하여 양수인이 대항요건을 갖추기 전에 채권에 대한 압류 결정이 있는 경우에(예 약속어음공정증서 정본에 기하여 바로 압류 결정이 이루어진 경우), 위 압류 결정 후에 채권양도를 한 경우에 채무자의 처분행위는 압류권자에게 대항할 수 없으나 채권양수인이 청구를 하는 경우에 제3채무자는 이를 가지고 대항할 수 없으므로(압류의 효력은 상대적임) 채권양수인의 청구는 인용되고, 제3채무자는 집행단계에서 이를 저지할 수 있다고 보아야 한다. 이러한 결론은 판례에 대한 비판적인 견해에 입각할 때 일관성있게 파악할 수 있다.

Ⅱ 양도금지특약의 효력

▣ 양도금지특약의 효력: 물권적 효과설

양도금지특약을 위반하여 이루어진 채권양도는 원칙적으로 효력이 없다. 다만, 양수인이 중대한 과실 없이 양도금지특약의 존재를 알지 못하였다면 채권양도는 유효하게 되어 채무자는 양수인에게 양도금지특약을 가지고 채무 이행을 거절할 수 없다. **채권양수인의 악의 내지 중과실은 양도금지특약으로 양수인에게 대항하려는 자가 주장·증명하여야 한다.**[3]

위와 같은 물권적 효과설이 타당한 이유는 다음과 같다. ① 민법 제449조 제2항 본문이 당사자가 양도를 반대하는 의사를 표시한 경우 채권을 양도하지 못한다고 규정한 것은 양도금지특약을 위반한 채권양도의 효력을 부정하는 의미라고 해석하여야 한다. ② 계약당사자가 그들 사이에 발생한 채권을 양도하지 않기로 약정하는 것은 계약자유의 원칙상 당연히 허용되는 것인데, 민법에서 별도의 규정까지 두어 양도금지특약에 관하여 규율하는 것은 이러한 특약의 효력이 당사자 사이뿐만 아니라 제3자에게까지 미치도록 하는 데 그 취지가 있다고 보아야 한다.

⇨ 반대의견: 채권양도에 따라 채권은 양도인으로부터 양수인에게 이전하는 것이고, 채권양도의 당사자가 아닌 채무자의 의사에 따라 채권양도의 효력이 좌우되지는 않는다(채권적 효력설 채택). … 계약은 당사자만을 구속하는 것이 원칙이기 때문에, 단순히 채권관계의 당사자가 반대의 의사를 표시한 경우에는 양도하지 못한다는 모호한 규정만으로는 채권의 양도성 자체를 박탈하는 근거가 될 수 없다.

⇨ 甲이 피고에 대한 공사대금채권이 있었는데, 그 채권에는 양도금지특약이 있었다. 위 채권이 乙에게 양도된 후에 甲이 파산하여 파산관재인인 원고가 피고에 대하여 공사대금의 지급을 구한 사안이다. 다수의견은 양수인인 乙에게 중대한 과실이 인정되므로 채권양도는 무효이고 원고의 청구를 인용해야 한다고 보았다.

반대의견은 양수인이 악의(중대한 과실 포함, 이하 같음)가 있어도 채권양도는 유효하되, 채무자는 양수인이 악의임을 들어 이행거절 항변을 하고 양도인에게 이행하거나, 악의가 있는 양수인에 대한 이행거절 항변권을 포기하고 양수인에게 이행할 수 있다는 입장이다. 반대의견은 피고가 악의 항변을 포기한 것으로 볼 수 있으므로[4] 양수인인 乙에게 채무를 이행하여야 하는바, 원고의 청구를 기각하여야 한다고 판시함(2019.12.19, 2016다24284 전합).

---

3 물권적 효력설에 의하면 양수인이 자신의 선의를, 채권적 효력설에 의하면 채무자가 양수인의 악의를 증명하는 것이 논리적일 수 있다. 그러나 판례는 물권적 효력설을 취하면서도 채무자가 악의에

Ⅲ 채권양도의 대항요건

1. 채무자에 대한 대항요건 ⇨ 통지 또는 승낙

1) 통지

□ 양수인에 의한 통지 가부 ⇨ 대리인으로서 가능

민법 제450조에 의한 채권양도통지는 양도인이 직접하지 아니하고 사자를 통하여 하거나 대리인으로 하여금 하게 하여도 무방하고, 채권의 양수인도 양도인으로부터 채권양도통지 권한을 위임받아 대리인으로서 그 통지를 할 수 있다(2004.2.13, 2003다43490).

□ 사전통지의 가부 ⇨ 원칙적으로 불가

민법 제450조 제1항 소정의 채권양도의 통지는 양도인이 채무자에 대하여 당해 채권을 양수인에게 양도하였다는 사실을 통지하는 이른바 관념의 통지로서, 채권양도가 있기 전에 미리 하는 사전 통지는 채무자로 하여금 양도의 시기를 확정할 수 없는 불안한 상태에 있게 하는 결과가 되어 원칙적으로 허용될 수 없다(2000.4.11, 2000다2627).[5]

□ 상계 관련 1: 통지 후에 양도인에 대하여 반대채권을 취득한 때

● 원칙: 상계 불가(1984.9.11, 83다카2288)

● 예외: 동시이행 관계에 있는 경우 상계 허용(2015.4.9, 2014다80945)

대한 증명책임을 진다고 하는바, 다수의견이나 반대의견이나 증명책임에서 차이가 없다.

4 채무자가 乙에게 채권양도가 되었음을 이유로 원고의 청구에 다투고 있다는 점을 위와 같이 해석 가능하다.

5 최근에 대법원은 예외적으로 사전통지가 허용될 수 있다고 하였다. 즉, 확정일자 있는 사전통지와 사전승낙이 모두 있었던 경우이다. "채권양도가 있기 전에 미리 하는 채권양도통지는 채무자로 하여금 양도의 시기를 확정할 수 없는 불안한 상태에 있게 하는 결과가 되어 원칙으로 허용될 수 없다 할 것이지만 이는 채무자를 보호하기 위하여 요구되는 것이므로 사전통지가 있더라도 채무자에게 법적으로 아무런 불안정한 상황이 발생하지 않는 경우에까지 그 효력을 부인할 것은 아니라 할 것이다. 원심은 채택 증거를 종합하여 그 판시와 같은 사실을 인정한 다음, 채권양도인인 (주)삼영기공의 2003. 4. 22.자 확정일자부 채권양도통지와 채무자인 롯데건설(주)의 2003. 4. 22.자 확정일자부 채권양도승낙이 모두 있었고 그 직후인 2003. 5. 6. (주)삼영기공이 피고에게 이 사건 공사대금채권을 양도하였으므로, 채무자인 롯데건설(주)로 하여금 양도의 시기를 확정할 수 없는 불안한 상태에 있게 하는 결과가 발생할 우려가 없었고, 따라서 실제로 채권양도계약이 체결된 2003. 5. 6. 이 사건 공사대금채권 양도의 제3자에 대한 대항력이 발생하였다고 판단하였다. 이러한 원심의 판단은 정당하다"(2010.2.11, 2009다90740).

채권양도에 의하여 채권은 그 동일성을 유지하면서 양수인에게 이전되고, 채무자는 양도통지를 받은 때까지 양도인에 대하여 생긴 사유로써 양수인에게 대항할 수 있다(민법 제451조 제2항). 따라서 채무자의 채권양도인에 대한 자동채권이 발생하는 기초가 되는 원인이 양도 전에 이미 성립하여 존재하고 자동채권이 수동채권인 양도채권과 동시이행의 관계에 있는 경우에는, 양도통지가 채무자에게 도달하여 채권양도의 대항요건이 갖추어진 후에 자동채권이 발생하였다고 하더라도 채무자는 동시이행의 항변권을 주장할 수 있고, 따라서 그 채권에 의한 상계로 양수인에게 대항할 수 있다(2015.4.9, 2014다80945).

⇨ 채권양수인인 원고의 공사대금 지급청구에 대하여 피고가 채권양도 후에 취득한 하자보수 채권으로 상계할 수 있다고 한 사례

　　　▣ **상계 관련 2: 통지 당시에 양도인에 대하여 반대채권을 가지고 있는 경우 ⇨ 제한 없이 상계 가능**

채권양도에 있어서 채무자가 양도인에게 이의를 보류하지 아니하고 승낙을 하였다는 사정이 없거나 또는 이의를 보류하지 아니하고 승낙을 하였더라도 양수인이 악의 또는 중과실의 경우에 해당하는 한, 채무자의 승낙 당시까지 양도인에 대하여 생긴 사유로써 양수인에게 대항할 수 있다고 할 것인데, 승낙 당시 이미 상계를 할 수 있는 원인이 있었던 경우에는 아직 상계적상에 있지 아니하였다 하더라도 그 후에 상계적상이 생기면 채무자는 양수인에 대하여 상계로 대항할 수 있다(1999.8.20, 99다18039).

　2) 승낙
　　　▣ 채무자의 사전승낙 ⇨ 허용됨
　　　▣ **채무자가 이의를 보류하지 않고 승낙한 경우**
　　　　● 채무자는 채권의 불성립·소멸 등의 항변을 하지 못함
　　　　　■ 채권의 귀속에 대한 문제는 채무자가 제기 가능(1994.4.29, 93다35551)
　　　　● **예외)** 채권자가 악의·중과실인 경우에는 채무자는 항변 가능

민법 제451조 제1항이 이의를 보류하지 않은 승낙에 대하여 항변사유를 제한한 취지는 이의를 보류하지 않은 승낙이 이루어진 경우 양수인은 양수한 채권에 아무런 항변권도 부착되지 아니한 것으로 신뢰하는 것이 보통이므로 채무자의 '승낙'이라는 사실에 공신력을 주어 양수인의 신뢰를 보호하고 채권양도나 질권설정과 같은 거래의 안전을 꾀하기 위한 규정이라 할 것이므로, 채권의 양도나 질권의 설정에 대하여 이의를 보류하지 아니하고 승낙을 하였더라도 양수인 또는 질권자가 악의 또는 중과실의 경우에 해당하는 한 채무자의 승낙 당시까지 양도인 또는 질권설정자에 대하여 생긴 사유로써도 양수인 또는 질권자에게 대항할 수 있다(2002.3.29, 2000다13887).

사례

채권양수인의 양수금 청구(청구원인)

⇨ 채무자: 채권양도인에 대한 변제의 항변

⇨ 채권자: 채무자가 이의를 보류하지 아니하고 승낙하였다는 재항변

⇨ 채무자: 채권자가 변제 사실을 알았거나 중대한 과실로 알지 못하였다는 재재항변

2. 제3자에 대한 대항요건 ⇨ 확정일자 있는 증서에 의한 통지 또는 승낙

1) 채권 이중 양도에 있어서 우선순위

▣ 핵심

甲이 채무자이고 乙이 甲에 대한 채권을 丙에게 양도한 후 丁에게도 이중으로 양도한 경우에

① 丙은 확정일자 있는 증서에 의해 양도받지 아니한 반면, 丁이 확정일자 있는 증서에 의해 양도받은 경우(또는 가압류에 기하여 압류 및 전부명령을 받은 경우에) 丁의 권리가 우선하며(설사 甲이 丙에 대하여 이의를 보류하지 아니한 승낙을 하였어도 마찬가지이다),

② 丙과 丁 모두 확정일자 있는 증서에 의해 양도받지 아니하였다면 서로 우열이 없으나 권리변동의 일반원칙[6]에 따라 甲은 丙에게 변제를 하여야 하고(1971.12.28, 71다2048),

③ 丙과 丁이 모두 확정일자 있는 증서에 의해 양도받은 경우에 도달시설에 의해 판단하면 된다(1994.4.26, 93다24223).

---

6 시간에서 앞선 자는 권리에서도 앞선다. "Qui Prior Est Tempore, Potior Est Jure" 먼저 통지·승낙이 있는 양수인이 우선한다는 것이다(채권양도계약이 먼저 있었는지가 아님).

⇨ 예를 들어 丙이 확정일자를 받은 날은 2022. 5. 4, 채무자에게 도달한 날은 2022. 5. 10, 丁이 확정일자를 받은 날은 2022. 5. 6, 채무자에게 도달한 날은 2022. 5. 8.인 경우 丁의 권리가 우선한다.

▣ 위 핵심에 관한 관련판례 모음

지명채권인 임대차보증금반환 채권이 양도되고 이에 대한 채무자의 승낙이 있었다 하더라도 그것이 **확정일자 있는 증서에 의한 것이 아니라면 이와 같은 승낙을 가지고는 제3자에게 대항할 수 없는 것이므로, 위 채권에 관하여 가압류명령을 받고 나아가 전부명령까지 받은 자로서는 위 채권양도를 부인하여 우월한 지위를 갖게 된다 할 것이고 채무자도 이를 부인할 수 없다(1985.9.10, 85다카794; 동지 1986.2.11, 85다카1087).

채권양도의 통지나 승낙이 확정일자있는 증서에 의한 것인가의 여부는 어디까지나 제3자에 대한 대항요건에 불과하므로, **확정일자있는 증서에 의하지 아니하였더라도 채무자가 일단 채권양도의 통지를 받고 그 양수인에게 변제할 것을 승낙하였다면 그 후에 채권이 이중양도되어 채무자가 다시 위 채권의 양도통지(확정일자있는 증서에 의하지 아니한)를 받고 그 이중양수인에게 변제를 하였다고 하더라도, 채무자는 1차양수인에게 채무를 변제할 의무가 있다 할 것이다(1971.12.28, 71다2048).

채권이 이중으로 양도된 경우의 양수인 상호간의 우열은 통지 또는 승낙에 붙여진 확정일자의 선후에 의하여 결정할 것이 아니라, 채권양도에 대한 채무자의 인식 즉, **확정일자 있는 양도통지가 채무자에게 도달한 일시 또는 확정일자 있는 승낙의 일시의 선후에 의하여 결정하여야 할 것이고, 이러한 법리는 채권양수인과 동일채권에 대하여 가압류명령을 집행한 자 사이의 우열을 결정하는 경우에 있어서도 마찬가지이므로, 확정일자 있는 채권양도 통지와 가압류결정 정본의 제3채무자(채권양도의 경우는 채무자)에 대한 도달의 선후에 의하여 그 우열을 결정하여야 한다(1994.4.26, 93다24223 전합).

2) 채권(가)압류권자와 채권양수인/채무자 사이의 권리 관계

▣ 핵심: 채무자의 인식의 전후가 중요, 확정일자 선후가 아님

① 채권가압류 통지가 확정일자 있는 채권양도 통지보다 먼저 도달한 경우에, 채권양수인의 채무자에 대한 청구에 대하여 채무자는 채권가압류 통지가 먼저 있었음을 이유로 위 청구를 거절할 수 없으나(무조건 청구인용설), 가압류채권자가 본안소송에서 승소하는 등으로 집행권원을 취득하는 경우에는 그 범위 내에서 채권양도는 무효가 된다.

② 채권가압류 통지가 확정일자 있는 채권양도 통지와 동시에 도달한 경우에, 마찬가지로 채무자는 채권가압류통지가 동시에 도달하였음을 이유로 양수인의 청구를 거절할 수 없으며(채권가압류통지를 동시에 받았다는 채무자의 주장은 유효한 항변이 되지 못함!), 다만 양수인은 채무자로부터 변제를 받은 경우에 이를 정산할 의무가 있다.

③ 채권가압류 통지가 확정일자 있는 채권양도 통지보다 나중에 도달한 경우에, 가압류 채권자는 존재하지 않는 채권을 가압류한 셈이 되어 그 채권가압류는 효력을 발생할 수 없으므로 채무자는 채권양수인에게 양수금을 지급하여야 유효한 변제가 되며, 만약 가압류채권자가 집행권원을 얻어 압류 및 전부명령(추심명령)을 받은 후 채무자에 대하여 전부금 청구의 소(추심금 청구의 소)를 제기하는 경우에 채무자는 가압류의 통지가 채권양도 통지보다 늦었다는 사실을 주장하여 가압류채권자의 청구를 거절할 수 있다.[7]

■ 관련 판례 모음

① 채권가압류 〉 채권양수

일반적으로 채권에 대한 가압류가 있더라도 이는 가압류채무자가 제3채무자로부터 현실로 급부를 추심하는 것만을 금지하는 것이므로 가압류채무자는 제3채무자를 상대로 그 이행을 구하는 소송을 제기할 수 있고, 법원은 가압류가 되어 있음을 이유로 이를 배척할 수 없는 것이며(1989.11.24, 88다카25038, 1992.11.10, 92다4680), 채권양도는 구 채권자인 양도인과 신 채권자인 양수인 사이에 채권을 그 동일성을 유지하면서 전자로부터 후자에게로 이전시킬 것을 목적으로 하는 계약을 말한다 할 것이고, 채권양도에 의하여 채권은 그 동일성을 잃지 않고 양도인으로부터 양수인에게 이전된다 할 것이며, **가압류된 채권도 이를 양도하는 데 아무런 제한이 없으나, 다만 가압류된 채권을 양수받은 양수인은 그러한 가압류에 의하여 권리가 제한된 상태의 채권을 양수받는다고 보아야 할 것이다**(2000.4.11, 99다23888).

---

7 만약 채권양도 통지가 확정일자를 갖추지 않은 경우에 위 채권양도로 가압류권자, 압류 및 추심명령을 받은 채권자 등 양수인의 지위와 양립할 수 없는 법률상의 지위를 취득한 제3자에 대하여 대항할 수 없는 것은 당연하다(2017.1.25, 2014다52933 등 참조).

⇨ 동일한 채권에 관하여 채권가압류결정이 제3채무자에게 송달된 후에 당해 채권을 양도받은 자가 체3채무자를 상대로 이행의 소를 제기할 수 있으므로, 채무자의 특별한 항변 사유가 없는 한 양수인의 청구를 인용하여야 한다고 설시하였다(무조건 청구인용설). 소유권이전등기청구권에 대하여 가압류가 있는 경우 해제조건부 인용 판결을 하여야 한다는 점과 구별 요함.

채권가압류의 처분금지의 효력은 본안소송에서 가압류채권자가 승소하여 집행권원을 얻는 등으로 피보전권리의 존재가 확정되는 것을 조건으로 하여 발생하는 것이므로, **채권가압류결정의 채권자가 본안소송에서 승소하는 등으로 집행권원을 취득하는 경우에는 가압류에 의하여 권리가 제한된 상태의 채권을 양수받는 양수인에 대한 채권양도는 무효가 된다**(2002.4.26, 2001다59033).[8]

② **채권가압류 = 채권양수**

채권양도 통지, 가압류 또는 압류명령 등이 제3채무자에 **동시에 송달**되어 그들 상호간에 우열이 없는 경우에도 그 채권양수인, 가압류 또는 압류채권자는 모두 제3채무자에 대하여 완전한 대항력을 갖추었다고 할 것이므로, **전액에 대하여 채권양수금, 압류전부금 또는 추심금의 이행청구를 하고 적법하게 이를 변제받을 수 있고, 제3채무자로서는 이들 중 누구에게라도 그 채무 전액을 변제하면 다른 채권자에 대한 관계에서도 유효하게 면책**되는 것이며, 만약 양수채권액과 가압류 또는 압류된 채권액의 합계액이 제3채무자에 대한 채권액을 초과할 때에는 그들 상호간에는 법률상의 지위가 대등하므로 공평의 원칙상 각 채권액에 안분하여 이를 내부적으로 다시 정산할 의무가 있다(1994.4.26, 93다24223 전합).[9]

압류의 처분금지 효력은 절대적인 것이 아니고, 이에 저촉되는 채무자의 처분행위도 그 압류채권자와 처분 전에 집행절차에 참가한 압류채권자나 배당요구채권자에게 대항하지 못한다는 의미에서의 상대적 효력을 가지는데 그치므로 압류의 효력발생 전에 채무자가 처분한 경우에는 그보다 먼저 압류한 채권자가 있어 그 채권자에게는 대항할 수 없는 사정이 있더라도 그 처분 후에 집행에 참가하는 채권자에 대하여는 처분의 효력을 대항할 수 있는 것이고, 이는 가압류의 경우에도 마찬가지이므로 동일한 채권에 관하여 가압류명령의 송달과 확정일자 있는 **양도통지가 동시에 제3채무자에게 도달함으로써 채무자가 가압류의 대상인 채권을 양도하고 채권양수인이 채권양도의 대항요건을 갖추었다면 다른 채권자는 더 이상 그 가압류에 따른 집행절차에 참가할 수는 없다**(2004.9.3, 2003다22561).

③ 채권가압류 < 채권양수

1. 채무자가 압류 또는 가압류의 대상인 채권을 양도하고 확정일자 있는 통지 등에 의한 채권양도의 대항요건을 갖추었다면, 그 후 채무자의 다른 채권자가 양도된 채권에 대하여 압류 또는 가압류를 하더라도 압류 또는 가압류 당시에 피압류채권은 이미 존재하지 않는 것과 같아 압류 또는 가압류로서의 효력이 없다(2022.1.27, 2017다256378).[10]

2. 채권양도가 이루어진 후 압류명령이 송달되었는데, 채권양도가 사해행위로 취소된 경우에 무효인 위 압류명령이 다시 유효가 되는 것이 아님(2022.12.1, 2022다247521).

◼ 채무자의 지체책임 ⇨ 공탁

● 금전채권이 압류(가압류)되어도 피압류채권의 이행기가 도래한 때에는 제3채무자는 지체책임을 면할 수 없음

● 민사집행법은 가압류된 채권의 제3채무자로 하여금 권리공탁 인정 (민사집행법 제291조, 제248조 제1항) ⇨ 공탁으로 제3채무자는 채무를 면하고 가압류의 효력은 청구채권액에 해당하는 채무자의 공탁금출급청구권에 대하여 존속

---

8 양수인 청구와 관련하여 가압류채권자가 ① 집행권원만을 취득하여 무효가 된 경우라면 채권양도 무효를 이유로 청구기각, ② 집행권원 취득 후 압류 및 전부명령을 받은 경우에 채권양도 무효를 이유로 청구기각, ③ 집행권원 취득 후 압류 및 추심명령을 받은 경우 양수인에게 당사자 적격이 없다고 보아 각하판결을 해야 할 것으로 보인다(사견).

9 위 판결에서 채권양도통지, 가압류가 동시에 송달된 경우에도 제3채무자는 송달의 선후가 불명한 경우에 준하여 채권자를 알 수 없다는 이유로 변제공탁을 함으로써 법률관계의 불안으로부터 벗어날 수 있다고 판시하였으나, 현재는 집행공탁을 통해 법률관계 불안으로부터 벗어날 수 있다.

10 위 판결에서 "채권가압류취소결정의 집행으로서 집행법원이 제3채무자에게 가압류집행취소통지서를 송달한 경우 그 효력은 확정적이므로, 채권가압류결정이 제3채무자에게 송달된 상태에서 그 채권을 양수하여 확정일자 있는 통지 등에 의한 대항요건을 갖춘 채권양수인은 위와 같이 가압류집행취소통지서가 제3채무자에게 송달된 이후에는 더 이상 처분금지효의 제한을 받지 않고 아무런 부담이 없는 채권 취득의 효력을 가압류채권자에게 대항할 수 있게 된다. 위와 같이 가압류취소결정의 집행이 완료된 이상 이후 항고심에서 가압류취소결정을 취소하여 가압류결정을 인가하였다고 하더라도, 이미 취소된 가압류집행이 소급하여 부활하는 것은 아니므로, 채권양수인이 아무런 부담이 없는 채권 취득의 효력을 가압류채권자에게 대항할 수 있음은 마찬가지이다."라고 판시하였다(2022.1.27, 2017다256378).

Ⅳ 채권양도의 효과

◨ 채무변제를 위한 담보 또는 채무의 변제를 위하여 양도되는 것임 ⇨ 채권양도가 있었다고 채무가 소멸하는 것이 아님, 실제 변제를 받아야 소멸하는 것임

> 가. 기존채무에 관하여, 채무자가 제3자에 대하여 가지고 있는 채권을 기존채무의 채권자에게 양도한 경우 그들 사이에 다른 특별한 의사표시가 없었다면 기존채무의 변제를 위하여 또는 그 담보조로 양도한 것이라고 추정하여야 한다.
> 나. 위 "가"항의 경우에 있어 채권자가 채권양수를 승낙하고, 양수채권의 채무자가 채권자에게 양수금의 지급을 확약한다는 취지의 각서를 작성, 공증하여 교부한 바 있다고 하여도 이것만 가지고 기존채무의 변제에 갈음하여 한다는 의사표시가 있었다고 할 수는 없다(1991.4.9, 91다2526).

◨ 채무자가 채권양도·양수인 간의 채무 소멸 원인에 대하여 항변할 수 있는지 여부 ⇨ 불가능

> 채권양도가 다른 채무의 담보조로 이루어졌으며 또한 그 채무가 변제되었다고 하더라도, 이는 채권 양도인과 양수인 간의 문제일 뿐이고, 양도채권의 채무자는 채권 양도·양수인 간의 채무 소멸 여하에 관계없이 양도된 채무를 양수인에게 변제하여야 하는 것이므로(1979.9.25, 79다709 참조), 설령 원고(채권양수인)의 이상구(채권양도인)에 대한 대여금채권이 그 후 변제로 소멸되었다고 하더라도, 피고(채무자)로서는 이를 이유로 원고의 양수금 청구를 거절할 수 없다(1999.11.26, 99다23093).

Ⅴ 참고판례

◨ 임대차계약에 있어서 계약인수와 채권양도의 대항요건

> [1] 임대차보증금 반환채권을 양도하는 경우에 확정일자 있는 증서로 이를 채무자에게 통지하거나 채무자가 확정일자 있는 증서로 이를 승낙하지 아니한 이상 양도로써 채무자 이외의 제3자에게 대항할 수 없으며(민법 제450조 참조), 이러한 법리는 **임대차계약상의 지위를 양도하는 등 임대차계약상의 권리의무를 포괄적으로 양도하는 경우에** 권리의무의 내용을 이루고 있는 임대차보증금 반환채권의 양도 부분에 관하

여도 마찬가지로 적용된다. 따라서 위 경우에 기존 임차인과 새로운 임차인 및 임대인 사이에 임대차계약상의 지위 양도 등 권리의무의 포괄적 양도에 관한 계약이 확정일자 있는 증서에 의하여 체결되거나, 임대차보증금 반환채권의 양도에 대한 통지·승낙이 확정일자 있는 증서에 의하여 이루어지는 등의 절차를 거치지 아니하는 한, **기존의 임대차계약에 따른 임대차보증금 반환채권에 대하여 채권가압류명령, 채권압류 및 추심명령 등을 받은 채권자 등 임대차보증금 반환채권에 관하여 양수인의 지위와 양립할 수 없는 법률상의 지위를 취득한 제3자에 대하여는 임대차계약상의 지위 양도 등 권리의무의 포괄적 양도에 포함된 임대차보증금 반환채권의 양도로써 대항할 수 없다.**

[2] 민법 제450조 제2항이 정하는 지명채권 양도의 제3자에 대한 대항요건은 양도된 채권이 존속하는 동안에 채권에 관하여 양수인의 지위와 양립할 수 없는 법률상의 지위를 취득한 제3자가 있는 경우에 적용되므로, **임대차보증금 반환채권이 양도되거나 임대차보증금 반환채권에 대하여 채권가압류명령, 채권압류 및 추심명령 등(이하 '채권가압류명령 등'이라 한다)이 이루어지기에 앞서 임대차계약의 종료 등을 원인으로 한 변제, 상계, 정산합의 등에 의하여 임대차보증금 반환채권이 이미 소멸하였다면, 채권 양도나 채권가압류명령 등은 모두 존재하지 아니하는 채권에 대한 것으로서 효력이 없고,** 대항요건의 문제는 발생할 여지가 없다(2017.1.25, 2014다52933)

⇨ 피고 1(임대인)과 피고 2(임차인)는 보증금 1억 8천만 원으로 하여 임대차계약을 체결한 후, 피고 2의 처인 피고 3이 2011. 5. 20. 임차인 지위를 이전받으면서 보증금을 1억 5천만원으로 하고 3,000만 원 변제받았다. 위와 같은 지위 이전이 있었음에도 원고가 2011. 7. 20. 피고 2를 채무자, 피고 1을 제3채무자로 하여 가압류 후 압류 및 추심명령을 받은 후 피고 1에 대해서 추심금 지급을 구한 사안임.

3,000만 원 범위 내에서 보증금채권 소멸하나 1억 5,000만 원에 대해서는 확정일자 있는 증서에 의하여 이 사건 임대차계약서가 작성되거나 기존 임대차보증금 반환채권의 양도에 대한 통지·승낙이 있었다는 사정이 없는 한 원고에 대하여 기존 임대차보증금 반환채권의 양도 사실을 가지고 대항할 수 없다고 보아야 한다(원고가 이 부분 승소).

변제충당 관련

I 변제충당의 종류

1. 합의충당

- ▣ 지정충당, 법정충당에 우선(원칙)
- ▣ 주의: 경매에서는 언제나 법정충당만 허용됨

> 담보권 실행을 위한 경매에서 배당된 배당금이 담보권자가 가지는 수개의 피담보채권 전부를 소멸시키기에 부족한 경우에는 민법 제476조에 의한 지정변제충당은 허용될 수 없고, 채권자와 채무자 사이에 변제충당에 관한 합의가 있었다고 하여 그 합의에 따른 변제충당도 허용될 수 없으며, 획일적으로 가장 공평타당한 충당방법인 민법 제477조 및 제479조의 규정에 의한 **법정변제충당의 방법에 따라 충당하여야 하는 것이고, 이러한 법정변제충당은 이자 혹은 지연손해금과 원본 간에는 이자 혹은 지연손해금과 원본의 순으로 이루어지고,** 원본 상호간에는 그 이행기의 도래 여부와 도래 시기, 그리고 이율의 고저와 같은 변제이익의 다과에 따라 순차적으로 이루어지나, 다만 그 이행기나 변제이익의 다과에 있어 아무런 차등이 없을 경우에는 각 원본 채무액에 비례하여 안분하게 되는 것이다(2000.12.8, 2000다51339).

2. 지정충당

- ▣ 1차 충당 지정권자: 변제자 ⇨ 수령자 이의제기 불가
- ▣ 2차 충당 지정권자: 변제수령자 ⇨ 변제자 이의 가능, 변제자가 이의한 경우에 그 효과로 법정충당하여야 한다는 것이 다수설
- ▣ 지정충당의 한계: **비용, 이자, 원본에 대한 법정충당의 순서에 반하는 지정충당은 효력이 없음**

> **비용, 이자, 원본에 대한 변제충당의 순서는** 민법 제479조에 법정되어 있으므로 당사자 사이에 그와 다른 특별한 합의가 있었다거나 일방의 지정에 대하여 상대방이 지체 없이 이의를 제기하지 아니함으로써 묵시적 합의가 되었다고 보여지는 경우 등 특단의 사정이 없는 한 **위의 법정순서에 의하여 변제충당이 이루어져야 하는 것이며, 채무자는 물론**

채권자라 할지라도 그와 다르게 일방적으로 충당의 순서를 지정할 수 없다(1990.11.9, 90
다카7262).

3. 법정충당

가. 합의충당, 지정충당도 없는 경우에 default로 적용

나. 법정충당의 방법(민법 제477조)

비용, 이자 및 원본 사이에서 아래의 순서에 따르는 것인바, **수 개의 채무가 있는 경우에
일부 변제한 금원으로 수 개의 채무에 발생한 비용, 이자를 전부 변제할 수 있으면 우선
비용, 이자의 전부 변제에 충당**한 후 어느 원금에 충당할 지와 관련하여 아래의 내용이
의미를 가지는 경우가 많음

1) 이행기 도래 채무 > 이행기 미도래 채무
2) 채무 전부 이행기 도래한 경우, 또는 도래하지 않은 경우 변제이익이
많은 채무의 변제에 충당
3) 변제이익이 같으면 이행기가 먼저 도래한 채무나 먼저 도래할 채무의
변제에 충당
4) 이상과 같은 표준에 의하여 충당의 선후를 지정할 수 없는 경우에는 각
채무들의 채무액에 비례하여 변제 충당

다. 변제이익의 정리

◉ 이자부 채무 > 무이자 채무

◉ 고이율 채무 > 저이율 채무

◉ 담보부 채무 > 무담보 채무[1]

---

1 ① 변제자가 채무자인 경우 물상보증인이 제공한 물적 담보가 있는 채무와 그러한 담보가 없는 채무
사이에도 변제이익의 점에서 차이가 없음에 유의해야 한다(2014.4.30, 2013다8250). 채무자가
담보를 제공한 채무와 채무자가 담보를 제공하지 않은 채무 사이에는 채무자가 담보를 제공한 채무
가 변제이익이 많다. 채무자로서는 담보부 채무를 변제함으로써 담보물을 자유로이 처분할 수 있는
이익이 있기 때문이다. ② A 채무는 이자부 채무이고 무담보 채무, B 채무는 무이자 채무이고 담보
부 채무인 경우에 A 채무 변제가 변제이익이 많다. 즉 담보부 채무 > 무담보 채무는 다른 조건이 동
일한 경우에 적용되는 것이다.

◪ 변제자 자신의 채무(주채무) > 보증채무(2002.7.12, 99다68652)

◪ 단순채무 > 연대채무(1999.7.9, 98다55543)

◪ 변제자가 주채무자인 경우에 보증인이 있는 경우와 보증인이 없는 채무는 변제이익에 있어서 차이 없음(1999.8.24, 99다26481[2])

◪ 주채무자가 변제자인 경우에는, 담보로 제3자가 발행 또는 배서한 약속어음이 교부된 채무가 다른 채무보다 변제이익이 더 많다고 볼 수 없음(1999.8.24, 99다22281, 22298)

Ⅱ 변제충당의 시기: 채무자의 변제제공 당시

민법 제477조의 법정변제충당의 순서는 채무자의 변제제공 당시를 기준으로 정하여야 한다(2015.11.26, 2014다71712).

사실관계 일부 변형) ① 원고가 2004. 1.부터 2012. 6.까지의 차임(차임지급시기: 매월 말일)을 청구하고자 2012. 10. 10. 소를 제기함. ② 피고가 2011. 10. 2. 연체 차임 일부 지급하였음.

소송경과) 원심은 **소 제기시(2012. 10. 10)를 기준**으로 시효로 소멸한 차임채권[3](2004. 1.부터 2009. 9.까지의 차임)에는 변제충당할 수 없고 피고에게 변제이익이 많은 즉, 소멸시효가 완성되지 아니한 2009. 10. 이후 차임 채무의 변제에 먼저 충당한다고 보았음

⇨ 대법원은 원심을 파기함. 즉 소 제기시가 아닌 **변제제공시(2011. 10. 2.) 당시를 기준**으로 소멸시효가 완성되지 아니한 채권(2008. 10.이후의 차임)에 대해서 변제충당의 법리를 적용했어야 했다고 판시.

◪ 배당액에 대한 이의가 있었던 채권은 **배당표 확정시에 변제의 효력이 발생** → 이때 **배당기일 이후에 발생한 이자나 지연손해금은 배당 받을 수 없고** 배당기일까지 발생한 것만 배당받을 수 있음(배당액 산정의 문

---

2 변제자가 주채무자인 경우, 보증인이 있는 채무와 보증인이 없는 채무 사이에 변제이익의 점에서 차이가 없다고 보아야 하므로, 보증기간 중의 채무와 보증기간 종료 후의 채무 사이에서는 변제이익의 점에서 차이가 없고, 따라서 주채무자가 변제한 금원은 이행기가 먼저 도래한 채무부터 법정변제충당하여야 한다(1999.8.24, 99다26481).

3 차임채권은 3년의 소멸시효에 걸린다(민법 제163조 제1호).

제) → 변제의 효력이 발생하였으므로 변제충당의 문제가 발생하는데 **변제충당시에는 배당표 확정 시까지 발생한 이자나 지연손해금에 먼저 충당 요**(배당받은 금원에 대한 변제충당의 문제)

[1] 근저당권자가 배당요구의 종기 전에 피담보채권액에 관한 채권계산서를 제출하거나 그 후 배당표가 작성될 때까지 이를 보정함으로써 그에 따라 배당표가 확정되었다면, 채권최고액 범위 내에서 제출되거나 보정된 채권계산서에 기재된 이자 또는 지연손해금으로서 배당기일까지 발생한 것은 배당에 포함될 수 있지만 배당기일 이후에 발생한 이자나 지연손해금은 배당에 포함될 여지가 없다.

이러한 법리는 채권계산서를 제출한 근저당권자의 피담보채권에 대하여 다른 채권자가 이의를 하여 해당 배당액이 공탁되었다가 배당이의소송을 거쳐 배당표가 확정됨에 따라 공탁된 배당금이 지급되는 경우에도 마찬가지로 적용된다. 따라서 위와 같은 경우에 배당기일 이후 배당금이 공탁되어 있는 동안 실체법상 이자나 지연손해금이 발생하더라도, 해당 근저당권자가 수령할 배당액을 정하는 단계에서는 채권최고액 범위 내에서 **배당기일까지의 이자나 지연손해금만이 배당액에 포함**될 수 있다.

[2] 채권계산서를 제출한 근저당권자의 피담보채권에 대하여 다른 채권자가 이의함으로써 해당 배당액이 공탁되었다가 배당이의소송을 거쳐 배당표가 확정됨에 따라 공탁된 배당금이 지급되는 경우에, 그 배당금은 특별한 사정이 없는 한 민법 제479조 제1항에 따라 **배당표의 확정 시까지**(배당표 확정 시보다 앞서는 공탁금 수령 시에 변제의 효력이 발생한다고 볼 수 있는 경우에는 공탁금 수령 시까지를 의미한다. 이하 같다) 발생한 이자나 지연손해금 채권에 먼저 충당된 다음 원금에 충당된다고 보아야 한다(2018.3.27, 2015다70822).

Ⅲ 최종 정리

1) 합의충당은 최우선으로 적용(예외: 경매)
2) 변제자가 비용, 이자, 원본을 모두 충족시키지 못하는 변제를 한 경우 합의충당을 인정할 수 없으면 비용 > 이자 > 원본의 순서로 충당 요
3) 충당의 문제는 상계, 변제공탁에서도 적용될 수 있음에 유의!

1-7 변제자대위 - 법정대위자 상호간 효과

1. 핵심

1) 제3취득자는 특별한 사정이 없는 한 담보제공한 채무자로부터 재산을 취득한 자만을 의미
2) 물상보증인과 제3취득자: 보증인과 제3취득자와 같음. 즉 물상보증인과 보증인의 지위를 같게 봄
3) 물상보증인으로부터 담보부동산을 취득한 제3취득자: 물상보증인과 같은 지위로 봄
4) 1호의 '제3자의 의미': 제3취득자(채무자로부터 재산을 취득한 자)인지 여부

2. 구체적 효과

1) 보증인은 채무자에 우선하고, 따라서 저당물의 제3취득자에 우선하므로 제3취득자에 대하여 전액에 관하여 대위 가능[1]
2) 제482조 제2항 제1호: 보증인은 제3취득자에 대하여 <u>전액</u>에 관하여 채권자대위, 다만 전세권이나 저당권의 등기에 대위를 부기하여야 하는지 견해 대립 있음. 보증인은 제3자(물상보증인 부동산 취득자)에 대하여 대위 가능하나 대위등기 요함. 다만, 보증인이 제3자(물상보증인 부동산 취득자)를 상대로 주장하는 대위의 범위에 대하여는 제5호 본문이 적용됨

   ▣ **제1호의 '제3자'에는 채무자로부터의 제3취득자 포함되는지 견해 대립**

민법 제480조, 제481조에 따라 채권자를 대위한 자는 자기의 권리에 의하여 구상할 수 있는 범위에서 채권과 그 담보에 관한 권리를 행사할 수 있다(민법 제482조 제1항). 보증인과 제3취득자 사이의 변제자대위에 관하여 민법 제482조 제2항 제1호는 "보증인은 미리 전세권이나 저당권의 등기에 그 대위를 부기하지 아니하면 전세물이나 저당물에 권리를 취득한 제3자에 대하여 채권자를 대위하지 못한다."라고 정하고 있다. 이 규정은 **보증인의 변제로 저당권 등이 소멸한 것으로 믿고 목적부동산에 대하여 권리를 취득한**

---

1 따라서 제3취득자는 보증인에 대하여 채권자를 대위하지 못한다(민법 제482조 제2항 제2호).

제3취득자를 예측하지 못한 손해로부터 보호하기 위한 것이다. 따라서 보증인이 채무를 변제한 후 저당권 등의 등기에 관하여 대위의 부기등기를 하지 않고 있는 동안 제3취득자가 목적부동산에 대하여 권리를 취득한 경우 보증인은 제3취득자에 대하여 채권자를 대위할 수 없다.

그러나 제3취득자가 목적부동산에 대하여 권리를 취득한 후 채무를 변제한 보증인은 대위의 부기등기를 하지 않고도 대위할 수 있다고 보아야 한다. 보증인이 변제하기 전 목적부동산에 대하여 권리를 취득한 제3자는 등기부상 저당권 등의 존재를 알고 권리를 취득하였으므로 나중에 보증인이 대위하더라도 예측하지 못한 손해를 입을 염려가 없다 (2020.10.15, 2019다222041).

⇨ 위 사안을 보면 채무자로부터의 취득자임. 판시 내용 자체로 보면 제3자에는 채무자로부터의 제3취득자 포함됨. 다만 논점이 된 사안은 아님(제3취득자가 목적부동산에 대하여 권리를 취득한 후 채무를 변제한 보증인은 대위의 부기등기를 하지 않고도 대위할 수 있다고 보아야 한다가 사안의 핵심이었음)

▣ 1호 부기등기 관련

● '미리'의 의미: 보증인의 변제 후 제3자가 생기기 전임

● 부기등기 의미: 보증인이 대위권을 행사하는지 여부를 확지시키기 위한 것

● 제3취득자, 제3자에게 예측가능성을 부여하기 위한 부기등기 ⇨ 보증인이 물상보증인에게, 물상보증인이 다른 물상보증인에게 변제자 대위하는 경우 부기등기 불요(제3취득자 사이에서도 불요)

● 제3취득자가 목적부동산에 대하여 권리를 취득한 후 채무를 변제한 보증인은 대위의 부기등기를 하지 않고도 대위할 수 있음에 유의(위 2020.10.15, 2019다222041)

3) 제482조 제2항 제2호: 제3취득자 변제한 경우에 제3취득자는 보증인에 대해서 대위 불가

4) 제482조 제2항 제3호: 제3취득자들 사이 담보재산의 가액에 비례하여 대위

▣ 먼저 변제하였다고 하여 혜택이 부여되지 않도록 위함

5) 제482조 제2항 제4호: 물상보증인들 사이 담보재산의 가액에 비례하여 채권자를 대위

- ▣ 먼저 변제하였다고 하여 혜택이 부여되지 않도록 위함
6) 제482조 제2항 제5호: 보증인과 물상보증인을 동등하게 취급하는 입장
  - ▣ 인원수에 비례하여 채권자를 대위(제5호)
    - ● 먼저 변제하였다고 하여 혜택이 부여되지 않도록 위함
    - ● 90만 원의 채무에 관하여 A가 보증인이 되고 B, C가 물상보증인으로서 각각 60만 원, 30만 원의 재산을 담보로 제공한 경우에 A가 변제한 경우: A의 부담부분인 30만 원(90만 원을 인원수 3으로 나눔)을 제하고 나머지 60만 원에 대하여 B에게 40만 원(60만 원×60/60+30), C에게 20만 원(60만 원×30/60+30)을 대위
  - ▣ 물상보증인으로부터 담보부동산을 취득한 제3자가 보증인을 상대로 대위 주장 가능
  - ▣ 제5호 단서의 부기등기 관련하여 견해 대립
    - ● 본문 적용설: 보증인은 대위 부기등기 해야 물상보증인으로부터 담보부동산을 취득한 제3자에 대하여 대위할 수 있다고 보는 견해
      - ■ 본문 적용설에 따르면 제5호 단서의 부기등기 관련 규정은 불필요한 것으로 취급됨
    - ● 단서 적용설: 물상보증인이 수인일 때 그 중 일부의 물상보증인이 다른 물상보증인에 대하여 대위할 경우에 미리 대위의 부기등기를 하지 않으면 그 저당물을 취득한 제3자에 대하여 대위할 수 없다는 견해(판례 입장, 1990.11.9, 90다카10305)
      - ■ 단서 적용설에 따르면 보증인이 물상보증인으로부터 담보부동산을 취득한 제3자에 대하여 대위하기 위해서는 부기등기가 필요하다는 법적 논거로 제1호가 주장됨
7) 물상보증인과 제3취득자(담보제공한 채무자로부터 재산 취득한 자)
  - ▣ 물상보증인과 제3취득자와의 관계는 보증인과 제3취득자와의 관계와 동일(제3취득자는 담보의 부담을 각오하고자 부동산을 취득한 자임)
    - ● 제3취득자는 물상보증인이나 보증인에 비하여 열후한 지위임
    - ● 다만 보증인과 마찬가지로 부기등기 요구됨(제1호 유추적용)

▣ 채무자로부터 담보부동산을 취득한 제3자에 대하여 출재한 전액에 관하여 채권자를 대위할 수 있는지, 아니면 각 부동산(물상보증인 부동산과 제3취득자 부동산)의 가액에 비례하여 채권자를 대위할 수 있는지 ⇨ 전자(전액). 다만 그 경우에 보증인과 마찬가지로 부기등기가 요구됨

물상보증인이 채무를 변제하거나 담보권의 실행으로 소유권을 잃은 때에는 보증채무를 이행한 보증인과 마찬가지로 채무자로부터 담보부동산을 취득한 제3자에 대하여 구상권의 범위 내에서 출재한 金額에 관하여 채권자를 대위할 수 있는 반면, 채무자로부터 담보부동산을 취득한 제3자는 채무를 변제하거나 담보권의 실행으로 소유권을 잃더라도 물상보증인에 대하여 채권자를 대위할 수 없다고 보아야 할 것이다. 만일 물상보증인의 지위를 보증인과 다르게 보아서 물상보증인과 채무자로부터 담보부동산을 취득한 제3자 상호 간에는 각 부동산의 가액에 비례하여 채권자를 대위할 수 있다고 한다면, 본래 채무자에 대하여 출재한 전액에 관하여 대위할 수 있었던 물상보증인은 채무자가 담보부동산의 소유권을 제3자에게 이전하였다는 우연한 사정으로 이제는 각 부동산의 가액에 비례하여서만 대위하게 되는 반면, 당초 채무 전액에 대한 담보권의 부담을 각오하고 채무자로부터 담보부동산을 취득한 제3자는 그 범위에서 뜻하지 않은 이득을 얻게 되어 부당하다. 물상보증인인 피고가 채무자인 소외인의 이 사건 대출금 채무를 변제한 이상, 위 소외인으로부터 이 사건 근저당권이 설정되어 있는 이 사건 과수원 지분을 취득한 원고들에 대하여 피고가 출재한 전액의 범위에서 이 사건 근저당권을 대위행사할 수 있다고 판단한 것은 정당하다(2014.12.18, 2011다50233 전합).

3. 부기등기 정리

1) 일단 보증인이 변제를 한 경우에 물상보증인에 대하여 채권자를 대위하기 위해서는 대위의 등기 등 요건 불요/물상보증인이 다른 물상보증인에게 변제자대위하는 경우에도 부기등기 불요

2) 제5호와 관련하여 본문 적용설/단서 적용설은 담보부동산을 취득한 제3자에 대하여 보증인이 대위 부기등기를 해야 하는지 아니면 물상보증인이 대위 부기등기를 해야 하는지의 문제

3) 제3취득자가 다른 제3취득자에게 변제자대위하는 경우에도 부기등기 불요

4) 부기등기는 제3취득자, 제3자에게 예측가능성을 부여하기 위한 등기라는 점에 유의

1-8 상계 관련 정리

1. 상계의 요건사실

    1) 자동채권의 발생사실

    2) 자동채권과 수동채권이 상계적상에 있는 사실

    3) 자동채권자가 수동채권과의 상계의 의사표시를 한 사실

    4) 그 의사표시가 상대방에게 도달한 사실

2. 자동채권 관련

  ◩ 자동채권으로 될 수 있는 채권은 상계자가 상대방에 대하여 가지는 채권이어야 함

    ● 압류채권자가 채무자의 제3채무자에 대한 채권을 압류한 경우 그 채권은 압류채권자가 제3채무자에 대하여 가지는 채권이 아니므로, 압류채권자는 이를 자동채권으로 하여 제3채무자의 압류채권자에 대한 채권과 상계할 수 없음(2022.12.16, 2022다218271)

3. 상계적상 관련

  ◩ **상계의 소급효의 문제:** 상계의 의사표시는 각 채무가 상계할 수 있는 때에 대등액에 관하여 소멸한 것으로 보므로(민법 제493조 2항), 상계의 의사표시가 아닌 <u>상계적상일을 시점으로 상계의 효력이 발생하는 것임</u>[1]

    ● 상계적상일 이후로는 이행지체 소멸

    ● 상계충당의 문제 발생

      – 수동채권이 여러 개이고 자동채권이 그 전부를 소멸하기에 부족한 경우 수동채권의 지연손해금, 원본의 순서로 자동채권과 대등액에서 소멸(2005.7.8, 2005다8125)

---

[1] 피고가 원고에 대하여 여러 채권이 있어 각 채권으로 상계를 주장하는 경우에 상계적상일을 변제일로 볼 수 있으므로 변제의 경우와 마찬가지로 상계적상일이 빠른 순서대로 상계로 소멸하는 채권을 판단하면 된다(사견).

■ **상계적상일 획정**: 상계 의사표시 시점을 기준으로 상계적상일을 획정하여
야 함
  ● 상계의사표시 시점을 기준으로 양 채권의 변제기가 모두 도래하고 있는
  때 ⇨ 나중에 도래한 채권의 변제기가 상계적상일
  ● 상계의사표시 시점을 기준으로 자동채권의 변제기는 도래한 반면 수동
  채권의 변제기가 도래하지 않은 경우 ⇨ 기한의 이익을 포기하여 상계
  할 수 있으므로 자동채권의 변제기가 상계적상일
    – 기한의 이익을 포기하여 상계하는 경우 수동채권이 이자부 채권이라
    면 상대방의 이익을 해하지 못하는 법리상(민법 제153조 제2항 단서)
    수동채권의 변제기까지 약정이자를 지급하여야 하므로 변제기까지의
    약정이자를 합한 금액을 수동채권액으로 하여야 함에 유의
  ● 기한의 정함이 없는 채권(예 부당이득금반환채권, 수급인의 하자보수에 갈음
  하는 손해배상채무) ⇨ 채권 성립과 동시에 변제기에 있는 것임[2]
■ 결국 상계의 요건사실 중 '자동채권과 수동채권이 상계적상에 있는 사실'은
자동채권의 변제기가 도래하였다는 점을 입증하는 것을 의미[3]

4. 상계의 의사표시 관련

■ 상계의 의사표시는 수동채권의 채권자에게 하여야 함 ⇨ 압류채권자가 전
부명령을 받을 때까지는 압류채무자에게, 전부명령을 받은 후에는 전부채
권자에게 상계의 의사표시를 하여야 함(1980.7.8, 80다118)
  ● 추심명령이 있는 경우에는 추심채권자에게 상계의 의사표시를 하여야
  하는지, 압류채무자에게 상계의 의사표시를 하여야 하는지 견해 대립
  있음

---

2 다만, 지체책임은 이행청구를 받은 다음날부터 진다는 점과 구별해야 한다(민법 제387조 제2항).
3 자동채권의 변제기가 도래하지 않았는데 상계를 허용하면 자동채권의 채무자에게 기한 전 변제를 강
요하는 것이기 때문이다. 따라서 자동채권의 변제기가 도래하지 않으면 상계는 허용되지 않는다(변
시 제6회).

5. 수동채권에 대한 (가)압류와 상계의 문제

1) 민법 제498조의 해석의 문제

- ▣ 민법 제498조는 제3채무자는 지급금지명령 후에 취득한 채권에 의한 상계로 그 명령을 신청한 채권자에게 대항하지 못한다고 규정
  원래 민법 제498조의 상계금지는 압류의 효력에서 파생된 것이므로 압류채권자에 대해서만 적용되는 것임 ⇨ 그러나 자동채권이 가압류된 경우 또는 수동채권이 가압류된 경우 상계가 허용되는지 여부에 대해서도 논하는 것이 가능(상계를 무한정 허용하면 상계의 효력(=채권의 소멸)에 의해 피압류채권이 소멸하는 결과 가압류의 효력에 반할 수 있기 때문임)

2) 대법원의 입장

- ▣ 민법 제498조를 축소하여 해석 – 제3채무자의 상계권 제한(합리적 기대이익설)

> 채권압류명령 또는 채권가압류명령을 받은 제3채무자가 압류채무자에 대한 반대채권을 가지고 있는 경우에 상계로써 압류채권자에게 대항하기 위하여는, **압류의 효력 발생 당시에 대립하는 양 채권이 상계적상에 있거나, 그 당시 자동채권의 변제기가 도래하지 아니한 경우에는 그것이 수동채권(피압류채권)의 변제기와 동시에 또는 그보다 먼저 도래**하여야 한다(2012.2.16, 2011다45521 전합).

3) 분석

- ▣ (가)압류의 효력 발생 당시는 (가)압류 명령이 제3채무자에게 송달된 날을 의미
- ▣ (가)압류 명령이 제3채무자에게 송달된 당시를 기준으로
  - ● 자동채권과 수동채권의 변제기가 모두 도래한 경우 ⇨ 상계적상에 있었으므로 제3채무자는 제한 없이 상계권 행사 가능하고[4] 상계적상일(즉, 쌍방 채권 중 변제기가 마지막으로 도래한 날이 상계적상일)에 상계

---

4 위와 같은 경우에는 수동채권의 변제기가 자동채권의 변제기보다 앞선다는 점이 상계 효력 발생에 장애가 되지 않는다.

효과 발생

- 자동채권의 변제기가 도래한 경우 ⇨ 제3채무자는 제한 없이 상계권 행사 가능하고 상계적상일(통상 수동채권의 변제기)에 상계 효과 발생
- 자동채권의 변제기가 도래하지 않았으나, 자동채권의 변제기가 수동채권의 변제기보다 동시에 또는 먼저 도래하는 경우 ⇨ 상계권 행사 가능, 상계적상일은 통상 수동채권의 변제기가 될 것임[5]

case의 전제는 가압류 명령이 제3채무자에게 송달될 당시 제3채무자는 이미 채무자에게 채권발생의 원인이 이미 있음을 전제로 함(금원 대여, 물품 공급 등)

case 1

가압류 명령이 제3채무자에게 송달된 날: 2014. 2. 22.

자동채권의 변제기: 2014. 7. 31.

수동채권의 변제기: 2014. 11. 30.

상계 의사표시: 2015. 3. 1.

⇨ 상계 가능, 상계적상일 2014. 11. 30.

case 2

가압류 명령이 제3채무자에게 송달된 날: 2014. 2. 22.

자동채권의 변제기: 2014. 11. 30.

수동채권의 변제기: 2014. 7. 31.

상계 의사표시: 2015. 3. 1.

⇨ 상계 불가

case 3

가압류 명령이 제3채무자에게 송달된 날: 2014. 2. 22.

자동채권의 변제기: 2013. 11. 30.

수동채권의 변제기: 2013 7. 31.

상계 의사표시: 2015. 3. 1.

⇨ 상계 가능,[6] 상계적상일 2013. 11. 30.

---

5 통상 상계의사표시 시점을 기준으로 자동채권과 수동채권의 변제기가 모두 도래하는 경우가 통상이고, 그 경우에 나중에 도래한 수동채권의 변제기가 상계적상일이 되기 때문이다.

case 4

가압류 명령이 제3채무자에게 송달된 날: 2014. 2. 22.

자동채권의 변제기: 2013. 7. 31.

수동채권의 변제기: 2013 11. 30.

상계 의사표시: 2015. 3. 1.

⇨ 상계 가능,[7] 상계적상일 2013. 11. 30.

case 5

가압류 명령이 제3채무자에게 송달된 날: 2014. 2. 22.

자동채권의 변제기: 2014. 7. 31.

수동채권의 변제기: 2014. 11. 30.

상계 의사표시: 2014. 8. 30.

⇨ 상계 가능,[8] 상계적상일 2014. 7. 31.[9]

6. 지급금지명령 후에 취득한 채권으로도 상계할 수 있는 경우

1) 자동채권이 수동채권과 동시이행관계인 경우

제3채무자의 압류채무자에 대한 **자동채권이 수동채권인 피압류채권과 동시이행의 관계에 있는 경우**에는, 비록 압류명령이 제3채무자에게 송달되어 압류의 효력이 생긴 후에 비로소 자동채권이 발생하였다고 하더라도 동시이행의 항변권을 주장할 수 있는 제3채무자로서는 그 채권에 의한 상계로써 압류채권자에게 대항할 수 있는 것으로서, 이 경우 **자동채권이 발생한 기초가 되는 원인은 수동채권이 압류되기 전에 이미 성립하여 존재하고 있었던 것이므로 그 자동채권은 민법 제498조에 규정된 '지급을 금지하는 명령을 받은 제3채무자가 그 후에 취득한 채권'에 해당하지 않는 것이다**(2005.11.10, 2004다37676).

---

6 (가)압류 명령이 제3채무자에게 송달된 당시를 기준으로 자동채권과 수동채권의 변제기가 모두 도래한 경우이기 때문이다.

7 (가)압류 명령이 제3채무자에게 송달된 당시를 기준으로 자동채권과 수동채권의 변제기가 모두 도래한 경우이기 때문이다.

8 (가)압류 명령이 제3채무자에게 송달된 당시를 기준으로 양 채권이 모두 변제기가 도래하지 않았으나, 자동채권의 변제기가 수동채권의 변제기보다 먼저 도래한 경우이다.

9 상계 의사표시 시점을 기준으로 자동채권의 변제기는 도래한 반면 수동채권의 변제기가 도래하지 않은 경우에 기한의 이익을 포기하여 상계할 수 있으므로 자동채권의 변제기가 상계적상일이 된다.

⇨ 제3채무자 도급인이 수급인(채무자)에 대하여 가지는 손해배상채권(하자확대손해로 인함)을 자동채권으로 전부채권자의 전부금 청구에 대하여 상계의 의사표시를 한 사안으로, 손해배상채권이 압류 및 전부명령 이후에 발생한 것이나 상계할 수 있다고 한 사례

가. 금전채권에 대한 가압류로부터 본압류로 전이하는 압류 및 추심명령이 있는 때에는 제3채무자는 채권이 가압류되기 전에 압류채무자에게 대항할 수 있는 사유로써 압류채권자에게 대항할 수 있으므로, **제3채무자의 압류채무자에 대한 자동채권이 수동채권인 피압류채권과 동시이행의 관계에 있는 경우에는, 그 가압류명령이 제3채무자에게 송달되어 가압류의 효력이 생긴 후에 자동채권이 발생하였다고 하더라도 제3채무자는 동시이행의 항변권을 주장할 수 있고, 따라서 그 상계로써 압류채권자에게 대항할 수 있다.** 이 경우에 자동채권 발생의 기초가 되는 원인은 수동채권이 가압류되기 전에 이미 성립하여 존재하고 있었으므로, 그 자동채권은 민법 제498조 소정의 "지급을 금지하는 명령을 받은 제3채무자가 그 후에 취득한 채권"에 해당하지 아니한다(동지 1993.9.28, 92다55794. 가압류로부터 본압류로 전이하는 압류 및 '전부명령'이 있는 경우에도 같은 법리가 적용된다).

나. 부동산 매수인의 매매잔대금 지급의무와 매도인의 가압류기입등기말소의무가 동시이행관계에 있었는데 위 가압류에 기한 강제경매절차가 진행되자 매수인이 강제경매의 집행채권액과 집행비용을 변제공탁한 경우 **매도인은 매수인에 대해 대위변제로 인한 구상채무를 부담하게 되고, 그 구상채무는 가압류기입등기말소의무의 변형으로서 매수인의 매매잔대금 지급의무와 여전히 대가적인 의미가 있어 서로 동시이행관계에 있으므로, 매수인은 매도인의 매매잔대금채권에 대해 가압류로부터 본압류로 전이하는 압류 및 추심명령을 받은 채권자에게 가압류 이후에 발생한 위 구상금채권에 의한 상계로 대항할 수 있다**(2001.3.27, 2000다43819).

⇨ ⅰ) 위와 같이 제3채무자의 압류채무자에 대한 자동채권이 수동채권인 피압류채권과 동시이행관계에 있는 경우에는, ① 자동채권이 가압류의 효력이 생긴 후에 발생하더라도 상계할 수 있고, ② 자동채권이 가압류 효력 이전에 발생하였으나 가압류 효력당시에 양 채권이 모두 변제기에 도달하지 않은 경우에는, 자동채권의 변제기가 수동채권의 변제기보다 나중에 도래하는 경우에도 상계할 수 있다는 특징이 있다(합리적 기대이익설에 의한 1982.6.22, 82다카200과 비교).

ⅱ) 원고(잔대금채권의 추심채권자)의 가압류결정이 피고(매수인이자 제3채무자)에게 1996. 1. 22. 송달되었고, 피고는 이 사건 부동산에 관하여 가압류에 기한 강제집행이 개시되자, 이를 저지하기 위하여 甲(매도인이자 채무자)을 대위하여 1999.12.3.

집행채권액과 집행비용을 변제공탁한 경우에, 피고의 甲에 대한 구상금채권이 가압류결정 송달이후에 발생하였음에도 불구하고 이를 자동채권으로 하여 원고의 잔대금채권과 상계할 수 있는지 문제가 되었다. 이에 대하여 대법원은 긍정하였다.

2) 이자채권

- ◨ 원본 채권이 지급금지명령을 받기 이전부터 존재하였으면 지분적 이자채권의 발생이 되는 원인이 지급금지명령을 받기 이전부터 존재하고 있었던 것으로 보아야 하므로, 지급금지명령 이후에 발생한 이자채권을 자동채권으로 하여 상계할 수 있음

7. 채권양도와 상계

1) 채권양도 통지시 채무자가 자동채권을 가지고 있었으나, 그 변제기가 도래하지 않은 경우에 상계 가부(적극)

채권양도에 있어서 채무자가 양도인에게 이의를 보류하지 아니하고 승낙을 하였다는 사정이 없거나 또는 이의를 보류하지 아니하고 승낙을 하였더라도 양수인이 악의 또는 중과실의 경우에 해당하는 한, **채무자의 승낙 당시까지 양도인에 대하여 생긴 사유로써 양수인에게 대항할 수 있다고 할 것인데, 승낙 당시 이미 상계를 할 수 있는 원인이 있었던 경우에는 아직 상계적상에 있지 아니하였다 하더라도 그 후에 상계적상이 생기면 채무자는 양수인에 대하여 상계로 대항할 수 있다**(1999.8.20, 99다18039).[10]

⇨ 채무자의 승낙을 전제로 판시하고 있으나 채무자에 대한 통지를 대항요건으로 한 경우에도 같은 논리가 적용됨(2019.6.27, 2017다222962)

⇨ 무제한설의 입장으로 정리 가능. 자동채권의 변제기가 수동채권의 변제기보다 동시에 또는 먼저 도래할 필요 없다는 것임

---

10 관련 판례: 지명채권의 양도통지를 한 후 그 양도계약이 해제 또는 합의해제된 경우에 채권양도인이 그 해제 등을 이유로 다시 원래의 채무자에 대하여 양도채권으로 대항하려면 채권양도인이 채권양수인의 동의를 받거나 채권양수인이 채무자에게 위와 같은 해제 등 사실을 통지하여야 한다. 이 경우 위와 같은 대항요건이 갖추어질 때까지 양도계약의 해제 등을 알지 못한 선의인 채무자는 해제 등의 통지가 있은 다음에도 채권양수인에 대한 반대채권에 의한 상계로써 채권양도인에게 대항할 수 있다고 봄이 상당하다(2012.11.29, 2011다17953).

▣ 제4회 변호사시험 제1문의3의 간략 구성

수동채권(공사대금 채권)의 변제기 도래 2012. 8. 30.

수동채권의 양도와 통지 2012. 9. 11.

자동채권(대여금채권)의 성립 2012. 3. 1.

자동채권의 변제기 2012. 11. 1.

⇨ 상계 의사표시 가능, 상계 의사표시를 기준으로 자동채권의 변제기가 도래한 것으로 사안을
   상정하면 상계적상일은 2012. 11. 1.이 됨

2) 채권의 일부양도와 상계

***채권의 일부 양도가 이루어지면 특별한 사정이 없는 한 각 분할된 부분에 대하여 독
립한 분할채권이 성립하므로 그 채권에 대하여 **양도인에 대한 반대채권으로 상계하고자
하는 채무자로서는 양도인을 비롯한 각 분할채권자 중 어느 누구도 상계의 상대방으로
지정하여 상계**할 수 있고, 그러한 채무자의 상계 의사표시를 수령한 분할채권자는 제3
자에 대한 대항요건을 갖춘 양수인이라 하더라도 양도인 또는 다른 양수인에 귀속된 부
분에 대하여 먼저 상계되어야 한다거나 각 분할채권액의 채권 총액에 대한 비율에 따라
상계되어야 한다는 이의를 할 수 없다(2002.2.8, 2000다50596).[11]

⇨ 甲이 乙에 대하여 가지고 있는 금 100만원의 채권 중 금 50만원을 丙에게 양도하였는데,
   乙에게는 甲에 대한 금 50만원의 반대채권이 있는 경우에, 丙이 乙에게 양수금 50만원의
   청구를 하는 경우에 乙은 甲에 대한 금 50만원의 채권 전액으로 丙에게 상계를 할 수 있다.
   乙이 상계할 수 있는 자동채권은 앞에서 본 바와 같이 채권양도의 통지가 있었을 당시에 이
   미 상계를 할 수 있는 원인이 있으면 족하고, 그 당시에는 상계적상에 있지 않았다 하더라
   도 그 후에 상계적상이 생기면 채무자는 양수인에 대하여 상계할 수 있다(무제한설로 이해
   됨. 합리적 기대이익설과 구별).

---

11 위 판결의 연장선상에서 아래와 같은 판시가 전개된 것이다. "가분적인 금전채권의 일부에 대한 전
   부명령이 확정되면 특별한 사정이 없는 한 전부명령이 제3채무자에 송달된 때에 소급하여 전부된
   채권 부분과 전부되지 않은 채권 부분에 대하여 각기 독립한 분할채권이 성립하게 되므로, 그 채권
   에 대하여 압류채무자에 대한 반대채권으로 상계하고자 하는 제3채무자로서는 전부채권자 혹은 압
   류채무자 중 어느 누구도 상계의 상대방으로 지정하여 상계하거나 상계로 대항할 수 있고, 그러한
   제3채무자의 상계 의사표시를 수령한 전부채권자는 압류채무자에 잔존한 채권 부분이 먼저 상계되
   어야 한다거나 각 분할채권액의 채권 총액에 대한 비율에 따라 상계되어야 한다는 이의를 할 수 없
   다."(2010.3.25, 2007다35152). 다만 '공제'와 관련하여 제3채무자가 위와 같이 선택권이 있는
   지는 견해 대립이 있을 수 있다. 가령 임차보증금 2억 5천만 원 중 2억 원만 압류 및 전부명령에

3) 채권양수인이 양수채권을 자동채권으로 하여 채무자가 채권양수인에 대해 가지고 있던 기존 채권과 상계한 경우, 상계적상일(=대항요건 갖추어진 날인 채권양도통지 도달일)

상계적상은 자동채권과 수동채권이 상호 대립하는 때에 비로소 생긴다. 채권양수인이 양수채권을 자동채권으로 하여 그 채무자가 채권양수인에 대해 가지고 있던 기존 채권과 상계한 경우, 채권양수인은 채권양도의 대항요건이 갖추어진 때 비로소 자동채권을 행사할 수 있으므로 **채권양도 전에 이미 양 채권의 변제기가 도래하였다고 하더라도 상계의 효력은 변제기로 소급하는 것이 아니라 채권양도의 대항요건이 갖추어진 시점으로 소급한다**(2022.6.30, 2022다200089).

8. 소멸시효 완성된 채권에 의한 상계

- ▣ **민법 제495조**: 소멸시효가 완성된 자동채권이 있는 경우에 상계적상이 소멸시효 완성전인 경우에 상계할 수 있다고 규정
  - ● 제척기간이 지난 경우에도 민법 제495조 유추적용 가능(2019.3.14, 2018다255648)[12]

case)

원고의 수동채권(대여금채권)의 변제기 2012. 1. 31.

피고의 자동채권(물품대금 채권)의 변제기 2009. 2. 28.

수동채권을 청구하자 피고가 2013. 4. 1. 자동채권에 기한 상계 의사표시를 함

원고는 피고의 자동채권이 3년의 소멸시효에 걸리므로 2012. 2. 28. 시효로 소멸하였다고 주장

⇨ 상계 적상일이 소멸시효 완성 전이므로 피고 자동채권으로 상계 가능, 상계 적상일은 2012. 1. 31.[13]

의하여 전부채권자(甲)에게 이전되었는데, 甲이 2억 원의 전부금청구를 구하자 제3채무자(임대인, 丙)가 1,000만 원의 연체차임이 발생하였음을 이유로 공제주장을 할 수 있는지 견해 대립이 있을 수 있다. '당연공제'의 법리를 강조하면 위 연체차임이 이미 공제된 후 전부채권자가 그 중(2억 4천만 원 중) 2억 원을 취득한 것으로 주장할 수 있기 때문이다.

12 도급인이 수급인에 대하여 가지는 하자 보수에 갈음하는 손해배상채권이 이미 1년의 제척기간(민법 제670조 제1항)이 지난 경우에도 민법 제495조를 유추적용하여 수급인의 대금채권과 상계할 수 있다고 한 사례이다. 상계적상일은 목적물 인도일이다.

임대차 존속 중 임대인의 구상금채권의 소멸시효가 완성된 경우에는 위 구상금채권과 임차인의 유익비상환채권은 상계 불가(2021.2.10, 2017다258787)[14]

9. 불법행위채권을 수동채권으로 하는 상계

1) 불법행위채권이 수동채권인 경우의 문제

◉ 고의로 불법행위를 한 자는 다른 채권을 가지고 피해자가 가지는 손해배상청구권과 상계할 수 없음

● 불법행위 피해자가 현실의 변제를 받아야 한다는 취지

● **논리의 확장**

■ 고의의 불법행위에 기하여 피해자가 부당이득반환채권을 구하는 경우(2002.1.25, 2001다52506)

■ 고의에 의한 행위가 불법행위와 채무불이행을 동시에 구성하여 채권자가 채무불이행으로 인한 손해배상채권을 구하는 경우(2017.2.15, 2014다19776)

■ 고의의 피용자의 불법행위로 인하여 사용자책임을 지는 경우

> 피용자의 고의의 불법행위로 인하여 사용자책임이 성립하는 경우에 민법 제496조의 적용을 배제하여야 할 이유가 없으므로 **사용자책임이 성립하는 경우 사용자는 자신의 고의의 불법행위가 아니라는 이유로 민법 제496조의 적용을 면할 수는 없다**(2006.10.26, 2004다63019).
> ⇨ 은행의 대출업무 담당직원이 고의로 대출금 중 2억 원을 편취한 경우에 은행이 사용자책임으로 부담하는 손해배상채무를 수동채권으로 하여 상계할 수 없다고 판시

◉ 과실로 불법행위를 한 자는 다른 채권을 가지고 피해자가 가지는 손해배상청구권과 상계 가능, 중과실도 같이 취급(1994.8.12, 93다52808)

---

13 사안을 달리하여 만약 원고가 수동채권을 2015. 4. 1. 甲에게 양도하고 피고에게 통지하였다고 가정하자. 채권양수인 甲이 피고에게 이행청구를 한 경우에 피고는 자동채권(물품대금 채권)으로 상계의 항변을 할 수 있다고 보아야 할 것이다(사견)

14 유익비상환채권은 임대차계약이 종료한 때에 발생하므로, 소멸시효 완성 당시에 구상금채권을 자동채권으로 하여 상계를 할 수 없는 사안이기 때문이다.

2) 불법행위채권이 자동채권인 경우

　　◉ 불법행위 피해자가 불법행위채권으로 상계하는 것은 허용됨(1983.10.11, 83다카542)

3) 자동채권·수동채권 모두 고의의 불법행위채권인 경우

　　◉ 상계 허용되지 않음

고의의 불법행위로 인한 손해배상채권을 수동채권으로 하는 상계는 허용되지 않는 것이며, 이는 그 자동채권이 동시에 행하여진 싸움에서 서로 상해를 가한 경우와 같이 동일한 사안에서 발생한 고의의 불법행위로 인한 손해배상채권인 경우에도 마찬가지이다(1994.2.25, 93다38444).

10. 상계금지

가. 압류가 금지된 채권을 수동채권으로 한 상계의 금지[15]

나. 항변권이 부착된 채권을 자동채권으로 한 상계의 금지

　　◉ 동시이행의 항변권의 대항을 받는 채권을 자동채권으로 하여 상대방의 채권과의 상계를 허용하면 상계자 일방의 의사표시에 의하여 상대방의 항변권 행사의 기회를 상실시키는 결과가 되어서 그러한 상계는 허용될 수 없는 것이 원칙(2004.5.28, 2001다81245 등 참조, 해제의 원상회복의무 관련)

1. 항변권이 붙어 있는 채권을 자동채권으로 하여 다른 채무(수동채권)와의 상계를 허용한다면 상계자 일방의 의사표시에 의하여 상대방의 항변권 행사의 기회를 상실시키는 결과가 되므로 그러한 상계는 허용될 수 없고, 특히 수탁보증인이 주채무자에 대하여 가지는 민법 제442조의 사전구상권에는 민법 제443조의 담보제공청구권이 항변권으로 부착되어 있는 만큼 이를 자동채권으로 하는 상계는 허용될 수 없으며, 다만 민법 제443조는 임의규정으로서 주채무자가 사전에 담보제공청구권의 항변권을

---

15 양도 또는 대위되는 채권이 원래 압류가 금지되는 것이었던 경우에는, 처음부터 이를 수동채권으로 한 상계로 채권자에게 대항하지 못하던 것이어서 그 채권의 존재가 채무자의 자동채권에 대한 담보로서 기능할 여지가 없고 따라서 그 담보적 기능에 대한 채무자의 합리적 기대가 있다고도 할 수 없으므로, 그 채권이 양도되거나 대위의 요건이 구비된 이후에 있어서도 여전히 이를 수동채권으로 한 상계로써 채권양수인 또는 대위채권자에게 대항할 수 없다고 봄이 상당하다(2009.12.10, 2007다30171).

포기한 경우에는 보증인은 사전구상권을 자동채권으로 하여 주채무자에 대한 채무와 상계할 수 있다(2004.5.28, 2001다81245).[16]

2. 채권압류명령을 받은 제3채무자가 압류채무자에 대한 반대채권을 가지고 있는 경우에 상계로써 압류채권자에게 대항하기 위하여는, 압류의 효력 발생 당시에 대립하는 양 채권이 상계적상에 있거나, 그 당시 반대채권(자동채권)의 변제기가 도래하지 아니한 경우에는 그것이 피압류채권(수동채권)의 변제기와 동시에 또는 그보다 먼저 도래하여야 한다. 이러한 법리는 채권압류명령을 받은 제3채무자이자 보증채무자인 사람이 압류 이후 보증채무를 변제함으로써 담보제공청구의 항변권을 소멸시킨 다음, 압류채무자에 대하여 압류 이전에 취득한 사전구상권으로 피압류채권과 상계하려는 경우에도 적용된다고 봄이 타당하다.

결국 **제3채무자가 압류채무자에 대한 사전구상권을 가지고 있는 경우에 상계로써 압류채권자에게 대항하기 위해서는, ① 압류의 효력 발생 당시 사전구상권에 부착된 담보제공청구의 항변권이 소멸하여 사전구상권과 피압류채권이 상계적상에 있거나, ② 압류 당시 여전히 사전구상권에 담보제공청구의 항변권이 부착되어 있는 경우에는 제3채무자의 면책행위 등으로 인해 위 항변권을 소멸시켜 사전구상권을 통한 상계가 가능하게 된 때가 피압류채권의 변제기보다 먼저 도래하여야 한다.**[17]

⇨ 피고가 소외 2에게 1억 1,000만 원을 변제하여 그 범위에서 이 사건 사전구상권에 부착된 담보제공청구권을 소멸시킨 시점은 2016. 9. 29.로서 이 사건 압류·추심명령의 효력이 발생한 2015. 11. 23. 이후임이 명백하고, 피고가 이 사건 사전구상권으로 상계하려는 수동채권인 이 사건 부당이득반환채권의 변제기는 늦어도 2013. 12. 27.에 도달하였으므로, 이 사건 압류·추심명령 이후에 비로소 담보제공청구의 항변권이 일부 소멸한 이 사건 사전구상권으로 그 이전에 이미 변제기가 도래한 이 사건 부당이득반환채권과 상계하는 것은 허용되지 않는다고 판단한 것은 정당함(2019.2.14, 2017다274703)

---

16 가. 자동채권에 동시이행항변권이 붙어있는 경우 채권의 성질상 상계가 허용되지 않는다는 것이 통설, 판례이다[1969.10.28, 69다1084. 상계자 일방의 의사표시에 의하여 상대방의 항변권 행사 기회를 상실시키는 결과가 되기 때문이다. 같은 원리에서 민법 제442조의 사전구상권에는 민법 제443조 소정의 면책청구권이 항변권으로 부착되어 있으므로 이를 자동채권으로 상계할 수 없다(2004.5.28, 2001다81245)]. 반대로 수동채권에 동시이행항변권이 붙어 있다면 그 채무자는 항변권을 포기하고 자기의 채권과 상계할 수 있다.

나. 자동채권과 수동채권이 서로 상대방 채권에 대한 동시이행관계에 있는 경우에는 상계할 수 있다(1993.9.28, 92다55794; 2006.7.28, 2004다54633 등). 컴퓨터 매매계약이 해제된 경우에 매도인의 지위를 승계한 자의 대금반환의무와 매수인의 컴퓨터 사용이익의 반환의무는

다. 질권이 설정된 채권은 지급금지명령을 받은 채권과 마찬가지로 취급

　　◼ 다만, 다수설은 무제한설임

라. 한정승인의 효과(재산분리)로 상계가 금지될 수 있음

상속채권자가 피상속인에 대하여는 채권을 보유하면서 상속인에 대하여는 채무를 부담하는 경우, 상속이 개시되면 위 채권 및 채무가 모두 상속인에게 귀속되어 상계적상이 생기지만, **상속인이 한정승인을 하면 상속이 개시된 때부터 민법 제1031조에 따라 피상속인의 상속재산과 상속인의 고유재산이 분리되는 결과가 발생하므로, 상속채권자의 피상속인에 대한 채권과 상속인에 대한 채무 사이의 상계는 제3자의 상계에 해당하여 허용될 수 없다.** 즉, 상속채권자가 상속이 개시된 후 한정승인 이전에 피상속인에 대한 채권을 자동채권으로 하여 상속인에 대한 채무에 대하여 상계하였더라도, 그 이후 상속인이 한정승인을 하는 경우에는 민법 제1031조의 취지에 따라 상계가 소급하여 효력을 상실하고, 상계의 자동채권인 상속채권자의 피상속인에 대한 채권과 수동채권인 상속인에 대한 채무는 모두 부활한다(2022.10.27, 2022다254154, 254161).

　　마. 소송상 상계의 재항변 ×

피고의 소송상 상계항변에 대하여 원고가 다시 피고의 자동채권을 소멸시키기 위하여 소송상 상계의 재항변을 하는 경우, 법원이 원고의 소송상 상계의 재항변과 무관한 사유로 피고의 소송상 상계항변을 배척하는 경우에는 소송상 상계의 재항변을 판단할 필요가 없고, 피고의 소송상 상계항변이 이유 있다고 판단하는 경우에는 원고의 청구채권인 수동채권과 피고의 자동채권이 상계적상 당시에 대등액에서 소멸한 것으로 보게 될 것이므로 원고가 소송상 상계의 재항변으로써 상계할 대상인 피고의 자동채권이 그 범위에서 존재하지 아니하는 것이 되어 이때에도 역시 원고의 소송상 상계의 재항변에 관하여 판단할 필요가 없게 된다. 또한, 원고가 소송물인 청구채권 외에 피고에 대하여 다른 채권을 가지고 있다면 소의 추가적 변경에 의하여 그 채권을 당해 소송에서 청구하거나

　　동시이행관계에 있는데, 매수인은 상계 가능하다(위 2006.7.28, 2004다54633).

17 합리적 기대이익설에 기초한 판시이다. 다만, 담보제공청구의 항변권을 소멸시켜 사전구상권을 통한 상계가 가능하게 된 때가 피압류채권의 변제기와 동시에 또는 그보다 먼저 도래하여야 한다고 하지 않았는바, '동시에'가 생략된 이유는 추측컨대 사안과 직접 관련이 없거나 동시에 도래하는 경우를 상정하기 어려워 기재하지 않은 것으로 보이며, 순수한 법논리에 기초하면 '동시에'를 기재하는 것이 타당해 보인다(사견).

별소를 제기할 수 있다. 그렇다면 **원고의 소송상 상계의 재항변은 일반적으로 이를 허용할 이익이 없다**(2014.6.12, 2013다95964).

⇨ 원고가 2개의 채권을 청구하고, 피고가 그중 1개의 채권을 수동채권으로 삼아 소송상 상계항변을 하자, 원고가 다시 청구채권 중 다른 1개의 채권을 자동채권으로 소송상 상계의 재항변을 하는 경우에도 마찬가지로 적용된다(2015.03.20, 2012다107662).

11. 상계항변 공격방어방법에 불과 - 중복제소 ✕, 제소금지 ✕

▣ 먼저 제기된 소송에서 상계 항변을 제출한 다음 그 소송계속 중에 자동채권과 동일한 채권에 기한 소송을 별도의 소나 반소로 제기하는 것도 가능(중복제소 아님, 2022.2.17, 2021다275741)

별소로 계속 중인 채권을 자동채권으로 하는 소송상 상계의 주장도 허용(2001.4.27, 2000다4050)

▣ 먼저 제기된 소송의 제1심에서 상계 항변을 제출하여 제1심판결로 본안에 관한 판단을 받았다가 항소심에서 상계 항변을 철회하였더라도 이는 소송상 방어방법의 철회에 불과하여 민사소송법 제267조 제2항의 재소금지 원칙이 적용되지 않음(2022.2.17, 2021다275741) ⇨ 그 자동채권과 동일한 채권에 기한 소송을 별도로 제기 가능

12. 채권자대위권과 구별

▣ 채권자대위의 통지를 받은 후 채무자가 처분행위를 한 경우에 제3자도 이를 가지고 대항할 수 없으나(민법 제405조 제2항) 채무자의 처분행위에 의하지 않고 제3자가 취득하게 된 대항사유로서는 채권자에게 대항가능 ⇨ 제3채무자는 채권자대위권 통지 이후 취득한 반대채권으로 상계 가능하고 변제도 가능

13. 최종정리

상계에 대하여는

상계가 허용되는 채권인지를 먼저 살펴본 후, 그 다음

1) (가)압류명령이 제3채무자에게 송달된 날

2) 자동채권의 변제기

3) 수동채권의 변제기

4) 상계적상일

5) 상계 의사표시일

확정하여 계산 요!

민사법 실무강의

CHAPTER

02
채권각론

채권각론

매매 - 계약금

1. 의의

- ▣ 계약체결시에 교부되는 금전 기타 유체물
- ▣ **계약금계약**: 금전 기타의 유체물의 교부를 요건으로 하는 요물계약, 매매 기타의 계약에 부수하는 종된 계약

> **당사자가 계약금의 일부만을 먼저 지급하고 잔액은 나중에 지급하기로 약정하거나 계약금 전부를 나중에 지급하기로 약정한 경우**, 교부자가 계약금의 잔금이나 전부를 약정대로 지급하지 않으면 상대방은 계약금 지급의무의 이행을 청구하거나 채무불이행을 이유로 계약금약정을 해제할 수 있고, 나아가 위 약정이 없었더라면 주계약을 체결하지 않았을 것이라는 사정이 인정된다면 주계약도 해제할 수도 있을 것이나, **교부자가 계약금의 잔금 또는 전부를 지급하지 아니하는 한 계약금계약은 성립하지 아니하므로 당사자가 임의로 주계약을 해제할 수는 없다 할 것이다**(2008.3.13, 2007다73611).
> ⇨ 당사자의 채무불이행이 없는 한, 계약금 수령하기 전에 당사자 일방이 임의로 주계약을 해제할 수 없다는 것임

2. 계약금의 기능

1) 증약금(證約金)
2) 위약계약금 - 특약 요
- ▣ 위약벌의 성질을 갖는 위약계약금
- ▣ 손해배상의 예정으로서 성질을 갖는 위약계약금
3) 해약금의 추정(민법 제565조)
- ▣ 민법의 원칙적 입장

3. 계약금 = 해약금 설명

1) 요건
- ▣ 교부자는 포기함으로써, 계약금 받은 자는 그 배액을 상환 요 ⇨ 계약금 수령자는 반드시 배액을 제공해야 해제 가능, 단순 해제 의사표시로는 불가능(判)

매도인이 '계약금 일부만 지급된 경우 지급받은 금원의 배액을 상환하고 매매계약을 해제할 수 있다'고 주장한 사안에서, '실제 교부받은 계약금'의 배액만을 상환하여 매매계약을 해제할 수 있다면 이는 당사자가 일정한 금액을 계약금으로 정한 의사에 반하게 될 뿐 아니라, 교부받은 금원이 소액일 경우에는 사실상 계약을 자유로이 해제할 수 있어 계약의 구속력이 약화되는 결과가 되어 부당하기 때문에, 계약금 일부만 지급된 경우 수령자가 매매계약을 해제할 수 있다고 하더라도 **해약금의 기준이 되는 금원은 '실제 교부받은 계약금'이 아니라 '약정 계약금'이라고 봄이 타당하므로, 매도인이 계약금의 일부로서 지급받은 금원의 배액을 상환하는 것으로는 매매계약을 해제할 수 없다**(2015.4.23, 2014다231378).[1]

- ▣ **시적 제한**: 당사자 일방이 이행에 착수할 때까지
  - ● 해제권 행사의 시기를 이행에 착수한 때까지로 제한한 취지(상대방의 신뢰보호)

    민법 제565조가 해제권 행사의 시기를 당사자의 일방이 이행에 착수할 때까지로 제한한 것은 당사자의 일방이 이미 이행에 착수한 때에는 그 당사자는 그에 필요한 비용을 지출하였을 것이고, 또 그 당사자는 계약이 이행될 것으로 기대하고 있는데 만일 이러한 단계에서 상대방으로부터 계약이 해제된다면 예측하지 못한 손해를 입게 될 우려가 있으므로 이를 방지하고자 함에 있음(2006.2.10, 2004다11599)

    ⇨ 위 판례의 연장선상에서 시효취득자가 원소유자에 의하여 <u>취득</u>
  - ● 이행에 착수한다의 의미

가. 민법 제565조에 의하여 매도인이 계약금의 배액을 상환하고 계약을 해제하려면 매수인이 이행에 착수할 때까지 계약금의 배액을 상환하고 하여야 할 것인바, 여기에서 이행에 착수한다는 것은 객관적으로 외부에서 인식할 수 있는 정도로 채무의 이행행위의 일부를 하거나 또는 이행을 하기 위하여 필요한 전제행위를 하는 경우를

---

1 요물계약설 중 계약금계약 예약설에 의하여 설명이 가능하다. 즉, 총액이 지급되지 않는 한 계약금계약이 성립하지 않고, 계약금 일부 지급시 계약금계약의 예약에 불과하다. 매수인은 약정한 계약금 전부 지급해야 계약금 해제 가능하고 매수인은 계약금 배액 상환해야 해제가 가능한 것이다.

말하는 것으로서 단순히 이행의 준비를 하는 것만으로는 부족하나, 반드시 계약내
용에 들어 맞는 이행의 제공의 정도에까지 이르러야 하는 것은 아니다.

나. 매도인이 매매계약 체결시 중도금 지급기일에 그 소유의 다른 부동산에 대하여 매수
인 앞으로 근저당권을 설정하여 주고 중도금을 지급받기로 약정하였고, 매수인의 대
리인이 약정된 중도금 지급기일에 그 지급을 위하여 중도금을 마련하여 가지고 매도인
의 처를 만나 중도금 지급에 앞서 위 약정과 같이 근저당권을 설정하여 줄 것을 요구하
였으나 매도인의 처가 우여곡절 끝에 결국 이에 응하지 아니할 뜻을 밝히면서 중도금
지급만을 요구하자 중도금을 지급하지 아니한 채 돌아온 것이라면, 매수인은 위 매매계
약에 따른 중도금 지급의 이행에 착수한 것이라고 봄이 옳다(1994.5.13, 93다56954).

⇨ 실제 중도금 지급을 하지 않았으나 중도금 마련

⇨ 원고가 이 사건 매매계약의 <u>잔대금지급기일 다음 날인 1990. 6. 21.</u> 잔대금의 지급을 위
  하여 투자금융회사에서 예탁하여 둔 돈을 찾아가지고 가서 <u>잔금을 준비하여 왔음을 알리</u>
  <u>면서 이전등기서류의 준비 여부를 문의한 사실이 있다</u>면 원고는 늦어도 1990. 6. 21.에는
  이 사건 매매계약의 잔대금지급의 <u>이행에 착수하였다</u>고 볼 것이다(1993.5.25, 93다1114).
  <u>비교)</u> 상대방의 채무에 대하여 이행촉구하거나 이행청구의 소송을 제기하여 승소판결 받은 것
  은 해당 안 됨(1997.6.27, 97다9369) → 착수자 자신의 계약상 채무에 대하여 행하여져야 함

- 이행에 착수하였음을 상대방이 알아야 해제권의 행사가 금지되는가?
  - 위 판례 취지, 가급적 계약의 구속력을 인정하여야 할 필요성에 비
    추어 상대방이 알아야 하는 것은 아님(남효순, 계약금약정에 관한 몇
    가지 쟁점, 1992.2.11, 91다22322)
- 이행기의 약정이 있음에도 이행기 전에 이행에 착수하여 해제권 행
  사를 저지할 수 있는가?
  - 민법 제468조(변제기전 변제 가능)

[1] 이행기의 약정이 있는 경우라 하더라도 당사자가 채무의 이행기 전에는 착수하지
    아니하기로 하는 특약을 하는 등 특별한 사정이 없는 한 이행기 전에 이행에 착수할
    수 있다.
[2] 매매계약의 체결 이후 시가 상승이 예상되자 매도인이 구두로 구체적인 금액의 제
    시 없이 매매대금의 증액요청을 하였고, 매수인은 이에 대하여 확답하지 않은 상태
    에서 중도금을 이행기 전에 제공하였는데, 그 이후 매도인이 계약금의 배액을 공탁

하여 해제권을 행사한 사안에서, 시가 상승만으로 매매계약의 기초적 사실관계가 변경되었다고 볼 수 없어 '매도인을 당초의 계약에 구속시키는 것이 특히 불공평하다'거나 '매수인에게 계약내용 변경요청의 상당성이 인정된다'고 할 수 없고, 이행기 전의 이행의 착수가 허용되어서는 안 될 만한 불가피한 사정이 있는 것도 아니므로 매도인은 위의 해제권을 행사할 수 없다고 한 원심의 판단을 수긍한 사례(2006.2.10, 2004다11599).

⇨ 이행착수가 먼저냐, 배액 제공＋해제 의사표시가 먼저냐 문제가 제기

⇨ 반론: 해약금에 의하여 해제권이 유보되어 있는 이상, 그 사정만으로도 기한의 이익은 매도인에게 있다고 보아야 할 것이고, 매수인이 중도금 지급기일 전에 중도금을 지급하는 행위는 매도인의 중도금 지급기일까지 계약을 해제할 수 있는 기한의 이익을 해치는 것으로 매도인의 동의가 없는 한 이행기 전의 이행의 착수로 허용될 수 없다고 보아야 하는 것이 아닌지

⇨ 재반론: 해약금이 있다고 하여 바로 기한의 이익이 있다고 보아야 하는 것인지, 계약 존속을 위해 노력한 사람을 우선시하여야 하는 것이 아닌지

매도인이 민법 제565조에 의하여 계약을 해제한다는 의사표시를 하고 일정한 기한까지 해약금의 수령을 최고하며 기한을 넘기면 공탁하겠다고 통지를 한 이상 중도금 지급기일은 매도인을 위하여서도 기한의 이익이 있다고 보는 것이 옳고, 따라서 이 경우에는 매수인이 이행기 전에 이행에 착수할 수 없는 특별한 사정이 있는 경우에 해당하여 매수인은 매도인의 의사에 반하여 이행할 수 없다고 보는 것이 옳으며, 매수인이 이행기 전에, 더욱이 매도인이 정한 해약금 수령기한 이전에 일방적으로 이행에 착수하였다고 하여도 매도인의 계약해제권 행사에 영향을 미칠 수 없다(1993.1.19, 92다31323).

⇨ 원고는 피고 소유의 토지를 매수하였는데, 원고가 계약금을 지급한 후 피고는 원고에게서 받은 계약금의 배액을 해약금으로 상환할 터이니 이를 수령할 것을 최고하고, 기한을 넘기면 공탁하겠다고 원고에게 통지하였다. 이에 원고가 중도금 지급기일 이전에 중도금의 일부인 금 2억원을 서둘러 피고의 계좌에 입금하였고, 피고는 이와 상관없이 계약금의 배액을 공탁하였다. 대법원은 매수인이 이행기 전에 이행에 착수할 수 없는 특별한 사정이 있는 경우에 해당한다고 보고, 원고가 금 2억원을 피고에게 지급하였다고 하더라도 피고가 약정해제권을 행사할 수 있고, 원고(매수인)가 서둘러 중도금을 입금시킨 것은 해약금의 수령거절의사를 명백히 한 것으로 피고의 해약금의 공탁은 적법하고, 따라서 그 공탁통지가 도달한 때에 이 사건 매매계약은 해제되었다고 판단하였다.

매도인에게 특별히 기한의 이익이 인정됨.

2) 효과

▣ **해제효 발생**: 원상회복의무 없음

▣ **손해배상의무 발생하지 않음**: 채무불이행에 의한 해제가 아님(565조 2항)

▣ **주의**: 만약 계약이 해제되지 않고 이행한 경우에 – 원래 교부자에게 반환하여야 함(계약금으로서 효용을 잃은 때에는 반환한다는 의사로서 수수, 그러나 통상 대금 일부에 충당)

4. 위약계약금의 문제

1) 위약계약금으로 인정되려면 특약이 필요

▣ 계약금이 수수된 경우에 해약금의 성질을 갖는 것은 당연하지만, 그것이 나아가 손해배상액의 예정으로서 성질을 갖는다고 보기 위해서는 '이행의 착수 이후에도' 계약금을 위약금으로 존속시키려는 특약으로 인정되어야 함. 왜냐하면 해약금은 이행의 착수 전의 문제인 반면, 손해배상액의 예정은 이행의 착수 이후의 문제이기 때문임

▣ 일반적인 계약서의 양식에는 '매수인이 매도인에게 중도금(중도금이 없을 때에는 잔금)을 지불하기 전까지 매도인은 계약금의 배액을 배상하고, 매수인은 계약금을 포기하고 이 계약을 해제할 수 있다.'고 부동문자로 기재되어 있는데, 이는 단지 해약금을 규정하고 있을 뿐 손해비상액의 예정이라고 볼 수 없음

유상계약을 체결함에 있어서 계약금이 수수된 경우 계약금은 해약금의 성질을 가지고 있어서, 이를 위약금으로 하기로 하는 특약이 없는 이상 계약이 당사자 일방의 귀책사유로 인하여 해제되었다 하더라도 상대방은 계약불이행으로 입은 실제 손해만을 배상받을 수 있을 뿐 계약금이 위약금으로서 상대방에게 당연히 귀속되는 것은 아니다(1996.6.14, 95다54693).

매매당사자 사이에 수수된 계약금에 대하여 매수인이 **위약하였을 때에는 이를 무효로 하고 매도인이 위약하였을 때에는 그 배액을 상환할 뜻의 약정이 있는 경우**에는 특별한 사정이 없는 한 그 계약금은 민법 제398조 제1항 소정의 손해배상액의 예정의 성질을 가질 뿐 아니라 민법 제565조 소정의 해약금의 성질도 가진 것으로 볼 것이다(1992.5.12, 91다2151).

2) 위약에 대비하여 매수인 계약금 배액상환 약정이 있더라도 손해배상액의 예정에 해당하는 부분은 계약금 액수임

채무자의 소유권이전등기 의무가 이행불능이 되었을 경우 채무자는 이행불능 당시의 시가상당액을 전보배상하여야 할 책임이 있으나, 매매계약시 미리 손해배상액의 예정에 관한 특약을 하였다면 계약의 해제 여부에 관계없이 그에 따라야 한다. 그러므로, 원심이 부동산매매에 있어 매도인이 그 목적물을 2중으로 양도하여 제3자에게 소유권이전등기를 하여 줌으로써 매수인에 대한 소유권이전등기가 이행불능이 된 경우, 그 손해배상의 액은 특별한 사정이 없는 한 제3자에게 소유권이전등기를 넘겨준 날 현재의 시가 상당액이라 할 것이나, 이 사건의 경우는 손해배상액의 예정에 관한 특약이 있으므로, 피고들이 지급하여야 할 돈은 원상회복으로서 <u>피고회사가 지급받은 계약금 10,000,000원 및 중도금 20,000,000원과 손해배상 예정액으로서 계약금 10,000,000원이라고 판단한 것은 정당하다.</u>
나. 채무불이행으로 인한 손해배상은 이행불능의 경우에도 손해배상액의 예정에 관한 약정에 따라 정하여야 할 것이다(1992.12.22, 92다30320).
⇨ 이 사건 매매계약의 매수인인 원고는 매도인인 피고와 사이에 '<u>계약을 위약하면 계약금의 배액을 배상하고, 매수인이 위약하면 계약금을 몰수하기</u>'로 특약을 맺었고, 이 사건 매매계약에 따라 1988.8.20. 계약금 10,000,000원을, 같은 해 11.10. 중도금 20,000,000원을 각 피고에게 지급하였다. 그런데 피고가 이 사건 부동산을 제3자에게 매도하여 1988.12. 16. 제3자에게 소유권이전등기를 경료하였다. 이 경우 원고가 이행불능을 원인으로 이 사건 매매계약을 해제하고 원상회복 및 손해배상을 구하면, 피고는 원고에게 계약금 10,000,000원 및 중도금 20,000,000원 및 각 이에 대하여 위 금원을 받은 날로부터 완제일까지 연 5%의 법정이자를 가산하여 반환하여야 하고(민법 제548조 제2항), **손해배상액의 예정에 관한 약정에 따른 손해배상금 10,000,000원 및 이에 대하여 제3자에게 소유권이전등기가 경료된 날인 1988.12.16.(이행불능 당일이다)부터 완제일까지 지연손해금을 지급하여야 한다.**[2]

---

2 다만, 동시이행항변권이 인정되면 지연손해금은 발생하지 않는다.

2-1 매매 - 민법 제587조(매매와 과실수취권)의 해석

1. 전제

- ◉ 구 민법에 있었던 조항이 그대로 유지된 것임
  - ● 의사주의의 잔재?
- ◉ 부동산에서 '물건의 인도'를 기준으로 과실수취권을 정한다는 것으로 성립 요건주의와 해석상 충돌 우려가 있음[1]
- ◉ 판례는 지체책임과 관련하여 제587조를 적극적으로 해석하고 있음
  - ● 제587조는 이행지체에 관한 제387조와 충돌 우려 있음
- ◉ 제587조는 임의규정이므로 당사자 사이의 약정이 최우선적으로 적용

2. 구체적 해석

가. 매도인의 채무와 매수인의 채무가 동시이행관계에 있는 경우

1) 소유권이 매수인에게 이미 이전되었으나 목적물 인도하기 前이고 매매 대금이 지급되기 前
- ◉ 매도인이 과실수취(판례): 제587조 1문은 제211조의 특칙이라는 논리

---

1. 부동산매매에 있어 목적부동산을 제3자가 점유하고 있어 인도받지 아니한 매수인이 명도소송제기의 방편으로 미리 소유권이전등기를 경료받았다고 하여도 **아직 매매대금을 완납하지 않은 이상 부동산으로부터 발생하는 과실[2]은 매수인이 아니라 매도인에게 귀속**되어야 한다(1992.4.28, 91다32527).
   ⇨ 1) 반대해석상 매매대금 완납 시점 이후에는 과실취득권은 매수인에게 귀속(아래 1993. 11.9, 93다28928).
   2) 매도인이 <u>대금의 일부만을</u> 지급받은 때에는 목적물의 인도를 지체하고 있다 하더라고 기지급된 대금에 대한 이자상당의 손해배상의무 없음(1992.4.28, 91다32527)
   ⇨ 대금 **완납** 여부가 중요!

---

1 부동산과 관련하여 과실수취권은 소유자의 권리이므로 등기함으로써 바로 과실수취권을 가진다고 보는 것이 논리적이라는 것이다.
2 예를 들면 제3자에 대한 부당이득반환청구권 행사하여 받은 부당이득금.

2. 특별한 사정이 없는 한 매매계약이 있은 후에도 인도하지 아니한 목적물로부터 생긴 과실은 매도인에게 속하나, **매매목적물의 인도 전이라도 매수인이 매매대금을 완납한 때에는 그 이후의 과실수취권은 매수인에게 귀속된다**(1993.11.09, 93다28928).

⇨ 매도인이 매매대금 이자 상당액의 이익과 과실수취권 둘 다 행사하는 것은 부당하다는 것으로 이 경우에는 '인도'가 과실수취권의 기준이 되지 않음에 유의!

⇨ 같은 취지 판례 "채권자가 가등기담보권을 실행하여 그 담보목적부동산의 소유권을 취득하기 위하여 가등기담보등에관한법률에 따라 채무자에게 담보권 실행을 통지한 경우 청산금을 지급할 여지가 없는 때에는 2월의 청산기간이 경과함으로써 청산절차는 종료되고, 이에 따라 채권자는 더 이상의 반대급부의 제공 없이 채무자에 대하여 소유권이전등기청구권 및 목적물 인도청구권을 가진다 할 것임에도 채무자가 소유권이전등기의무 및 목적물 인도의무의 이행을 지연하면서 자신이 담보목적물을 사용·수익할 수 있다고 하는 것은 심히 공평에 반하여 허용될 수 없으므로 이러한 경우 담보목적물에 대한 과실수취권 등을 포함한 사용·수익권은 청산절차의 종료와 함께 채권자에게 귀속된다고 보아야 한다."(2001.2.27, 2000다20465)

2) 매도인의 목적물인도의무가 이행지체에 빠진 경우(매수인이 대금지급의무를 이행제공한 경우)

▣ 매도인 과실수취권(제587조 1문에 충실한 해석) ⇨ 이행지체로 인한 손해배상의무 없음

민법 제587조에 의하면, … 규정하고 있는바, 이는 매매당사자 사이의 형평을 꾀하기 위하여 매매목적물이 인도되지 아니하더라도 매수인이 대금을 완제한 때에는 그 시점 이후의 과실은 매수인에게 귀속되지만, 매매목적물이 인도되지 아니하고 또한 **매수인이 대금을 완제하지 아니한 때에는 매도인의 이행지체가 있더라도 과실은 매도인에게 귀속되는 것이므로 매수인은 인도의무의 지체로 인한 손해배상금의 지급을 구할 수 없다**(2004.4.23, 2004다8210).

⇨ 쌍무계약에 있어 매도인에게 이행지체로 인한 손해배상을 청구하는 경우에 매수인은 대금지급의무의 이행제공만으로는 구할 수 없고 대금을 실제로 지급하여야 구할 수 있다는 논리가 됨(제587조 제1항이 제387조를 배제하는 논리임)

3) 매수인이 매매대금을 완납하였으나 매도인이 목적물을 점유하고 있는 경우
   ▣ 매수인 과실수취권(위 1993.11.9, 93다28928) ⇨ 587조 2문 반대해석
4) 매수인이 이행지체에 빠진 경우(매도인이 인도의무를 이행제공한 경우)
   ▣ 매수인 이행지체로 인한 손해배상의무 없음

> 특정물의 매매에 있어서 매수인의 대금지급채무가 이행지체에 빠졌다 하더라도 그 목적물이 매수인에게 인도될 때까지는 매수인은 매매대금의 이자를 지급할 필요가 없는 것이므로, 그 목적물의 인도가 이루어지지 아니하는 한 매도인은 매수인의 대금지급의무 이행의 지체를 이유로 매매대금의 이자 상당액의 손해배상청구를 할 수 없다(1995.6.30, 95다14190).
> ⇨ 제587조 제2문을 제387조의 이행지체의 법리에 관한 특칙으로 이해

   ▣ 매도인이 실제로 인도를 해야 매수인이 이행지체로 인한 손해배상의무를 진다는 것으로 쌍무계약에 있어 매매대금에 대한 지연손해금을 함께 청구하는 경우에 '목적물의 인도'가 요건사실이 되는 이유임
나. 일방이 선이행의무를 부담하기로 한 경우
   1) 대금지급의무가 선이행의무인 경우 대금을 지급받은 후 매도인의 인도의무의 이행기가 도래하기 전
      ▣ 매도인 과실수취권설(제587조 적용 배제-이행기 원칙) vs 매수인 과실수취권설(제587조 제1문의 정신 중시)

2-2 하자담보책임의 법적 성질

1. 의의

- ▣ 담보책임의 채무불이행책임으로의 동화
- ▣ 하자의 의미: 권리의 하자, 물건의 하자

계약체결상의 과실	⇧	위험부담
하자담보책임(580)[1]	계약체결시	채무불이행

2. 법적 성질에 관한 논의

가. 논의가 대립되는 이유

- ▣ 하자담보책임이라는 전제하에 여러 가지 하자가 포함되어 있음
  - ● 권리의 하자(제570조, 제572조, 제576조, 제577조) ― 주관적, 원시적 불능[2]
  - ● 특정물 하자(제580조), 수량부족, 일부멸실(제574조) ― 객관적, 원시적 불능
  - ● 종류물 하자(제581조) ― 기본적으로 계약체결시점을 기준으로 하여 후발적 하자를 대상으로 함[3]
- ▣ 전체를 아우를 수 있는 이론구성이 필요하다는 것임
- ▣ 실제 **하자담보책임 논의의 핵심은 특정물 하자담보(제580조), 수량부족, 일부멸실(제574조)의 본질론**이고, 나머지에 대해서는 채무불이행으로 논의 정리 가능

---

1 하자담보책임은 계약 전체를 무효로 하는 것은 예외적이라는 점에서 계약체결상의 과실과 구별(하자―기본적으로 큰 흠은 아니라는 것을 전제).

2 주관적 불능이므로 '채무불이행'과 경합을 쉽게 인정할 수 있다(1993.11.23, 93다37328).

3 더 정확한 표현은 종류물 하자의 경우 후발적, 객관적으로 채무의 이행이 가능한 경우이므로 채무불이행책임과의 동질성, 유사성이 강조된다[이 점이 특정물 하자(제580조), 수량부족, 일부멸실(제574조)의 경우와 구별된다]. 제581조의 하자담보책임의 하자결정시기에 관하여 '목적물 인도시설'과 '특정시설(다수설)'이 대립하고 있으나, 어느 견해에 의하더라도 계약체결이후에 발생하는 하자가 문제가 되므로 제581조의 하자담보책임은 채무불이행책임으로 볼 수 있는 것이다.

나. 법적 성질에 대한 논의의 전제

1) 특정물 도그마

- ▣ 민법 제462조에 근거
- ▣ 특정물에서 완전물급부의무를 부정하고, 이행기 당시 목적물이 멸실·훼손되어도 그 상태대로 인도하면 변제로서 효력의 인도를 인정하고(**매도인은 민법 제462조에 따라 급부의무를 이행하였으므로 채무불이행으로 인한 손해배상의 문제가 발생하지 않는다는 논리 강조**), 하자담보책임만이 문제가 된다는 것임 ⇨ 법정책임설의 핵심
  - ● 독일의 '특정물도그마'에 영향을 받았는데, 독일민법이 2001. 11. 26. 개정되어 매도인의 하자 없는 물건의 급부의무를 인정함 ⇨ 특정물 도그마 입지가 좁아짐
  - ● 특정물도그마는 신뢰이익의 배상으로 연결됨(채무불이행책임과의 독자성 강조)
  - ● 특정물 도그마에 대한 핵심 반박) 특정물매매에 있어서도 매도인의 완전물급부의무가 인정된다는 것임
- ▣ 종류물매매에 있어서는 완전물급무의무가 인정되므로(제581조 명문의 규정이 있음) 법정책임이 아닌 채무불이행책임이라고 인정

2) 채무불이행과의 획정 – 법정책임설이 강조하는 것

- ▣ 객관적, 원시적 하자는 채무불이행의 영역이 아니라는 것임
  - ● 주관적, 원시적 하자인 타인의 권리 매매는 채무불이행이라는 점에 대립이 없음
  - ● 물건의 하자와 관련하여 객관적, 원시적 하자라는 이유로 채무불이행책임과 구별하려고 하는 것임
- ▣ 고의, 과실이 없이 손해배상(이행이익)을 인정하여서는 안 된다는 것임 – 채무불이행과 구별 강조
- ▣ 담보책임은 단기의 권리행사기간을 규정하고 있으므로 이에 따라 조속히 권리관계를 안정시켜야 한다는 점 강조 – 채무불이행과 구별 강조

▣ 요약: 법정책임설은 아래와 같은 하자담보책임의 특징을 강조하고 있는 것임. 하자담보책임의 독자성을 강조함

- 무과실
- 매수인 악의인 경우 매도인 손해배상책임 없음(제570조 단서)
- 특정물 도그마 강조[4]
- 담보책임 기간이 한정됨(1년, 6개월[5])
- 해제의 제한: 계약의 목적을 달성할 수 없을 때(제575조)

3) 전통적인 견해대립의 모습[6]

	법정책임설	채무불이행책임설
의의	매매계약의 유상성과 거래의 안전과 신속을 고려한 무과실 법정책임	채무불이행책임 (그 중 불완전이행)의 특칙을 규정한 것임
특정물 매매	하자 있어도 급부의무 소멸	급부의무의 불완전이행이므로 하자없는 목적물 급부의무 존속
채무불이행과 경합	?	경합
손해배상의 범위	신뢰이익	이행이익

▣ 논의의 구체적인 실익

● 손해배상의 범위에서 문제가 됨

- 하자담보책임에 의한 손해배상은 이행이익인가 신뢰이익인가?
- 민법 제581조는 다른 나라의 입법과는 달리 '손해배상'을 규정하고 있는데, 이를 어떻게 해석할지 문제가 됨[7]
- 제580조 해석론에서도 '손해'의 의미가 문제가 됨

---

4 하자가 있어도 인도하면 채무불이행책임을 면한다고 설명한다.
5 상인간의 하자담보책임에 대하여는 상법 제69조 제1항 참조.
6 각 설마다 이설이 매우 많으므로 정형적인 것만 추려서 정리한 것이다.
7 외국 입법은 매도인의 귀책사유와 관계없는 '대금감액' 또는 '대금 및 계약비용의 반환(해제)'을 그 효과로 하고 있다.

□ 종합: 채무불이행책임설

● 매매계약에 따라 완전한 권리를 이전하고 물질적 하자가 없는 물건을 인도해야 하는데 이를 위반한 것을 규정한 것임

● 채무불이행책임이 포괄적이므로 특징적인 것을 추출하여 법으로 규정한 것임－하자에 대한 신속한 보상, 그 보상은 이행이익이어야 함

－다만 하자담보책임으로 확대손해까지 배상할 수 있는지에 대해서는 채무불이행책임과의 경계가 완전히 허물어질 수 있다는 점에서 신중을 기하여야 함

－**하자담보책임은 완전한 물건을 주지 않았다는 점에 국한한 손해, 즉 완전한 물건을 준 경우와 현재 하자 있는 물건과의 가격 차액만의 전보를 목적으로 하고, 확대손해까지 담보하고자 하는 것으로 보기는 어려움**

3. 채무불이행책임과의 경합의 문제

가. 논의가 대립되는 이유

□ 하자담보책임이 신뢰이익만을 배상한다고 하면(by 법정책임설) 이행이익 배상을 위하여 채무불이행과의 경합 논의가 실익이 있음

□ 하자담보책임이 이행이익[8]을 배상한다고 하더라도(by 채무불이행책임설) 확대손해까지 포함하여 배상을 구할 수 있는지 논의 요 ⇨ if not, 채무불이행책임과의 경합이 문제가 되는 것임

나. 전통적인 견해의 대립

□ **법정책임설**: 하자담보책임과 채무불이행은 영역이 다르므로 경합이라는 말은 맞지 않다.

□ **채무불이행책임설**: 경합을 인정함. 다만 하자담보책임을 채무불이행의 특칙으로 이해하여 경합을 인정하지 않는 견해도 있음

---

8 여기서 말하는 이행이익은 "완전한 물건을 주지 않았다는 점에 국한한 손해로서 확대손해까지는 포함하지 않은 손해"의 개념으로 보아야 할 것이다.

다. 확대손해의 배상 관련

1) 특정물매매의 경우

  ▣ 법정책임설 – 하자담보책임으로 전보 불가능하다고 설명

  ▣ 채무불이행책임설 – 하자담보책임으로 인정가능하다는 견해, 확대손해의 배상은 채무불이행에 의해서만 인정하여야 한다는 견해가 있음

2) 종류매매의 경우

  ▣ 종류매매에 대하여는 채무불이행책임이라는 점에 대하여 대체로 견해가 일치함 – 종류물에 하자가 있으면 급부의무 위반이 있어 불완전이행으로 보고 있기 때문임

  ▣ 채무불이행책임으로 설명하는 경우에도 마찬가지로 경합 여부에 대한 견해대립이 가능함

    ● 하자담보책임으로 인정가능하다는 견해, 확대손해의 배상은 채무불이행에 의해서만 인정하여야 한다는 견해가 있음

3) 요약: 견해대립

  ▣ **경합설**: 채무불이행책임설의 원래 입장

  ▣ **불경합설**: 하자담보책임을 특칙으로 규정, 거래 신속 강조

4) 판례

  ▣ 불완전이행책임이라고 본 판결이 있음

> 양도목적물의 숨은 하자로부터 손해가 발생한 경우에 양도인이 양수인에 대하여 부담하는 하자담보책임은 그 본질이 불완전이행책임으로서 본계약내용의 이행과 직접 관련된 책임인바 … (1992.4.14, 91다17146, 17153)
>
> ⇨ 방론에 불과할 수 있음, 당시에는 법정책임설이 다수설이었음

  ▣ 이행이익을 손해배상의 범위로 본 판결이 있음

> 타인의 권리를 매매한 자가 권리이전을 할 수 없게 된 때에는 매도인은 선의의 매수인에게 이행불능 당시를 표준으로 한 이행이익 상당을 배상하여야 한다(1979.4.24, 77다2290).

▣ 경합 인정. 그러나 하자담보책임에 기하여 확대손해 청구는 어렵다
고 보아야 함.

● 결국 판례는 경합을 인정하지만 확대손해에 대해서는 경합을 인
정하지 않는 것으로 정리할 수 있고 확대손해에 대해서는 채무
불이행책임만 문제가 됨(제한적 경합인정)

[사실관계 중요]

매도인이 성토작업을 기화로 다량의 폐기물을 은밀히 매립하고 그 위에 토사를 덮은 다
음 도시계획사업을 시행하는 공공사업시행자와 사이에서 정상적인 토지임을 전제로 협
의취득절차를 진행하여 이를 매도함으로써 매수인으로 하여금 그 **토지의 폐기물처리비용
상당의 손해를 입게 하였다면 매도인은 이른바 불완전이행으로서 채무불이행으로 인한
손해배상책임을 부담하고, 이는 하자 있는 토지의 매매로 인한 민법 제580조 소정의 하
자담보책임과 경합적으로 인정된다고 할 것이다**(2004.7.22, 2002다51586).

⇨ 원심은 채무불이행책임 인정했는데 대법원이 상고기각한 사안임(하자담보, 채무불이행 경
합 인정함, 실무의 practical한 사고를 말해줌).

⇨ 하자복구비용(92억 원)이 목적물 가액 87억 원을 초과하는 문제가 발생.

⇨ 하자 없는 물건을 급부할 의무로 설명 가능, 완전물급부의무 위반에 따른 손해로 설명해야
함. 즉 하자를 제거하는 데 드는 비용은 매수인이 원래 하자 없는 물건을 받을 수 있었다는
점을 상기하면 차액설이 적용되는 이행이익의 범주로 설명 가능.

異說) 김대정: 하자담보책임의 내용으로 하자보수가 인정되므로 그에 따른 비용청구로 보
아야 하고 매도인 귀책사유 필요 없다고 주장

[최근 같은 판시]

특별한 사정이 없는 한 하자를 보수하기 위한 비용은 매도인의 하자담보책임과 채무불이
행책임에서 말하는 손해에 해당한다. 따라서 매매 목적물인 토지에 폐기물이 매립되어 있
고 매수인이 폐기물을 처리하기 위해 비용이 발생한다면 매수인은 그 비용을 민법 제390
조에 따라 채무불이행으로 인한 손해배상으로 청구할 수도 있고, 민법 제580조 제1항에 따
라 하자담보책임으로 인한 손해배상으로 청구할 수도 있다(2021.4.8, 2017다202050).

⇨ **하자담보책임으로 인한 손해배상으로 폐기물 처리비용을 지급할 의무가 있다고 본 원심판
결이 정당하다고 함**(원심판결은 불완전이행을 전제로 한 채무불이행책임은 성립하지 않는
다고 보았음. 즉 폐기물을 누가 매립하였는지를 알 수 없는 상황에서 피고(대한민국)의 고
의, 과실을 인정하기 어렵다고 보았음)[9]

---

9 쌍무계약에 있어서 급부와 반대급부의 등가관계를 보장하여야 하는데 여기서 등가관계는 주관적

매도인이 매수인에게 공급한 부품이 통상의 품질이나 성능을 갖추고 있는 경우, 나아가 내한성이라는 특수한 품질이나 성능을 갖추고 있지 못하여 하자가 있다고 인정할 수 있기 위하여는, 매수인이 매도인에게 완제품이 사용될 환경을 설명하면서 그 환경에 충분히 견딜 수 있는 내한성 있는 부품의 공급을 요구한 데 대하여, 매도인이 부품이 그러한 품질과 성능을 갖춘 제품이라는 점을 명시적으로나 묵시적으로 보증하고 공급하였다는 사실이 인정되어야만 할 것이고, 특히 **매매목적물의 하자로 인하여 확대손해 내지 2차 손해가 발생하였다는 이유로 매도인에게 그 확대손해에 대한 배상책임을 지우기 위하여는 채무의 내용으로 된 하자 없는 목적물을 인도하지 못한 의무위반사실 외에 그러한 의무위반에 대하여 매도인에게 귀책사유가 인정될 수 있어야만 한다**(1997.5.7, 96다39455).

⇨ 대상판결이 하자로 인하여 발생한 확대손해에 대한 배상책임의 추급을 하자담보책임에 의할 것으로 보고 있든지, 아니면 불완전이행책임에 의할 것으로 보고 있든지 분명하지 않음. 그러나 목적물에 하자가 존재하는 경우, 특히 그로 인하여 확대손해가 발생한 경우, 확대손해에 대한 배상책임의 추급은 매도인의 귀책사유를 요건으로 불완전이행의 법리 내지 불법행위책임의 법리에 의하여야 할 것임.[10]

⇨ 결론적으로 대상판결에서 문제가 된 커플링 부품 상당 손해는 하자가 인정되면 하자담보책임(민법 제581조)으로, 그 외 확대손해(농작물의 냉해로 인한 손실)는 채무불이행책임으로 구해야 할 것임(확대손해에 대하여 채무자의 과실이 인정되어야 하고(채무불이행 성립의 문제), 확대손해에 대한 채무자의 이행기 당시의 예견가능성이 있어야 할 것임(손해배상 범위의 문제)).

- ▣ 판례의 방향은 채무불이행책임으로 가고 있다고 볼 수 있을 듯
  - ● 권리자를 구제하기 위한 실용적 사고의 발현이 아니겠는가? 여러 가지 권리행사방안에 대하여 용인하는 분위기를 반영하고 있음

등가관계로 파악해야 한다. 따라서 매수인 입장에서는 폐기물이 있는 토지를 폐기물이 없는 토지가 되도록 해야 등가관계가 회복되는 것인바, 매수인은 이를 구할 수 있는 것이다(객관적으로 폐기물 처리비용이 매매대금을 초과한다는 점이 폐기물처리비용을 구하는 것에 장애가 되지 않는다).

10 수급인의 담보책임에 관한 아래 판시도 유사한 취지로 읽을 수 있음. "액젓 저장탱크의 제작·설치 공사 도급계약에 의하여 완성된 저장탱크에 균열이 발생한 경우, 보수비용은 민법 제667조 제2항에 의한 수급인의 하자담보책임 중 하자보수에 갈음하는 손해배상이고, 액젓 변질로 인한 손해배상은 위 하자담보책임을 넘어서 수급인이 도급계약의 내용에 따른 의무를 제대로 이행하지 못함으로 인하여 도급인의 신체·재산에 발생한 손해에 대한 배상으로서 양자는 별개의 권원에 의하여 경합적으로 인정된다."(2004.8.20, 2001다70337)

◉ 채무불이행책임설의 문제점

  ● 하자담보책임의 독자성이 약해지므로 하자담보책임의 활용이
    적어질 가능성이 많음 ⇨ 실제로도 논의에 비해 판례가 적고, 위
    2004.7.22, 2002다51586 판결도 채무불이행책임을 인정한 사안임
    (다만, 2021.4.8, 2017다202050 판결은 하자담보책임을 인정함)

---

[1] 상인 간의 매매에서 매수인이 목적물을 수령한 때에는 지체 없이 이를 검사하여 하
    자 또는 수량의 부족을 발견한 경우에는 즉시, 즉시 발견할 수 없는 하자가 있는 경
    우에는 6개월 내[11]에 매수인이 매도인에게 그 통지를 발송하지 아니하면 그로 인한
    계약해제, 대금감액 또는 손해배상을 청구하지 못하도록 규정하고 있는 **상법 제69조
    제1항은 민법상 매도인의 담보책임에 대한 특칙으로서, 채무불이행에 해당하는 이
    른바 불완전이행으로 인한 손해배상책임을 묻는 청구에는 적용되지 않는다**(제5회
    변시 기록형 출제됨).

[2] 甲 유한회사가 乙 주식회사를 상대로 乙 회사가 유류, 중금속 등으로 오염된 토지를
    매도하였다는 이유로 매도인의 하자담보책임 또는 불완전이행으로 인한 손해배상을
    구한 사안에서, 甲 회사와 乙 회사의 매매계약은 상인 간의 매매인데 甲 회사가 토
    지를 인도받아 소유권이전등기를 마친 때로부터 6개월이 훨씬 경과한 후에야 토지
    에 토양 오염 등의 하자가 있음을 통지하였다는 이유로 하자담보책임에 기한 손해
    배상청구는 배척하고, **乙 회사가 오염된 토양을 정화하지 않은 채 토지를 인도한 것
    은 불완전이행에 해당한다는 이유로 오염된 토양을 정화하는 데 필요한 비용 상당
    의 손해배상책임을 인정**한 원심판단이 정당하다고 한 사례(2015.6.24, 2013다522).

4. 참고) 하자담보책임 관련 중요판결

  ◉ 하자담보에 기한 매수인의 손해배상청구권이 소멸시효의 대상이 되며, 그
    기산점은 매수인이 매매 목적물을 인도받은 때

---

11 물건을 인도받은 날로부터 6개월 이내이다.

[1] 매도인에 대한 하자담보에 기한 손해배상청구권에 대하여는 민법 제582조의 제척기간이 적용되고, 이는 법률관계의 조속한 안정을 도모하고자 하는 데에 취지가 있다. 그런데 **하자담보에 기한 매수인의 손해배상청구권은 권리의 내용·성질 및 취지에 비추어 민법 제162조 제1항의 채권 소멸시효의 규정이 적용되고, 민법 제582조의 제척기간 규정으로 인하여 소멸시효 규정의 적용이 배제된다고 볼 수 없으며, 이때 다른 특별한 사정이 없는 한 무엇보다도 매수인이 매매 목적물을 인도받은 때부터 소멸시효가 진행한다고 해석함이 타당하다.**

[2] 甲이 乙 등에게서 부동산을 매수하여 소유권이전등기를 마쳤는데 위 부동산을 순차 매수한 丙이 부동산 지하에 매립되어 있는 폐기물을 처리한 후 甲을 상대로 처리비용 상당의 손해배상청구소송을 제기하였고, 甲이 丙에게 위 판결에 따라 손해배상금을 지급한 후 乙 등을 상대로 하자담보책임에 기한 손해배상으로서 丙에게 기지급한 돈의 배상을 구한 사안에서, 甲의 하자담보에 기한 손해배상청구권은 甲이 乙 등에게서 부동산을 인도받았을 것으로 보이는 소유권이전등기일로부터 소멸시효가 진행하는데, 甲이 그로부터 10년이 경과한 후 소를 제기하였으므로, 甲의 하자담보책임에 기한 손해배상청구권은 이미 소멸시효 완성으로 소멸되었다고 한 사례(2011. 10.13, 2011다10266).

⇨ 하자담보책임의 제척기간은 '매수인이 안 날'을 기준으로 하므로 매도인으로서는 장기간 하자담보책임을 면할 수 없어 불안정한 법률관계가 지속될 수 있다. 이 문제를 해결하기 위해 객관적인 시점을 기산점으로 하는 소멸시효를 적용한 것임.

▣ 불특정물 매매에서 완전물급부청구권의 제한

민법의 하자담보책임에 관한 규정은 매매라는 유상·쌍무계약에 의한 급부와 반대급부 사이의 등가관계를 유지하기 위하여 민법의 지도이념인 공평의 원칙에 입각하여 마련된 것인데, 종류매매에서 매수인이 가지는 완전물급부청구권을 제한 없이 인정하는 경우에는 오히려 매도인에게 지나친 불이익이나 부당한 손해를 주어 등가관계를 파괴하는 결과를 낳을 수 있다. 따라서 **매매목적물의 하자가 경미하여 수선 등의 방법으로도 계약의 목적을 달성하는 데 별다른 지장이 없는 반면 매도인에게 하자 없는 물건의 급부의무를 지우면 다른 구제방법에 비하여 지나치게 큰 불이익이 매도인에게 발생되는 경우와 같이 하자담보의무의 이행이 오히려 공평의 원칙에 반하는 경우에는, 완전물급부청구권의 행사를 제한함이 타당**하다(2014.5.16, 2012다72582).

⇨ 甲이 乙 주식회사로부터 자동차를 매수하여 인도받은 지 5일 만에 계기판의 속도계가 작동

하지 않는 하자가 발생하였음을 이유로 乙 회사 등을 상대로 신차 교환을 구한 사안에서, 위 하자는 계기판 모듈의 교체로 큰 비용을 들이지 않고서도 손쉽게 치유될 수 있는 하자로서 하자수리에 의하더라도 신차구입이라는 매매계약의 목적을 달성하는 데에 별다른 지장이 없고, 하자보수로 자동차의 가치하락에 영향을 줄 가능성이 희박한 반면, 매도인인 乙 회사에 하자 없는 신차의 급부의무를 부담하게 하면 다른 구제방법에 비하여 乙 회사에 지나치게 큰 불이익이 발생되어서 오히려 공평의 원칙에 반하게 되어 매수인의 완전물급부청구권의 행사를 제한함이 타당하므로, 甲의 완전물급부청구권 행사가 허용되지 않는다고 함.

▣ 담보책임과 착오의 관계

민법 제109조 제1항에 의하면 법률행위 내용의 중요 부분에 착오가 있는 경우 착오에 중대한 과실이 없는 표의자는 법률행위를 취소할 수 있고, 민법 제580조 제1항, 제575조 제1항에 의하면 매매의 목적물에 하자가 있는 경우 하자가 있는 사실을 과실 없이 알지 못한 매수인은 매도인에 대하여 하자담보책임을 물어 계약을 해제하거나 손해배상을 청구할 수 있다. 착오로 인한 취소 제도와 매도인의 하자담보책임 제도는 취지가 서로 다르고, 요건과 효과도 구별된다. 따라서 **매매계약 내용의 중요 부분에 착오가 있는 경우 매수인은 매도인의 하자담보책임이 성립하는지와 상관없이 착오를 이유로 매매계약을 취소할 수 있다**(2018.9.13, 2015다78703).

⇨ 서화 내지 도자기의 진품인지 여부의 착오는 동기의 착오가 아니라 성상의 착오이므로 동기의 착오 논의를 할 필요는 없음![12]

---

12 다만 원심판결에서는 동기의 착오로 다루었다. 관련하여 고려청자로 잘못 알고 도자기 매수한 사건 (1997.8.22, 96다26657)에서는 동기의 착오 설시가 없다.

채권각론
하자담보책임 개론 Ⅱ - 물건의 하자

1. 의의
- ▣ 대표적인 하자담보책임임

2. 요건
가. 매매의 목적물에 하자가 있을 것
1) 하자의 개념
- ▣ 객관설 ∨ 주관설 ∨ 병존설

> 매매의 목적물이 거래통념상 기대되는 객관적 성질·성능을 결여하거나, 당사자가 예정 또는 보증한 성질을 결여한 경우에 매도인은 매수인에 대하여 그 하자로 인한 담보책임을 부담한다 할 것이다(2000.1.18, 98다18506).
>
> 매도인이 매수인에게 기계를 공급하면서 당해 기계의 카탈로그와 검사성적서를 제시하였다면, 매도인은 그 기계가 카탈로그와 검사성적서에 기재된 바와 같은 정도의 품질과 성능을 갖춘 제품이라는 점을 보증하였다고 할 것이므로, 매도인이 공급한 기계가 매도인이 카탈로그와 검사성적서에 의하여 보증한 일정한 품질과 성능을 갖추지 못한 경우에는 그 기계에 하자가 있다고 보아야 한다(2000.10.27, 2000다30554, 30561).

- ▣ 당사자가 정한 표준을 1차적인 표준으로 하고(견본이나 광고 등), 주관적 표준에 의하여 하자를 판단할 수 없을 때에는(당사자들이 구체적으로 예정한 매매목적을 예정하지 않은 경우에) '그 종류의 물건이 일반적으로 가지고 있는 성질이 없는 경우'에 하자가 있다고 해야 함 (병존설)
- ▣ 법률적 장애는 물건의 하자인가? 권리의 하자인가?

건축을 목적으로 매매된 토지에 대하여 건축허가를 받을 수 없어 건축이 불가능한 경우, 위와 같은 법률적 제한 내지 장애 역시 매매목적물의 하자에 해당한다 할 것이나, 다만 위와 같은 하자의 존부는 매매계약 성립시를 기준으로 판단하여야 할 것이다(2000.1.18, 98다18506).

−물건의 하자로 봄, 경매의 경우 매도인이 담보책임을 지지 않음(제580조 제2항)

- ▣ 하자 판단의 기준시점
  - ● 특정물 매매는 계약체결시, 종류 매매는 특정시라고 보는 견해 (송덕수, 종류 매매는 581조에 특정된 목적물이라고 명시하고 있음) vs 채무불이행설에 입각하여 위험을 이전하는 목적물 인도시까지 발생한 하자도 포섭해야 한다는 견해
  - ● 판례: 특정물은 계약체결시(2001.1.18, 98다18506)
  - ● 검토: 매도인의 담보책임은 무과실책임으로 매도인의 책임을 확대하여 해석하는 것은 바람직하지 않음. 목적물 인도시는 유책사유 없이 계약체결시부터 인도시까지 발생한 하자도 책임을 지므로 부당함. 계약 체결 이후의 변경은 매도인에게 과실이 있는 경우 채무불이행책임으로 부담시키는 것이 타당

나. 매수인의 선의 · 무과실

3. 효과

가. 특정물 매매(제580조)

1) 매매의 목적을 달성할 수 없을 때 계약 해제

2) 손해배상청구

- ▣ 신뢰이익 v 이행이익
- ▣ 확대손해 전보 가능 여부
  - ● 판례: 확대손해에 대한 배상책임을 지우기 위하여는 하자 없는 목적물을 인도하지 못한 의무위반사실 외에 그러한 의무위반에 대하여 매도인에게 귀책사유가 인정될 수 있어야만 한다(1997. 5.7, 96다39455)는 판시에 비추어 하자담보책임으로 확대손해까지

는 배상하기 어렵다는 입장[1]

- 검토: 민법 제581조를 채무불이행책임의 특칙으로 볼 수 있으나, 하자담보책임이 무과실책임이라는 점, 완전물급부청구권 대신 행사하는 권리라는 점 등에 비추어 이행이익으로 보되, 완전한 물건이 급부되지 않아 발생한 직접적인 손해에 한정해야 하고 확대손해까지 청구할 수 있다고 보기 어려움

▣ 6개월 제척기간

나. 불특정물 매매(제581조)

▣ 하자 없는 완전물 급부청구

- 완전물 급부청구의 제한 가능(2014.5.16, 2012다72582, BMW 사건)

▣ 매매의 목적을 달성할 수 없을 때 계약 해제

▣ 손해배상청구

- 신뢰이익 v 이행이익

▣ 6개월 제척기간

[상법 관련]

상인간의 하자담보책임에 대하여는 담보책임 기간이 더 한정적이다(상법 제69조 1항). 즉 매도인이 선의인 경우 매수인은 수령 즉시 검사하여 하자를 통지하지 않으면 하자담보책임을 구할 수 없고, 즉시 발견할 수 없는 하자가 있는 경우에는 매수인이 수령 받은 후 6월 내에 하자를 발견하지 못하면 하자담보책임을 구할 수 없다. 상인간의 하자담보책임의 경우에 '안 날'을 기준으로 하지 않으므로, 수령 후 6월 이후에 발견한 하자에 대하여는 매도인이 담보책임을 면하는 것이다(1999.1.29, 98다1584). 그러나 부대체물에 대하여는 도급의 성질이 강하여 상법 제69조 제1항이 적용되지 않는다(1987.7.21, 86다카2446).

---

1 민법 제581조의 하자담보책임에 관한 판시는 아니나, 타인의 권리매매로 인한 하자담보책임에서 "매도인은 선의의 매수인에게 이행불능 당시를 표준으로 한 이행이익 상당을 배상하여야 한다."(1979.4.24, 77다2290)고 한 판결을 언급하면서 이행이익을 배상하여야 한다고 판시한 바 있다.

채권각론

동시이행 관련 주문 - 근저당 관련

1. 민법 제588조

- ▣ 위험의 한도에서 지급 거절권 발생
- ▣ 대법원 판결의 조화로운 이해

근저당권설정등기가 되어 있는 부동산을 매매하는 경우 매수인이 근저당권의 피담보채무를 인수하여 그 채무금 상당을 매매잔대금에서 공제하기로 하는 특약을 하는 등 특별한 사정이 없는 한 **매도인의 근저당권말소 및 소유권이전등기의무와 매수인의 잔대금지급의무는 동시이행의 관계**에 있는 것이다(1991.11.26, 91다23103).

매도인이 말소할 의무를 부담하고 있는 매매목적물상의 근저당권을 말소하지 못하고 있다면 매수인은 그 위험의 한도에서 매매대금의 지급을 거절할 수 있고, 그 결과 민법 제587조 단서에 의하여 매수인이 매매목적물을 인도받았다고 하더라도 미지급 대금에 대한 인도일 이후의 이자를 지급할 의무가 없으나, 이 경우 지급을 거절할 수 있는 매매대금이 어느 경우에나 근저당권의 채권최고액에 상당하는 금액인 것은 아니고, **매수인이 근저당권의 피담보채무액을 확인하여 이를 알고 있는 경우와 같은 특별한 사정이 있는 경우에는 지급을 거절할 수 있는 매매대금은 확인된 피담보채무액에 한정**된다(1996.5. 10, 96다6554).

2. 피담보채무 액수를 불문하고 근저당권말소를 잔대금 지급과 동시이행 하기로 약정한 경우

- ▣ 주문

피고는 원고로부터 별지 목록 기재 각 부동산에 관하여 2013. 3. 31. 매매를 원인으로 한 **소유권이전등기절차의 이행과 제2항 기재 각 근저당권설정등기의 말소를 받음[1]과 동시에** 원고(반소피고)에게 400,000,000원을 지급하라.

⇨ 매수인의 잔대금 400,000,000원 지급의무와 매도인의 소유권이전등기절차 이행의무/근저당권 설정등기 말소의무가 동시이행 관계에 있는 경우임.

3. 위와 같은 약정이 없는 경우 민법 제588조에 따라 이행거절할 수 있는 한도 내에서 동시이행 항변임

■ 매도인이 원고가 되어 매수인을 상대로 매매잔금 500,000,000원의 지급을 구하는데, 변론종결 당시 목적 부동산에 피담보채무액 200,000,000원(논의의 단순화를 위하여 지연손해금은 없는 것으로 가정함)의 근저당권설정등기가 말소되지 않고 있어 매수인이 동시이행의 항변권을 행사한 경우의 주문[2]

"매수인은 매도인으로부터 별지 목록 기재 부동산에 관하여 소유권이전등기절차의 이행과 제2항 기재 근저당권설정등기의 말소를 받음과 동시에 매도인에게 500,000,000원을 지급하되, 위 근저당권설정등기가 말소되지 아니한 상태로 소유권이전등기절차를 이행받음과 동시에는 300,000,000원을 지급하고, 그 후 위 근저당권설정등기를 말소받음과 동시에 200,000,000원을 지급하라."

⇨ 근저당권이 설정된 부분에 대해서는 민법 제588조의 지급거절의 항변으로 보아 "매수인은 매도인으로부터 별지 목록 기재 부동산에 관하여 소유권이전등기절차를 이행받음과 동시에 매도인에게 300,000,000원을 지급하라."는 간명한 형태의 주문도 가능(2009.1.15, 2008다40991[3])

⇨ 만약 매도인이 5. 4. 목적물을 인도하고 소유권이전등기까지 마쳐주었으나 근저당권을 말소해주지 않은 경우라면
"1. 매수인은 매도인에게 3억 원 및 5. 5.부터 다 갚는 날까지 지연손해금을 지급하라
2. 매수인은 매도인으로부터 근저당권설정등기를 말소받음과 동시에 2억 원을 지급하라."
는 주문이 될 것임

---

1 원고가 등기명의인이 아닌 이상 '…말소등기절차를 이행받음과 동시에'라고 기재하는 것도 적절하지 않다.
2 가압류집행이 되어 있는 경우에도 같은 논의가 가능하다(1999.6.11, 99다11045).
3 미공간판결. 공간된 판결로는 "건물의 매수가격은 건물 자체의 가격 외에 건물의 위치, 주변 토지의 여러 사정 등을 종합적으로 고려하여 매수청구권 행사 당시 건물이 현재하는 대로의 상태에서 평가된 시가 상당액을 의미하고, 여기에서 근저당권의 채권최고액이나 피담보채무액을 공제한 금액을 매수가격으로 정할 것은 아니며, 다만 매수청구권을 행사한 지상건물 소유자가 위와 같은 근저당권을 말소하지 않는 경우 토지소유자는 민법 제588조에 의하여 위 근저당권의 말소등기가 될 때까지 그 채권최고액에 상당한 대금의 지급을 거절할 수 있다."고 한 판결(2008.5.29,2007다4356) 참조.

4. 지상물매수청구의 경우

- ▣ 건물 시가에서 근저당권의 채권최고액이나 피담보채무액 공제한 나머지만 지급하는 형태의 주문 가능(2009.1.15, 2008다40991)

  - ● 매도인이 원고가 되어 매수인을 상대로 매매잔금 500,000,000원의 지급을 구하는데, 변론종결 당시 목적 부동산에 피담보채무액 200,000,000원(논의의 단순화를 위하여 지연손해금은 없는 것으로 가정함)의 근저당권설정등기가 말소되지 않고 있어 매수인이 동시이행의 항변권을 행사한 경우의 주문 ⇨ 근저당권이 설정된 부분에 대해서는 민법 제588조의 지급거절의 항변으로 보아 "매수인은 매도인으로부터 별지 목록 기재 부동산에 관하여 소유권이전등기절차를 이행받음과 동시에 매도인에게 300,000,000원을 지급하라."는 간명한 형태의 주문 가능(2009.1.15, 2008다40991)

2-4 해제

Ⅰ 이행지체로 인한 해제의 요건사실

📖 이행지체로 인한 계약 해제의 요건사실

1. 상대방이 채무의 이행을 지체한 사실[1]

    ※ 확정기한이 있는 쌍무계약의 경우

        ① 확정기한의 약정사실 및 그 기한의 도래사실[2, 3]

        ② 상대방이 채무를 이행 또는 이행제공하지 않은 사실

        ③ 본인이 동시이행관계에 있는 채무를 이행 또는 이행제공한 사실

2. 상대방에게 상당한 기간을 정하여 이행을 최고한 사실[4]

3. 상대방이 상당기간 내에 이행 또는 이행의 제공을 하지 않은 사실

4. 해제의 의사표시 및 그 도달사실

📖 항변사유

1. 채무자에게 귀책사유가 없다.[5]

1. 채권자가 해제권을 포기하였다.

1. 계약 부활의 특약을 맺었다.

1. 본래 채권이 시효로 소멸하였다.

---

1 이행지체로 인한 계약 해제에 있어서 '상대방이 채무를 이행하지 않은 사실'은 채권자가 주장 · 입증해야 한다. 그런데 이행지체로 인한 손해배상청구에 있어서 채권자가 '상대방이 채무를 이행하지 않은 사실'을 입증해야 하는지에 관하여는 견해가 대립되고 있다. 실무는 원고가 본래의 채무이행을 구하면서 이에 부대하여 지연손해금을 구하는 경우에 원고가 피고의 채무불이행사실을 주장 · 입증할 필요가 없고, 오히려 피고가 항변으로 채무를 이행한 사실을 주장 · 증명하도록 하고 있다(동시이행의 항변권이 존재하는 경우는 해당되지 않음). 다만, 실무상 해제와 함께 손해배상을 구하는 경우 청구원인사실에서 채무자가 채무를 이행하지 않은 사실을 함께 써준다.

2 기한의 도래는 공지의 사실로 그 도래여부가 자명하므로 통상 판결문에 적시가 생략된다.

3 이행기의 정함이 없는 경우에는 이행청구를 받은 다음날부터 지체책임을 지므로(민법 제387조 제2항) '① 상대방에게 채무의 이행을 청구한 사실'이 요건사실이다(이 경우에 이미 이행청구를 하였으므로 2.의 상대방에 대한 이행최고를 다시 할 필요는 없다). 불확정기한부 채무의 경우에는 기한이 도래하였음을 안 다음날부터 지체책임을 지므로(민법 제387조 제1항 제2문) '① 불확정기한을 약정+그 기한이 도래+상대방이 기한 도래 인식 사실'이 요건사실이다.

□ 비교: 이행지체로 인한 손해배상청구의 요건사실

📖 이행지체로 인한 손해배상청구의 요건사실-확정기한의 경우

1. 기본채권의 발생 사실
2. 이행기의 도래
3. 동시이행의 항변권의 부존재(자신의 채무의 이행제공)
4. 손해의 발생 및 손해액[6]

📖 항변사유

1. 채무의 이행불능
2. 채무불이행에 관하여 채무자에게 귀책사유가 없다.

📖 쌍무계약에 있어 매매대금에 대한 지연손해금을 함께 청구하는 경우

1. 매매계약의 체결
2. 대금지급기한의 도래
3. 소유권이전등기의무의 이행·이행의 제공
4. 목적물의 인도
5. 손해의 발생+손해액

---

4 서면으로 이행 최고하기로 한 경우 문자메시지로 한 최고는 부적법하다(2022.10.27, 2022다 238053).
5 채권의 가압류는 제3채무자에 대하여 채무자에게 지급하는 것을 금지하는 데 그칠 뿐 채무 그 자체를 면하게 하는 것이 아니고, 가압류가 있다 하여도 그 채권의 이행기가 도래한 때에는 제3채무자는 그 지체책임을 면할 수 없다고 보아야 할 것이므로(1994.12.13, 93다951), 채권가압류가 있어서 대금을 지급할 수 없었다는 주장은 유효한 항변이 되지 못하며 그 경우 대금지급의무자는 집행공탁을 하면 된다.
6 법정이율에 의한 지연손해금을 구하는 경우에는 주장만으로 족하고 별도의 입증을 요하지 아니하나, 법정이율보다 높은 약정이율에 의한 지연손해금을 구하는 경우에는 그 이율의 약정이 있음을 채권자가 주장·입증하여야 하고, 손해배상액의 약정이 있는 경우에도 그 약정이 있음을 채권자가 주장·입증하여야 한다.

Ⅱ 동시이행의 항변권과 이행제공

1. 선이행의무를 지체하던 중에 상대방의 채무가 변제기에 달한 경우 ⇨ 상대방도 동시이행의 항변권을 가짐

1. 매수인이 선이행의무 있는 중도금을 지급하지 않았다 하더라도 계약이 해제되지 않은 상태에서 잔대금 지급기일이 도래하여 그 때까지 중도금과 잔대금이 지급되지 아니하고 잔대금과 동시이행관계에 있는 매도인의 소유권이전등기 소요서류가 제공된 바 없이 그 기일이 도과하였다면, 특별한 다른 사정이 없는 한 매수인의 중도금 및 잔대금의 지급과 매도인의 소유권이전등기 소요서류의 제공은 동시이행관계에 있다 할 것이어서 그 때부터는 매수인은 중도금을 지급하지 아니한 데 대한 이행지체의 책임을 지지 아니한다(1998.3.13, 97다54604, 54611).
   ⇨ 중도금＋중도금 지급일 다음날부터 잔금 지급일 전날[7]까지 지연손해금＋잔대금 ↔ 소유권이전등기의무
   ⇨ 실제 의미: 매도인은 해제권 행사를 위하여 자신의 소유권이전등기의무를 이행제공하여 매수인을 이행지체에 빠뜨려야 함
   ⇨ 위와 같이 해석하는 이유는 선이행 의무를 해태한 자도 상대방의 채무 이행을 담보하기 위하여 동시이행항변권을 행사할 수 있다고 보기 때문
2. 동시이행관계에 있는 당사자쌍방이 이행기를 다 같이 도과하여 그 기한 내에 변제나 변제의 제공이 없을 때에는 이후 위 **쌍방의 채무는 기한의 정함이 없는 채무로서 다 같이 존속**하는 것이다(1972.3.28, 71마155).
   ⇨ 이행기를 둘 다 도과한 경우에 이행제공을 한 다음날부터 지체책임이 발생한다.

2. 이행제공의 정도 ⇨ 소유권이전등기에 필요한 일체의 서류(등기권리증, 위임장 및 부동산매도용 인감증명서 등) 준비가 원칙이나 완화하고 있음

1. 동시이행관계에 있는 쌍무계약상 자기채무의 이행을 제공하는 경우 그 채무를 이행함에 있어 상대방의 행위를 필요로 할 때에는 **언제든지 현실로 이행을 할 수 있는 준비를 완료하고 그 뜻을 상대방에게 통지하여 그 수령을 최고**하여야만 상대방으로 하

---

[7] "잔대금지급일까지의 지연손해금과 잔대금의 지급채무는 매도인의 소유권이전등기의무와 특별한 사정이 없는 한 동시이행관계에 있다"(1991.3.27, 90다19930)라는 판례도 있으나 지체책임에 관한 논리상 잔금 지급일 전날까지가 타당할 것으로 보인다.

여금 이행지체에 빠지게 할 수 있는 것이며 단순한 이행의 준비태세를 갖추고 있는 것만으로는 안 된다(2001.7.10, 2001다3764).

2. 쌍무계약에 있어서 일방 당사자의 자기 채무에 관한 이행의 제공을 엄격하게 요구하면 오히려 불성실한 상대 당사자에게 구실을 주는 것이 될 수도 있으므로 일방 당사자가 하여야 할 제공의 정도는 그 시기와 구체적인 상황에 따라 신의성실의 원칙에 어긋나지 않게 합리적으로 정하여야 하고, 매수인이 계약의 이행에 비협조적인 태도를 취하면서 잔대금의 지급을 미루는 등 소유권이전등기서류를 수령할 준비를 아니한 경우에는 매도인으로서도 그에 상응한 이행의 준비를 하면 족하다 할 것인바, 매도인이 **법무사사무소에 소유권이전등기에 필요한 대부분의 서류를 작성하여 주었고 미비된 일부 서류들은 잔금지급시에 교부하기로 하였으며 이들 서류는 매도인이 언제라도 발급받아 교부할 수 있다면** 매도인으로서는 비록 일부 미비된 서류가 있다 하더라도 소유권이전등기의무에 대한 충분한 이행의 제공을 마쳤다고 보아야 할 것이고, 잔대금 지급기일에 이를 지급하지 않고 계약의 효력을 다투는 등 계약의 이행에 비협조적이고 매도인의 소유권이전등기서류를 수령할 준비를 하지 않고 있던 매수인은 이 점을 이유로 잔대금지급을 거절할 수 없다(2001.12.11, 2001다36511).

3. 이행제공의 계속 여부 ⇨ 해제권 발생시까지만 계속 요함

1. 쌍무계약의 당사자 일방이 먼저 한 번 현실의 제공을 하고, 상대방을 수령지체에 빠지게 하였다고 하더라도 그 이행의 제공이 계속되지 않는 경우는 과거에 이행의 제공이 있었다는 사실만으로 상대방이 가지는 동시이행의 항변권이 소멸하는 것은 아니므로, 일시적으로 당사자 일방의 의무의 이행 제공이 있었으나 곧 **그 이행의 제공이 중지되어 더 이상 그 제공이 계속되지 아니하는 기간 동안에는 상대방의 의무가 이행지체 상태에 빠졌다고 할 수는 없다고 할 것이고,** 따라서 그 이행의 제공이 중지된 이후에 상대방의 의무가 이행지체되었음을 전제로 하는 손해배상청구도 할 수 없는 것이다(1995.3.14, 94다26646).[8]

---

8 관련) 지체책임을 묻는 경우의 이행제공의 정도: 특별한 사정이 없으면 이행장소로 정한 법무사 사무실에 그 서류 등을 계속 보관시키면서 언제든지 잔대금과 상환으로 그 서류들을 수령할 수 있음을 통지하고 신의칙상 요구되는 상당한 시간 간격을 두고 거듭 수령을 최고하면 이행의 제공을 다한 것이 되고 그러한 상태가 계속된 기간 동안은 매수인이 **이행지체로 된다** 할 것이다(2001.5.8, 2001다6053,6060,6077). ⇨ 이행제공의 계속의 의미가 완화되어 있음에 유의한다.

2. 쌍무계약의 일방 당사자가 이행기에 한번 이행 제공을 하여서 상대방을 이행지체에 빠지게 한 경우 신의성실의 원칙상 최고하는 일방 당사자는 그 채무이행의 제공을 계속할 필요는 없다 하더라도 상대방이 최고기간 내에 이행 또는 이행제공을 하면 계약 해제권은 소멸하는 것이므로 상대방의 이행을 수령하고 자신의 채무를 이행할 수 있는 정도의 준비가 되어 있어야 한다(1982.6.22, 81다카1283,1284).

⇨ 결론적으로 이행지체로 인한 손해배상책임에서는 이행제공을 계속 하여야 하나(계속적 이행제공설), 계약 해제를 위해서는 해제권 발생시점까지는 이행의 제공을 계속하여야 하고, 일단 해제권이 발생하면 더는 이행제공을 할 필요는 없음(즉 최고하면서 상당한 기간 내 이행하라고 하였고 그 기간에 이행의 준비를 계속하면 해제권 발생하는 것임).

4. 자동해제 특약이 있어도 원칙적으로 이행제공 요함

부동산 매매계약에서 **매수인이 잔대금 지급기일까지 그 대금을 지급하지 못하면 계약이 자동적으로 해제된다는 취지의 약정이 있더라도 매도인이 이행의 제공을 하여 매수인을 이행지체에 빠뜨리지 않는 한 지급기일의 도과사실만으로는 매매계약이 자동해제된 것으로 볼 수 없다.** 다만 매도인이 소유권이전등기에 필요한 서류를 갖추었는지 여부를 묻지 않고 매수인의 지급기일 도과사실 자체만으로 계약을 실효시키기로 특약을 하였다거나, 매수인이 수회에 걸친 채무불이행에 대하여 책임을 느끼고 잔금 지급기일의 연기를 요청하면서 새로운 약정기일까지는 반드시 계약을 이행할 것을 확약하고 불이행 시에는 매매계약이 자동적으로 해제되는 것을 감수하겠다는 내용의 약정을 하였다고 볼 특별한 사정이 있다면, 매수인이 잔금 지급기일까지 잔금을 지급하지 않음으로써 그 매매계약은 자동적으로 실효된다(2022.11.30, 2022다255614).

Ⅲ 계약 해제의 효과

1. 해제의 효과에 관한 법적 구성

가. 논의가 대립하는 이유

▣ 소급효 인정 여부 및 손해배상을 어떻게 설명할 것인지[9]

---

9 만약 소급효가 인정된다면 채권채무관계가 소급하여 소멸하였으므로 손해배상을 구할 수 없는 것이 아닌가에 대한 의문에서 출발한다. 통상 채무불이행에 기한 손해배상은 채권채무관계가 연장되는 것으로 파악하고 있다.

나. 학설의 대립

1) 직접효과설

◉ 해제에 의하여 계약은 처음부터 존재하지 않았던 것으로 되고, 계약에 의한 채권관계는 소급적으로 소멸

◉ 채권적 효과설 vs 물권적 효과설

2) 청산관계설

◉ 해제에 의하여 기존의 계약관계는 청산관계로 변경됨. 즉 계약관계가 소급적으로 소멸하는 것이 아니라 청산의 한도에서 효력있는 관계로 전환된다고 봄

	직접효과설	청산관계설
해제효과의 본체	채권관계 소급적 소멸	청산을 위한 채권관계로 전환
법률관계	부당이득반환청구	청산의 한도에서 효력있는 관계
원상회복	부당이득의 특칙	반환채권관계 규정한 자체규정
손해배상	실질적 공평의 관점에서 규정한 것	채권관계가 여전히 존속하기에 채무불이행 성립하는 것임
제3자 보호 규정	소급효의 제한 규정임	특별한 의미 없는 주의적 규정에 불과하다고 봄

다. 검토

◉ 제548조 제1항 단서(소급효 제3자 해하지 못함), 제2항(받은 날로부터 이자 가산)은 소급효를 전제로 한 규정임 ⇨ 실정법에 직접효과설이 부합

◉ **손해배상 규정**: 채권관계가 유효하게 존속하고 있던 동안에 발생한 손해는 해제 후에도 여전히 남게 되므로 채무불이행자는 그 손해를 배상하라는 취지로 설명 가능[10]

---

10 해제로 인한 계약의 소급적 소멸은 이미 발생한 손해배상청구권을 해하지 않는 범위에서 소멸한다고 설명할 수 있다(양창수, "해제의 효과에 관한 학설들에 관한 소감").

2. 해제의 소급효

1) 물권적 효과설 vs 채권적 효과설

▣ 물권행위의 무인성을 부정하고 유인성이 인정됨

> 민법 548조 1항 본문에 의하면 계약이 해제되면 각 당사자는 상대방을 계약이 없었던 것과 같은 상태에 복귀케할 의무를 부담한다는 뜻을 규정하고 있는 바 계약에 따른 채무의 이행으로 이미 등기나 인도를 하고 있는 경우에 그 원인행위인 채권계약이 해제됨으로써 원상회복 된다고 할 때 그 이론 구성에 관하여 소위 채권적 효과설과 물권적 효과설이 대립되어 있으나 우리의 법제가 물권행위의 독자성과 무인성을 인정하고 있지않는 점과 민법 548조 1항 단서가 거래안정을 위한 특별규정이란 점을 생각할때 계약이 해제되면 그 계약의 이행으로 변동이 생겼던 물권은 당연히 그 계약이 없었던 원상태로 복귀한다 할 것이다(1977.5.24, 75다1394).

▣ 해제에 의하여 토지 소유권 복귀함

2) 제3자 보호의 문제(only by 물권적 효과설)

▣ **제3자의 의미**: 해제의 효과가 있기 이전에 해제된 계약에서 생긴 법률효과를 기초로 하여 새로운 권리를 취득한 자+등기·인도 등으로 완전한 권리를 취득한 자

- 목적물에 가등기한 사람, 목적물에 가압류한 사람, 대항요건을 갖춘 임차인 모두 제3자에 해당 ○
- 제3자를 위한 계약에서 수익자가 요약자와 원인관계(대가관계)를 맺음으로써 해제 전에 새로운 이해관계를 갖고 등기, 인도 등 권리 취득한 경우(2021.8.19, 2018다244976)
  - 제3자를 위한 계약에서 낙약자는 민법 제541조에도 불구하고 제3자가 수익의 의사표시를 한 이후라도 해제 가능하고 이 경우에 수익자는 해제에 의하여 보호되는 제3자가 아님. 따라서 수익자의 이행청구에 대하여 낙약자는 매매계약 해제를 이유로 항변 가능
  - 그러나 일단 수익자가 해제 전에 등기, 인도 등 권리 취득한 경우에는 제3자로서 보호됨[11]

---

11 따라서 낙약자는 인도를 마친 수익자에 대하여 소유권에 기한 반환청구를 할 수 없게 된다. 낙약자

1. 민법 제548조 제1항 단서에서 말하는 제3자는 일반적으로 해제된 계약으로부터 생긴 법률효과를 기초로 하여 해제 전에 새로운 이해관계를 가졌을 뿐만 아니라 등기, 인도 등으로 권리를 취득한 사람을 말하는 것인바, 매수인과 매매예약을 체결한 후 그에 기한 **소유권이전청구권 보전을 위한 가등기를 마친 사람**도 위 조항 단서에서 말하는 제3자에 포함된다(2000.1.14, 99다40937). ⇨ 만약 가등기를 하지 않았다면 보호되지 않음.

2. 민법 제548조 제1항 단서에서 말하는 제3자란 일반적으로 해제된 계약으로부터 생긴 법률효과를 기초로 하여 별개의 새로운 권리를 취득한 자를 말하는 것인바, 해제된 계약에 의하여 채무자의 책임재산이 된 **계약의 목적물을 가압류한 가압류채권자**는 그 가압류에 의하여 당해 목적물에 대하여 잠정적으로 그 권리행사만을 제한하는 것이나 종국적으로는 이를 환가하여 그 대금으로 피보전채권의 만족을 얻을 수 있는 권리를 취득하는 것이므로, 그 권리를 보전하기 위하여서는 위 조항 단서에서 말하는 제3자에는 위 가압류채권자도 포함된다고 보아야 한다(2014.12.11, 2013다14569).[12]

3. 매매계약의 이행으로 매매목적물을 인도받은 매수인은 그 물건을 사용·수익할 수 있는 지위에서 그 물건을 타인에게 적법하게 임대할 수 있으며, 이러한 지위에 있는 매수인으로부터 매매계약이 해제되기 전에 매매목적물인 주택을 임차하여 주택의 인도와 주민등록을 마침으로써 **주택임대차보호법 제3조 제1항에 의한 대항요건을 갖춘 임차인**은 민법 제548조 제1항 단서에 따라 **계약해제로 인하여 권리를 침해받지 않는 제3자에 해당**하므로 임대인의 임대권원의 바탕이 되는 계약의 해제에도 불구하고 자신의 임차권을 새로운 소유자에게 대항할 수 있다(2008.4.10, 2007다38908,38915).

가 수익자에 대하여 부당이득반환청구도 할 수 없다[낙약자와 요약자 사이의 법률관계(이른바 기본관계)를 이루는 계약이 해제된 경우 그 계약관계의 청산은 계약의 당사자인 낙약자와 요약자 사이에 이루어져야 하므로, 특별한 사정이 없는 한 낙약자가 이미 제3자에게 급부한 것이 있더라도 낙약자는 계약해제에 기한 원상회복 또는 부당이득을 원인으로 제3자를 상대로 그 반환을 구할 수 없기 때문이다. 2005.7.22, 2005다7566, 7573].

12 비교 판례) 부동산에 대하여 가압류등기가 된 경우에, 그 가압류채무자(현 소유자)의 전 소유자가 위의 **가압류 집행에 앞서 같은 부동산에 대하여 소유권이전등기의 말소청구권을 보전하기 위한 처분금지가처분등기를 경료한 다음**, 채무자를 상대로 매매계약의 해제를 주장하면서 소유권이전등기 말소소송을 제기한 결과 승소판결을 받아 확정되기에 이르렀다면, 위와 같은 가압류는 결국 말소될 수밖에 없고, 따라서 이러한 경우 가압류채권자는 민법 제548조 제1항 단서에서 말하는 제3자로 볼 수 없으며, 가처분채권자가 받은 본안판결이 전부 승소판결이 아닌 동시이행판결인 경우도 이와 달리 볼 이유가 없다(2005.1.14, 2003다33004).

● ① 계약상의 채권을 양도받은 양수인[13] ② 계약상의 채권 자체를 압류 또는 전부한 채권자(2000.4.11, 99다51685), ③ 토지 매매에 있어서 토지 위에 신축된 건물의 매수인은 제3자로 보호 ×

1. 민법 제548조 제1항 단서에서 규정하고 있는 제3자란 일반적으로 계약이 해제되는 경우 그 해제된 계약으로부터 생긴 법률효과를 기초로 하여 해제 전에 새로운 이해관계를 가졌을 뿐 아니라 등기·인도 등으로 완전한 권리를 취득한 자를 말하고, **계약상의 채권을 양수한 자는 여기서 말하는 제3자에 해당하지 않는다고 할 것인바, 계약이 해제된 경우 계약해제 이전에 해제로 인하여 소멸되는 채권을 양수한 자는 계약해제의 효과에 반하여 자신의 권리를 주장할 수 없음은 물론이고, 나아가 특단의 사정이 없는 한 채무자로부터 이행받은 급부를 원상회복하여야 할 의무가 있다**(·1.24, 2000다22850, 양수인반환설).

⇨ 그러나 시행사가 대리사무계약에 기하여 신탁업자에게 수분양자에 대한 분양대금채권을 양도하여 수분양자가 신탁업자에게 분양대금을 납부하였는데, 수분양자가 신탁업자를 상대로 분양계약 해제 또는 분양계약 취소로 인한 부당이득을 구한 사안에서 대법원은 수분양자가 신탁업자 명의의 계좌에 분양대금을 입금한 것은 이른바 '단축급부'에 해당하고, 이러한 경우 신탁업자는 대리사무계약에 근거하여 분양대금을 수령한 것이므로 신탁업자에 대하여 법률상 원인 없이 급부를 수령하였다는 이유로 원상회복청구나 부당이득반환청구를 할 수 없다고 판시하였음에 유의(2017.7.11, 2013다55447, 양도인반환설로 해석 가능).

2. 제3자는 계약의 목적물에 관하여 권리를 취득하고 또 이를 가지고 계약당사자에게 대항할 수 있는 자를 말하므로, 토지를 매도하였다가 대금지급을 받지 못하여 그 매매계약을 해제한 경우에 있어 그 토지 위에 신축된 건물의 매수인은 위 계약해제로 권리를 침해당하지 않을 제3자에 해당하지 아니한다(1991.5.28, 90다카16761).

◻ 제3자 보호의 확장

● 해제 이후에 해제가 있었다는 사실을 몰랐던 제3자 − 선의 제3자만 보호, 이때 제3자가 악의라는 사실의 주장·입증책임은 해제를 주장하는 자(2005.6.9, 2005다6341)

---

[13] 이와 달리 민법 제108조(통정허위표시)의 선의 제3자에는 ① 계약상의 채권을 양도받은 양수인, ② 가장채권을 압류 또는 추심명령을 받은 자도 포함된다(2004.5.28, 2003다70041; 2014.4.10, 2013다59753, 전부받은 자도 당연히 포함)에 유의하여야 한다(외관 작출에 대한 책임임).

> 계약해제시 계약은 소급하여 소멸하게 되어 해약당사자는 각 원상회복의 의무를 부담하게 되나 이 경우 계약해제로 인한 원상회복등기 등이 이루어지기 이전에 해약당사자와 양립되지 아니하는 법률관계를 가지게 되었고 계약해제 사실을 몰랐던 제3자에 대하여는 계약해제를 주장할 수 없고, 이 경우 제3자가 악의라는 사실의 주장·입증책임은 계약해제를 주장하는 자에게 있다(2005.6.9, 2005다6341).

3) 원상회복의무의 문제

- ▣ 부당이득반환의 일종으로 그 특칙으로 이해
  - ● 계약 해제로 인한 매매대금 반환채권은 해제된 날이 이행기(2021. 5.7, 2018다25946[14])
- ▣ 원칙 – 원물반환, 예외 – 가액반환
  - ● 원물반환 불가능시 가액반환
    - – 가액은 해제 당시의 가액 + 이득일부터 법정이자 가산(통설)
    - – 그러나 판례는 이행불능으로 인한 경우에 이행불능 당시[15]의 가액 + 이득일부터 법정이자 가산[16]

> 부동산에 관한 매매계약의 해제로 인한 원상회복의무가 이행불능이 되어 **이행불능 당시 가액의 반환채권이 인정되는 경우**, 법원으로서는 이행불능 당시의 당해 부동산의 가액에 관한 원고의 주장·입증이 미흡하더라도 적극적으로 석명권을 행사하여 주장을 정리함과 함께 입증을 촉구하여야 하고, 경우에 따라서는 직권으로라도 그 가액을 심리·판단하여야 한다(1998.5.12, 96다47913).

  - – 제3자에 처분한 경우: 처분 당시 목적물의 대가(or 시가) + 이득일 (가액 지급받은 날)부터 법정이자

---

14 상계적상일에 있어서 중요하다. 매매대금 반환채권이 상계로 인하여 일부 소멸되면 그 부분에 대해서는 상계적상일 다음날부터 민법 제548조 제2항에 정한 이자가 발생하지 않고 남은 원금에 대해서만 민법 제548조 제2항의 이자가 발생한다.

15 통설과 달리 해제 당시가 아님에 유의!

16 원물반환의 경우에 가액반환청구권으로 변경된 시점을 기준으로 하여야 하는 것이 원칙이므로 판례가 타당하다.

계약이 해제된 경우에 각 당사자는 민법 제548조에 따라 상대방에 대하여 원상회복의 의무를 지며, 원상회복의무로서 반환할 금전에는 그 받은 날부터 이자를 가산하여 지급하여야 한다. 이와 같이 계약해제의 효과로서 원상회복의무를 규정한 민법 제548조는 부당이득에 관한 특별 규정의 성격을 가진 것이므로, 그 이익 반환의 범위는 이익의 현존 여부나 선의, 악의에 불문하고 특단의 사유가 없는 한 받은 이익의 전부이다. 따라서 매도인으로부터 매매 목적물의 소유권을 이전받은 매수인이 매도인의 계약해제 이전에 **제3자에게 목적물을 처분하여 계약해제에 따른 원물반환이 불가능하게 된 경우에 매수인은 원상회복의무로서 가액을 반환하여야 하며, 이때에 반환할 금액은 특별한 사정이 없는 한 그 처분 당시의 목적물의 대가 또는 그 시가 상당액과 처분으로 얻은 이익에 대하여 그 이득일부터의 법정이자를 가산한 금액이다**(2013.12.12, 2013다14675).

　　□ 사용이익 반환 ↔ 금전 수령자 이자 붙여서 반환
　　　● 민법 제548조 제2항 이자의 성격: 부당이득반환의 성질!

민법 제548조 제2항은 계약해제로 인한 원상회복의무의 이행으로서 반환하는 금전에는 그 받은 날로부터 이자를 가산하여야 한다고 하고 있는바, **위 이자의 반환은 원상회복의무의 범위에 속하는 것으로 일종의 부당이득반환의 성질을 가지는 것이지 반환의무의 이행지체로 인한 손해배상은 아니라고 할 것이고**, 소송촉진등에관한특례법 제3조 제1항은 금전채무의 전부 또는 일부의 이행을 명하는 판결을 선고할 경우에 있어서 금전채무불이행으로 인한 손해배상액 산정의 기준이 되는 법정이율에 관한 특별규정이므로, 위 이자에는 소송촉진등에관한특례법 제3조 제1항에 의한 이율을 적용할 수 없다(2000.6. 23, 2000다16275,16282).

⇨ 민법 제548조 제2항의 법정이자에 대하여 주의할 점은

① 법정이자를 구하는 자가 이행제공을 했는지 여부와 관계없이 금원을 받은 날로부터 연 5% 내지 연 6%의 법정이자를 가산하여야 한다는 점,[17]

---

17 상행위로 인정되는 경우에는 연 6%의 법정이자를 가산하여야 하며, 대출 연체금리에 의한 지연손해금을 가산하여서도 아니된다(2003.10.23, 2001다75295 참조). 그리고 당사자 사이에 반환할 이자에 관하여 특별한 약정이 있으면 그 약정이율이 우선 적용되고 약정이율이 없으면 민사 또는 상사 법정이율이 적용된다. 예를 들어 그 약정이율이 연 3%이면 연 3%의 비율에 의한 법정이자만을 구할 수 있다(2013.4.26, 2011다50509). 이는 약정이율이 연 3%이더라도 연 5% 내지 연 6%의 법정이율에 의한 지연손해금을 구할 수 있는 것과 구별된다.

② 소장부본 송달일 이후에도 민법 제548조 제2항에 의한 이율은 연 5%이지 연 12%가 아니라는 것(즉 법정이율에 관하여 민법 제548조 제2항만이 주장된 경우에는 소송촉진등에관한특례법이 적용되지 않는다)이다. 다만, 당사자가 반환받을 금전에 대하여 소장부본 송달 다음날부터 완제일까지 소송촉진등에관한특례법 소정의 이율을 주장하는 경우(즉, '지연손해금'을 주장하는 경우)에는 지연손해금에 대한 일반법리{즉 부당이득반환채무와 같이 기한의 정함이 없는 채무는 이행을 최고한 다음날부터 지체책임을 지므로(1988.11.8, 88다3253) 채무자는 소장부본 송달 다음날부터 지체책임을 진다}에 따라 소송촉진등에관한특례법 소정의 법정이율이 적용될 수 있음을 유의해야 한다.

- **사용이익 반환:** 민법 제201조 제1항의 선의 점유자 주장 ×(1976.3.23, 74다1383) ⇨ 사용이익 반환 요함
  - **구별)** 계약해제의 경우와 달리 계약이 취소된 경우에는 선의의 점유자에게 민법 제201조가 적용되어 과실수취권이 인정됨(1993.5.14, 92다45025) ⇨ 그 경우 상대방도 대금 법정이자 반환 불요

1. 쌍무계약이 취소된 경우 선의의 매수인에게 민법 제201조가 적용되어 과실취득권이 인정되는 이상 선의의 매도인에게도 민법 제587조의 유추적용에 의하여 대금의 운용이익 내지 법정이자의 반환을 부정함이 형평에 맞다(1993.5.14, 92다45025).
   ⇨ 대금 반환의 경우에 민법 제748조 제1항이 적용되면 그 이득이 현존하는 것으로 추정되므로 대금 운용이익의 반환 주장이 가능할 수 있으나 민법 제587조가 유추적용되는 결과 그 반환을 할 필요가 없는 것임.
2. 매매계약이 무효인 때의 매도인의 매매대금 반환 의무는 성질상 부당이득 반환 의무로서 그 반환 범위에 관하여는 민법 제748조가 적용된다 할 것이고 명문의 규정이 없는 이상 그에 관한 특칙인 민법 제548조 제2항이 당연히 유추적용 또는 준용된다고 할 수 없다(1997.9.26, 96다54997).
   ⇨ 법률상 원인 없이 금원을 수령한 선의의 수익자는 법정이자를 가산하여 반환할 의무 없음

■ 제3자를 위한 계약관계에서 제3자가 급부를 수령한 경우 ⇨ 제3자는 해제에 의하여 보호되는 제3자는 아니지만 제3자를 상대로 반환 ×

제3자를 위한 계약관계에서 낙약자와 요약자 사이의 법률관계(이른바 기본관계)를 이루는 계약이 해제된 경우 그 계약관계의 청산은 계약의 당사자인 낙약자와 요약자 사이에

이루어져야 하므로, 특별한 사정이 없는 한 낙약자가 이미 제3자에게 급부한 것이 있더라도 낙약자는 계약해제에 기한 원상회복 또는 부당이득을 원인으로 제3자를 상대로 그 반환을 구할 수 없다(2005.7.22, 2005다7566,7573).

▣ 계약 해제에 따른 원상회복의무에 과실상계의 적용 ✕

계약의 해제로 인한 원상회복청구권에 대하여 해제자가 해제의 원인이 된 채무불이행에 관하여 '원인'의 일부를 제공하였다는 등의 사유를 내세워 신의칙 또는 공평의 원칙에 기하여 일반적으로 손해배상에 있어서의 과실상계에 준하여 권리의 내용이 제한될 수 있다고 하는 것은 허용되어서는 아니 된다(2014.3.13, 2013다34143).

- ▣ **원상회복청구권의 소멸시효**
  - ● 상행위인 계약의 해제로 인한 원상회복청구권에 상사시효 적용됨 (1993.9.14, 93다21569)
  - ● 계약의 해제로 인한 원상회복청구권의 소멸시효는 해제시, 즉 원상회복청구권이 발생한 때부터 진행하고 해제권 발생시에 진행하지 않음(2009.12.24, 2009다63267).
- 4) 손해배상의 문제
  - ▣ 이행이익과 신뢰이익의 배상(2007.1.25, 2004다51825)
- 5) 동시이행의 문제[18]
  - ▣ **조문에는 원상회복의무만 동시이행 규정**
    - ● 동시이행관계와 상관없이 금원에 연 5%/6% 이자 붙여야 함
    - ● **참고)** 취소로 인한 원상회복도 동시이행 관계임(2010.10.14, 2010다47438)
  - ▣ **손해배상의무도 공평의 원칙상 동시이행 인정(1996.7.26, 95다25138)**
    - ● 매수인의 귀책사유로 계약이 해제된 경우 매수인의 손해배상의무와 매도인의 매매대금 반환의무는 동시이행관계에 있으므로 매도인이 매매대금 반환의무의 이행을 제공하지 않는 한 매수인의 손해배상의

---

18 동시이행의 항변권의 대항을 받는 채권을 자동채권으로 하여 상대방의 채권과의 상계를 허용하면 상계자 일방의 의사표시에 의하여 상대방의 항변권 행사의 기회를 상실시키는 결과가 되어서 그러한 상계는 허용될 수 없는 것이 원칙(2004.5.28, 2001다81245 등 참조)이라는 판례에 유의!

무는 이행지체에 빠지지 않음 ⇨ 매수인의 손해배상에 지연손해금을 청구할 수 없는 경우가 있고, 매도인도 법정이자 외에 소촉법 지연손해금을 부담하지 않는 경우가 있음을 유의

- ▣ **참고:** 매매계약이 취소가 된 경우에 매도인의 매매대금 반환의무와 매수인의 소유권이전등기 말소등기절차 이행의무/인도의무 동시이행 관계임 ⇨ 매수인이 이행제공하지 않는 한 매도인은 대금반환의무에 대하여 지체책임을 부담하지 않고 법정이자만 반환 요함[19]

6) 소멸시효와 원상회복청구권

- ▣ 채무불이행 대상이 되는 본래 채권이 시효로 소멸 시 채권자가 해제권 및 이에 기한 원상회복청구권 행사 불가

본래 채권이 시효로 인하여 소멸하였다면 그 채권은 그 기산일에 소급하여 더는 존재하지 않는 것이 되어 채권자는 그 권리의 이행을 구할 수 없는 것이고, 이와 같이 본래 채권이 유효하게 존속하지 않는 이상 본래 채무의 불이행을 이유로 계약을 해제할 수 없다고 보아야 한다. 결국 **채무불이행에 따른 해제의 의사표시 당시에 이미 채무불이행의 대상이 되는 본래 채권이 시효가 완성되어 소멸하였다면**, 채무자가 소멸시효의 완성을 주장하는 것이 신의성실의 원칙에 반하여 허용될 수 없다는 등의 특별한 사정이 없는 한, **채권자는 채무불이행 시점이 본래 채권의 시효 완성 전인지 후인지를 불문하고 그 채무불이행을 이유로 한 해제권 및 이에 기한 원상회복청구권을 행사할 수 없다**(2022.9.29, 2019다204593).
⇨ 소유권이전등기청구권이 이행불능을 원인으로 해제의 의사표시를 하였는데, 해제권 행사 당시 이전등기청구권의 시효가 완성된 사안임.

---

19 다만, 언제나 법정이자를 반환해야 하는 것은 아니다. 이 경우에도 "쌍무계약이 취소된 경우 선의의 매수인에게 민법 제201조가 적용되어 과실취득권이 인정되는 이상 선의의 매도인에게도 민법 제587조의 유추적용에 의하여 대금의 운용이익 내지 법정이자의 반환을 부정함이 형평에 맞기 때문이다"(1993.5.14, 92다45025).

2-4

이행거절로 인한 해제

1. 이행거절로 인한 해제의 요건사실

📖 **이행거절로 인한 계약 해제의 요건사실**

1. 채무자의 명백한 이행거절의 의사표시가 있는 사실/채무를 이행하지 아니할 것이 객관적으로 명백한 사실
2. 해제의 의사표시 및 그 도달 사실

▣ **특징**
- 이행기까지 기다릴 필요 불요(이행거절 인정 실익)
- 이행 최고나 이행 제공 불요

2. 이행거절의 의사표시 유무의 판단기준

▣ 채무자의 주장이 근거가 전혀 없는 것인지 여부/채무자의 태도 등 고려

1. 매수인이 자기의 귀책사유로 인한 채무불이행의 경우 상대방의 계약해제권의 행사를 회피할 목적으로 매매계약체결시 자신의 주소를 허위기재하거나 실지 주소를 매도인에게 알리지 아니하고 소재를 밝히지 아니하여 매도인은 과실 없이 매수인의 소재를 알지 못함으로써 자기의 채무의 이행을 제공하여 상대방의 이행을 최고할 수 없게 된 채 이행기가 지나버린 경우 ⇨ 이행거절 ○(1990.11.23, 90다카14611)
2. 매매대금의 일부로 남아 있는 금액에 관하여 매수인이 매도인에 대한 다른 반대채권의 상계로써 전액 지급된 것으로 주장하면서 소유권이전등기의 이행을 소구한 것만으로는 매수인이 자기의 채무를 이행할 의사가 없음을 명백히 한 것이라고 단정할 수 없다(2000.11.24, 2000다49053).
   ⇨ 원고가 대금지급의무가 있는 사안으로 피고에 대한 채권이 아래와 같이 있다고 주장한 사안임 '원고가 피고에게 토지 관리를 위임하여 피고가 甲, 乙에게 소작을 주었는데, 원고는 甲, 乙로부터 소작료를 받지 못하였으므로 피고가 위 소작료 관련 지급의무(손해배상 채무 등)가 있다고 주장'

이 경우에 원고의 주장은 법률상 인정되지 않으나 그 주장이 터무니없는 것은 아니므로 위와 같은 결론에 도달한 것으로 보임

3. 매도인이 소유권이전등기에 필요한 제반서류를 사법서사에게 교부하고 이 사실을 매수인에게 알렸으나 매수인은 계속 매매대금의 공제를 고집하면서 잔대금지급의무를 이행치 않고 있다가 잔대금지급기일이 1개월 이상 경과한 후에는 매매대금을 공제하여 주지 아니하면 매매계약을 해제하겠다고 한 경우 ⇨ 이행거절 ○. 위 사안에서 매매대금 공제 주장은 근거가 전혀 없는 것이었음

4. 매수인이 매도인과 사이의 매매계약에 의한 잔대금지급기일에 잔대금을 지급하지 못하여 그 지급의 연기를 수차 요청하였다는 것만으로는 이행거절 ×(1990.11.13, 90다카23882)

3. 이행거절의 효과

▣ 이행불능의 효과에 준하여 판단

▣ 해제

▣ 손해배상
  ● 이행거절 당시의 급부목적물의 시가+이행거절시부터 지연손해금 청구 가능[1]

채무자의 이행거절로 인한 채무불이행에서의 손해액 산정은, 채무자가 이행거절의 의사를 명백히 표시하여 최고 없이 계약의 해제나 손해배상을 청구할 수 있는 경우에는, **이행거절 당시의 급부목적물의 시가를 표준**으로 해야 할 것이다(2007.9.20, 2005다63337).

---

[1] 양창수, "독자적인 채무불이행유형으로서의 이행거절 재론 ─ 판례의 형성 및 법률효과를 중심으로", 법조(2015. 1) 참조. 이행 불능 당일부터 연 5%(상행위 연 6%)의 지연손해금을 청구할 수 있다.

2-5 | 임대차 관련 주요 쟁점

채권각론

Ⅰ 임대차 관련 법 적용의 문제

1. 민법이 적용되는 경우

- ◙ 주택임대차보호법, 상가건물 임대차보호법이 적용되지 않으면 민법이 적용

2. 주택임대차보호법이 적용되는 경우

- ◙ 주거용 건물의 전부 또는 일부의 임대차에 적용

3. 상가건물 임대차보호법이 적용되는 경우

- ◙ 상가건물(사업자등록의 대상이 되는 건물)에 대한 임대차+환산보증금이 상가건물 임대차보호법 시행령 제2조에 규정된 금액의 범위 내
  - 서울 9억 원 이하, 수도권 중 과밀억제권역 6억 9천만 원 이하, 광역시 5억 4천만 원 이하(시행령 제2조 제1항, 2019. 4. 2.부터 적용됨[1])
  - 보증금에 차임이 있는 경우에 월 단위의 차임액에 1분의 100을 곱하여 법 적용 대상 보증금액인지를 검토하여야 함(보증금+월 차임×100, 시행령 제2조 제3항)
    - 서울에서 보증금 7억 원, 월 차임 300만 원인 경우에 7억 원+(3,000,000×100)이 되어 환산보증금은 10억 원이 되므로 상가건물 임대차보호법 적용 대상이 아님
- ◙ 다만, 환산보증금이 위 시행령 금액 범위를 초과하여도 대항력(상가건물 임대차보호법 제3조 제1항),[2] 임차인의 계약갱신요구권(상가건물 임대차보호법 10조

---

1 2018. 1. 26.부터 2019. 4. 1.까지 체결된 상가건물임대차계약은 환산보증금이 서울 6억 1천만 원 이하, 수도권 중 과밀억제권역 5억 원 이하, 광역시 3억 9천만 원 이하여야만 상가건물 임대차보호법이 적용된다. 상가건물 임대차보호법 시행령의 개정을 항상 주목해야 한다.

2 2015. 5. 13. 이후 최초로 계약이 체결되거나 갱신되는 임대차부터 적용된다(법률 제13284호 부칙 제1조). 우선변제권, 소액보증금의 최우선변제권이 인정되려면 여전히 '상가건물(사업자등록의 대상이 되는 건물)에 대한 임대차+환산보증금이 상가건물 임대차보호법 시행령 제2조에 규정된 금액의

제1, 2, 3항 본문)과 계약갱신시 차임 및 보증금 증감청구권(상가건물 임대차보호법 10조의2)은 인정됨(상가건물 임대차보호법 제2조 제3항)

Ⅱ 보증금반환청구 관련

1. 요건사실

임대차계약의 체결+임대차보증금의 지급+임대차의 종료

- ▣ 관련 1: 대여금반환의 요건사실
  - ● 소비대차계약의 체결+목적물의 인도+반환시기의 도래
- ▣ 관련 2: 매매를 원인으로 매매대금만 구하는 경우 또는 소유권이전등기를 구하는 경우의 요건사실
  - ● '매매계약의 체결'만이 요건사실
  - ● 비교) 만일 매매를 원인으로 매매대금과 함께 지연손해금을 구하는 경우의 요건사실
    - − 매매계약의 체결+이행기 도래+자신의 채무의 이행제공(동시 이행의 항변권의 부존재를 위함)+손해의 발생 및 손해액[3]
- ▣ 임대차 종료 중 약정기간 만료
  - ● 주택임대차보호법 제4조 제2항,[4] 상가건물 임대차보호법 제9조 제2항에도 불구하고 약정기간 만료시 임대차 종료 요건은 갖춘 것임[5]

범위 내'이여야 함에 유의해야 한다.

[3] 법정이율에 의한 지연손해금을 구하는 경우에는 주장만으로 족하고 별도의 입증을 요하지 아니하나, 법정이율보다 높은 약정이율에 의한 지연손해금을 구하는 경우에는 그 이율의 약정이 있음을 채권자가 주장·입증하여야 하고, 손해배상액의 약정이 있는 경우에도 그 약정이 있음을 채권자가 주장·입증하여야 한다.

[4] "임대차기간이 끝난 경우에도 임차인이 보증금을 반환받을 때까지는 임대차관계가 존속하는 것으로 본다."

[5] 주임법 제4조 제2항, 상임법 제9조 제2항이 적용되는 경우 보증금을 반환받을 때까지 임차 목적물을 계속 점유하면서 사용·수익한 임차인은 종전 임대차계약에서 정한 차임을 지급할 의무를 부담할 뿐이고, 시가에 따른 차임에 상응하는 부당이득을 지급할 의무는 없다(2023.11.9, 2023다257600). 판례는 임차인이 동시이행항변권에 기하여 점유한 경우에 실제 사용·수익하지 않았다면 부당이득반환

- 특히 임차보증금반환채권이 양도되거나 이에 대한 전부명령, 추심명령의 경우에도 약정기간 만료로 임대차 종료 요건은 갖춘 것임

2. 주요 항변/재항변

📖 **항변/재항변**

보증금반환 청구의 요건사실

1. 임대차계약사실
2. 임대인에게 보증금을 교부한 사실
3. 임대차관계가 종료한 사실

항변사유

1. 차임채권, 임대차종료 후의 (차임상당) 부당이득반환채권, 손해배상채권 등 당연 공제되어야 할 채권의 발생(존재)사실◇
1. 보증금반환 채권이 전부된 사실(그 송달받은 사실)
1. 묵시의 갱신◆
1. 목적물반환과의 동시이행△

재항변 사유

1. △ 목적물 인도(목적물 인도를 위하여 이행제공)
1. ◇ 차임, 부당이득금, 손해배상금 지급사실
1. ◆ (묵시의 갱신 후) 해지 통고

---

1) 동시이행의 항변

▣ **효과**: 이행거절 권능(행사효), 이행지체 책임을 발생시키지 않음(존재효)

- **존재효과설**: 항변권이 존재한다는 것 자체로부터 발생하는 효과임
- 따라서 상대방이 동시이행의 항변권을 행사하지 않아도 지체책임을 물을 수 없음 ⇨ 지연손해금 부존재, 지체책임을 물을 수 없으므로 계약 해제도 불가

의무가 없다고 하고 있는바(1998.5.29, 98다6497), 만약 임차인이 보증금을 반환받지 못한 상황에서 실제 사용·수익하지 않은 경우에는 '임대차계약에서 정한 차임'마저 부담하지 않다고 볼 가능성이 많다(사견).

쌍무계약에서 쌍방의 채무가 동시이행관계에 있는 경우 일방의 채무의 이행기가 도래하더라도 상대방 채무의 이행제공이 있을 때까지는 그 채무를 이행하지 않아도 이행지체의 책임을 지지 않는 것이고, 이와 같은 효과는 **이행지체의 책임이 없다고 주장하는 자가 반드시 동시이행의 항변권을 행사하여야만 발생하는 것은 아니다**(1998.3.13, 97다54604,54611).

- ▣ 예)임차보증금반환을 구하면서 지연손해금을 청구하는 경우에 판결문의 청구원인 단계에서 '임차인으로부터 임차목적물을 인도받기 전까지는 임대인은 이행지체의 책임을 지지 않는다'고 기재함(임대인의 항변 사항이 아님)
  - ▣ 보증금반환청구하면서 지연손해금을 구하는 경우의 요건사실

임대차계약의 체결＋임대차보증금의 지급＋임대차의 종료＋임대차목적물의 인도/이행제공(동시이행의 항변권의 부존재)

2) 연체차임 공제의 항변
  - ▣ 연체차임 공제의 요건사실6

차임약정사실

  - ▣ 재항변으로 차임 지급 사실을 주장할 수 있음
  - ▣ 차임채권에 관하여 압류 및 추심명령이 있다는 점을 가지고 임대인의 연체차임 공제 항변을 저지할 수 없음(2004.12.23, 2004다56554 등)7
    - 관련: 저당권자가 차임채권 등에 대하여 별개로 저당권을 실행하지 아니한 경우, 연체차임 등이 보증금에서 당연히 공제＋저당권자가

---

6 보증금반환청구권에 부착되어 있는 당연한 제한이므로 당연 공제라고 표현하나, 임대인이 연체차임 등이 발생한 사실은 주장·입증하여야 한다. 상계항변의 경우 수동채권과 관련성이 떨어지는 별개의 자동채권으로 항변하는 것인바, 공제항변과 구별된다.

7 참고) 별도의 의사표시 없이 연체차임은 보증금에서 당연히 공제되므로, 차임채권이 양도되었다고 하더라도, **임차인은** 임대차계약이 종료되어 목적물을 반환할 때까지 연체차임 상당액을 보증금에서 공제할 것을 주장할 수 있다(2015.3.26, 2013다77225). → 차임채권의 양수인이 임차인에 대해서 차임채권의 지급을 구하는 경우에 **임차인은 차임채권이 보증금에서 공제되어 소멸하였음을 주장할 수 있다.**

차임채권 등에 대하여 별개로 저당권을 실행한 경우 채권집행 절차에서 임차인이 지급하거나 공탁하지 아니하여 잔존하는 차임채권 등은 보증금에서 당연히 공제(2016.7.27, 2015다230020)

▣ 소멸시효가 완성된 차임채권을 가지고 민법 제495조 유추에 의하여 임대인이 연체차임 공제를 주장할 수 있음(2016.11.25, 2016다211309)[8]

▣ 임차건물 소유권 이전 시 이미 발생한 연체차임 등이 양수인에게 이전되지 않으나 위 연체차임 등은 임차보증금에서 당연히 공제됨(2017.3.22, 2016다218874)[9]

3) 부당이득금 공제의 항변

▣ 임대차 종료 이후의 차임 상당 부당이득금 공제의 요건사실

임대인이 목적물에 대한 소유권 또는 사용·수익권을 가진다는 사실(임대인의 손해에 해당)＋임차인이 사용·수익하고 있다는 것(임차인의 이득에 해당)

▣ 임차인이 이득하고 이로 인하여 임대인이 손해를 입었다는 점(인과관계)은 추정되는 것이므로 별도의 기재 불요

▣ 법률상 원인이 없다는 점에 대하여 임대인이 이를 주장·증명할 필요 없다는 점에 유의!

● 법률상 원인의 흠결 사실에 대하여 판례는 점유사용으로 인한 부당이득반환청구에 있어서 수익자가 '법률상 원인 있음'을 재항변으로 주장·증명하여야 한다는 입장(2002.11.22, 2001다6213, 1988.9.13, 87다카205)[10]

---

8 위와 같이 차임채권에 관하여 추심명령이 있는 경우 임대인이 차임채권에 대한 시효중단조치를 하기 어려워 차임채권이 시효로 소멸할 수 있는 것이다.

9 임차건물의 양수인이 소유권을 이전받기 전에 발생한 연체차임이 3,500만 원이고, 소유권을 이전받은 후에 발생한 연체차임이 1,500만 원이고, 보증금이 5,000만 원인 경우에 ① 양수인은 3,500만 원의 지급을 구할 수 없고 1,500만 원의 지급만 구할 수 있으며, ② 임차인이 보증금 5,000만 원의 지급을 구하면, 1,500만 원의 공제 뿐만 아니라 3,500만 원의 공제를 주장할 수 있다는 것이다.

10 소유권에 대한 강력한 보호의 일환으로 이해할 수 있으며, 물권적 청구권을 행사하는 경우에 점유자가 '점유할 권원'을 항변으로 입증해야 한다는 점과 일맥상통한다.

▣ 주의 1: 실질적인 이득이 없는 경우 부당이득 성립하지 않음
- 판례는 '이득이라 함은 실질적인 이익을 가리키는 것이므로 법률상 원인없이 건물을 점유하고 있다고 하여도 이를 임대차계약 상의 본래의 목적에 따라 사용·수익하지 못하였다면 실질적인 이익을 얻었다고 볼 수 없는 것이다'라고 판시(1984.5.15, 84다카108, 91다13724)
- 유치권 또는 동시이행항변권과 같은 인도거절권능을 가지는 경우에 이러한 권능을 행사하기 위한 방편으로 임차물을 점유한 경우에 실제 사용·수익하고 있지 못하다면 부당이득반환의무 성립 ×(1992.4. 14, 91다45202,45219 등)
- 임대차 종료 후 임차인의 사정으로 임차건물 부분을 사용 수익을 하지 못하였어도 임차인의 부당이득반환의무는 성립하지 않는다는 것이 판례의 입장[11]
- **결론**: 임대차 종료 후에는 임대인은 임차인의 실질적인 사용·수익을 입증하여야만 부당이득 공제 주장 가능[12]
- 임차인이 실제 사용·수익하지 않은 경우 관리비도 부담하지 않음 (2021.4.1, 2020다286102, 2020다286119).

▣ 전대차 관련: 전대차계약상의 차임을 감액한 경우 임대인에 대하여도 감액된 차임만 지급하면 됨(2018.7.11, 2018다200518)[13]

▣ 기재례: 부당이득 공제, 실질적 이득 공제 ×

---

11 이에 대한 비판은 이계정, "送金된 金員에 대한 預金 名義人의 不當利得返還義務 有無의 判斷基準 −不當利得에 있어서 利得의 槪念을 中心으로", 민사판례연구 제35집 참조.

12 임대차 종료 전에는 임차인이 실제 임차목적물을 사용·수익하였는지를 불문하고 임대차계약에 따른 약정 차임을 지급해야 함에 유의해야 한다.

13 전대인과 전차인은 계약자유의 원칙에 따라 전대차계약의 내용을 변경할 수 있고, 특별한 사정이 없는 한 **전차인은 변경된 전대차계약의 내용을 임대인에게 주장할 수 있다. 전대인과 전차인이 전대차계약상의 차임을 감액한 경우도 마찬가지이다.** 또한 그 경우, 전차인이 임대인에게 반환하여야 할 **차임 상당 부당이득액을 산정**함에 있어서도 **변경된 차임**을 기준으로 할 것이지, 변경 전 전대차계약상의 차임을 기준으로 할 것은 아니다(2018.7.11, 2018다200518).

다음으로 부당이득 부분에 관하여 보면, 피고 이승훈이 위 임대차가 종료된 후에도 2014. 6. 8.까지 **피고 김정수 소유의 이 사건 점포를 점유하면서 임대차 당시와 같이 화장품 소매업을 위한 점포로 사용하여 왔으므로**, 임차인인 피고 이승훈은 위 2014. 6. 8.까지 이 사건 점포를 점유·사용함으로써 그 사용이익 상당의 이익을 얻고 이로 인하여 임대인인 피고 김정수에게 같은 금액 상당의 손해를 가하였다고 할 것이므로 피고 이승훈은 피고 김정수에게 위 임대차 종료 다음날인 2013. 11. 9.부터 위 2014. 6. 8.까지 7개월 동안의 부당이득만을 반환할 의무가 있습니다. 그러나 **피고 이승훈이 2014. 6. 9. 이후에는 이 사건 점포를 사용·수익하지 않았으므로 2014. 6. 9. 이후에는 피고 김정수에 대하여 부당이득반환의무를 부담하지 않습니다.**

나아가 그 부당이득액에 관하여 보면, 통상 부동산의 점유·사용으로 인한 이득액은 그 부동산의 차임 상당액이라 할 것인데, 임대차 종료 당시 이 사건 점포의 차임이 월 5,000,000원인 사실은 앞에서 본 바와 같고 그 후의 차임도 같은 액수라 할 것이므로, 위 임대차보증금에서 공제되어야 할 부당이득액은 35,000,000원(=5,000,000원×7개월)이 됩니다."

4) 묵시의 갱신의 항변

▣ 민법이 적용되는 경우(민법 제639조 제1항)

● 요건: 임대차 기간 만료＋임차인 계속 사용·수익＋임대인 상당한 기간 내 이의하지 아니함[14]

● 효과

 − 전임대차와 동일한 조건으로 임대차한 것으로 봄

 − 그러나 기간의 약정 없는 임대차의 해지통고 규정(민법 제635조)이 적용되어 토지, 토지 임대차의 경우에 임차인이 해지 통고하면 1월, 임대인이 해지 통고하면 6월이 경과하면 해지의 효력이 발생

 − 주의: 임대차보증금반환청구채권의 양도통지를 받은 후에는 묵시의 갱신이나 계약기간 연장에 관하여 채권양수인에게 주장할 수 없음 (1989.4.25, 88다카4253,4260) ⇨ 전부명령이 있는 경우에도 같음[15·16]

---

14 임대인이 건물철거소송 제기는 임차물 계속 사용에 대한 이의로 볼 수 있다(1967.1.24, 66다2202).

15 다만, 제3자가 제공한 담보는 묵시 갱신의 경우에는 기간의 만료로 소멸하나(민법 제639조 제2항) 당사자들의 합의에 따른 임대차기간연장에는 소멸하지 않고 존속한다(2005.4.14, 2004다63293).

16 이와 달리 임차보증금반환채권 입질되었어도 묵시적 갱신의 효력이 인정된다는 판결이 있음(2020.7.9,

▣ 주택임대차보호법이 적용되는 경우(주택임대차보호법 제6조, 제6조의2, 제6조의3)

● 요건

　－ ① 임대인이 임대차기간이 끝나기 6개월 전부터 2개월 전까지 기간에 갱신거절 통지 ×, or 계약조건 변경하지 아니하면 갱신하지 아니한다는 통지 ×, ② 임차인이 임대차기간이 끝나기 2개월 전까지 통지 ×

　－ 2기 차임액에 달하도록 연체하지 않았을 것 또는 임차인으로서 의무 현저히 위반하지 않았을 것

● 효과

　－ 전임대차와 동일한 조건으로 임차

　－ 임대차존속기간 2년

　－ 임차인 해지 통고시 3개월이 지나야 효력 발생[17]

● 갱신 요구 거절하기 어려우므로 임대차기간 4년 보장(주택임대차보호법 제6조의3)

▣ 상가건물 임대차보호법이 적용되는 경우(동법 제10조 제4항, 제5항)

● 요건

　－ ① 임대인이 임대차기간이 끝나기 6개월 전부터 1개월 전까지 기간에 갱신거절 통지 ×, or 계약조건 변경하지 아니하면 갱신하지 아니한다는 통지 ×

● 효과

　－ 전임대차와 동일한 조건으로 임차

　－ 임대차존속기간 1년[18]

2020다223781). 위 판결은 질권자가 임대인을 대위하여 임차인에게 인도청구를 하는 사안에서 임차인이 묵시적 갱신의 항변을 할 수 있다는 것임. 이와 달리 만약 질권자가 질권의 대상인 임차보증금의 지급을 구하는 경우에도 같은 결론을 도출할 수 있을지에 대해서 이견이 있을 수 있다.

17 임대인은 해지 통고 권한이 없다. 즉 임대차기간에 편면적으로 구속된다.

18 주의할 점은 묵시의 갱신이 아닌 임차인이 계약갱신 청구권을 적법하게 행사한 경우(상가건물 임대차보호법 제10조 제1항 본문 참조)에는 갱신되는 임대차는 전 임대차와 동일한 조건으로 다시 계약된 것으로 보며, 다만 그 경우에도 전체 임대차기간이 10년을 초과할 수는 없다는 점이다(동법 제10조 제2항, 제3항 참조).

- 임차인 해지 통고시 3개월이 지나야 효력 발생[19]
- 1회의 갱신요구 이후에도 묵시의 갱신 가능(2010.6.10, 2009다64307)

5) 동시이행의 항변

- 임대인의 목적물 반환과 동시이행의 항변은 임차보증금반환채권이 양도된 경우에도 양수인에 대해서 항변 가능
- 임차인이 임대인으로부터 새로 목적물을 임차한 사람에게 그 목적물을 임대인의 동의 아래 직접 넘긴 경우에 목적물 반환의무 이행한 것임 (2009.6.25, 2008다55634) ⇒ 임대인 동시이행 항변 ×
- 임차인이 임대차 종료 후 동시이행항변권을 근거로 임차목적물 계속 점유 시 보증금반환채권에 대한 소멸시효 진행하지 않음(2020.7.9, 2016다 244224, 244231).

3. 상계의 문제

1) 임차보증금반환채권을 자동채권으로 한 상계 여부 – 특별한 사정이 없는 한 불가

> 항변권이 붙어 있는 채권을 자동채권으로 하여 타의 채무와의 상계를 허용한다면 상계자 일방의 의사표시에 의하여 상대방의 항변권행사의 기회를 상실케 하는 결과가 되므로 이와 같은 상계는 그 성질상 허용될 수 없다(2002.8.23, 2002다25242).

2) 임차보증금채권을 수동채권으로 한 상계 여부 – 가능

> 상계를 주장하는 자의 자동채권에 동시이행항변권이 부착되어 있을 경우 그 자동채권으로 상계를 주장할 수 없다 할 것이나, 자동채권에는 동시이행항변권이 붙어 있지 아니하고 수동채권에만 동시이행항변권이 붙어 있을 경우에는 상계를 주장하는 자가 스스로 수동채권에 붙어 있는 자기의 항변권을 포기하고 상계하는 것은 허용된다.[20]

---

19 임대인은 해지 통고 권한이 없다. 즉 임대차기간에 편면적으로 구속된다.
20 임대인으로서는 임대차계약이 존속 중이라도 임대차보증금반환채무에 관한 기한의 이익을 포기하고 임차인의 임대차보증금반환채권을 수동채권으로 하여 상계할 수 있고, 임대차 존속 중에 그와 같은 상계의 의사표시를 한 경우에는 임대차보증금반환채무에 관한 기한의 이익을 포기한 것으로 볼 수 있다(2017.3.15, 2015다252501).

3) 최종정리

임대인의 임차인에 대한 금원(대여금 등)청구에 대하여 임차인이 임차보증금반환채권을 자동채권으로 상계의 의사표시를 하는 것은 허용되지 않음!
그러나 그 반대로 임차인의 임차보증금반환청구에 대하여 임대인이 금전(대여금 등)채권을 자동채권으로 상계의 의사표시를 하는 것은 허용됨!

Ⅲ 임차목적물반환청구 관련

1. 요건사실

임대차계약의 체결＋목적물의 인도＋임대차의 종료

2. 주요 항변/재항변

📖 **항변/재항변**

임차인에 대한 임차물반환 청구의 요건사실
1. 임대차 성립사실
2. 임차인에게 목적물을 인도한 사실
3. 임대차종료 원인사실
　가. 약정기간의 만료◇
　가. (기간의 약정이 없는) 임대차의 해지통고
　　(1) 해지통고 및 그 도달사실
　　(2) 통고받은 날로부터 제635조 소정의 기간이 경과한 사실
　가. 차임연체로 인한 해지◆
　　(1) 차임연체 및 그 액이 2기의 차임액에 달하는 사실
　　(2) 해지의 의사표시 및 그 도달사실
　가. 무단전대를 이유로 한 해지▽
　　(1) 전대차 성립사실
　　(2) 목적물을 전차인에게 인도한 사실
　　(3) 해지의 의사표시 및 그 도달사실

2-5 임대차 관련 주요 쟁점 **141**

항변사유

1. ◇묵시의 갱신

　가. 기간만료 후 임차인이 목적물을 계속 사용·수익한 사실

　나. 임대인이 위 사실을 알면서도 상당한 기간 내 이의를 제기하지 아니한 사실

1. ▽임대인이 전대에 동의한 사실 또는 전대행위가 배신적 행위가 아니라는 사실

1. 동시이행의 항변

　가. 보증금반환과의 동시이행

　가. 부속물의 매수대금 지급과의 동시이행

1. 유치권 항변

　가. 필요비(유익비)상환 청구권[21]에 기한 유치

1. 지상물매수청구의 항변

1. 대항력의 항변(주택임대차보호법, 상가건물임대차보호법)

재항변 사유

1. ◇기간의 약정이 없는 임대차의 해지통고

1. ◇차임연체를 이유로 한 해지

1. ◇무단전대를 이유로 한 해지

---

1) 차임연체로 인한 해지 관련

　▣ '2기의 차임액에 달하는 것'이 요건인바(민법 제640조), 여기서 2기는 연속할 필요가 없으며 연체한 차임의 합산액이 2기분에 달하면 됨

　　● 월 차임이 400만 원인데, 2월 미지급 차임 100만 원, 3월 미지급 차임 100만 원, 4월 미지급 차임 100만 원인 경우에 아직 해지 사유가 발생하지 않은 것임에 유의

---

21 실제 임대차계약서에는 필요비(유익비) 상환청구권 포기 약정이 많다. 건물의 임차인이 임대차관계 종료시에는 건물을 원상으로 복구하여 임대인에게 명도하기로 약정한 것은 건물에 지출한 각종 유익비 또는 필요비의 상환청구권을 미리 포기하기로 한 취지의 특약이라고 볼 수 있다(1975.4.22, 73다2010).

▣ 상가건물 임대차보호법 관련

상가건물 임대차보호법의 적용을 받는 상가건물의 임대차에도 민법 제640조[22]가 적용되고, 상가건물의 임대인이라도 임차인의 차임연체액이 2기의 차임액에 이르는 때에는 임대차계약을 해지할 수 있다.

갱신 전후 상가건물 임대차계약의 내용과 성질, 임대인과 임차인 사이의 형평, 상가건물 임대차보호법 제10조와 민법 제640조의 입법 취지 등을 종합하여 보면, **상가건물의 임차인이 갱신 전부터 차임을 연체하기 시작하여 갱신 후에 차임연체액이 2기의 차임액에 이른 경우에도 임대차계약의 해지사유인 '임차인의 차임연체액이 2기의 차임액에 달하는 때'에 해당하므로, 이러한 경우 특별한 사정이 없는 한 임대인은 2기 이상의 차임연체를 이유로 갱신된 임대차계약을 해지할 수 있다**(2014.7.24, 2012다28486).

⇨ 2015. 5. 13.부터 시행된 상가건물 임대차보호법은 10조의8에 '임차인의 차임연체액이 3기에 달하는 때에는 임대인은 계약을 해지할 수 있다'고 신설하여 규정(임차인 보호). 따라서 2015. 5. 13. 이후에는 10조의8이 적용되어야 하므로, 2012다28486 판결에서 **'갱신 전'+'갱신 후'를 합산**해야 한다는 점에서는 그대로 유지되나, 위 판결에서 '2기 이상'으로 설시한 것은 **'3기 이상'**으로 바꾸어 해석함이 상당함.

주의 차임연체를 이유로 해지권이 발생한 상태에서 임대인 지위를 승계한 양수인이 해지권을 행사할 수 없음(2008.10.9, 2008다3022)

▣ 임대인이 차임증액청구권을 행사한 경우에 법원이 차임을 결정할 때까지는 종전의 차임액을 지급하여도 임대차계약의 해지 사유인 차임연체에 해당하지 않음(2003.2.14, 2002다60931)[23]

▣ 차임연체가 인정되는 경우 지상물매수청구권, 부속물매수청구권 모두 인정되지 않음에 유의!(1991.4.23, 90다19695; 1990.1.23, 88다카7245)

● 차임연체로 인한 해지가 인정되면 부속물매수청구권을 주장하는 동시이행의 항변이나 지상물매수청구의 항변은 유효한 항변이 되지 못함

---

22 "건물 기타 공작물의 임대차에는 임차인의 차임연체액이 2기의 차임액에 달하는 때에는 임대인은 계약을 해지할 수 있다"고 규정하고 있다.

23 다만, 민법 제628조에 의하여 장래에 대한 차임의 증액을 청구하였을 때에 법원이 결정해 주는 차임은 그 증액청구의 의사표시를 한 때에 소급하여 그 효력이 생기는 것인바, 증액된 차임에 대하여는 법원 결정 시가 아니라 증액청구의 의사표시가 상대방에게 도달한 때를 그 이행기로 보아야 하므로 이행기 다음날부터 지연손해금이 발생한다(2018.3.15, 2015다239508, 239515).

2) 동시이행의 항변
- ◨ 보증금 반환과의 동시이행의 항변을 반드시 하여야 함
  - ● 존재효과설의 영역이 아님에 유의!
- ◨ 부속물매수청구권이 인정되는 경우(민법 제646조)에 동시이행의 항변권이 인정되는 것으로 이해(1981.11.10, 81다378)
  - ● 부속물이란 건물의 사용에 객관적인 편익을 가져오게 하는 임차인 소유의 물건을 의미함(1991.10.8, 91다8029)
- ◨ 임차인이 적법하게 전대한 경우 전차인도 임차인의 동시이행의 항변 원용 가능함(1988.4.25, 87다카2509)
- ◨ 임차보증금반환채권에 대하여 임차인의 채권자가 압류 및 추심명령을 받았어도 임차인은 동시이행항변 가능(2001.3.9, 2000다73490)
  - ● 임차보증금반환채권이 양도된 경우나 압류 및 전부명령이 있는 경우에도 임차인은 동시이행항변 가능(1989.10.27, 89다카4298)[24]
- ◨ 임대인의 권리금 회수 방해로 인한 손해배상의무는 임대차계약 종료에 따른 임차인의 임차목적물 반환의무와 동시이행관계 아님(2019.7.10, 2018다242727)

3) 배신적 행위가 아니라는 항변
- ◨ 무단 양도·전대가 배신행위 내지 신뢰관계파괴에 해당되지 않는다는 특별한 사정에 대한 주장·입증책임은 임차인 측이 부담함(1993.4.13, 92다24950)

민법 제629조는 임차인은 임대인의 동의없이 그 권리를 양도하거나 전대하지 못하고(제1항), 임차인이 이에 위반한 때에는 임대인은 계약을 해지할 수 있다(제2항)고 규정하고 있는바 이는 민법상의 임대차계약은 원래 당사자의 개인적 신뢰를 기초로 하는 계속적 법률관계임을 고려하여 임대인의 인적 신뢰나 경제적 이익을 보호하여 이를 해치지 않게 하고자 함에 있으며, 임차인이 임대인의 승낙없이 제3자에게 임차물을 사용 수익시키는 것은 임대인에게 임대차관계를 계속 시키기 어려운 배신적 행위가 될 수 있는 것이

---

24 판례에 따르면 임차인에게 동시이행항변을 인정하므로 전부채권자나 채권양수인의 임대인으로부터의 변제를 방해하는 상황이 발생하게 된다. 자세한 논의는 김봉수, "임차보증금 반환채권이 양도, 전부된 경우의 동시이행관계에 관한 연구", 법학논총 제19집 제2호, 조선대학교 법학연구원.

기 때문에 임대인에게 일방적으로 임대차관계를 종지(종지)시킬 수 있도록 하고자 함에 있다고 할 것이다.

따라서, 임차인이 임대인으로부터 별도의 승낙을 얻은 바 없이 **제3자에게 임차물을 사용·수익하도록 한 경우에 있어서도 임차인의 당해 행위가 임대인에 대한 배신적 행위라고 인정할 수 없는 특별한 사정이 있는 경우**에는 위의 법조에 의한 해지권은 발생하지 않는다고 해석함이 상당하다(1993.4.27,92다45308).

- 대표적으로 임차인과 전차인 또는 양수인이 특수한 인적 관계(예를 들면 부부)가 있는 경우 배신적 행위가 아님(1993.4.27, 92다45308)

4) 지상물매수청구의 항변 ⇨ 별도 항으로 설명

3. 지상물매수청구권

1) 건물 철거+토지 인도에 대한 항변사유

- ▣ 토지임대차에 있어서 건물 철거+토지 인도에 대한 항변사유임 ⇨ 인정되는 경우에 건물 철거 청구와 토지 인도 청구는 모두 기각임(1995.2.3, 94다51178, 51185)
  - 법원 석명의무: 매매대금을 지급함과 동시에 건물인도청구(+소유권이전등기청구)를 하는 것으로 청구취지를 변경하도록 법원 석명 요(1995.7.11, 94다34265)

2) 요건사실(민법 제643조, 제283조)

건물 소유[25]를 목적으로 한 토지임대차계약 체결 사실+그 임대차기간이 만료된 사실[26] +건물이 현존하는 사실+임대인의 갱신거절[27]+지상물매수청구권의 행사의 의사표시 및 그 도달

---

25 임대차계약 체결 당시 건물 현존 불요, 임대인 동의 없이 건축된 건물도 포함된다(1993.11.12, 93다34589). 미등기 무허가건물도 포함된다(2013.11.28, 2013다48364).

26 채무불이행을 이유로 해지시 지상물매수청구 행사할 수 없다(1991.4.23, 90다19695).

27 통상의 경우 임대인이 미리 임대차계약의 해지를 먼저 하는 경우가 많은바, 임대인의 임대차계약 해지의 의사표시는 임대차계약의 갱신을 원하지 않는 것으로 볼 수 있으므로, 이와 같은 경우에는 계약 갱신 청구를 할 필요 없이 지상물매수청구권을 행사할 수 있다. 따라서 이러한 경우에는 '임대인의 갱신거절'을 요건사실로 기재할 필요는 없다. 판례도 건물의 소유를 목적으로 한 기간의 약정 없는 토

- 지상권갱신청구권의 행사는 지상권의 존속기간 만료 후 지체 없이 하여야 하므로, 지체 없이 행사하지 아니하여 지상권갱신청구권이 소멸한 경우에는, 지상물매수청구권은 발생하지 않음(2023.4.27, 2022다306642)

3) 매수청구권 행사의 상대방
- **원칙: 토지소유자인 임대인 ⇒ 임대인 소유권상실시 상대방 ✕**
  - 토지 소유자가 아닌 제3자가 임대차계약의 당사자로서 토지를 임대한 경우, 토지 소유자가 지상물매수청구권의 상대방이 될 수 있는지 여부 ⇨ 원칙적으로 안 됨(2017.4.26, 2014다72449)
- **예외**
  - 임대차종료 前 토지소유권 변경 ⇒ 토지양수인이 민법 제622조 제1항에 의하여 임대인지위 승계 시 토지양수인에 대하여 청구 ○(1996.6. 14, 96다14517)
  - 임대차종료 後 토지소유권 변경 ⇒ 토지양수인에 대하여 청구 ○ (1996.6.14, 96다14517)

4) 효과
- 형성권이므로 지상물매수청구권 행사에 의하여 매매계약 성립[28]
- (임대인의 매매대금 지급의무)와 (임차인의 건물 인도 의무＋소유권이전등기절차 이행 의무)는 동시이행 관계
  - 임차인이 임대인에게 매수청구권이 행사된 건물들에 대한 인도와 소유권이전등기를 마쳐주지 아니하였다면 임대인에게 그 매매대금에 대한 지연손해금을 구할 수 없음(1998.5.8, 98다2389)
- **매매대금의 결정**
  - 매수청구권 행사 당시 시가 상당액(2002.11.13, 2002다46003, 46027, 46010)

지임대차계약을 임대인이 해지함으로써 임대차가 종료하여 임차인이 임대인에게 토지를 인도하여야 하는 법률관계라면, 임차인은 임대인에게 계약갱신청구의 유무에 불구하고 건물매수청구권을 행사하여 건물대금의 지급을 구할 수 있다고 한다[대법원 1995.2.3, 94다51178,51185(병합)].

28 지상물매수청구권은 임대차계약이 종료된 후의 법률관계이다. 따라서 만약 지상물매수청구권을 임대차계약 기간 중에 행사하였다면(예를 들어 임대인이 일방적으로 임대차계약 해지 통보를 하자 이에 대하여 임차인이 지상물매수청구권을 행사한 경우), 임대차계약이 기간 만료로 종료된 날에 지상물매수청구권의 효력이 발생한다고 볼 것이다.

- 건물에 근저당권이 설정된 경우 ▷ 토지 소유자는 민법 제588조에 기하여 근저당권 말소등기가 될 때까지 채권최고액에 상당한 대금의 지급을 거절 가능(2008.5.29, 2007다4356)[29]

5) 재항변: 지상물매수청구권 포기 약정 사실

- 원칙

임대차 종료시에 건물을 철거하기로 한 특약은 다른 사정이 없는 한 민법 제643조 소정의 임차인의 건물매수청구권을 배제하기로 하는 약정으로서 임차인에게 불리한 것이어서 민법 제652조의 규정에 의하여 무효라고 할 것이다(1992.10.9, 92다22435).

- 예외

임차인의 매수청구권에 관한 민법 제643조의 규정은 강행규정이므로 이 규정에 위반하는 약정으로서 임차인에게 불리한 것은 그 효력이 없는바, 임차인에게 불리한 약정인지의 여부는 우선 당해 계약의 조건 자체에 의하여 가려져야 하지만 계약체결의 경위와 제반 사정 등을 종합적으로 고려하여 실질적으로 임차인에게 불리하다고 볼 수 없는 특별한 사정을 인정할 수 있을 때에는 위 강행규정에 저촉되지 않는 것으로 보아야 한다(1997.4.8, 96다45443).[30]

6) 지상물매수청구권이 인정되는 경우 청구취지 구성에 있어 주의할 점

▣ 건물철거청구 관련

- <u>건물소유권이전등기 · 건물인도청구로 변경 요함!</u> 임차인의 건물소유

---

29 매도인이 원고가 되어 매수인을 상대로 매매잔금 500,000,000원의 지급을 구하는데, 변론종결 당시 목적 부동산에 피담보채무액 200,000,000원(논의의 단순화를 위하여 지연손해금은 없는 것으로 가정함)의 근저당권설정등기가 말소되지 않고 있어 매수인이 동시이행의 항변권을 행사한 경우의 주문

   ▷ 근저당권이 설정된 부분에 대해서는 민법 제588조의 지급거절의 항변으로 보아 "매수인은 매도인으로부터 별지 목록 기재 부동산에 관하여 소유권이전등기절차를 이행받음과 동시에 매도인에게 300,000,000원을 지급하라."는 간명한 형태의 주문이 가능하다(2009.1.15, 2008다40991).

30 대표적으로 차임이 매우 저렴한 경우, 최초 임대차계약이 차임연체 등 임차인의 채무불이행으로 해지될 운명에 처하여 임차인이 매수청구권을 행사할 수 없는 상황에서 임대인의 은혜적인 조치로 다시 임대차계약이 체결되어 기간만료 등으로 종료된 경우 등이다.

권이전등기의무·건물인도의무와 임대인의 대금지급의무는 동시이
행이므로 상환이행을 구하는 것으로 아래와 같이 청구취지 구성 요함

피고(임차인)는 원고(임대인)로부터 2억 원[31]을 지급받음과 동시에 원고에게
가. 별지 목록 기재 건물에 관하여 2015. 3. 15. 매매[32]를 원인으로 한 소유권이전등기절
  차를 이행하고,
나. 위 건물을 인도하라.

  ▣ 토지인도청구의 유지 여부 ⇨ 통상 청구하는 것이 안전
    ● 원칙
      − 대지와 건물부지가 일치하는 경우 건물인도청구 이외에 별도의
        토지인도청구는 불필요
      − 대지와 건물부지가 일치하지 않는 경우[33] 별도의 토지인도 청구
        요함
    ● 임대인의 보증금반환의무, 임차인의 토지인도의무는 동시이행이므
      로[34] 그에 따라 아래와 같이 청구취지 구성 요함

피고(임차인)는 원고(임대인)로부터 1억 원[35]에서 2015. 3. 15.부터 별지 목록 기재 토지
의 인도 완료일까지 월 300만 원[36]의 비율에 의한 금액을 공제한 나머지 금원을 지급받
음과 동시에 원고에게 위 토지를 인도하라.

  ▣ 부당이득반환청구: 청구 요함
    ● 건물매수청구권이 인정되는 경우에도 임차인에게 토지에 대한 사용
      수익권까지 부여한 것은 아니므로 임차인은 차임 상당의 부당이득을
      반환해야 함(1998.5.8, 98다2389).

---

31 지상물매수청구권 행사 당시의 건물 시가이다. 동시이행으로 지연손해금 청구 불가.
32 매매계약의 성립일이므로 지상물매수청구권의 효력이 발생한 날이다.
33 예를 들어 대지에 건물도 있고, 주차장도 있는 경우이다.
34 토지에 대해서는 임대차관계가 성립되어 있음에 유의한다.
35 임대차종료 당시에 정산하고 남은 임차보증금.
36 임차인이 토지를 사용함으로써 부담하는 부당이득금으로 통상 월 약정차임 상당액이다.

◪ **퇴거청구?**

- 토지 소유자가 건물에 대한 매매가 성립되었음을 원인으로 점유자에 대한 퇴거청구를 직접 하기는 어렵고, 매도인을 대위하여 퇴거청구를 함이 바람직함
- 이 경우 점유자가 임차인(매도인)과의 계약에 기하여 '점유할 권리'를 주장할 수도 있음

7) 기판력의 시적 범위 관련 ⇨ 차단되지 않음

> 건물의 소유를 목적으로 하는 토지 임대차에 있어서, 임대차가 종료함에 따라 토지의 임차인이 임대인에 대하여 건물매수청구권을 행사할 수 있음에도 불구하고 이를 행사하지 아니한 채, 토지의 임대인이 임차인에 대하여 제기한 토지인도 및 건물철거청구 소송에서 패소하여 그 패소판결이 확정되었다고 하더라도, 그 확정판결에 의하여 건물철거가 집행되지 아니한 이상 토지의 임차인으로서는 건물매수청구권을 행사하여 별소로써 임대인에 대하여 건물매매대금의 지급을 구할 수 있다(1995.12.26, 95다42195).

2-6 비용상환청구권 · 부속물매수청구권

I 유익비상환청구권(626조 제2항)

1. 부속물매수청구권과의 구별

- ▣ **부속물매수청구권**: 부속물은 임차물로부터 분리가능하여 독립성이 있음을 전제로 함[1]
  - ● 예 가스, 전기 설비, 수도관 시설, 유리문, 섀시
  - ● 주의 – 가구는 해당이 안 됨, 붙박이장 등
- ▣ **유익비상환청구권**: 임차물에 부합되어 독립성이 없는 것

2. 요건[2]

1) 유익비의 지출

- ▣ **유익비**: 임차물의 객관적 가치를 증가시키기 위하여 투입한 비용
  - ● 객관적 가치 판단에 있어서 건물대장, 등기부등본 상의 용도가 중
    - – 임차인의 주관적 이익이나 특정한 영업을 위한 목적으로 지출된 비용 제외

가. 민법 제626조 제2항에서 임대인의 상환의무를 규정하고 있는 유익비란 임차인이 임차물의 객관적 가치를 증가시키기 위하여 투입한 비용을 말하는 것이다.

나. 피고(반소원고, 이하 피고라고 한다)가 이 사건 건물 중 피고가 임차한 이 사건 점포에서 카페영업을 하기 위한 공사를 하고, 또 카페의 규모를 확장하면서 내부시설공사를 하고, 또는 창고지붕의 보수공사를 하고 공사비를 지출 ⇨ 창고지붕의 보수공

---

1 민법 제256조 단서와의 관계가 문제가 되나, 위 단서가 적용되어 임차인은 자기 소유를 주장할 수 있으나 부속물매수청구권이 인정되는 경우에는 임대인에게 매도를 할 수 있는 것으로 일응 정리할 수 있다.

2 요건사실은 '① 임차물에 관하여 비용을 지출한 사실과 그 액수, ② 그 비용의 지출이 목적물의 가치를 증가하게 한 사실, ③ 가액의 증가가 현존하는 사실 및 그 액수, ④ 임대차의 종료'이다. 임차인은 실제로 지출한 금액과 현존하는 증가액 모두에 대하여 주장·입증책임이 있다(2002.11.22, 2001다40381).

사비는 통상의 관리비에 속하고, 나머지 공사비인 이 사건 점포의 내부시설공사는 피고가 카페를 운영하기 위한 필요에 의하여 행하여진 것이고 그로 인하여 이 사건 점포의 객관적 가치가 증가한 것은 아니어서, 이를 위하여 지출한 돈은 원고(반소피고, 이하 원고라고 한다)가 상환의무를 지는 유익비에 해당하지 아니함(1991.10.8, 91다8029).

- 주택을 수선 내지 증·개축한 경우 ⇨ 유익비 해당할 수 있음(1983.2.22, 80다589)

2) 임대차 종료시 증가된 가액의 현존

3. 행사

1) 행사시기
  - ◉ 임대차 종료시에 비로소 청구 가능(필요비는 지출하면 즉시 상환청구를 할 수 있는 것과 구별)
    - 유익비상환채권의 발생 시기는 임대차계약 종료 시(2021.2.10, 2017다258787)
  - ◉ 임차인의 차임연체를 이유로 임대차계약이 해지되어도 행사 가능(필요비도 같음. 부속물매수청구권, 지상물매수청구권과 구별)

2) 행사시기의 제한
  - ◉ 임차인이 임대인에게 목적물을 반환한 경우에는 그 반환한 날로부터 6월 내 상환청구 요(제654조, 제617조)
  - ◉ 제척기간 ⇨ 부준수의 경우에 각하

3) 상환청구액
  - ◉ 임차인이 지출한 금액과 현존하는 증가된 가액 중 임대인이 선택한 금액을 상환하여야 함(선택채권, 제380조)
  - ◉ 현존가액은 임차물 반환시로 봄(실제 소송에서는 변론종결일까지 반환하지 않음이 통상이므로 변론종결시가 산정기준이 될 것임)

4) 상환청구의 상대방 – 신소유자에 대한 청구 가부
  - ◉ 대항력이 있는 경우(예 주택임대차, 상가건물임대차적용대상)
    - 신소유자가 임대인의 지위를 승계하므로 신소유자에 대하여 상환청구가능

▣ 대항력이 없는 경우

- 신소유자에 대하여 임대차관계 주장할 수 없으므로 비용상환청구 불가
- 민법 제203조 제2항에 기한 청구 가부(전용물소권의 문제) ➡ 부정

> **민법 제203조 제2항에 의한 점유자의 회복자에 대한 유익비상환청구권은 점유자가 계약관계 등 적법하게 점유할 권리를 가지지 않아 소유자의 소유물반환청구에 응하여야 할 의무가 있는 경우에 성립되는 것**으로서, 이 경우 점유자는 그 비용을 지출할 당시의 소유자가 누구이었는지 관계없이 점유회복 당시의 소유자 즉 회복자에 대하여 비용상환청구권을 행사할 수 있는 것이나, 점유자가 유익비를 지출할 당시 계약관계 등 적법한 점유의 권원을 가진 경우에 그 지출비용의 상환에 관하여는 그 계약관계를 규율하는 법조항이나 법리 등이 적용되는 것이어서, 점유자는 그 계약관계 등의 상대방에 대하여 해당 법조항이나 법리에 따른 비용상환청구권을 행사할 수 있을 뿐 계약관계 등의 상대방이 아닌 점유회복 당시의 소유자에 대하여 민법 제203조 제2항에 따른 지출비용의 상환을 구할 수는 없다(2003.7.25, 2001다64752).

- 다만, 유치권에 기하여 신소유자에 대하여 변제를 사실상 강제할 수 있음
  - 유익비상환청구권은 임대차종료시에 발생하므로 대항력이 없어서 임대차가 종료된 경우에 구소유자를 상대로 유익비상환청구권을 가지는 임차인은 임차목적물에 대한 유치권 행사 가능(유치권 성립요건 충족) ➡ 신소유자는 상환의무가 없다고 하더라고 유치권을 풀기 위하여 피담보채권을 변제하여야 할 것임. 또한 유치권 행사 중 유치물에 관하여 필요한 비용을 지출한 경우에 민법 제325조에 기한 비용상환청구권 행사가능함
  - 다만, 법원에서 유익비상환에 기하여 상당한 기한을 허한 경우에는 변제기가 도래하지 아니하여 유치권이 성립하지 않음

4. 효과[3]

- ▣ 유치권을 가짐: 임대인(소유자)의 목적물반환청구에 대한 항변사유!
  - ● 임대차 종료 후에도 적법하게 임차건물 점유 가능−손해배상 책임 ×
  - ● 부당이득반환의무는 있을 수 있음−실질적 사용·수익을 한 경우에
  - ● 법원은 상환이행판결
- ▣ 유치권 행사 중 유치물에 관하여 필요한 비용을 지출한 경우에 민법 제325조에 기한 비용상환청구권 행사가능 ⇨ 이에 기하여 유치권 행사 가능

> 유치권자의 점유하에 있는 유치물의 소유자가 변동하더라도 유치권자의 점유는 유치물에 대한 보존행위로서 하는 것이므로 적법하고 그 소유자변동후 유치권자가 유치물에 관하여 새로이 유익비를 지급하여 그 가격의 증가가 현존하는 경우에는 이 유익비에 대하여도 유치권을 행사할 수 있다(1972.1.31, 71다2414).

5. 항변사유: 유익비 상환청구 포기의 특약[4]

- ▣ 거래의 실제 대부분 유익비 상환청구 특약을 둠 ⇨ 원칙적으로 유효

> 임대차계약 체결시 임차인이 임대인의 승인하에 임차목적물인 건물부분을 개축 또는 변조할 수 있으나 임차목적물을 **임대인에게 명도할 때에는 임차인이 일체 비용을 부담하여 원상복구를 하기로 약정**하였다면, 이는 임차인이 임차목적물에 지출한 각종 유익비의 상환청구권을 미리 포기하기로 한 취지의 특약이라고 봄이 상당하다(1994.9.30, 94다20389, 20396).
>
> 토지임대차계약을 체결함에 있어서 임차인이 토지 위에 정구장 시설 및 그 부대시설인 가건물 등을 임차인의 비용으로 설치, 건축하여 정구장을 운영하되 **임대차가 종료되었을 때에는 주위시설물 및 가건물을 임대인에게 증여하기로 약정한 사실**이 인정된다면 이는 임차인이 유익비 상환청구를 할 수 없다는 취지를 약정한 것으로 볼 것이다(1983.5.10, 81다187).

---

3 필요비상환청구권도 위 논의가 적용된다.
4 필요비상환청구권도 위 논의가 적용된다.

CHAPTER 02

채권각론

6. 유익비상환청구권과 상계의 문제

[원심] 원고가 피고 2의 유치권이 인정되는 이 사건 아파트를 경락·취득함으로써 유치권의 부담을 안게 되는 경우에는, 원고로 하여금 자신의 피고 2에 대한 부당이득금 반환채권을 자동채권으로 하여 유치권의 피담보채권인 피고 2의 종전 소유자에 대한 유익비상환청구권을 수동채권으로 하여 상계할 수 있도록 허용하는 것이 형평의 원칙상 타당하다고 판시(피고 2의 유치권을 소멸시키기 위하여 상계를 주장한 것임)

[대법원] 원심 파기

상계제도의 취지는 서로 대립하는 두 당사자 사이의 채권·채무를 간이한 방법으로 원활하고 공평하게 처리하려는 데에 있으므로, **수동채권으로 될 수 있는 채권은 상대방이 상계자에 대하여 가지는 채권이어야 하고, 그 상대방이 제3자에 대하여 가지는 채권과는 상계할 수 없다고 보아야 한다**(2011.4.28, 2010다101394).

Ⅱ 필요비상환청구권(제626조 제1항)

1. 요건

1) 필요비의 지출

▣ 필요비: 목적물 자체의 원상을 회복하는 비용+통상의 용도에 적합한 상태로 보존하기 위하여 지출한 비용

● 민법 제623조와 관련

● 예 임차 주택의 파손부분을 수선하여 원상회복시킴[5]

2. 행사

1) 행사시기

▣ 필요비는 지출하면 임대차 종료 기다릴 필요 없이 즉시 상환청구 가능

▣ 임차인의 차임연체를 이유로 임대차계약이 해지되어도 행사 가능

---

5 실무에서는 필요비와 유익비를 엄격하게 준별하지는 않는다.

2) 행사시기의 제한

　　■ 임차인이 임대인에게 목적물을 반환한 경우에는 그 반환한 날로부터 6월
　　　 내 상환청구 요(제654조, 제617조)

　■ 제척기간 ⇨ 부준수의 경우에 각하

3) 상환청구액

　　■ 지출한 비용 전액 청구 가능, 가액의 현존 여부는 요건이 아님

4) 상환청구의 상대방-신소유자에 대한 청구 가부

　　■ 필요비는 지출과 동시에 상환청구가 가능하므로 유치권을 행사 ⇨ 신소
　　　 유자에게 사실상 상환 강제

　　■ 그 외의 설명은 유익비와 같음

3. 효과

　■ **유치권을 가짐: 임대인(소유자)의 목적물반환청구에 대한 항변사유!**

　■ 그 외의 설명은 유익비와 같음

Ⅲ **부속물매수청구권**

1. 요건(제646조)

1) 건물 기타 공작물의 임대차

2) 임차인이 건물 기타 공작물의 사용의 편익을 위하여 부속시켰을 것

　　■ 객관적인 편익을 가져오게 하는 부속물

　　　● 건물의 구성부분 ×

　　　● 객관적 가치 판단에 있어서 건물대장, 등기부등본 상의 용도가 중
　　　　- 임차인의 주관적 이익이나 특정한 영업을 위한 목적으로 지출된
　　　　　비용 제외(예 간판 설치)

민법 제646조가 규정하는 건물임차인의 매수청구권의 대상이 되는 부속물이라 함은 건
물에 부속된 물건으로 임차인의 소유에 속하고, 건물의 구성부분으로는 되지 아니한 것
으로서 건물의 사용에 객관적인 편익을 가져오게 하는 물건이라 할 것이므로, 부속된 물
건이 오로지 임차인의 특수목적에 사용하기 위하여 부속된 것일 때는 이를 부속물매수

청구권의 대상이 되는 물건이라 할 수 없을 것이나, 이 경우 당해 건물의 객관적인 사용목적은 그 건물 자체의 구조와 임대차계약 당시 당사자 사이에 합의된 사용목적, 기타 건물의 위치, 주변의 환경 등 제반 사정을 참작하여 정하여 지는 것이라 할 것이다(1977.6.7, 77다50,51; 1991.10.8, 91다8029 각 참조).

기록을 살펴보면, 이 사건 건물의 등기부등본(甲 제1호증), 건축물관리대장(甲 제4호증)에는 이 사건 건물 전체는 지하 1층, 지상 5층으로서 피고가 임차한 1,2층뿐만 아니라 지하층은 그 용도가 음식점으로 되어 있고, …에 의하면 피고가 임차한 이 사건 건물부분은 당초 상·하수도, 화장실, 전기배선 등 기본시설만 되어 있는 것을 피고가 임차 후 이를 식당으로 사용하기 위하여 그 주장과 같은 각종 시설을 하였고 현재 그 바로 옆에는 서초갈비라는 음식점이 붙어 있는 사실이 인정되는바, 이러한 사실관계에 비추어 보면 이 사건 건물의 객관적인 사용목적은 대중음식점이라고 봄이 상당하다고 할 것이다. 따라서 피고가 한 각종 시설물 중 음식점영업의 편익을 위한 것은 이 사건 건물의 사용에 객관적인 편익을 가져오게 하는 것이라고 할 것이므로 원심으로서는 피고 주장의 각종 시설물중 매수청구권의 대상이 되는 부속물로 볼 수 있는 것은 어느 것인지를 심리·확정하여 피고주장의 당부를 판단하였어야 함(1993.2.26, 92다41627).

구별해야 할 판례: 점포에서 카페 영업용시설을 시설한 경우(1991.10.8, 91다8029), 삼계탕집 운영을 위하여 물건을 부속시킨 경우(1993.10.8, 93다25738) 등에는 부속물 인정 안 함.

   3) 임대인의 동의 또는 임대인으로부터 매수
   4) 임대차 종료

2. 행사시기

   1) 행사시기 – 임대차 종료시, 비용상환청구권과 같은 제척기간 ×
   2) 행사의 상대방

   ▣ 부속물의 부속에 동의한 임대인

   ▣ 대항력이 있는 경우: 임대인 지위 승계한 새로운 소유자에 행사 가능
      ● 임차인의 지위가 전전승계된 경우, 부속물매수청구권 행사 가능

점포의 최초 임차인이 임대인 측의 묵시적 동의하에 유리 출입문, 새시등 영업에 필요한 시설을 부속시킨 후, 그 점포의 소유권이 임차보증금 반환채무와 함께 현 임대인에게 이전되고 점포의 임차권도 임대인과의 사이에 시설비 지급 여부 또는 임차인의 원상회복

의무에 관한 아무런 논의 없이 현 임차인에게 전전승계되어 왔다면, 그 시설 대금이 이미 임차인측에 지급되었다거나 임차인의 지위가 승계될 당시 유리 출입문 등의 시설은 양도대상에서 특히 제외하기로 약정하였다는 등의 특별한 사정이 인정되지 않는 한, 종전 임차인의 지위를 승계한 현 임차인으로서는 임차기간의 만료로 임대차가 종료됨에 있어 임대인에 대하여 부속물매수청구권을 행사할 수 있다(1995.6.30, 95다12927).

- ▣ **대항력이 없는 경우**: 새로운 소유자에 행사 불가

3. 효과

1) 매매계약의 성립

- ▣ 형성권 ⇨ 매매계약이 성립

2) 동시이행의 관계: 임대인(소유자)의 목적물반환청구에 대한 항변사유!

- ▣ 부속물매수대금의 지급과 부속물의 인도가 동시이행

임차인이 임대인의 동의를 얻어 전대한 경우에 전차인은 임대인에 대하여 그 사용의 편익을 위하여 임대인의 동의를 얻어 시설한 부속물의 매수청구권을 행사할 수 있고, 임대인을 대위하여 명도청구를 하는 원고에 대하여도 부속물 매수대금 지급시까지의 **연기적 항변권**을 주장할 수 있다(1981.11.10, 81다378).

3) 부당이득

- ▣ 부당이득반환의무는 있을 수 있음 – 실질적 사용 · 수익을 한 경우에

4) 유치권 ×

- ▣ 부속물은 독립성을 전제로 하는 점을 상기!

4. 항변사유

1) 차임연체로 인한 임대차계약의 해지

임대차계약이 임차인의 **채무불이행으로 인하여 해지된 경우에는** 임차인은 민법 제646조에 의한 부속물매수청구권이 없다(1990.1.23, 88다카7245, 88다카7252).

2) 부속물매수청구권의 포기 특약

　　▣ 원칙－강행규정 위반이므로 특약 효력 인정 안 됨 ➪ 유효한 항변 ✕

　　▣ 예외－은혜적 임대차

건물임차인인 피고들이 증·개축한 시설물과 부대시설을 포기하고 임대차 종료시의 현상대로 임대인의 소유에 귀속하기로 하는 대가로 임대차계약의 보증금 및 월차임을 파격적으로 저렴하게 하고, 그 임대기간도 장기간으로 약정하고, 임대인은 임대차계약의 종료 즉시 임대건물을 철거하고 그 부지에 건물을 신축하려고 하고 있으며 임대차계약 당시부터 임차인도 그와 같은 사정을 알고 있었다면 임대차계약시 임차인의 부속시설의 소유권이 임대인에게 귀속하기로 한 특약은 단지 부속물매수청구권을 배제하기로 하거나 또는 부속물을 대가없이 임대인의 소유에 속하게 하는 약정들과는 달라서 임차인에게 불리한 약정이라고 할 수 없다(1982.1.19, 81다1001).

2-7 주택임대차관련 I

I 대항력의 문제

1. 대항력이란?

- ▣ 기본적으로 임대차의 목적물이 양도·경락된 경우에 임차인은 신소유자에 대하여 임차권을 주장할 수 있느냐의 문제임
- ▣ 원칙: 매매는 임대차를 깨뜨린다.
- ▣ 우선변제권의 문제와 구별
  - ● 경매에서의 배당의 문제임
- ▣ 대항력 주장은 임대차목적물 인도청구에 대한 항변사유

[주임법]
① 인도
② 적시에 주민등록

[상임법]
① 인도
② 적시에 사업자등록

2. 주택임대차보호법상 대항력

가. 의의: 임차권의 대항력에 관한 민법의 원칙의 대수정

나. 대항력의 요건(주택임대차보호법 제3조 제1항)

　　1) 인도

임대주택을 인도하는 경우에는 임대인이 임차인에게 현관이나 대문의 열쇠를 넘겨주었는지, 자동문 비밀번호를 알려주었는지, 이사를 할 수 있는지 등도 고려하여야 한다 (2017.8.29, 2017다212194).

⇨ 완전한 이사를 요하는 것이 아님에 유의.

2) 주민등록

◨ 주민등록이 어떤 임대차를 공시하는 효력이 있는가의 여부는 제삼자가 임차권의 존재를 인식할 수 있는가에 따라 결정됨

甲이 주택에 관하여 소유권이전등기를 경료하고 주민등록 전입신고까지 마친 다음 처와 함께 거주하다가 乙에게 매도함과 동시에 그로부터 이를 다시 임차하여 계속 거주하기로 약정하고 처 명의의 임대차계약을 체결한 후에야 乙 명의의 소유권이전등기가 경료된 경우, 甲의 처가 주택임대차보호법상 임차인으로서 대항력을 갖는 시기(시기)(= 乙 명의의 소유권이전등기 익일부터)

⇨ 논거: 甲의 처의 주민등록은 주택에 관하여 乙 명의의 소유권이전등기가 경료되기 전에는 주택임대차의 대항력 인정의 요건이 되는 적법한 공시방법으로서의 효력이 없고 乙 명의의 소유권이전등기가 경료된 날에야 비로소 甲의 처와 乙 사이의 임대차를 공시하는 유효한 공시방법이 된다(2000.2.11, 99다59306).

◨ 점유보조자인 배우자나 자녀 등 가족의 주민등록 포함
◨ 임차인이 간접점유하는 경우 직접점유자의 주민등록 포함
  ● 임차권의 적법한 양도나 전대의 경우

주택임대차보호법 제3조 제1항에 의한 대항력을 갖춘 주택임차인이 임대인의 동의를 얻어 적법하게 임차권을 양도하거나 전대한 경우에 있어서 **양수인이나 전차인이 임차인의 주민등록퇴거일로부터 주민등록법상의 전입신고기간내에 전입신고를 마치고 주택을 인도받아 점유를 계속하고 있다면 비록 위 임차권의 양도나 전대에 의하여 임차권의 공시방법인 점유와 주민등록이 변경되었다 하더라도 원래의 임차인이 갖는 임차권의 대항력은 소멸되지 아니하고 동일성을 유지한 채로 존속한다**고 보아야 한다.[1]

이 사건 주택의 임차인인 위 정현도가 이를 피고에게 전대한 이후에도 그의 임차권의 대항력이 소멸되지 아니하고 그대로 존속하고 있다면 위 정현도는 그의 임차권의 대항력을 취득한 후에 경료된 근저당권의 실행으로 소유권을 취득하게 된 원고에 대하여 임대보증금 반환청구권에 기한 동시이행 항변권을 행사하여 그 반환을 받을때까지는 위 주택을 적법하게 점유할 권리를 갖게 되는 것이고, 따라서 그로부터 위 주택을 전차한 피고 또한 그의 동시이행항변권을 원용하여 위 정현도가 보증금의 반환을 받을때까지 위 주택을 적법하게 점유, 사용할 권리를 갖게 된다(1988.4.25, 87다카2509).

---

[1] "주택임대차보호법 제3조 제1항에 의한 대항력을 갖춘 주택임차인이 임대인의 동의를 얻어 적법하

- 간접점유자의 주민등록이 주택임대차의 유효한 공시방법이 되는지 여부(소극)
  - 당해 주택을 실제로 거주하지 아니하는 간접점유자인 임차인은 주민등록의 대상이 되는 '당해 주택에 주소 또는 거소를 가진 자'(주민등록법 제6조 제1항)가 아니어서 그 자의 주민등록은 주민등록법 소정의 적법한 주민등록이라 할 수 없고, 임차인과의 점유매개관계에 기하여 당해 주택에 실제로 거주하는 직접점유자가 자신의 주민등록을 마친 경우에 한하여 비로소 대항력 취득함(2001.1.19, 2000다55645 판결 참조)
- 전차인의 전입신고 후 임차인이 소유권을 취득한 경우
  - 전차인이 전입신고를 마치고 거주하던 중 임차인이 소유권을 양도받고 근저당권을 설정한 경우에는 전차인은 임차인 명의의 소유권이전등기가 경료되는 즉시 대항력을 취득함 ⇨ 근저당권에 기한 경매절차에서 경락받은 경락인에게 대항가능 (2001.1.30, 2000다58026,58033)

甲이 丙 회사 소유 임대아파트의 임차인인 乙로부터 아파트를 임차하여 1996. 1. 12. 전입신고를 마치고 거주하던 중, 乙이 丙 회사로부터 위 아파트를 분양받아 1997. 3. 11. 자기 명의로 소유권이전등기를 경료한 후 같은 날 丁에게 근저당권을 설정하였고, 그 후 丁이 임의경매를 신청하여 원고가 낙찰대금을 완납한 사안에서, 비록 임대인인 乙이 甲과 위 임대차계약을 체결한 이후에, 그리고 甲이 위 전입신고를 한 이후에 위 아파트에 대한 소유권을 취득하였다고 하더라도, <u>주민등록상 전입신고를 한 날로부터 소유자 아닌 甲이 거주하는 것으로 나타나 있어서 제3자들이 보기에 甲의 주민등록이 소유권 아닌 임차권을 매개로 하는 점유라는 것을 인식할 수 있었으므로 위 주민등록은 甲이 전입신고를 마친 1996. 1. 12.부터 임대차를 공시하는 기능을 수행하고 있었다고 할 것이고, 따라서 甲은 **乙 명의의 소유권이전등기가 경료되는 즉시** 임차권의 대항력을 취득하였고, 낙찰자인 원고에게 대항할 수 있다</u>(2001.1.30, 2000다58026,58033).

게 임차권을 양도하거나 전대한 경우에 있어서 양수인이나 전차인에게 점유가 승계되고 주민등록이 단절된 것으로 볼 수 없을 정도의 기간 내에 전입신고가 이루어졌다면 비록 위 임차권의 양도나 전대에 의하여 임차권의 공시방법인 점유와 주민등록이 변경되었다 하더라도 원래의 임차인이 갖는 임차권의 대항력은 소멸되지 아니하고 동일성을 유지한 채로 존속한다고 보아야 한다"는 판시(2010. 6.10, 2009다101275)와 같은 맥락이다.

⇨ 위 2000.2.11, 99다59306판결과 2001.1.30, 2000다58026 판결을 비교하면, 위 2000. 2.11, 99다59306 판결은 소유자가 임차인이 된 경우이므로 소유권이전등기가 경료된 다음 날 대항력을 취득한다는 것이고, 위 2001.1.30, 2000다58026 판결은 임차인(정확히는 전차인)의 지위에는 변함이 없고 임대인이 소유권을 취득한 경우이므로 소유권이전등기가 경료되는 즉시 대항력을 취득한다는 것이다.[2]

⇨ "경매절차에서 낙찰인이 주민등록은 되어 있으나 대항력은 없는 종전 임차인과의 사이에 새로이 임대차계약을 체결하고 낙찰대금을 납부한 경우, 종전 임차인의 주민등록은 낙찰인의 소유권취득 이전부터 낙찰인과 종전 임차인 사이의 임대차관계를 공시하는 기능을 수행하고 있었으므로, 종전 임차인은 당해 부동산에 관하여 낙찰인이 낙찰대금을 납부하여 소유권을 취득하는 즉시 임차권의 대항력을 취득한다"는 판결(2002.11.8, 2002다38361, 38378)도 같은 맥락이다.

    3) 공동임차인 중 1인만 대항력 갖추면 충분(2021.10.28, 2021다238650)[3]

    4) 법인의 경우에는 법인의 대표이사가 아닌 직원이 대항력을 갖추어야 함 (2023.12.14, 2023다226866)

다. 대항력의 발생시기: 인도와 주민등록을 마친 다음날

라. 대항력의 존속요건: 인도와 주민등록의 계속

    ▣ 주민등록의 이탈

      ● 가족의 주민등록만 둔 채 임차인 주민등록 일시적으로 옮긴 경우 ⇨ 대항력 유지(1996.1.26, 95다30338)

      ● 가족과 함께 임차인 주민등록 이전 ⇨ 대항력 소멸(1998.1.23, 97다43468)[4]

---

2 대항력은 대세적인 권리라는 점에 비추어 대항력이 인정되기 위해서는 <u>임대인이 소유권 등의 적법한 권한</u>이 있어야 한다. 그리고 대항력을 논하는 이유 중의 하나는 소유자가 소유권을 취득시 내지 유지하는 기간 동안 그 소유권에 대한 저당권 등 제한물권이나 임차권과 같은 법정담보물권의 우열을 가리는 데 있는 것이다. 따라서 소유자가 <u>소유권을 취득하는 시점</u> 이후부터 대항력 취득여부를 논해야 한다. 다만, 해제에서 보호되는 제3자와 관련하여 임대인이 소유권을 취득하지 않았어도 "매매계약의 이행으로 매매목적물인 주택을 인도받은 매수인(임대인)이 매도인으로부터 그 주택의 임대권한을 명시적 또는 묵시적으로 부여받은 경우, 매매계약이 해제되기 전에 매매목적물인 주택을 임차하여 주임법에 의한 대항요건을 갖춘 임차인"도 보호된다고 하였는바, 임대인이 소유권이 없어도 되는 예외적 경우에 해당한다(2009.1.30, 2008다65617).

3 甲과 乙 공동임차인 사이에 임대차보증금에 관한 지분을 정한 경우에(가령 보증금 2억 원 중 甲은 1억 원, 乙은 1억 원) 甲만 대항력을 취득하였어도 주택의 양수인은 보증금을 지급할 의무가 있는 것이다.

4 이 경우에 주택의 임차인이 그 주택의 소재지로 전입신고를 마치고 입주함으로써 임차권의 대항력을

- 대항력을 구비하여 제3자가 임대인의 지위를 승계한 경우에는 임차인 주민등록 이전 가능 ⇨ 주민등록 이전 후라도 제3자에 대하여 임차보증금반환 구할 수 있음(1993.12.7, 93다36615)

3. 대항력의 내용

가. 신소유자에 대한 대항력의 내용

- 임대인의 지위 승계(제3조 제4항)[5]
  - 임차보증금반환청구 가능
  - 유익비 상환청구 가능, 부속물매수청구가능
- 매도인이 악의인 계약명의신탁에서 매도인으로부터 다시 소유권이전등기를 마친 명의신탁자는 임대인의 지위 승계함(2022.3.17, 2021다210720)

나. 종전 임대인의 지위

- 종전 임대인의 보증금반환채무 소멸

주택임대차보호법상 대항력을 갖춘 임차인의 임대차보증금반환채권이 가압류된 상태에서 임대주택이 양도된 경우, 양수인이 채권가압류의 제3채무자 지위를 승계하는지 여부(적극) 및 이 경우 가압류채권자는 양수인에 대하여만 가압류의 효력을 주장할 수 있는지 여부(적극)

⇨ 다수의견 논거

1) 주택임대차보호법 제3조 제3항은 같은 조 제1항이 정한 대항요건을 갖춘 임대차의 목적이 된 임대주택의 양수인은 임대인의 지위를 승계한 것으로 본다고 규정하고 있는바, 이는 법률상의 당연승계 규정으로 보아야 하므로, 양수인이 임대차보증금반환채무를 면책

취득한 후 일시적이나마 다른 곳으로 주민등록을 이전하였다면 그 전출 당시 대항요건을 상실함으로써 대항력은 소멸하고, 그 후 임차인이 다시 그 주택의 소재지로 주민등록을 이전하였다면 대항력은 당초에 소급하여 회복되는 것이 아니라 재전입한 때로부터 새로운 대항력이 다시 발생하며, 이 경우 전출 이전에 이미 임대차계약서상에 확정일자를 갖추었고 임대차계약도 재전입 전후를 통하여 그 동일성을 유지한다면, 임차인은 재전입시 임대차계약서상에 **다시 확정일자를 받을 필요 없이** 재전입 이후에 그 주택에 관하여 담보물권을 취득한 자보다 우선하여 보증금을 변제받을 수 있다(1998.12. 11, 98다34584).

5 임대를 한 상가건물을 여러 사람이 공유하고 있다가 이를 분할하기 위한 경매절차에서 건물의 소유자가 바뀐 경우에도 양수인이 임대인의 지위를 승계한다(2017.3.22, 2016다218874).

2) 임차인에 대하여 임대차보증금반환채무를 부담하는 임대인임을 당연한 전제로 하여 임대
차보증금반환채무의 지급금지를 명령받은 제3채무자의 지위는 임대인의 지위와 분리될
수 있는 것이 아니므로, 임대주택의 양도로 임대인의 지위가 일체로 양수인에게 이전된다
면 채권가압류의 제3채무자의 지위도 임대인의 지위와 함께 이전된다고 볼 수밖에 없다.

⇨ 임차인 채권자 甲이 임차인 乙이 임대인 丙에 대하여 가지는 임차보증금반환채권을 가압류
한 상태에서 임대인 丙이 해당 주택을 丁에게 양도한 경우에, 甲은 丁에 대하여 압류 및 추
심명령을 받을 수 있고, 丁에 대하여 추심금지급청구가 가능하다는 것임.
(이와 달리 소수의견에 따르면 제3채무자 지위 이전은 인정되지 않으므로 丁에 대하여 압류
및 추심명령을 할 수 없고, 丙에 대하여 압류 및 추심명령을 해야 함. 甲이 丙에 대하여 추
심금청구를 하는 경우에 丙은 주택이 양도되어 임차보증금반환채무를 부담하지 않는다는
실체법상의 항변이 가능함)(2013.1.17, 2011다49523 전합).

다. 경매 관련

◪ 경매에 의하여 소멸하는 선순위 저당권 있는 경우 ⇨ 대항력 행사 ×

◪ 경매에 의하여 소멸하는 선순위 저당권 없는 경우

● **강제경매**: 대항력 발생 후에 경매개시결정의 등기(가압류가 있는 경
우에는 그 가압류등기)가 되었을 때 ⇨ 대항력 행사 可

● **임의경매**: 대항력 발생 후에 저당권설정등기가 되었을 때 ⇨ 대항
력 행사 可

Ⅱ 우선변제권의 문제

1. 우선변제권 행사의 요건(주택임대차보호법 제3조의2 제2항)

1) 법 제3조 제1항의 대항요건

2) 임대차계약서상의 확정일자

3) 배당요구 요함[6]

---

6 경매청구권은 없으므로 강제경매를 신청하려면 다른 일반채권자와 마찬가지로 집행권원을 얻어야
한다(2013.11.14, 2013다27831).

2. 다른 권리와의 순위 결정

◉ **원칙:** 대항력의 요건이 구비된 뒤에 확정일자 받은 경우 확정일자 부여일 (1992.10.13, 92다30597)

◉ **예외:** 확정일자를 입주 및 주민등록과 같은 날 또는 그 이전에 갖춘 경우에는 우선변제적 효력은 대항력과 마찬가지로 인도와 주민등록을 마친 다음날을 기준으로 함(1997.12.12, 97다22393)

3. 우선변제권 행사의 요건의 구비시기

◉ 집행법원이 정한 배당요구의 종기까지 우선변제권 행사의 요건을 갖추어야 우선변제권 행사 가능(2007.6.14, 2007다17475)

◉ **임차권등기명령제도의 실효성**

● 주거 이전의 자유 보장

● 임차권등기가 경료되면, 이후 법 제3조 제1항의 대항요건을 상실해도 이미 취득한 대항력, 우선변제권을 상실하지 않음

● 배당요구 불요(2005.9.15, 2005다33039)

● 보증금 지급의무와 등기말소의무는 동시이행관계에 있지 않으며, 성질상 전자가 선이행의무임(2005.6.9, 2005다4529)

● 임차권등기명령에 따른 임차권등기에는 소멸시효 중단사유인 압류 또는 가압류, 가처분에 준하는 효력이 있다고 볼 수 없음(2019.5.16, 2017다226629)[7]

4. 갱신된 임대차와 우선변제권 행사

◉ 갱신된 임대차도 대항력과 확정일자를 갖춘 종전 임대차와 같은 순위로 우선변제권을 행사할 수 있으나, 임대차 갱신과 더불어 보증금이 인상된 경우에는 갱신 전에 설정된 다른 담보권자에 대하여는 종전의 보증금액에 한하여 우선변제가 인정됨(1990.8.14, 90다카11377)

---

7 임차권등기가 본래의 담보적 기능을 넘어서 채무자의 일반재산에 대한 강제집행을 보전하기 위한 처분의 성질을 가진다고 볼 수는 없다고 판시하였다.

5. 임차권과 분리된 임차보증금반환채권만을 양수한 자가 우선변제권을 행사할 수 있는지 여부

   ◻ 판례는 소극(2010.5.27, 2010다10276)

   ◻ 위 판례에 대한 비판이 반영되어, 금융기관 등에 대해서 우선변제권 인정하는 것으로 입법이 됨(주택임대차보호법 제3조의2 제7항, 8항, 상가건물 임대차보호법 제5조 제7항, 제8항)

6. 대지의 환가대금에도 미치는지 여부

   ◻ **원칙:** 미침(주택임대차보호법 제3조의2 제2항)

     ● 주택이 미등기건물이어도 미침(2007.6.21, 2004다26133)

   ◻ **예외:** 대지에 관한 저당권 설정 후에 비로소 건물이 신축되고 그 신축건물에 대하여 다시 저당권이 설정된 후 대지와 건물이 일괄 경매된 경우, 대지의 환가대금에 대하여 우선변제권 주장 불가(2010.6.10, 2009다101275)[8]

7. 우선변제권이 인정되기 위하여 계약 당시 임차보증금이 전액 지급되어 있을 것을 요하는지 여부(소극)

   ◻ 전액 지급이 우선변제권의 요건은 아님

   ◻ 임차인이 임대인에게 임차보증금의 일부만을 지급하고 주택임대차보호법 제3조 제1항에서 정한 대항요건과 임대차계약증서상의 확정일자를 갖춘 다음 나머지 보증금을 나중에 지급하였다고 하더라도 대항요건과 확정일자를 갖춘 때를 기준으로 임차보증금 전액에 대해서 우선변제권 있음(2017.8.29, 2017다212194)

Ⅲ 소액임차인의 우선변제권

1. 요건(주택임대차보호법 제8조 제1항)

   1) 법 제3조 제1항(인도+주민등록)의 대항요건

---

8 소액임차인은 위와 같은 경우에 대지 환가대금에 대하여 최우선변제권도 주장 불가하다(2010. 6.10, 2009다101275). 소액임차인의 대지의 환가대금에 대한 최우선변제권은 대지에 관한 저당권 설정 당시에 이미 그 지상 건물이 존재하는 경우에만 적용될 수 있는 것이라고 판시하였는데, 이를 임차인의 우선변제권 대상에 관한 논의에 확장할 수 있다.

2) 소액보증금이어야 함

3) 경매개시결정의 등기 전까지 갖추어야 함+배당요구 종기까지 지속 요

4) 배당요구 요

2. 소액보증금[9]

2018. 9. 18.~2021. 5. 10(존속 중인 임대차계약에도 적용되나, 종전에 설정된 담보물권 효력 해할 수 없음, 부칙 제2조).

1. 서울특별시: 1억 1천만 원 이하

2. 「수도권정비계획법」에 따른 과밀억제권역(서울특별시는 제외한다), 용인시, 세종특별 자치시, 화성시: 1억 원 이하

3. 광역시(「수도권정비계획법」에 따른 과밀억제권역에 포함된 지역과 군지역은 제외한 다), 안산시, 김포시, 광주시 및 파주시: 6천만 원 이하

4. 그 밖의 지역: 5천만 원 이하

2023. 2. 21.~(존속 중인 임대차계약에도 적용되나, 종전에 설정된 담보물권 효력 해할 수 없음, 부칙 제2조)

1. 서울특별시: 1억6천500만원

2. 「수도권정비계획법」에 따른 과밀억제권역(서울특별시는 제외한다), 세종특별자치시, 용인시, 화성시 및 김포시: 1억4천500만원

3. 광역시(「수도권정비계획법」에 따른 과밀억제권역에 포함된 지역과 군지역은 제외한 다), 안산시, 광주시, 파주시, 이천시 및 평택시: 8천500만원

4. 그 밖의 지역: 7천500만원

3. 최우선변제의 대상[10]

2018. 9. 18. 이후(존속 중인 임대차계약에도 적용되나, 종전에 설정된 담보물권 효력 해 할 수 없음, 부칙 제2조)

1. 서울특별시: 3천 7백만 원 이하

---

9 주택임대차보호법 시행령 제11조. 대한민국 법원 인터넷등기소(http://www.iros.go.kr.)에서 항 상 안내하고 있다.

10 주택임대차보호법 시행령 제10조.

2. 「수도권정비계획법」에 따른 과밀억제권역(서울특별시는 제외한다), 용인시, 세종특별
   자치시, 화성시: 3천 4백만 원 이하

3. 광역시(「수도권정비계획법」에 따른 과밀억제권역에 포함된 지역과 군지역은 제외한
   다), 안산시, 김포시, 광주시 및 파주시: 2천만 원 이하

4. 그 밖의 지역: 1천 7백만 원 이하

**2023. 2. 21.~(존속 중인 임대차계약에도 적용되나, 종전에 설정된 담보물권 효력 해할
수 없음, 부칙 제2조)**

1. 서울특별시: 5천500만원

2. 「수도권정비계획법」에 따른 과밀억제권역(서울특별시는 제외한다), 세종특별자치시,
   용인시, 화성시 및 김포시: 4천800만원

3. 광역시(「수도권정비계획법」에 따른 과밀억제권역에 포함된 지역과 군지역은 제외한
   다), 안산시, 광주시, 파주시, 이천시 및 평택시: 2천800만원

4. 그 밖의 지역: 2천500만원

4. 대지의 환가대금에 대하여도 최우선변제권 주장할 수 있는지

- ◾ **원칙:** 미침(1996.6.14, 96다7595)

- ◾ **예외:** 대지에 저당권이 설정된 이후에 신축된 주택의 경우는 저당권자의
  담보가치에 대한 신뢰를 고려하여 대지의 저당권 실행에 의한 환가대금으
  로부터 최우선변제권 주장 불가(1999.7.23, 99다25532)[11]

5. 효과

- ◾ **최우선변제권:** 다른 담보물권자보다 우선하여 변제받음

---

11 위 판시의 연장선상에서 '대지에 관한 저당권 설정 후에 비로소 건물이 신축되고 그 신축건물에 대
하여 다시 저당권이 설정되어 대지와 건물이 일괄 경매된 경우, 대지의 환가대금에 대하여 소액임
차인은 최우선변제권 주장할 수 없다.'는 판시가 나온다(2010.6.10, 2009다101275). 이에 대해
서는 대지의 선순위저당권자가 우선변제를 받고 남은 금액에 대해서는 최우선변제권을 인정해야
한다는 비판이 있다(주석 민법(제5판), 채권각칙 3, 478면(최준규 집필)).

<상가건물 임대차보호법상 적용대상 기준 보증금액, 소액임차인 및 그 우선변제금액의 범위>[12]

● 2018. 1. 26.~2019. 4. 1.(종전 계약에 대하여는 종전 규정에 따름)

지역 \ 내용	법적용 대상 보증금액	우선변제 소액임차인의 범위	우선변제 받을 소액보증금의 범위
서울특별시	610,000,000원 이하	65,000,000원 이하	22,000,000원 이하
수도권 과밀억제권역 (서울 제외)	500,000,000원 이하	55,000,000원 이하	19,000,000원 이하
광역시(부산 제외)	390,000,000원 이하	38,000,000원 이하	13,000,000원 이하
그 외 지역	270,000,000원 이하	30,000,000원 이하	10,000,000원 이하

● 2019. 4. 2. 이후 체결되거나 갱신(종전 계약에 대하여는 종전 규정에 따름)

지역 \ 내용	법적용 대상 보증금액	우선변제 소액임차인의 범위	우선변제 받을 소액보증금의 범위
서울특별시	900,000,000원 이하	65,000,000원 이하	22,000,000원 이하
수도권 과밀억제권역(서울 제외)	690,000,000원 이하	55,000,000원 이하	19,000,000원 이하
광역시(부산 제외)	540,000,000원 이하	38,000,000원 이하	13,000,000원 이하
그 외 지역	370,000,000원 이하	30,000,000원 이하	10,000,000원 이하

12 상가건물 임대차보호법 시행령 제2조, 제6조, 제7조. 대한민국 법원 인터넷등기소(http://www.iros.go.kr.)에서 항상 안내하고 있다.

2-7 주택임대차관련 Ⅱ

채권각론

Ⅰ 임차인의 대항력과 우선변제권의 겸유

1. 주택임대차보호법 제3조의5 신설(1999. 1. 21. 공포) 배경

【주택임대차보호법 제3조의5】임차권은 임차주택에 대하여 민사집행법에 따른 경매가 행하여진 경우에 그 임차주택의 경락에 의하여 소멸한다. 다만, 보증금이 모두 변제되지 아니한 대항력이 있는 임차권은 그러하지 아니하다.

- ▣ 대법원 판례는 임차인의 대항력과 우선변제권의 겸유와 선택적 행사를 종 전부터 긍정하여 왔는바, 이 부분이 입법화 된 것임

임차인은 임차주택의 양수인에게 대항하여 보증금의 반환을 받을 때까지 임대차관계의 존속을 주장할 수 있는 권리와 소액의 보증금에 관하여 임차주택의 가액으로부터 **우선 변제를 받음과 동시에 임차목적물을 명도할 수 있는 권리를 겸유**하고 있다고 해석되고 이 **두 가지 권리 중 하나를 선택하여 행사할 수 있다**고 보아야 할 것이다(1987.2.10, 86 다카2076 등 다수).
임차인에게 위 두 가지 권리(대항력과 우선변제청구권: 필자 주)를 인정하고 있는 취지 가 그 보증금을 반환받을 수 있도록 보장하기 위한 데에 있는 점, 경매절차의 안정성, 경매 이해관계인들의 예측가능성 등을 아울러 고려하여 볼 때, 위 두 가지 권리를 겸유 하고 있는 임차인이 먼저 우선변제권을 선택하여 임차주택에 대하여 진행되고 있는 경 매절차에서 보증금 전액에 대하여 배당요구를 하였다고 하더라도, 그 순위에 따른 배당 이 실시될 경우 **보증금 전액을 배당받을 수 없었던 때에는 그 보증금 중 경매절차에서 배당받을 수 있었던 금액을 공제한 잔액에 관하여 낙찰자에게 대항하여 이를 반환받을 때까지 임대차관계의 존속을 주장할 수 있다**고 봄이 상당하다(1997.8.22, 96다53628).

2. 법률관계 정리[1]

가. 겸유: 우선변제권 소정의 요건을 갖춘 임차인은 1) 임차주택의 양수인(낙찰인)에게 대항력을 주장하여 임차보증금의 반환을 주장할 수 있는 권리와 2) 경매에서 보증금에 관하여 우선변제를 받을 수 있는 권리를 겸유

나. 선택 행사 가능: 두 가지 중 하나를 선택하여 행사 가능

다. 매수인(낙찰인)과의 관계

    1) 매수인(낙찰인)의 나머지 보증금 부담의무

        ▣ 우선변제권을 행사하여 일부만 배당받은 경우에 나머지 보증금이 전액 변제될 때까지 매수인(경락인)에 대하여 임대차관계 존속을 주장 가능

        ▣ 매수인(경락인)이 나머지 보증금 부담의무 부담

          ● 임차인이 경매절차에서 배당받지 못한 보증금에 관하여 매수인에게 대항할 수 있는 범위는 보증금에서 올바른 배당순위에 따른 배당이 실시될 경우에 배당받을 수 있는 금액을 공제한 것임 (임차인이 현실로 배당받은 금액이 적을 수 있는데, 위 금액이 기준이 아님에 유의, 2001.3.23, 2000다30165)

    2) 매수인(낙찰인)의 권리

        ▣ 대항력과 우선변제권을 겸유한 임차인이 보증금 일부를 배당받게 되어 매수인(낙찰인)과 사이에 임대차관계가 존속하게 되는 경우

          ● 매수인(낙찰인)으로서는 임차인에 대하여 배당받은 보증금에 해당하는 임료 상당액을 부당이득으로 청구 가능하다고 한 법 개정 전 판례 있음[2](1998.7.10, 98다15545)[3]

---

1 이하의 논의는 임차인이 대항력 있는 임차인, 즉 경매절차에 의하여 소멸되는 최선순위 저당권, 가압류권자, 압류권자에게 대항할 수 있는 임차인임을 전제로 한다(민사집행법 제91조 제4항 본문).

2 주임법 제4조 제2항, 상임법 제9조 제2항이 적용되는 경우 보증금을 반환받을 때까지 임차 목적물을 계속 점유하면서 사용·수익한 임차인은 종전 임대차계약에서 정한 차임을 지급할 의무를 부담할 뿐이고, 시가에 따른 차임에 상응하는 부당이득을 지급할 의무는 없다는 판시가 있다(2023.11.9, 2023다257600). 위 판결의 종전 차임 지급의무의 근거가 임대차계약에 기한 것인지 부당이득반환의무에 기한 것인지 명확하지 않다. 만약 임차인이 보증금을 반환받지 못한 상황에서 실제 사용·수익하지 않은 경우에는 '임대차계약에서 정한 차임'마저 부담하지 않다고 볼 가능성이 많은바(사견),

라. 제한: 제2경매절차에서 우선변제권 행사 불가

주택임대차보호법상의 대항력과 우선변제권의 두 가지 권리를 함께 가지고 있는 임차인이 우선변제권을 선택하여 제1경매절차에서 보증금 전액에 대하여 배당요구를 하였으나 보증금 전액을 배당받을 수 없었던 때에는 경락인에게 대항하여 이를 반환받을 때까지 임대차관계의 존속을 주장할 수 있을 뿐이고, **임차인의 우선변제권은 경락으로 인하여 소멸하는 것이므로 제2경매절차에서 우선변제권에 의한 배당을 받을 수 없다**(2006.2. 10, 2005다21166).

마. 관련 문제 1: 최선순위 전세권자로서 지위와 주임법상 대항력을 갖춘 임차인 ⇨ 각각의 권리 행사 가능

주택에 관하여 최선순위로 전세권설정등기를 마치고 등기부상 새로운 이해관계인이 없는 상태에서 전세권설정계약과 계약당사자, 계약목적물 및 보증금(전세금액) 등에 있어서 동일성이 인정되는 임대차계약을 체결하여 주택임대차보호법상 대항요건을 갖추었다면,[4] 최선순위 전세권자로서 배당요구를 하여 전세권이 매각으로 소멸되었다 하더라도 변제받지 못한 나머지 보증금에 기하여 대항력을 행사할 수 있고, 그 범위 내에서 임차주택의 매수인은 임대인의 지위를 승계한 것으로 보아야 한다(2010.7.26, 2010마900 결정).[5]

`참고` 주택임대차보호법상 임차인으로서의 지위와 전세권자로서의 지위를 함께 가지고 있는 자가 그 중 임차인으로서의 지위에 기하여 경매법원에 배당요구를 하였다면 배당요구를 하지 아니한 **전세권에 관하여는 배당요구가 있는 것으로 볼 수 없다**(2010.6.24, 2009다40790).

부당이득반환의무에 기한 것으로 보는 것이 타당하다(임대차계약에 기한 것으로 구성하면 임차인은 보증금을 반환받지 못한 상황에서 실제 사용 · 수익하지 않았어도 약정 차임을 지급해야 하는 불이익을 입기 때문이다). 그렇다면 위와 같이 매수인(낙찰인)으로서는 임차인에 대하여 배당받은 보증금에 해당하는 임료 상당액을 부당이득으로 청구 가능하다는 판례는 현재에도 타당성을 가질 수 있을 것으로 보인다.

3 참고로 대항력과 우선변제권을 겸유한 임차인이 경매 절차에서 <u>보증금 전액을 배당받고서도</u> 경락 이후에도 계속 거주한 경우에는 낙찰인에 대하여 부당이득반환의무를 부담하는데, 배당표가 확정될 때까지는 임차권의 존속을 주장할 수 있으므로(2004.8.30, 2003다23885) 배당표 확정일 다음날부터 부당이득반환의무를 부담한다.

4 참고로 주택임대차보호법 제12조는 주택의 등기를 하지 아니한 전세계약에 관하여 주택임대차보호법이 적용된다고 규정하고 있다.

5 참고) **차임이 있는 임대차계약을 체결**하고 임대차계약에 따른 임대차보증금반환채권을 담보할 목적

바. 관련 문제 2: 전세권자는 배당요구하면 무조건 소멸함

민사집행법 제91조 제3항은 "전세권은 저당권·압류채권·가압류채권에 대항할 수 없는 경우에는 매각으로 소멸된다."라고 규정하고, 같은 조 제4항은 "제3항의 경우 외의 전세권은 매수인이 인수한다. 다만, 전세권자가 배당요구를 하면 매각으로 소멸된다."라고 규정하고 있다. 이는 저당권 등에 대항할 수 없는 전세권과 달리 최선순위의 전세권은 오로지 전세권자의 배당요구에 의하여만 소멸되고, 전세권자가 배당요구를 하지 않는 한 매수인에게 인수되며, 반대로 배당요구를 하면 존속기간에 상관없이 소멸한다는 취지라고 할 것이다(2015.10.29, 2015다30442 참조).
⇨ 전세권자가 선행 경매절차에서 배당요구를 하였으면 무조건 소멸하므로 후행 경매절차에서 전세권자로서 배당을 받을 수 없다고 한 사례.

으로 임대인과 임차인 사이의 합의에 따라 임차인 명의로 전세권설정등기를 마친 경우, 그 전세권설정계약은 외관상으로는 그 내용에 차임지급 약정이 존재하지 않으므로 그러한 전세권설정계약은 위와 같이 임대차계약과 양립할 수 없는 범위에서 통정허위표시에 해당하여 무효라고 본다 ⇨ 위 전세권설정계약에 의하여 형성된 법률관계에 기초하여 새로이 법률상 이해관계를 가지게 된 제3자에 대하여는 그 제3자가 그와 같은 **사정을 알고 있었던 경우에만 그 무효를 주장**할 수 있다(2021.12.30, 2018다268538). 위 사안에서는 위 전세권에 터잡아 **악의의 전세권저당권자가 있었던 경우**로 **전세권설정자**는 전세권저당권자에게 그 전세권설정계약이 임대차계약과 양립할 수 없는 범위에서 무효임을 주장할 수 있으므로, **그 임대차계약에 따른 연체차임 등의 공제 주장으로 대항할 수 있다**고 판시하였다.

▣ 상가건물 임대차보호법은 인도와 사업자등록의 신청이 대항요건임

[사업자등록의 중요성]
사업자등록신청서에 첨부한 임대차계약서와 등록사항현황서에 기재되어 공시된 임대차보증금 및 차임에 따라 환산된 보증금액이 상가건물 임대차보호법의 **적용대상이 되기 위한 보증금액 한도를 초과하는 경우에는, 실제 임대차계약의 내용에 따라 환산된 보증금액이 기준을 충족하더라도, 임차인은 구 상가임대차법에 따른 대항력을 주장할 수 없다. 이러한 법리는 임대차계약이 변경되거나 갱신되었는데 임차인이 사업자등록정정신고를 하지 아니하여 등록사항현황서 등에 기재되어 공시된 내용과 실제 임대차계약의 내용이 불일치하게 된 경우에도 마찬가지로 적용된다(2016.6.9, 2013다215676).
⇨ 다만, 현재는 환산보증금이 시행령 금액 범위 초과하여도 대항력 주장 가능(제3조 제1항)

▣ 상임법상 최우선변제권을 인정받을 임차인의 범위 획정

임차인이 수 개의 구분점포를 동일한 임대인에게서 임차하여 하나의 사업장으로 사용하면서 단일한 영업을 하는 경우 등과 같이, 임차인과 임대인 사이에 구분점포 각각에 대하여 별도의 임대차관계가 성립한 것이 아니라 **일괄하여 단일한 임대차관계가 성립한 것으로 볼 수 있는 때**에는, 비록 구분점포 각각에 대하여 **별개의 임대차계약서가 작성되어 있더라도 구분점포 전부에 관하여** 상가건물 임대차보호법 제2조 제2항의 규정에 따라 환산한 보증금액의 합산액을 기준으로 상가건물 임대차보호법 제14조에 의하여 우선변제를 받을 임차인의 범위를 판단하여야한다(2015.10.29, 2013다27152).

▣ 계약갱신 거절 요건

임대차기간 중 **어느 때라도 차임이 3기분에 달하도록 연체된 사실이 있다면** 임차인과의 계약관계 연장을 받아들여야 할 만큼의 신뢰가 깨어졌으므로 임대인은 계약갱신 요구를 거절할 수 있고, 반드시 임차인이 계약갱신요구권을 행사할 당시에 3기분에 이르는 차임이 연체되어 있어야 하는 것은 아니다(2021.5.13, 2020다255429).

▣ 계약갱신 요구권 관련

상가건물 임대차보호법(이하 '상가임대차법'이라고 한다)에서 **기간을 정하지 않은 임대차**는 그 기간을 1년으로 간주하지만(제9조 제1항), **대통령령으로 정한 보증금액을 초과하는 임대차는 위 규정이 적용되지 않으므로(제2조 제1항 단서), 원래의 상태 그대로 기간을 정하지 않은 것이 되어 민법의 적용을 받는다.** 민법 제635조 제1항, 제2항 제1호에 따라 이러한 임대차는 임대인이 언제든지 해지를 통고할 수 있고 임차인이 통고를 받은 날로부터 6개월이 지남으로써 효력이 생기므로, 임대차기간이 정해져 있음을 전제로 기간 만료 **6개월 전부터 1개월 전까지 사이에 행사하도록 규정된 임차인의 계약갱신요구권(상가임대차법 제10조 제1항)은 발생할 여지가 없다**(2021.12.30, 2021다233730).

▣ 상가건물 임대차보호법 제10조의4 제2항 제3호에서 정한 '임대차 목적물인 상가건물을 1년 6개월 이상 영리목적으로 사용하지 아니한 경우'의 의미(권리금 회수기회 방해 여부에 대한 판단)

상가건물 임대차보호법 제10조의4 제2항 제3호에서 정하는 '임대차 목적물인 상가건물을 1년 6개월 이상 영리목적으로 사용하지 아니한 경우'는 임대인이 임대차 종료 후 임대차 목적물인 상가건물을 1년 6개월 이상 영리목적으로 사용하지 아니하는 경우를 말하고, 위 조항에 따른 정당한 사유가 있다고 하기 위해서는 **임대인이 임대차 종료 시 그러한 사유를 들어** 임차인이 주선한 자와 신규 임대차계약 체결을 **거절**하고, 실제로도 1년 6개월 동안 상가건물을 영리목적으로 사용하지 않아야 한다. 이때 종전 소유자인 임대인이 **임대차 종료 후 상가건물을 영리목적으로 사용하지 아니한 기간이 1년 6개월에 미치지 못하는 사이에 상가건물의 소유권이 변동되었더라도, 임대인이 상가건물을 영리목적으로 사용하지 않는 상태가 새로운 소유자의 소유기간에도 계속하여 그대로 유지될 것을 전제로 처분하고, 실제 새로운 소유자가 그 기간 중에 상가건물을 영리목적으로 사용하지 않으며, 임대인과 새로운 소유자의 비영리 사용기간을 합쳐서 1년 6개월 이상이 되는 경우**라면, 임대인에게 임차인의 권리금을 가로챌 의도가 있었다고 보기 어려우므로, 그러한 임대인에 대하여는 위 조항에 의한 **정당한 사유를 인정**할 수 있다(2022.1.14, 2021다272346).

⇨ 정당한 사유가 인정되지 않는 경우에 발생하는 손해배상채무의 지체책임은 임대차가 종료한 날에 이행기가 도래하여 그 다음날부터 지체책임이 발생함(2023.2.2, 2022다260586).

I 도급의 효력

1. 지체상금지급의무 – 수급인

◉ 지체여부의 판단 – 공사의 미완성/하자의 구별

> 공사가 도중에 중단되어 예정된 최후의 공정을 종료하지 못한 경우에는 그 공사가 완성되지 않았다고 보아야 하나, 공사가 당초 예정된 최후의 공정까지 일응 종료하고 그 주요 부분이 약정된 대로 시공되어 사회통념상 일이 완성되었고 다만 그것이 불완전하여 보수를 하여야 할 경우에는 그 공사가 완성되었으나 목적물에 하자가 있는 것에 지나지 아니한다(1997.10.10, 97다23150 등 참조).

◉ **지체상금의 시기:** 약정된 준공기일 다음날

◉ **지체상금의 종기:** 실제로 해제된 때가 아니고 해제할 수 있었을 때부터 도급인이 다른 업자에게 의뢰하여 건물을 완성할 수 있었던 기간이 경과하기까지 시점

◉ 공사도급계약상 도급인의 지체상금채권과 수급인의 공사대금채권은 특별한 사정이 없는 한 동시이행의 관계 아님(2015.8.27, 2013다81224, 81231)

◉ 손해배상액 예정으로 보고 있으며(1996.4.26, 95다11436), 민법 제398조 제2항에 의하여 법원의 감액 가능

> 지체상금은 약정준공일 다음날부터 발생하되, 그 종기는 수급인이 공사를 중단하거나 기타 해제사유가 있어 **도급인이 이를 해제할 수 있었을 때(실제로 해제한 때가 아니고)부터 도급인이 다른 업자에게 의뢰하여 공사를 완성할 수 있었던 시점까지이고, 수급인이 책임질 수 없는 사유로 인하여 공사가 지연된 경우에는 그 기간만큼 공제**되어야 하며, 한편 이와 같이 산정한 지체상금이 당사자의 지위, 계약의 목적 및 내용, 지체상금을 예정한 동기, 공사도급액에 대한 지체상금의 비율, 지체상금의 수액, 그 당시의 거래관행 등 모든 사정에 비추어 부당히 과다하다고 인정되는 경우는 이를 감액할 수도 있다(1999.3.26, 96다23306).

⇨ 원고로서는 적어도 피고로부터 공사 타절 및 정산을 제의하는 통지를 수령한 2003. 8. 16. 이후에는 이 사건 계약을 해제할 수 있었다고 할 것이므로, 지체상금의 종기를 원고가 그때 부터 다른 업자에게 이 사건 공사를 의뢰하여 완공하는 데 필요한 기간인 224일이 경과한 2004. 3. 26.로 봄이 상당하다고 보아 피고의 지체일수를 원래의 준공예정일인 2004. 1. 10.의 다음날부터 위 2004. 3. 26.까지의 76일로 산정하여 그에 따른 지체상금을 인정하 였다. 위 법리 및 기록에 비추어 살펴보면, 원심의 위와 같은 사실인정 및 판단은 정당한 것 으로 수긍할 수 있다(2010.1.28, 2009다41137,41144).

2. 완성물의 소유권귀속 문제

가. 도급인이 재료의 전부 또는 주요부분을 공급한 경우 – 원시적으로 도급인 귀속(근거: 당사자 의사 부합)

나. 수급인이 재료의 전부 또는 주요부분을 공급한 경우

　1) 동산의 경우 – 수급인

　2) 부동산의 경우

　　▣ 수급인원시취득설

　　　● 부합/가공의 법리에 부합/수급인 보호/인도에 의한 소유권이전

　　▣ 도급인원시취득설

　　　● 수급인의 관심은 보수이고 '소유권'이 아님/거래 실제에 부합(도 급인 앞으로 보존등기)/인도로 소유권이전은 물권변동이론과 모순

　　▣ 판례 – 수급인원시취득설

수급인이 자기의 노력과 출재로 완성한 건물의 소유권은 도급인과 수급인 사이의 특약 에 의하여 달리 정하거나 기타 특별한 사정이 없는 한 수급인에게 귀속된다(2011.8.25, 2009다67443,67450).

⇨ 확장: 건축주의 사정으로 건축공사가 중단된 미완성의 건물을 인도받아 나머지 공사를 하 게 된 경우에는 그 공사의 중단 시점에 이미 사회통념상 독립한 건물이라고 볼 수 있는 정 도의 형태와 구조를 갖춘 경우가 아닌 한 이를 인도받아 자기의 비용과 노력으로 완공한 자 가 그 건물의 원시취득자가 된다(2006.5.12, 2005다68783).

그러나 특약에 의하여 도급인 소유 가능(도급인이 기성고에 따라 상당한 금원 지급(1994. 12.9, 94마2089), 도급인 명의 건축허가 등)

[1] 도급계약에 있어서는 수급인이 자기의 노력과 재료를 들여 건물을 완성하더라도 도

급인과 수급인 사이에 도급인 명의로 건축허가를 받아 소유권보존등기를 하기로 하는 등 완성된 건물의 소유권을 도급인에게 귀속시키기로 합의한 것으로 보여질 경우에는 그 건물의 소유권은 도급인에게 원시적으로 귀속된다.

[2] 채무의 담보를 위하여 채무자가 자기 비용과 노력으로 신축하는 건물의 건축허가 명의를 채권자 명의로 하였다면 이는 완성될 건물을 담보로 제공하기로 하는 합의로서 법률행위에 의한 담보물권의 설정에 다름 아니므로, **완성된 건물의 소유권은 일단 이를 건축한 채무자가 원시적으로 취득한 후 채권자 명의로 소유권보존등기를 마침으로써 담보목적의 범위 내에서 채권자에게 그 소유권이 이전**된다(1997.5.30, 97다8601).

⇨ 채권자명의로 보존등기를 말소하기 위해서는 피담보채무의 변제가 선이행되어야 함(1997. 4.11, 97다1976 참조).

3. 수급인의 담보책임(제667조)

가. 법적 성질

- ▣ 유상계약은 원래 매도인의 담보책임에 관한 규정이 준용되는데(제567조), 민법은 수급인의 담보책임에 관하여 특별규정을 두고 있음[1]
- ▣ 무과실책임
- ▣ 채무불이행과의 경합 여부

액젓 저장탱크의 제작·설치공사 도급계약에 의하여 완성된 저장탱크에 균열이 발생한 경우, **보수비용은 민법 제667조 제2항에 의한 수급인의 하자담보책임 중 하자보수에 갈음하는 손해배상이고, 액젓 변질로 인한 손해배상은 위 하자담보책임을 넘어서 수급인이 도급계약의 내용에 따른 의무를 제대로 이행하지 못함으로 인하여 도급인의 신체·재산에 발생한 손해에 대한 배상으로서 양자는 별개의 권원에 의하여 경합적으로 인정**된다(2004.8.20, 2001다70337).

⇨ 액젓 변질로 인한 손해배상은 하자담보책임의 영역이 아니라 채무불이행의 영역으로 보아야 할 것임. 그러나 보수비용은 하자담보책임의 영역도 되고 채무불이행책임의 영역도 됨.

---

1 매매는 주는 채무, 도급은 하는 채무이므로 채무의 성격이 다르고, 도급에서는 하자보수의무가 중요하다.

나. 요건

1) 완성물 목적물의 하자

2) 무과실책임

다. 효과(제667조)

1) 하자보수청구권

- ▣ 상당한 기간을 정하여 하자보수 청구 가능
- ▣ 하자 중요하지 않고＋보수에 과다한 비용을 요하는 경우 ⇨ 하자보수청구 불가, 하자로 인하여 입은 손해만 배상 청구 가능

> 도급계약에 있어서 완성된 목적물에 하자가 있을 경우에 도급인은 수급인에게 그 하자의 보수나 하자의 보수에 갈음한 손해배상을 청구할 수 있으나, 다만 하자가 중요하지 아니하면서 동시에 보수에 과다한 비용을 요할 때에는 하자의 보수나 하자의 보수에 갈음하는 손해배상을 청구할 수는 없고 하자로 인하여 입은 손해의 배상만을 청구할 수 있다고 할 것이고, 이러한 경우 하자로 인하여 입은 통상의 손해는 특별한 사정이 없는 한 도급인이 하자 없이 시공하였을 경우의 목적물의 교환가치와 하자가 있는 현재의 상태대로의 교환가치와의 차액이 된다 할 것이므로, 교환가치의 차액을 산출하기가 현실적으로 불가능한 경우의 통상의 손해는 하자 없이 시공하였을 경우의 시공비용과 하자 있는 상태대로의 시공비용의 차액이라고 봄이 상당하다(1998.3.13, 97다54376).

- ▣ 수급인의 하자보수의무 및 손해배상의무는 도급인의 보수지급의무와 동시이행의 관계에 있음(민법 제667조 제3항)－통상 보수 전부에 대하여 동시이행(아래 손해배상청구시와는 구별해야 함)

> 도급계약에 있어서 완성된 목적물에 하자가 있는 때에는 도급인은 수급인에 대하여 하자의 보수를 청구할 수 있고 그 하자의 보수에 갈음하여 또는 보수와 함께 손해배상을 청구할 수 있는바, 이들 청구권은 특별한 사정이 없는 한 수급인의 공사대금 채권과 동시이행관계에 있는 것이므로, 이와 같이 **도급인이 하자보수나 손해배상청구권을 보유하고 이를 행사하는 한에 있어서는 도급인의 공사대금 지급채무는 이행지체에 빠지지 아니하고,** 도급인이 하자보수나 손해배상 채권을 자동채권으로 하고 수급인의 공사잔대금

채권을 수동채권으로 하여 <u>상계의 의사표시를 한 다음날 비로소 지체에 빠진다</u>[2](1996.
7.12, 96다7250,7267).

⇨ 통상 하자보수청구권은 각 하자가 발생한 시점부터 진행하지만 인도 당시부터 하자가 발생
하였다면 인도 당일부터 도급인의 하자보수청구권은 존재하므로 도급인은 이후에 하자보수
청구권을 행사하여도 공사대금채무에 대하여 이행지체 책임을 지지 않음(동시이행의 항변
권의 존재효과설)

2) 손해배상청구권

- ▣ 하자보수에 갈음한 손해배상, 하자보수와 함께 손해배상
- ▣ 신뢰이익설 vs 이행이익설
- ▣ 도급인이 손해배상청구를 하는 경우에 보수지급거절 범위는 배상액
  에 해당하는 보수액임!

1. 완성된 목적물에 하자가 있어 도급인이 하자의 보수에 갈음하여 손해배상을 청구한
   경우에, 도급인은 수급인이 그 손해배상청구에 관하여 채무이행을 제공할 때까지 그
   손해배상액에 상응하는 보수액에 관하여만 자기의 채무이행을 거절할 수 있을 뿐이
   고 그 나머지 보수액은 지급을 거절할 수 없다고 할 것이므로, 도급인의 손해배상 채
   권과 동시이행관계에 있는 수급인의 공사대금 채권은 공사잔대금 채권 중 위 손해배
   상 채권액과 동액의 채권에 한하고, 그 나머지 공사잔대금 채권은 위 손해배상 채권
   과 동시이행관계에 있다고 할 수 없다(1996.6.11, 95다12798, 2008.7.24, 2007다69186,
   2014.9.4, 2014다34874(본소), 2014다34881(반소) 등).[3]
2. 수급인의 하자보수에 갈음하는 손해배상채무는 이행의 기한이 없는 채무로서 이행청
   구를 받은 때부터 지체책임이 있다(2009.2.26, 2007다83908).

---

2 동시이행항변권을 행사할 수 있는 기간 내에는 지체책임이 발생하지 않으므로(존재효과설) 그 항변
권을 상실한 날(상계의사표시가 상대방에게 도달된 날)이 지연손해금 기산일이라고 판시한 것으로
보인다. 상계적상일 다음날부터 지체책임이 성립하는 것이 아님에 유의를 요한다.
3 따라서 손해배상채권액을 넘어선 공사대금은 원래부터 도급인이 부담하는 공사대금지급채무로 동시
이행의 항변권이 미치는 영역이 아니므로 당연히 대금지급채권 본래 이행기 다음날부터 지연손해금
이 발생한다.

3) 계약해제권

　▣ 해제권 행사 제한

　　● 계약의 목적을 달성할 수 없을 때 해제권 행사 가능(제668조)

　　● 건물 기타 공작물이 완성된 경우 해제 불가 ⇨ 완성전에는 해제 가능4

　▣ 완성 전 해제의 특수성−미완성 부분에 대해서만 실효됨

건축공사도급계약에 있어서는 공사 도중에 계약이 해제되어 미완성 부분이 있는 경우라도 그 공사가 상당한 정도로 진척되어 원상회복이 중대한 사회적·경제적 손실을 초래하게 되고 완성된 부분이 도급인에게 이익이 되는 때에는 도급계약은 **미완성 부분에 대해서만 실효되어 수급인은 해제된 상태 그대로 그 건물을 도급인에게 인도하고, 도급인은 그 건물의 기성고 등을 참작하여 인도받은 건물에 대하여 상당한 보수를 지급하여야 할 의무가 있다**(1997.2.25, 96다43454).

　▣ 도급계약 해제 시의 기성공사대금 비율의 산정

수급인이 공사를 완공하지 못한 채 공사도급계약이 해제되어 기성고에 따른 공사비를 정산하여야 할 경우, 기성 부분과 미시공 부분에 **실제로 소요되거나 소요될 공사비를 기초로 산출한 기성고 비율을 약정 공사비에 적용하여 그 공사비를 산정**하여야 하고, **기성고 비율은 이미 완성된 부분에 소요된 공사비에다가 미시공 부분을 완성하는 데 소요될 공사비를 합친 전체 공사비 가운데 이미 완성된 부분에 소요된 공사비가 차지하는 비율**이라고 할 것이고, 만약 공사도급계약에서 설계 및 사양의 변경이 있는 때에는 그 설계 및 사양의 변경에 따라 공사대금이 변경되는 것으로 특약하고, 그 변경된 설계 및 사양에 따라 공사가 진행되다가 중단되었다면 설계 및 사양의 변경에 따라 변경된 공사대금에 기성고 비율을 적용하는 방법으로 기성고에 따른 공사비를 산정하여야 한다(2003. 2.26, 2000다40995).

---

4 완성 전 해제는 엄밀하게 말하면 채무불이행으로 인한 해제이지 수급인의 담보책임의 영역은 아니다. 수급인의 담보책임은 건물의 완성을 전제로 한 개념이기 때문이다.

라. 소멸시효와 제척기간

- ▣ 하자보수에 갈음한 손해배상청구권은 도급계약이 상행위인 경우 5년의 소멸시효에 걸리며 하자가 인도 당시부터 존재하였다면 소멸시효는 건물을 인도한 날부터 진행(2021.8.12, 2021다210195)
  - ● 인도한 날에는 존재하지 않던 하자인 경우에는 하자보수에 갈음하는 손해배상청구권은 그 건물에 하자가 발생한 시점부터 진행함 (2015.3.26, 2012다63779)
- ▣ 제척기간이 지난 경우에도 민법 제495조 유추적용 가능(2019.3.14, 2018다255648)

> 매도인의 담보책임을 기초로 한 매수인의 손해배상채권 또는 수급인의 담보책임을 기초로 한 도급인의 손해배상채권이 각각 상대방의 채권과 상계적상에 있는 경우에 당사자들은 채권·채무관계가 이미 정산되었거나 정산될 것으로 기대하는 것이 일반적이므로, 그 신뢰를 보호할 필요가 있다. 이러한 **손해배상채권의 제척기간이 지난 경우에도 그 기간이 지나기 전에 상대방에 대한 채권·채무관계의 정산 소멸에 대한 신뢰를 보호할 필요성이 있다는 점은 소멸시효가 완성된 채권의 경우와 아무런 차이가 없다.**
> **따라서 매도인이나 수급인의 담보책임을 기초로 한 손해배상채권의 제척기간이 지난 경우에도 제척기간이 지나기 전 상대방의 채권과 상계할 수 있었던 경우에는 매수인이나 도급인은 민법 제495조를 유추적용해서 위 손해배상채권을 자동채권으로 해서 상대방의 채권과 상계할 수 있다고 봄이 타당**하다.

- ● 도급인이 수급인에 대하여 가지는 하자보수를 갈음하는 손해배상채권이 이미 1년의 제척기간(민법 제670조 제1항[5])이 지난 경우에도 민법 제495조를 유추적용하여 수급인의 대금채권과 상계할 수 있음. 상계적상일은 목적물 인도일임.

---

5 공동주택관리법 제36조, 집합건물법 제9조의2는 담보책임기간을 인도일부터 최대 10년까지 연장하고 있음에 유의해야 한다.

Ⅱ 건축 중의 건물 양수 관련

1. 통상의 경우

건축주의 사정으로 건축공사가 중단된 미완성의 건물을 인도받아 나머지 공사를 하게 된 경우에는 **그 공사의 중단 시점에 이미 사회통념상 독립한 건물이라고 볼 수 있는 정도의 형태와 구조를 갖춘 경우가 아닌 한** 이를 인도받아 자기의 비용과 노력으로 완공한 자가 그 건물의 원시취득자가 된다(2006.5.12, 2005다68783).

⇨ 지하 1층, 지상 4층의 연립주택의 4층까지 전체 골조 및 지붕공사를 완료하여 전체의 45% 내지 50% 정도의 공정에 이르렀을 무렵인 경우에는, 건축 중인 건물이 사회통념상 건물로서의 구조와 형태를 갖추고 있어 원래의 건축주가 건물 전체의 소유권을 원시취득함(1997. 5.9, 96다54867)

2. 집합건물의 경우 특수성−양수인이 소유권 원시취득

건물이 설계도상 처음부터 여러 층으로 건축할 것으로 예정되어 있고 그 내용으로 건축허가를 받아 건축공사를 진행하던 중에 건축주의 사정으로 공사가 중단되었고 그와 같이 중단될 당시까지 이미 일부 층의 기둥과 지붕 그리고 둘레 벽이 완성되어 그 **구조물을 토지의 부합물로 볼 수 없는 상태에 이르렀다고 하더라도, 제3자가 이러한 상태의 미완성 건물을 종전 건축주로부터 양수하여 나머지 공사를 계속 진행한 결과 건물의 구조와 형태 등이 건축허가의 내용과 사회통념상 동일하다고 인정되는 정도로 건물을 축조한 경우에는, 그 구조와 형태가 원래의 설계 및 건축허가의 내용과 동일하다고 인정되는 건물 전체를 하나의 소유권의 객체로 보아 그 제3자가 그 건물 전체의 소유권을 원시취득한다고 보는 것이 옳고**, 건축허가를 받은 구조와 형태대로 축조된 전체 건물 중에서 건축공사가 중단될 당시까지 기둥과 지붕 그리고 둘레 벽이 완성되어 있던 층만을 분리해 내어 이 부분만의 소유권을 종전 건축주가 원시취득한다고 볼 것이 아니다(2006.11.9, 2004다67691).[6]

---

6 2013.1.17, 2010다71578 전합은 위 판결의 다른 판시를 변경한 것이다. 즉 2006.11.9, 2004다 67691 판결에서 "또한, 구분소유가 성립하는 시점은 원칙적으로 건물 전체가 완성되어 당해 건물에 관한 건축물대장에 구분건물로 등록된 시점이다"라고 하였는데, 위 전원합의체 판결은 '구분행위가 있으면 등록이 없더라도 구분행위 시점에 구분소유가 성립한다'고 판시하였다.

▣ 집합건물의 신축에 있어서 공사가 중단된 미완성건물이 양도·양수되어 양수인이 나머지 공사를 완공한 경우에 그 집합건물의 원시취득자를 판정하는 기준을 보다 명확히 제시한 것으로 이해

2-9 조합

채권각론

1. 조합의 의의

1) 핵심: 상호 출자＋공동사업 경영

2) 법인/비법인 사단·재단과 구별

   ▣ 법인/비법인 사단·재단은 '단체'로 보아 단체에 당사자능력이 인정되나 조합은 인정되지 않음

   ● 민법상의 조합과 법인격은 없으나 사단성이 인정되는 비법인사단을 구별함에 있어서는 일반적으로 그 <u>단체성의 강약을 기준으로 판단</u>

> 조합은 2인 이상이 상호간에 금전 기타 재산 또는 노무를 출자하여 공동사업을 경영할 것을 약정하는 계약관계에 의하여 성립하므로 어느 정도 단체성에서 오는 제약을 받게 되는 것이지만 구성원의 개인성이 강하게 드러나는 인적 결합체인 데 비하여 비법인사단은 구성원의 개인성과는 별개로 권리·의무의 주체가 될 수 있는 독자적 존재로서의 단체적 조직을 가지는 특성이 있다, **어떤 단체가 ① 고유의 목적을 가지고 ② 사단적 성격을 가지는 규약(정관 등을 말함)을 만들어 이에 근거하여 ③ 의사결정기관 및 집행기관인 대표자를 두는 등의 조직을 갖추고 있고, ④ 기관의 의결이나 업무집행방법이 다수결의 원칙에 의하여 행하여지며, ⑤ 구성원의 가입, 탈퇴 등으로 인한 변경에 관계없이 단체 그 자체가 존속되고**, 그 조직에 의하여 대표의 방법, 총회나 이사회 등의 운영, 자본의 구성, 재산의 관리 기타 단체로서의 주요사항이 확정되어 있는 경우에는 **비법인사단으로서의 실체를 가짐**(1999.4.23, 99다4504)

3) 조합의 성립 여부

   ▣ 동업약정 체결

   ● 갑과 을의 2인이 상호출자하여 갑 소유의 대지 상에 호텔을 건립, 공동 운영하기로 하는 동업계약을 체결한 경우 조합 해당(1991.2.22, 90다카26300)

   ▣ 부동산 공동 매수의 경우

   ● 공동의 목적(전매차익)과 공동사업을 경영할 목적이 없는 경우 공유자로서 매수

- 공동의 목적(전매차익)이 있었던 경우
  - 매수인별로 지분권을 가지고 지분권 처분의 자유가 있는 경우 ⇨ 조합 ×(제3회 변시 기록형 문제)
  - 갑, 을, 병 등이 전매차익을 얻을 목적으로 각자 매수자금을 출연하고 이에 상응하는 지분을 정하여 을 명의로 토지를 매수한 다음 을, 병과 친인척 관계에 있는 정 등에게 명의신탁한 사안에서, 각자의 매수지분에 상응하는 대내적 소유지분의 보유를 서로 인정하고 이에 대하여 개별적인 권리행사를 하여 온 점 등에 비추어 볼 때 '공동사업을 경영할 목적'이 있었다고 할 수 없어 조합이 아니라고 한 사례(2012.8.30, 2010다39918)
  - 토지를 공동으로 매수하여 토지형질변경 등을 통해 가치를 증대시킨 뒤 그 전체를 전매하여 차익을 취득하기 위한 사업인 경우에는 '공동사업을 경영할 목적'이 있다고 보아 조합이라고 한 사례(2009.12.24, 2009다75635,75642)
  - 당사자들이 대지를 공동투자로 구입하여, 주택신축판매업을 동업하기로 약정한 사안에서 조합 인정(2002.6.14, 2000다30622)

2. 조합의 본질 : 합수적 공동체로서 지분 처분 자유 제한

- ▣ 지분 처분이 제한되는바, 지분 처분하려면 전원의 동의를 요함(민법 제273조 제1항)[1]
  - 판례는 조합원 지위의 변동은 조합지분의 양도양수에 관한 약정으로써 바로 효력이 생긴다고 하나(2009.3.12, 2006다28454) 정확한 설명은 아님. 지분양수인의 가입이 필요한데 이를 위해서는 지분양수인과 잔여조합원 사이의 가입계약이 있어야 할 것임(이설 있음)
  - 만약 조합지분 양수한 자가 조합원이 되지 못한 경우에 지분양수인의

---

1 조합에서 '지분'은 **전체로서의 조합재산에 대하여 지분과 개개의 물건에 대하여도 지분**을 의미하는 바(2007.11.30, 2005마1130), 위 민법 제273조 제1항에서 말하는 지분은 전체로서의 조합재산에 대한 지분을 의미함.

권리는 민법 제714조에 준하는 권리(장래 이익배당 및 지분반환을 받을 권리)를 가지는 것으로 이해

▣ 조합원 지위는 상속인에게 승계되지 않음(86다카2951)

● 사망한 조합원의 상속인에 대하여는 조합재산 중 사망한 조합원의 지분에 해당하는 금액을 금전으로 반환 요(민법 제719조, 2006.3.9., 2004다49693, 49709 참조)

▣ 조합재산을 구성하는 개개의 재산에 대한 합유지분에 대해서는 강제집행 불가[2]

민법 제714조는 "조합원의 지분에 대한 압류는 그 조합원의 장래의 이익배당 및 지분의 반환을 받을 권리에 대하여 효력이 있다."고 규정하여 조합원의 지분에 대한 압류를 허용하고 있으나, 여기에서의 조합원의 지분이란 전체로서의 조합재산에 대한 조합원 지분을 의미하는 것이고, 이와 달리 조합재산을 구성하는 개개의 재산에 대한 합유지분에 대하여는 압류 기타 강제집행의 대상으로 삼을 수 없다 할 것이다(2007.11.30. 자 2005마1130).
⇨ 특정 재산에 대하여 합유자로서 가지는 지분권에 대하여 압류명령을 신청한 경우에 이를 각하 요
⇨ 위 판결에서 조합원의 조합탈퇴권이 채권자대위권이 목적이 된다고 판시하였는바, 채권자는 조합원의 조합탈퇴권을 대위행사한 후, 그 조합원이 탈퇴함으로써 가지는 조합원 지분의 환급청구권을 강제집행의 대상으로 삼아야 함

3. 조합재산의 합유관계

1) 조합재산은 조합원의 합유임(민법 제704조) ⇨ 합유물 처분 또는 변경에 전원의 동의 요, 다만, 보존행위는 각자할 수 있음(민법 제272조)

▣ 합유관계의 능동소송이 고유필수적 공동소송이라는 점에 대한 실체법적 근거임

---

2 개개의 물건에 대한 조합원의 지분은 조합이 존속하는 동안 조합원이 단독으로 관리·처분할 수 있는 권리로 부상되어 있지 않고 전체 조합재산에 잠재적으로 매몰되어 있기 때문이다(김재형, 조합채무, 민법론2 참조).

2) 조합에 대한 강제집행의 문제

- ▣ 조합원 개인의 채권자가 조합재산에 대하여 강제집행을 할 수 없음 ⇒ **"특별재산"**(어떤 사람이 소유한 재산 중 일부가 특정한 목적을 위하여 분리되어 독자적인 재산을 이룸)[3]
  - ● 조합의 채무자는 조합원에 대한 채권으로 상계 불가(제715조)

> 조합에 대한 채무자는 그 채무와 조합원에 대한 채권으로 상계할 수는 없는 것이므로(민법 제715조), 조합으로부터 부동산을 매수하여 잔대금 채무를 지고 있는 자가 조합원 중의 1인에 대하여 개인 채권을 가지고 있다고 하더라도 그 채권과 조합의 매매계약으로 인한 잔대금 채무를 서로 대등액에서 상계할 수는 없다(98.3.13, 97다6919).

  - ● 조합원 1인에 대한 채권으로 강제집행 시 제3자 이의의 소 제기 가능
  - ● 조합채권자가 조합재산에 대하여 강제집행하려면 조합원 전원에 대한 집행권원이 필요함(2012다21560)

> **민법상 조합의 채권은 조합원 전원에게 합유적으로 귀속하는 것이므로 특별한 사정이 없는 한 조합원 중 1인에 대한 채권으로써 그 조합원 개인을 집행채무자로 하여 조합채권에 대하여 강제집행을 할 수는 없다(2005.5.27, 2004다72044;2001.2.23. 2000다68924).[4]**
> ⇨ 갑과 을이 조합을 결성하여 병과 도급계약을 체결하고 공사를 한 경우, 갑의 채권자인 정이 위 공사대금채권에 관하여 압류 및 전부명령을 신청한 경우 위 전부명령은 피전부채권이 없어 무효이다. 마찬가지로 갑과 을이 조합을 결성하여 건물을 임차한 경우에, 갑의 채권자인 정이 임차보증금반환채권에 관하여 압류 및 전부명령을 신청한 경우에도 마찬가지로 위 전부명령은 무효이다. 그러나 조합의 채권자가 위와 같이 강제집행을 한 경우에는 당연히 유효하다. 실무상 조합 결성의 항변으로 강제집행의 효력을 부인하는 경우가 종종 있다.
> ⇨ 조합채권자는 조합재산 집행을 위해서는 조합원 전원에 대한 집행권원이 필요함

---

3 다만, 조합채무에 대하여 조합원 개인이 무한책임을 지는 것과 같이(민법 제712조) 조합재산이 조합원 개인의 고유재산과 완전히 분리되지 않는 면이 있다.

4 위 판결의 연장선상에서 아래와 같은 판례가 도출되었다. "민법상 조합에서 조합의 채권자가 조합재산에 대하여 강제집행을 하려면 조합원 전원에 대한 집행권원을 필요로 하고, 조합재산에 대한 강제집행의 보전을 위한 가압류의 경우에도 마찬가지로 조합원 전원에 대한 가압류명령이 있어야 하므로, 조합원 중 1인만을 가압류채무자로 한 가압류명령으로써 조합재산에 가압류집행을 할 수는 없다."(2015.10.29, 2012다21560)

4. 합유관계와 소송형태

가. 능동소송

- ☐ 고유필수적 공동소송[5] - 합수적 권리행사
  - ● 조합의 업무 수행과정에 발생한 대금채권, 손해배상채권 등 권리행사는 필수 ○
  - ● 조합 결성시 조합원 개인이 금전채권 청구할 수 없음에 유의!
- ☐ 예외: 보존행위 - 필수 ×
  - ● 합유물에 관한 이전등기말소청구 - 필수 ×

나. 수동소송

- ☐ 원칙: 필수적 공동소송. 합유물 처분·변경에는 합유자 전원의 동의가 있어야 하기 때문(민법 제272조).
  - ● 조합에 대한 소유권이전등기청구의 소 - 필수 ○
  - ● 조합에 대한 건물인도의 소 - 필수 ○
- ☐ 예외: 금전채무의 이행을 구하는 경우, 조합채권자는 조합원에게 균분하여 권리 행사 가능하므로(민법 제712조 - 분할채무)
  - ● 조합에 대한 대여금 청구, 부당이득반환청구 - 필수 ×
  - ● 조합채무가 상행위로 인하여 부담시 연대채무임(상법 제57조 제1항)[6]

조합의 채무는 조합원의 채무로서 특별한 사정이 없는 한 조합채권자는 각 조합원에 대하여 지분의 비율에 따라 또는 균일적으로 변제의 청구를 할 수 있을 뿐임은 소론과 같으나, 조합채무가 특히 조합원 전원을 위하여 상행위가 되는 행위로 인하여 부담하게 된 것이라면 그 채무에 관하여 조합원들에 대하여 상법 제57조 제1항을 적용하여 연대책임을 인정함이 상당하다(92.11.27, 92다30405; 91.11.22, 91다30705).
⇨ 우리 민법은 각 조합원의 개인책임에 대하여 분담주의를 채택하고 있으나(민법 제712조),

---

5 업무집행조합원에 의한 임의적 소송신탁 허용됨(95다35302), 필수적 공동소송의 경우에 선정당사자 제도를 활용하여 소송의 편의를 도모할 수 있음.
6 상행위에 해당하는 보증보험계약에 기초한 급부가 이루어짐에 따라 발생한 부당이득반환청구권에 대하여 5년의 상사소멸시효가 적용된다고 한 점(2007.5.31, 2006다63150)에 비추어 상행위로 인한 부당이득반환의무도 연대채무로 보아야 할 것임.

상행위로 인한 경우에는 연대책임을 부담하므로 실제에 있어서는 위 분담주의가 퇴색되는 경우가 많이 있음을 유의해야 한다. 그리고 조합채무의 특수성은 조합원이 조합재산과 개인재산으로 이중책임을 지게 된다는 것이다.

⇨ 조합원 중 1인이 조합채무를 면책시킨 경우 그 조합원은 다른 조합원에 대하여 민법 제425조 제1항[7]에 따라 구상권을 행사할 수 있음(2022.5.26, 2022다211416)

5. 구별 포인트) 공유관계의 소송형태

가. 능동소송

1) 보존행위 – 단독으로 가능하므로 필수적 공동소송 아님(민법 제265조 단서)
   ▣ 공유물에 대한 건물철거, 등기말소청구, 인도청구 – 필수 ×[8]
2) 지분에 기하여 지분 내 권리 행사 가능한 경우 – 필수적 공동소송 아님
   ▣ **공유자의 금원지급청구 – 각자 귀속되므로 단독 청구 가능**
      ● 공유물 불법점거로 인한 손해배상청구의 소, 부당이득반환청구의 소 – 지분 비율에 따른 금액을 청구 가능(1970.4.14, 70다171), 필수 ×
   ▣ 공동상속재산의 지분에 관한 지분권확인소송 – 필수 ×
      ● **관련)** 자신의 지분이 아닌 공유자의 지분권을 대외적으로 주장 – 보존행위에 해당하지 않음(2010.1.14, 2009다67429)
   ▣ 공동명의 담보가등기를 마친 채권자가 수인인 경우에 소유권이전의 본등기절차이행 – 필수 ×(2012.2.16, 2010다82530 전합)
      ● 채권자 각자 자신의 지분에 기하여 본등기절차이행 구할 수 있다는 논리

---

7 "어느 연대채무자가 변제 기타 자기의 출재로 공동면책이 된 때에는 다른 연대채무자의 부담부분에 대하여 구상권을 행사할 수 있다."

8 공유자 甲이 보존행위에 기하여 제3자에 대하여 말소등기청구 하였는데, 패소 확정된 경우에, 그 후 다른 공유자 乙이 보존행위에 기하여 제3자에 대하여 말소등기청구를 하는 경우에, 공유자 甲의 지분에 관하여 말소등기를 구하는 것은 기판력에 저촉된다(1994.11.18, 92다33701).

3) 보존행위로 볼 수 없는 것 – 단독으로 할 수 없으므로 필수적 공동소송

　　▣ 공동상속인의 다른 상속인 상대 상속재산확인의 소 – 필수 ○

　　▣ 공유물 전체에 대한 소유권확인의 소 – 필수 ○

　　▣ 공유자 경계확정의 소 – 필수 ○

나. 수동소송

　▣ 공유자에 대한 철거청구, 이전등기청구, 금전지급청구 등 – 필수 ×

　　● 지분권의 한도 내에서 철거를 구한다는 취지로 해석 – 공유자 1명
　　에게 패소시 집행불능

　▣ 형성의 소 – 대세효로 인하여 필수 ○

　　● 공유물분할청구·공유토지경계확정청구 – 필수 ○

> 공유관계에 있어서 금전지급청구에 관한 소에 있어서 항상 공유자별로 1/n해야 된다는
> 점에 주의!!!!

2-10 부당이득 반환 범위 & 지체책임

Ⅰ 부당이득 반환 범위

1. 선의 점유자와 악의 점유자

◉ **구별기준**: 법률상 원인 없는 이득을 알았는지의 여부에 따라 결정

> 1. 부당이득의 수익자가 선의이냐 악의이냐 하는 문제는 **오로지 법률상 원인 없는 이득임을 알았는지의 여부에 따라 결정**되는 것이므로, 매매계약이 매도인의 기망행위를 이유로 하여 취소된 것이라고 하더라도 그 사유를 들어 매수인의 수익자로서의 악의성을 부정할 수 없으며 또 매수인의 가액반환의무가 그와 대가관계에 있는 매도인의 매매대금반환채무와 서로 동시이행관계에 있다고 하여 이를 달리 볼 것도 아니다 (1993.2.26, 92다48635, 48642).
>   ⇨ 매매계약이 취소된 시점부터는 악의의 수익자에 해당.
> 2. 민법 제201조 제1항은 "선의의 점유자는 점유물의 과실을 취득한다."라고 규정하고 있는바, 여기서 선의의 점유자라 함은 과실수취권을 포함하는 권원이 있다고 오신한 점유자를 말하고, 다만 **그와 같은 오신을 함에는 오신할 만한 정당한 근거**가 있어야 한다(2000.3.10, 99다63350).
>   ⇨ 무과실필요설이라고 평가됨

◉ 선의점유 ⇨ 점유로 인한 부당이득반환청구의 항변사유임

2. 총설

◉ 물권적 청구권의 행사로 인한 부당이득반환의 법률관계와 관련하여 민법이 제201조에서 제203조의 규정을 두고 있는데, 점유를 전제로 한 부당이득의 법률관계(침해부당이득의 법률관계)에서 위 규정이 부당이득에 관한 민법 제748조 이하의 규정보다 언제나 우선 적용되는지 문제가 되는 것임

◉ 통상은 우선 적용되나 예외 있음(2003.11.14, 2001다61869 참조)

3. 선의의 수익자의 반환범위(제748조 제1항)

가. 침해부당이득

- ▣ 제201조 내지 제203조가 일단 우선 적용
- ▣ 선의 점유자 과실취득(제201조 제1항) – 사용이익 반환 불요[1]
  - ● 참고: 가액반환에 있어서도 법정이자 반환할 필요 없음(제748조 제2항 반대해석)
- ▣ 선의 점유자 원물 그대로 반환(제202조)

나. 급부부당이득

- ▣ 제201조 내지 제203조가 우선 적용되지 않고 제748조 제1항에 의해서 결정
- ▣ 이익의 현존시만 반환 요함
  - ● 판례: 금전상의 이득에 대해서는 현존하는 것으로 추정하고 있음 (1996.12.10, 96다32881)
- ▣ 법정이자 가산 여부(부정)

---

1. 쌍무계약이 취소된 경우 선의의 매수인에게 민법 제201조가 적용되어 과실취득권이 인정되는 이상 선의의 매도인에게도 민법 제587조의 유추적용에 의하여 대금의 운용이익 내지 법정이자의 반환을 부정함이 형평에 맞다(1993.5.14, 92다45025).

⇨ 대금 반환의 경우에 민법 제748조 제1항이 적용되면 그 이득이 현존하는 것으로 추정되므로 대금 운용이익이 반환 주장이 가능할 수 있으나 민법 제587조가 유추적용되는 결과 그 반환을 할 필요가 없는 것임

2. 매매계약이 무효인 때의 매도인의 매매대금 반환 의무는 성질상 부당이득 반환 의무로서 그 반환 범위에 관하여는 민법 제748조가 적용된다 할 것이고 명문의 규정이 없는 이상 그에 관한 특칙인 민법 제548조 제2항이 당연히 유추적용 또는 준용된다고 할 수 없다(1997.9.26, 96다54997).

⇨ 법률상 원인 없이 금원을 수령한 선의의 수익자는 법정이자를 가산하여 반환할 의무 없음.

---

1 민법 제748조 제1항보다 제201조 제1항이 우선 적용되며, 민법 제197조 제2항은 제749조 제2항보다 우선 적용된다(1987.1.20, 86다카1372). 만약 민법 제748조 제1항이 적용되면 선의의 수익자는 '받은 이익이 현존하는 한도에서' 부당이득반환의무가 있으나 민법 제201조 제1항이 적용되는 결과 부당이득반환의무가 아예 없는 것이다.

- 준별!) 민법 제548조 제2항 – 선의 점유자 주장 배제됨(1976.3.23, 74 다1383)

4. 악의의 수익자의 반환범위

1) 받은 이익·이자의 반환의무(제748조 제2항)

2) 침해부당이득

   ▣ 제201조 내지 제203조 우선 적용

   - 제201조 제2항은 과실을 반환하고 이자지급까지 반환하라고 되어 있지는 않으나 748조 2항이 적용되는 결과 과실에 대한 이자까지 반환해야 함[2]

[1] 타인 소유물을 권원 없이 점유함으로써 얻은 사용이익을 반환하는 경우 민법은 선의 점유자를 보호하기 위하여 제201조 제1항을 두어 선의 점유자에게 과실수취권을 인정함에 대하여, 이러한 보호의 필요성이 없는 악의 점유자에 관하여는 민법 제201조 제2항을 두어 과실수취권이 인정되지 않는다는 취지를 규정하는 것으로 해석되는바, 따라서 **악의 수익자가 반환하여야 할 범위는 민법 제748조 제2항에 따라 정하여지는 결과 그는 받은 이익에 이자를 붙여 반환하여야 하며, 위 이자의 이행지체로 인한 지연손해금도 지급하여야 한다.**

[2] 한국전력공사가 권원 없이 타인 소유 토지의 상공에 송전선을 설치함으로써 토지를 사용·수익한 경우, 구분지상권에 상응하는 임료 상당의 부당이득금에 대하여 점유일 이후의 법정이자 및 그 이자에 대한 지연손해금을 인정한 사례(2003.11.14, 2001다61869).

3) 급부부당이득

   ▣ 가액에 이자 붙여서 반환(연 5%, 상법은 연 6%)

계약무효의 경우 각 당사자가 상대방에 대하여 부담하는 반환의무는 성질상 부당이득반환의무로서 악의의 수익자는 그 받은 이익에 법정이자를 붙여 반환하여야 하므로(민법

---

2 민법 제201조 제2항에 의해서도 설명이 가능하다. 즉 제201조 제2항은 과실만 반환해야 하고 이자를 반환할 필요는 없다는 의미가 아니라 악의의 점유자는 물건을 적절하게 관리하여 그 물건으로부터 통상 객관적으로 발생하였을 이익도 소유자에게 반환해야 한다는 점을 명시한 것으로 해석할 수 있는바, 이러한 해석론에 입각하여 악의 점유자는 이자까지 반환하여야 한다고 설명이 가능하다(김형석, "점유자와 회복자의 법률관계와 부당이득의 경합", 서울대학교 법학 제49권 제1호(2008. 3.), 276~277면).

제748조 제2항), 매매계약이 무효로 되는 때에는 **매도인이 악의의 수익자인 경우 특별한 사정이 없는 한 매도인은 반환할 매매대금에 대하여 민법이 정한 연 5%의 법정이율에 의한 이자를 붙여 반환하여야 한다.** 그리고 위와 같은 법정이자의 지급은 부당이득반환의 성질을 가지는 것이지 반환의무의 이행지체로 인한 손해배상이 아니므로, 매도인의 매매대금 반환의무와 매수인의 소유권이전등기 말소등기절차 이행의무가 동시이행의 관계에 있는지 여부와는 관계가 없다(2017.3.9, 2016다47478).

⇨ 원고 종중이 무효인 결의에 근거하여 피고로부터 부동산을 매수하였는데, 피고가 결의가 무효라는 점을 안 경우에 피고는 매매대금을 받은 날부터(즉 악의의 수익자로 인정되는 날부터) 받은 매매대금에 대하여 연 5%의 비율에 의한 이자를 가산하여 지급하여야 한다고 한 사례.

참고 쌍무계약이 취소된 경우의 선의 수익자에 대한 1993.5.14, 92다45025 판결과 비교 요함.[3]

5. 선의/악의 구체적 판단

1. 부당이득 반환청구의 시점은 원고의 소유 이후임
2. 피고 악의의 시점부터 부당이득 반환청구 가능
3. 피고가 선의로 보이는 경우에도 최소한 소 제기일(즉 소장부본이 피고에게 송달된 날, 2016.12.29, 2016다242273)부터 부당이득 반환 청구 가능(민법 제197조 제2항, 제749조 제2항[4])
4. 취소의 의사표시를 한 경우에는 의사표시 수령한 시점 이후부터 부당이득 반환 청구 가능
5. 매매계약 체결한 경우 매수인이 매매대금 완납한 경우 완납 시점 이후의 과실취득권은 매수인에게 귀속되므로 매매대금 완납한 매수인은 매도인에 대하여 임료 상당의 부당이득반환청구 가능(제3회 변시 기록형, 민법 제587조, 1993.11.9, 93다28928)

---

3 1993.5.14, 92다45025는 "쌍무계약이 취소된 경우 선의의 매수인에게 민법 제201조가 적용되어 과실취득권이 인정되는 이상 선의의 매도인에게도 민법 제587조의 유추적용에 의하여 대금의 운용 이익 내지 법정이자의 반환을 부정함이 형평에 맞다."고 하였다. 법정이자와 관련하여 선의 매도인은 민법 제587조가 아니더라도 법정이자를 반환할 필요가 없다(우리 민법은 악의의 수익자에 한해서 이자를 가산하고 있음, 1997.9.26, 96다54997). 그러나 선의 매도인은 원래 대금 운용이익은 그것이 통상적인 운용이익인 한 이를 반환해야 하는데(2008.1.18, 2005다34711), 이를 부정하였다는 점에서 1993.5.14, 92다45025 판결이 의미가 있다. 만약 선의 매수인이 점유를 하지 않아 과실을 취득한 바 없는 경우에는 원칙으로 돌아가 선의 매도인은 운용이익을 반환해야 한다.

4 변시 제9회, 피고 남현수에 대한 매매대금반환청구 참조.

Ⅱ 지체책임 정리

1. 확정기한부 채무 ⇨ 기한이 도래한 다음날부터 지체책임(민법 제387조 제1문)

- ▣ **예외**
  - 상대방이 동시이행의 항변권을 가지는 경우에는 확정기한이 도래하여도 지체책임 발생하지 않으며, 이행기를 정하지 않은 것으로 됨
  - 지시채권/무기명채권 – 증서 제시하여 이행청구한 다음날부터 지체(민법 제517조, 제524조)
  - 채권자 협력이 필요한 경우

2. 불확정기한부 채무 ⇨ 기한이 도래하였음을 안 다음날(민법 제387조 제1항 제2문)

3. 기한의 정함이 없는 경우 ⇨ 이행청구를 받은 다음날부터 지체책임(민법 제387조 제2항)

1. 타인의 토지를 점유함으로 인한 부당이득금반환채무는 기한의 정함이 없는 채무로서, 이행청구를 받은 때로부터 이행지체의 책임이 있다(2008.2.1, 2007다8914).
   ⇨ 참고로 부당이득반환에 있어서 법정이자의 경우 신속하게 해결할 필요성이 있다는 사정이 없다면 당사자 일방이 상인이더라도 연 5%가 적용됨(예 제9회 변시: 착오로 이유로 취소한 경우).
2. 금전채무의 지연손해금채무는 금전채무의 이행지체로 인한 손해배상채무로서 이행기의 정함이 없는 채무에 해당하므로, 채무자는 확정된 지연손해금채무에 대하여 채권자로부터 이행청구를 받은 때로부터 지체책임을 부담하게 된다(2004.7.9, 2004다11582).
3. 민법 제667조가 정하는 수급인의 하자보수에 갈음하는 손해배상채무는 이행의 기한이 없는 채무로서 이행청구를 받은 때부터 지체책임이 있다(2009.2.26, 2007다83908). ※ '이행청구를 받은 때'의 의미는 이행청구 받은 다음날부터 지체책임을 진다고 해석요(1972.8.22, 72다1066)
4. 이행판결이 확정된 지연손해금은 기한의 정함이 없는 채무이므로 이행청구 다음날부터 지체책임, 다만, 지연손해금 발생의 원인이 된 원본(확정된 지연손해금)에 관하여 이행판결을 선고하지 않는 경우에 지연손해금의 법정이율에 대하여 소촉법 적용되지 않고 민법 연 5%(2022.3.11, 2021다232331)[5]

---

5 그러나 판결이 확정된 채권자가 <u>시효중단을 위한 신소</u>를 제기하면서 확정판결에 따른 원금과 함께 <u>원금에 대한 확정 지연손해금 및 이에 대한 지연손해금을 청구</u>하는 경우, 확정 지연손해금에 대한 지

◾ 예외 – 이행청구를 받은 다음날부터 지체책임이 발생하지 않는 경우

1. **소비대차의 경우**: 상당한 기간을 정하여 최고한 경우에는 최고기간이 경과한 때로부터 지체책임을 지고, 상당한 기간을 정하지 아니하고 최고한 경우에는 상당한 기간이 경과한 후에 지체책임을 진다(민법 제603조 제2항 참조). 다만, 통상의 경우에 변제기를 정한 경우가 많은데, 변제기가 있으면 변제기 다음날로부터 지체책임을 진다.

1. **불법행위로 인한 손해배상채무의 경우**: 불법행위시부터 지체책임을 진다(1966.10.21, 64다1102).[6,7]

    예외 예외적 변론종결시설(2011.1.13, 2009다103950)

1. **이행불능으로 인한 전보배상채무의 경우**: 이행불능시부터 지체책임을 진다(1975.5.27, 74다1872).[8]

1. **어음의 경우**: ① 지급제시기간 내에 적법한 지급제시를 하면 발행인과 배서인은 만기 당일부터 연 6%의 법정이자 책임짐(1965.9.7, 65다1139, 어음법 제78조 제1항, 제28조 제2항), ② 지급제시기간 내에 적법한 지급제시가 없었고, 후에 이행청구한 경우에는 발행인은 이행청구일 다음날부터 지체책임을 진다.

1. **미지급임금의 경우**: 임금 지급 사유가 발생한 날부터 14일 이내에 지급하지 아니한 경우 그 다음 날부터 지급하는 날까지 연 20% 법정이자 지급 요함(근로기준법 제37조 제1항)

연손해금채권은 채권자가 신소로써 확정 지연손해금을 청구함에 따라 비로소 발생하는 채권으로서 전소의 소송물인 원금채권이나 확정 지연손해금채권과는 별개의 소송물이므로, 채무자는 확정 지연손해금에 대하여도 이행청구를 받은 다음 날부터 지연손해금을 별도로 지급하여야 하되 그 이율은 신소에 적용되는 법률이 정한 이율을 적용하여야 한다(2022.4.14, 2020다268760) ⇨ 사안의 경우 소장 부본 송달 다음날부터 원심판결 선고일까지는 피고가 이행의무의 존부 및 범위에 관하여 항쟁함이 타당하다고 보아 연 5%, 그 다음날부터 소촉법 소정의 연 12%의 이율을 적용한다(주의: 원본 채권에 대하여는 종전 소촉법 이율(연 20%)을 적용한 종전 판결에 따라서 선고할 수 있음).

6 불법행위에 있어 위법행위 시점과 손해발생 시점 사이에 시간적 간격이 있는 경우에 불법행위로 인한 손해배상청구권의 지연손해금은 손해발생 시점을 기산일로 하여 발생한다고 보아야 할 것이다(2011.7.28, 2010다76368).

7 상행위로 인한 불법행위책임의 경우 언제나 연 5%가 적용됨에 유의한다(2018.2.28, 2013다26425).

8 이행거절의 법적 효과는 대체로 이행불능의 법적 효과에 준하여 이해할 수 있다고 한다. 따라서 이행불능에서 이행불능시부터 법정이율로 하는 지연손해금을 청구할 수 있는 것과 마찬가지로, 이행거절에서도 이행거절시부터 지연손해금을 청구할 수 있다. 양창수, "독자적인 채무불이행유형으로서의 이행거절 재론 – 판례의 형성 및 법률효과를 중심으로", 법조(2015. 1).

Ⅰ 이자, 법정이자, 지연손해금

1. 이자

- ◉ 차용일에 이자에 대한 약정이 있는 경우 차용일부터 변제기까지에 발생하고, 3년의 단기소멸시효에 걸림(민법 제163조 제1호)

2. 법정이자

- ◉ 법에 의하여 지급의무가 발생하는 것으로 이자, 지연손해금과는 성질을 달리함(예 연대채무자 구상권의 법정이자, 계약해제의 경우의 수령한 금전에 대한 법정이자, 악의의 부당이득자가 반환해야 할 법정이자 등). 법에 발생시기가 정해져 있으며 소송촉진 등에 관한 특례법의 적용대상이 아님, 일반 소멸시효 10년에 걸리며 상거래인 경우에는 소멸시효 5년에 걸림[1]

3. 지연손해금

- ◉ 통상 변제기 다음날부터 발생하고[예외, 불법행위로 인한 손해배상청구, 이행불능으로 인한 손해배상청구, 어음금 청구, 동시이행의 항변권이 있는 경우(존재효과설) 등], 소송촉진 등에 관한 특례법의 적용대상임. 일반 소멸시효 10년에 걸리며 상거래인 경우에는 소멸시효 5년에 걸림(2008.3.14, 2006다2940)

4. 판례: 법정이자와 지연손해금 준별

당사자 일방이 계약을 해제한 때에는 각 당사자는 상대방에 대하여 원상회복의무가 있고, 이 경우 반환할 금전에는 받은 날로부터 이자를 가산하여 지급하여야 한다. 여기서 가산되는 이자는 원상회복의 범위에 속하는 것으로서 일종의 부당이득반환의 성질을 가지는 것이고 반환의무의 이행지체로 인한 지연손해금이 아니다. 따라서 당사자 사이에

---

[1] 부당이득에 있어서 상거래 관계와 같을 정도로 신속하게 해결할 필요성이 있는 경우에 상사시효의 적용을 긍정한 2007.5.31, 2006다63150 참조.

그 이자에 관하여 특별한 약정이 있으면 그 약정이율이 우선 적용되고 약정이율이 없으면 민사 또는 상사 법정이율이 적용된다.

반면 원상회복의무가 이행지체에 빠진 이후의 기간에 대해서는 부당이득반환의무로서의 이자가 아니라 반환채무에 대한 지연손해금이 발생하게 되므로 거기에는 **지연손해금률이 적용되어야 한다. 그 지연손해금률에 관하여도 당사자 사이에 별도의 약정이 있으면 그에 따라야 할 것이고,** … 그 약정이율이 법정이율보다 낮은 경우에는 약정이율에 의하지 아니하고 법정이율에 의한 지연손해금을 청구할 수 있다고 봄이 타당하다(2013. 4.26, 2011다50509).

➪ 당사자 사이에 대금반환시 연 3%의 이자를 붙여 반환하기로 하는 약정이 있는 경우 548조 2항에 기한 이자는 연 3%만 구할 수 있으나, 지연손해금을 구하는 경우에는 연 5% 내지 6%의 법정이율에 의한 지연손해금을 구할 수 있음.[2]

---

2 당사자의 청구원인을 살핀 후

1) 제548조 제2항이 청구원인이면 연 3% 이자 반환 약정이 있는 경우 그에 따라 인용해야 한다.

2) 지연손해금이 청구원인이면 연 3% 약정이율 있어도 연 5% 인용 가능

3) 연 3% 지연손해금 약정이 별도로 있는 경우는 향후 법원의 판단이 필요한 부분이나 1995.10. 12, 95다26797 판결에 따르면 연 5% 인용을 할 수 없다는 입론이 가능하다(사견으로는 이와 같은 지연손해금 약정이 있는 경우라도 연 5% 법정이율을 구할 수 있다고 생각한다. 왜냐하면 변제기까지의 약정이율을 지연이율로 의제하고 있으므로(판례) 약정이율에 관한 법리가 지연손해금 약정에도 같이 적용되어야 형평에 맞다).

1. 삼각관계 부당이득

  1) 원칙: 제3자에 대해서 부당이득반환청구 ×

   ▣ 지시관계에 의한 부당이득 – 단축급부

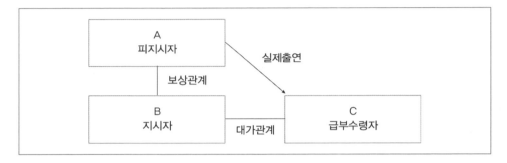

   ● 주요 특징은 동시이행효와 재산의 경유적 이동: 지시에 따라 A가 C에게 급부를 한 경우, A의 B에 대한 채무와 B의 C에 대한 채무는 동시에 변제되는 것이며(동시이행효), 그 결과 재산이동은 A(피지시자)로부터 C(지시수령자)에게로 직접 이루어졌지만 관념적인 재산의 이동은 B(지시자)를 경유한 것으로 의제되는 것임(재산의 경유적 이동)

   ▣ 2003.12.26, 2001다46730

   ● 피고로부터 상가 전체를 매수한 B가 원고들에게 개별 점포를 분양하면서 분양대금을 피고에게 지급할 것을 지시한 사안으로, B가 원고들에게 개별 점포에 대한 소유권을 이전해 주지 못하게 되자, 원고들이 피고를 상대로 부당이득반환청구를 한 사안

계약의 일방 당사자가 계약 상대방의 지시 등으로 급부과정을 단축하여 계약 상대방과 또 다른 계약관계를 맺고 있는 제3자에게 직접 급부한 경우, 그 급부로써 급부를 한 계약 당사자의 상대방에 대한 급부가 이루어질 뿐 아니라 그 상대방의 제3자에 대한 급부로도 이루어지는 것이므로 계약의 일방 당사자는 제3자를 상대로 법률상 원인 없이 급부를 수령하였다는 이유로 부당이득반환청구를 할 수 없다(2003.12.26, 2001다46730)

법리임(계약당사자 사이에 청산!)

계약상의 급부가 계약의 상대방뿐만 아니라 제3자의 이익으로 된 경우에 급부를 한 계약당사자가 계약 상대방에 대하여 계약상의 반대급부를 청구할 수 있는 이외에 그 제3자에 대하여 직접 부당이득반환청구를 할 수 있다고 보면, 자기 책임하에 체결된 계약에 따른 위험부담을 제3자에게 전가시키는 것이 되어 계약법의 기본원리에 반하는 결과를 초래할 뿐만 아니라, 채권자인 계약당사자가 채무자인 계약 상대방의 일반채권자에 비하여 우대받는 결과가 되어 일반채권자의 이익을 해치게 되고, 수익자인 제3자가 계약 상대방에 대하여 가지는 항변권 등을 침해하게 되어 부당하므로, 위와 같은 경우 **계약상의 급부를 한 계약당사자는 이익의 귀속 주체인 제3자에 대하여 직접 부당이득반환을 청구할 수는 없다**고 보아야 할 것이다(2002.8.23, 99다66564,66571).

2) 제3자가 급부를 한 원인관계에 흠이 있었다는 사실을 안 경우라도 부당이득 ×

계약의 일방당사자가 상대방의 지시 등으로 상대방과 또 다른 계약관계를 맺고 있는 제3자에게 직접 급부한 경우(이른바 삼각관계에서의 급부가 이루어진 경우), 그 급부로써 급부를 한 당사자의 상대방에 대한 급부가 이루어질 뿐 아니라 그 상대방의 제3자에 대한 급부도 이루어지는 것이므로 계약의 일방당사자는 제3자를 상대로 법률상 원인 없이 급부를 수령하였다는 이유로 부당이득반환청구를 할 수 없다. … 이와 같이 삼각관계에서의 급부가 이루어진 경우에, **제3자가 급부를 수령함에 있어 계약의 일방당사자가 상대방에 대하여 급부를 한 원인관계인 법률관계에 무효 등의 흠이 있었다는 사실을 알고 있었다 할지라도 계약의 일방당사자는 제3자를 상대로 법률상 원인 없이 급부를 수령하였다는 이유로 부당이득반환청구를 할 수 없다**(2008.9.11, 2006다46278).

3) 제3자를 위한 계약의 경우에도 비슷한 이익형량이 관철
   ■ 제3자를 위한 계약에서는 제3자가 수익의 의사표시를 하면 낙약자에 대한 채권을 취득(전형적인 지시관계에서는 급부수령자는 피지시자에 대해서는 채권을 가지지 않는다는 점과 구별)

제3자를 위한 계약관계에서 낙약자와 요약자 사이의 법률관계(이른바 기본관계)를 이루는 계약이 해제된 경우 그 계약관계의 청산은 계약의 당사자인 낙약자와 요약자 사이에 이루어져야 하므로, 특별한 사정이 없는 한 낙약자가 이미 제3자에게 급부한 것이 있더라도 낙약자는 계약해제에 기한 원상회복 또는 부당이득을 원인으로 제3자를 상대로 그 반환을 구할 수 없다(2005.7.22, 2005다7566).

4) 채권양도가 된 후 계약이 해제된 경우: 양도인반환설 vs 양수인반환설

민법 제548조 제1항 단서에서 규정하고 있는 제3자란 일반적으로 계약이 해제되는 경우 그 해제된 계약으로부터 생긴 법률효과를 기초로 하여 해제 전에 새로운 이해관계를 가졌을 뿐 아니라 등기 · 인도 등으로 완전한 권리를 취득한 자를 말하고, **계약상의 채권을 양수한 자는 여기서 말하는 제3자에 해당하지 않는다고 할 것인바, 계약이 해제된 경우 계약해제 이전에 해제로 인하여 소멸되는 채권을 양수한 자는 계약해제의 효과에 반하여 자신의 권리를 주장할 수 없음은 물론이고, 나아가 특단의 사정이 없는 한 채무자로부터 이행받은 급부를 원상회복하여야 할 의무가 있다**(2003.1.24, 2000다22850, 양수인반환설).

⇨ 그러나 시행사가 대리사무계약에 기하여 신탁업자에게 수분양자에 대한 분양대금채권을 양도하여 수분양자가 신탁업자에게 분양대금을 납부하였는데, 수분양자가 신탁업자를 상대로 분양계약 해제 또는 분양계약 취소로 인한 부당이득을 구한 사안에서 대법원은 수분양자가 신탁업자 명의의 계좌에 분양대금을 입금한 것은 이른바 '단축급부'에 해당하고, 이러한 경우 신탁업자는 대리사무계약에 근거하여 분양대금을 수령한 것이므로 신탁업자에 대하여 법률상 원인 없이 급부를 수령하였다는 이유로 원상회복청구나 부당이득반환청구를 할 수 없다고 판시하였음에 유의(2017.7.11, 2013다55447, 양도인반환설로 해석 가능).

5) 채권질권이 문제된 사안에서도 비슷한 이익형량이 관철

▣ **사실관계**

● 원고는 보험회사, 피고 1은 원고와 보험계약 체결함(보험수익자+질권설정자+피고 2 은행의 채무자)

● 피고 2(질권자)는 피고 1에게 대출(대출금 10억 원)을 하면서 피고 1이 원고에 대하여 가지는 보험금청구권에 대하여 질권 취득

● 피고 1이 원고로부터 보험금 15억 원을 편취하였는데, 그 사정을 모르는 원고는 보험금 15억 원을 피고 2에게 지급함. 피고 2는 정산 후

나머지 5억 원을 피고 1에게 지급

● **원고**: 피고 2를 상대로 ① 변제받은 10억 원에 대한 부당이득반환청구 불가(삼각관계 부당이득으로 단축급부 인정, 부당이득 인정하지 않음) + ② 피고 1에게 지급한 5억 원에 대한 부당이득반환청구 不可(실질적 이익 없음)

[1] 금전채권의 질권자가 민법 제353조 제1항, 제2항에 의하여 자기채권의 범위 내에서 직접청구권을 행사하는 경우 질권자는 질권설정자의 대리인과 같은 지위에서 입질채권을 추심하여 자기채권의 변제에 충당하고 그 한도에서 질권설정자에 의한 변제가 있었던 것으로 보므로, 위 범위 내에서는 **제3채무자의 질권자에 대한 금전지급으로써 제3채무자의 질권설정자에 대한 급부가 이루어질 뿐만 아니라 질권설정자의 질권자에 대한 급부도 이루어진다. 이러한 경우 입질채권의 발생원인인 계약관계에 무효 등의 흠이 있어 입질채권이 부존재한다고 하더라도 제3채무자는 특별한 사정이 없는 한 상대방 계약당사자인 질권설정자에 대하여 부당이득반환을 구할 수 있을 뿐**이고 질권자를 상대로 직접 부당이득반환을 구할 수 없다. 이와 달리 제3채무자가 질권자를 상대로 직접 부당이득반환청구를 할 수 있다고 보면 자기 책임하에 체결된 계약에 따른 위험을 제3자인 질권자에게 전가하는 것이 되어 계약법의 원리에 반하는 결과를 초래할 뿐만 아니라 질권자가 질권설정자에 대하여 가지는 항변권 등을 침해하게 되어 부당하기 때문이다.

[2] 질권자가 제3채무자로부터 자기채권을 초과하여 금전을 지급받은 경우 초과 지급 부분에 관하여는 제3채무자의 질권설정자에 대한 급부와 질권설정자의 질권자에 대한 급부가 있다고 볼 수 없으므로, 제3채무자는 특별한 사정이 없는 한 질권자를 상대로 초과 지급 부분에 관하여 부당이득반환을 구할 수 있지만, 부당이득반환청구의 상대방이 되는 수익자는 실질적으로 그 이익이 귀속된 주체이어야 하는데, 질권자가 초과 지급 부분을 질권설정자에게 그대로 반환한 경우에는 초과 지급 부분에 관하여 **질권설정자가 실질적 이익을 받은 것이지 질권자로서는 실질적 이익이 없다고 할 것이므로, 제3채무자는 질권자를 상대로 초과 지급 부분에 관하여 부당이득반환을 구할 수 없다**(2015.5.29, 2012다92258).

6) 구별: 소유권을 유보한 물품의 부합의 문제

　■ **선의취득의 법리를 유추적용하여 부당이득반환문제를 해결함**: 동시이행 효과 재산의 경유적 이동이 있다고 보기는 어려우므로 2002.8.23, 99다 66564 판결 그대로 적용 안 됨

◪ 부합에 의한 소유권 상실과 침해부당이득의 문제: 소유권 침해의 치유의 문제로서 선의취득이 언급되는 것임

민법 제261조에서 첨부로 법률규정에 의한 소유권 취득(민법 제256조 내지 제260조)이 인정된 경우에 "손해를 받은 자는 부당이득에 관한 규정에 의하여 보상을 청구할 수 있다"라고 규정하고 있는바, 이러한 보상청구가 인정되기 위해서는 민법 제261조 자체의 요건만이 아니라, 부당이득 법리에 따른 판단에 의하여 부당이득의 요건이 모두 충족되었음이 인정되어야 한다. 매도인에게 소유권이 유보된 자재가 제3자와 매수인 사이에 이루어진 도급계약의 이행으로 제3자 소유 건물의 건축에 사용되어 부합된 경우 보상청구를 거부할 법률상 원인이 있다고 할 수 없지만, **제3자가 도급계약에 의하여 제공된 자재의 소유권이 유보된 사실에 관하여 과실 없이 알지 못한 경우라면 선의취득의 경우와 마찬가지로 제3자가 그 자재의 귀속으로 인한 이익을 보유할 수 있는 법률상 원인이 있다고 봄이 상당하므로,** 매도인으로서는 그에 관한 보상청구를 할 수 없다(2009.9.24, 2009다15602).

⇨ 매도인에게 소유권이 유보된 자재가 본인에게 효력이 없는 계약에 기초하여 **매도인으로부터 무권대리인에게 이전되고, 무권대리인과 본인 사이에 이루어진 도급계약의 이행으로 본인 소유 건물의 건축에 사용되어 부합된 경우**에도 마찬가지로 적용된다(2018.3.15, 2017다282391).

7) 기타

◪ 보험자의 직접청구권(피해자의 피보험자에 대한 손해배상채무의 병존적 인수): 보험자가 피보험자에 대하여 보험금지급의무를 부담하지 않는 경우, 보험자는 피해자에 대하여 부당이득반환 청구 가능

원심판결 이유에 의하면, 원심은 원고 보험회사와 소외 김태석 간에 맺어진 자동차종합보험계약의 보험약관에 의하면, 요금이나 대가를 목적으로 계속적, 반복적으로 피보험자동차를 사용하거나 대여한 때에 생긴 사고로 인한 손해에 대하여는 보험자가 면책되도록 규정되어 있는 사실, 소외 김태석이 피보험차량인 경북 5너1077호 자가용 봉고차를 유상운송행위에 제공하여 운행하다가 피고가 도로상 쌓아둔 흙더미를 발견하지 못하고 이를 그대로 통과하여 도로변 배수로에 전복하는 바람에 위 차량에 탄 이 사건 피해자들이 각 부상을 입는 사고가 발생하자, 원고가 위 김태석의 유상운송사실을 알지 못하고 피보험자인 위 김태석을 대위하여 위 피해자들에게 이 사건 보험금을 지급한 사실을

인정한 다음, **원고는 이 사건 사고가 위 면책규정에 해당하여 보험금지급의무가 없다는 것을 알지 못하고 보험자로서 이 사건 피해자들에게 보험금을 지급하였으니 이 사건 피해자들에게 그 반환을 구할 수 있고, 따라서 이 사건 피해자들이 원고에 대하여 부당이득반환의무가 있는 이상 피고에 대한 손해배상채권은 여전히 존속한다** 할 것이므로, 원고의 위 지급으로 피고가 이득을 본 것이 없다는 이유로 원고의 부당이득반환청구를 배척하고 있는바, 원심의 위와 같은 판단은 정당한 것으로 수긍이 되고, 거기에 소론과 같은 부당이득반환에 관한 법리오해의 위법이 없다(1995.3.3, 93다36332).

    ◙ 생명보험, 상해보험에 의한 보험금 수령 ⇨ 수익자에 대해서 반환청구 가능

보험계약자가 타인의 생활상의 부양이나 경제적 지원을 목적으로 보험자와 사이에 타인을 보험수익자로 하는 **생명보험이나 상해보험 계약을 체결하여 보험수익자가 보험금 청구권을 취득한 경우, 보험자의 보험수익자에 대한 급부는 보험수익자에 대한 보험자 자신의 고유한 채무를 이행**한 것이다. 따라서 보험자는 보험계약이 무효이거나 해제되었다는 것을 이유로 보험수익자를 상대로 하여 그가 이미 보험수익자에게 급부한 것의 반환을 구할 수 있고, 이는 타인을 위한 생명보험이나 상해보험이 제3자를 위한 계약의 성질을 가지고 있다고 하더라도 달리 볼 수 없다(2018.9.13, 2016다255125).

2. 침해부당이득 - 편취금전 관련 부당이득

    ◙ 제3자의 악의/중과실 유무를 기준으로 부당이득을 판단하고 있음
    ◙ 금전의 경우 편취금전이라는 점을 중대한 과실 없이 몰랐을 경우에는 선의 취득에 준하여 완전한 소유권을 취득하고 부당이득반환청구의 대상이 되지 않는다고 판시하고 있다고 볼 수 있음[3]

채무자가 피해자로부터 횡령한 금전을 그대로 채권자에 대한 채무변제에 사용하는 경우 피해자의 손실과 채권자의 이득 사이에 인과관계가 있음이 명백하고, 한편 채무자가 횡령한 금전으로 자신의 채권자에 대한 채무를 변제하는 경우 채권자가 그 변제를 수령함

---

3 유가증권에 맞추어서 선의 · 무중과실을 요건으로 하는 것으로 보인다(어음법 제16조 단서 참조). 금전의 실질적인 가치가 손실자에게 속한다는 사실을 중대한 과실 없이 몰랐을 경우에 선의취득에 준하여 완전한 소유권을 취득하고 부당이득반환청구로부터 차단된다고 해석할 수 있다.

에 있어 악의 또는 중대한 과실이 있는 경우에는 채권자의 금전 취득은 피해자에 대한 관계에 있어서 법률상 원인을 결여한 것으로 봄이 상당하나, 채권자가 그 변제를 수령함에 있어 단순히 과실이 있는 경우에는 그 변제는 유효하고 채권자의 금전 취득이 피해자에 대한 관계에 있어서 법률상 원인을 결여한 것이라고 할 수 없다(2003.6.13, 2003다8862).

⇨ 채무자가 횡령한 돈을 제3자에게 증여한 경우에도 같은 법리 적용됨(2012.1.12, 2011다74246).

3. 삼각관계 급부에서 급부부당이득/침해부당이득 준별실익

▣ **급부부당이득**: 자기 책임 하에 체결된 계약에 따른 위험부담을 제3자에게 전가할 수 없다는 원리가 전제

- "자가 급부를 한 원인관계에 흠이 있었다는 사실을 알고 있어도 제3자에 대하여 부당이득반환청구 못함"

▣ **침해부당이득**: 위와 같은 원리가 전제되어 있지 않음. 제3자에게 악의 또는 중대한 과실이 있는 경우에는 법률상 원인을 결한 것으로 보는 것임

4. 실질적 이득론 보충

1) 양도담보권

▣ **사실관계**

- 甲(채무자, 양도담보설정자)과 피고(채권자, 양도담보권자)가 향후 들어올 선박 및 원자재에 관하여 양도담보를 설정한 사안임
- 원고 소유의 카고 펌프가 甲을 위한 선박 제작에 사용되어 부합된 경우임
- 원래 원고 소유의 카고 펌프는 위 원자재에 해당되나 제3자 소유의 물건이므로 피고가 양도담보권 효력을 주장할 수 없다고 판시함. 그러나 카고 펌프가 선박에 이미 부합되어 카고 펌프의 소유권을 상실한 경우에 원고가 누구에게 부당이득반환청구를 할 수 있는지 문제가 됨 ⇒ 양도담보권자에게 구할 수 없고, 양도담보설정자에게 구해야 한다고 판시

1. 양도담보권자가 점유개정의 방법으로 양도담보권설정계약 당시 존재하는 집합물의 점유를 취득하면 그 후 양도담보권설정자가 집합물을 이루는 개개의 물건을 반입하였더라도 별도의 양도담보권설정계약을 맺거나 점유개정의 표시를 하지 않더라도 양도담보권의 효력이 나중에 반입된 물건에도 미친다. **다만 양도담보권설정자가 양도담보권설정계약에서 정한 종류·수량에 포함되는 물건을 계약에서 정한 장소에 반입하였더라도 그 물건이 제3자의 소유라면 담보목적인 집합물의 구성부분이 될 수 없고 따라서 그 물건에는 양도담보권의 효력이 미치지 않는다.**[4]

2. 민법 제261조는 첨부에 관한 민법 규정에 의하여 어떤 물건의 소유권 또는 그 물건 위의 다른 권리가 소멸한 경우 이로 인하여 손해를 받은 자는 '부당이득에 관한 규정에 의하여 보상을 청구할 수 있다'고 규정하고 있는데, 여기서 '부당이득에 관한 규정에 의하여 보상을 청구할 수 있다'는 것은 법률효과만이 아니라 **법률요건도 부당이득에 관한 규정이 정하는 바에 따른다는 의미**이다. 부당이득반환청구에서 이득이란 실질적인 이익을 의미하는데, 동산에 대하여 양도담보권을 설정하면서 양도담보권설정자가 양도담보권자에게 담보목적인 동산의 소유권을 이전하는 이유는 양도담보권자가 양도담보권을 실행할 때까지 스스로 담보물의 가치를 보존할 수 있게 함으로써 만약 채무자가 채무를 이행하지 않더라도 채권자인 양도담보권자가 양도받은 담보물을 환가하여 우선변제받는 데에 지장이 없도록 하기 위한 것이고, 동산양도담보권은 담보물의 교환가치 취득을 목적으로 하는 것이다. 이러한 양도담보권의 성격에 비추어 보면, 양도담보권의 목적인 주된 동산에 다른 동산이 부합되어 부합된 동산에 관한 권리자가 권리를 상실하는 손해를 입은 경우 주된 동산이 담보물로서 가치가 증가된 데 따른 **실질적 이익은 주된 동산에 관한 양도담보권설정자에게 귀속**되는 것이므로, 이 경우 **부합으로 인하여 권리를 상실하는 자는 양도담보권설정자를 상대로 민법 제261조에 따라 보상을 청구할 수 있을 뿐 양도담보권자를 상대로 보상을 청구할 수는 없다**(2016.4.28, 2012다19659).

---

4 피고가 양도담보권 효력을 주장하는 것은 민법 제261조의 적용을 피해보기 위한 것으로, 만약 위 주장이 인정되면 선의취득과 같이 부당이득반환의무를 부담하지 않게 된다.

2) 편취, 횡령 금전의 수령자: 이득소멸의 항변[5]

1. 계좌로 입금되었다고 하더라도, 그로 인하여 계좌명의인이 위 각 금원 상당을 이득하였다고 하기 위해서는 계좌명의인이 위 각 금원을 사실상 지배할 수 있는 상태에까지 이르러 실질적인 이득자가 되었다고 볼 만한 사정이 인정되어야 할 것이다(2011.9.8, 2010다37325,37332).

2. 소외 1이 횡령한 돈 5,620만 원이 처인 피고 1의 예금계좌로 입금되었다고 하더라도, 그로 인하여 피고 1이 위 돈 상당을 이득하였다고 하기 위해서는 **피고 1이 위 돈을 영득할 의사로 송금 받았다거나 소외 1로부터 이를 증여받는 등으로 위 돈에 관한 처분권을 취득하여 실질적인 이득자가 되었다고 볼 만한 사정이 인정되어야 할 것인데**, 원심이 인정한 사실은, 피고 1이 남편인 소외 1로부터 퇴직금 중간정산금이라며 그 보관을 의뢰 받고 자신의 계좌로 위 돈을 송금 받았다가 송금 받은 그 날 소외 1에게 처분 용도를 물어 소외 1의 지시에 따라 송금된 돈의 대부분을 곧바로 소외 1에게 송금하고 나머지 돈도 그 무렵 소외 1에게 교부하여 주었다는 것인바, 이와 같은 송금 및 반환 경위에 비추어 볼 때 피고 1이 위 돈을 자신의 구좌로 송금받았다고 하여 실질적으로 이익의 귀속자가 되었다고 보기는 어려우므로, 이와 다른 전제에 선 원고의 피고 1에 대한 부당이득반환 주장은 나아가 살필 필요 없이 이유 없다(2003.6.13, 2003다8862).

3) 금전자체의 이득이 결과적으로 부정되더라도 금전채권 상당의 이득반환이 인정될 수 있음

법률상 원인 없이 타인의 재산 또는 노무로 인하여 이익을 얻고 이로 인하여 타인에게 손해를 가한 경우 그 취득한 것이 금전상의 이득인 때에는 그 금전은 이를 취득한 자가 소비하였는가의 여부를 불문하고 현존하는 것으로 추정된다 할 것이지만(1987.8.18, 87 다카768, 1996.12.10, 96다32881 등 참조), 이 사건에서는 원심판시와 같이 이 사건 대출 즉시 피고가 원고 및 이인수와의 사이에 사전 합의된 내용에 따라 그 대출금 1억 원이 입금된 피고 명의의 예금통장과 피고의 도장을 이인수에게 제공하여 이인수가 그 돈 전액을 인출 사용하였음이 명백하여 위 추정은 깨어졌다 할 것이므로, 결국 **피고가**

---

5 이득소멸의 항변에 대하여는 이계정, "수익증권 매매계약 취소에 따른 부당이득의 법률관계와 이득소멸의 항변", 한국민법과 프랑스민법 연구(남효순 교수 정년기념논문집), 박영사(2021) 참조.

이인수에게 가지는 위 대출금 상당의 반환채권(대여금채권) 자체 또는 그 평가액이 그 현존이익이 된다 할 것이다(2003.12.12, 2001다37002).

원심이 인정한 사실과 기록에 의하면, 이 사건 대출금 5,000만 원은 소외 1이 이를 받아 아들 소외 2의 사업자금에 모두 사용한 뒤 소외 2를 차용인으로, 소외 1을 연대보증인으로 한 차용증을 원고에게 교부한 바 있으나 현재는 그 원리금을 제대로 변제하기 어려운 형편인 것으로 보이는바, 원고가 회수가능성 등을 고려하지 않은 채 경솔하게 분수에 맞지 않는 대여행위를 한 것은 금전을 낭비한 것과 다를 바 없어 위 대출금 자체는 이미 모두 소비하였다고 볼 것이지만, 소외 1 또는 소외 2에 대하여 대여금채권 또는 부당이득반환채권(위 대여행위 역시 원고의 의사무능력을 이유로 무효가 될 여지가 있어 보인다) 등을 가지고 있는 이상 원고가 이 사건 대출로써 받은 이익은 그와 같은 채권의 형태로 현존한다 할 것이므로, 피고 조합은 이 사건 대출거래약정 등의 무효에 따른 원상회복으로서 위 대출금 자체의 반환을 구할 수는 없다 하더라도 현존 이익인 위 채권의 양도를 구할 수는 있다 할 것이고, 공평의 관념과 신의칙에 비추어 볼 때 원고의 위 채권양도 의무와 피고 조합의 이 사건 근저당권설정등기말소 의무는 동시이행관계에 있다고 보아야 할 것이다(2009.1.15, 2008다58367).

감독자책임/사용자책임

1. **책임무능력자의 감독자의 책임(제755조)**

   가. **의의**

   ▣ 책임무능력자가 책임을 지지 않는 경우의 문제

   ▣ 입증책임의 전환을 통해 무과실책임에 접근 ⇨ 중간적 책임이라고 할 수 있음(사용자책임, 공작물책임에서 점유자)

   나. **요건**

   1) **책임무능력자의 불법행위**

   ▣ 미성년자의 책임능력

   ● 미성년자는 어느 정도의 연령에서 책임능력을 갖추는가?

   – 일률적인 기준은 없음[1]

   – 다만 미성년자의 책임능력이 인정되면 제755조가 적용되지 않으므로, 책임능력이 없다고 판시하는 경우가 많다는 것임

원심판결의 설시이유에 의하면, 원심은 그 거시의 증거를 종합하여 본건 가해자인 소외 최기태(피고의 아들임)는 원심판결 설시의 본건 사고당시에 **만 14세 2개월된 (1961.4.19. 생) 소년으로서 중학교 3학년에 재학중**이었는데 1975.6.17. 21:00경 그 주소지 동네 콘크리트로 된 다리 위에서 원고는 소외 정구형과 1조가 되고 위 최기태는 소외 조규태와 다른 1조가 되어 각기 한사람씩 대결하는 소위 태그매치 방식의 레스링 놀이를 하게 되었고 그 레스링 놀이에서 원고와 위 소외 조규태가 어울려 레스링을 하던 중 동 소외인이 원고의 밑에 깔리게 되자 동교량 난간에서 이를 보고 있던 위 최기태가 위 조규태를 구원하기 위하여 오른발로 원고의 등을 예고없이 갑자기 밀어버리므로써 원고가 동콘크리트 교량 바닥에 얼굴을 부딪쳐 치아 5개가 탈락되는 상해를 입게 된 사실을 인정하고 그렇다면 본건의 경우에 있어서 가해자가 14년2개월된 중학생이라고는 하나 사고 당시가 야간이고 동 레스링을 한 장소가 다치기쉬운 콘크리트로 된 다리의 맨바닥이었으며

---

1 대체로 12세를 기준으로 할 수 있다는 견해로는 송덕수, 채권법각론(제4판), 511면.

그러한 맨바닥 위에서 얼굴을 지면으로 향하여 엎드려 있는 피해자를 갑자기 아무런 예고없이 발로 밀어버린 위 소외 최기태의 소위는 다른 사정이 없는 한 **불법행위의 책임을 변식할 수 있는 지능을 가진 사람의 행위라고 볼 수는 없는 것**이므로 결국 가해자의 아버지인 피고는 그 보호감독자로서의 주의의무를 해태하지 아니하였음을 주장입증하지 못한 본건에 있어서 가해자의 과실행위로 인하여 원고에게 가한 모든 손해를 배상할 책임이 있다고 판단하였다.

살피건대 기록을 정사하면서 원심이 위 사실을 인정하기 위하여 거친 채증의 과정을 살펴보면 적법하고 거기에 소론 채증법칙 위배의 위법이나 심리미진의 위법있음을 단정할 수 없고 원심판결에 소론 미성년자의 불법행위책임의변식능력이나 감호의무 해태등에 관한 법리오해의 위법이 없으며 논지지적의 본원판결은 본건에 적절한 것이되지 못하여 원판결에 소론 대법원 판결 취지에 위배된 위법이 없다. 논지는 모두 이유없다(1978.11. 28, 78다1805).

2) 감독의무자의 감독의무의 해태

[초등학교에서 발생한 일]

지방자치단체가 설치·경영하는 학교의 교장이나 교사는 학생을 보호·감독할 의무를 지는데, 이러한 보호·감독의무는 교육법에 따라 학생들을 친권자 등 법정감독의무자에 대신하여 감독을 하여야 하는 의무로서 학교 내에서의 학생의 모든 생활관계에 미치는 것은 아니지만, **학교에서의 교육활동 및 이와 밀접 불가분의 관계에 있는 생활관계에 속하고, 교육활동의 때와 장소, 가해자의 분별능력, 가해자의 성행, 가해자와 피해자의 관계, 기타 여러 사정을 고려하여 사고가 학교생활에서 통상 발생할 수 있다고 하는 것이 예측되거나 또는 예측가능성(사고발생의 구체적 위험성)이 있는 경우에는 교장이나 교사는 보호·감독의무 위반에 대한 책임을 진다**고 할 것이다(1994.8.23, 93다60588, 2001. 4.24, 2001다5760 등 참조).

원심은, 그 판시와 같은 사실을 인정한 다음, 망인은 가해학생들로부터 수개월에 걸쳐 이유 없이 폭행 등 괴롭힘을 당한 결과 충격 후 스트레스 장애 등의 증상에 시달리다 결국 자살에까지 이르게 되었음을 알 수 있고, 가해학생들의 망인에 대한 폭행 등은 거의 대부분 학교 내에서 휴식시간 중에 이루어졌고, 또한 수개월에 걸쳐 지속되었으며 당시 학교 내 집단 괴롭힘이 심각한 사회문제로 대두되어 있었으므로, 망인의 담임교사인 소외 1로서는 학생들의 동향 등을 보다 면밀히 파악하였더라면 망인에 대한 폭행 등을 적발하여 망인의 자살이라는 결과를 사전에 예방할 수 있었던 것으로 보이며, 나아가 망인에 대한 폭행사실이 적발된 후에도 소외 1, 2는 망인의 정신적 피해상태를 과소 평가한 나머지 망인의 부모로부터 가해학생들과 망인을 격리해 줄 것을 요청받고도 이를 거절하면서 가해학생들로부터 반성문을 제출받고 가해학생들의 부모들로부터 치료비에 대한 부담과 재발방지 약속을 받는 데 그치는 등 미온적으로 대처하였고, 또한 그 이후의 수학여행 중에도 망인에 대하여 보다 특별한 주의를 기울였어야 함에도 불구하고, 특별교우관계에 있는 학생을 붙여주는 이외에 별다른 조치를 취하지 아니함으로써 결과적으로 망인이 자살에 이르게 하도록 한 원인을 제공한 과실이 있다고 할 것이므로, 피고 경기도는 국가배상법 제2조 제1항에 의하여 그 소속 공무원인 소외 1, 2의 위와 같은 공무수행상의 과실로 인하여 망인 및 원고들이 입은 손해를 배상할 책임이 있다고 판단하였다(2007.4.26, 2005다24318).

⇨ 가해학생이 불법행위능력이 있더라도 책임을 질 수 있음.

다. 배상책임자

- ▣ 책임무능력자를 감독할 법정의무자: 친권자, 미성년후견인, 성년후견인
- ▣ 대리감독자(법정의무자를 갈음하여 책임무능력자를 감독하는 자): 초등학교 교원, 정신병원 의사

라. 책임능력 있는 피감독자(특히 미성년자)의 행위에 대한 책임 ⇨ 일반불법행위(제750조)

미성년자가 책임능력이 있어 그 스스로 불법행위책임을 지는 경우에도 그 손해가 당해 미성년자의 감독의무자의 의무위반과 상당인과관계가 있으면 감독의무자는 일반불법행위자로서 손해배상책임이 있고 이 경우에 그러한 감독의무위반사실 및 손해발생과의 상당인과관계의 존재는 이를 주장하는 자가 입증하여야 한다(1994.2.8, 93다13605).

⇨ 미성년자의 불법행위와 감독의무자 불법행위는 공동불법행위 관계임

- ▣ 이혼으로 인하여 부모 중 1명이 친권자 및 양육자로 지정된 경우 그렇지 않은 부모는 감독의무 부담 ×

이혼으로 인하여 부모 중 1명이 친권자 및 양육자로 지정된 경우 그렇지 않은 부모(이하 '비양육친'이라 한다)에게는 자녀에 대한 친권과 양육권이 없어 자녀의 보호·교양에 관한 민법 제913조 등 친권에 관한 규정이 적용될 수 없다. 비양육친은 자녀와 상호 면접

교섭할 수 있는 권리가 있지만(민법 제837조의2 제1항), 이러한 면접교섭 제도는 이혼 후에도 자녀가 부모와 친밀한 관계를 유지하여 정서적으로 안정되고 원만한 인격발달을 이룰 수 있도록 함으로써 자녀의 복리를 실현하는 것을 목적으로 하고, 제3자와의 관계에서 손해배상책임의 근거가 되는 감독의무를 부과하는 규정이라고 할 수 없다. 비양육친은 이혼 후에도 자녀의 양육비용을 분담할 의무가 있지만, 이것만으로 비양육친이 일반적, 일상적으로 자녀를 지도하고 조언하는 등 보호·감독할 의무를 진다고 할 수 없다. 이처럼 **비양육친이 미성년자의 부모라는 사정만으로 미성년 자녀에 대하여 감독의무를 부담한다고 볼 수 없다.**

다만. … ① 자녀의 나이와 평소 행실, 불법행위의 성질과 태양, 비양육친과 자녀 사이의 면접교섭의 정도와 빈도, 양육 환경, 비양육친의 양육에 대한 개입 정도 등에 비추어 비양육친이 자녀에 대하여 실질적으로 일반적이고 일상적인 지도, 조언을 함으로써 공동 양육자에 준하여 자녀를 보호·감독하고 있었거나, ② 그러한 정도에는 이르지 않더라도 면접교섭 등을 통해 자녀의 불법행위를 구체적으로 예견할 수 있었던 상황에서 자녀가 불법행위를 하지 않도록 부모로서 직접 지도, 조언을 하거나 양육친에게 알리는 등의 조치를 취하지 않은 경우 등과 같이 비양육친의 감독의무를 인정할 수 있는 특별한 사정이 있는 경우에는, 비양육친도 감독의무 위반으로 인한 손해배상책임을 질 수 있다(2022. 4.14, 2020다240021)

2. 사용자책임

가. 의의

나. 사용자책임의 성질

1) 중간적 책임

2) 대위책임 – 사용자 고유의 책임이 아니라 피용자의 불법행위에 대한 대위책임이라고 보는 견해(판례)

▣ 자기책임이라고 하면 사용자의 피용자에 대한 구상권의 논거가 약해짐

다. 다른 책임과의 관계

1) 국가배상법과의 관계: 사용자 책임이 배제되고 국가배상법이 적용

2) 자동차 손해배상보장법과의 관계

▣ 사용자를 '자기를 위하여 자동차를 운행하는 자'라는 개념으로 대체

하여 손해배상의 의무자를 확장하였을 뿐만 아니라, 증명책임을 전환하여 피용자의 과실이 증명되지 않아도 운행자가 면책사유를 주장·증명하지 않는 한 책임을 지지 않을 수 없게 한 점에서 민법상 사용자책임의 특칙임

자동차손해배상보장법 제3조는 불법행위에 관한 민법 규정의 특별 규정이라고 할 것이므로 자동차 사고로 인하여 손해를 입은 자가 자동차손해배상보장법에 의하여 손해배상을 주장하지 않았다고 하더라도 법원은 민법에 우선하여 자동차손해배상보장법을 적용하여야 한다(1997.11.28, 95다29390).

라. 요건
  1) 타인을 사용하여 어느 사무에 종사하게 하였을 것(사용관계)
    ▣ 도급인의 경우: 통상 사용자가 아니므로 제757조가 적용
      ● 그러나 도급인을 사용자로 볼 수 있는 사정이 있으면 제756조 적용됨
  2) 업무집행관련성
    ▣ 업무집행관련성의 의의 - 외형이론

민법 제756조에 정한 '사무 집행에 관하여'라는 규정의 뜻은, **원칙적으로는 그 행위가 피용자의 직무 범위에 속하는 행위여야 하나 피용자의 직무 집행 행위 그 자체는 아니더라도 그 행위의 외형으로 관찰하여 마치 직무의 범위 내에 속하는 것과 같이 보이는 행위도 포함하는 것**으로 새겨야 한다(1997.9.26, 97다21499).

    ▣ 거래행위적 불법행위: 피용자의 불법행위가 거래행위의 모습을 띠고 있는 경우
      ● 외관 신뢰에 있어서 피해자의 고의/중과실이 없어야 함
      ● 본래 직무와 불법행위와의 관계, 사용자의 위험창출 및 위험방지 결여가 있었는지 여부가 중요

1. 피용자의 불법행위가 외관상 사무집행의 범위 내에 속하는 것으로 보이는 경우에 있어서도, 피용자의 행위가 사용자나 사용자에 갈음하여 그 사무를 감독하는 자의 사무집행 행위에 해당하지 않음을 **피해자 자신이 알았거나 또는 중대한 과실로 인하여 알지 못한 경우에는 사용자책임을 물을 수 없고**, 사용자책임이 면책되는 피해자의 중대한 과실이라 함은 거래의 상대방이 조금만 주의를 기울였더라면 피용자의 행위가 그 직무권한 내에서 적법하게 행하여진 것이 아니라는 사정을 알 수 있었음에도 만연히 이를 직무권한 내의 행위라고 믿음으로써 일반인에게 요구되는 주의의무에 현저히 위반하는 것으로 거의 고의에 가까운 정도의 주의를 결여하고, 공평의 관점에서 상대방을 구태여 보호할 필요가 없다고 봄이 상당하다고 인정되는 상태를 말한다(2003. 2.11, 2002다62029).

2. 민법 제756조에 규정된 사용자책임의 요건인 '사무집행에 관하여'라는 뜻은 피용자의 불법행위가 외형상 객관적으로 사용자의 사업활동 내지 사무집행 행위 또는 그와 관련된 것으로 보일 때에는 행위자의 주관적 사정을 고려함이 없이 이를 사무집행에 관하여 한 행위로 본다는 것이고, **외형상 객관적으로 사용자의 사무집행에 관련된 것인지의 여부는 피용자의 본래 직무와 불법행위와의 관련 정도 및 사용자에게 손해발생에 대한 위험 창출과 방지조치 결여의 책임이 어느 정도 있는지를 고려하여 판단하여야 한다**(2000.3.10, 98다29735).

▣ **사실행위적 불법행위**: 피용자의 불법행위가 순수한 사실행위로서 이루어진 것
- 피해자의 고의/중과실은 요건이 안 됨
- 외관책임을 지우기 위해서는 시간적, 장소적 밀접성, 가해의 동기가 업무처리와 관련되었는지 등이 중요

1. 민법 제756조에 규정된 사용자 책임의 요건인 '사무집행에 관하여'라는 뜻은 피용자의 불법행위가 외형상 객관적으로 사용자의 사업활동 내지 사무집행행위 또는 그와 관련된 것이라고 보일 때에는 행위자의 주관적 사정을 고려함이 없이 이를 사무집행에 관하여 한 행위로 본다는 것으로, 피용자가 고의에 기하여 다른 사람에게 가해행위를 한 경우, 그 행위가 피용자의 사무집행 그 자체는 아니라 하더라도 **사용자의 사업과 시간적, 장소적으로 근접하고, 피용자의 사무의 전부 또는 일부를 수행하는 과정에서 이루어지거나 가해행위의 동기가 업무처리와 관련된 것일 경우에는 외형적,**

객관적으로 사용자의 사무집행행위와 관련된 것이라고 보아 사용자책임이 성립한다. 이 경우 사용자가 위험발생 및 방지조치를 결여하였는지 여부도 손해의 공평한 부담을 위하여 부가적으로 고려할 수 있다.

2. 피용자가 다른 피용자를 성추행 또는 간음하는 등 고의적인 가해행위를 한 경우, 그 행위가 피용자의 사무집행 자체는 아니라 하더라도, 피해자로 하여금 성적 굴욕감 또는 혐오감을 느끼게 하는 방법으로 업무를 수행하도록 하는 과정에서 피해자를 성추행하는 등 그 **가해행위가 외형상 객관적으로 업무의 수행에 수반되거나 업무수행과 밀접한 관련 아래 이루어지는 경우뿐만 아니라, 피용자가 사용자로부터 채용, 계속고용, 승진, 근무평정과 같은 다른 근로자에 대한 고용조건을 결정할 수 있는 권한을 부여받고 있음을 이용하여 그 업무수행과 시간적, 장소적인 근접성이 인정되는 상황에서 피해자를 성추행**하는 등과 같이 외형상 객관적으로 사용자의 사무집행행위와 관련된 것이라고 볼 수 있는 사안에서도 사용자책임이 성립할 수 있다(2009.2.26, 2008다89712).

⇨ 회식 직후의 성추행에 대하여 사용자책임 인정함.

　　　3) 제3자에게 손해를 가했을 것

　　　4) 피용자의 가해행위가 불법행위의 요건을 갖출 것 - 대위책임이므로

　　　5) 사용자 면책사유가 있음을 증명하지 못할 것

마. 배상책임자

　　▣ 사용자 제756조에 기하여, 피용자 제750조에 기하여 책임을 지고, 부진정연대채무관계에 있음

　　▣ 사용자가 피용자에 대하여 구상 가능

CHAPTER

03

물권법

3-1

物권법

건물철거, 토지인도, 퇴거, 부당이득

Ⅰ 건물철거청구[1]

1. 요건사실

📖 **요건사실**

1. 원고가 토지를 소유하고 있는 사실
2. 상대방이 지상 건물을 소유하고 있는 사실(상대방이 위 건물에 대하여 사실상·법률상의 처분권을 가지고 있을 것)

📖 **항변사실**

1. 점유할 권원이 있다(법정지상권, 매매로 인한 점용권, 토지임차권 등).
1. 권리남용 내지 신의칙

2. 철거청구의 상대방

- ▣ 건물 소유명의자 or 건물을 사실상 처분할 수 있는 지위에 있는 자[2] ⇨ 미등기건물의 양수인,[3] 등기된 건물 매수하였으나 등기 경료하지 않은 경우[4] 등

---

1 민법 제214조에 기한 소유권에 기한 방해배제청구권으로 볼 수 있다.
2 사실상 처분할 수 있는 자의 지위에 있다는 사실이 인정되기 위하여 설시하여야 하는 요건사실은 통상 ① 건물의 소유자와 매매 등 소유권취득의 유효한 법률행위를 하였다는 사실, ② 매매대금을 전부 지급하였다는 사실이 통상이며, 여기에 ③ 그 원인행위에 기하여 점유의 이전이 행하여졌다는 사실을 추가할 수 있다.
3 양도담보권자(가등기담보법의 적용을 받든 적용을 받지 않든 상관 없이) 또는 미등기건물에 대한 양도담보계약상의 채권자의 지위를 승계하여 건물을 관리하고 있는 자는 건물을 법률상 또는 사실상 처분할 수 있는 지위에 있지 않다(2003.1.24, 2002다61521). 건물 철거가 가지는 중요성에 비추어 실제 이해관계를 맺고 있는 채무자(양도담보설정자)가 건물 철거의 피고가 되어야 한다는 것이다.
4 1986.12.23, 86다카1751.

CHAPTER

03

물권법

건물철거는 그 소유권의 종국적 처분에 해당하는 사실행위이므로 원칙으로는 그 소유자에게만 그 철거처분권이 있으나 미등기건물을 그 소유권의 원시취득자로부터 양도받아 점유 중에 있는 자는 비록 소유권취득등기를 하지 못하였다고 하더라도 그 권리의 범위 내에서는 점유중인 건물을 법률상 또는 사실상 처분할 수 있는 지위에 있으므로 그 건물의 존재로 불법점유를 당하고 있는 토지소유자는 위와 같은 건물점유자에게 그 철거를 구할 수 있다.

⇨ 건물을 양도한 자는 등기를 이전하지 않았어도 건물에 대하여 관리처분권이 없고 현실로 토지소유권을 침해하고 있지 아니하므로 철거청구의 상대방이 될 수 없고, 실질적 소유자인 양수인이 되어야 한다는 것임(1989.2.14, 87다카3073)

- ◉ 건물 소유자가 토지 1/2 지분을 가지고 있거나 1/2 지분에 관하여 취득시효를 완성한 경우에도 다른 토지공유자의 철거 청구 가능(2003.11.13, 2002다57935)
  - ● 다만, 토지 인도 청구는 불가능(2020.5.21, 2018다287522)

3. 토지소유자가 건물철거가 아닌 건물인도를 구할 수 있는가?

- ◉ 건물인도청구/퇴거청구는 건물 소유자가 소유권에 기한 반환청구로 하는 것이므로 토지소유자가 구할 수 없음

건물 소유자가 건물의 소유를 통하여 타인 소유의 토지를 점유하고 있다고 하더라도 **토지 소유자로서는 건물의 철거와 대지 부분의 인도를 청구할 수 있을 뿐, 자기 소유의 건물을 점유하고 있는 사람에 대하여 건물에서 퇴거할 것을 청구할 수 없다.** 이러한 법리는 건물이 공유관계에 있는 경우에 건물의 공유자에 대해서도 마찬가지로 적용된다(2022.6.30, 2021다276256).

- ◉ 관련문제

甲이 대지의 소유자이고 乙이 적법한 권원에 기하여 위 대지 위에 건물을 지었는데 丙이 무단으로 위 건물을 사용하는 경우

⇨ 甲은 丙에 대하여 건물의 반환이나 건물로부터의 퇴거를 구할 수 없으며, 오로지 건물의 소유자인 乙만이 丙에 대하여 위와 같은 청구를 할 수 있다. 왜냐하면, 위 대지는 건물의 소유

자인 乙이 적법하게 점유하고 있다고 보아야 하므로, 甲의 대지소유권은 丙의 건물의 무단 사용으로 인해 침해되는 바가 없기 때문이다.[5]

Ⅱ 토지인도청구[6]

1. 요건사실

📖 **요건사실**

1. 토지를 소유하고 있는 사실
2. 상대방이 그 토지를 점유하고 있는 사실

📖 **항변사실**

1. 점유할 권원이 있다.

2. 토지인도청구의 상대방

- ▣ 토지의 점유자를 상대로 하여야 함[7]
  - ● 건물 소유자 ⇨ 건물 부지를 점유하고 있으므로 토지인도청구의 상대방임

사회통념상 건물은 그 부지를 떠나서는 존재할 수 없는 것이므로 건물의 부지가 된 토지는 그 건물의 소유자가 점유하는 것으로 볼 것이고, 건물의 소유자가 현실적으로 건물이나 그 부지를 점거하고 있지 아니하고 있더라도 그 건물의 소유를 위하여 그 부지를 점유한다고 보아야 한다(1995.11.14, 95다23200; 동지 1996.6.14, 95다47282; 1996.12.20, 34559).
⇨ 양도담보권자의 경우 가등기담보법의 적용을 받지 않는 경우라면 대외적으로 소유자이므로 건물 부지의 점유자로 보아야 함(1991.6.25, 91다10329; 1967.9.19, 67다1401, 건물철거의 피고가 되는지 쟁점과 구별). 그러나 부당이득반환청구에 있어서는 양도담보권자가 아니라 양도담보설정자를 피고로 보아야 할 것으로 보임(2018.5.30, 2018다201429).

---

5 양창수, "건물의 소유와 부지점유", 민법연구 제5권, 393면 참조.
6 민법 제213조에 기한 소유권에 기한 반환청구권으로 볼 수 있다.
7 점유권의 귀속의 논의실익은 토지인도청구에 있어서 피고 특정, 부당이득반환청구에 있어서 반환의무자의 특정, 취득시효에 있어서 점유 요건 충족 여부에 있다.

- 건물 소유자 아닌 경우(임차인 등) ⇨ 비점유설에 따라 원칙적으로 건물 부지를 점유하고 있지 않은 것으로 봄. 토지인도청구 ✕

미등기건물을 양수하여 건물에 관한 사실상의 처분권을 보유하게 됨으로써 그 양수인이 건물부지 역시 아울러 점유하고 있다고 볼 수 있는 등의 다른 특별한 사정이 없는 한 건물의 소유명의자가 아닌 자로서는 실제로 그 건물을 점유하고 있다고 하더라도 그 건물의 부지를 점유하는 자로는 볼 수 없다(2003.11.13, 2002다57935 등 참조).
⇨ 주의 미등기건물 양수인에 대하여는 건물철거청구+토지인도청구 가능함

3. 가처분 관련

▣ 토지 소유자 甲이 건물 소유자 乙을 상대로 토지인도 및 건물철거청구를 하는 경우

- 甲은 乙을 상대로 점유이전금지가처분(토지와 건물에 관하여)+건물 처분금지가처분 신청 요(건물철거청구는 건물을 법률상 또는 사실상 처분할 수 있는 지위에 있는 자에 대해서 청구해야 함, 1989.2.14, 87다카3073; 1987.11.24, 87다카257)[8]

4. 관련문제: 건물인도청구

가. 요건사실

📖 **요건사실**

1. 건물을 소유하고 있는 사실
2. 상대방이 그 건물을 점유하고 있는 사실

📖 **항변사실**

1. 점유할 권원이 있다.

---

8 만약 토지와 건물에 관하여 점유이전금지가처분만 하고 건물에 관하여 처분금지가처분을 하지 않아서 건물이 乙에서 丙으로 이전된 경우에, 토지인도청구는 乙에 대해서, 건물철거청구는 丙에 대해서 하여야 한다.

나. 건물인도청구의 상대방

○ 건물인도청구에 있어서 간접점유자를 상대로 한 인도청구가 문제가 되는바, 판례는 불법점유를 이유로 한 인도청구와 그 밖의 인도청구(예컨대, 인도 약정에 따라 그 이행을 구하는 경우)로 나누어서, 불법점유자에 대한 인도청구는 현실로 불법점유를 하고 있는 자만을 상대로 하여야 하고, 인도 약정에 따른 이행청구의 경우에는 간접점유자에 대하여도 인도를 구할 수 있다고 한다(1983.5.10, 81다187).

⇨ 불법점유자에 대한 인도청구를 현실로 불법점유하고 있는 자가 아닌 자를 피고로 하여 청구하는 경우에, 본안의 문제이므로 각하할 것이 아니라 청구기각을 하여야 한다.

예를 들어, 건물 소유자 甲이 乙에게 건물을 임대한 후, 乙이 丙에게 위 건물 전부를 전대한 경우에, 임대차 종료 후에 甲은 乙에 대하여 소유권에 기한 건물인도청구를 하여서는 아니 되고 임대차약정에 기하여 건물인도청구를 하여야 하며(이 경우 건물인도청구권은 채권적 권리이다), 丙에 대하여는 소유권에 기하여 건물인도청구를 하여야 한다. 통상 乙, 丙을 공동피고로 하여 건물인도청구를 하는 경우가 많다[법률상 원인이 없는 것이 판명된 경우에 乙, 丙은 건물 전부의 사용·수익에 대한 부당이득금을 (부진정) 연대하여 지급할 의무가 있다].

○ 만약 위 사안에서 乙이 丙에게 '일부'만 전대한 경우에 甲은 임대차 종료 후에 乙, 丙을 공동피고로 하여 乙에 대하여는 임대차약정에 기하여 건물전부의 인도를, 丙에 대하여는 丙이 점유하고 있는 부분에 대한 퇴거를 구하여야 한다[법률상 원인이 없는 것이 판명된 경우에 부당이득반환의 범위는 乙은 건물 전부의 사용·수익에 대한 부당이득금을, 丙은 자신의 점유하는 부분의 사용·수익에 대한 부당이득금을 반환해야 하며 중첩되는 범위에서는 (부진정) 연대하여 지급할 의무가 있다[9]].

⇨ 다만, 실무상 丙에 대하여 인도를 구하는 것도 허용되나, 원칙은 퇴거청구이다.

---

9 어떤 물건에 대하여 직접점유자와 간접점유자가 있는 경우, 그에 대한 점유·사용으로 인한 부당이득의 반환의무는 동일한 경제적 목적을 가진 채무로서 서로 중첩되는 부분에 관하여는 일방의 채무가 변제 등으로 소멸하면 타방의 채무도 소멸하는 이른바 부진정연대채무의 관계에 있다(2012.9. 27, 2011다76747).

Ⅲ 퇴거청구[10]

1. 요건사실

📖 **요건사실**

1. 원고가 토지를 소유하고 있는 사실
2. 상대방이 제3자 소유 건물을 점유하고 있는 사실

2. 항변 관련

▣ 건물에 관한 유치권으로 대항할 수 있는가 ⇨ 不可

건물점유자가 건물의 원시취득자에게 그 건물에 관한 유치권이 있다고 하더라도 그 건물의 존재와 점유가 토지소유자에게 불법행위가 되고 있다면 그 유치권으로 토지소유자에게 대항할 수 없다(189.2.14, 87다카3073).[11]

▣ 주택임대차보호법상의 대항력으로 대항할 수 있는가 ⇨ 不可

건물임차권의 대항력은 기본적으로 건물에 관한 것이고 토지를 목적으로 하는 것이 아니므로 이로써 토지소유권을 제약할 수 없고, 토지에 있는 건물에 대하여 대항력 있는 임차권이 존재한다고 하여도 이를 토지소유자에 대하여 대항할 수 있는 토지사용권이라고 할 수는 없다. 바꾸어 말하면, 건물에 관한 임차권이 대항력을 갖춘 후에 그 대지의 소유권을 취득한 사람은 민법 제622조 제1항이나 주택임대차보호법 제3조 제1항 등에서 그 임차권의 대항을 받는 것으로 정하여진 '제3자'에 해당한다고 할 수 없다(2010.8.19, 2010다43801).

---

10 민법 제214조에 기한 소유권에 기한 방해배제청구권으로 볼 수 있다.
11 만약 건물의 존재가 불법행위가 아닌 경우에는 건물에 관한 유치권은 임차건물의 유지사용에 필요한 범위 내에서 임차대지부분에도 그 효력이 미친다(1980.10.14, 79다1170).

Ⅳ 건물 관련 토지 사용 · 수익에 따른 부당이득반환청구

1. 요건사실

📖 요건사실

1. 토지를 소유하고 있는 사실
2. 상대방이 토지를 사용 · 수익하고 있는 사실(⇨ 실제로는 상대방이 건물을 소유하고 있는 사실을 주장 · 입증하면 족함. 즉 건물을 소유하고 있다는 사실에 의해 건물을 통해 대지를 사용 · 수익하고 있다는 사실이 인정됨)

📖 항변사실

1. 선의의 점유자
1. 취득시효가 완성
1. 법정지상권 취득[12]

2. 토지 사용 · 수익에 따른 부당이득반환의무자

▣ 건물 소유자 ○

1. 타인 소유의 토지 위에 권한 없이 **건물을 소유하고 있는 자는 실제로 이를 사용 · 수익하지 아니하더라도** 특별한 사정이 없는 한 법률상 원인 없이 타인의 재산으로 인하여 토지의 차임에 상당하는 **이익을 얻고** 이로 인하여 **타인에게 동액 상당의 손해를 주고 있다고** 보아야 한다(1998.5.8, 98다2389).
   ⇨ 임대차계약 종료 이후 임차인의 부당이득 반환의무의 법리(실제로 사용 · 수익해야 부당이득반환의무가 성립한다는 취지 1989.2.28, 87다카2114, 2115)와 구별.
2. 건물에 관하여 사실상의 처분권을 보유하게 된 양수인이 따로 존재하는 경우에도 건물 소유자에게 부당이득반환청구 가능함(2011.7.14, 2009다76522, 76539)
3. 이 경우 미등기건물의 원시취득자와 사실상의 처분권자가 토지 소유자에 대하여 부담하는 부당이득반환의무는 동일한 경제적 목적을 가진 채무로서 부진정연대채무 관계에 있음(2022.9.29, 2018다243133, 243140).

---

12 법정지상권을 취득한 경우에 부당이득이 아닌 지료를 지급할 의무가 있다.

4. 채무를 담보하기 위하여 채무자가 자기의 비용과 노력으로 신축하는 건물의 신축허가 명의를 채권자 명의로 한 경우 완성된 건물의 소유권은 이를 건축한 채무자가 원시적으로 취득하고, 채권자가 그 명의로 소유권보존등기를 함으로써 건물에 대한 양도담보가 설정된 것으로 보아야 한다. 이러한 양도담보가 **가등기담보 등에 관한 법률의 적용 대상이 되는 경우에는** 양도담보권자가 청산절차 등을 거쳐 소유권을 취득하기 전까지 특별한 사정이 없는 한 양도담보 설정자가 건물의 소유자로서 이를 현실적으로 점유하면서 사용·수익하고 있다고 볼 수 있으므로 **채권자가 건물에 대한 양도담보권을 취득했다고 해서 그 대지 소유자에게 부당이득반환의무를 부담하는 것은 아니다**(2022.4.14, 2021다263519).

◉ 건물 점유자 ×(건물 임차인 ×)

건물소유자와 건물부지 토지소유자들과의 토지에 관한 임대차계약이 토지임대인측의 해지통고에 의하여 이미 종료됨으로써 건물소유자가 토지에 관한 사용·수익의 권한을 잃게 되었다 하여도 건물소유자는 의연 토지소유자들과의 관계에 있어서는 토지 위에 있는 건물의 소유자인 관계로 전체 부지의 불법점유자라 할 것이고, 따라서 건물부지부분에 관한 차임상당액의 부당이득 전부에 관한 반환의무를 부담하게 되는 것이다. **건물 일부를 점유하고 있는 건물임차인이 그 한도 내에서 토지소유자들에 대하여 부지점유자로서 부당이득반환의무를 진다고 볼 수 없을 것이므로**, 건물소유자는 이러한 채무의 부담한도 내에서 건물임차인의 건물불법점유에 상응하는 부지부분의 사용·수익에 따른 임료 상당의 손실이 생긴 것이고, '가'항과 같이 건물임대차계약 종료 이후 이를 계속 점유·사용하고 있는 건물임차인은 건물소유자에 대한 관계에 있어서 건물부지의 사용·수익으로 인한 이득이 포함된 건물임료 상당의 부당이득을 하였다고 보아야 할 것이다(1994.12.9, 94다27809).

⇨ 일단 건물 임대인만 토지소유자에 대하여 부당이득반환의무 부담함.
⇨ 건물 임대인과 검물 임차인과의 내부 관계: 임대차종료시 건물 임차인이 건물 임대인에 대해서 부당이득반환의무가 있으며, 그 범위는 건물의 차임과 부지부분의 차임(지대)을 포함함.

3. 부당이득반환의 범위

◉ 건물이 부지로 사용하고 있는 부분에 한해서 성립함(기록 볼 때 유의!)

건물철거청구, 토지인도청구 및 부당이득반환청구를 병합하여 청구하는 원고로서는 ①
토지를 소유하고 있는 사실, ② 상대방이 건물을 소유하고 있는 사실(건물을 소유하고
있다는 사실에 의해 건물을 통해 대지를 점유하고 대지를 사용·수익하고 있다는 사실
이 인정되는 것이다)을 주장·입증하면 족하다.
▷ 통상 건물 소유자가 건물철거, 토지인도, 부당이득반환의무자임!

3-2 등기의 추정력

1. 법률상의 추정

- ◙ 등기 경료 ⇨ 등기가 표상하는 실체적 권리관계 존재하는 것으로 법률상 추정
- ◙ 상대방이 추정을 번복하기 위해서 반증이 아닌 본증을 해야 함 ⇨ 입증책임의 전환, 실제는 주장책임도 전환
- ◙ 소유권이전등기 말소청구의 요건사실

소유권이전등기 말소 청구의 요건사실은 ① 원고가 진정한 소유자인 사실, ② 피고(들)의 명의로 등기가 경료된 사실, ③ 그 등기가 원인무효인 사실임
⇨ 일단 등기가 경료된 이상 적법하게 이루어진 것으로 법률상 추정되므로 원고는 그 반대사실 즉 등기원인의 무효사실 또는 등기절차의 위법사실까지 주장·증명하여야 함.

2. 추정력이 미치는 범위

1) 권리(의 귀속)의 추정

부동산등기는 현재의 진실한 권리상태를 공시하면 그에 이른 과정이나 태양을 그대로 반영하지 아니하였어도 유효한 것으로서, 등기명의자가 전 소유자로부터 부동산을 취득함에 있어 등기부상 기재된 등기원인에 의하지 아니하고 다른 원인으로 적법하게 취득하였다고 하면서 등기원인행위의 태양이나 과정을 다소 다르게 주장한다고 하여 이러한 주장만 가지고 그 등기의 추정력이 깨어진다고 할 수는 없다(1996.2.27, 95다42980).

2) 등기원인의 추정

매매를 원인으로 소유권이전 등기가 거쳐진 경우 전 소유명의인이 이를 부인하고 그 등기원인의 무효를 주장하여 소유권이전등기의 말소등기절차의 이행을 구하려면 그 무효사실을 주장하고 이를 입증하여야 할 책임이 있다(1977.6.7, 76다3010).

3) 각종 약정의 추정

4) 절차의 적법 추정

5) 등기절차의 전제요건 구비의 추정

소유권이전등기가 전 등기명의인의 직접적인 처분행위에 의한 것이 아니라 제3자가 그 처분행위에 개입된 경우 현 등기명의인이 그 제3자가 전 등기명의인의 대리인이라고 주장하더라도 현 소유명의인의 등기가 적법히 이루어진 것으로 추정되므로, 그 등기가 원인무효임을 이유로 그 말소를 청구하는 전 소유명의인으로서는 반대사실, 즉 그 제3자에게 전 소유명의인을 대리할 권한이 없었다든가 또는 제3자가 전 소유명의인의 등기서류를 위조하는 등 등기절차가 적법하게 진행되지 아니한 것으로 의심할 만한 사정이 있다는 등의 무효사실에 대한 증명책임을 진다(2009.9.24, 2009다37831).

3. 소유권보존등기와 소유권이전등기의 추정력

○ 소유권보존등기는 소유권 보존 이외의 권리변동이 진실하다는 점에 관하여는 추정력이 없다. 따라서 보존등기 명의인이 원시취득자가 아니라는 점이 입증되면 소유권보존등기의 추정력은 깨진다. 그러나 특별조치법에 의해 경료된 소유권보존등기의 추정력은 위와 같은 점이 입증되더라도 깨지지 않는다.

○ 소유권이전등기는 ① 물권변동이 유효하게 성립한 것으로 추정하는데, 그 물권변동은 제3자에 대한 관계에서는 물론 전 소유자에 대하여도 추정되며, ② 등기원인을 법률상 추정하므로 등기명의자가 등기원인행위의 태양이나 과정을 다르게 주장하거나 다른 원인을 주장하더라도 그것만으로 등기의 추정력이 깨진다고 할 수 없으며, ③ 등기절차의 전제요건을 구비한 것으로 추정된다(예를 들면, 매매가 전소유자의 대리인과 사이에 이루어진 것이라고 주장하는 경우 그 대리권의 존재가 일응 추정된다).

○ 민법 제200조 소정의 점유자의 권리추정 규정은 특별한 사정이 없는 한 부동산물권에 대하여는 적용되지 않고 부동산의 등기에 의해서만 권리추정력이 인정된다. 미등기 토지에 대한 점유자가 있는 경우에도 토지대장등본에 토지의 소유자로 등재된 자가 소유권자로 추정된다(1976.9.28, 76다1431).

1) 소유권보존등기의 추정력 – 다소 약함

소유권보존등기가 경료되어 있는 이상 그 보존등기 명의자에게 소유권이 있음이 추정된다 하더라도, **그 보존등기 명의자가 보존등기하기 이전의 소유자로부터 부동산을 양수한 것이라고 주장하고 전 소유자는 양도사실을 부인하는 경우에는 그 보존등기의 추정력은 깨어지고** 그 보존등기 명의자측에서 그 양수사실을 입증할 책임이 있다(1982.9.14, 82다카707).

⇨ 소유권보존등기는 소유권이 진실하게 보존되어 있다는 사실에 관하여서만 추정력이 있고 소유권보존 이외의 권리변동이 진실하다는 점에 관하여서는 추정력이 없기 때문이다. 따라서 보존등기 명의인이 원시취득자가 아니라는 점이 증명되면 그 보존등기의 추정력은 깨진다. 추정력이 깨진 경우에 보존등기 명의인은 실체적 권리관계에 부합한다는 점(재항변)을 입증하여야 할 것이다(1996.6.28, 96다16247).

2) 소유권이전등기의 추정력 – 강력

부동산등기는 현재의 진실한 권리상태를 공시하면 그에 이른 과정이나 태양을 그대로 반영하지 아니하였어도 유효한 것이므로, **등기명의자가 전 소유자로부터 부동산을 취득함에 있어 등기부상 기재된 등기원인에 의하지 아니하고 다른 원인으로 적법하게 취득하였다고 하면서 등기원인행위의 태양이나 과정을 다소 다르게 주장한다고 하여 이러한 주장만 가지고 그 등기의 추정력이 깨어진다고 할 수 없을 것이므로,** 이러한 경우에도 이를 다투는 측에서 등기명의자의 소유권이전등기가 전 등기명의인의 의사에 반하여 이루어진 것으로서 무효라는 주장·입증을 하여야 한다(1993.5.11, 92다46059; 동지 2000.3.10, 99다65462; 1996.2.27, 95다42980; 2005.9.29, 2003다40651).

⇨ 원래 망 甲의 소유였던 이 사건 토지에 관하여 1985. 6. 4. 매매를 원인으로 한 피고 명의의 소유권이전등기가 경료되었는바, 망 甲의 상속인 중의 1인인 원고는 피고에 대하여 위 소유권이전등기가 원인무효임을 이유로 말소등기를 청구하였다. 이에 대하여 피고는 피고 명의의 위 소유권이전등기의 등기원인 매매일자에 이 사건 토지를 망 甲이나 그 상속인들로부터 직접 매수한 사실은 없으나, 망 甲의 3남인 소외 乙이 망인으로부터 증여를 받아 그의 처남인 피고 앞으로 위의 매매를 원인으로 소유권이전등기를 하는 방법으로 명의신탁하였다고 주장하였다. 이러한 피고의 주장에 대하여 원심은 피고가 피고 명의의 소유권이전등기의 등기원인인 매매사실이 없다고 자인하고 있는 이상, 피고 명의의 소유권이전등기의 추정력은 깨어졌다는 이유로 원고의 청구를 인용하였으나, 대법원은 위 원심판결을 파기하였다.

3) 추정의 번복

**전 소유자가 사망한 이후에 그 명의의 신청에 의하여 이루어진 이전등기는 일단 원인무
효의 등기**라고 볼 것이어서 등기의 추정력을 인정할 여지가 없으므로, 그 등기의 유효를
주장하는 자가 현재의 실체관계와 부합함을 입증할 책임이 있다(1983.8.23, 83다카597).
⇨ 위와 같은 경우에 등기명의인은 그 등기원인이 이미 존재하고 있으나 아직 등기신청을 하
지 않고 있는 동안에 등기의무자에 대하여 상속이 개시되어 당해 등기를 상속인이 신청하
였다거나 등기신청을 등기공무원이 접수한 후 등기를 완료하기 전에 본인이나 그 대리인이
사망한 경우와 같은 특별한 사정을 입증해야 등기추정력의 번복을 막을 수 있는 것이다
(2004.9.3, 2003다3157).

1. 명의신탁의 법률관계

가. 명의신탁의 유형

1) 양자간 등기명의신탁(기본형)

2) 삼자간 등기명의신탁(중간생략명의신탁)

- ▣ 신탁자가 수탁자와 명의신탁약정을 맺고, 신탁자가 매매계약의 당사자가 되어 매도인과 매매계약을 체결하되, 다만 등기를 매도인으로부터 수탁자 앞으로 직접 이전하는 것임

3) 계약명의신탁

- ▣ 신탁자가 수탁자와 명의신탁약정을 맺고 **수탁자가 매매계약의 당사자**가 되어 매도인과 매매계약을 체결한 후 그 등기를 수탁자 앞으로 이전등기하는 것임
- ▣ **수탁자가 매매계약의 당사자라는 점에서 신탁자가 매매계약의 당사자인 삼자간 등기명의신탁과 구별됨**

나. 부동산 실권리자명의 등기에 관한 법률

- ▣ 핵심내용
  - ● 명의신탁약정을 무효로 하고, 명의신탁약정에 따른 물권변동도 무효로 함(제4조 제1항, 제2항 본문)
    - −다만, 위 무효는 제3자에게 대항하지 못함(제4조 제3항)
  - ● 그러나 계약명의신탁에 있어서 선의 매도인인 경우에 물권변동을 유효로 봄(제4조 제2항 단서)
- ▣ 배우자, 종중에 있어서는 명의신탁 허용 ⇨ 과거 명의신탁 이론 적용
  - ● 대내적 신탁자 소유/대외적 수탁자 소유: 수탁자의 처분행위는 원칙적으로 유효하고 제3자는 선·악의 불문하고 소유권 취득함, 신탁자가 수탁자를 대위함이 없이 신탁재산에 대한 침해 배제 불가(1979. 9.25, 77다1079 전합)

- 신탁자는 수탁자에 대하여 신탁해지를 원인으로 소유권이전등기를 구할 수도 있고, 신탁해지를 원인으로 하여 소유권에 기해서도 같은 청구를 할 수 있음(1980.12.9, 79다634)
- 명의신탁이 유효한 경우 신탁자가 제3자에게 직접 처분하면서 수탁자 및 제3자와의 합의 아래 중간등기를 생략하고 수탁자에게서 바로 제3자 앞으로 소유권이전등기를 마친 경우 ⇨ 사해행위 해당

[판례 1]

(1) 부부간의 명의신탁약정은 특별한 사정이 없는 한 유효하고(부동산 실권리자명의 등기에 관한 법률 제8조 참조), … 이와 같이 명의신탁관계가 종료된 경우 신탁자의 수탁자에 대한 소유권이전등기청구권은 신탁자의 일반채권자들에게 공동담보로 제공되는 책임재산이 된다.

그런데 **신탁자가 이러한 유효한 명의신탁약정을 해지함을 전제로 신탁된 부동산을 제3자에게 직접 처분하면서 수탁자 및 제3자와의 합의 아래 중간등기를 생략하고 수탁자에게서 곧바로 제3자 앞으로 소유권이전등기를 마쳐 준 경우** 이로 인하여 신탁자의 책임재산인 수탁자에 대한 소유권이전등기청구권이 소멸하게 되므로, 이로써 신탁자의 소극재산이 적극재산을 초과하게 되거나 채무초과상태가 더 나빠지게 되고 신탁자도 그러한 사실을 인식하고 있었다면 이러한 신탁자의 법률행위는 **신탁자의 일반채권자들을 해하는 행위로서 사해행위에 해당한다.**

(2) … , 정재호가 그의 처인 김혜선에게 명의신탁한 이 사건 토지 및 건물을 김혜선의 동의 아래 직접 피고에게 매도함으로써 위 둘 사이의 명의신탁관계는 해지되었다 할 것이고, 이로 인하여 정재호가 갖게 되는 소유권이전등기청구권은 신탁자인 정재호의 일반채권자들에게 공동담보로 제공되는 책임재산이 되는데, 정재호가 김혜선, 피고와의 합의 아래 김혜선에게서 곧바로 피고 앞으로 소유권이전등기를 마쳐 줌으로써 책임재산인 소유권이전등기청구권이 소멸하였고 이로 인하여 정재호의 소극재산이 적극재산을 초과하게 되거나 채무초과상태가 더 나빠지게 되었으므로, 위와 같은 부동산 매매계약은 정재호의 일반채권자들을 해하는 행위로서 사해행위에 해당한다고 할 것이다(2016.7.29, 2015다56086).

⇨ 주문은 변론 종결시 신탁된 부동산 가액에서 일반 채권자에게 공해지지 않는 부분(근저당권의 피담보채권액, 전세권설정등기를 마친 전세금액 등)을 뺀 나머지를 가액배상하는 것임

부동산의 명의수탁자가 신탁행위에 기한 반환의무의 이행으로서 신탁부동산의 소유권이전등기를 경료하는 행위 또는 명의신탁자가 명의수탁자로부터 그 등기를 회복하는 중간단계로서 제3자에게 소유권이전등기를 경료하는 행위는 기존채무의 이행으로서 명의수탁자 채권자에 대하여 사해행위를 구성하지 않는다(2001.8.24, 2001다35884; 동지 1981.2.24, 80다1963; 1996.9.20, 95다1965).[1]

2. 신탁자의 권리 구제 방법[2]

1) 양자간 등기명의신탁(기본형)

- ▣ 명의신탁약정이 무효가 되므로 신탁자는 소유권을 회복함 ⇨ 소유권에 기한 방해배제청구로서 수탁자에 대하여 등기말소 구함, 진정명의 회복 청구도 가능
  - ● 불법원인급여가 아니라고 판시(2019.6.20, 2013다218156 전합)
- ▣ 명의신탁은 무효이므로 명의신탁해지를 원인으로는 불가!

2) 삼자간 등기명의신탁(중간생략명의신탁)

- ▣ 수탁자 명의의 소유권이전등기는 무효임 ⇨ 매도인은 소유권에 기한 물권적 청구권(방해배제청구)으로 수탁자에게 그 명의 등기의 말소를 청구할 수 있고, 진정명의 회복 청구도 가능
- ▣ 매도인과 신탁자간의 매매계약은 유효
- ▣ 결국 신탁자는 매도인에 대한 소유권이전등기청구권을 보전하기 위하여 매도인을 대위하여 수탁자에 대하여 그 명의의 소유권이전등기의 말소(또는 매도인 앞으로 진정명의회복)를 구할 수 있고, 매도인에게는 위 매매계약을 원인으로 한 소유권이전등기를 구할 수 있음

---

1 부동산실명법은 배우자간의 명의신탁, 종중 재산의 명의신탁의 유효성을 인정하므로, 채권자가 사해행위로 주장하는 소유권이전행위가 명의신탁의 해지로 인한 소유권회복의 성격을 갖는다면 사해행위로 인정될 수 없다. 실무에 있어서 배우자간의 증여가 이루어진 경우, 부동산이 종중재산의 성격을 갖는 경우에 수익자가 명의신탁의 해지로 인한 소유권회복이라고 주장하는 경우가 많다.
2 수탁자가 제3자에게 처분한 경우에는 명의신탁 약정의 무효를 제3자에게 대항하지 못하므로, 제3자는 유효하게 소유권을 취득하므로 신탁자가 아래와 같은 구제수단을 취할 수 없음에 유의해야 한다.

- 신탁자의 매도인에 대한 소유권이전등기청구권의 소멸시효 관련하여 신탁자가 부동산을 인도받아 점유하고 있으면 소멸시효 진행하지 않음(2013.12.12, 2013다26647)
- ▣ 그러나 명의신탁자는 명의수탁자를 상대로 부당이득반환을 원인으로 한 소유권이전등기를 구할 수 없음(2008.11.27, 2008다55290, 55306)
- ▣ 매도인이 수탁자 앞으로 소유권이전해 준 후에 신탁자가 매매계약이 유효함을 이유로 매도인에게 매매계약상의 권리를 행사할 수 있는지 여부 (대금 반환 또는 재차 소유권이전등기 구하는 경우)
  - 2002.3.15, 2001다61654(실명법 시행 전에 신탁자의 권리 행사는 신의칙에 반한다고 함)
  - 최근 2021.9.9, 2018다284233의 다수의견은 위 판결이 타당하다고 함. 반대의견은 위 판결이 실명법 시행 후에는 적용되지 않는다고 함
- ▣ 삼자간 명의신탁에서 수탁자가 처분한 경우 수탁자는 신탁자의 매도인에 대한 소유권이전등기청구권을 침해하였으므로 신탁자는 수탁자의 고의를 입증하여 수탁자에 대하여 채권침해를 원인으로 한 불법행위 청구 가능(2022.6.8, 2020다208997).
- ▣ 삼자간 명의신탁에서 명의신탁자가 제3자와 사이에 부동산 처분에 관한 약정을 맺고 그 약정에 기하여 명의수탁자에서 제3자 앞으로 마쳐준 소유권이전등기는 다른 특별한 사정이 없는 한 실체관계에 부합하는 등기로서 유효(2022.9.29, 2022다228933).

3) 계약명의신탁
- ▣ 매도인이 선의인 경우
  - 수탁자 앞으로 소유권이전등기는 확정적으로 유효[3]

---

3 부동산경매절차에서 부동산을 매수하려는 사람이 매수대금을 자신이 부담하면서 타인의 명의로 매각허가결정을 받기로 함에 따라 그 타인이 경매절차에 참가하여 매각허가가 이루어진 경우에도 그 경매절차의 매수인은 어디까지나 그 명의인이므로 경매 목적 부동산의 소유권은 매수대금을 실질적으로 부담한 사람이 누구인가와 상관없이 그 명의인이 취득한다 할 것이고, 이 경우 매수대금을 부담한 사람과 이름을 빌려 준 사람 사이에는 명의신탁관계가 성립한다(2008.11.27, 2008다62687 등 참조). 이러한 경우 매수대금을 부담한 명의신탁자와 명의를 빌려 준 명의수탁자 사이의 명의신

- 신탁자는 수탁자에게 제공한 매수자금에 대하여만 부당이득반환청구 가능(2005.1.28, 2002다66922)
- ▣ 매도인이 악의인 경우
  - 수탁자 명의의 등기는 무효(제4조 제2항 본문) ⇨ 매매계약이 원시적으로 물권변동이라는 목적을 달성할 수 없는 계약이 되어 무효가 됨
  - 따라서 매도인은 수탁자에 대하여 소유권에 기하여 소유권이전등기의 말소를 구하거나 진정명의회복을 원인으로 소유권이전등기를 구할 수 있음 ↔ 수탁자는 매도인에 대하여 지급한 매매대금의 반환을 구할 수 있음
  - 신탁자는 수탁자에게 제공한 금원에 대한 부당이득반환청구권을 가지므로, 수탁자를 대위하여 수탁자의 매도인에 대한 매매대금 상당 부당이득반환청구권 행사 가능(전제: 수탁자가 무자력)
  - 결국 신탁자가 부동산에 관하여 소유권등기를 마칠 수 있는 방법이 없음[4]
- ▣ 계약명의신탁에서 매도인이 악의인지 여부는 매매계약 체결시를 기준으로 판단 요함. 계약 체결 이후 악의는 계약과 등기 효력에 영향을 못 미침(2018.4.10, 2017다257715)
- ▣ 조합에서 조합원 1인 명의로 등기 시 명의신탁 법리 적용됨

탁약정은 '부동산 실권리자명의 등기에 관한 법률'(이하 '부동산실명법') 제4조 제1항에 의하여 무효이나(2009.9.10, 2006다73102 등 참조), 경매절차에서의 소유자가 위와 같은 명의신탁약정 사실을 알고 있었거나 소유자와 명의신탁자가 동일인이라고 하더라도 그러한 사정만으로 그 명의인의 소유권취득이 부동산실명법 제4조 제2항에 따라 무효로 된다고 할 것은 아니다. 비록 경매가 사법상 매매의 성질을 보유하고 있기는 하나 다른 한편으로는 법원이 소유자의 의사와 관계없이 그 소유물을 처분하는 공법상 처분으로서의 성질을 아울러 가지고 있고, 소유자는 경매절차에서 매수인의 결정 과정에 아무런 관여를 할 수 없는 점, 경매절차의 안정성 등을 고려할 때 경매부동산의 소유자를 위 제4조 제2항 단서의 '상대방 당사자'라고 볼 수는 없기 때문이다(2012.11.15, 2012다69197). ⇨ 결론적으로 낙찰인이 소유권을 취득한다.

4 신탁자가 매매계약의 당사자가 아니라는 점에서 신탁자가 매도인으로부터 소유권등기를 마칠 수 있는 방법이 없다.

1. 매수인들이 상호 출자하여 공동사업을 경영할 것을 목적으로 하는 조합이 조합재산으로서 부동산의 소유권을 취득하였다면 민법 제271조 제1항의 규정에 의하여 당연히 그 조합체의 합유물이 되고, 다만 그 조합체가 합유등기를 하지 아니하고 그 대신 조합원 1인의 명의로 소유권이전등기를 하였다면 이는 조합체가 그 조합원에게 명의신탁한 것으로 보아야 한다(2006.4.13, 2003다25256).

   ⇨ 조합원 1인 명의 등기는 명의신탁이므로 무효임, 매도인이 선의이면 유효일 수 있음

   ⇨ 다른 조합원은 명의신탁 **해지**를 원인으로 소유권이전등기 청구 불가

   ⇨ 통상 명의신탁 법리 그대로 적용

2. **조합원들이 공동사업을 위하여 매수한 부동산에 관하여 합유등기를 하지 않고 조합원 중 1인 명의로 소유권이전등기를 한 경우** 조합체가 조합원에게 명의신탁한 것으로 보아야 한다. 조합체가 조합원에게 명의신탁한 부동산의 소유권은 물권변동이 무효인 경우 매도인에게, 유효인 경우 명의수탁자에게 귀속된다. 이 경우 조합재산은 소유권이전등기청구권[5] 또는 부당이득반환채권이고, **신탁부동산 자체는 조합재산이 될 수 없다.**

   ⇨ 선의 계약명의신탁에서 조합재산은 조합원(수탁자)에 대한 매매대금에 해당하는 부당이득반환채권 등이고 신탁부동산인 이 사건 임야는 조합재산이 될 수 없으므로 조합원이 탈퇴 시 명의신탁 부동산에 대하여 조합재산임을 전제로 지분이전등기를 청구할 수 없다고 한 사례(2019.6.13, 2017다246180).

3. 명의신탁과 사해행위 취소

   ▣ 채무초과인 수탁자의 처분행위가 수탁자의 채권자에 대하여 사해행위로 인정되지 않는 경우 ⇨ 수탁자 명의의 등기가 무효인 경우

부동산에 관하여 부동산실권리자명의등기에관한법률 제4조 제2항 본문이 적용되어 **명의수탁자인 채무자 명의의 소유권이전등기가 무효인 경우에는 그 부동산은 채무자의 소유가 아니기 때문에 이를 채무자의 일반 채권자들의 공동담보에 공하여지는 책임재산이라고 볼 수 없고,** 채무자가 위 부동산에 관하여 제3자와 근저당권설정계약을 체결하고 나아가 그에게 근저당권설정등기를 마쳐주었다 하더라도 그로써 채무자의 책임재산

---

5 삼자간 등기명의신탁으로 인정되면 조합이 매수인이 되므로 필수적 공동소송의 형태로 매도인을 상대로 소유권이전등기를 구할 수 있다.

에 감소를 초래한 것이라고 할 수 없으므로 이를 들어 채무자의 일반 채권자들을 해하는 사해행위라고 할 수 없고, 채무자에게 사해의 의사가 있다고 볼 수도 없다(2000.3.10, 99다55069; 2002.6.14, 2000다30622).

● **구별)** 채무초과인 수탁자의 처분행위가 수탁자의 채권자에 대하여 사해행위로 인정되는 경우 ⇨ 수탁자 명의의 등기가 유효한 경우

명의신탁자와 명의수탁자가 이른바 계약명의신탁 약정을 맺고 명의수탁자가 당사자가 되어 명의신탁 약정이 있다는 사실을 알지 못하는 소유자와의 사이에 부동산에 관한 매매계약을 체결한 후 그 매매계약에 따라 당해 부동산의 소유권이전등기를 명의수탁자 명의로 마친 경우에는 … 그 **명의수탁자는 당해 부동산의 완전한 소유권을 취득**하게 되고 다만 명의신탁자에 대하여 그로부터 제공받은 매수자금 상당액의 부당이득반환의무를 부담하게 되는바(2005.1.28, 2002다66922 등 참조),[6] … 명의수탁자의 재산이 채무의 전부를 변제하기에 부족한 경우 **명의수탁자가 위 부동산을 명의신탁자 또는 그가 지정하는 자에게 양도하는 행위**는 특별한 사정이 없는 한 다른 채권자의 이익을 해하는 것으로서 다른 채권자들에 대한 관계에서 **사해행위**가 된다(2008.9.25, 2007다74874).

▣ 계약명의신탁에서 매도인이 선의인 경우, 신탁자가 명의신탁 재산을 실질적으로 처분한 경우 ⇨ 신탁자의 채권자에 대하여 사해행위 해당 ×

계약명의신탁약정에 따라 수탁자가 당사자가 되어 명의신탁약정이 있다는 사실을 알지 못하는 소유자와 사이에 부동산에 관한 매매계약을 체결한 후 그 매매계약에 따라 수탁자 명의로 소유권이전등기를 마친 경우에는 신탁자와 수탁자 사이의 명의신탁약정의 무효에도 불구하고 수탁자는 당해 부동산의 완전한 소유권을 취득하게 되고, 다만 수탁자는 신탁자에 대하여 매수대금 상당의 부당이득반환의무를 부담하게 된다. 또한 신탁자와 수탁자 사이에 신탁자의 지시에 따라 부동산의 소유 명의를 이전하기로 약정하였더라도 이는 명의신탁약정이 유효함을 전제로 명의신탁 부동산 자체의 반환을 구하는 범주에 속하는 것에 해당하여 역시 무효이다. 그리고 이와 같이 신탁자가 수탁자에 대하여

---

6 명의신탁자는 명의수탁자에 대하여 가지는 매매대금 상당의 부당이득반환청구권에 기하여 유치권을 행사할 수 없다(2009.3.26, 2008다34828).

부당이득반환채권만을 가지는 경우에는 그 부동산은 신탁자의 일반채권자들의 공동담보에 제공되는 책임재산이라고 볼 수 없고, **신탁자가 위 부동산에 관하여 제3자와 매매계약을 체결하는 등 신탁자가 실질적인 당사자가 되어 처분행위를 하고 소유권이전등기를 마쳐주었다고 하더라도 그로써 신탁자의 책임재산에 감소를 초래한 것이라고 할 수 없으므로, 이를 들어 신탁자의 일반채권자들을 해하는 사해행위라고 할 수 없다**(2013. 9.12, 2011다89903).

- 구별!) 양자간 명의신탁의 경우와 구별 ⇨ 신탁자가 명의신탁 재산을 실질적으로 처분한 경우에 신탁자의 채권자에 대하여 사해행위 해당 ○

'부동산 실권리자명의 등기에 관한 법률'의 시행 후에 부동산의 소유자가 등기명의를 수탁자에게 이전하는 이른바 **양자간 명의신탁의 경우 명의신탁약정에 의하여 이루어진 수탁자 명의의 소유권이전등기는 원인무효로서 말소되어야 하고, 부동산은 여전히 신탁자의 소유**로서 신탁자의 일반채권자들의 공동담보에 제공되는 책임재산이 된다. 따라서 신탁자의 일반채권자들의 공동담보에 제공되는 책임재산인 신탁부동산에 관하여 채무자인 신탁자가 직접 자신의 명의 또는 수탁자의 명의로 제3자와 매매계약을 체결하는 등 신탁자가 실질적 당사자가 되어 법률행위를 하는 경우 이로 인하여 신탁자의 소극재산이 적극재산을 초과하게 되거나 채무초과상태가 더 나빠지게 되고 신탁자도 그러한 사실을 인식하고 있었다면 이러한 **신탁자의 법률행위는 신탁자의 일반채권자들을 해하는 행위**로서 사해행위에 해당할 수 있다. 이 경우 사해행위취소의 대상은 신탁자와 제3자 사이의 법률행위가 될 것이고, **원상회복은 제3자가 수탁자에게 말소등기절차를 이행하는 방법에 의할 것이다**(2012.10.25, 2011다107382).
⇨ 수탁자를 등기의무자로 보았음에 주의!(제10회 변시 출제)

3-4 취득시효

I 점유취득시효

점유시효취득의 요건사실[1]

1. 20년간 점유해 온 사실

항변사유

1. 타주점유이다.◇
    -1. 권원의 성질상 소유자로 볼 수 없는 특별한 사유◈
    -1. 경험칙상 소유자로 볼 수 없는 특별한 사유
1. 타주점유로 전환되었다.
1. 시효중단※
1. 시효소멸
1. 시효이익의 포기
1. 이행불능 ⅰ
1. 평온성이 없었다.
1. 공연성이 없었다.
1. 국유재산이다.◆

재항변사유

1. ◇소유의 의사를 표시하였다.
1. ◈새로운 권원에 의하여 점유하였다.
1. ※시효중단 사유 소멸(소 취하, 기각 등)
1. ⅰ제3자 명의의 소유권이전등기가 무효
1. ◆일반재산이다.
1. ◆공용폐지되었다.

---

[1] 부당이득반환청구, 소유권등기말소청구, 건물 철거 및 토지 인도청구의 피고의 항변사실이기도 하다.

"원고는 ○○○○. ○○. ○○.경 이 사건 토지를 점유하였고, ○○○○. ○○. ○○.경(또는 현재까지) 이 사건 토지를 점유하였으므로, 20년간 계속하여 이 사건 토지를 점유하였던 것으로 추정되고(민법 제198조), 또한 원고의 점유는 소유의 의사로, 평온, 공연하게 점유한 것으로 추정된다(민법 제197조)"라고 기재함.

1. 요건

가. 20년간 점유

1) 점유개시의 기산점

- ▣ **원칙**: 시효의 기초가 되는 점유(고정시설, 1971.9.28, 71다1446, 1447)[2]
- ▣ **예외**: 계속해서 등기명의인이 동일하여 취득자의 변동이 없는 경우 (1998.4.14, 97다44089)[3]

2) 점유 개시 시기 선택권

- ▣ 점유가 순차로 승계된 경우라면 원고로서는 자기의 점유만을 주장할 수도 있고, 자기의 점유와 전 점유자의 점유를 아울러 주장하는 선택권이 있음 ⇨ 이 경우에도 점유 개시시기를 전점유자의 점유기간 중의 임의시점을 택하여 주장할 수 없음(1982.1.26, 81다826).[4]

점유가 순차로 여러 사람에게 승계된 경우에 점유의 이익을 수용 주장하는 사람은 자기의 점유만을 주장하거나 또는 자기의 점유와 그 전 점유자의 점유를 아울러 주장할 수 있는 선택권이 있으므로(그 선택 여하에 따라 제3자의 권리에 미치는 영향이 다르다고 하더라도), <u>그 직전 점유자의 점유만을 병합 주장하거나 그 모든 전점유자의 점유를 병합주장하는 것은 그 주장하는 사람의 임의선택에 속하고, 다만 이와 같은 경우에도 그 점유시기를 점유기간 중의 임의의 시점을 선택할 수 없는 것이다</u>(1982.1.26, 81다826).

---

2 뒤에서 보는 4원칙에 해당한다.
3 점유를 승계한 경우에도 같은 법리가 적용됨(1998.5.12, 97다34037). 등기청구권에 관한 5원칙에 의해서도 고정시설 예외가 인정된다.
4 예외가 있음에 유의(각주 3 참조).

나. 소유의 의사-자주점유 유무[5]

1) 자주점유의 추정(제197조 제1항)

취득시효에 있어 자주점유의 요건인 소유의 의사는 객관적으로 점유권원의 성질에 의하여 그 존부를 결정하여야 할 것이고, 다만 그 점유권원의 성질이 분명하지 않을 때에는 민법 제197조 제1항에 의하여 소유의 의사로 점유한 것으로 추정된다(2000.9.29, 99다50705).

2) 자주점유의 번복

- ▣ 악의의 무단점유(1997.8.21, 95다28625 전합) ⇨ 점유권원이 부존재하는 경우임
  - ● ① 점유 개시 당시에 소유권 취득의 원인이 될 수 있는 법률행위 기타 법률요건이 부존재(객관적 요소), ② 점유자가 그와 같은 법률행위나 법률요건이 없다는 사실을 잘 알고 있어야 함(주관적 요소)
  - ● ①에 의하여 ②가 추정되지 않음(2001.5.28, 2001다5913)
- ▣ 건물 부지를 매수하지 않고 건물만 매수(1998.3.13, 97다55447)

무허가건물을 매수할 당시에 이미 그 건물의 부지가 타인의 소유라는 사정을 잘 알면서도 건물만을 매수한 후 그 건물 부지에 대한 점유를 개시한 경우, 매수인이 그 건물 부지에 대한 점유를 개시할 당시에 성질상 소유권 취득의 원인이 될 수 있는 법률행위 기타 법률요건이 없이 그와 같은 법률요건이 없다는 사정을 알면서 점유한 것이므로, 매수인이 그 건물 부지를 소유의 의사로 점유한 것이라는 추정은 깨어졌다고 보아야 하고, 달리 특별한 사정이 없는 한 그의 점유는 **타주점유로 보아야 한다**(1998.3.13, 97다55447).

3) 자주점유 여부 판단 방법

[핵심정리]
1. 판례는 소유의 의사는 점유권원의 성질에 의하여 그 존부를 결정하여야 하며, 다만 점유권원의 성질이 불분명한 경우에 민법 제197조 제1항에 의하여 점유자는 소유의 의사로 추정된다고 보고 있음.

---

5 실제 소송에서는 피고가 타주점유임을 주장 · 입증해야 하므로 항변사유임에 유의해야 한다.

2. '점유권원'의 의미를 정확하게 이해할 필요가 있다. 판례는 '점유권원'의 의미를 법률행위 내지 상속 등의 법률요건뿐만 아니라 사실행위까지를 포함하여 점유취득의 원인이 된 일체의 사실관계를 의미하는 것으로 이해됨. 그러나 '점유권원'의 의미는 점유 취득의 원인이 되는 법률행위 내지 상속 등의 법률요건으로 정의해야 하며, 자주점유로 인정되기 위해서는 소유권 취득이 가능한 권원이 인정되어야 함.[6] 대법원 판결도 권원 중심의 사고에 접근하고 있음.

3. ① **점유권원이 부존재 내지 점유권원 자체로 타주점유인 경우(악의의 무단점유가 그 경우로 자주점유의 추정 여지가 없다), ② 어떤 점유권원의 존재는 인정되지만 그 권원의 성질이 불분명한 경우(타인의 토지의 매매에 해당하는 법률행위로 밝혀진 경우가 그 예임. 자주점유 추정은 유지되는바 소유권이전이 가능한 권원이었기 때문임),[7] ③ 점유권원의 존부가 불분명한 경우(매매를 주장하나 밝혀지지 않은 경우가 그 예이다. 자주점유 추정은 유지된다)로 나눌 수 있음**

4. 위 97다55447 전합 판결에 의해서 악의의 점유인 경우에 타주점유로 볼 여지가 많은 것임. 즉 규범적 관점을 투영하여 타주점유의 폭을 넓힌 것으로 평가할 수 있음.

▣ 중요판례 모음
● 등기를 수반하지 않은 점유(타인의 토지 매매) ⇨ 자주점유 추정 유지

매매계약이 타인의 토지의 매매에 해당하여 그에 의하여 곧바로 소유권을 취득할 수 없다고 하더라도 그것만으로 매수인이 점유권원의 성질상 소유의 의사가 없는 것으로 보이는 권원에 바탕을 두고 점유를 취득하였다고 단정할 수 없을 뿐만 아니라, 매도인에게 처분권한이 없다는 것을 잘 알면서 이를 매수하였다는 등의 다른 특별한 사정이 입증되지 않는 한, 그 사실만으로 바로 그 매수인의 점유가 소유의 의사가 있는 점유라는 추정이 깨어지는 것이라고 할 수 없고, …. **등기를 수반하지 아니한 점유임이 밝혀졌다고 하여 이 사실만 가지고 바로 점유권원의 성질상 소유의 의사가 결여된 타주점유라고 할수 없다**(2000.3.16, 97다37661).

---

6 이계정, "권원 중심의 취득시효 법리와 자주점유 판단", 저스티스 통권 제183호(2021. 4), 202면.
7 이계정, "권원 중심의 취득시효 법리와 자주점유 판단", 저스티스 통권 제183호(2021. 4), 205면 이하.

⇨ 매도인이 아닌 제3자 명의로 소유권보존등기가 되어 있는데, 매도인에게 대상 토지를 매수
하였다고 주장하며 시효취득 주장한 사안임

● 무효인 법률행위에 기하여 점유 개시 ⇨ 주관적 요건이 없으면 자
주점유 추정 유지

부동산을 매수하여 이를 점유하게 된 자는 **그 매매가 무효가 된다는 사정이 있음을 알았
다는 등의 특단의 사정이 없는 한 그 점유의 시초에 소유의 의사로 점유**한 것이며, 나중
에 매도자에게 처분권이 없었다는 등의 사유로 그 매매가 무효인 것이 밝혀졌다 하더라
도 그와 같은 점유의 성질이 변하는 것은 아니다(1996.5.28, 95다40328).

● 계약명의신탁에서 명의신탁자는 자주 점유 추정 ×

**계약명의신탁에서 명의신탁자는 부동산의 소유자가 명의신탁약정을 알았는지 여부와
관계없이 부동산의 소유권을 갖지 못할 뿐만 아니라** 매매계약의 당사자도 아니어서 소
유자를 상대로 소유권이전등기청구를 할 수 없고, 이는 명의신탁자도 잘 알고 있다고 보
아야 한다. 명의신탁자가 명의신탁약정에 따라 부동산을 점유한다면 명의신탁자에게 점
유할 다른 권원이 인정되는 등의 특별한 사정이 없는 한 명의신탁자는 소유권 취득의
원인이 되는 법률요건이 없이 그와 같은 사실을 잘 알면서 타인의 부동산을 점유한 것이
다. **이러한 명의신탁자는 타인의 소유권을 배척하고 점유할 의사를 가지지 않았다고 할
것이므로 소유의 의사로 점유한다는 추정은 깨어진다**(2022.5.12, 2019다249428).
⇨ 대법원은 계약명의신탁에서 명의신탁자는 매매계약의 당사자가 아니어서 소유권을 취득할
수 없다는 점을 강조함. 계약명의신탁에서 매매계약은 매도인과 명의수탁자 사이에 체결되
는 것이고, 매도인이 선의인 경우에는 명의수탁자가 소유권을 취득하고 매도인이 악의인 경
우에는 매도인에게 소유권이 인정됨. 명의신탁자는 매매계약의 당사자가 아니므로 매도인
에 대하여 이전등기를 구할 권원이 없음. 대상판결은 **계약명의신탁에서 명의신탁자가 소유
권 취득이 가능한 법률행위에 기하여 점유한 것이 아니라는 점에 착안**한 것인바, 앞서 핵심
정리에서 설명한 권원 중심의 취득시효 법리에 부합함.

4) 자기의 물건 ⇨ 취득시효 인정이 제한됨

아래 1, 2 판결이 다소 모순되는 것으로 보이는데, 2 판례가 타당(**부동산 등기명의를 갖춘 소유자의 경우에 취득시효 주장 불가능하다고 이해, 즉 2판례가 1판례의 의미를 제한하고 있고 사실상 1판례 폐기**)!

1. 취득시효는 당해 부동산을 오랫동안 계속하여 점유한다는 사실상태를 일정한 경우에 권리관계로 높이려고 하는 데에 그 존재이유가 있는 점에 비추어 보면, 시효취득의 목적물은 타인의 부동산임을 요하지 않고 <u>자기 소유의 부동산이라도 시효취득의 목적물이 될 수 있다</u>고 할 것이고, 취득시효를 규정한 민법 제245조가 '타인의 물건인 점'을 규정에서 빼놓은 것도 같은 취지에서라고 할 것이다(2001.7.13, 2001다17572).

   ⇨ 의사주의가 적용되는 구민법상 제3자에게 대항할 수 없는 소유권에 기하여 점유하는 자가 취득시효 주장하는 경우(1966.3.22, 66다26), 제3자에게 매수한 후 명의신탁을 한 경우로 내부적 소유권에 기초하여 점유를 개시한 명의신탁자가 등기명의인 명의수탁자를 상대로 시효취득 주장하는 경우(2001.7.13, 2001다17572)에는 취득시효 주장 가능(공통적으로 **점유자가 완전한 소유권 취득하지 않았음**)

2. 부동산에 대한 취득시효 제도의 존재이유는 해당 부동산을 점유하는 상태가 오랫동안 계속된 경우 권리자로서의 외형을 지닌 그 사실상태를 존중하여 이를 진실한 권리관계로 높여 보호함으로써 법질서의 안정을 기하고, 장기간 지속된 사실상태는 진실한 권리관계와 일치될 개연성이 높다는 점을 고려하여 권리관계에 관한 분쟁이 생긴 경우 점유자의 증명곤란을 구제하려는 데에 있다.
   그런데 **부동산에 관하여 적법·유효한 등기를 마치고 그 소유권을 취득한 사람이** 자기 소유의 부동산을 점유하는 경우에는 특별한 사정이 없는 한 사실상태를 권리관계로 높여 보호할 필요가 없고, 부동산의 소유명의자는 그 부동산에 대한 소유권을 적법하게 보유하는 것으로 추정되어 소유권에 대한 증명의 곤란을 구제할 필요 역시 없으므로, <u>그러한 점유는 취득시효의 기초가 되는 점유라고 할 수 없다</u>(1989.9.26, 88다카26574 등 참조). 다만 그 상태에서 다른 사람 명의로 소유권이전등기가 되는 등으로 소유권의 변동이 있는 때에 비로소 취득시효의 요건인 점유가 개시된다고 볼 수 있을 뿐이다(2016.10.27, 2016다224596).

   ⇨ 자기 소유의 부동산을 점유하고 있는 상태에서 다른 사람 명의로 소유권이전등기가 된 경우, 자기 소유 부동산을 점유하는 것은 취득시효의 기초로서의 점유라고 할 수 없다(1997.3.14, 96다55860). 따라서 자기 소유의 부동산을 점유하고 있는 상태에서 다른

사람 명의로 소유권이전등기가 된 경우, 취득시효의 기산점은 점유개시일이 아니라 소유권의 변동일, 즉 소유권이전등기가 경료된 날이 되는 것이다.

2. 취득시효 항변사유

1) 시효 중단(제247조 제2항)

▣ 재판상 청구

- 시효취득 목적물의 인도, 소유권존부확인, 소유권에 관한 등기소송 ○
- 소유권을 기초로 하는 방해배제 ○
- 소유권을 기초로 하는 손해배상, 부당이득반환소송 ○

취득시효의 중단사유가 되는 재판상 청구에는 시효취득의 대상인 목적물의 인도 내지는 소유권존부 확인이나 소유권에 관한 등기청구소송은 말할 것도 없고, 소유권침해의 경우에 그 소유권을 기초로 하는 방해배제 및 손해배상 혹은 부당이득반환청구소송도 이에 포함된다(1997.4.25, 96다46484).

- 취득시효 완성 후 재판상 청구는 ×

점유자의 **취득시효 완성 後** 소유자가 토지에 대한 권리를 주장하는 소를 제기하여 승소판결을 받은 사실이 있다고 하더라도 그 판결에 의하여 **시효중단의 효력이 발생할 여지는 없다**(1996.10.29, 96다23573, 23580).

▣ 부동산 시효취득에서 부동산에 대한 압류 또는 가압류는 취득시효의 중단사유 ×

점유로 인한 부동산소유권의 시효취득에 있어 취득시효의 중단사유는 종래의 점유상태의 계속을 파괴하는 것으로 인정될 수 있는 사유이어야 하는데, 민법 제168조 제2호에서 정하는 '압류 또는 가압류'는 금전채권의 강제집행을 위한 수단이거나 그 보전수단에 불과하여 취득시효기간의 완성 전에 부동산에 **압류 또는 가압류 조치가 이루어졌다고 하더라도 이로써 종래의 점유상태의 계속이 파괴되었다고는 할 수 없으므로 이는 취득시효의 중단사유가 될 수 없다**(2019.4.3, 2018다296878).
⇨ 점유이전금지가처분의 경우에는 취득시효 중단사유가 될 수 있다는 점과 구별

2) 타주점유

3) 시효이익의 포기

　　■ 시효취득자의 매수제의만으로 시효이익의 포기 ×

취득시효 완성후에 매도하여 줄 것을 요청한 바 있으나, 매수대금에 대한 견해차로 매수교섭이 결렬된 바 있다는 사실만으로 시효이익을 포기하였다고 볼 수 없다(1991.2.22, 90다12977).

관련 판례
점유자가 취득시효기간이 경과한 후에 상대방에게 토지의 매수를 제의한 일이 있다고 하여도 일반적으로 점유자는 취득시효가 완성한 후에도 소유권자와의 분쟁을 간편히 해결하기 위하여 매수를 시도하는 사례가 허다함에 비추어 이와 같은 매수제의를 하였다는 사실을 가지고 위 점유자의 점유를 타주점유라고 볼 수는 없다(1983.7.12, 82다708, 709, 82다카1792, 1793 전합).

　　■ 대부료 납부 △

대법원은 "국유재산을 점유하여 취득시효가 완성된 후 국가와 국유재산 대부계약을 체결하고 대부료를 납부한 사실만으로는 취득시효 완성의 이익을 포기하는 적극적인 의사표시를 한 것으로 보기는 어렵지만, 그러한 대부계약이 **아무런 하자 없이 여러 차례 걸쳐 체결**되었다거나 단순히 대부계약의 체결에 그치지 않고 그 **계약 전에 밀린 점용료를 변상금이란 명목으로 납부**하는 데까지 나아갔다면 그러한 대부계약 체결이나 변상금 납부는 국가의 소유권을 인정하고 취득시효 완성의 이익을 포기한다는 적극적인 의사표시를 한 것으로 봄이 상당하다는 것이 대법원의 확립된 견해이다"라고 설시(1998.3.10, 97다53304).

4) 이행불능

　　■ 시효취득자가 취득시효 완성 후 이전등기를 하기 전에 제3자 명의로 소유권이전등기를 마친 경우에 이행불능 항변 가능 ⇨ 뒤에서 보는 대상청구권 논의의 영역임

　　　● 판례는 취득시효 완성 후 소유자가 처분한 경우에 채무불이행책임은 인정하지 않으면서(1995.7.11, 94다4509) 대상청구권 논의를 하고 있음에 유의

- ▣ 재항변
  - ● 제3자 명의의 소유권이전등기가 무효 ⇨ 제103조 위반 등
  - ● 취득시효 완성 당시의 소유자에게 소유권이 회복
- ▣ 명의신탁과 이행불능의 항변
  - ● 취득시효 완성 후 소유자가 제3자에게 명의신탁한 경우 이행불능 항변 ×

1. 소유권이전등기를 경료한 제3자가 취득시효기간만료 당시의 등기명의인으로부터 신탁 또는 명의신탁받은 경우라면 종전 등기명의인으로서는 언제든지 이를 해지하고 소유권이전등기를 청구할 수 있고, 점유시효취득자로서는 종전 등기명의인을 대위하여 이러한 권리를 행사할 수 있으므로, 그러한 제3자가 소유자로서의 권리를 행사하는 경우 점유자로서는 취득시효완성을 이유로 이를 저지할 수 있다(1995.9.5, 95다24586).
   - ⇨ ① 명의신탁이 유효한 경우(종중, 배우자)에는 명의신탁자의 해지권을 대위행사하여 명의수탁자 명의의 등기의 말소를 구하고, ② 명의신탁이 무효인 경우 명의신탁자의 물권적 청구권을 대위행사하여 명의수탁자 명의의 등기의 말소를 구하여 명의신탁자 앞으로 등기를 마치게 한 후 명의신탁자에 대하여 취득시효 완성을 원인으로 한 소유권이전등기를 구하면 됨
2. 수탁자가 그 부동산 점유자의 취득시효완성후 명의신탁자로부터 그 부동산을 매수하였더라도 시효취득자로서는 소유자를 상대로 취득시효완성을 원인으로 한 소유권이전등기절차의 이행을 청구할 수 있다(1989.10.27, 88다카23506).

- ▣ 관련) 이행불능시 등기부상 소유자의 불법행위 책임 성부 ⇨ 취득시효 주장을 해야 책임 성립[8]

부동산에 관한 취득시효가 완성된 후 취득시효를 주장하거나 이로 인한 소유권이전등기 청구를 하기 이전에는 등기명의인인 부동산 소유자로서는 특별한 사정이 없는 한 시효취득 사실을 알 수 없으므로 이를 제3자에게 처분하였다 하더라도 불법행위가 성립할 수 없으나, **부동산의 소유자가 취득시효의 완성 사실을 알 수 있는 경우에 부동산 소유**

---

8 채권침해로 인한 불법행위에서 불법행위자의 고의가 인정되어야 불법행위책임이 성립한다는 논리의 연장선상에서 이해할 수 있다.

자가 부동산을 제3자에게 처분하여 소유권이전등기를 넘겨줌으로써 취득시효 완성을 원인으로 한 소유권이전등기의무가 이행불능에 빠지게 되어 취득시효 완성을 주장하는 자가 손해를 입었다면 불법행위를 구성한다 할 것이며, 부동산을 취득한 제3자가 부동산 소유자의 이와 같은 불법행위에 적극 가담하였다면 이는 사회질서에 반하는 행위로서 무효이다(1998.4.10, 97다56495).

5) 시효소멸
　　　◾ 점유 상실한 때로부터 10년 내 행사 요함(1996.3.8, 95다34866)

3. 효과

가. 채권적 등기청구권 발생[9]

1) 소유권이전등기 청구의 주체
　　　◾ 시효완성 당시 점유자

취득시효의 완성으로 인하여 부동산의 소유명의자에 대한 소유권이전등기청구권을 시효취득하는 사람은 시효완성 당시의 점유자에 한하므로, 그로부터 토지의 점유를 전전 승계한 현 점유자로서는 자신의 소유권이전등기청구권을 보전하기 위하여 **시효완성 당시의 전 점유자가 소유명의자에 대하여 갖는 소유권이전등기청구권을 대위행사할 수 있을 뿐, 전 점유자의 취득시효완성의 효과를 주장하여 직접 자기에게 소유권이전등기를 할 것을 청구할 권원은 없다**(1995.3.28, 93다47745 전합).

⇨ ① 예를 들어 甲이 1980년부터 점유하였고, 乙이 1994년부터 甲의 점유를 승계하였고, 丙이 2004년부터 乙의 점유를 승계한 경우에 丙은 甲과 乙의 점유기간을 모두 승계하여야만 취득시효의 주장이 가능해지는바, 그 경우에 2000년에 취득시효가 완성되었으므로(甲이 1980년부터 점유하였으므로 그로부터 20년이 경과한 시점이다) 丙은 그 완성당시의 점유자인 을의 소유자에 대한 소유권이전등기청구권을 대위행사하여야 한다는 것이다. 그 전제는 前 점유자 중 어느 점유자부터 점유를 승계할 지는 선택할 수 있으나 그 기산점은 임의로 선택할 수 없고 선택된 점유자의 점유 시점이 기산점이 된다는 것이다.

---

9 1979. 5. 14.부터 점유한 것으로 인정됨을 전제로 주문은 "피고는 원고에게 1999. 5. 15. 취득시효 완성을 원인으로 한 소유권이전등기절차를 이행하라"이다.

② 이 경우에 시효완성 당시 점유자가 점유를 상실하여 그 때로부터 10년이 경과하면 소멸시효가 완성됨에 주의![10]

2) 소유권이전등기 청구의 상대방

◾ 시효완성 당시의 진정한 소유자에 대하여 하는 것이 원칙

점유취득시효완성을 원인으로 한 소유권이전등기청구는 **시효완성 당시의 소유자를 상대로 하여야 하므로 시효완성 당시의 소유권보존등기 또는 이전등기가 무효라면 원칙적으로 그 등기명의인은 시효취득을 원인으로 한 소유권이전등기청구의 상대방이 될 수 없고**, 이 경우 시효취득자는 소유자를 대위하여 위 무효등기의 말소를 구하고 다시 위 소유자를 상대로 취득시효완성을 이유로 한 소유권이전등기를 구하여야 한다(2005.5.26, 2002다43417).

⇨ 다만 위 판결에서 진정한 소유자가 누구인지를 찾을 수 없는 경우에만 무효인 등기명의자를 상대로 소유권이전등기를 구할 수 있다고 판시하였음에 유의

3) 등기시 소유권취득의 효과는 점유 개시 시로 소급(제247조 제1항)
4) 소유권이전등기청구권의 양도는 채무자에 대한 통지만으로 가능

부동산매매계약에서 매도인과 매수인은 서로 동시이행관계에 있는 일정한 의무를 부담하므로 이행과정에 신뢰관계가 따른다. 특히 매도인으로서는 매매대금 지급을 위한 매수인의 자력, 신용 등 매수인이 누구인지에 따라 계약유지 여부를 달리 생각할 여지가 있다.

이러한 이유로 매매로 인한 소유권이전등기청구권의 양도는 특별한 사정이 없는 이상 양도가 제한되고 양도에 채무자의 승낙이나 동의를 요한다고 할 것이므로 통상의 채권양도와 달리 양도인의 채무자에 대한 통지만으로는 채무자에 대한 대항력이 생기지 않

---

10 부동산매수인에 대하여 "부동산의 매수인이 그 부동산을 인도받은 이상 이를 사용·수익하다가 그 부동산에 대한 보다 적극적인 권리 행사의 일환으로 다른 사람에게 그 부동산을 처분하고 그 점유를 승계하여 준 경우에도 그 이전등기청구권의 행사 여부에 관하여 그가 그 부동산을 스스로 계속 사용·수익만 하고 있는 경우와 특별히 다를 바 없으므로 위 두 어느 경우에나 이전등기청구권의 소멸시효는 진행되지 않는다고 보아야 한다."고 하고 있는데(1999.3.18, 98다32175 전합), 시효취득자가 점유를 승계한 경우에도 위 판례가 적용되는지에 대해서는 판례는 부정설의 입장이다 (2023.8.31, 2023다240428(본소), 2023다240435(반소)).

으며 반드시 채무자의 동의나 승낙을 받아야 대항력이 생긴다.

그러나 취득시효완성으로 인한 소유권이전등기청구권은 채권자와 채무자 사이에 아무 런 계약관계나 신뢰관계가 없고, 그에 따라 채권자가 채무자에게 반대급부로 부담하여 야 하는 의무도 없다.

따라서 **취득시효완성으로 인한 소유권이전등기청구권의 양도의 경우에는 매매로 인한 소 유권이전등기청구권에 관한 양도제한의 법리가 적용되지 않는다**(2018.7.12, 2015다36167).

⇨ 매매로 인한 소유권이전등기청구권의 양도는 통상의 채권양도와 달리 양도인의 채무자에 대한 통지만으로는 채무자에 대한 대항력이 생기지 않으며 반드시 채무자의 동의나 승낙을 받아야 대항력이 생긴다는 점에 주의!

나. 등기청구권에 관한 판례 5원칙

점유냐 등기냐 양자의 긴장관계가 핵심![11]

1원칙: 취득시효 완성 후 원소유자에 대하여 등기 없어도 시효취득 주장하여 대항할 수 있고, 반면에 원소유자는 점유자에 대하여 소유권에 기한 권능 행사할 수 없다 (1993.5.25, 92다51280).

2원칙: 취득시효 완성 前 등기부상 소유자가 변경된 경우에도 점유취득시효 완성 후 그 자에 대하여 등기 없이도 취득시효완성의 효과를 주장할 수 있다(1989.4.11, 88 다카5843).

3원칙: 취득시효 완성 후 제3자가 등기를 경료한 경우에는 취득시효 완성의 효과를 주 장할 수 없다(1964.6.9, 63다1129).

4원칙: 실제로 점유를 개시한 때를 점유취득시효의 기산점으로 삼아야 하고 임의로 기 산점을 선택할 수 없는 것이 원칙이다(역산설 불채택, 1971.9.28, 71다1446·1447). 다만, 등기명의인이 동일한 경우에는 기산일을 임의로 선택할 수 있음 (1998.4.14, 97다44089)

5원칙: 3원칙의 적용을 받는 경우에도 당초의 점유자가 계속 점유하고 있고 소유자가 변동된 시점을 기산점으로 삼아도 다시 취득시효의 점유기간이 완성된 경우에는 점유자로서는 제3자 앞으로의 소유권 변동시를 기산점으로 2차의 취득시효 완성 을 주장할 수 있다(3원칙의 완화의 성격).

---

11 일본의 경우 등기 없이 소유권을 취득한다고 되어 있다. 따라서 점유자는 소유권 취득하나 제3자에 게 대항하기 위해 등기를 요한다.

1) 1원칙

■ 취득시효 완성시 등기하지 않아도 소유자의 인도 청구 대항 가능 (1988.5.10, 87다카1979)

2) 2원칙

■ 취득시효 완성 전 등기 경료는 점유의 사실상태 파괴한 것 아님

3) 3원칙

■ 매매 등 원인행위는 시효완성 전이나 그에 기한 소유권등기를 시효 완성 후에 받은 경우에는 등기 시점을 기준으로 판단

4) 4원칙

■ 구분소유적 공유관계에서 다른 공유자의 지분이 이전된 경우에도 위 법리 적용됨

구분소유적 공유관계에 있는 토지 중 공유자 1인의 특정 구분소유 부분에 관한 점유취 득시효가 완성된 경우 다른 공유자의 특정 구분소유 부분이 다른 사람에게 양도되고 그에 따라 토지 전체의 공유지분에 관한 지분이전등기가 경료되었다면 **대외적인 관계에서는 점유취득시효가 완성된 특정 구분소유 부분 중 다른 공유자 명의의 지분에 관하여는 소유 명의자가 변동된 경우에 해당하므로, 점유자는 취득시효의 기산점을 임의로 선택하여 주장할 수 없다**(2006.10.12, 2006다44753).

⇨ 명의신탁에 있어서 대외적으로 명의수탁자만이 소유자로 취급되므로 명의수탁자의 등기명 의가 이전되는 것은 소유권의 변동에 해당된다는 논리의 연장선상임.

5) 5원칙

■ 5원칙과 관련하여 2차 취득시효기간이 경과하기 전에 등기부상 소 유명의자가 다시 변경된 경우에도 취득시효완성자는 취득시효 완성 당시의 소유명의자에게 시효취득을 주장할 수 있는지 여부(적극)

취득시효기간이 경과하기 전에 등기부상의 소유명의자가 변경된다고 하더라도 그 사유 만으로는 점유자의 종래의 사실상태의 계속을 파괴한 것이라고 볼 수 없어 취득시효를 중단할 사유가 되지 못하므로, 새로운 소유명의자는 취득시효완성 당시 권리의무 변동 의 당사자로서 취득시효완성으로 인한 불이익을 받게 된다 할 것이어서 시효완성자는

그 소유명의자에게 시효취득을 주장할 수 있는바, **이러한 법리는 위와 같이 새로이 2차의 취득시효가 개시되어 그 취득시효기간이 경과하기 전에 등기부상의 소유명의자가 다시 변경된 경우에도 마찬가지로 적용된다고 봄이 상당**하다(2009.7.16, 2007다15172, 15189 전합).

[사실관계]

이 사건 토지에 관하여 1982. 2. 15. A 명의로 소유권이전등기가 경료된 후, 1988. 3. 25. B 명의로, 1988. 9. 10. 원고 명의로 각 소유권이전등기가 순차로 마쳐졌고, 피고는 1961. 1. 1.경부터 이 사건 토지를 점유하여 온 사안임

⇨ 피고는 최초 점유일로부터 기산하여 이 사건 계쟁토지에 관한 1차의 취득시효가 완성된 후 이를 등기하지 않고 있는 사이에 A 앞으로의 소유권 변동시를 새로이 2차의 취득시효 기산점으로 삼을 수 있고, 그때로부터 2차의 취득시효기간이 경과하기 전에 등기부상 소유명의를 취득한 원고에게 시효취득을 주장할 수 있다고 판시

⇨ 2차의 점유취득시효는 1차의 점유취득시효와는 독립한 새로운 법률관계라고 보는 것이므로 2원칙 적용을 긍정함

다. 대상청구권

▣ 시효취득자의 권리 주장이 필수적

1. 점유로 인한 부동산 소유권 취득기간 만료를 원인으로 한 등기청구권이 이행불능으로 되었다고 하여 **대상청구권을 행사**하기 위하여는, 그 이행불능 전에 등기명의자에 대하여 점유로 인한 부동산 소유권 취득기간이 만료되었음을 이유로 **그 권리를 주장하였거나 그 취득기간 만료를 원인으로 한 등기청구권을 행사하였어야 한다**(1996.12. 10, 94다43825).

2. 취득시효가 완성된 토지가 수용됨으로써 취득시효완성을 원인으로 하는 소유권이전등기의무가 이행불능이 된 경우에 그 소유권이전등기 청구권자가 대상청구권의 행사로서 그 토지의 소유자가 토지의 대가로서 지급받은 수용보상금의 반환을 청구할 수 있다고 하더라도 원고가 직접 피고를 상대로 공탁된 토지수용보상금의 수령권자가 원고라는 확인을 구할 수는 없다(1995.7.28, 95다2074).

⇨ 수용보상금수령권확인의 소는 주장자체로 이유 없어 기각이며, 원고는 소유자가 수용보상금을 수령하기 전이라면 수용보상금청구권의 양도를 구하고, 이미 수령했으면 수용보상금의 반환을 구하면 된다.

라. 원시취득

1) 취득시효 완성 전에 원소유자가 해당 부동산에 관하여 근저당권을 설정한 경우 ⇨ 취득시효 완성자는 소유권이전등기를 마침으로써 위 근저당권의 부담에서 벗어남

부동산점유취득시효는… 등기를 함으로써 소유권을 취득하게 되며, 이는 원시취득에 해당하므로 특별한 사정이 없는 한 **원소유자의 소유권에 가하여진 각종 제한에 의하여 영향을 받지 아니하는 완전한 내용의 소유권을 취득**하게 되고, 이와 같은 소유권취득의 반사적 효과로서 그 부동산에 관하여 **취득시효의 기간이 진행 중에 체결**되어 소유권이전등기청구권가등기에 의하여 보전된 매매예약상의 매수인의 지위는 소멸된다(2004.9.24, 2004다31463).

⇨ 주의할 점은 위 사안에서 점유취득자가 등기를 마치지 않아 점유취득자의 가등기말소청구가 기각됨. 만약 점유취득자가 등기를 마쳤다면 가등기말소청구 가능함

2) 취득시효 완성 후에 점유자가 소유권이전등기를 경료하기 전에 원소유자가 근저당권을 설정한 경우 ⇨ 근저당권 부담을 받게 됨

[1] 특별한 사정이 없는 한, 원소유자는 점유자 명의로 소유권이전등기가 경료되기까지는 소유자로서 그 토지에 관한 적법한 권리를 행사할 수 있고, 따라서 그 권리행사로 인하여 점유자의 토지에 대한 점유의 상태가 변경되었다면, 그 뒤 소유권이전등기를 경료한 점유자는 변경된 점유의 상태를 용인하여야 한다.
[2] 점유자가 그 대지 부분에 대한 **취득시효가 완성되었으나** 이를 자신의 소유로 알고 원소유자에 대하여 취득시효완성을 이유로 그 권리를 주장하거나 이전등기청구권을 행사하지 아니하다가 **취득시효완성 사실을 모르고 있던 원소유자가 그 대지 부분에 건물을 신축한 후에 취득시효완성을 원인으로 소유권이전등기를 경료한 경우**, … 점유자로서는 그 지상에 위 건물이 존재한 상태로 대지의 소유권을 취득하였다고 할 것이어서 원소유자에 대하여 위 건물의 철거를 구할 수 없다(1997.7.9, 97다53632).[12]

⇨ 취득시효가 완성된 토지에 대해서 원소유자가 건물을 신축한 경우에 시효취득자는 그

---

12 취득시효완성자는 시효완성 후 소유자가 소유권 양도한 경우에 대항할 수 없듯이 그보다 정도가 낮은 침해인 소유자의 건물 신축, 저당권 설정에 대해서 수인해야 한다는 것이다("대는 소를 포함한다"는 논리).

지상에 위 건물이 존재한 상태로 소유권을 취득한 것으로 보아야 하므로 **소유권에 기하여** 위 건물의 철거를 구할 수 없다고 함(다만, **점유권에 기한** 방해배제청구권으로서 시효완성 후 설치한 담장에 대한 철거를 구할 수 있음에 유의,[13] 2005.3.25, 2004다 23899, 23905).

⇨ 위 판례의 연장선상에서 시효취득자가 원소유자에 의하여 <u>취득시효 완성 후 토지에 설정된 근저당권에 관하여</u> 피담보채무를 변제하는 것은 시효취득자가 용인하여야 할 그 토지상의 부담을 제거하여 완전한 소유권을 확보하기 위한 것으로서 그 자신의 이익을 위한 행위라 할 것이니, 위 변제액 상당에 대하여 원소유자에게 대위변제를 이유로 구상권을 행사하거나 부당이득을 이유로 그 반환청구권을 행사할 수는 없다는 판례가 나옴(2006.5.12, 2005다75910)

▣ 취득시효 완성 후 가처분기입등기가 경료된 경우 ⇨ 가처분이 우선하는 것이 원칙

취득시효의 완성 후 그 등기를 하기 전에 제3자의 처분금지가처분이 이루어진 부동산에 관하여 점유자가 취득시효 완성을 원인으로 소유권이전등기를 하였는데, 그 후 가처분권리자가 처분금지가처분의 본안소송에서 승소판결을 받고 그 확정판결에 따라 소유권이전등기를 하였다면, 점유자가 취득시효 완성 후 등기를 함으로써 소유권을 취득하였다는 이유로 **그 등기 전에 처분금지가처분을 한 가처분권리자에게 대항할 수 없다.** 그런데 한편 취득시효 완성 당시의 소유명의자의 소유권등기가 무효이고 취득시효 완성 후 그 등기 전에 이루어진 처분금지가처분의 가처분권리자가 취득시효 완성 당시 그 부동산의 진정한 소유자이며 그 가처분의 피보전권리가 **소유권에 기한 말소등기청구권 또는 진정명의회복을 위한 이전등기청구권이라면**, 그 가처분에 기하여 부동산의 소유 명의를 회복한 가처분권리자는 원래 취득시효 완성을 원인으로 한 소유권이전등기청구의 상대방이 되어야 하는 사람이므로, 그 가처분권리자로서는 취득시효 완성을 원인으로 하여 이루어진 소유권이전등기가 자신의 처분금지가처분에 저촉되는 것이라고 주장하여 **시효취득자의 소유권취득의 효력을 부정할 수 없으며, 취득시효 완성을 원인으로 하여 그 완성 당시의 등기명의인으로부터 시효취득자 앞으로 이루어진 소유권이전등기는 실체관계에 부합하는 유효한 등기라고 보아야 한다**(2012.11.15, 2010다73475).

---

13 점유권에 기한 청구의 경우 출소기간 제한이 있다.

3) 점유자가 스스로 권리를 설정해 준 경우 ⇨ 취득시효 완성 후에도 그 권리를 용인해야 함

진정한 권리자가 아니었던 채무자 또는 물상보증인이 채무담보의 목적으로 채권자에게 부동산에 관하여 저당권설정등기를 경료해 준 후 그 부동산을 시효취득하는 경우에는, **채무자 또는 물상보증인은 피담보채권의 변제의무 내지 책임이 있는 사람으로서 이미 저당권의 존재를 용인하고 점유하여 온 것이므로, 저당목적물의 시효취득으로 저당권자의 권리는 소멸하지 않는다**고 할 것이다. **이러한 법리는 부동산 양도담보의 경우에도 마찬가지**이므로, 양도담보권설정자가 양도담보부동산을 20년간 소유의 의사로 평온, 공연하게 점유하였다고 하더라도, 양도담보권자를 상대로 피담보채권의 시효소멸을 주장하면서 담보 목적으로 경료된 소유권이전등기의 말소를 구하는 것은 별론으로 하고, **점유취득시효를 원인으로 하여 담보 목적으로 경료된 소유권이전등기의 말소를 구할 수 없고**, 이와 같은 효과가 있는 양도담보권설정자 명의로의 소유권이전등기를 구할 수도 없다고 할 것이다(2015.2.26, 2014다21649).

⇨ 분석
1. 취득시효 완성 가능 여부: 양도담보의 경우 신탁적 양도설에 따라 양도담보설정자가 완전한 소유권을 취득하는 것은 아니므로 취득시효 주장이 가능(의사주의 하에서 소유권 취득 후 양도담보 설정한 사안임)
2. 그럼에도 이전등기나 말소등기를 구할 수 없는 이유→ 취득시효 완성자가 스스로 설정해 준 것인데 이를 부인하는 것은 신의칙에 반한다고 보아야 함

Ⅱ 등기부취득시효

요건사실

1. 10년간 등기부상 소유권자로 등기되어 있는 사실
2. 과실 없이 점유를 개시한 사실

1. 타주점유이다.
2. 평온, 공연한 점유가 아니다.
3. 점유의 시초에 악의였다.

---

1. 요건

가. 소유의 의사 – 자주점유

나. 평온 · 공연한 점유

다. 선의 · 무과실의 점유

   ▣ 선의는 추정되나 무과실은 추정되지 않음(1981.6.23, 80다1642) ⇨ 시효취득 주장자 입증 요함

   ▣ 점유 개시시를 기준으로 함(1983.10.11, 83다카531)

라. 10년간 점유+10년간 등기

   ▣ 종전 점유자 명의의 등기기간까지 포함(1989.12.26, 87다카2176 전합)

   ▣ 1부동산 1용지주의에 위배되지 않는 등기(1996.10.17, 96다12511 전합)

      ● 등기명의인을 달리한 이중 보존등기의 경우에 먼저 이루어진 소유권보존등기가 원인무효가 아니어서 뒤에 된 보존등기가 무효가 되는 때에는 뒤에 된 보존등기나 이에 터잡은 이전등기를 근거로 등기부취득시효 완성 불가(1996.10.17, 96다12511 전합)[14]

---

14 보존등기가 중복된 경우에, ① 등기명의인이 동일한 경우에는 뒤에 경료된 중복등기는 실제적 권리관계에 부합하는지 여부와 상관없이 무효이고(절차법설, 1981.8.25, 80다3259), ② 등기명의인이 다른 경우에는 先 보존등기가 원인무효가 되지 않는 한 後 보존등기는 무효이고, 설사 後 보존등기가 **실체적 권리관계에 부합하더라도 後 보존등기는 무효**이다(절충적 절차법설, 1990.11.27, 87다카2961 전합). 이와 관련하여, 후차 소유권보존등기 명의인이 당해 부동산을 20년간 소유의 의사로 평온 · 공연하게 점유하여 **점유취득시효가 완성되었더라도**, 선등기인 소유권이전등기의 토대가 된 소유권보존등기가 원인무효라는 주장 · 입증이 없는 이상, **후차로 경료된 소유권보존등기는 실체적 권리관계에 부합하는지의 여부에 관계없이 무효**이다(1996.9.20, 93다20177,20184)

2. 효과

　▣　원시취득

등기부취득시효가 완성된 후에 그 부동산에 관한 점유자 명의의 등기가 말소되거나 적법한 원인 없이 다른 사람 앞으로 소유권이전등기가 경료되었다 하더라도, 그 점유자는 등기부취득시효의 완성에 의하여 취득한 소유권을 상실하는 것은 아니라고 할 것이다.

⇨ 점유자는 등기부취득시효의 완성에 의하여 취득한 소유권에 기하여 현재의 등기명의자를 상대로 방해배제청구를 할 수 있을 뿐이고, 등기부취득시효의 완성을 원인으로 현재의 등기명의자를 상대로 소유권이전등기를 구할 수는 없다(1999.2.10, 99다25785).

I 공유물의 관리[1]

가. 보존행위로 볼 수 없으면 지분의 과반수로 결정(민법 제265조)

나. 공유물 배타적 사용

　　▣ 과반수 공유자의 배타적 사용은 적법하고 소수공유자가 공유물 보존행위 주장하며 인도청구 不可. 다만, 부당이득반환의무 부담 ○

> 가. 부동산에 관하여 과반수 공유지분을 가진 자는 공유자 사이에 공유물의 관리방법에 관하여 협의가 미리 없었다 하더라도 공유물의 관리에 관한 사항을 단독으로 결정할 수 있으므로, 공유토지에 관하여 **과반수지분권을 가진 자가 그 공유토지의 지정된 한 부분을 배타적으로 사용·수익할 것을 정하는 것은 공유물의 관리방법으로서 적법**하다.
>
> 나. 위 '가'항의 경우 비록 그 지정된 한 부분이 자기의 지분비율에 상당하는 면적의 범위 내라 할지라도 다른 공유자들 중 지분은 있으나 사용·수익은 전혀 하고 있지 아니함으로써 손해를 입고 있는 자에 대하여는 과반수 지분권자를 포함한 모든 사용·수익을 하고 있는 공유자는 **그 자의 지분에 상응하는 부당이득을 하고 있다**고 보아야 할 것인바, 이는 모든 공유자는 공유물 전부를 지분의 비율로 사용·수익할 수 있기 때문이다(1991.9.24, 88다카33855; 동지 2001.11.27, 2000다33638, 33645).

　　▣ 과반수 공유자로부터 임차한 사람의 사용은 적법, 부당이득반환의무도 없음

> 가. **과반수 지분의 공유자로부터 사용·수익을 허락받은 점유자에 대하여 소수 지분의 공유자는** 그 점유자가 사용·수익하는 **건물의 철거나 퇴거 등 점유배제를 구할 수 없다.**
>
> 나. 과반수 지분의 공유자로부터 다시 그 특정 부분의 사용·수익을 허락받은 **제3자의 점유는** 다수지분권자의 **공유물관리권에 터잡은 적법한 점유**이므로 그 제3자는 소수

---

1 목적물의 보존·이용·개량을 통틀어 일컫는다. 처분에 대응하는 관념이다.

지분권자에 대하여도 그 점유로 인하여 법률상 원인 없이 이득을 얻고 있다고는 볼 수 없다(2002.5.14, 2002다9738).

> ◪ 소수 공유자 또는 소수 공유자로부터 임차한 사람이 배타적 사용시
> ● 과반수 공유자는 공유물의 관리방법으로 인도청구 가능

공유지분 과반수 소유자의 공유물인도청구는 민법 제265조의 규정에 따라 공유물의 관리를 위하여 구하는 것이므로, 그 상대방인 타공유자는 민법 제263조의 공유물 사용수익권으로 이를 거부할 수 없다(1981.10.13, 81다653).

> ● 소수 공유자는 자신의 지분을 초과하는 부분에 대하여 부당이득 반환의무 부담

가. **부동산의 1/7 지분 소유권자가 타공유자의 동의 없이 그 부동산을 타에 임대**하여 임대차보증금을 수령하였다면, 이로 인한 수익 중 자신의 지분을 초과하는 부분에 대하여는 법률상 원인 없이 취득한 부당이득이 되어 이를 반환할 의무가 있고, 또한 위 무단임대행위는 다른 공유지분권자의 사용·수익을 침해한 불법행위가 성립되어 그 손해를 배상할 의무가 있다

나. 위 '가'항의 경우 **반환 또는 배상해야 할 범위는 위 부동산의 임대차로 인한 차임 상당액**[2]이라 할 것으로서, 타공유자는 그 **임대보증금 자체에 대한 지분비율 상당액의 반환 또는 배상을 구할 수는 없다**(1991.9.24, 91다23639).

> ⇨ 다른 공유자들은 임차보증금의 반환 없이도 제3자에 대하여 공유물보존행위를 할 수 있고, 제3자는 임차보증금반환청구권에 기하여 동시이행의 항변을 할 수 없다(다른 공유자들에게 대항할 수 없는 임대차이기 때문이다).
> ⇨ 공유자(피고)가 부당이득반환의무 부담시 자신이 납부한 관리비, 화재보험료 등을 원고가 지분비율에 따라 부담해야 함을 이유로 공제 주장을 할 수 있는지(적극, 2021.4.29, 2018다261889)[3]

---

2 구체적으로는 보증금 없는 경우의 차임 중 7분의 6 상당액.
3 참고로 위 판결에서 "민법 제203조 제1항 단서에서 말하는 '점유자가 과실을 취득한 경우'란 점유자가 선의의 점유자로서 민법 제201조 제1항에 따라 과실수취권을 보유하고 있는 경우를 뜻한다고 보아야 한다. 선의의 점유자는 과실을 수취하므로 물건의 용익과 밀접한 관련을 가지는 비용인 통상의 필요비(관리비, 화재보험료 등)를 스스로 부담하는 것이 타당하기 때문이다. 따라서 과실수취권이

- 소수 공유자로부터 임차한 사람은 나머지 공유자에게 공유물 점유·사용을 정당화할 사유가 없으므로 나머지 공유자에게 지분비율에 따라 부당이득 반환 요[4]

다. 甲은 과반수 지분에 기하여 공유 토지에 주택을 신축할 수 있는지 여부

- 나대지에 새로 건물을 신축하는 것은 제265조가 아니라 제264조에 기하여 공유분의 처분, 변경에 해당하므로 공유자 전원이 동의가 있어야 함

> 공유자 사이에 공유물을 사용·수익할 구체적인 방법을 정하는 것은 공유물의 관리에 관한 사항으로서 공유자의 지분의 과반수로써 결정하여야 할 것이고, 과반수의 지분을 가진 공유자는 다른 공유자와 사이에 미리 공유물의 관리방법에 관한 협의가 없었다 하더라도 공유물의 관리에 관한 사항을 단독으로 결정할 수 있으므로, 과반수의 지분을 가진 공유자가 그 공유물의 특정 부분을 배타적으로 사용·수익하기로 정하는 것은 공유물의 관리방법으로서 적법하며, 다만 그 사용·수익의 내용이 공유물의 기존의 모습에 본질적 변화를 일으켜 '관리' 아닌 '처분'이나 '변경'의 정도에 이르는 것이어서는 안 될 것이고, 예컨대 **다수지분권자라 하여 나대지에 새로이 건물을 건축한다든지 하는 것은 '관리'의 범위를 넘는 것이 될 것이다**(2001.11.27, 2000다33638,33645)
> ▷ 건물 건축한 사람이 과반수 지분권을 가지는 경우를 상정하면, 소수지분권자는 토지인도청구는 할 수 없으나 건물철거청구는 가능한 것임

Ⅱ 공유물의 보존행위

1. 의의

- 공유물의 멸실·훼손을 방지하고 공유물의 현상을 유지하는 것으로서 사실적·법률적 행위

없는 악의의 점유자(사안에서는 피고)에 대해서는 위 단서 규정이 적용되지 않는다."라고 판시하였다.
4 2010.5.17, 2010다569; 반대견해 김성률, "공유물 이용에 관한 법률관계의 특수성, 실무연구자료 제6권, 대전지방법원, 22면.

2. 보존행위의 범위

가. 인도청구(?)

공유물의 소수지분권자인 피고가 다른 공유자와 협의하지 않고 공유물의 전부 또는 일부를 독점적으로 점유하는 경우 소수지분권자인 원고가 피고를 상대로 공유물의 인도를 청구할 수는 없다고 보아야 한다.

(1) 공유자 중 1인인 피고가 공유물을 독점적으로 점유하고 있어 다른 공유자인 원고가 피고를 상대로 공유물의 인도를 청구하는 경우, 그러한 행위는 공유물을 점유하는 피고의 이해와 충돌한다. 애초에 **보존행위를 공유자 중 1인이 단독으로 할 수 있도록 한 것은 보존행위가 다른 공유자에게도 이익이 되기 때문이라는 점을 고려하면, 이러한 행위는 민법 제265조 단서에서 정한 보존행위라고 보기 어렵다.**

(2) 모든 공유자는 공유물 전부를 지분의 비율로 사용·수익할 수 있다(민법 제263조). 피고가 공유물을 독점적으로 점유하는 위법한 상태를 시정한다는 명목으로 원고의 인도 청구를 허용한다면, 피고가 적법하게 보유하는 '지분 비율에 따른 사용·수익권'까지 근거 없이 박탈하는 부당한 결과를 가져온다(2020.5.21, 2018다287522).

⇨ 종전에 다른 공유권자는 자신이 소유하고 있는 지분이 과반수에 미달되더라도 공유물을 점유하고 있는 자에 대하여 공유물의 보존행위로서 공유물의 인도나 명도를 청구할 수 있다(1994.3.22, 93다9392, 9408 전합 다수의견)고 한 판결 변경됨.

⇨ 그러나 소수지분권자인 원고는 지분권에 기초하여 방해배제청구권 행사(지상물 수거청구권 행사)를 행사할 수 있음(보존행위에 기하여 방해배제를 구하는 것이 아님에 유의!)

⇨ '과반수지분권자'가 공유물을 배타적으로 사용·수익하는 경우에 소수지분권자는 공유물의 인도를 구할 수는 없고, 다만 부당이득을 구할 수 있음. 취득시효가 완성되어 '과반수 지분권자가 될 지위'에 있는 자에 대하여도 마찬가지의 법리가 적용됨(2001.11.27, 2000다33638, 33645).[5]

---

5 甲과 乙이 서울 관악구 관악로 7 대 200m²를 매수하면서 그 중 甲은 151m²에 관하여, 乙은 49m²에 관하여 각 위치와 면적을 특정하여 매수하였는데, 등기편의상 甲은 151/200의 지분이전등기를, 乙은 49/200 지분이전등기를 각 경료하였다. 丙이 위 151m² 부분 토지의 일부인 10m²를 객관적인 징표를 갖추어 계속 점유하여 취득시효가 완성된 후 甲이 위와 같이 특정하여 매수한 부분인 서울 관악구 관악로 7 대 151m²의 단독소유자가 된 경우에 丙은 151/200 지분에 대해서 토지 일부인 10m²에 대하여 취득시효 주장이 가능하다. 이 경우 丙과 甲 사이의 법률관계는 공유관계가 되는 것이며 丙이 과반수 지분권자로 취급된다.

▣ 소수지분권으로부터 공유물을 임차한 제3자에 대한 인도청구 ⇨ 다수의견에 따라 不可라고 보아야 함(제3자의 점유 권원이 소수지분권자로부터 파생하였기 때문)[6]

나. 등기말소청구

1) 제3자에 대한 등기말소 청구

부동산의 공유자의 1인은 제3자 명의로 원인무효의 소유권이전등기가 경료되어 있는 경우 공유물에 관한 보존행위로서 제3자에 대하여 그 등기전부의 말소를 구할 수 있음(1988.2.23, 87다카961)

▣ 그러나 제3자가 공유자 1인(甲)의 처분에 기하여 전부에 대하여 이전등기를 한 경우에 공유자 1인(甲)의 지분 범위 내에서는 유효하므로 그 부분까지 말소를 구할 수 없음

▣ 다른 공유자의 지분에 관하여만 원인 무효의 지분권이전등기가 경료된 경우 보존행위로 말소 不可

부동산의 공유자의 1인은 당해 부동산에 관하여 제3자 명의로 원인무효의 소유권이전등기가 경료되어 있는 경우 공유물에 관한 보존행위로서 제3자에 대하여 그 등기 전부의 말소를 구할 수 있으나, **공유자가 다른 공유자의 지분권을 대외적으로 주장하는 것**을 공유물의 멸실·훼손을 방지하고 공유물의 현상을 유지하는 사실적·법률적 행위인 공유물의 보존행위에 속한다고 할 수 없으므로, 자신의 소유지분을 침해하는 지분 범위를 초과하는 부분에 대하여 **공유물에 관한 보존행위로서 무효라고 주장하면서 그 부분 등기의 말소를 구할 수는 없다**(2010.1.14, 2009다67429).

⇨ 공유부동산의 경우에는 '원인무효의 등기로 인하여 그의 지분이 침해된 공유자'만이 그 등기의 말소를 구할 수 있음. 어떤 공유자의 지분에 관하여서만 원인무효의 지분권이전등기가 경료되어 있는 경우 다른 공유자는 그 원인무효의 지분권이전등기의 말소를 청구할 수 없음.

---

6 甲, 乙이 토지의 1/2 지분을 가지고 있고, 乙이 丙에게 토지를 임대한 경우 丙은 적법한 점유자가 아니므로(공유물 관리는 과반수로 결정해야 함) 甲은 丙에 대하여 인도청구를 할 수 있는지 여부 견해 대립하나(2020.5.21, 2018다287522). 다수의견에 대한 김재형 대법관의 보충의견에 따르면 할 수 없는 것으로 기재하고 있으므로 이에 따라 판단을 요한다. 丙이 甲에 대하여 부당이득반환청구할 수 있는지 견해가 대립될 수 있으나, 1/2 지분을 가지는 자와 임대차계약을 체결한 것을 이유로 다른 공유자에 대하여 '법률상 원인'이 있다고 볼 수 없으므로 丙은 부당이득반환의무 부담한다고 보아야 할 듯 하다(앞서 본 2010.5.17, 2010다569의 논리 적용 가능).

◙ 기판력 관련

● 다른 공유자가 패소판결 받은 경우 그 지분에 관하여 보존행위
로서 말소를 구할 수 없음

1. 공유자의 1인인 소외인이 제3자가 피고를 상대로 하여 제기한 소송에 독립당사자참
   가를 하여 그 **부동산이 전부 자신의 소유인데 그 부동산에 관하여 경료된 피고 명의
   의 소유권이전등기는 원인무효의 등기라고 주장하면서 그 등기의 말소를 청구하였으
   나 그 청구가 기각되어 확정**되었다면, 그 소외인은 확정판결의 기판력에 의하여 피고
   및 그 소송의 사실심변론종결 후에 피고로부터 부동산지분을 일부 매수한 다른 피고
   를 상대로 부동산 중 자신의 지분에 관하여 피고들 명의의 지분소유권이전등기의 말
   소를 구할 수 없는 지위에 놓여 있다고 할 것이므로, 원고들이 소외인과 부동산을 공
   유하고 있다고 하더라도, 위와 같이 더 이상 말소청구가 받아들여질 수 없게 된 소외
   인의 지분에 관한 한, 보존행위로서 피고들 명의의 소유권이전등기의 말소를 구할 수
   없다(1994.11.18, 92다33701).

   ⇨ 모순금지설(주문: 기각)
   ⇨ 위 사안은 공유자 1인(甲)이 보존행위를 주장한 사안은 아니나 공유자 1인(甲)이 보존행
     위를 주장하여 패소한 경우에도 마찬가지로 적용됨. 그러나 공유자 1인(甲)이 패소판결
     을 받았다고 하여 다른 공유자(乙)가 보존행위를 주장할 수 없는 것은 아니고, 다만 甲의
     지분에 관하여는 전소의 효력이 미쳐 승소판결을 받을 수 없는 것이다(乙이 甲의 소송에
     공격방어방법을 제출할 수 있는 지위가 보장되어 있지 않으므로 甲이 받은 판결의 효력
     이 乙에게 미친다고 볼 수 없다[7]).

2. **공유자 중 1인의 지분에 관하여 확정판결에 따라 타인 앞으로 소유권이전등기를 마
   친 경우**, 그 공유자는 확정판결의 기판력에 의하여 더 이상 말소청구를 할 수 없게
   된 자신의 공유지분에 관한 한, **보존행위로서도 그 소유권이전등기의 말소를 구할 수
   없다**(1996.2.9, 94다61649).

   ⇨ 모순관계(주문: 기각)

2) 공유자에 대한 등기말소 청구

◙ 공유자의 공유지분을 제외한 나머지 공유지분 말소등기 청구 가능

---

7 甲의 지분의 1/2, 乙의 지분이 1/2이면 乙의 청구에 대하여 乙의 보존행위가 전부 이유가 있어도
1/2 지분에 대하여만 승소판결을 선고할 수 있다.

상속에 의하여 수인의 공유로 된 부동산에 관하여 그 공유자 중의 1인이 부정한 방법으로 공유물 전부에 관한 소유권이전등기를 그 단독명의로 경료함으로써 타의 공유자가 공유물에 대하여 갖는 권리를 방해한 경우에 있어서는 그 방해를 받고 있는 **공유자 중의 1인은 공유물의 보존행위로서 위 단독명의로 등기를 경료하고 있는 공유자에 대하여 그 공유자의 공유지분을 제외한 나머지 공유지분 전부에 관하여 소유권이전등기말소등기 절차의 이행**을 구할 수 있다(1988.2.23, 87다카961).

- ▣ 공동상속인 1인의 다른 공동상속인에 대한 등기 말소 청구 ⇨ 상속회복청구권에 해당될 수 있음에 유의(10년의 제척기간!)

공동상속인 중 1인이 협의분할에 의한 상속을 원인으로 하여 상속부동산에 관한 소유권 이전등기를 마친 경우에, 협의분할이 다른 공동상속인의 동의 없이 이루어진 것이어서 무효라는 이유로 다른 공동상속인이 위 등기의 말소를 청구하는 소는 상속회복청구의 소에 해당한다(2011.3.10, 2007다17482).
⇨ 예외적으로 등기명의인의 의사와 무관하게 이전등기가 경료된 경우에는 상속회복청구권 영역이 아님(2012.5.24, 2010다33392)

다. 건물철거+토지인도 청구

- ▣ 나대지인 공유지 위에 공유자 중 1인이 건물을 신축한 경우
  - ● 공유자는 지분권에 기하여 건물 철거 가능(다수 지분권자가 건축한 것이라도 철거 가능)(민법 제264조)[8]
  - ● 공유자의 대지 인도 청구 불가
    - ■ 대지 점유자가 다수 지분권자인 경우 ⇨ 인도 청구 불가(적법한 관리)

---

8 관련하여 취득시효가 문제 되는 경우에는 현상을 존중해야 하므로 위 법리가 그대로 적용되지 않음에 유의해야 한다. "공유토지에 관하여 점유취득시효가 완성된 후 취득시효 완성 당시의 공유자들 일부로부터 과반수에 미치지 못하는 소수 지분을 양수 취득한 제3자는 나머지 과반수 지분에 관하여 취득시효에 의한 소유권이전등기를 경료받아 과반수 지분권자가 될 지위에 있는 시효취득자(점유자)에 대하여 지상 건물의 철거와 토지의 인도 등 점유배제를 청구할 수 없는 것이다"(2001.11.27, 2000다33638, 33645) ⇨ 이미 건물이 있는 상태에서 지분권을 취득한 것이므로 공유물의 변경이 아니라 공유물의 관리라고 보아야 한다고 위 판결을 이해할 수도 있다.

- 대지 점유자가 소수 점유자인 경우 ⇨ 인도를 구하는 공유자가 소수 점유자인 경우 인도 청구 불가(2020.5.21, 2018다287522 전합)
  - 부당이득반환은 자신 지분 한도에서만 구할 수 있음

> 공유자 사이에 공유물을 사용·수익할 구체적인 방법을 정하는 것은 공유물의 관리에 관한 사항으로서 공유자의 지분의 과반수로써 결정하여야 할 것이고, 과반수의 지분을 가진 공유자는 다른 공유자와 사이에 미리 공유물의 관리방법에 관한 협의가 없었다 하더라도 공유물의 관리에 관한 사항을 단독으로 결정할 수 있으므로, 과반수의 지분을 가진 공유자가 그 공유물의 특정 부분을 배타적으로 사용·수익하기로 정하는 것은 공유물의 관리방법으로서 적법하며, 다만 그 사용·수익의 내용이 공유물의 기존의 모습에 본질적 변화를 일으켜 '관리' 아닌 '처분'이나 '변경'의 정도에 이르는 것이어서는 안 될 것이고, 예컨대 **다수지분권자라 하여 나대지에 새로이 건물을 건축한다든지 하는 것은 '관리'의 범위를 넘는 것이 될 것이다**(2001.11.27, 2000다33638, 33645)

- 나대지인 공유지 위에 제3자가 건물 신축한 경우
  - 공유자는 보존행위에 기하여 건물 철거＋토지 인도 가능[9]

3. 부당이득반환청구, 불법행위 손해배상청구 - 보존행위 ✕

- 공유자는 자기 지분에 상응하여 부당이득, 불법행위 청구를 할 수 있을 뿐 다른 공유자의 몫까지 청구할 수 없음

> 토지공유자의 공유지분에 따른 임료상당 청구권[10]은 각자의 지분에 상응한 비율의 한도 내에서 행사할 수 있고 다른 공유자의 지분에 대하여는 청구권이 없다(1979.9.13, 77다 1366, 1367, 1368; 동지 1970.4.14, 70다171).

---

9 다만, 제3자가 다수의 지분권자로부터 임차한 경우에는 토지 인도는 할 수 없다고 보는 것이 타당하다(공유물의 적법한 관리행위임).

10 부당이득반환청구권.

Ⅲ 공유와 취득시효

1. 지분소유권의 취득시효

지분소유권의 취득시효의 경우에는 특정된 토지부분의 취득을 주장하는 것이 아니고 지분권의 시효취득을 주장하는 것이므로 **점유의 범위를 특정할 수 있는 객관적 증표가 계속 존재할 필요가 없다**(1975.6.24, 74다1877).

⇨ 이 사건 토지 전부를 점유하면서, 토지의 1/2 지분에 대하여는 자주점유를, 나머지 1/2 지분에 관하여는 타주점유를 한 자가 토지의 1/2 지분에 관하여 취득시효의 완성을 주장한 사안이다. 그런데, 지분에 관한 시효취득과는 달리 일필의 토지의 일부에 대한 시효취득을 인정하기 위하여는 그 부분이 다른 부분과 구분되어 시효취득자의 점유에 속한다는 것을 인식하기에 족한 객관적 징표가 계속하여 존재할 것을 요한다(1989.4.25, 88다카9494, 1996.1.26, 95다24654).

2. 시효중단-상대효

가. 공유자의 한 사람이 공유물의 보존행위로서 제소한 경우라도, 동 제소로 인한 시효중단의 효력은 재판상의 청구를 한 그 공유자에 한하여 발생하고, 다른 공유자에게는 미치지 아니한다.

나. 토지의 공유지분 일부에 대하여도 시효취득이 가능하다(1979.6.26, 79다639).

⇨ 시효중단 조치를 취하지 않은 다른 공유자의 지분에 관하여 시효취득을 하게 됨

Ⅳ 공유와 법정지상권

1. 토지가 甲·乙의 공유이고, 지상건물은 甲의 단독 소유인 경우

- 丙이 토지의 甲 지분을 취득한 경우
  - 원칙: 법정지상권 ×[11]

토지공유자의 한 사람이 다른 공유자의 지분 과반수의 동의를 얻어 건물을 건축한 후 토지와 건물의 소유자가 달라진 경우 토지에 관하여 **관습법상의 법정지상권이 성립되는**

---

11 토지와 건물이 동일소유자에 속하였다는 논리로 법정지상권을 성립한다고 보아야 할지 문제가 된다.

것으로 보게 되면 이는 토지공유자의 1인으로 하여금 자신의 지분을 제외한 다른 공유자의 지분에 대하여서까지 지상권설정의 처분행위를 허용하는 셈이 되어 부당하다. 그리고 이러한 법리는 민법 제366조의 법정지상권의 경우에도 마찬가지로 적용되고, 나아가 토지와 건물 모두가 각각 공유에 속한 경우에 토지에 관한 공유자 일부의 지분만을 목적으로 하는 근저당권이 설정되었다가 경매로 인하여 그 지분을 제3자가 취득하게 된 경우에도 마찬가지로 적용된다(2014.9.4, 2011다73038, 73045).

● 예외: 구분소유적 공유관계인 경우[12]

공유로 등기된 토지의 소유관계가 **구분소유적 공유관계에 있는 경우에는 공유자 중 1인이 소유하고 있는 건물과 그 대지는 다른 공유자와의 내부관계에 있어서는 그 공유자의 단독소유로 되었다 할 것이므로 건물을 소유하고 있는 공유자가 그 건물 또는 토지지분에 대하여 저당권을 설정하였다가 그 후 저당권의 실행으로 소유자가 달라지게 되면 건물 소유자는 그 건물의 소유를 위한 법정지상권을 취득**하게 되며, 이는 구분소유적 공유관계에 있는 토지의 공유자들이 그 토지 위에 각자 독자적으로 별개의 건물을 소유하면서 그 토지 전체에 대하여 저당권을 설정하였다가 그 저당권의 실행으로 토지와 건물의 소유자가 달라지게 된 경우에도 마찬가지라 할 것이다(2004.6.11, 2004다13533).[13]

---

12 공유자가 대지를 각자 특정하여 매수하여 배타적으로 점유하여 왔으나 그 특정부분에 상응하는 지분소유권이전등기만을 경료한 경우에 구분소유적 공유관계가 성립한다(1994.1.28, 93다49871). 이 경우에 1인이 특정하여 소유하고 있는 부분에 관한 타 공유자 명의의 지분소유권이전등기는 명의신탁등기가 되며(1997.3.28, 96다56139), 이러한 형태의 명의신탁등기는 유효하므로(부동산실명법 제2조 제1호 나목), 명의신탁 해지를 원인으로 소유권이전등기청구가 가능하나(2008.6.26, 2004다32992), 공유물분할청구는 할 수 없다(1989.9.12, 88다카10517).

13 구별해야 할 판결: 甲과 乙이 대지를 각자 특정하여 매수하여 배타적으로 점유하여 왔으나 분필이 되어 있지 아니한 탓으로 그 특정부분에 상응하는 지분소유권이전등기만을 경료하였다면 그 대지의 소유관계는 처음부터 구분소유적 공유관계에 있다 할 것이고, 또한 구분소유적 공유관계에 있어서는 통상적인 공유관계와는 달리 당사자 내부에 있어서는 각자가 특정매수한 부분은 각자의 단독소유로 되었다 할 것이므로, 乙은 위 대지 중 그가 매수하지 아니한 부분에 관하여는 甲에게 그 소유권을 주장할 수 없어 위 대지 중 乙이 매수하지 아니한 부분지상에 있는 乙 소유의 건물부분은 당초부터 건물과 토지의 소유자가 서로 다른 경우에 해당되어 그에 관하여는 관습상의 법정지상권이 성립될 여지가 없다(1994.1.28, 93다49871).

2. 토지가 甲의 단독소유이고, 지상건물은 甲·乙의 공유인 경우

■ 丙이 토지를 취득한 경우[14] ⇨ 법정지상권 ○

> 대지소유자가 그 지상건물을 타인과 함께 공유하면서 그 단독소유의 대지만을 건물철거의 조건 없이 타에 매도한 경우에는 건물공유자들은 각기 건물을 위하여 대지 전부에 대하여 관습에 의한 법정지상권을 취득한다(1977.7.26, 76다388).[15]

V 공유와 주문

> 1) 공유자가 임대한 경우 또는 임대인이 사망하여 공동상속인이 있는 경우의 임차보증금반환의무 – 불가분채무(1998.12.8, 98다43137; 2021.1.28, 2015다59801), 공유자의 부당이득반환채무도 불가분채무,[16] "피고들은 공동하여"
> 2) 공유자가 임차한 경우 차임 지급의무 – 연대채무(제653조, 제616조) "피고들은 연대하여"

---

14 토지와 건물이 동일소유자에 속하였다는 논리로 법정지상권을 성립한다고 보아야 할지 문제가 된다.
15 민법상의 법정지상권에도 위 법리의 적용을 긍정하는 판결로는 2011.1.13, 2010다67159: "건물공유자의 1인이 그 건물의 부지인 토지를 단독으로 소유하면서 그 토지에 관하여만 저당권을 설정하였다가 위 저당권에 의한 경매로 인하여 토지의 소유자가 달라진 경우에도, 위 토지 소유자는 자기뿐만 아니라 다른 건물공유자들을 위하여도 위 토지의 이용을 인정하고 있었다고 할 것인 점, 저당권자로서도 저당권 설정 당시 법정지상권의 부담을 예상할 수 있었으므로 불측의 손해를 입는 것이 아닌 점, 건물의 철거로 인한 사회경제적 손실을 방지할 공익상의 필요성도 인정되는 점 등에 비추어 위 건물공유자들은 민법 제366조에 의하여 토지 전부에 관하여 건물의 존속을 위한 법정지상권을 취득한다고 보아야 한다."
16 다만 집합건물에서는 불가분채무가 아닐 수 있음에 유의해야 한다(대지사용권이 없는 전유부분의 소유자는 그 대지 중 자기의 전유부분이 집합건물 전체 전유면적에서 차지하는 비율만큼의 차임에 해당하는 부당이득을 반환해야 한다. 이와 달리 대지사용권이 없는 전유부분의 공유자는 위와 같이 대지 지분 소유자에게 부당이득을 반환할 의무가 있는데, 이 의무는 특별한 사정이 없는 한 불가분채무이므로, 일부 지분만을 공유하고 있더라도 그 전유부분 전체 면적에 관한 부당이득을 반환할 의무가 있다(2018.6.28, 2016다219419, 219426). 집합 건물에서 적정 대지지분을 확보하지 못한 대지지분권자('부족 대지지분권자')는 대지지분권만을 가지는 자에게 부당이득반환의무를 부담하는데, 부족 대지지분권자가 수인인 경우에 대지사용권의 사용·수익관계는 위와 같이 단독소유권과 유사하게 이해할 수 있으므로 분할채무로 보는 것이 타당하다(1991.9.24, 88다카33855).

3) 공유자의 건물철거 의무 – 지분 한도 내에서 의무 부담[17]

4) 공유자의 금전채권(부당이득반환채권, 불법행위 손해배상채권) – 가분채권이므로 각 공유지분에 따라 각각 구해야 함

---

17 공유자의 건물인도의무에 대해서도 마찬가지로 보아야 할 것이다. 이 경우 주문은 "피고들은 각 2분의 1 지분에 관하여 별지 목록 기재 건물을 철거하고, 별지 목록 기재 토지를 인도하라."이다. 다만 실무상 '피고들은 원고에게 각 별지 목록 기재 토지를 인도하라'고 쓰는 경향도 있다.

법정지상권 관련

I 민법 제366조의 법정지상권

1. 요건사실

📖 **요건사실**

1. 저당권 설정 당시[1] 토지 상에 건물이 존재한 사실
2. 대지와 건물이 저당권설정 당시 동일인의 소유에 속하는 사실
3. 저당권에 기한 경매실행[2]으로 소유자가 달라진 사실

📖 **항변사유**

1. 지료지급의무 불이행으로 인한 소멸 청구

※ 실제에 있어서 법정지상권은 건물철거에 대한 항변사유가 되므로, 그 경우에 '지료지급의무 불이행으로 인한 소멸청구'는 재항변사유가 된다.

---

2. 요건사실 詳論

가. 저당권 설정 당시 토지 상에 건물이 존재

1) 건물 완성 불요 ⇨ 건축 중인 건물에 대해서도 성립

토지에 관하여 **저당권이 설정될 당시** 그 지상에 건물이 위 토지 소유자에 의하여 건축중이었고, 그것이 **사회관념상 독립된 건물로 볼 수 있는 정도에 이르지 않았다 하더라도 건물의 규모, 종류가 외형상 예상할 수 있는 정도까지 건축이 진전되어 있는 경우**에는, 저당권자는 완성될 건물을 예상할 수 있으므로 법정지상권을 인정하여도 불측의 손해를 입는 것이 아니며 사회경제적으로도 건물을 유지할 필요가 인정되기 때문에 법정지상권의 성립을 인정함이 상당하다고 해석된다(1992.6.12, 92다7221).

---

[1] 저당권설정 당시에 건물이 존재하여야 하므로, 건물이 없는 토지에 저당권을 설정한 후에 설정자가 저당권자로부터 법정지상권을 인정한다는 양해를 얻어서 건물을 지어도 법정지상권은 인정되지 않는다(2003.9.5, 2003다26051 참조).

[2] 건물이 없는 토지에 1번저당권을 설정한 후에 건물을 짓고 이어서 그 토지에 2번저당권을 설정하여 2번저당권자의 신청으로 경매가 있게 되더라도 건물을 위한 법정지상권은 인정되지 않는다(1번 저당권자의 저당권 설정 당시 파악한 교환가치에 대한 신뢰를 보호해야 하기 때문임).

⇨ 근저당권이 설정될 당시 1층 바닥의 기초공사(콘크리트 타설공사)가 완성된 경우에 법정지 상권 성립 인정 〇(2004.6.11, 2004다13533)

2) 건물이 있는 토지에 저당권을 설정한 후 건물 개축시, 건물이 멸실되거 나 철거된 후 신축하는 경우 ⇨ 원칙: 법정지상권 〇 예외: 공동저당에 서는 법정지상권 성립 ×

▣ 원칙: 법정지상권 성립 범위

민법 제366조 소정의 법정지상권이나 관습상의 법정지상권이 성립한 후에 건물을 개축 또 는 증축하는 경우는 물론 건물이 멸실되거나 철거된 후에 신축하는 경우에도 법정지상권 은 성립하나, 다만 그 법정지상권의 범위는 구건물을 기준으로 하여 그 유지 또는 사용 을 위하여 일반적으로 필요한 범위 내의 대지 부분에 한정된다(1997.1.21, 96다40080).

▣ 예외: 공동저당 ⇨ 법정지상권 ×

● 토지 및 지상건물에 공동저당권이 설정된 후 그 지상건물이 철 거되고 새로 건물이 신축된 경우 저당권의 경매로 인하여 토지 와 신축건물이 다른 소유자에게 속하게 되더라도 신축건물을 위 한 법정지상권은 성립하지 않는 것이 원칙(2003.12.18, 98다43601 전합 참조)

3) 가설건축물 ⇨ 법정지상권 인정 ×

가설건축물은 일시 사용을 위해 건축되는 구조물로서 설치 당시부터 일정한 존치기간이 지난 후 철거가 예정되어 있어 일반적으로 토지에 정착되어 있다고 볼 수 없다. 민법상 건물에 대한 법정지상권의 최단 존속기간은 견고한 건물이 30년, 그 밖의 건물이 15년인 데 비하여, 건축법령상 가설건축물의 존치기간은 통상 3년 이내로 정해져 있다. 따라서 가설건축물은 특별한 사정이 없는 한 독립된 부동산으로서 건물의 요건을 갖추지 못하 여 법정지상권이 성립하지 않는다(2021.10.28, 2020다224821).

⇨ 피고 소유 토지에 가설건축물인 창고가 설치된 후 토지의 근저당권이 실행되어 원고가 토지 를 경락받은 사안에서, 원고가 피고를 상대로 창고의 철거와 토지인도를 구하자 피고가 창 고에 대한 법정지상권이 성립되었다고 주장한 사안으로 법정지상권 주장은 이유 없음

나. 대지와 건물이 저당권설정 당시 동일인의 소유에 속하는 사실

☐ 실질적 소유자가 아니라 등기부상 소유자인지 여부가 기준[3]

건물의 등기부상 소유명의를 **타인에게 신탁한 경우에 신탁자는 제3자에게 그 건물이 자기의 소유임을 주장할 수 없고**, 따라서 그 건물과 부지인 토지가 동일인의 소유임을 전제로 한 법정지상권을 취득할 수 없다(2004.2.13, 2003다29043).

☐ 저당권의 설정 후에 토지와 건물이 각각 다른 소유자에게 속하게 된 경우에도 법정지상권 성립 ○

토지에 저당권을 설정할 당시 토지의 지상에 건물이 존재하고 있었고 그 양자가 동일 소유자에게 속하였다가 그 후 저당권의 실행으로 토지가 낙찰되기 전에 건물이 제3자에게 양도된 경우, 민법 제366조 소정의 법정지상권을 인정하는 법의 취지가 저당물의 경매로 인하여 토지와 그 지상 건물이 각 다른 사람의 소유에 속하게 된 경우에 건물이 철거되는 것과 같은 사회경제적 손실을 방지하려는 공익상 이유에 근거하는 점, … 위와 같은 경우 법정지상권을 인정하더라도 저당권자 또는 저당권설정자에게는 불측의 손해가 생기지 않는 반면, 법정지상권을 인정하지 않는다면 건물을 양수한 제3자는 건물을 철거하여야 하는 손해를 입게 되는 점 등에 비추어 위와 같은 경우 **건물을 양수한 제3자는 민법 제366조 소정의 법정지상권을 취득**한다(1999.11.23, 99다52602).

☐ <u>미등기건물을 대지와 함께 매수하였으나 대지에 관하여만</u> 소유권이전등기를 넘겨받고 대지에 대하여 저당권을 설정한 후 저당권이 실행된 경우, 민법 제366조 소정의 법정지상권이 성립 ×(2002.6.20, 2002다9660 전합)
- 저당권 설정 당시에 대지와 건물이 각각 다른 사람의 소유이기 때문
- 관습상의 법정지상권도 성립하지 않음(2002.6.20, 2002다9660 전합)

다. 저당권에 기한 경매실행으로 소유자가 달라진 사실

---

3 등기부를 신뢰한 제3자의 신뢰를 보호해야 하는 점도 고려해야 한다.

3. 민법상의 법정지상권에 대한 항변사유

1) 지료지급의무 불이행에 따른 소멸청구(제287조)

◉ 지료에 관한 협의나 법원에 의한 지료 결정이 전제가 되어야 함

법정지상권의 경우 당사자 사이에 지료에 관한 협의가 있었다거나 법원에 의하여 지료가 결정되었다는 아무런 입증이 없다면, 법정지상권자가 지료를 지급하지 않았다고 하더라도 지료 지급을 지체한 것으로는 볼 수 없으므로 법정지상권자가 2년 이상의 지료를 지급하지 아니하였음을 이유로 하는 토지소유자의 지상권소멸청구는 이유가 없다(2001.3.13, 99다17142).

◉ 토지양수인에 대한 연체기간이 2년이 되어야 하고 종전 소유자에 대한 연체기간 합산 不可

지상권자의 지료지급연체가 토지 소유권의 양도 전후에 걸쳐 이루어진 경우에는 토지양수인에 대한 연체기간이 2년이 되지 않는다면 양수인은 지상권소멸청구를 할 수 없다(2001.3.13, 99다17142 판결 참조).

⇨ 토지소유권에는 변동이 없고, 지상권자의 변동이 있는 경우에 구지상권자가 2년 이상 지료를 연체한 경우에 현지상권자에 대하여 지료연체사실을 들어 지상권소멸청구를 할 수 있는지 문제가 되는데, 지료에 관한 등기가 있는 경우 지상권이 양도·양수될 때에는 신·구지상권의 체납액은 통산하게 되어 신지상권자는 구지상권자의 연체된 지료액을 지급할 의무가 있다는 판례(1996.4.26, 95다52864)에 비추어 '지료에 관한 등기가 되어 있다면' 연체기간도 합산할 수 있을 것으로 보임.

◉ 관습상의 법정지상권에도 적용됨

민법 제366조 법정지상권에 대하여는 민법 제287조(당사자 사이의 지상권설정계약에 의하여 지상권이 설정된 경우에만 적용되는 것은 아니다)에 의하여 지상권소멸청구를 할수 있고, 관습법상 법정지상권에 대하여도 특별한 사정이 없는 한 민법의 지상권에 관한 규정을 준용하여야 할 것이므로 관습상의 법정지상권도 민법 제287조에 따른 지상권 소멸청구의 의사표시에 의하여 소멸한다(1993.6.29, 93다10781 참조).

2) 민법 제366조 법정지상권 포기 특약-항변사유 ×(관습상의 법정지상권과
   구별 요)

> 민법 제366조는 가치권과 이용권의 조절을 위한 공익상의 이유로 지상권의 설정을 강제
> 하는 것이므로 저당권설정 당사자간의 특약으로 저당목적물인 토지에 대하여 법정지상
> 권을 배제하는 약정을 하더라도 그 특약은 효력이 없다(1988.10.25, 87다카1564).

4. 민법상의 법정지상권의 성립시기

- ◉ 토지 또는 그 지상건물의 임의경매로 그 소유권이 경매의 매수인(낙찰인)에
  게 이전하는 때(민사집행법 제268조, 제135조)
  - ● 임의경매에서 매수인이 매각대금을 다 낸 때에 법정지상권 성립
- ◉ 법률의 규정에 의한 물권의 취득이므로 민법 제187조에 따라 등기하지 않
  아도 성립

5. 민법상의 법정지상권의 처분

- ◉ 법정지상권을 취득한 건물을 양도하는 경우에 특별한 사정이 없는 한 건물
  과 함께 지상권도 양도하기로 하는 채권적 계약이 있는 것으로 보아야 함
  (1981.9.8, 80다2873)
  - ● **원칙**: 법정지상권을 양수한 자는 민법 제187조 단서에 따라 등기 요함
    - ■ 법정지상권 설정등기를 하지 않고 건물 처분시 양수인은 토지소유자
      의 건물철거에 대하여 신의칙 항변 가능 ⇨ 다만, 건물 양수인은 토지
      소유자에 대하여 부당이득반환의무를 부담함에 유의!(건물 양수인이
      법정지상권을 취득하는 아래 예외적인 경우에는 부당이득반환의무를 부담하
      는 것이 아니라 지료를 지급할 의무를 부담하는 것임)
    - ■ 건물양수인은 건물양도인을 대위하여 토지소유자에 대하여 법정지상
      권설정등기절차이행을 청구할 수 있음(1981.9.8, 80다2873)

> 법정지상권을 가진 건물소유자로부터 건물을 양수하면서 지상권까지 양도받기로 한 사
> 람에 대하여 대지소유자가 소유권에 기하여 건물철거 및 대지의 인도를 구하는 것은 **지
> 상권의 부담을 용인하고 그 설정등기절차를 이행할 의무있는 자가 그 권리자를 상대로
> 한 청구라 할 것이어서 신의성실의 원칙상 허용될 수 없다**(1988.9.27, 87다카279).

● 예외: 법정지상권을 취득한 자로부터 경매에 의하여 건물의 소유권을 취득한 매수인은 제187조에 따라 그 지상권도 취득함[4] ⇨ 매수인은 토지소유자에 대하여 부당이득반환의무가 아닌 지료 지급의무 부담

1) 관습에 의한 법정지상권이 있는 건물의 경락인은 경매시에 경락 후 건물을 철거하는 등의 매각조건 아래 경매되었다는 등 특별한 사정이 없는 한 **건물의 경락취득과 함께 그 지상권도 당연히 취득하였다고 할 것이므로 그 지상권으로써 토지소유권을 전득한 자에게 대항**할 수 있다(1991.6.28, 90다16214).
2) 사해행위의 수익자 또는 전득자가 건물의 소유자로서 법정지상권을 취득한 후 채무자와 수익자 사이에 행하여진 건물의 양도에 대한 **채권자취소권의 행사에 따라 수익자와 전득자 명의의 소유권이전등기가 말소된 다음 경매절차에서 건물이 매각되는 경우**에도 낙찰인은 건물의 매수취득과 함께 법정지상권을 당연히 취득한다(2014.12.24, 2012다73158).

● 사해행위 취소와 낙찰인의 법정지상권의 승계취득

문 B는 자신 소유의 이 사건 토지 위에 이 사건 건물을 소유하고 있었는데, 2010. 3. 12. A에게 이 사건 토지에 관하여 근저당권을 설정하였다. B는 2011. 4. 3. 이 사건 건물을 C에게 매도하여 C가 위 매매를 원인으로 소유권이전등기를 마쳤다. 그 후 위 근저당권에 기한 임의경매절차에서 원고가 낙찰을 받아 2014. 10. 1. 이 사건 토지에 관하여 소유권이전등기를 마쳤다. 그런데 B의 채권자 丙은 이 사건 건물에 관한 매매계약이 사해행위라고 주장하면서 C를 상대로 사해행위취소의 소를 제기하였고, 사해행위취소판결에 기하여 이 사건 건물에 관한 C의 등기가 말소되었다. 위와 같이 이 사건 건물에 관하여 B 앞으로 등기가 회복이 되자, B의 채권자 丙은 이 사건 건물에 관한 강제경매신청을 하였고, 2016. 1. 3. 피고가 이 사건 건물을 낙찰받았다. 원고는 피고에 대하여 건물철거와 토지인도를 구하자 피고는 법정지상권이 성립되었다고 항변하였다. 피고의 항변은 타당한가?
답 피고의 항변은 타당하다.
저당권을 설정할 당시 토지의 지상에 건물이 존재하고 있었고 그 양자가 동일 소유자에게 속하였다가 그 후 저당권의 실행으로 토지가 낙찰되기 전에 건물이 제3자에게 양도

---

4 강제경매의 경우 민법 제100조 제2항에 따라, 임의경매의 경우 민법 제358조에 따라 종된 권리인 지상권을 매수인이 취득하는 것이다.

된 경우, 건물을 양수한 제3자는 민법 제366조의 법정지상권을 취득한다(1999.11.23, 99다52602 참조).[5]

그리고 건물 소유를 위하여 법정지상권을 취득한 사람으로부터 경매에 의하여 건물의 소유권을 이전받은 매수인은 매수 후 건물을 철거한다는 등의 매각조건하에서 경매되는 경우 등 특별한 사정이 없는 한 건물의 매수취득과 함께 위 지상권도 당연히 취득하는데, 이러한 법리는 사해행위의 수익자 또는 전득자가 건물의 소유자로서 법정지상권을 취득한 후 채무자와 수익자 사이에 행하여진 건물의 양도에 대한 채권자취소권의 행사에 따라 수익자와 전득자 명의의 소유권이전등기가 말소된 다음 경매절차에서 건물이 매각되는 경우에도 마찬가지로 적용된다(2014.12.24, 2012다73158).

위 사안에서 C가 민법 제366조의 법정지상권을 취득하였고, 채권자취소권의 상대적 효력에 기하여 건물의 낙찰자인 피고는 채무자 B와 수익자 C 사이의 건물매매의 유효를 주장할 수 있고, 그 건물에 관한 소유자와 법정지상권자 역시 C라고 주장할 수 있고, 이를 경매를 통해 함께 취득하였다고 주장할 수 있다.

Ⅱ 관습상의 법정지상권

1. 요건사실

📖 **요건사실**

1. 토지와 건물이 동일인의 소유에 속하였던 사실
2. 매매 기타 적법한 원인으로 양자의 소유자가 달라진 사실

📖 **항변사유**

1. 건물을 철거한다는 특약의 존재
1. 관습상 법정지상권의 포기

---

5 관습상의 법정지상권은 보충적으로 성립하는 것으로(즉 C에게 아무런 권원이 없는 경우) B가 C에게 건물만 매매하였을 때 C에게 토지 사용권을 설정해 주었기 때문에 C가 건물을 매매한 것으로 볼 수 있는바, B가 C에게 건물만 매도하였다고 하여 그때 바로 관습상의 법정지상권이 성립한다고 보기 어렵다.

2. 요건사실 相論

가. 토지와 건물이 동일인의 소유에 속하였던 사실

　　▣ 원칙: 처분 당시에 동일인의 소유이어야 함

> **토지를 매수하여 사실상 처분권한을 가지는 자가 그 지상에 건물을 신축하여 건물의 소유권을 취득**하였다고 하더라도 토지에 관한 소유권을 취득하지 아니한 이상 토지와 건물이 동일한 소유자에게 속하였다고 할 수는 없는 것이므로 이러한 상태의 건물에 관하여 강제경매절차에 의하여 그 소유권자가 다르게 되었다고 하여 건물을 위한 **관습상의 법정지상권이 성립하는 것은 아니다**(1994.4.12, 93다56053).

　　▣ 예외: 강제경매가 있는 경우에는 (가)압류 당시 동일인의 소유이어야 함, (가)압류 전에 저당권이 설정된 경우에는 저당권 설정 당시에 동일인 소유이어야 함

　　　● 2012.10.18, 2010다52140 전합

　　　■ 사실관계

	가압류등기시 (2003. 10. 20.)	소유자 변경	매각 당시 (2006. 6. 9.)	경매의 매수인
건물 소유자(압류)	소외 3	원고	원고	피고
토지 소유자	소외 1, 2	원고	원고	

> 강제경매의 목적이 된 토지 또는 그 지상건물의 소유권이 강제경매로 인하여 이전된 경우에 건물의 소유를 위한 관습상 법정지상권이 성립하는가 하는 문제에 있어서는 그 **매수인이 소유권을 취득하는 매각대금의 완납시가 아니라 그 압류의 효력이 발생하는 때를 기준**으로 하여 **토지와 그 지상건물이 동일인에 속하였는지가 판단되어야 한다.** 강제경매개시결정의 기입등기가 이루어져 압류의 효력이 발생한 후에 경매목적물의 소유권을 취득한 이른바 제3취득자는 그의 권리를 경매절차상 매수인에게 대항하지 못하고, 그 명의로 경료된 소유권이전등기는 … 직권으로 그 말소가 촉탁되어야 하는 것이어서, 결국 매각대금 완납 당시 소유자가 누구인지는 이 문제맥락에서 별다른 의미를 가질 수 없다는 점 등을 고려하여 보면 더욱 그러하다.
> 한편 **강제경매개시결정 이전에 가압류가 있어서 그것이 본압류로 이행되어 경매절차가 진행된 경우에는, 애초 가압류가 효력을 발생하는 때를 기준**으로 토지와 그 지상건물이 동일인에 속하였는지를 판단하여야 한다(2012.10.18, 2010다52140 전합).

⇨ 강제경매의 목적이 된 토지 또는 그 지상 건물에 관하여 강제경매를 위한 **압류나 그 압류에 선행한 가압류가 있기 이전에 저당권이 설정되어 있다가 그 후 강제경매로 인해 그 저당권이 소멸**하는 경우에는, 그 저당권 설정 이후의 특정 시점을 기준으로 토지와 그 지상 건물이 동일인의 소유에 속하였는지 여부에 따라 관습상 법정지상권의 성립 여부를 판단하게 되면, 저당권자로서는 **저당권 설정 당시를 기준으로 그 토지나 지상 건물의 담보가치를 평가**하였음에도 저당권 설정 이후에 토지나 그 지상 건물의 소유자가 변경되었다는 외부의 우연한 사정으로 인하여 자신이 당초에 파악하고 있던 것보다 부당하게 높아지거나 떨어진 가치를 가진 담보를 취득하게 되는 예상하지 못한 이익을 얻거나 손해를 입게 되므로, 그 **저당권 설정 당시를 기준으로 토지와 그 지상 건물이 동일인에게 속하였는지 여부에 따라 관습상 법정지상권의 성립 여부를 판단**하여야 할 것이다(2013.4.11, 2009다62059).

■ 관련 판례 – 가처분 관련
  ● 2014.9.4, 2011다13463
    - 사실관계 이해 편의를 위해서 변형

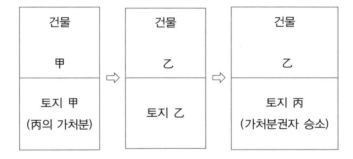

    - **핵심 쟁점**: 관습법상의 법정지상권의 성부
    - 이 사건에서 乙은 甲으로부터 위 토지의 소유권과 이 사건 건물의 소유권을 차례로 이전받았다가, 이후 선행 처분금지가처분에 기한 본등기가 경료되어 위 토지에 관한 乙의 소유권이전등기가 말소됨으로써 乙은 토지에 관한 소유권취득을 가처분권자에게 대항할 수 없게 되었고, 이와 같은 경우 적어도 **관습상 법정지상권 성립 여부와 관련하여서는 위 토지와 이 사건 건물은 甲의 소유였다가 그중 이 사건 건물만 乙에게 소유권이 이전된 것과 마찬가지로 봄이 상당**하므로, 결국 乙은 이 사건 건물에 관하여 소유권을 취득함으로써 관습상의 법정지상권을 취득하였다.

나. 매매 기타 적법한 원인으로 양자의 소유자가 달라진 사실

- ◉ 민사집행법상 강제경매 포함(2012.10.18, 2010다52140 전합)
- ◉ 적법한 원인

> 관습상의 법정지상권의 성립 요건인 해당 토지와 건물의 소유권의 동일인에의 귀속과 그 후의 각기 다른 사람에의 귀속은 **법의 보호를 받을 수 있는 권리변동으로 인한 것**이어야 하므로, 원래 동일인에게의 소유권 귀속이 원인무효로 이루어졌다가 그 뒤 그 원인 무효임이 밝혀져 그 등기가 말소됨으로써 그 건물과 토지의 소유자가 달라지게 된 경우에는 관습상의 법정지상권을 허용할 수 없다(1999.3.26, 98다64189).

- ◉ 매매로 인하여 양자의 소유자가 달라져도 법정지상권 성립하지 않는 경우 ⇨ 실제 토지와 건물을 전부 매도하였으나 그 중 일부만 등기가 경료된 경우

> 관습상의 법정지상권은 동일인의 소유이던 토지와 그 지상건물이 매매 기타 원인으로 인하여 각각 소유자를 달리하게 되었으나 그 건물을 철거한다는 등의 특약이 없으면 건물 소유자로 하여금 토지를 계속 사용하게 하려는 것이 당사자의 의사라고 보아 인정되는 것이므로 토지의 점유·사용에 관하여 당사자 사이에 약정이 있는 것으로 볼 수 있거나 토지 소유자가 건물의 처분권까지 함께 취득한 경우에는 관습상의 법정지상권을 인정할 까닭이 없다 할 것이어서, **미등기건물을 그 대지와 함께 매도하였다면 비록 매수인에게 그 대지에 관하여만 소유권이전등기가 경료되고 건물에 관하여는 등기가 경료되지 아니하여 형식적으로 대지와 건물이 그 소유 명의자를 달리하게 되었다 하더라도 매도인에게 관습상의 법정지상권을 인정할 이유가 없다**(2002.6.20, 2002다9660 전합).

- ◉ 사해행위 취소로 인한 채무자 앞으로 원상회복 ⇨ 위 요건 해당 ×

> 민법 제406조의 **채권자취소권의 행사로 인한 사해행위의 취소와 일탈재산의 원상회복**은 채권자와 수익자 또는 전득자에 대한 관계에 있어서만 효력이 발생할 뿐이고 **채무자가 직접 권리를 취득하는 것이 아니므로,** 토지와 지상 건물이 함께 양도되었다가 채권자취소권의 행사에 따라 그중 건물에 관하여만 양도가 취소되고 수익자와 전득자 명의의 소유권이전등기가 말소되었다고 하더라도, 이는 관습상 법정지상권의 성립요건인 '**동일인의 소유에 속하고 있던 토지와 지상 건물이 매매 등으로 인하여 소유자가 다르게 된 경우**'에 해당한다고 할 수 없다(2014.12.24, 2012다73158).

⇨ 다만 위 판결에서 "건물 소유를 위하여 법정지상권을 취득한 사람으로부터 경매에 의하여 건물의 소유권을 이전받은 매수인은 매수 후 건물을 철거한다는 등의 매각조건하에서 경매되는 경우 등 특별한 사정이 없는 한 건물의 매수취득과 함께 위 지상권도 당연히 취득하는데, 이러한 법리는 <u>사해행위의 수익자 또는 전득자가 건물의 소유자로서 법정지상권을 취득한 후 채무자와 수익자 사이에 행하여진 건물의 양도에 대한 채권자취소권의 행사에 따라 수익자와 전득자 명의의 소유권이전등기가 말소된 다음 경매절차에서 건물이 매각되는 경우에도 마찬가지로 적용된다</u>"고 하였다는 점에도 주의 요함.

3. 관습상의 법정지상권 항변사유

1) 건물을 철거한다는 특약의 존재

[1] 건물 철거의 합의에 **관습상의 법정지상권의 발생을 배제하는 효력을 인정할 수 있기 위하여서는**, 단지 형식적으로 건물을 철거한다는 내용만이 아니라 건물을 철거함으로써 **토지의 계속 사용을 그만두고자 하는 당사자의 의사가 그 합의에 의하여 인정될 수 있어야 한다.**
[2] 토지와 건물의 소유자가 토지만을 **타인에게 증여한 후 구 건물을 철거하되 그 지상에 자신의 이름으로 건물을 다시 신축하기로 합의한 경우, 그 건물 철거의 합의는 건물 소유자가 토지의 계속 사용을 그만두고자 하는 내용의 합의로 볼 수 없어 관습상의 법정지상권의 발생을 배제하는 효력이 인정되지 않는다**고 한 사례(1999.12.10, 98다58467).

2) 관습상의 법정지상권 포기

동일인 소유의 토지와 그 토지상에 건립되어 있는 건물 중 어느 하나만이 타에 처분되어 토지와 건물의 소유자를 각 달리하게 된 경우에는 소론과 같이 관습상의 법정지상권이 성립한다고 할 것이나, 건물 소유자가 토지 소유자와 사이에 건물의 소유를 목적으로 하는 **토지임대차계약을 체결한 경우에는 관습상의 법정지상권을 포기**한 것으로 봄이 상당하다(1992.10.27, 92다3984).

4. 관습상의 법정지상권의 성립시기[6]

- ▣ 토지 또는 그 지상건물이 매매 등으로 그 소유권이 제3자에게 이전하는 때
  - ● ㉠ 강제경매에서 매수인이 매각대금을 다 낸 때에 법정지상권 성립
- ▣ 법률의 규정에 의한 물권의 취득이므로 민법 제187조에 따라 등기하지 않아도 성립

5. 관습상의 법정지상권의 처분[7]

- ▣ 법정지상권을 취득한 건물을 양도하는 경우에 특별한 사정이 없는 한 건물과 함께 지상권도 양도하기로 하는 채권적 계약이 있는 것으로 보아야 함 (1981.9.8, 80다2873)
  - ● 원칙: 법정지상권을 양수한 자는 민법 제187조 단서에 따라 등기 요
    - ■ 법정지상권 설정등기를 하지 않고 건물 처분시 양수인은 토지소유자의 건물철거에 대하여 신의칙 항변 가능 ⇨ 다만, 건물 양수인은 토지소유자에 대하여 부당이득반환의무를 부담함에 유의!(건물 양수인이 법정지상권을 취득하는 아래 예외의 경우에는 부당이득반환의무를 부담하는 것이 아니라 지료를 지급할 의무를 부담하는 것임)
  - ● 예외: 법정지상권을 취득한 자로부터 경매에 의하여 건물의 소유권을 취득한 매수인은 제187조에 따라 그 지상권도 취득함 ⇨ 매수인은 토지소유자에 대하여 부당이득반환의무가 아닌 지료 지급의무 부담

Ⅲ 공유관계 관련 법정지상권 성부[8]

1. 토지가 甲·乙의 공유이고, 지상건물은 甲의 단독 소유인 경우

- ▣ 丙이 토지의 甲 지분을 취득한 경우
  - ● 원칙: 법정지상권 ×[9]

---

6 민법상의 법정지상권에 대한 설명과 대체로 같다.
7 민법상의 법정지상권에 대한 설명과 대체로 같다.
8 민법상의 법정지상권, 관습상의 법정지상권 모두에 적용되는 논의이다.
9 토지와 건물이 동일소유자에 속하였다는 논리로 법정지상권을 성립한다고 보아야 할지 문제가 된다.

토지공유자의 한 사람이 다른 공유자의 지분 과반수의 동의를 얻어 건물을 건축한 후 토지와 건물의 소유자가 달라진 경우 토지에 관하여 **관습법상의 법정지상권이 성립되는 것으로 보게 되면 이는 토지공유자의 1인으로 하여금 자신의 지분을 제외한 다른 공유자의 지분에 대하여서까지 지상권설정의 처분행위를 허용하는 셈이 되어 부당**하다. 그리고 이러한 법리는 민법 제366조의 법정지상권의 경우에도 마찬가지로 적용되고, 나아가 토지와 건물 모두가 각각 공유에 속한 경우에 토지에 관한 공유자 일부의 지분만을 목적으로 하는 근저당권이 설정되었다가 경매로 인하여 그 지분을 제3자가 취득하게 된 경우에도 마찬가지로 적용된다(2014.9.4, 2011다73038,73045).

- 예외: 구분소유적 공유관계인 경우[10]

공유로 등기된 토지의 소유관계가 **구분소유적 공유관계에 있는 경우에는 공유자 중 1인이 소유하고 있는 건물과 그 대지는 다른 공유자와의 내부관계에 있어서는 그 공유자의 단독소유로 되었다 할 것이므로 건물을 소유하고 있는 공유자가 그 건물 또는 토지지분에 대하여 저당권을 설정하였다가 그 후 저당권의 실행으로 소유자가 달라지게 되면 건물 소유자는 그 건물의 소유를 위한 법정지상권을 취득**하게 되며, 이는 구분소유적 공유관계에 있는 토지의 공유자들이 그 토지 위에 각자 독자적으로 별개의 건물을 소유하면서 그 토지 전체에 대하여 저당권을 설정하였다가 그 저당권의 실행으로 토지와 건물의 소유자가 달라지게 된 경우에도 마찬가지라 할 것이다(2004.6.11, 2004다13533).[11]

---

10 공유자가 대지를 각자 특정하여 매수하여 배타적으로 점유하여 왔으나 그 특정부분에 상응하는 지분소유권이전등기만을 경료한 경우에 구분소유적 공유관계가 성립한다(1994.1.28, 93다49871). 이 경우에 1인이 특정하여 소유하고 있는 부분에 관한 타 공유자 명의의 지분소유권이전등기는 명의신탁등기가 되며(1997.3.28, 96다56139), 이러한 형태의 명의신탁등기는 유효하므로(부동산실명법 제2조 제1호 나목), 명의신탁 해지를 원인으로 소유권이전등기청구가 가능하나(2008.6.28, 2004다32992), 공유물분할청구는 할 수 없다(1989.9.12, 88다카10517).
11 구별해야 할 판결: 甲과 乙이 대지를 각자 특정하여 매수하여 배타적으로 점유하여 왔으나 분필이 되어 있지 아니한 탓으로 그 특정부분에 상응하는 지분소유권이전등기만을 경료하였다면 그 대지의 소유관계는 처음부터 구분소유적 공유관계에 있다 할 것이고, 또한 구분소유적 공유관계에 있어서는 통상적인 공유관계와는 달리 당사자 내부에 있어서는 각자가 특정매수한 부분은 각자의 단독소유로 되었다 할 것이므로, 乙은 위 대지 중 그가 매수하지 아니한 부분에 관하여는 甲에게 그 소유권을 주장할 수 없어 위 대지 중 乙이 매수하지 아니한 부분지상에 있는 乙 소유의 건물부분은 당초부터 건물과 토지의 소유자가 서로 다른 경우에 해당되어 그에 관하여는 관습상의 법정지상권이 성립될 여지가 없다(1994.1.28, 93다49871).

2. 토지가 甲의 단독소유이고, 지상건물은 甲·乙의 공유인 경우

  ◼ 丙이 토지를 취득한 경우[12] ⇨ 법정지상권 ○

> 대지소유자가 그 지상건물을 타인과 함께 공유하면서 그 단독소유의 대지만을 건물철거
> 의 조건 없이 타에 매도한 경우에는 건물공유자들은 각기 건물을 위하여 대지 전부에
> 대하여 관습에 의한 법정지상권을 취득한다(1977.7.26, 76다388).[13]

---

12 토지와 건물이 동일소유자에 속하였다는 논리로 법정지상권을 성립한다고 보아야 할지 문제가 된다.
13 민법상의 법정지상권에도 위 법리의 적용을 긍정하는 판결로는 대법원 2011.1.13, 2010다67159:
"건물공유자의 1인이 그 건물의 부지인 토지를 단독으로 소유하면서 그 토지에 관하여만 저당권을
설정하였다가 위 저당권에 의한 경매로 인하여 토지의 소유자가 달라진 경우에도, 위 토지 소유자
는 자기뿐만 아니라 다른 건물공유자들을 위하여도 위 토지의 이용을 인정하고 있었다고 할 것인
점, 저당권자로서도 저당권 설정 당시 법정지상권의 부담을 예상할 수 있었으므로 불측의 손해를
입는 것이 아닌 점, 건물의 철거로 인한 사회경제적 손실을 방지할 공익상의 필요성도 인정되는 점
등에 비추어 위 건물공유자들은 민법 제366조에 의하여 토지 전부에 관하여 건물의 존속을 위한
법정지상권을 취득한다고 보아야 한다."

1. 전세권이 존속하는 동안(전세권 설정 기간 내)

▣ 전세금반환채권만을 분리하여 확정적으로 양도하는 것은 무효

● 전세금반환채권에 대한 압류 및 전부명령은 원칙적으로 무효

▣ 전세권이 소멸하는 경우에 전세금반환채권이 발생하는 것을 조건으로 조건부 채권을 양도하는 것이 가능(뒤에서 보는 것처럼 전세권까지 양도하고 싶으면 부기등기를 해야, 그렇지 않으면 담보물권이 없는 무담보채권 양도임)

2. 전세권이 존속기간 만료로 종료하는 경우에 전세권이 완전히 소멸하는가?

▣ 전세권의 존속기간이 만료되면 전세권의 용익물권적 권능이 소멸하기 때문에 더 이상 전세권 자체에 대하여는 저당권을 실행할 수 없게 된다거나(1962.9.18, 95마684) 전세권설정계약이 합의 해지된 경우에도 전세권설정등기는 전세금반환채권을 담보하는 효력이 있다(1989.2.5, 97다33997)고 판시하였던 점에 비추어 보면, 전세권의 존속기간이 만료된 경우에도 담보물권적 권능은 존속하는 것으로 해석하는 용익물권적 권능소멸설의 입장을 취하고 있는 것으로 평가(2005.3.25, 2003다35659)

▣ 전세권의 존속기간 만료 시 담보물권적 권능만 있는 전세권만 남게 되는데 담보물권은 저당권의 객체가 될 수 없음(2008.4.10, 2005다47663) ⇨ 따라서 전세권저당권이 설정된 경우라도 전세권이 존속기간 만료로 종료 시 전세권저당권은 소멸하고 전세금반환채권에 대하여 물상대위를 행사하여야 한다고 함(2014.10.27, 2013다91672)[1] ⇨ 이러한 판례에 따르면 실제 전세권저당권의 실행 모습은 저당권 자체의 실행이 아니라 물상대위에 의한 실행(추심

---

1 전세권이 존속기간 만료로 종료하는 경우라도 전세권저당권의 효력은 존속한다고 보아야 하고(전세권저당권의 객체가 전세금반환청구권이 된다는 견해임) 따라서 물상대위를 논할 필요가 없다는 반론으로는 남효순, "전세권의 본질에 비추어 본 전세권저당권의 제반문제의 검토", 서울대학교 법학(2021. 3). 위 견해의 핵심 논지는 전세권저당권자를 보호하기 위해서는 전세권저당권이 존속기간 전이나 존속기간 후에도 그 효력에 변함이 없어야 한다는 것이다.

CHAPTER
03

물권법

명령, 전부명령, 배당요구)이 되므로 저당권으로 효력이 약화되는 면이 있음
- 전세권저당권자가 물상대위를 행사하는 경우 전세권설정자의 항변 사유 관련
  - 민법 제315조 소정의 손해배상채권으로 공제 주장할 수 있으나 그 외의 채권으로 공제 주장 불가(2008.3.13, 2006다29372, 29389). 그 외의 채권에 대해서는 상계 주장 가능하나 아래와 같은 제한이 있음
  - 전세권설정자가 상계 항변하는 경우 상계에서의 합리적 기대의 법리를 '전세권저당권이 설정된 시점'을 기준으로 하고 있음(압류·추심·전부명령도달시점이 기준이 아님에 유의(2014.10.27, 2013다91672)) ⇨ 전세권저당권자를 보호하는 입장임[2]

가. **전세권저당권자가 전세금반환채권에 대하여 물상대위권을 행사한 경우, 종전 저당권의 효력은 물상대위의 목적이 된 전세금반환채권에 존속하여 저당권자가 전세금반환채권으로부터 다른 일반채권자보다 우선변제를 받을 권리가 있으므로**, 설령 전세금반환채권이 **압류된 때에** 전세권설정자가 전세권자에 대하여 자동채권을 가지고 있고 자동채권과 전세금반환채권이 상계적상에 있다고 하더라도 그러한 사정만으로 전세권설정자가 전세권저당권자에게 **상계로써 대항할 수는 없다.**

나. 그러나 전세금반환채권은 전세권이 성립하였을 때부터 이미 발생이 예정되어 있다고 볼 수 있으므로, **전세권저당권이 설정된 때에 이미 전세권설정자가 전세권자에 대하여 자동채권을 가지고 있고 자동채권의 변제기가 장래 발생할 전세금반환채권의 변제기와 동시에 또는 그보다 먼저 도래하는 경우와 같이 전세권설정자에게 합리적 기대 이익을 인정할 수 있는 경우에는 특별한 사정이 없는 한 전세권설정자는 전세금반환채권과 상계함으로써 전세권저당권자에게 대항**할 수 있다(2014.10.27, 2013다91672).

---

2 전세권이 존속기간 만료로 종료하는 경우라도 전세권저당권의 효력은 존속한다고 보아야 한다는 견해, 즉 전세권저당권의 객체가 전세금반환청구권이 된다는 견해는 저당권의 우선변제권 보장을 위해 위와 같은 상계는 아예 주장할 수 없다고 한다. 남효순, "전세권의 본질에 비추어 본 전세권저당권의 제반문제의 검토", 서울대학교 법학(2021. 3).

- 임대차계약에 따른 임대차보증금반환채권을 담보할 목적으로 유효한 전세권설정등기가 마쳐진 경우 ⇨ 전세권저당권자가 저당권 설정 당시 그 전세권설정등기가 임대차보증금반환채권을 담보할 목적으로 마쳐진 것임을 알고 있었다면, 제3채무자인 전세권설정자는 전세권저당권자에게 그 전세권설정계약이 임대차계약과 양립할 수 없는 범위에서 무효임을 주장할 수 있으므로, 그 임대차계약에 따른 연체차임 등의 공제 주장으로 대항할 수 있음(2021.12.30, 2018다268538).

3. 전세권의 존속기간 만료 후 전세권과 전세금반환채권의 양도 가능성

- ▣ 전세권은 담보물권적 권능을 위해 존속하므로 양도 가능하고, 그 경우 전세권이전의 부기등기 요함
- ▣ 전세금반환채권 양도를 위해서는 확정일자 있는 통지나 승낙이 있어야 함
- ▣ 2005.3.25, 2003다35659 판결에서 전세권이전의 부기등기는 있었으나 채권양도가 확정일자가 아니어서 다른 전부채권자에게 대항할 수 없게 된 것임 (성립요건주의와 대항요건주의의 교차)
- ▣ 전세권이 존속기간 만료 후 전세금반환채권만의 양도 가능성
  - ● 담보물권적 권능을 가지는 전세권이 없는 전세금반환채권만 양도 가능 ⇨ 무담보의 채권 양수라고 설명한 것임(전세권설정등기가 전세권자에게 있으나 그 전세권설정등기는 피담보채권이 더는 없는 전세권이므로 그 효력을 잃었다고 보아야 함, 마치 저당권의 피담보채권이 없는 경우와 마찬가지)

I 판례의 입장

⊘ 압류와 관련된 유치권의 세 가지 유형

	① 유형 유치권	② 유형 유치권	③ 유형 유치권
채권의 성립	압류 전	압류 후	압류 후
점유 이전	압류 후	압류 전	압류 후

1. ① 유형에 관한 판례

대법원은 공사업자가 이미 공사를 완료한 상황에서 경매개시결정등기 후 공사를 채무자로부터 점유를 이전받아 유치권을 행사한 사안에서 "채무자 소유의 건물 등 부동산에 강제경매개시결정의 기입등기가 경료되어 압류의 효력이 발생한 이후에 채무자가 위 부동산에 관한 공사대금 채권자에게 그 점유를 이전함으로써 그로 하여금 유치권을 취득하게 한 경우, 그와 같은 점유의 이전은 목적물의 교환가치를 감소시킬 우려가 있는 처분행위에 해당하여 민사집행법 제92조 제1항, 제83조 제4항에 따른 압류의 처분금지효에 저촉되므로 점유자로서는 위 유치권을 내세워 그 부동산에 관한 경매절차의 매수인에게 대항할 수 없다."고 판시.[1]

▣ 위 판결은 압류의 처분금지효의 법리를 이용해 유치권의 효력을 제한한 최초의 판결

2. ② 유형에 관한 판례

대법원은 공사업자가 경매개시결정 전에 점유를 시작하였으나, 공사를 경매개시결정 후에 완공한 사안에서 "채무자 소유의 부동산에 경매개시결정의 기입등기가 마쳐져 압류의 효력이 발생한 후에 유치권을 취득한 경우에는 그로써 부동산에 관한 경매절차의 매수인에게 대항할 수 없는데, 채무자 소유의 건물에 관하여 증·개축 등 공사를 도급받은 수급인이 경매개시결정의 기입등기가 마쳐지기 전에 채무자에게서 건물의 점유를 이전

---

1 2005.8.19, 2005다22688

받았다 하더라도 **경매개시결정의 기입등기가 마쳐져 압류의 효력이 발생한 후에 공사를 완공하여 공사대금채권을 취득함으로써 그때 비로소 유치권이 성립한 경우에는, 수급인 은 유치권을 내세워 경매절차의 매수인에게 대항할 수 없다.**"고 판시(2011.10.13, 2011다 55214)

- ▣ ① 유형에 관한 판례의 연장선상에서, 즉 압류의 처분금지효의 법리에 근거 하여 유치권의 효력을 제한[2]

3. ③ 유형에 관한 판례

대법원은, 낙찰자인 원고의 토지인도청구에 대하여 공사업자(피고)가 경매개시결정 이 후에 토지를 점유하면서 공사를 하였음을 이유로 유치권의 항변을 한 사안에서 "채무자 소유의 부동산에 경매개시결정의 기입등기가 경료되어 압류의 효력이 발생한 이후에 채 권자가 채무자로부터 위 부동산의 점유를 이전받고 이에 관한 공사 등을 시행함으로써 채무자에 대한 공사대금채권 및 이를 피담보채권으로 한 유치권을 취득한 경우, 이러한 **점유의 이전은 목적물의 교환가치를 감소시킬 우려가 있는 처분행위에 해당하여 민사집 행법 제92조 제1항, 제83조 제4항에 따른 압류의 처분금지효에 저촉**"된다고 판시(2006. 8.25, 2006다22050)

- ▣ ① 유형에 관한 판례의 논리를 그대로 적용하여 유치권의 항변을 인정하지 않음

4. 가압류와 유치권

대법원은 부동산에 가압류등기가 경료되어 있을 뿐 현실적인 매각절차가 이루어지지 않 고 있는 상황에서 제3자가 채무자의 점유 이전으로 유치권을 취득하는 경우에 위 점유 의 이전 행위는 **가압류의 처분금지효에 저촉되는 처분행위로 볼 수 없다**고 판시하면서 위 유치권의 효력을 전면적으로 인정한 바 있음[3]

---

2 2011.10.13, 2011다55214. 같은 취지로는 2013.6.27, 2011다50165 참조.
3 2011.11.24, 2009다19246.

5. 체납처분 압류와 유치권

부동산에 관하여 이미 경매절차가 개시되어 진행되고 있는 상태에서 취득한 유치권의 행사를 허용하는 경우에 경매절차에 대한 신뢰와 절차적 안정성이 크게 위협받게 되므로, 이러한 경우에는 매수인에게 유치권을 행사할 수 없다. 그러나 체납처분압류 이후에 유치권을 취득한 경우에는, 그 압류에 의해 매각절차인 공매절차가 개시된 것으로 볼 수 없고, 민사집행절차인 경매절차가 개시되었다고 볼 수 없으므로 체납처분압류등기가 있었다는 사정만으로 유치권의 효력을 제한할 수 없다(2014.3.20, 2009다60336 전합).

Ⅱ 근저당권 설정 후 유치권 취득의 문제

1. 근저당권 설정 후 민사유치권

◪ 근저당권설정 후 경매로 인한 압류의 효력 발생 전에 취득한 민사유치권으로 경매절차의 매수인에게 대항할 수 있음(2009.1.15, 2008다70763)

2. 근저당권 설정 후 상사유치권

◪ 채무자 소유의 부동산에 관하여 이미 선행저당권이 설정되어 있는 상태에서 채권자의 상사유치권이 성립한 경우, 상사유치권자가 선행저당권자 또는 선행저당권에 기한 임의경매절차에서 부동산을 취득한 매수인에 대한 관계에서 상사유치권으로 대항할 수 없음(2013.2.28, 2010다57350)

상사유치권이 채무자 소유의 물건에 대해서만 성립한다는 것은, 상사유치권은 성립 당시 채무자가 목적물에 대하여 보유하고 있는 담보가치만을 대상으로 하는 제한물권이라는 의미를 담고 있다 할 것이고, 따라서 유치권 성립 당시에 이미 목적물에 대하여 제3자가 권리자인 제한물권이 설정되어 있다면, 상사유치권은 그와 같이 제한된 채무자의 소유권에 기초하여 성립할 뿐이고, 기존의 제한물권이 확보하고 있는 담보가치를 사후적으로 침탈하지는 못한다고 보아야 한다(2013.2.28, 2010다57350).

Ⅲ 논의의 정리[4]

1) 대법원의 결론은 유치권의 남용의 법리에 의할 때 더 설득력 있게 설명될 수 있다. 앞에서 본 바와 같이 경매절차에 있어서 경매개시결정에 따른 압류의 효력이 발생하면, 바로 집행관에게 현황조사명령을 내리고(민사집행법 제85조 제1항), 압류의 효력 발생 후 1주 이내에 배당요구의 종기결정 및 공고가 이루어지는 등(민사집행법 제84조 제3항) 압류의 효력 발생은 환가절차의 진행으로 직결되는바, 경매개시결정 이후에 유치권을 취득한 경우는 환가절차의 안정성을 중대하게 침해하는 행위이므로, 어느 유형에 해당하든지 간에 ─ 특히 ② 유형의 유치권에 해당하더라도 ─ 유치권의 남용에 해당되므로 대항력이 인정되지 않는다고 일관하여 설명할 수 있는 것이다.

2) 대법원은 부동산에 가압류등기가 경료되어 있을 뿐 현실적인 매각절차가 이루어지지 않고 있는 상황에서 제3자가 채무자의 점유 이전으로 유치권을 취득하는 경우에 위 점유의 이전 행위는 가압류의 처분금지효에 저촉되는 처분행위로 볼 수 없다고 판시하면서 위 유치권의 효력을 전면적으로 인정한 바 있다.[5] 그러나 위와 같은 사안은 앞서 본 유치권 남용의 법리에 의하여 명쾌하게 설명할 수 있다. 즉 위 유치권 취득단계에서는 보전처분인 가압류만 있었을 뿐 환가절차가 진행되고 있지 않으므로 유치권 취득행위가 '경매절차의 법적 안정성'을 침해한다고 보기 어려우므로 가압류가 있었다는 사정만으로 유치권의 대항력을 부인할 수 없는 것이다.

3) 이상에서 검토한 바와 같이 유치권 효력의 제한에 관한 기존의 대법원의 결론은 유치권의 남용의 법리에 의하여 일관되고 설득력 있게 설명될 수 있다.

4) 유치권의 남용의 법리에 따른 다수의견의 재음미

다수의견은, 피고들이 유치권을 취득하기 前에 충주시 앞으로 체납처분압류등기가 되어 있었다는 사정만으로는 피고들의 유치권을 제한할 수 없다고 판시하였다. 이러한 결론은 유치권의 남용의 법리로 명확하게 설명될 수 있다. 이 사

---

4 이계정, "체납처분압류와 유치권의 효력", 서울대학교 법학(2015. 3).
5 2011.11.24, 2009다19246

건은, 충주시 앞으로 체납처분압류등기가 있었으나 그에 기한 공매절차나 다른 경매절차가 진행되지 않은 가운데 피고들이 유치권을 취득한 사안으로, 유치권의 취득 당시에 환가절차가 임박하였거나 진행된 바 없으므로 피고들의 유치권으로 인하여 경매절차의 안정성이 중대하게 침해되었다고 보기 어렵다. 결국 피고들의 유치권 행사를 유치권의 남용으로 볼 수 없는 이상, 피고들의 유치권을 제한할 수 없는 것이다.

한편, 다수의견은 사안을 달리하여 이미 경매절차가 진행되고 있는 상태에서 비로소 유치권을 취득한 경우에는 유치권을 행사할 수 없다고 하면서도 그 논거에 대하여는 다분히 의도적으로 압류의 처분금지효 법리를 언급하지 않았다. 대신 다수의견은 이런 경우에까지 유치권의 행사를 허용하면 경매절차에 대한 신뢰와 절차적 안정성이 크게 위협받게 된다는 점을 언급하였는데, 그것만으로 유치권의 효력을 제한하는 법적 근거를 명확히 하였다고 보기 어렵다(다수의견이 이 점에 있어서 비판받을 소지가 있음은 앞에서 언급하였다). 유치권의 효력을 제한하는 법적 근거는 민법 제2조 제2항의 '권리남용 금지'의 원칙에 기한 유치권의 남용이 되어야 하며, 이를 통해 앞서 본 바와 같이 유치권의 효력 제한에 관하여 일관되게 설명할 수 있다.

3-9 근저당권의 확정

1. 피담보채권 확정 사유

가. 확정기일(결산기)의 도래

나. 거래관계의 종료

다. 기본계약 또는 근저당권설정계약의 해지

근저당권이라 함은 그 담보할 채권의 최고액만을 정하고 채무의 확정을 장래에 유보하여 설정하는 저당권을 말하고, 이 경우 그 피담보채무가 확정될 때까지의 채무의 소멸 또는 이전은 근저당권에 영향을 미치지 아니하므로, 근저당부동산에 대하여 소유권을 취득한 제3자는 피담보채무가 확정된 이후에 그 확정된 피담보채무를 채권최고액의 범위 내에서 변제하고 근저당권의 소멸을 청구할 수 있다고 할 것이며, 피담보채무는 근저당권설정계약에서 근저당권의 존속기간을 정하거나 근저당권으로 담보되는 기본적인 거래계약에서 결산기를 정한 경우에는 원칙적으로 존속기간이나 결산기가 도래한 때에 확정되지만, 이 경우에도 근저당권에 의하여 담보되는 채권이 전부 소멸하고 채무자가 채권자로부터 새로이 금원을 차용하는 등 거래를 계속할 의사가 없는 경우에는, 그 존속기간 또는 결산기가 경과하기 전이라 하더라도 근저당권설정자는 계약을 해지하고 근저당권설정등기의 말소를 구할 수 있고, 한편 **존속기간이나 결산기의 정함이 없는 때에는 근저당권의 피담보채무의 확정방법에 관한 다른 약정이 있으면 그에 따르되 이러한 약정이 없는 경우라면 근저당권설정자가 근저당권자를 상대로 언제든지 해지의 의사표시를 함으로써 피담보채무를 확정**시킬 수 있다(2002.2.24, 2002다7176).

라. 경매신청

1) 근저당권자의 경매신청

- 경매개시결정 이후 경매신청을 취하하더라도 피담보채권 확정의 효력에는 영향이 없음[1] ⇨ 경매신청시 확정
- 경매개시결정 전에 취하하거나 또는 경매신청이 각하된 경우에는 확정의 효력이 생기지 않음

---

1 2002.11.26, 2001다73022.

- ▣ 공동저당 관련하여 주채무자의 토지에 대한 경매신청 ⇨ 물상보증인에 대한 피담보채권도 확정되는 것임(1996.3.8, 95다36596)
  2) 다른 담보권자 등 제3자의 경매신청
- ▣ 판례는 '매각대금납부시'에 근저당권 확정된다고 봄

선순위 근저당권자가 파악한 담보가치를 최대한 활용할 수 있도록 함이 타당하다는 관점에서 보면, 후순위 근저당권자가 경매를 신청한 경우 선순위 근저당권의 피담보채권은 그 근저당권이 소멸하는 시기, 즉 **경락인이 경락대금을 완납한 때에 확정**된다고 보아야 한다(1999.9.21, 99다26085).

- ▣ 공동저당 관련하여 A 부동산에 관하여 다른 담보권자 등 제3자 경매신청 시 A 부동산에 대해서는 위 법리 적용되나, 다른 공동저당물인 B 부동산에 대하여는 원칙적으로 확정되지 않음(2017.9.21, 2015다50637)

마. 채무인수와 피담보채무 확정
- ▣ 피담보채권이 확정된 후에 확정된 채무를 인수하는 형태로서, '채무인수[2]'를 원인으로 한 근저당권변경등기를 하는데, 이 경우 확정된 채무, 즉 종전 채무자가 채권자에게 부담하던 채무만이 근저당권에 의하여 담보되는 관계로, 피담보채권 확정 후 종전 채무자가 새로이 부담하게 된 채무나 새로운 채무자가 새로이 부담하게 된 채무는 담보되지 아니함

물상보증인이 근저당권의 채무자의 계약상의 지위를 인수한 것이 아니라 다만 **그 채무만을 '면책적으로 인수'하고 이를 원인으로 하여 근저당권변경의 부기등기가 경료된 경우**, 특별한 사정이 없는 한 그 변경등기는 당초 채무자가 근저당권자에 대하여 부담하고 있던 것으로서 물상보증인이 인수한 채무만을 그 대상으로 하는 것이지, 그 후 **채무를 인수한 물상보증인이 다른 원인으로 근저당권자에 대하여 부담하게 된 새로운 채무까지 담보하는 것으로 볼 수는 없다**(1999.9.3, 98다40657).

---

2 피담보채권이 확정되기 전에 피담보채권을 양도받고 이를 원인으로 근저당권변경등기를 하는 경우에는 통상 등기원인은 '계약인수'가 될 것이다.

2. 피담보채권 확정의 효과

▣ 피담보채권이 확정이 되면 보통의 저당권과 같은 부종성을 가지게 되며, 확정 이후에 새롭게 발생하는 채권을 담보하지 않음

● 보통의 저당권으로 변화하는 것은 아님 ⇨ 채권최고액에 의한 담보 범위의 한정, 민법 제360조 단서에 의한 지연배상제한의 배제는 여전히 유효

▣ 그러나 확정된 원본의 이자, 지연손해금이 늘어날 수 있음은 당연

3. 경매 도중 청구금액의 확장 가부

가. 강제경매

▣ 일부 청구를 한 경우에 ⇨ 청구금액 확장 불가

> 강제경매에 있어서 채권의 일부 청구를 한 경우에 그 강제경매절차 개시 후에는 청구금액의 확장은 허용되지 않고 그 후에 청구금액을 확장하여 잔액의 청구를 하였다 하여도 배당요구의 효력 밖에는 없는 것이므로 강제경매개시결정에 의하여 압류의 효력이 발생한 후에 채무자가 경매부동산을 처분하여 그 등기를 경료하였고 그 후 금액확장신청이 있고, 먼저한 강제경매사건이 강제경매절차에 의하지 않고 종료하게 되면, 청구금액확장신청 이전에 소유권이전등기를 경유한 제3취득자는 그 소유권취득을 확장신청인에게 대항할 수 있다고 해석할 것이다.
> 재항고인이 강제집행의 채무명의인 집행력있는 공정증서정본에 기하여 **어음금 30,000,000원중 금 10,000,000원 및 지연손해금을 청구금액으로 하여 이 사건 부동산에 대한 강제경매신청**을 함에 따라 … 한편 대한예수교 장로회 승동교회는 그달 19 채무자로부터 경매부동산을 매수하여 위 기입등기 후인 그달 24 그 명의의 소유권이전등기를 마치고 그달 31 **위 청구금액과 경매절차비용 합계 금 10,080,000원을 적법하게 변제공탁하고, 위 채무명의중 위 금액 상당부분의 집행력배제를 구하는 청구이의의 소를 제기하여 승소판결이 확정되자 동 판결정본을 경매법원에 제출하였고, 경매법원은 이 사건 강제경매절차를 더 이상 속행할 수 없다고 하여 강제경매개시결정을 취소하고 강제경매신청을 기각하였는바, … 경매법원이 이 사건 강제경매개시결정을 취소하고, 강제경매신청을 기각하였음은 정당하다(1983.10.15, 83마393).**
> ⇨ 개별상대효설!

◉ 그러나 경매신청서에 <u>이자채권을 표시</u>한 경우에는 경매진행 도중 이자채권액을 확장하는 것은 가능(2001.6.12, 2000다51209[3])

나. 임의경매

1) 근저당권자가 경매 신청시: 신청시 근저당권 확정

　◉ 담보권의 실행을 위한 경매를 신청하면서 그 경매신청서에 피담보채권액 중 일부만을 청구금액으로 기재하였을 경우 ⇨ 확장 불가

> **담보권의 실행을 위한 경매에서 신청채권자가 경매를 신청함에 있어서 그 경매신청서에 피담보채권액 중 일부만을 청구금액으로 기재하였을 경우에는** 다른 특별한 사정이 없는 한 신청채권자가 당해 경매절차에서 배당을 받을 금액이 기재된 청구금액을 한도로 확정되며, 신청채권자가 이중경매신청을 할 수 있는 것은 별론으로 하고, **청구금액확장신청서나 채권계산서를 제출하는 방법 등에 의하여 청구금액을 확장할 수는 없다**(1998.7.10, 96다39479).

　◉ 잔액에 대한 배당요구도 불가![4]

> 담보권실행을 위한 경매의 신청채권자는 피담보채권에 관하여 **별도로 집행권원을 가지고 있지 아니하는 한 배당요구채권자에 해당하지 아니하므로, 신청채권자가 피담보채권 중 일부만을 청구금액으로 하여 경매를 신청하였다가 나머지 피담보채권에 관하여 배당요구를 하는 방법으로는 배당에 참가할 수 없고,** 따라서 신청채권자가 배당요구의 종기인 경락기일 이전에 청구금액을 피담보채권 전액으로 확장한 채권계산서를 제출하였다고 하더라도 채권액 중 경매신청 당시의 청구금액을 초과하는 금액에 관하여는 배당에 참가할 수 없다(1997.2.28, 95다22788).

　◉ 그러나 경매신청서에 이자채권을 표시한 경우에는 경매진행 도중 이자채권액을 확장하는 것은 가능(2001.6.12, 2000다51209)

> 신청채권자가 경매신청서에 경매청구채권으로 **이자 등 부대채권을 표시한 경우에는** 나중에 채권계산서에 의하여 부대채권을 증액하는 방법으로 경락기일까지는 청구금액을

---

3 임의경매 사안이나 강제경매에서도 같은 논리 적용 가능하다.
4 위 강제경매와 차이가 있다.

<u>확장</u>할 수 있다고 할 것이나(2001.3.23, 99다11526 참조), 이 사건과 같이 경매신청서에 원본채권만을 표시하고 이자 등 부대채권을 표시하지 아니한 경우에는 그 후 채권계산서에 이자 등 부대채권을 표시하는 방법으로 청구금액을 확장하는 것은 허용될 수 없다(2001.6.12, 2000다51209).

◙ 원 청구금액 범위 내에서 청구 채권의 변경은 허용○

근저당권의 실행을 위한 경매절차에서 신청채권자는 일단 경매신청서에 특정의 피담보채권을 기재함으로써 이를 청구채권으로 표시하였다고 하더라도 당해 근저당권의 피담보채권으로서 다른 채권이 있는 경우에는 그 다른 채권을 청구채권에 추가하거나 **당초의 청구채권을 그 다른 채권으로 교환하는 등 청구채권을 변경할 수 있으며**(다만 변경 후의 피담보채권액이 경매신청서에 기재되어 있는 청구채권액을 초과하는 때에는 그 초과하는 금액에 대하여는 배당을 받을 수 없다.), 이 때 청구채권의 변경이 추가적 변경인가 교환적 변경인가는 신청채권자가 경매법원에 표시한 의사를 객관적·합리적으로 해석하여 판단하여야 한다(1998.7.10, 96다39479).

◙ 일부 청구한 경매신청인은 부당이득반환청구 허용 ×

담보권의 실행을 위한 경매에서 신청채권자가 경매를 신청함에 있어서 **경매신청서에 피담보채권 중 일부만을 청구금액으로 기재하였을 경우에는** … 신청채권자가 경매신청서에 기재하지 아니한 다른 피담보채권을 가지고 있었다고 하더라도 청구금액을 확장한 채권계산서를 제출하는 방법으로는 피담보채권액 중 경매신청 당시의 청구금액을 초과하는 금액에 관하여는 배당에 참가할 수 없다. 따라서 근저당권자가 경매신청서에 피담보채권 중 일부만을 청구금액으로 기재하여 담보권의 실행을 위한 경매를 신청한 후 청구금액을 확장한 채권계산서를 제출하였을 뿐 달리 경락기일까지 이중경매를 신청하는 등 필요한 조치를 취하지 아니한 채 그대로 경매절차를 진행시켜 경매신청서에 기재된 청구금액을 기초로 배당표가 작성·확정되고 그에 따라 배당이 실시되었다면, **신청채권자가 청구하지 아니한 부분의 해당 금원이 후순위채권자들에게 배당되었다 하여 이를 법률상 원인이 없는 것이라고 볼 수는 없다**(1997.2.28, 96다495).

2) 다른 담보권자 등 제3자의 경매신청: 매각대금납부시에 확정

　　◉ 근저당권자는 청구금액의 확장 가능

담보권의 실행을 위한 경매절차에서 경매신청채권자에 우선하는 근저당권자는 배당요구를 하지 아니하더라도 당연히 등기부상 기재된 채권최고액의 범위 내에서 그 순위에 따른 배당을 받을 수 있으므로, 그러한 근저당권자가 채권계산서를 제출하지 않았다고 하더라도 배당에서 제외할 수 없고, 또한 위 근저당권자는 경락기일 전에 일응 피담보채권액을 기재한 채권계산서를 제출하였다고 하더라도 그 후 **배당표가 작성될 때까지 피담보채권액을 보정하는 채권계산서를 다시 제출할 수 있다고 할 것이며, 이 경우 배당법원으로서는 특단의 사정이 없는 한 배당표 작성 당시까지 제출한 채권계산서와 증빙 등에 의하여 위 근저당권자가 등기부상 기재된 채권최고액의 범위 내에서 배당받을 채권액을 산정하여야 한다**(1999.1.26, 98다21946).[5]

4. 근저당권의 피담보채권 확정 후 보증인이 일부 대위변제한 경우 우선변제권의 범위

1) 채권자 우선

　　◉ 일부 변제의 경우에 대위자(보증인 등)와 채권자 사이의 우열관계의 문제
　　　(민법 제483조 제1항의 해석 문제)

　　◉ **채권자우선설(판례)** v 양자평등설

변제할 정당한 이익이 있는 자가 채무자를 위하여 채권의 일부를 대위변제할 경우에 대위변제자는 변제한 가액의 범위 내에서 종래 채권자가 가지고 있던 채권 및 담보에 관한 권리를 취득하게 되고 따라서 채권자가 부동산에 대하여 저당권을 가지고 있는 경우에는 채권자는 대위변제자에게 일부 대위변제에 따른 저당권의 일부이전의 부기등기를 경료해 주어야 할 의무가 있으나 이 경우에도 **채권자는 일부 대위변제자에 대하여 우선변제권을 가진다**(2009.11.26, 2009다57545, 57552).

2) 보증인이 일부 대위변제한 경우 근저당권의 우선변제권의 범위

　　◉ 보증인이 근저당권의 피담보채무 중 일부만을 대위변제한 경우에는 채

---

5 제3자의 경매신청으로 인한 경매절차에서 근저당권자가 채권 신고를 하지 않더라도 등기부등본에 기재된 채권최고액을 현실의 채권액으로 보아 배당하여야 하며 위와 같은 배당하지 않았으면 근저당권자는 부당이득반환청구를 할 수 있다(2006.9.28, 2004다68427).

권자(근저당권자)와 일부 대위변제자 사이에 그 우선변제권의 유무 및 그 범위를 정할 필요가 있고, 이는 일부 대위변제된 피담보채권과 대위변제되지 않고 남은 피담보채권의 합계액이 채권최고액을 초과하는 경우에 주로 문제됨

- ▣ ① 원래의 근저당권 채권최고액에서 대위변제받은 금액을 공제한 잔액을 한도로만 채권자가 우선변제권을 갖는다는 견해와 ② 채권자는 여전히 원래의 근저당권의 채권최고액 한도 내에서 자신의 잔존채권액에 대하여 대위변제자에 우선한다고 보는 것이 타당하다는 견해로 나뉠 수 있는데, 판례는 원칙적으로 후자라는 입장(근저당권자 보호 강조 – 위 채권자 우선설의 연장선상으로 이해!)

수인이 시기를 달리하여 채권의 일부씩을 대위변제한 경우 그들은 각 일부 대위변제자로서 변제한 가액에 비례하여 근저당권을 준공유한다고 보아야 하나, 그 경우에도 채권자는 특별한 사정이 없는 한 채권의 일부씩을 대위변제한 일부 대위변제자들에 대하여 우선변제권을 가지고, **채권자의 우선변제권은 채권최고액을 한도로 자기가 보유하고 있는 잔존 채권액 전액에 미치므로**, 결국 근저당권을 실행하여 배당할 때에는 채권자가 자신의 잔존 채권액을 일부 대위변제자들보다 우선하여 배당받고, 일부 대위변제자들은 채권자가 우선 배당받고 남은 한도액을 각 대위변제액에 비례하여 안분 배당받는 것이 원칙이다(2011.6.10, 2011다9013).

5. 주문

- ▣ 원시적인 사유

피고는 원고에게 별지 목록 기재 토지에 관하여 … 마친 근저당권설정등기의 말소등기 절차를 이행하라.

- ▣ 후발적인 실효 사유(원칙 실효 사유 기재)

피고는 원고에게 별지 목록 기재 토지에 관하여 … 마친 근저당권설정등기에 대하여 2016. 00. 00. 확정채권 변제(2016. 00. 00. 소멸시효 완성을 원인으로 한 말소등기절차를 이행하고)를 원인으로 한 말소등기절차를 이행하라.

피고 장그려는 원고로부터 160,000,000원 및 이에 대한 2013. 2. 1.부터 다 갚는 날까지 월 2%의 비율에 의한 금원을 지급받은 다음 원고에게 별지 목록 제 3, 4항 기재 각 부동산에 관하여 서울중앙지방법원 2011. 5. 3. 접수 제85085호로 마친 각 근저당권설정등기의 말소등기절차를 이행하라.[6]

6. 참고: 근질권의 확정은 강제집행 개시된 사실을 안 때

근질권자가 제3자의 압류 사실을 알고서도 채무자와 거래를 계속하여 추가로 발생시킨 채권까지 근질권의 피담보채권에 포함시킨다고 하면 그로 인하여 근질권자가 얻을 수 있는 실익은 별 다른 것이 없는 반면 제3자가 입게 되는 손해는 위 추가된 채권액만큼 확대되고 이는 사실상 채무자의 이익으로 귀속될 개연성이 높아 부당할 뿐 아니라, 경우에 따라서는 근질권자와 채무자가 그러한 점을 남용하여 제3자 등 다른 채권자의 채권회수를 의도적으로 침해할 수 있는 여지도 제공하게 된다. 따라서 이러한 여러 사정을 적정·공평이란 관점에 비추어 보면, 근질권이 설정된 금전채권에 대하여 제3자의 압류로 강제집행절차가 개시된 경우 근질권의 피담보채권은 근질권자가 위와 같은 강제집행이 개시된 사실을 알게 된 때에 확정된다고 봄이 타당하다(2009.10.15, 2009다43621).

---

6 말소 또는 회복의 대상이 되는 등기를 특정할 때에는 '관할등기소, 접수일자, 접수번호, 등기종류'의 순서로 등기사항증명서를 확인하여 정확하게 기재하여야 하고 등기원인이나 내용은 표시하지 않는다. 또한, 등기의 말소 또는 회복을 명하는 주문을 '등기를 말소하라' 또는 '등기를 회복하라'로 하지 않음에 유의하여야 한다. 한편, 후발적 실효사유에 의하여 장래에 향하여 실효됨을 원인으로 말소등기를 명할 경우에는 말소원인을 기재함이 원칙이나, 선이행을 명하는 사건의 경우 현재로서는 근저당권의 소멸일자를 특정할 수 없으므로 소멸원인을 기재하지 않는다.

3-10 공동저당과 변제자대위

1. 공동저당의 의의

▣ 동일한 채권의 담보로서 복수의 부동산에 설정된 저당권

2. 동시배당의 경우

가. 원칙: 부담의 안분(제368조 제1항)

▣ 각 부동산의 경매대가에 비례하여 피담보채권의 분담을 정함

▣ A 부동산(시가 1억), B 부동산(시가 5,000만 원)인데 피담보채권이 7,500
만 원인 경우에, 동시배당이 이루어지면 A 부동산으로부터 5,000만 원,
B 부동산으로부터 2,500만 원을 각 배당받게 되는 것임

나. 예외: 여러 개의 부동산 중 일부는 채무자 소유이고 일부는 물상보증인 소
유인 경우(변제자대위우선설과 일맥상통)

> **공동저당권이 설정되어 있는 수개의 부동산 중 일부는 채무자 소유이고 일부는 물상보
> 증인의 소유인 경우** 위 각 부동산의 경매대가를 동시에 **배당하는 때**에는, 물상보증인이
> 민법 제481조, 제482조의 규정에 의한 변제자대위에 의하여 채무자 소유 부동산에 대하
> 여 담보권을 행사할 수 있는 지위에 있는 점 등을 고려할 때, … **민법 제368조 제1항은
> 적용되지 아니한다고 봄이 상당하다.** 따라서 이러한 경우 경매법원으로서는 채무자 소
> 유 부동산의 경매대가에서 공동저당권자에게 우선적으로 배당을 하고, 부족분이 있는
> 경우에 한하여 물상보증인 소유 부동산의 경매대가에서 추가로 배당을 하여야 한다
> (2010.4.15, 2008다41475).[1]

3. 이시배당의 경우: 변제자대위와 후순위저당권자대위의 충돌 문제

가. 채무자가 자신 소유의 부동산에 관하여 공동담보 제공시 ➡ 후순위저당권

---

[1] 채무자 소유의 수 개의 부동산에 대하여 공동저당권이 설정된 상태에서 그 부동산 중 일부를 양도하
여 채무자와 제3취득자 사이에 공동저당관계인 경우에도 같은 법리가 적용된다. 이 경우에 제3채무
자는 변제자대위가 가능하기 때문이다(2010.12.23, 2008다25671). cf. 뒤에서 보는 2011.10.13,
2010다99132.

자는 민법 제368조 제2항의 대위권을 행사하므로 동시배당과 같은 효과를 누림

  ▣ 공동저당권자가 일부의 목적물에 대한 저당권을 포기한 경우 해당 저당권은 그 한도에서 소멸 ⇨ 그러나 후순위저당권자의 대위의 이익을 보호해야 함

> 채무자 소유의 수개 부동산에 관하여 공동저당권이 설정된 경우 민법 제368조 제2항 후문에 의한 후순위저당권자의 대위권은 선순위 공동저당권자가 공동저당의 목적물인 부동산 중 일부의 경매대가로부터 배당받은 금액이 그 부동산의 책임분담액을 초과하는 경우에 비로소 인정되는 것이지만, **후순위저당권자로서는 선순위 공동저당권자가 피담보채권을 변제받지 않은 상태에서도 추후 공동저당 목적 부동산 중 일부에 관한 경매절차에서 선순위 공동저당권자가 부동산의 책임분담액을 초과하는 경매대가를 배당받는 경우 다른 공동저당 목적 부동산에 관하여 선순위 공동저당권자를 대위하여 저당권을 행사할 수 있다는 대위의 기대**를 가진다고 보아야 하고, 후순위저당권자의 이와 같은 대위에 관한 정당한 기대는 보호되어야 하므로, 선순위 공동저당권자가 **피담보채권을 변제받기 전에 공동저당 목적 부동산 중 일부에 관한 저당권을 포기한 경우에는, 후순위저당권자가 있는 부동산에 관한 경매절차에서, 저당권을 포기하지 아니하였더라면 후순위저당권자가 대위할 수 있었던 한도에서는 후순위저당권자에 우선하여 배당을 받을 수 없다고 보아야 하고,** 이러한 법리는 동일한 채권의 담보를 위하여 공유인 부동산에 공동저당의 관계가 성립된 경우에도 마찬가지로 적용된다고 보아야 한다(2011.10.13, 2010다99132).
>
> ⇨ 위와 같은 경우 결과적으로 선순위 공동저당권자는 해당 경매에서 원하는 액수를 전부 가져가지 못하고 후순위저당권자가 대위할 수 있었던 한도에 대하여 배당이의를 제기하면 승소함(민법 제485조를 유추하여 생각 요함)

나. 저당목적물 중 일부가 물상보증인이 제공한 경우

  1) 실제 예

  ▣ 물상보증인 X 소유의 A 부동산(시가 6억 원), 채무자 Y 소유의 B 부동산(시가 4억 원)에 甲이 피담보채권 5억 원의 1번 공동근저당권을, 乙이 A 부동산에 피담보채권 3억 원의 2번 저당권을, 丙이 B 부동산에 피담보채권 4억 원의 2번 저당권을 각 가지고 있는 경우

물상보증인 X 소유 A 부동산 (시가 6억 원)	채무자 Y 소유 B 부동산 (시가 4억 원)
피담보채권 5억 원의 1번 공동근저당(甲)	
피담보채권 3억 원 2번 저당권(乙)	피담보채권 4억 원 2번 저당권(丙)

▣ A 부동산이 먼저 경매되어 甲의 채권을 만족시킨 경우에 물상보증
인 X가 변제자대위에 의하여 그의 구상금 5억 원 범위 내에서 B 부
동산에 대한 甲의 저당권을 '제한 없이' 대위취득한다고 하면, B 부
동산에 대한 경매절차에서 X는 이 저당권에 기하여 경매대금 4억
원을 수령할 수 있고[2] 후순위저당권자 丙은 아무런 만족을 얻지 못
함. 그런데 후순위저당권자의 대위가 X의 변제자대위에 우선한다고
하면, B 부동산에 대한 경매절차에서 乙이 자신의 채권액 2억 원을,
丙이 자신의 채권액 중 2억 원을 각 배당받게 됨

2) 학설의 대립

▣ 변제자대위우선설

▣ 후순위저당권자대위우선설

▣ 선등기자 우선설

3) 판례: 변제자대위우선설(물상보증인의 신뢰를 우선시함)

> **1. 물상보증인 소유의 부동산이 먼저 경매된 경우**
>
> 공동저당의 목적인 채무자 소유의 부동산과 물상보증인 소유의 부동산에 각각 채권
> 자를 달리하는 후순위저당권이 설정되어 있는 경우, **물상보증인 소유의 부동산에 대
> 하여 먼저 경매가 이루어져 그 경매대금의 교부에 의하여 1번저당권자가 변제를 받
> 은 때에는 물상보증인은 채무자에 대하여 구상권을 취득함과 동시에, 민법 제481조,
> 제482조의 규정에 의한 변제자대위에 의하여 채무자 소유의 부동산에 대한 1번저당**

---

2 실제는 A 부동산의 후순위저당권자인 乙이 자신의 피담보채권액 범위 내에서 물상대위를 할 수 있
으므로 4억 원 중 2억 원(乙이 이미 배당받은 금 1억 원 제외한 나머지 채권액)은 乙에게 배당되어
야 한다(1994.5.10, 93다25417).

권을 취득하고, … 그 물상보증인 소유의 부동산의 후순위저당권자는 1번저당권에 대하여 물상대위를 할 수 있다(1994.5.10, 93다25417).

⇨ 물상보증인 소유의 부동산에 대한 후순위저당권자는 물상보증인에게 이전한 1번 저당권으로부터 우선하여 변제를 받을 수 있다. 즉 乙은 B 부동산에 대한 甲의 1번 저당권에 대하여 물상대위를 할 수 있다.[3]

2. 채무자 소유의 부동산이 먼저 경매된 경우

채권자가 물상보증인 소유 토지와 공동담보로 주채무자 소유 토지에 1번 근저당권을 취득한 후 이와 별도로 주채무자 소유 토지에 2번 근저당권을 취득한 사안에서, 먼저 주채무자의 토지에 대하여 피담보채무의 불이행을 이유로 근저당권이 실행되어 경매대금에서 1번 근저당권의 피담보채권액을 넘는 금액이 배당된 경우에는, 변제자 대위의 법리에 비추어 볼 때 민법 제368조 제2항은 적용되지 않으므로 **후순위(2번) 저당권자인 채권자는 물상보증인 소유 토지에 대하여 자신의 1번 근저당권을 대위행사할 수 없고, 따라서 물상보증인의 근저당권설정등기는 그 피담보채무의 소멸로 인하여 말소**되어야 한다(1996.3.8, 95다36596).

4. 핵심

◼ 변제자대위우선이냐 후순위저당권자대위우선이냐는 결국 등기 당시의 신뢰 내지 기대에 대한 보호의 문제임[4]

---

3 관련판례: "공동저당에 제공된 채무자 소유의 부동산과 물상보증인 소유의 부동산 가운데 물상보증인 소유의 부동산이 먼저 경매되어 매각대금에서 선순위공동저당권자가 변제를 받은 때에는 물상보증인은 채무자에 대하여 구상권을 취득함과 동시에 변제자대위에 의하여 채무자 소유의 부동산에 대한 선순위공동저당권을 대위취득한다. **물상보증인 소유의 부동산에 대한 후순위저당권자는 물상보증인이 대위취득한 채무자 소유의 부동산에 대한 선순위공동저당권에 대하여 물상대위를 할 수 있다. 이 경우에 채무자는 물상보증인에 대한 반대채권이 있더라도 특별한 사정이 없는 한 물상보증인의 구상금 채권과 상계함으로써 물상보증인 소유의 부동산에 대한 후순위저당권자에게 대항할 수 없다.** 채무자는 선순위공동저당권자가 물상보증인 소유의 부동산에 대해 먼저 경매를 신청한 경우에 비로소 상계할 것을 기대할 수 있는데, 이처럼 우연한 사정에 의하여 좌우되는 상계에 대한 기대가 물상보증인 소유의 부동산에 대한 후순위저당권자가 가지는 법적 지위에 우선할 수 없다."(2017.4. 26, 2014다221777, 221784) ⇨ 위 판결에 대하여 물상대위가 가지는 채권질권 유사의 성질을 고려할 때 제352조의 유추에 의해 정당화된다고 설명하는 견해로는 양창수/김형석, 민법 3(권리의 보전과 담보), 박영사(2021), 487면.

4 이를 강조하는 것이 '선등기자 우선설'인데, 선등기자 우선설은 기본적으로 변제자대위가 우선한다고 하면서 공동저당 부동산이 모두 채무자 소유였으나 그 후에 일부의 부동산이 제3자에게 이전된 경우에 변제자대위를 우선할 수는 없고 후순위저당권자의 대위를 우선해야 한다고 한다. 즉 변제자대

▣ 공동저당권이 설정되어 있는 여러 개의 부동산 중 일부는 채무자 소유이고 일부는 물상보증인의 소유인 경우 제368조의 안분배당의 원리, 후순위저당 권자대위의 법리는 제한됨 ⇨ 채무자 소유 부동산이 종국적으로 피담보채 무를 책임져야 하므로 채무자 소유 부동산의 후순위저당권자는 보호받지 못함

▣ 민법 제368조 제1항이든 제2항 후단이든 담보목적물 중 일부가 물상보증인 의 소유인 경우에는 적용되지 않음

5. 관련 판례

▣ 원고가 취소채무자인 물상보증인과 피고 사이에 체결한 이 사건 매매계약 이 사해행위라는 이유로 피고를 상대로 사해행위취소소송을 제기한 사건에 서 물상보증인의 적극재산을 산정함에 있어서 근저당채무자 소유의 부동산 이 부담하는 부분은 공동저당권의 피담보채권액 전액이고, 물상보증인 소 유의 부동산이 부담하는 부분은 존재하지 않아 결국 취소채무자인 물상보 증인 소유의 부동산은 적극재산에 포함할 수 있음

채권자취소의 대상인 사해행위에 해당하는지 여부를 판단함에 있어 채무자 소유의 재산 이 다른 채권자의 채권에 물상담보로 제공되어 있다면, 물상담보로 제공된 부분은 채무 자의 일반 채권자들을 위한 채무자의 책임재산이라고 할 수 없으므로, 그 물상담보에 제 공된 재산의 가액에서 다른 채권자가 가지는 피담보채권액을 공제한 잔액만을 채무자의 적극재산으로 평가하여야 한다(2012.1.12, 2010다64792 등 참조). 이 때 수 개의 부동산 에 공동저당권이 설정되어 있는 경우 그 책임재산을 산정함에 있어 각 부동산이 부담하 는 피담보채권액은 특별한 사정이 없는 한 민법 제368조의 규정 취지에 비추어 공동저 당권의 목적으로 된 각 부동산의 가액에 비례하여 공동저당권의 피담보채권액을 안분한 금액이라고 보아야 한다. 그러나 그 **수 개의 부동산 중 일부는 채무자의 소유이고 다른 일부는 물상보증인의 소유인 경우**에는, … 특별한 사정이 없는 한 **채무자 소유의 부동산 이 부담하는 피담보채권액은 채무자 소유 부동산의 가액을 한도로 한 공동저당권의**

위와 후순위저당권자대위의 우열을 제3자의 담보제공시점과 후순위자의 저당권취득 시점의 선후에 따라서 정해야 한다는 것으로 이해할 수 있다.

피담보채권액 전액이고, 물상보증인 소유의 부동산이 부담하는 피담보채권액은 공동저
당권의 피담보채권액에서 위와 같은 채무자 소유의 부동산이 부담하는 피담보채권액을
제외한 나머지라고 봄이 상당하다(2016.8.18, 2013다90402).

　　◙ 변제자대위우선의 예외

1. 물상보증인이 실질적 채무자인 경우

　　실질적인 채무자와 실질적인 물상보증인이 공동으로 담보를 제공하여 대출을 받으면
서 실질적인 물상보증인이 저당권설정등기에 자신을 채무자로 등기하도록 한 경우,
실질적 물상보증인인 채무자는 채권자에 대하여 채무자로서의 책임을 지는지와 관계
없이 내부관계에서는 실질적 채무자인 물상보증인이 변제를 하였더라도 그에 대하여
구상의무가 없으므로, 실질적 채무자인 물상보증인이 채권자를 대위하여 실질적 물
상보증인인 채무자에 대한 담보권을 취득한다고 할 수 없다. 그리고 이러한 법리는
실질적 물상보증인인 채무자와 실질적 채무자인 물상보증인 소유의 각 부동산에 공
동저당이 설정된 후에 실질적 채무자인 물상보증인 소유의 부동산에 후순위저당권이
설정되었다고 하더라도 다르지 아니하다.

　　이와 같이 **물상보증인이 채무자에게 구상권이 없어** 변제자대위에 의하여 채무자 소
유의 부동산에 대한 선순위공동저당권자의 저당권을 대위취득할 수 없는 경우에는
**물상보증인 소유의 부동산에 대한 후순위저당권자는 물상대위할 대상이 없으므로 채
무자 소유의 부동산에 대한 선순위공동저당권자의 저당권에 대하여 물상대위를 할
수 없다**(2015.11.27, 2013다41097, 41103).

2. 당초 같은 물상보증인이 소유하는 복수의 부동산에 공동저당이 설정되고 그중 한 부동
산에 후순위저당권이 설정된 다음에 그 부동산이 채무자에게 양도된 경우

　　같은 물상보증인이 소유하는 복수의 부동산에 공동저당이 설정되고 그중 한 부동산
에 후순위저당권이 설정된 다음에 그 부동산이 채무자에게 양도됨으로써 채무자 소
유의 부동산과 물상보증인 소유의 부동산에 대해 공동저당이 설정된 상태에 있게 된
경우에는 물상보증인의 변제자대위는 후순위저당권자의 지위에 영향을 주지 않는 범
위에서 성립한다고 보아야 하고, 이는 물상보증인으로부터 부동산을 양수한 제3취득
자가 변제자대위를 하는 경우에도 마찬가지이다. 이 경우 **물상보증인이 자신이 변제
한 채권 전부에 대해 변제자대위를 할 수 있다고 본다면, 후순위저당권자는 저당부동
산이 채무자에게 이전되었다는 우연한 사정으로 대위를 할 수 있는 지위를 박탈당하
는 반면, 물상보증인 또는 그로부터 부동산을 양수한 제3취득자는 뜻하지 않은 이득**

을 얻게 되어 부당하다. 같은 물상보증인이 소유하는 복수의 부동산에 공동저당이 설정된 경우 그 부동산 중 일부에 대한 후순위저당권자는 선순위 공동저당권자가 공동저당이 설정된 부동산의 가액에 비례하여 배당받는 것을 전제로 부동산의 담보가치가 남아있다고 기대하여 저당권을 설정받는 것이 일반적이고, 이러한 기대를 보호하는 것이 민법 제368조의 취지에 부합한다.

위와 같은 법리는 공동저당이 설정된 복수의 부동산에 선순위 공동근저당권이 설정되고 그 후 일부 부동산에 후순위 전세권이 설정된 경우에도 마찬가지로 적용된다 (2021.12.16, 2021다247258).[5]

▣ 저당목적 부동산이 모두 채무자의 소유였던 경우에는 제3취득자가 소유권을 취득하여 물상보증인적 지위를 가지게 된 시점과 후순위저당권자가 저당권을 취득한 시점의 선후에 따라서 먼저 대위의 기대를 가지게 된 사람이 우선함[6]

민법 제368조 제2항에 의하여 공동저당 부동산의 후순위저당권자에게 인정되는 대위를 할 수 있는 지위 내지 그와 같은 대위에 관한 정당한 기대를 보호할 필요성은 그 후 공동저당 부동산이 제3자에게 양도되었다는 이유로 달라지지 않는다. 즉 **공동저당 부동산의 일부를 취득하는 제3자로서는 공동저당 부동산에 관하여 후순위저당권자 등 이해관계인들이 갖고 있는 기존의 지위를 전제로 하여 공동저당권의 부담을 인수한 것으로 보아야 하기 때문에** 공동저당 부동산의 후순위저당권자의 대위에 관한 법적 지위 및 기대는 공동저당 부동산의 일부가 제3자에게 양도되었다는 사정에 의해 영향을 받지 않는다. (2011.10.13, 2010다99132)

⇨ 반대로 제3자가 소유권을 취득 후 후순위저당권이 설정된 경우에는 제3취득자는 물상보증인과 같이 취급되어야 함(물상보증인우선설 적용)

---

5 앞서 본 선등기자 우선설의 입장에서 더 잘 설명할 수 있다.
6 앞서 본 선등기자 우선설의 입장과 부합하는 판례이다.

▣ 공동근저당권자가 스스로 근저당권을 실행하거나 타인에 의하여 개시된 경매·공매 절차 등을 통하여 공동담보의 목적 부동산 중 일부에 대한 환가대금 등으로부터 다른 권리자에 우선하여 피담보채권의 일부에 대하여 배당받은 경우, 공동담보의 나머지 목적 부동산에 대한 경매 등의 환가절차에서 나머지 피담보채권에 대하여 다시 최초의 채권최고액 범위 내에서 공동근저당권자로서 우선변제권을 행사할 수 있는지 여부(소극)[7]

공동근저당권이 설정된 목적 부동산에 대하여 이시배당이 이루어지는 경우에도 동시배당의 경우와 마찬가지로 공동근저당권자가 공동근저당권 목적 부동산의 각 환가대금으로부터 **채권최고액만큼 반복하여 배당받을 수는 없다고 해석하는 것**이 민법 제368조 제1항 및 제2항의 취지에 부합한다.

그러므로 공동근저당권자가 스스로 근저당권을 실행하거나 타인에 의하여 개시된 경매 등의 환가절차를 통하여 공동담보의 목적 부동산 중 일부에 대한 환가대금 등으로부터 다른 권리자에 우선하여 피담보채권의 일부에 대하여 배당받은 경우에, 그와 같이 우선변제받은 금액에 관하여는 공동담보의 나머지 목적 부동산에 대한 경매 등의 환가절차에서 다시 공동근저당권자로서 우선변제권을 행사할 수 없다고 보아야 하며, 공동담보의 나머지 목적 부동산에 대하여 공동근저당권자로서 행사할 수 있는 우선변제권의 범위는 피담보채권의 확정 여부와 상관없이 **최초의 채권최고액에서 위와 같이 우선변제받은 금액을 공제한 나머지 채권최고액으로 제한된다**고 해석함이 타당하다. 그리고 이러한 법리는 채권최고액을 넘는 피담보채권이 원금이 아니라 이자·지연손해금인 경우에도 마찬가지로 적용된다(2017.12.21, 2013다16992 전합).

---

7 8억의 피담보채권을 가지고 있는 甲이 A 부동산(시가 3억), B 부동산(시가 3억)의 채권최고액 4억 원인 공동근저당권을 설정한 경우 동시배당이라면 A 부동산에서 2억, B 부동산에서 2억 배당받는다. 이시배당의 경우에도 마찬가지의 결과를 관철해야 하므로(즉 총 4억 원 지급받는 것을 관철해야 하므로), A 부동산이 먼저 경매되어 甲이 3억 원을 받은 경우에 甲은 B 부동산에 대한 경매절차에서 1억 원(4억 원−3억 원)만을 배당받을 수 있다.

I 가등기담보법

1. 가등기담보법의 적용범위

- ▣ 민법 제607조, 제608조에 의하여 효력을 잃게 되는 대물변제예약
  - ● 예약 당시 목적물 가액이 차용액과 이에 관한 이자를 합산한 액수 초과
    - ■ 약정 당시의 목적물의 시가가 채권원리금에 미치지 못하는 경우 적용 ×(2006.8.24, 2005다61140)
    - ■ 목적물 가액의 산정기준은 예약 당시 기준이지 소유권이전 당시를 기준으로 하면 안 됨(95다34781)
    - ■ 선순위 저당권이 이미 있는 경우 목적물의 시가에서 그 피담보채무액을 공제해야 잔액이 '예약 당시 목적물 가액'에 해당(1991.2.26, 90다카24526)
    - ■ 이자는 변제기까지의 것이고 그 후의 지연손해금 포함 안 됨(1966.5. 31, 66다638)
  - ● 대물변제 '예약'이 적용범위이므로 **변제기 이후에** 차용금 대신 목적물을 이전하기로 하는 계약은 가등기담보법 적용범위 아님
- ▣ 소비대차에 부수해서 대물변제의 예약을 한 경우임
  - ● 매매대금 채권 담보 위한 가등기는 적용대상 ×(1996.11.29, 96다31895)
  - ● 공사대금 채권 담보 위한 가등기는 적용대상 ×(1992.4.10, 91다45356, 45363)
  - ● 가등기 담보법 적용대상이 아닌 경우 채권자가 담보권을 실행하여 정산을 하거나 제3자에게 매도하기 전까지는, 채무자는 변제기가 지난 후라도 언제든지 채무를 변제하고 소유권이전등기의 말소를 구할 수 있음(1996.7.30, 95다11900)
  - ● 주의) 준소비대차의 담보를 위한 가등기는 적용대상 ○

2. 가등기담보법상 양도담보의 법적 성질[1]

1) 담보권설

- ▣ 양도담보를 일종의 담보물권으로 보는 견해로, 양도담보권 설정 이후에도 담보 목적물의 소유권은 양도담보설정자에게 속하며, 양도담보권자는 단지 담보물권만을 가진다는 봄(**경제적 실질을 강조하는 견해로 양도담보설정자에게 유리**)
- ▣ 담보권설에 따르면, 양도담보권자가 담보 목적물을 제3자에게 임의로 처분한 경우 그 처분행위는 효력이 없음. 반대로 논리적으로 양도담보설정자는 담보 목적물을 제3자에게 처분할 수 있으나 부동산양도담보의 경우에 양도담보권자 앞으로 소유권이전등기가 되어 있어 실제로는 후순위양도담보권 설정이 불가능함

2) 신탁적 양도설

- ▣ 양도담보를 담보의 목적인 권리가 대내·대외 모두 이전하는 것(대내외 이전형)과 대외적으로만 이전하고 대내적으로는 이전하지 않는 것(외부적 이전형)을 구분하되, 원칙적으로 외부적 이전형으로 추정(소유권 이전의 법률적 형식에 부합)
- ▣ 대내적으로는 양도담보설정자가 소유자, 대외적으로는 양도담보권자가 소유자라는 관계적 소유권을 인정함
- ▣ 신탁적 양도설에 따르면, 양도담보설정자가 담보 목적물을 제3자에게 임의로 처분한 경우 그 처분행위는 효력이 없음

3) 판례

- ▣ 청산절차 위반한 본등기의 효력 – 무효

> 가등기담보법 제3조, 제4조의 각 규정에 비추어 볼 때 위 각 규정을 위반하여 담보가등기에 기한 본등기가 이루어진 경우에는 그 본등기는 **무효**이고, 설령 그와 같은 본등기가 가등기권리자와 채무자 사이에 이루어진 특약에 의하여 이루어졌다 하더라도 만일 그

---

1 이하의 학설 설명은 곽윤직·김재형, 물권법, 박영사(2015), 568면 이하; 김천수, "양도담보 법리의 기본적 고찰 – 동산양도담보의 이중설정을 중심으로 –", 민사판례연구 제28권, 145면 이하 참조.

특약이 채무자에게 불리한 것으로서 무효라고 한다면 그 **본등기는 여전히 무효**이며, 다만 가등기권리자가 가등기담보법 제3조, 제4조에서 정한 절차에 따라 청산금의 평가액을 채무자 등에게 통지한 후 채무자에게 정당한 청산금을 지급하거나 지급할 청산금이 없는 경우에는 채무자가 그 청산의 통지를 받은 날로부터 2월의 청산기간이 경과하면 위 무효인 본등기는 실체적 법률관계에 부합하는 유효한 등기가 될 수 있을 뿐인바(2002.12.10, 2002다42001 등 참조), 이는 채권담보조로 **소유권이전등기가 경료된 양도담보의 경우에도 마찬가지**이다(2007.12.13, 2007다49595).

⇨ 만약 가담법이 적용되지 않으면 정산형 양도담보(약한 의미의 양도담보)의 효력을 가짐(1992.1.21, 91다35175)

⇨ 가담법 적용시 청산절차를 거쳐야만 양도담보권자 명의의 소유권이전등기에 대해서 소유권의 효력을 인정하는 것임. 만약 청산절차를 거치지 않은 단계라면 여전히 담보권자로 보아야 할 것이므로 원래 경료된 소유권이전등기의 효력을 담보권으로 보아야 함. 따라서 채무자는 변제를 통해 말소 가능(담보권설에 바탕을 둔 설명).

▣ 채무자의 말소등기청구권 제한: 채무의 변제기가 된 때로부터 10년이 지난 때, 선의 제3자가 소유권을 취득한 경우(가담법 제11조)

채무자 등이 위 **제척기간이 경과하기 전에 피담보채무를 변제하지 아니한 채** 또는 변제를 조건으로 담보목적으로 마친 소유권이전등기의 말소를 청구하더라도 이를 제척기간 준수에 필요한 권리의 행사에 해당한다고 볼 수 없으므로, **채무자 등의 위 말소청구권은 제척기간의 경과로 확정적으로 소멸한다**(2014.8.20, 2012다47074).

4) 검토

▣ 가담법 제4조 제2항은 양도담보의 경우에 청산기간이 지난 후 청산금을 채무자등에게 지급한 때에 담보목적부동산의 **소유권을 취득**한다고 규정하고 있음 ⇨ 담보권설의 유력한 논거가 됨

▣ 담보권설을 취하는 경우에 양도담보권자가 담보 목적물을 제3자에게 임의로 처분한 경우 그 처분행위는 효력이 없어야 하나, 가담법 제11조는 선의 제3자가 소유권을 취득한 경우 선의 제3자의 소유권을 인정하고 있음에 유의 ⇨ 우리 법상 인정되지 않는 등기의 공신력을 인정하고 있다는 점에서 비판을 받고 있음

3. 가등기담보법이 적용되지 않는 부동산 양도담보

가. 법적 성질

1) 담보권설

2) 신탁적 양도설

3) 판례: 신탁적 양도설(주류)

건물 소유를 목적으로 한 대지 임차권을 가지고 있는 자가 위 대지상의 자기소유 건물에 대하여 제3자에 대한 채권담보의 목적으로 제3자 명의의 소유권이전등기를 경료하여 준 이른바 양도담보의 경우에는, 채권담보를 위하여 **신탁적으로 양도담보권자에게 건물의 소유권이 이전될 뿐** 확정적, 종국적으로 이전되는 것은 아니고 또한 특별한 사정이 없는 한 양도담보권자가 건물의 사용수익권을 갖게 되는 것도 아니다(1995.7.25, 94다46428).

4. 가등기담보권의 실행: 통상 권리취득에 의한 실행

가. 담보권 실행의 통지

나. 청산금의 지급

- ▣ 가등기에 기한 본등기청구, 목적물인도청구와 청산금의 지급 사이에 동시이행관계(가담법 제4조 제3항)
  - ● 양도담보가 설정된 경우에 이미 등기가 채권자 앞으로 되어 있으므로 목적물인도청구와 청산금 지급 사이에서만 동시이행관계임
- ▣ 청산은 언제나 귀속청산방법에 따라야 함
- ▣ 청산금에서 공제 범위 ⇨ 감정평가비용 등 실행비용은 공제 ○, 본등기 마치기 위한 절차 비용과 취득세는 공제 ×

채권자가 담보권 실행을 위해 경매를 신청한 경우에 그 경매를 직접 목적으로 하여 지출된 돈으로서 경매절차의 준비 또는 실시를 위하여 필요한 비용이어야 집행비용(민사집행법 제275조, 제53조 제1항)으로서 배당재단에서 우선적으로 변상된다. 매각에 따라 소유권을 취득한 매수인은 소유권이전등기를 넘겨받기 위해 지출한 비용과 취득세 등을 자기가 부담해야 한다. 이는 경매를 신청한 채권자가 매수인이 된 경우에도 마찬가지이다. 귀속정산에 의한 가등기담보권 실행도 민사집행법에 따라 담보물을 매각하지 않을 뿐 담보로 파악한 교환가치만큼을 채권자에게 이전한다는 점에서 경매에 의한 실행과 본질

이 같으므로, **청산금에서 공제할 수 있는 가등기담보권 실행비용은 경매절차의 집행비용에 상응하는 것**이어야 한다. 그러므로 가등기담보권자는 귀속정산 과정에서 담보목적물의 교환가치를 파악하기 위하여 쓴 감정평가비용 등을 실행비용으로서 청산금에서 공제할 수 있을 뿐, 청산의 결과로서 본등기를 마치기 위해 지출한 절차비용과 취득세 등은 스스로 부담해야 한다(2022.4.14, 2017다266177).

다. 소유권취득

- ▣ 담보권 실행 통지를 하고 청산기간이 경과한 후 청산을 하게 되면, 그 가등기에 의하여 소유권이전등기를 함으로써 소유권 취득
  - ● 가등기권리자가 경매를 청구하는 방법을 선택한 경우에 그 경매절차 진행 중인 경우에는 가등기에 따른 본등기 청구할 수 없음(2022.11.30, 2017다232167, 232174)
- ▣ 청산절차 위반한 본등기의 효력 – 무효

가등기담보등에관한법률 제3조, 제4조의 각 규정에 비추어 볼 때 위 **각 규정을 위반하여 담보가등기에 기한 본등기가 이루어진 경우에는 그 본등기는 무효**라고 할 것이고, 설령 그와 같은 본등기가 가등기권리자와 채무자 사이에 이루어진 특약에 의하여 이루어졌다고 할지라도 만일 그 특약이 채무자에게 불리한 것으로서 무효라고 한다면 그 본등기는 여전히 무효일 뿐, 이른바 약한 의미의 양도담보로서 담보의 목적 내에서는 유효하다고 할 것이 아니다(1994.1.25, 92다20132).

⇨ 위와 같이 본등기가 무효이더라도 가등기(가등기담보)는 유효함

⇨ 가등기권리자가 가등기담보등에관한법률 제3조, 제4조에 정한 절차에 따라 청산금의 평가액을 채무자 등에게 통지한 후 채무자에게 정당한 청산금을 지급하거나 지급할 청산금이 없는 경우에는 채무자가 그 통지를 받은 날로부터 2월의 청산기간이 경과하면 위 무효인 본등기는 실체적 법률관계에 부합하는 유효한 등기가 될 수 있음(2002.12.10, 2002다42001)

라. 채무자 등의 가등기말소청구권(가담법 제11조)

- ▣ 채무자 등은 청산금채권을 변제받을 때까지 그 채무액을 채권자에게 지급하고 채권담보의 목적이 된 소유권이전등기 말소 가능. 가등기말소도 해석상 인정됨

◉ 말소청구권 제한 사유

  ● 채무의 변제기가 된 때로부터 10년이 지난 때

채무자 등이 위 **제척기간이 경과하기 전에** 피담보채무를 변제하지 아니한 채 또는 변제를 조건으로 담보목적으로 마친 **소유권이전등기의 말소를 청구하더라도 이를 제척기간 준수에 필요한 권리의 행사에 해당한다고 볼 수 없으므로, 채무자 등의 위 말소청구권은 제척기간의 경과로 확정적으로 소멸한다**(2014.8.20, 2012다47074).

  ● 선의 제3자가 소유권을 취득한 때

    ■ 청산절차를 위반하여 담보가등기에 기한 본등기가 이루어진 후 선의의 제3자가 그 본등기에 터 잡아 소유권이전등기를 마치는 등으로 담보목적부동산의 소유권을 취득한 경우, 무효인 채권자 명의의 본등기가 그 등기를 마친 시점으로 소급하여 확정적으로 유효하게 되고, 담보목적부동산에 관한 채권자의 가등기담보권은 소멸함(2021.10.28, 2016다248325)

선의의 제3자가 그 본등기에 터 잡아 소유권이전등기를 마치는 등으로 담보목적부동산의 소유권을 취득하면, 가등기담보법 제2조 제2호에서 정한 채무자 등(이하 '채무자 등' 이라고 한다)은 더 이상 가등기담보법 제11조 본문에 따라 채권자를 상대로 그 본등기의 말소를 청구할 수 없게 된다. 이 경우 그 반사적 효과로서 **무효인 채권자 명의의 본등기는 그 등기를 마친 시점으로 소급하여 확정적으로 유효**하게 되고, 이에 따라 담보목적부동산에 관한 채권자의 가등기담보권은 소멸하며, 청산절차를 거치지 않아 무효였던 채권자의 위 본등기에 터 잡아 이루어진 등기 역시 소급하여 유효하게 된다고 보아야 한다(2021.10.28, 2016다248325).[2]

---

2 위와 같은 경우에도 채무자 등과 채권자 사이의 청산금 지급을 둘러싼 채권·채무 관계까지 모두 소멸하는 것은 아니고, 채무자 등은 채권자에게 청산금의 지급을 청구할 수 있다. 다만, 위 판결에 대하여는 무효인 본등기가 사후적 사정(선의 제3자에게 처분)에 의하여 어떻게 유효하게 바뀌는지에 대한 논거가 부족하다는 비판이 가능하다. 사후적 사정에 의해서 강행법규 위반이 치유되기는 어렵다고 보아야 하고 대상판결에 의해 '채권자의 사적 처분정산으로의 유인을 가속화 할 우려'가 있다.

Ⅱ 신탁적 양도설에 따른 구체적 법률관계

1. 대내적 효력

1) 양도담보설정자의 사용·수익 권능

- ▣ 양도담보설정자가 대내적 소유권자로서 목적물을 사용·수익할 권리를 가짐
- ▣ 목적물로부터 생기는 천연과실의 수취권은 설정자에게 귀속

돼지를 양도담보의 목적물로 하여 소유권을 양도하되 점유개정의 방법으로 양도담보설정자가 계속하여 점유·관리하면서 무상으로 사용·수익하기로 약정한 경우, 양도담보 목적물로서 원물인 돼지가 출산한 새끼 돼지는 천연과실에 해당하고 그 천연과실의 수취권은 원물인 돼지의 사용·수익권을 가지는 양도담보설정자에게 귀속되므로, 다른 특별한 약정이 없는 한 천연과실인 새끼 돼지에 대하여는 양도담보의 효력이 미치지 않는다(1996.9.10, 96다25463).

⇨ 위 판결에 대해서는 비판이 있음. 해석상 새끼 돼지에 대해서는 양도담보권 효력이 미치나 다만 이를 정상적인 영업활동 범위 내에서 수익할 수 있다는 것으로 해석해야 함. 만약 양도담보설정자가 새끼 돼지를 처분하지 않은 경우에 이에 대하여 양도담보권자 권리 행사 가능함(2004.11.12, 2004다22858).[3]

⇨ 동산채권담보법이 적용되는 경우에 담보목적물에 대한 압류 등이 있은 후에 과실에 효력이 미친다는 규정(동법 제11조)이 적용됨에 유의.

2) 양도담보설정자의 피담보채무 변제 후 목적물 반환청구

- ▣ 양도담보설정자는 피담보채무를 변제한 뒤 양도담보권자에 대하여 말소등기를 구하거나 담보목적물의 반환을 청구할 수 있음 ⇨ 위 권리는 시효로 소멸하지 않음

---

3 돈사에서 대량으로 사육되는 돼지를 집합물에 대한 양도담보의 목적물로 삼은 경우, 위 양도담보권의 효력은 양도담보설정자로부터 이를 양수한 양수인이 당초 양수한 돈사 내에 있던 돼지들 및 통상적인 양돈방식에 따라 그 돼지들을 사육·관리하면서 돼지를 출하하여 얻은 수익으로 새로 구입하거나 그 돼지와 교환한 돼지 또는 그 돼지로부터 출산시켜 얻은 새끼 돼지에 한하여 미치는 것이지 양수인이 별도의 자금을 투입하여 반입한 돼지에까지는 미치지 않는다고 한 사례임(위 1996.9.10, 96다25463 판결의 의미를 사실상 축약하고 있음).

채권담보의 목적으로 이루어지는 부동산 양도담보의 경우에 있어서 피담보채무가 변제된 이후에 양도담보권설정자가 행사하는 등기청구권은 양도담보권설정자의 실질적 소유권에 기한 물권적청구권이므로 따로이 시효소멸되지 아니한다(1979.2.13, 78다2412).

2. 대외적 효력

1) 양도담보권자의 처분권능

- ▣ **양도담보권자**: 대외적 소유권자로서 담보 목적물을 처분할 권리를 가짐
  - 변제기가 도과되면 귀속청산이나 처분청산 모두 허용되나 청산시 양도담보설정자에게 정산금청구권이 인정됨[4]
  - **관련)** 양도담보권자는 집행증서에 기하여 담보 목적물에 대한 강제집행을 개시할 수 있음[5] ⇨ 동산양도담보권 실행을 위한 환가절차이므로 양도담보설정자의 다른 채권자는 배당을 요구할 수 없음

가. 동산을 목적으로 하는 양도담보설정계약을 체결함과 동시에 채무불이행시 강제집행을 수락하는 공정증서를 작성한 경우, 채무자가 채무를 불이행한 때에는 채권자로서는 위 양도담보권을 실행하기 위하여 담보목적물인 동산을 환가함에 있어서 위 공정증서에 기하지 아니하고 양도담보의 약정 내용에 따라 이를 사적으로 타에 처분하거나 스스로 취득한 후 정산하는 방법으로 환가할 수도 있지만 양도담보목적물을 위 **공정증서에 기하여 압류하고 강제경매를 실시하는 방법으로 환가할 수도 있고, 실질적으로는 양도담보권자의 담보목적물에 대한 환가를 위한 강제경매는 자기소유물에 대한 강제집행이라고 볼 수 없는 것이므로 위와 같은 방법의 양도담보권 실행을 위한 환가를 허용하여도 동산양도담보의 법리와 모순된다고 할 수도 없다.**
나. 위 "가"항의 방법에 의한 경매절차는 제3자가 그 목적물이 양도담보물임을 인식할 수 있었는지에 관계 없이 형식상은 강제경매절차에 따르지만 그 **실질은 일반 채권자의 강제집행절차가 아니라 동산양도담보권 실행을 위한 환가절차**라고 할 것이므로 위 환가를 위한 압류절차에 압류를 경합한 양도담보설정자의 다른 채권자는 양

---

4 1994.5.24, 93다44975.
5 1994.5.13, 93다21910.

도담보권자에 대한 관계에서는 압류경합권자나 배당요구권자로 인정될 수 없고, 따라서 위 환가로 인한 매득금에서 환가비용을 공제한 잔액은 양도담보권자의 채권변제에 전액 충당함이 당연하고 **양도담보권자와 압류경합자 사이에 각 채권액에 따라 안분비례로 배당할 것이 아니다**(1994.5.13, 93다21910).

⇨ 해당 동산에 대하여 일반채권자가 강제경매를 진행하는 경우 집행증서에 의한 담보목적물에 대한 이중 압류의 방법으로 배당절차에 참가하여 우선 배당을 받을 수 있음 (2004.12.24, 2004다45943)[6]

- ▣ **양도담보설정자**: 처분권능이 없으므로 목적물을 처분한 경우 그 처분은 무효이며 양도담보설정자로부터 목적물을 양수한 제3자는 선의취득의 요건을 충족하지 않는 한 그 목적물에 대한 권리를 취득할 수 없음 ⇨ 이중양도담보의 경우에 나중에 설정계약을 체결한 채권자는 양도담보권을 취득할 수 없음

금전채무를 담보하기 위하여 채무자가 그 소유의 동산을 채권자에게 양도하되 점유개정에 의하여 채무자가 이를 계속 점유하기로 한 경우 특별한 사정이 없는 한 동산의 소유권은 신탁적으로 이전됨에 불과하여 채권자와 채무자 사이의 대내적 관계에서 채무자는 의연히 소유권을 보유하나 대외적인 관계에 있어서 채무자는 동산의 소유권을 이미 채권자에게 양도한 무권리자가 되는 것이어서 다시 **다른 채권자와의 사이에 양도담보 설정계약을 체결하고 점유개정의 방법으로 인도를 하더라도 선의취득이 인정되지 않는 한 나중에 설정계약을 체결한 채권자는 양도담보권을 취득할 수 없는데, 현실의 인도가 아닌 점유개정으로는 선의취득이 인정되지 아니하므로, 결국 뒤의 채권자는 양도담보권을 취득할 수 없다**(2004.10.28, 2003다30463).

2) 불법점유자에 대한 권리 행사

- ▣ **양도담보권자**: 대외적 소유권을 가지므로 담보 목적물을 불법점유하고 있는 제3자에 대하여 그 목적물의 반환을 청구할 수 있음[7]

---

6 일반채권자가 강제경매를 진행하는 경우 이는 정식 경매절차이므로 양도담보권자는 우선배당을 받을 수 있으나 양도담보권자가 강제집행을 실시하는 경우에 이는 실질에 있어서 동산양도담보권 실행을 위한 환가절차이므로 다른 채권자는 배당요구할 수 없음에 유의해야 한다.

7 1991.10.8, 90다9780.

◉ **양도담보설정자**: 사용·수익할 권리를 가지므로 제3자의 불법점유의 배제를 구할 수 있음

> 부동산의 양도담보권설정자는 그 부동산의 등기명의가 양도담보권자 앞으로 되어있다 할지라도 그 부동산의 불법점유자인 제3자에 대하여는 그 실질적 소유자임을 주장하여 불법점유의 상태의 배제권을 행사할 수 있다(1988.4.25, 87다카2696, 2697).

3) 제3자의 강제집행에 대한 권리 행사

◉ **양도담보권자**: 양도담보설정자의 일반채권자가 강제집행을 개시한 경우 그 물건의 소유자임을 주장하고 제3자 이의의 소 제기 가능

> 동산에 관하여 양도담보계약이 이루어지고 양도담보권자가 점유개정의 방법으로 인도를 받았다면 그 청산절차를 마치기 전이라 하더라도 담보목적물에 대한 사용수익권은 없지만 제3자에 대한 관계에 있어서는 그 물건의 소유자임을 주장하고 그 권리를 행사할 수 있다(1994.8.26, 93다44739).

◉ **양도담보설정자**: 양도담보권자의 일반채권자가 강제집행을 개시한 경우 양도담보설정자가 제3자이의의 소를 제기할 수 있는 것인지를 다룬 대법원 판결은 아직까지 없는 것으로 보임. 일본 최고재 평성 18년10월20일 第二小法廷判決은 피담보채무의 변제기 전에 양도담보권자의 채권자가 담보 목적물을 압류하였고 양도담보설정자가 변제기까지 채무를 모두 변제한 경우에는 양도담보설정자가 제3자이의의 소를 제기할 수 있다고 봄[8]

3. 부당이득반환의 법률관계

◉ 양도담보권의 목적인 주된 동산에 다른 동산이 부합되어 부합된 동산에 관한 권리자가 권리를 상실하는 손해를 입은 경우, 민법 제261조에 따라 보상을 청구할 수 있는 상대방(=양도담보권설정자)

---

[8] 위 일본 판결에 대하여는 김상수, "부동산양도담보 설정자와 제3자이의의 소-최근의 일본 최고재판소 판례를 중심으로-", 비교사법 제14권 제2호, 2007. 6. 참조.

부당이득반환청구에서 이득이란 실질적인 이익을 의미하는데, 동산에 대하여 양도담보권을 설정하면서 양도담보권설정자가 양도담보권자에게 담보목적인 동산의 소유권을 이전하는 이유는 양도담보권자가 양도담보권을 실행할 때까지 스스로 담보물의 가치를 보존할 수 있게 함으로써 만약 채무자가 채무를 이행하지 않더라도 채권자인 양도담보권자가 양도받은 담보물을 환가하여 우선변제받는 데에 지장이 없도록 하기 위한 것이고, 동산양도담보권은 담보물의 교환가치 취득을 목적으로 하는 것이다. 이러한 양도담보권의 성격에 비추어 보면, 양도담보권의 목적인 주된 동산에 다른 동산이 부합되어 부합된 동산에 관한 권리자가 권리를 상실하는 손해를 입은 경우 주된 동산이 담보물로서 가치가 증가된 데 따른 실질적 이익은 주된 동산에 관한 양도담보권설정자에게 귀속되는 것이므로, 이 경우 **부합으로 인하여 권리를 상실하는 자는 양도담보권설정자를 상대로 민법 제261조에 따라 보상을 청구할 수 있을 뿐 양도담보권자를 상대로 보상을 청구할 수는 없다**(2016.4.28, 2012다19659).[9]

- ▣ 양도담보가 설정된 경우 담보목적물인 동산이 일정한 토지 위에 설치되어 있어 토지의 점유·사용이 문제 된 경우, 토지소유자에 대한 부당이득반환의무자(＝양도담보권설정자, 양도담보권자는 아님)

양도담보 설정자가 채권을 담보하기 위하여 그 소유의 동산을 채권자에게 양도한 경우 담보목적물을 누가 사용·수익할 수 있는지는 당사자의 합의로 정할 수 있지만 반대의 특약이 없는 한 양도담보 설정자가 동산에 대한 사용·수익권을 가진다. 따라서 그 동산

---

9 제3자 소유의 카고 펌프가 부합된 사안으로 반입된 카고 펌프(즉 동산인 상태의 카고 펌프)에 대해서는 집합동산 양도담보권의 효력이 미치지 않는다. 그런데 위 카고 펌프가 부합되어(즉 동산의 성격을 상실) 제3자가 소유권을 상실하고 양도담보의 목적물인 선박의 일부가 되었는바, 민법 제261조에 기하여 양도담보설정자가 부당이득반환의무를 부담한다는 것이다. 한편, 2009다15602 사건의 경우 소유권을 유보한 물품의 경우 이를 취득한 제3자에 대하여 선의취득을 유추하여 제3자에게 귀속으로 인한 이익에 대하여 법률상 원인이 있다고 하였는데 위 2012다19659 사건의 경우에 양도담보권자는 점유의 외관을 신뢰하여 권리를 취득한 자가 아니므로 위 2009다15602 법리가 그대로 적용되기 어렵다. 따라서 일응 양도담보권자가 법률상 원인을 갖추었다고 보기 어렵고 쟁점은 이익을 취득했는지 여부에 있다고 할 것이다(사견). "양도담보권설정자의 양도담보 목적물에 대한 소유권은 제한적이지만 계속 유지되고 있다고 평가할 수 있고, 양도담보권설정자는 양도담보권자에게 변제를 하여 완전한 소유권을 회복할 수 있는 점, 양도담보권자가 양도담보 목적물을 환가하여 담보가치 증가분에 상응하는 이익을 향유하였다는 사정도 없을 뿐만 아니라 그러한 이익을 향유하였다고 하더라도 이는 양도담보권설정자의 소유권의 가치 증가로 인한 간접적 이익인 점 등에 비추어 원고의 물건의 부합으로 인하여 직접적인 이익을 누리는 자는 양도담보권설정자로 보아야 할 것이다."

이 일정한 토지 위에 설치되어 있어 토지의 점유·사용이 문제 된 경우에는 특별한 사정이 없는 한 <u>**양도담보 설정자가 토지를 점유·사용하고 있는 것으로 보아야 한다**</u>(2018. 5.30, 2018다201429).

Ⅲ 소멸시효 문제

◙ 담보가등기를 경료한 토지를 인도받아 점유할 경우 담보가등기의 피담보채권의 소멸시효가 중단되는 것은 아님(2007.3.15, 2006다12701)

CHAPTER

04

민법총칙

📖 요건사실

1. 대리인에게 일정한 범위의 기본대리권이 있는 사실
2. 대리인이 기본대리권을 넘어 상대방과 법률행위를 한 사실
3. 상대방이 대리인에게 기본대리권을 넘은 법률행위를 할 권한이 있다고 믿을 만한 정당한 사유가 있다는 사실

Ⅰ 요건

1. 기본대리권의 존재

- ▣ 대리권 없는 자가 위임장 또는 인감을 함부로 사용한 경우는 민법 제126조 성립 ×
- ▣ 인장 교부 ⇨ 기본대리권 수여로 추정(1967.3.28, 64다1798, 1968.11.5, 68다1501)
- ▣ 인감증명서 교부 ⇨ 기본대리권 수여 ×(1978.10.10, 78다75, 인감증명서는 증명방법에 불과)
- ▣ 공법상 행위 대리권(부동산 등기신청 위임)은 기본대리권 해당 ○(1978.3.28, 78다282, 283)
- ▣ 일상가사대리권은 기본대리권 해당 ○(1981.8.25, 80다3204)
- ▣ 복임권 없는 대리인에 의하여 선임된 복대리인의 대리행위에 대하여도 표현대리 성립(1998.3.27, 97다48982)

> 대리인이 사자 내지 임의로 선임한 복대리인을 통하여 권한 외의 법률행위를 한 경우, 상대방이 그 행위자를 대리권을 가진 대리인으로 믿었고 또한 그렇게 믿는 데에 정당한 이유가 있는 때에는, **복대리인 선임권이 없는 대리인에 의하여 선임된 복대리인의 권한도 기본대리권이 될 수 있을 뿐만 아니라, 그 행위자가 사자라고 하더라도** 대리행위의 주체가 되는 대리인이 별도로 있고 그들에게 본인으로부터 **기본대리권이 수여된 이상, 민법 제126조를 적용**함에 있어서 기본대리권의 흠결 문제는 생기지 않는다(1998.3.27, 97다48982).

⇨ 제3자 입장에서는 대리인이나 대리인에 의해 선임된 복대리인을 별개로 생각하지 않고 묶어서 생각한다는 점에서 본인이 대리인에게 대리권 수여한 것 자체를 기본대리권으로 볼 수 있음

▣ 제125조, 제129조를 기본대리권으로 할 수 있음(대리권 수여 통지를 한 때에 그 통지된 범위를 <u>넘는</u> 행위를 한 경우와 이전에 존재하였으나 이미 소멸된 대리권의 범위를 <u>넘는</u> 행위를 한 경우)[1] ⇨ 다만 제125조, 제129조 요건이 충족되어야 기본대리권으로 인정되는 것이고, 그 후 제126조 충족 여부 논해야 함 (2단계)

1. 과거에 가졌던 대리권이 소멸되어 **민법 제129조에 의하여 표현대리로 인정되는 경우에 그 표현대리의 권한을 넘는 대리행위가 있을 때에는 민법 제126조에 의한 표현대리가 성립할 수 있다**(2008.1.31, 2007다74713).
2. *以前*에 원고의 남편인 甲이 처인 원고로부터 가등기설정에 필요한 서류를 교부받아 제3자로부터 금원을 차용하고 이 사건 부동산에 가등기를 설정해 준 적이 있는 경우에, 피고로서는 이 사건도 甲이 인감도장과 인감증명 및 권리증까지 소지하고 와서 날인하는 것으로 보아 처인 원고를 대리하는 것으로 믿었고 또 믿음에 있어 정당한 사유가 있었다고 하여 민법 제126조 소정의 표현대리를 주장하는 경우에는 동법 제129조 소정 표현대리의 권한을 초과한 대리행위가 있었다는 것을 이유로 민법 제129조와 제126조의 중복적용을 주장하는 것으로 해석함이 상당하다(1976.4.13, 75다2324).

▣ 단순한 사실행위 위탁도 해당되는지

민법 제126조의 표현대리가 성립하기 위해서는 무권대리인에게 법률행위에 관한 기본대리권이 있어야 하는바, **투자상담사가 증권회사로부터 위임받은 고객의 유치, 투자상담 등 업무는 사실행위에 불과**하므로, 그가 예탁금을 수령하거나 위탁매매계약을 체결한 경우 위와 같은 **사실행위의 수권을 기본대리권으로 하여 권한초과의 표현대리가 성립할 수 없다**(1992.5.26, 91다32190).
⇨ 다만, 판례 중에는 "대리인이 아니고 사실행위를 위한 사자라 하더라도 외관상 그에게 어떠

---

1 대리권 수여 통지를 한 범위 내에서의 대리행위라면 민법 제125조만 문제된다. 소멸된 대리권 범위 내에서의 대리행위라면 민법 제129조만 문제된다.

한 권한이 있는 것 같은 표시 내지 행동이 있어 상대방이 그를 믿었고 또 그를 믿음에 있어 정당한 사유가 있었다면 표현대리의 법리에 의하여 본인에게 책임지워 상대방을 보호하여야 할 것이다(1962.2.8, 4294민상192)"고 판시한 것도 있음

2. 기본대리권을 유월한 대리행위

▣ 대리행위가 있어야 함. 본인의 이름이 아니라 대리인 자신의 이름으로 한 경우에 제126조의 적용이 없음

소외인이 원고로부터 원고를 대리하여 타로부터 금원을 차용하고 본건 부동산에 관한 담보권설정의 대리권을 수여받고 권리증, 인감증명서 등을 교부받았음에도 **자기 앞으로 소유권을 이전하여 자신의 이름으로 피고에게 담보권을 설정하여 주고 금원을 차용**하여 이를 유용한 경우에는 피고가 소외인에게 금원을 대여하고 그 부동산에 담보권을 설정한 것은 소외 인을 진실한 소유자로 믿고 한 것이지 동 소외인을 원고의 대리인이라고 믿고 한 것이 아니고, 소외인이 그 명의로 소유권이전등기함에 있어 원고가 이를 통정 용인하였거나 이를 알고도 방치(허위의 소유권이전등기라는 외관형성에 관여) 하였다고 할 수 없으므로 민법 제126조, 제108조를 유추하여서 피고 명의의 위 담보권을 유효하다고 할 수 없다(1981.12.22, 80다1475).

▣ 타인을 자처하고 타인 이름으로 행위하여 상대방도 그렇게 인식한 경우
  ● 원칙: 대리행위 영역이 아니므로 민법 제126조가 문제가 되지 않음
  ● 예외: 피모용자(명의자)가 모용자(행위자)에게 기본대리권을 수여한 경우에 민법 제126조 유추적용 가능[2]

민법 제126조의 표현대리는 대리인이 본인을 위한다는 의사를 명시 혹은 묵시적으로 표시하거나 대리의사를 가지고 권한 외의 행위를 하는 경우에 성립하고, **사술을 써서 위와 같은 대리행위의 표시를 하지 아니하고 단지 본인의 성명을 모용**하여 자기가 마치 본인인 것처럼 기망하여 본인 명의로 직접 법률행위를 한 경우에는 특별한 사정이 없는 한

---

2 대리행위가 있었던 것은 아니므로 대리의 법리가 적용되지 않고 유추적용됨에 주의해야 한다. 위 사안의 경우 모용자(행위자)가 한 행위가 제3자인 피모용자에게 미치는지 여부가 문제가 되고, 그 과정에서 피모용자의 귀책사유를 검토할 수 있다는 점에서 대리와 사안구조적 유사성이 인정되므로 표현대리의 법리를 유추적용하는 것이다.

3. 제3자의 정당한 사유

가. 제3자는 직접 상대방에 한정(1994.5.27, 93다21521)

나. 정당한 이유

1) 정당한 이유의 의미

- ◨ 종전 다수설: 대리인의 상대방의 선의, 무과실로 이해하는 견해
- ◨ 유력설: 대리인에게 그와 같은 대리권이 있다고 믿을 만한 객관적인 자료가 있는지, 당사자들의 사회적 지위, 거래 경과, 기본대리권과 대리행위의 관계, 대리행위 이후의 사정, 본인 측의 사정(외관작출에의 관여 정도) 등 고려하여 정당한 사유를 판단하자는 견해
- ◨ 판례

거래하는 매수인으로서는 마땅히 해야할 주의를 다하지 못한 **과실이 있다고 하지 않을 수 없으며,** 또 권한을 넘은 표현대리에 있어서 대리인에게 그 권한이 있다고 믿을 만한 정당한 이유가 있는가의 여부는 대리행위 당시를 기준으로 하여 판정하여야 하는 것이므로 소외 박진호가 잔대금 수령시에 원고 명의의 등기권리증, 인감증명서, 위임장, 매도증서 등을 소지하여 이를 소외 옥금순에게 제시하였다는 원심 판시와 같은 사정도 소외 박진호에게 본건 토지를 매도할 권한이 있다고 믿을 만한 정당한 이유가 된다고 할 수 없다(1981.8.20, 80다3247): 과실이라는 용어를 사용

2. 정당한 이유의 존부는 자칭 대리인의 대리행위가 행하여질 때에 존재하는 제반 사정을 객관적으로 관찰하여 판단하여야 한다(2013.4.26, 2012다99617).

⇨ 위 학설대립의 실익은 본인의 과실, 작위·부작위 등 본인의 관여상태가 정당한 이유에 관한 판단의 한 요소가 되느냐의 문제임. 본인의 과실 등이 필요 없다고 하는 것과 본조의 표현대리의 성부를 판단함에 있어 이를 고려할 수 있는가라는 문제와는 별개이고, 오히려 충분히 고려되어야 할 것임. 외관책임의 법리에 비추어 본인의 귀책사유가 고려되어야 할 것이고 실무도 같은 입장으로 이해됨. 따라서 본인의 과실 등이 요건이 아니라고 하는 것은, 본인의 과실을 확정할 수 없는 경우에 본인의 책임을 인정하더라도 그것만으로 위법한 판결이 되지 않는다는 의미에 지나지 않음.[3]

 2) 판단의 기준시: 대리행위가 행하여질 당시(1987.7.7, 86다카2475)

 3) 판단방법

　◾ 표현대리인의 주관적 사정 고려하지 않음(1989.4.11, 88다카13219)

　◾ '정당한 이유' 유무를 검토함에 있어서 ① 무권대리인의 기본대리권과 당해 대리행위가 동종인지, 이종인지 여부, ② 무권대리인이 소지한 문서, ③ 제3자가 본인에게 쉽게 알아볼 수 있음에도 알아보지 않았는지, ④ 거래 행태가 이례적인지 여부, ⑤ 본인과 무권대리인 사이의 인적 관계 등을 그 판단요소로 삼아야 함 ⇨ 핸드폰이 전국민에게 보급된 현 시점에서는 본인에게 쉽게 알아볼 수 있는 환경이 조성되었으므로 본인에 대한 확인의무를 게을리한 경우 '정당한 이유'를 인정하기는 어려울 것임

---

3 민법주해(Ⅲ), 박영사, 156-157면(차한성 집필부분).

원심판결 이유에 의하면, 원심은 피고들이 소외인에게 이 사건 각 토지지분의 단순한 매도에 관한 대리권을 수여한 사실은 인정되나, 피고들이 소외인에게 위임장을 작성해 주면서 대리권을 수여한 범위는 이 사건 각 토지지분의 단순한 매도에 관한 것인데, 이 사건 매매계약의 특약사항에는 피고들이 소외인에게 자신들의 권한이나 능력 범위를 벗어난 사항, 즉 이 사건 각 토지지분을 주위 토지와 합병하여 토목 및 석축 공사를 완료한 다음 그중 특정 부분을 매도하는 내용이 포함된 점, **원고들은 위 위임장에 명시된 수권 범위와 이 사건 매매계약의 내용이 확연히 다름에도 소외인의 대리권 범위에 관하여 피고들에게 직접 이를 확인하지도 않았던 점** 등에 비추어 보면, 소외인이 피고들로부터 이 사건 매매계약의 체결에 관한 대리권을 받았다고 원고들이 믿은 데에 **정당한 이유가 있었다고 볼 수 없다는 이유로 표현대리에 관한 원고들의 주장을 배척하였다.** 앞서 본 법리와 기록에 비추어 살펴보면, 원심의 위와 같은 판단은 정당하여 수긍할 수 있고, 거기에 상고이유의 주장과 같이 민법 제126조 표현대리에 있어서 정당한 이유에 관한 법리오해 등의 위법이 없다(2013.4.26, 2012다99617)

▣ 일상가사대리권을 기본대리권으로 하여 표현대리 성립여부를 검토함에 있어, 아내(또는 남편)가 중요한 서류를 가지고 있었다는 것만으로 정당한 이유가 있다고 보기 어려움 ▷ 아내(또는 남편)가 위와 같은 서류를 입수하는 것은 용이하기 때문. 따라서 대리권이 있다고 신뢰할 만한 다른 부가적 사정이 있는지 살펴보아야 함

일반 사회통념상 남편이 처에게 자기 소유의 부동산을 타인에게 담보로 제공 또는 그 명의이전절차를 이행케 하거나 그 원인되는 법률행위를 함에 필요한 대리권을 수여한다는 것은 이례에 속하는 것이므로, 처가 특별한 수권 없이 남편 소유의 부동산에 관하여 위와 같은 행위를 하였을 경우에 그것이 민법 제126조의 표현대리가 되려면 그 처에게 가사대리권이 있었다는 것뿐 아니라 상대방이 처에게 남편이 그 행위에 관한 대리의 권한을 주었다고 믿었음을 정당화할 만한 객관적인 사정이 있어야 한다고 함이 본원의 판례(1970.3.10, 69다2218; 1971.1.29, 70다2738 등)인바, **남편인 피고 몰래 임의로 갖고 나온 피고의 인장, 아파트분양계약서 및 유효기간이 지난 인감증명서를 처가 소지하고 있었던 사실만으로는 피고가 그 처에게 돈 350만 원 차용행위나 이 사건 아파트 매도행위에 대한 대리권을 수여하였으리라고 원고가 믿음에 정당한 객관적 사정이 있었다고 인정할 수 없다**(1981.8.25, 80다3204).

⇨ 통상적으로 아내가 남편의 부동산의 처분에 필요한 서류나 인장을 입수하기가 용이하다는 사정을 감안한다면, 아내가 위와 같은 서류나 인장을 소지한 것만으로는 정당한 이유가 있다고 보기 어렵다고 할 것임. 아내가 권한 없이 남편 소유의 부동산을 담보로 제공하고 근저당권설정등기를 마쳐준 사안에서 위와 같은 객관적 사정이 없음을 이유로 표현대리의 성립을 부정한 사례로는 1968.11.26, 68다1727; 1969.6.24, 69다633 참조. 다만, 남편이 장기간 부재했던 경우, 남편이 처에게 대리권을 수여하였다고 볼 수 있는 특별한 사정이 있는 경우에는 다르게 볼 수도 있음(1984.11.27, 84다310; 1995.12.22, 94다45098 참조).

4-2 | 민법총칙

소멸시효

📖 요건사실

소멸시효 항변의 요건사실

1. 권리자가 당해 권리를 행사할 수 있었던 때(기산점)부터 일정한 시효기간이 경과한 사실[1]

재항변 사유

1. 소멸시효중단사유 ─1. 청구 ─1. 재판상 청구 ◇

　　　　　　　　　　　　　　　　1. 지급명령신청

　　　　　　　　　　　　　　　　1. 파산절차 참가

　　　　　　　　　　　　　　　　1. 최고 및 6월 내의 재판상 청구

　　　　　　　　　　　1. 압류 ▼

　　　　　　　　　　　1. 가압류 ▼

　　　　　　　　　　　1. 가처분 ▼

　　　　　　　　　　　1. 승인 ◈

1. 소멸시효이익의 포기 ◆

재재항변 사유

1. ◇ 소가 취하, 각하, 기각되었다.

1. ◈ 권한 없는 자나 관리능력 없는 자에 의한 승인이다.

1. ◆ 시효완성을 알지 못하였다. 또는 포기 이후에 다시 시효로 소멸하였다.

1. ▼ 가압류, 가처분이 취소되었거나 무효이다.

재재재항변 사유

1. ◇ 소가 취하, 각하, 기각 후 6개월 내에 재판상 청구, 가압류, 가처분을 하였다(제170조 제2항)

---

1 원고가 변제기를 주장하지 않아 피고가 채권성립시를 기산점으로 하여 소멸시효기간이 완성되었음을 항변으로 제출하면, 기한의 약정이 있어 소멸시효가 경과하지 않았다는 사실은 원고가 재항변으로 주장·입증해야 할 것이다.

1. 단기소멸시효

1) 1년의 단기소멸시효(제164조)

- ▣ 리조트 객실과 식당 사용료의 소멸시효는 1년(2020.2.13, 2019다271012)[2]

2) 3년의 단기소멸시효(제163조)

- ▣ 이자 ○[3](지연손해금 ×[4]), 임료 ○, 공사대금 ○
- ▣ 6개월마다 지급하는 저작권료 수입(2018.2.28, 2016다45779)
- ▣ 물품대금 ○
- ▣ 관리비채권 ○(2007.2.22, 2005다65821)
- ▣ 전기요금 ○(2013.4.11, 2011다112032)
- ▣ 리스료 ×(2001.6.12, 99다1949) ⇨ 상사시효 대상임
- ▣ 세무사의 직무에 대한 채권 ⇨ 3년이 아니라 민사시효(10년)(2022.8.25, 2021다311111)

3) 소멸시효 기간의 연장

- ▣ 판결(지급명령)에 의하여 확정된 채권은 10년(제165조 제1항, 제2항)
  - ● 아래의 상사소멸시효에도 적용됨

---

2 민법 제164조 제1호 참조.

3 가령 2022. 1. 10. 금 1억 원을 이자 연 10%로 대여한 경우에 이자를 변제기인 2022. 3. 10. 한꺼번에 지급하기로 한 경우에 1년 이내의 정기에 지급하기로 한 것이 아니므로 3년의 단기소멸시효에 걸리지 않는다(1996.9.20, 96다25302). 피고가 2014. 7. 1. 원고로부터 금 5천만 원을 변제기를 정하지 않고 이자 연 10%(이자 매월 말일 지급)로 정하여 약정한 경우에 원고가 2019. 5. 7, 2019. 8. 14. 두 차례에 걸쳐 최고를 하고 2020. 1. 20. 소를 제기한 경우에, 해당 월의 말일이 이자의 변제기에 해당하므로 2016. 8. 1.부터 2016. 8. 31.까지의 이자의 변제기는 2016. 8. 31.이 된다고 해석할 수 있음. 따라서 2016. 8. 1.부터 2016. 8. 13.까지의 이자의 변제기인 2016. 8. 31.부터 3년이 경과하기 전인 2019. 8. 14.에 최고를 하여, 그 후 이 사건 소 제기로 시효중단된 것으로 해석할 수 있으므로 "피고는 원고에게 금 5천만 원 및 2016. 8. 1.부터 이 사건 소장 부본 송달일까지는 연 10%, 그 다음날부터 다 갚는 날까지는 연 12%의 각 비율에 의한 금원을 지급"해야 한다(2016. 7. 31.까지의 이자는 시효로 소멸함). 주의할 점은 위 이자의 변제기는 지연손해금의 변제기는 아니므로 지연손해금은 매일 발생하고 지연손해금의 변제기도 매일 도달하는바 지연손해금에 대하여 같은 논리가 적용되지 않는다는 점이다.

4 상행위로 인한 지연손해금채권은 5년, 그 외는 10년의 소멸시효에 걸린다. 물품대금채무의 소멸시효는 3년이나, 그 채무에 대한 지연손해금은 소멸시효가 5년임을 유의해야 한다(상법 제64조 단서 참조).

- 유치권의 피담보채권의 소멸시효기간이 확정판결 등에 의하여 10년으로 연장된 경우, 해당 부동산의 매수인은 그 채권의 소멸시효기간이 연장된 효과를 부정하고 종전의 단기소멸시효기간을 원용할 수는 없음 (2009.9. 24, 2009다39530)
- ▣ 주채무자에 대한 확정판결에 의한 시효의 연장은 보증채무에 미치지 않음 (2014.6.12, 2011다76105)

2. 상사소멸시효(5년)[5]

- ▣ 상인의 보증행위 ⇨ 상인의 행위는 보조적 상행위로 추정되므로(상법 제47조) 특별한 사정이 없는 한 상사시효 ○
- **구별)** 상인이 물상보증인인 경우 민사소멸시효 ○

> 물상보증은 채무자 아닌 사람이 채무자를 위하여 담보물권을 설정하는 행위이고 채무자를 대신해서 채무를 이행하는 사무의 처리를 위탁받는 것이 아니므로, 물상보증인이 변제 등에 의하여 채무자를 면책시키는 것은 위임사무의 처리가 아니고 법적 의미에서는 **의무 없이 채무자를 위하여 사무를 관리한 것에 유사**하다. 따라서 **물상보증인의 채무자에 대한 구상권은 그들 사이의 물상보증위탁계약의 법적 성질과 관계없이** 민법에 의하여 인정된 별개의 독립한 권리이고, 그 소멸시효에 있어서는 **민법상 일반채권에 관한 규정이 적용**된다(2001.4.24, 2001다6237).
> ⇨ 채무자가 상인이더라도 물상보증위탁계약의 법적 성질과 관계없이 10년의 소멸시효에 걸린다고 판시

- ▣ 상인이 보증을 받는 행위 ⇨ 상인의 행위는 보조적 상행위로 추정되므로(상법 제47조) 특별한 사정이 없는 한 상사시효 ○(2014.6.12, 2011다76105)
- 상인이 기본적 영업활동을 종료하거나 폐업신고를 하였더라도 청산사무나 잔무처리가 남아 있는 동안에는 그러한 청산사무나 잔무처리 행위 역시 영업을 위한 행위로서 보조적 상행위(소멸시효 5년, 2021.12.10, 2020다295359)

---

5 시효기간이 5년인 권리를 변제기인 2015. 5. 21.부터 행사할 수 있게 된 경우, 초일불산입 원칙에 따라 2015. 5. 22.부터 시효가 진행하여 2020. 5. 21. 24시(21일에서 22일로 넘어가는 자정)에 시효가 완성된다.

▣ 도급계약이 상행위인 경우 수급인의 하자담보책임은 5년 소멸시효, 기산점은 하자 발생한 시점 또는 인도 당시 하자 존재 시 건물 인도한 날부터 진행(2021.8.12, 2021다210195)

▣ 상행위인 계약의 해제로 인한 원상회복청구권도 상사시효 ○(1993.9.14, 93다21569, 기산일은 해제시임)

▣ 상행위에 해당하는 계약에 기초한 급부가 이루어짐에 따라 발생한 부당이득반환청구권도 상사시효 △(肯: 2007.5.31, 2006다63150, 否: 2003.4.8, 2002다64957, 64964)

● 상거래의 신속·안전이라는 취지에 부합하는지를 고려해야 함[6]

● 보험계약자가 다수의 계약을 통하여 보험금을 부정 취득할 목적으로 보험계약을 체결하여 그것이 민법 제103조에 따라 무효인 경우 보험자의 보험금에 대한 부당이득반환청구권은 상사 소멸시효기간이 적용(2021.7.22, 2019다277812 전합)

● 위법배당에 따른 부당이득반환청구권의 소멸시효(=10년, 2021.6.24, 2020다208621)

▣ 상사채무를 면책적 채무인수한 경우에 인수채무에 대하여 상사시효 적용(1999.7.9, 99다12376)[7]

▣ 상인과 지방자치단체 사이에 기부체납(=증여계약)에 근거한 채권은 상사시효 ○(2022.4.28, 2019다272053)

▣ 근로계약상 보호의무 위반에 따른 근로자의 손해배상청구권의 소멸시효(=10년, 2021.8.19, 2018다270876)

---

6 최근 판시(2019.9.10, 2016다271257): 부당이득반환청구권이라도 그것이 상행위인 계약에 기초하여 이루어진 급부 자체의 반환을 구하는 것으로서, 그 채권의 발생 경위나 원인, 당사자의 지위와 관계 등에 비추어 그 법률관계를 상거래 관계와 같은 정도로 신속하게 해결할 필요성이 있는 경우 등에는 5년의 소멸시효를 정한 상법 제64조가 적용된다(2002.6.14, 2001다47825; 2007.5.31, 2006다63150 등 참조). 그러나 이와 달리 부당이득반환청구권의 내용이 급부 자체의 반환을 구하는 것이 아니거나, 위와 같은 신속한 해결 필요성이 인정되지 아니하는 경우라면 특별한 사정이 없는 한 상법 제64조는 적용되지 아니하고 10년의 민사소멸시효기간이 적용된다(2003.4.8, 2002다64957, 64964; 2012.5.10, 2012다4633 등 참조).

7 면책적 채무인수가 있은 경우, 인수채무의 소멸시효기간은 채무인수와 동시에 이루어진 소멸시효 중단사유, 즉 채무승인에 따라 채무인수일로부터 새로이 진행된다(1999.7.9, 99다12376).

- 회사의 대표이사 개인이 차용하거나 투자 받은 경우에 상사시효 적용되지 않음(2018.4.24, 2017다205127)
- 의사의 의료기관에 대한 급여, 수당, 퇴직금 채권은 상사시효 적용되지 않음(2022.5.26, 2022다200249)
- 상인이 소유한 토지에 대하여 토지보상법에 의한 협의취득이 있었는바, 매도인의 채무불이행책임이나 하자담보책임에 기한 매수인(한국토지주택공사)의 손해배상채권에 대해서 상사소멸시효 ○(2022.7.14, 2017다242232)
- 운영하던 마트를 폐업하고 폐업에 따른 청산사무 또는 잔무를 위해 일정 액수를 지급하기로 하는 공정증서 작성을 한 경우 상사시효 적용(보조적 상행위, 2021.12.10, 2020다295359)

3. 민사소멸시효(10년)

- 의사가 의료기관에 대하여 갖는 급여, 수당, 퇴직금 등 채권의 소멸시효는 10년(의사는 상인 아님, 2022.5.26, 2022다200249)
- 변호사가 소속 법무법인에 대하여 갖는 급여채권(2023.7.27, 2023다227418)

Ⅱ 소멸시효의 포기

1. 의의

- 소멸시효의 이익은 시효가 완성하기 전에 미리 포기하지 못하므로(제184조 제1항) 소멸시효 완성 후의 포기만이 문제됨
- 소멸시효 완성의 항변에 대한 재항변 사유임

2. 요건

- 시효 완성 사실을 알면서 포기의 의사표시 요
- 채무자가 시효완성 후에 채무를 승인한 때에는 시효완성의 사실을 알고 그 이익을 포기한 것으로 추정(判, 1992.5.22, 92다4796)

원금채무에 관하여는 소멸시효가 완성되지 아니하였으나 이자채무에 관하여는 소멸시효가 완성된 상태에서 채무자가 채무를 일부 변제한 때에는 액수에 관하여 다툼이 없는 한 **원금채무에 관하여 묵시적으로 승인하는 한편 이자채무에 관하여 시효완성의 사실을 알고 그 이익을 포기한 것으로 추정**되며, 채무자의 변제가 채무 전체를 소멸시키지 못하고 당사자가 변제에 충당할 채무를 지정하지 아니한 때에는 민법 제479조, 제477조에 따른 법정변제충당의 순서에 따라 충당되어야 한다(2013.5.23, 2013다12464).

⇨ 사실관계 스스로 분석 요구됨

⇨ 피고(상인)가 1995. 6. 20. 원고(상인)에게 이자 월 1.5%, 변제기 2002. 6. 20.로 차용금증서 작성하였는데, 피고가 2007. 3. 27. 원고에게 25,000,000원 변제함. 피고가 2011. 3. 15. 소 제기한 경우

⇨ 2007. 3. 27. 변제는 원금 채무 승인의 효과, 이자채무에 대한 소멸시효 이익 포기의 효과 兼有

⇨ 2007. 3. 27.부터 다시 시효가 진행하는데, 이자 채권(변제기인 2002. 6. 20.까지의 이자채권)은 3년의 소멸시효에 걸리므로 이 사건 소 제기시 이미 시효로 소멸함. 그러나 지연손해금 채권(2002. 6. 21.부터의 지연손해금 채권)은 5년의 소멸시효에 걸리므로 시효로 소멸하지 않았음

3. 포기의 효과

1) 인적 범위 – 상대적

채권담보의 목적으로 매매예약의 형식을 빌어 소유권이전등기청구권보전을 위한 가등기가 경료된 부동산을 양수하여 소유권이전등기를 마친 제3자는 채무자가 이미 그 가등기에 기한 본등기를 경료하여 시효이익을 포기한 경우에도 독자적으로 소멸시효를 원용할 수 있다(1995.7.11, 95다12446).

[분석]
가등기 ⇨ 제3자 소유권이전등기 ⇨ 채무자 가등기에 기하여 채권자에게 본등기 경료해 줌
채권자의 가등기, 근저당권설정등기, 유치권 행사는 시효중단 사유 아님(2009.11.12, 2009다51028, 민법 제326조)
채무자가 채권자에게 본등기를 경료하였다고 하더라도 그로 인한 시효이익 포기의 효력은 제3취득자에게 미치지 않음
제3취득자는 시효로 인하여 채무가 소멸되는 결과 직접적인 이익을 받는 사람이므로 독

자적으로 소멸시효 주장 가능[8]·[9]. 따라서 제3취득자는 소유자로서 가등기, 이에 기한 본등기의 말소를 구할 수 있다.

[구별해야 할 판례]

소멸시효 이익의 포기 당시에는 권리의 소멸에 의하여 직접 이익을 받을 수 있는 이해관계를 맺은 적이 없다가 나중에 시효이익을 이미 포기한 자와의 법률관계를 통하여 비로소 시효이익을 원용할 이해관계를 형성한 자는 이미 이루어진 시효이익 포기의 효력을 부정할 수 없다(2015.6.11, 2015다200227).

⇨ ① 소외인은 1992. 8. 25. 피고로부터 50,000,000원을 차용하고 이 사건 부동산에 관하여 제1근저당권을 설정해 줌. ② 소외인은 피고와 사이에 이 사건 차용금채무 등을 담보하기 위하여 2004. 4. 20. 피고 앞으로 이 사건 부동산에 관하여 제2근저당권을 설정해 줌. 이로써 소외인은 소멸시효 완성의 이익을 포기, ③ 원고는 2013. 12. 6. 소외인으로부터 이 사건 부동산과 그 지상 4층 공동주택을 매수하여 같은 날 소유권을 취득하고 위 제1근저당권의 말소를 구한 사안임.

⇨ 원고는 소외인이 한 시효이익 포기의 효력을 전제로 하여 근저당권의 제한을 받는 소유권을 취득한 것이어서 소외인이 한 시효이익 포기의 효력을 부정할 수 없으므로, 근저당권말소등기청구 기각임.

⇨ 위 96다12446 판결은 시효이익의 포기 시점에 이미 시효원용에 관한 이해관계를 형성하고 있는 경우임

2) 물적 범위

▣ 가분채권의 일부 시효이익의 포기는 전부에 대한 포기로 볼 수 있을 것인지 문제가 됨 ⇨ 기본적으로 의사표시 해석의 문제로 특별한 사정이 없는 한 전부에 대한 포기로 해석 가능[10]

---

8 채권자취소권 행사시 수익자에게 피보전채권이 시효로 소멸하였다고 주장하는 시효원용권이 인정되나(2007.11.29, 2007다54849), 채권자대위권에서 제3채무자는 피보전채권이 시효로 소멸하였다고 주장하는 시효원용권이 인정되지 않음에 유의해야 한다(1998.12.8, 97다31472). 유치권이 성립한 부동산 매수인은 시효원용권이 인정된다(2009.9.24, 2009다39530).

9 시효원용권 관련: **후순위 담보권자**는 선순위 담보권의 피담보채권 소멸로 직접 이익을 받는 자에 해당하지 않아 선순위 담보권의 피담보채권에 관한 **소멸시효가 완성되었다고 주장할 수 없다고 보아야 한다**(2021.2.25, 2016다232597). 채무자에 대한 일반채권자도 채권자 지위에서 소멸시효 주장을 할 수 없다(1997.12.26, 97다22676).

10 시효완성 전에 채무의 일부를 변제한 경우에는, 그 수액에 관하여 다툼이 없는 한 채무승인으로서의 효력이 있어 채무 전부에 대하여 시효중단의 효과가 발생한다(1996.1.23, 95다39854).

- 원칙) 채무 일부 변제 ⇨ 전부에 대한 승인 내지 시효이익의 포기
- 예외) 의사해석에 비추어 가분성이 인정되는 경우

[판결 1] 동일당사자간에 계속적인 거래로 인하여 같은 종류를 목적으로 하는 수개의 채권관계가 성립되어 있는 경우에 **채무자가 특정채무를 지정하지 아니하고 그 일부의 변제를 한 때에도 다른 특별한 사정이 없다면 잔존채무에 대하여도 승인을 한 것으로 보아 시효중단이나 포기의 효력을 인정할 수 있을 것이나,** 그 채무가 별개로 성립되어 독립성을 갖고 있는 경우에는 일률적으로 그렇게만 해석할 수는 없을 것이고, 특히 채무자가 **가압류 목적물에 대한 가압류를 해제받을 목적으로 피보전채권을 변제하는 경우**에는 특별한 사정이 없는 한 <u>피보전채권으로 적시되지 아니한 별개의 채무에 대하여서까지 소멸시효의 이익을 포기한 것이라고 볼 수는 없을 것이다</u>(1993.10.26, 93다14936).

[판결 2] 동일 당사자 간에 계속적인 거래로 인하여 같은 종류를 목적으로 하는 수개의 채권관계가 성립되어 있는 경우에 채무자가 특정채무를 지정하지 아니하고 그 일부의 변제를 한 때에도 다른 특별한 사정이 없다면 잔존 채무에 대하여도 승인을 한 것으로 보아 시효중단이나 포기의 효력을 인정할 수 있을 것이나, 그 채무가 별개로 성립되어 독립성을 갖고 있는 경우에는 일률적으로 그렇게만 해석할 수는 없을 것이고, 특히 **채무자가 근저당권설정등기를 말소하기 위하여 피담보채무를 변제하는 경우에는 특별한 사정이 없는 한 피담보채무가 아닌 별개의 채무에 대하여서까지 채무를 승인하거나 소멸시효의 이익을 포기한 것이라고 볼 수는 없다**(2014.1.23, 2013다64793).

3) 소멸시효의 진행
- ▣ 채무자가 소멸시효 완성 후에 채권자에 대하여 채무 일부를 변제함으로써 시효의 이익을 포기한 경우에는 그때부터 새로이 소멸시효가 진행함 (2013.5.23, 2013다12464)

Ⅲ 소멸시효의 중단

1. 소멸시효 중단 사유(제168조)

1. 청구[11]
2. 압류 또는 가압류, 가처분
3. 승인

2. 청구

1) 시효중단을 위한 후소로 새로운 방식의 확인소송 제소 가능

시효중단을 위한 후소로서 이행소송 외에 전소 판결로 확정된 채권의 시효를 중단시키기 위한 조치, 즉 '재판상의 청구'가 있다는 점에 대하여만 확인을 구하는 형태의 '새로운 방식의 확인소송'이 허용되고, 채권자는 두 가지 형태의 소송 중 자신의 상황과 필요에 보다 적합한 것을 선택하여 제기할 수 있다고 보아야 한다(2018.10.18, 2015다232316 전합).[12]

⇨ 새로운 방식의 확인소송의 핵심은 다음과 같다. ① 판결로 확정된 채권의 시효 중단을 위하여 재판상의 청구가 있다는 점에 대하여만 확인을 구하는 형태로, ② 청구취지는 '원고와 피고 사이의 ××법원 20○○. ○○. ○○, 20○○가합 ○○○○ 대여금 사건의 판결에 기한 채권의 소멸시효 중단을 위하여 이 사건 소의 제기가 있었음을 확인한다.'가 되며, ③ 청구원인으로 전소 판결이 확정되었고, 그 청구권의 시효중단을 위해 후소가 제기되었다는 점만 주장·증명하면 되며(채권자의 실체법상의 권리가 청구원인사실이 아니라는 점에 주의), ④ 채무자는 전소의 변론종결 후에 발생한 청구이의사유가 있더라도 이를 주장할 수 없으므로 실제 다툼이 없는 소송이 되며, ⑤ 소멸시효기간 경과가 임박할 필요가 없다.[13]

⇨ 인지대가 저렴하다는 강점 있음

---

11 재판상 청구로 시효가 중단된 경우에 그 중단사유의 종료시점은 "재판이 확정된 때"이다. 이때, 기간의 초일은 산입하지 아니하므로(민법 제157조) 새로운 시효기간의 기산점은 — 중단사유 종료시점이 정확히 24:00이 아니라면 — 재판이 확정된 때의 다음날이다. 시효중단사유로서 재판상 청구가 있어 1989. 10. 24. 그 판결이 확정되었는데, 1999. 10. 25. 소를 제기한 경우에 위 채권은 시효로 소멸한 것으로 보아야 한다(2001.8.21, 2001다22840).

12 참고로 시효중단을 위하여 이행의 소를 제기하는 경우에 '승소판결이 확정된 후 소송촉진 등에 관한 특례법의 변경으로 소송촉진법에서 정한 지연손해금 이율이 달라졌다고 하더라도 그로 인하여 선행 승소확정판결의 효력이 달라지는 것은 아니고, 확정된 선행판결과 달리 변경된 소송촉진법상의 이율을 적용하여 선행판결과 다른 금액을 원고의 채권액으로 인정할 수 있는 것도 아니므로' 확정된 승소판결 그대로 소촉법을 적용해야 한다(2019.8.29, 2019다215272).

13 이계정, 2018년 분야별 중요판례평석, 법률신문 2019. 1. 31.자.

2) 채권의 양수인이 채권양도의 대항요건을 갖추지 못한 상태에서 채무자를 상대로 재판상의 청구를 한 경우, 소멸시효 중단사유인 재판상의 청구에 해당하는지 여부 ⇨ 해당 ○

채권양도에 의하여 채권은 그 동일성을 잃지 않고 양도인으로부터 양수인에게 이전되며, 이러한 법리는 채권양도의 대항요건을 갖추지 못하였다고 하더라도 마찬가지인 점, 민법 제149조의 "조건의 성취가 미정한 권리의무는 일반규정에 의하여 처분, 상속, 보존 또는 담보로 할 수 있다."는 규정은 대항요건을 갖추지 못하여 채무자에게 대항하지 못한다고 하더라도 채권양도에 의하여 채권을 이전받은 양수인의 경우에도 그대로 준용될 수 있는 점, 채무자를 상대로 재판상의 청구를 한 채권의 양수인을 '권리 위에 잠자는 자'라고 할 수 없는 점 등에 비추어 보면, 비록 **대항요건을 갖추지 못하여 채무자에게 대항하지 못한다고 하더라도 채권의 양수인이 채무자를 상대로 재판상의 청구를 하였다면 이는 소멸시효 중단사유인 재판상의 청구에 해당한다고 보아야 한다**(2005.11.10, 2005다41818).

⇨ 소제기일에 시효 중단되고(상대방에게 소장이 송달된 시점이 아님에 유의), 재판이 확정된 때로부터 새로이 시효가 진행함(민법 제178조 제2항)

[관련판례]

채권양도 후 **대항요건이 구비되기 전의 양도인은** 채무자에 대한 관계에서는 여전히 채권자의 지위에 있으므로 채무자를 상대로 시효중단의 효력이 있는 재판상의 청구를 할 수 있고, 이 경우 **양도인이 제기한 소송 중에 채무자가 채권양도의 효력을 인정하는 등의 사정으로 인하여 양도인의 청구가 기각됨으로써 민법 제170조 제1항에 의하여 시효중단의 효과가 소멸된다**고 하더라도, 양도인의 청구가 당초부터 무권리자에 의한 청구로 되는 것은 아니므로, **양수인이 그로부터 6월 내에 채무자를 상대로 재판상의 청구 등을 하였다면, 민법 제169조 및 제170조 제2항에 의하여 양도인의 최초의 재판상 청구로 인하여 시효가 중단**된다(2009.2.12, 2008두20109).

■ 채권자대위권에 기해 청구를 하다가 당해 피대위채권 자체를 양수하여 양수금청구로 소를 변경 ⇨ 처음부터 중단

원고가 채권자대위권에 기해 청구를 하다가 당해 피대위채권 자체를 양수하여 양수금청구로 소를 변경한 사안에서, 이는 청구원인의 교환적 변경으로서 채권자대위권에 기한 구 청구는 취하된 것으로 보아야 하나, 그 채권자대위소송의 소송물은 채무자의 제3채

무자에 대한 계약금반환청구권인데 위 양수금청구는 원고가 위 계약금반환청구권 자체를 양수하였다는 것이어서 양 청구는 동일한 소송물에 관한 권리의무의 특정승계가 있을 뿐 그 소송물은 동일한 점, 시효중단의 효력은 특정승계인에게도 미치는 점, 계속 중인 소송에 소송목적인 권리 또는 의무의 전부나 일부를 승계한 특정승계인이 소송참가하거나 소송인수한 경우에는 소송이 법원에 처음 계속된 때에 소급하여 시효중단의 효력이 생기는 점, **원고는 위 계약금반환채권을 채권자대위권에 기해 행사하다 다시 이를 양수받아 직접 행사한 것이어서 위 계약금반환채권과 관련하여 원고를 '권리 위에 잠자는 자'로 볼 수 없는 점 등에 비추어 볼 때, 당초의 채권자대위소송으로 인한 시효중단의 효력이 소멸하지 않는다고 본 사례**(2010.6.24, 2010ek17284).

⇨ 채권자가 자신의 권원에 기하여 직접 청구하다 채무자의 권리를 대위하거나 양수하여 청구한 사안의 경우에는 소변경시부터 소멸시효 중단효 발생(민사소송법 제265조 참조, 2009. 2.12, 2008다84229; 1982.12.14, 82다카148).

3) 탈퇴한 원고가 다시 탈퇴 전과 같은 재판상 청구시 시효중단 ○

재판상의 청구는 소송의 각하, 기각 또는 취하의 경우에는 시효중단의 효력이 없고(민법 제170조 제1항), 다만 그로부터 6개월 내에 다시 재판상의 청구 등을 한 때에는 시효는 최초의 재판상 청구로 인하여 중단된 것으로 본다(민법 제170조 제2항).

소송목적인 권리를 양도한 원고는 법원이 소송인수 결정을 한 후 피고의 승낙을 받아 소송에서 탈퇴할 수 있는데(민사소송법 제82조 제3항, 제80조), 그 후 법원이 인수참가인의 청구의 당부에 관하여 심리한 결과 인수참가인의 청구를 기각하거나 소를 각하하는 판결을 선고하여 그 판결이 확정된 경우에는 원고가 제기한 최초의 재판상 청구로 인한 시효중단의 효력은 소멸한다. 다만 소송탈퇴는 소취하와는 그 성질이 다르며, 탈퇴 후 잔존하는 소송에서 내린 판결은 탈퇴자에 대하여도 그 효력이 미친다(민사소송법 제82조 제3항, 제80조 단서). 이에 비추어 보면 **인수참가인의 소송목적 양수 효력이 부정되어 인수참가인에 대한 청구기각 또는 소각하 판결이 확정된 날부터 6개월 내에 탈퇴한 원고가 다시 탈퇴 전과 같은 재판상의 청구 등을 한 때에는, 탈퇴 전에 원고가 제기한 재판상의 청구로 인하여 발생한 시효중단의 효력은 그대로 유지된다고 봄이 타당**하다(2017.7.18, 2016다35789).

⇨ 원고가 제기한 이 사건 전소에서 소외인이 채권 양수인으로서 소송을 인수하고 원고가 탈퇴하였는데 그 후의 심리 결과 소외인의 채권 양수사실이 무효로 인정된 결과 소외인의 소를 각하하는 판결이 2014. 10. 27. 확정되었으나, 그 확정된 날부터 6개월 내인 2015. 1.

4) 채무자 각하 판결 후 추심채권자 소제기 시 제170조 제2항 적용

재판상의 청구는 소송의 각하, 기각 또는 취하의 경우에는 시효중단의 효력이 없지만, 그 경우 6개월 내에 재판상의 청구, 파산절차참가, 압류 또는 가압류, 가처분을 한 때에는 시효는 최초의 재판상 청구로 인하여 중단된 것으로 본다(민법 제170조). 그러므로 채무자가 제3채무자를 상대로 제기한 금전채권의 이행소송이 압류 및 추심명령으로 인한 당사자적격의 상실로 각하되더라도, 위 이행소송의 계속 중에 피압류채권에 대하여 **채무자에 갈음하여 당사자적격을 취득한 추심채권자가 위 각하판결이 확정된 날로부터 6개월 내에 제3채무자를 상대로 추심의 소를 제기**하였다면, 채무자가 제기한 재판상 청구로 인하여 발생한 시효중단의 효력은 추심채권자의 추심소송에서도 그대로 유지된다고 보는 것이 타당하다(2019.7.25, 2019다212945).

5) 근저당권설정등기청구권의 소의 제기 ➡ 피담보채권에 관한 소멸시효 중단의 효력이 발생 ○

- ◼ **구별)** 일단 근저당권설정 후에는 근저당권이 있다는 사정은 피담보채권 소멸시효 중단 사유가 아님(민법 제369조, 제326조 참조)[14]
  - ● **구별)** 물상보증인이 제기한 저당권설정등기의 말소등기절차이행청구소송에서 채권자 겸 저당권자의 응소행위 ➡ 피담보채권 소멸시효 중단사유 아님(2004.1.16, 2003다30890)
- ◼ **구별)** 피담보채권에 관한 권리 행사 ➡ 근저당권설정등기청구권에 관한 시효 중단 효력 ×

---

14 다만, 변제기 이후에 근저당권을 설정해 준 경우 채무 승인으로 볼 수 있다.

원고의 근저당권설정등기청구권의 행사는 그 피담보채권이 될 금전채권의 실현을 목적으로 하는 것으로서, 근저당권설정등기청구의 소에는 그 피담보채권이 될 채권의 존재에 관한 주장이 당연히 포함되어 있는 것이고, 피고로서도 원고가 원심에 이르러 금전지급을 구하는 청구를 추가하기 전부터 피담보채권이 될 금전채권의 소멸을 항변으로 주장하여 그 채권의 존부에 관한 실질적 심리가 이루어져 그 존부가 확인된 이상, 그 피담보채권이 될 채권으로 주장되고 심리된 채권에 관하여는 근저당권설정등기청구의 소의 제기에 의하여 피담보채권이 될 채권에 관한 권리의 행사가 있은 것으로 볼 수 있으므로, **근저당권설정등기청구의 소의 제기는 그 피담보채권의 재판상의 청구에 준하는 것으로서 피담보채권에 대한 소멸시효 중단의 효력을 생기게 한다고 봄이 상당하다**(2004.2.13, 2002다7213).

- ◉ A 채권을 행사하였는데 B 채권에 대해서도 파생적으로 시효가 중단되는지 여부
  - ● 어음채권에 기한 청구 ⇨ 원인채권 시효 중단 ○(2002.2.26, 2000다25484)
    - ■ **구별**) 원인채권에 기한 청구 ⇨ 어음채권 시효 중단효 ×(1994.12.2, 93다59922)
    - ■ **관련**) 어음채권에 기한 압류 ⇨ 원인채권 시효 중단(2002.2.26, 2000다25484), 그러나 어음채권이 이미 시효로 소멸한 경우에 위 어음채권에 기한 압류는 원인채권의 시효 중단시킬 수 없음(2010.5.13, 2010다6345)
  - ● 위자료 청구 ⇨ 재산상 손해배상 청구권 시효중단효 ×(1967.1.24, 66다2280)

6) 최고(제170조, 제174조)
- ◉ 소송고지 ⇨ 채무이행 청구 의사 표시된 경우 최고 효력 ○
  - ● 소송고지서를 법원에 제출한 때 시효 중단 효(2015.5.14, 2014다16494)
  - ● 6개월 기간의 기산점은 당해 소송 종료시

소송고지의 요건이 갖추어진 경우에 그 소송고지서에 고지자가 피고지자에 대하여 채무의 이행을 청구하는 의사가 표명되어 있으면 민법 제174조에 정한 시효중단사유로서의 최고의 효력이 인정된다. … 피고지자에 대한 참가적 효력이라는 일정한 소송법상의 효력까지 발생함에 비추어 볼 때, 고지자로서는 소송고지를 통하여 당해 소송의 결과에 따라 피고지자에게 권리를 행사하겠다는 취지의 의사를 표명한 것으로 볼 것이므로, 당해

소송이 계속중인 동안은 최고에 의하여 권리를 행사하고 있는 상태가 지속되는 것으로 보아 민법 제174조에 규정된 6월의 기간은 당해 소송이 종료된 때로부터 기산되는 것으로 해석하여야 한다(2009.7.9, 2009다14340).

⇨ 최고의 효력이 존속되고 있다는 점에 주목해야 함.
⇨ 판결이 확정이 되면 소송이 종료되므로 판결확정 다음날부터 기산된다고 보아야 함(조정 성립시는 그 다음날부터)

▣ 압류 및 추심명령 ⇨ 채무자의 제3채무자에 대한 채권에 관하여 최고 ○
  ● 채권자가 받은 압류명령 및 추심명령 ⇨ 채권자의 채무자에 대한 채권에 관하여 시효중단 효력 ○, 그러나 채무자의 제3채무자에 대한 채권에 관하여 시효중단 효력 ×, 최고 ○(시효소멸하기 전에 압류 및 추심명령이 제3채무자에게 송달, 그로부터 6개월 내 추심금청구소송 제기시 시효소멸하지 않음, 2003.5.13, 2003다16238)
▣ **최고: 실제 청구금액 확장하지 않은 경우에도 인정 ○**

[1] 하나의 채권 중 일부에 관하여만 판결을 구한다는 취지를 명백히 하여 소송을 제기한 경우에는 소제기에 의한 소멸시효중단의 효력이 그 일부에 관하여만 발생하고, 나머지 부분에는 발생하지 아니하나, 소장에서 청구의 대상으로 삼은 채권 중 일부만을 청구하면서 소송의 진행경과에 따라 **장차 청구금액을 확장할 뜻을 표시하고 당해 소송이 종료될 때까지 실제로 청구금액을 확장한 경우에는** 소제기 당시부터 채권 전부에 관하여 판결을 구한 것으로 해석되므로, 이러한 경우에는 **소제기 당시부터 채권 전부에 관하여 재판상 청구로 인한 시효중단의 효력이 발생한다.**

[2] 소장에서 청구의 대상으로 삼은 채권 중 일부만을 청구하면서 소송의 진행경과에 따라 **장차 청구금액을 확장할 뜻을 표시하였으나 당해 소송이 종료될 때까지 실제로 청구금액을 확장하지 않은 경우에는** 소송의 경과에 비추어 볼 때 채권 전부에 관하여 판결을 구한 것으로 볼 수 없으므로, 나머지 부분에 대하여는 재판상 청구로 인한 시효중단의 효력이 발생하지 아니한다.

그러나 이와 같은 경우에도 소를 제기하면서 장차 청구금액을 확장할 뜻을 표시한 채권자로서는 장래에 나머지 부분을 청구할 의사를 가지고 있는 것이 일반적이라고 할 것이므로, 다른 특별한 사정이 없는 한 **당해 소송이 계속 중인 동안에는 나머지 부분에 대하여 권리를 행사하겠다는 의사가 표명되어 최고에 의해 권리를 행사하고 있는 상태가 지속되고 있는 것으로 보아야 하고, 채권자는 당해 소송이 종료된 때부터 6월 내에 민법**

제174조에서 정한 조치를 취함으로써 나머지 부분에 대한 소멸시효를 중단시킬 수 있다(2020.2.6, 2019다223723).

⇨ 1. 종래 일부청구임을 명시하고 일부만 청구한 경우에 소제기에 의한 소멸시효중단의 효력이 그 일부에 대하여만 발생하고 나머지 부분에는 발생하지 않는다고 하였다. 그런데 위 판결에 따르면 일부만 청구한 경우라도 구체적인 사정에 비추어 청구하지 않은 나머지 부분에 대해서도 '최고'에 의한 소멸시효 중단효를 인정하는 것이다.

2. 만약 일부청구임을 명시하면서 장차 청구금액을 확장할 뜻을 표시하고 실제 청구금액을 확장한 경우에는 '소 제기 당시'부터 채권 전부에 대하여 '재판상 청구'에 의한 소멸시효 중단효가 인정된다.

3. 기판력 관련(명시설): 불법행위의 피해자가 일부청구임을 명시하여 그 손해의 일부만을 청구한 경우 그 일부청구에 대한 판결의 기판력은 청구의 인용 여부에 관계없이 청구의 범위에 한하여 미치는 것이고, 잔액 부분 청구에는 미치지 아니한다(2000.2.11, 99다10424). 소장에서 청구의 대상으로 삼은 채권 중 일부만을 청구하면서 소송의 진행경과에 따라 장차 청구금액을 확장할 뜻을 표시하였으나 당해 소송이 종료될 때까지 실제로 청구금액을 확장하지 않은 경우에 별소로 나머지 청구를 할 수 있으며, 위와 같이 전소에 의한 소멸시효 중단의 혜택을 받는다.

▣ 재산관계명시결정은 최고 ○(2001.5.29, 2000다32161), 경매신청도 최고 ○ (2001.8.21, 2001다22840)

▣ 채권양도통지는 최고 △ ×[15]

▣ **거듭된 최고의 효력 관련**: 시효중단의 효력은 재판상 청구 등을 한 시점을 기준으로 하여 소급하여 6월 이내에 한 최고시 발생(1987.12.22, 87다카2337)

가. 최고를 여러번 거듭하다가 재판상 청구 등을 한 경우에 있어서의 시효중단의 효력은 항상 최초의 최고시에 발생하는 것이 아니라 **재판상 청구 등을 한 시점을 기준으로 하여 이로부터 소급하여 6월 이내에 한 최고시에 발생한다.**

나. 민법 제170조의 해석상, 재판상의 청구는 그 소송이 취하된 경우에는 그로부터 6월 내에 다시 재판상의 청구를 하지 않는 한 시효중단의 효력이 없고 다만 재판외의 최고의 효력만 있다(1987.12.22, 87다카2337).

---

15 다수설의 입장은 채권양도통지만으로 최고의 효력이 있는 것은 아니라는 입장이며(주석민법(제5판), 총칙 3, 968면; 양창수/김형석, 권리의 보전과 담보(제4판), 112면), 대법원도 2012.3.22, 2010다28840 판결에 비추어 최고가 아니라는 입장으로 해석할 수도 있다. 그러나 채권양도통지에 단순히 채권양도 사실을 알리는 것 이외에 이행을 청구하는 뜻이 덧붙여져 있으면 최고의 효력이 인정된다(2022.7.28, 2020다46663).

[분석]

1982. 10. 20.(치료종결일) 치료비채권이 발생, 소멸시효(3년) 기산 → 1985. 7. 6. 최고 → 1985. 11. 28. 재판상 청구하였다가 취하 → 1986. 3. 31. 다시 이 사건 재판상 청구한 사안임 본건 소의 제기로부터 역산하여 6월 내에 이루어진 최고는 1985. 11. 28.의 재판상 청구의 취하로 인한 최고뿐이며, 1985. 7. 6.자 최고는 6월이 초과됨 → 그런데 1985. 11. 28. 자의 최고는 이 사건 치료비 채권의 소멸시효(기간 3년)가 완성된 날(1985. 10. 20.) 이후임이 명백하므로, 결국 본건 재판상 청구로써는 시효중단의 효력이 발생할 여지가 없어 본건 치료비 채권은 시효로 소멸되었다고 판시.

- ▣ 최고 후 6개월 내에 확정적으로 시효 중단을 위해 취할 보완조치에 채무 승인도 포함(2022.7.28, 2020다46663)

- ▣ 응소

  - ● 응소하여 받아들여진 경우에 응소한 때(준비서면 보내거나 진술한 때) 중단됨(원고 소 제기시가 아님, 2010.8.26, 2008다42416, 42423)[16]

  - ● 응소하였는데 소가 각하, 취하 ⇨ 피고는 6월 내 재판상 청구를 해야 응소 시에 소급하여 시효중단 효력 인정됨

권리자인 피고가 응소하여 권리를 주장하였으나 그 소가 각하되거나 취하되는 등의 사유로 본안에서 그 권리 주장에 관한 판단 없이 소송이 종료된 경우에도 <u>민법 제170조 제2항을 유추적용하여</u> 그때부터 6월 내에 재판상의 청구 등 다른 시효중단 조치를 취하면 <u>응소 시에 소급하여</u> 시효중단의 효력이 인정된다(2019.3.14, 2018두56435).
⇨ 2013. 12. 10. 원고 소제기, 2014. 1. 21. 피고 응소, 2015. 8. 27. 원고의 소 각하, 2015. 11. 23. 피고 소제기 하는 경우 응소 시인 2014. 1. 21. 시효중단효 발생[17]

---

16 응소하였는데 패소한 경우에는 시효중단효가 인정되지 않는다.

17 2019.3.14, 2018두56435 판결을 변형한 것이다. 실제 위 사안은 "민법 제174조가 시효중단 사유로 규정하고 있는 최고를 여러 번 거듭하다가 재판상 청구 등을 한 경우에 시효중단의 효력은 항상 최초의 최고 시에 발생하는 것이 아니라 재판상 청구 등을 한 시점을 기준으로 하여 이로부터 소급하여 6월 이내에 한 최고 시에 발생하고, 민법 제170조의 해석상 재판상의 청구는 그 소송이 취하된 경우에는 그로부터 6월 내에 다시 재판상의 청구를 하지 않는 한 시효중단의 효력이 없고 다만 재판 외의 최고의 효력만을 갖게 된다. 이러한 법리는 그 소가 각하된 경우에도 마찬가지로 적용된다."고 판시하여 피고의 채권의 소멸시효를 인정하였음에 유의하여야 한다(실제 찾아볼 것).

3. 압류, 가압류 · 가처분

1) 부동산가압류

- ◉ 시효중단의 효력발생시기: 보전처분 신청시[18]
- ◉ 시효중단의 범위
  - ● 가분채권의 일부를 피보전채권으로 하여 가압류를 한 경우 그 보전 채권 일부에만 시효중단의 효력이 있음(1976.2.24, 75다1240)
- ◉ 시효중단의 존속시기

1. **보전처분 집행보전의 효력이 존속하는 동안 계속**됨 ⇨ 가압류의 피보전채권에 관하여 본안의 승소판결이 확정되었다고 하더라도 가압류에 의한 시효중단의 효력에 이에 흡수되어 소멸된다고 할 수 없음(2000.4.25, 2000다11102)
   ⇨ 따라서 가압류등기 말소시에 비로소 중단사유 종료하여 새로 소멸시효 진행(원칙)[19] 예외적으로 가압류등기 말소되기 전에 배당절차가 진행되어 가압류채권자에 대한 배당표 확정시 그 확정시점에 시효 중단사유는 종료함(2013.11.14, 2013다18622,18639)
2. 보전처분 시효중단 항변에 대한 주요 재항변 내지 반박 사유
   ① 보전처분이 취소된 경우에는 보전처분의 시효중단 효력이 소급적으로 소멸(민법 제175조)
      ⇨ 그러나 법률의 규정에 따른 적법한 가압류가 있었으나 제소기간의 도과로 인하여 가압류가 취소된 경우에는 이에 해당하지 않고 가압류가 취소된 때로부터 다시 진행 (2011.1.13, 2010다88019)
   ② 가압류 집행 후 채권자의 집행취소 또는 집행해제신청 ⇨ 실질적으로 신청취하이므로 시효중단 효력이 소급적으로 소멸(2010.10.14, 2010다53273)
   ③ 무효인 보전처분에는 소멸시효 중단의 효력이 없음(예 사망한 채무자를 상대로 보전처분, 2006.8.24, 2004다26287, 26294)

2) 유체동산 가압류

- ◉ 유체동산에 대한 가압류결정을 받았다고 하더라도 가압류의 집행절차에

---

18 경매개시결정은 압류의 효력이 있는바, 법원에 경매신청 시에 시효가 중단되는 것이다.
19 통상 경매절차에서 가압류된 채권에 대하여 그 액수만큼 배당액을 공탁하고 가압류등기를 말소하는데, 말소시점에 소멸시효 중단사유는 종료된다.

착수하지 않은 경우에는 시효중단의 효력이 없음

▣ 그러나 유체동산 집행절차를 개시하였으나 가압류할 동산이 없기 때문에 집행불능이 된 경우에는 집행절차가 종료된 때로부터 시효가 새로이 진행됨(2011.5.13, 2011다10044)

▣ **주의**: 집행관에게 유체동산 가압류집행의 신청을 하면 집행관이 집행절차에 착수하는데, 이 경우에 유체동산 가압류집행의 신청시부터 시효중단의 효력이 발생함.[20] 집행관의 집행절차 착수가 없는 경우에는 시효중단의 효력이 없음(유체동산 가압류결정만으로 시효가 중단되는 것이 아님에 유의).

3) 주채무자와 보증인

▣ 가압류, 가처분에 의한 주채무자에 대한 시효중단사유가 발생한 경우에 보증인에 대한 별도의 중단조치가 통지가 없어도 보증인에 대하여 시효가 중단됨(민법 제440조, 2005.10.27, 2005다35554)

▣ 그 역은 성립하지 않음(2002.5.14, 2000다62476[21])

4) 채권가압류

▣ 채무자에 대한 채권자의 채권에 대하여는 시효중단효 발생.[22] 그러나 채무자의 제3채무자에 대한 채권에는 시효중단효 발생하지 않음

● 채권가압류(압류) 당시 피압류채권이 부존재하는 경우 ⇨ 여전히 채무자에 대한 채권자의 채권에 대하여 시효중단효 발생.[23] 그러나 후속 집행절차를 진행할 수 없어 집행절차가 바로 종료되므로 시효중

---

20 유체동산 가압류신청시라는 견해도 있을 수 있고 아직 판례는 없다. 그런데 부동산가압류집행의 경우 보전처분 신청시에 집행신청도 한 것으로 해석하므로 부동산가압류집행이 이루어지면 가압류신청시에 시효가 중단된다는 점에 이설이 없다.

21 "보증채무에 대한 소멸시효가 중단되었다고 하더라도 이로써 주채무에 대한 소멸시효가 중단되는 것은 아니고, 주채무가 소멸시효 완성으로 소멸된 경우에는 보증채무도 그 채무 자체의 시효중단에 불구하고 부종성에 따라 당연히 소멸된다."(2002.5.14, 2000다62476)

22 가압류명령 신청시에 발생한다(2009.6.25, 2008모1396). 부동산 가압류와 마찬가지로 집행보전의 효력이 존속하는 동안 시효중단이 존속된다고 보아야 할 것이다(2020.11.26, 2020다239601).

23 압류절차에 나아간 경우에 비록 압류 대상이 부존재하거나 그밖의 사유로 집행불능에 이르더라도 시효중단의 효력은 생기기 때문이다(2014.1.29, 2013다47330).

단사유가 종료되어 집행채권의 소멸시효는 그때부터 다시 새롭게 진행(2020.11.26, 2020다239601).

- 피압류채권이 기본계약관계의 해지·실효 또는 소멸시효 완성 등으로 인하여 소멸함으로써 (가)압류의 대상이 존재하지 않게 되어 (가)압류 자체가 실효된 경우 시효중단사유 종료함(2017.4.28, 2016다239840)[24]

▣ 압류 및 추심명령 ⇨ 채무자의 제3채무자에 대한 채권에 관하여 최고 ○

5) 보전처분에 대한 경정결정

▣ 원칙: 보전처분에 대한 경정결정이 있는 경우에는 당초의 보전명령이 고지된 때 소급하여 경정된 내용의 보전처분의 효력이 발생

▣ 예외: 객관적으로 경정결정이 당초의 채권가압류결정의 동일성에 실질적으로 변경을 가하는 경우에는 경정결정이 제3채무자에게 송달된 때에 경정된 내용의 채권가압류결정의 효력이 발생함(1999.12.10, 99다42346)

- 압류의 경합 판단이나 채권양도와의 우열을 판단함에 있어 중요!

일률적으로 채권가압류결정의 경정결정이 확정되면 당초의 채권가압류결정이 송달되었을 때에 소급하여 경정된 내용의 채권가압류결정이 있었던 것과 같은 효력이 있다고 하게 되면 순전히 타의에 의하여 다른 사람들 사이의 분쟁에 편입된 제3채무자 보호의 견지에서 타당하다고 할 수 없으므로, 제3채무자의 입장에서 볼 때에 객관적으로 경정결정이 **당초의 채권가압류결정의 동일성에 실질적으로 변경을 가하는 것이라고 인정되는 경우에는 경정결정이 제3채무자에게 송달된 때에 비로소 경정된 내용의 채권가압류결정의 효력이 발생**한다고 보아야 한다.

… 당초의 채권가압류결정 중 채무자의 상호 '만성기계산업 주식회사'를 경정결정에 의하여 '민성산업기계 주식회사'로 경정한 경우, 당초의 채권가압류결정에 기재된 채무자의 상호 아래 채무자의 주소와 대표이사의 성명이 정확하게 기재되었다 하더라도 제3채무자의 거래상황 등에 비추어 제3채무자의 입장에서 볼 때에 객관적으로 위와 같은 채무자 상호의 경정은 당초의 채권가압류결정의 동일성에 실질적으로 변경을 가하는 것이라고 인정된다는 이유로, '민성산업기계 주식회사'를 채무자로 하는 채권가압류결정의 효력은 경정결정이 제3채무자에게 송달된 때 발생한다고 한 사례(1999.12.10, 99다42346).

---

24 소급해서 시효중단효가 사라지는 것은 아니다.

4. 승인

▣ 채무의 존재 및 액수에 대하여 인식하고 있음을 전제로 한 승인만이 유효 (예 기존 채권을 담보하기 위한 채권양도, 담보설정)

소멸시효 중단사유로서의 승인은 시효이익을 받을 당사자인 채무자가 소멸시효의 완성으로 권리를 상실하게 될 자 또는 그 대리인에 대하여 그 권리가 존재함을 인식하고 있다는 뜻을 표시함으로써 성립하는 것인바, 그 표시의 방법은 아무런 형식을 요구하지 아니하고, 명시적이건 묵시적이건 불문하며, **묵시적인 승인의 표시는 채무자가 그 채무의 존재 및 액수에 대하여 인식하고 있음을 전제로 하여** 그 표시를 대하는 상대방으로 하여금 채무자가 그 채무를 인식하고 있음을 그 표시를 통해 추단하게 할 수 있는 방법으로 행해지면 족하다(2006.9.22, 2006다22852 등 참조).

⇨ 잔액확인통지서를 작성·교부하여 준 행위는 승인(2006.9.22, 2006다22852, 22869)

⇨ 당사자 간에 계속적 거래관계가 있다고 하더라도 물품 등을 주문하고 공급하는 과정에서 기왕의 미변제 채무에 대하여 서로 확인하거나 확인된 채무의 일부를 변제하는 등의 절차가 없었다면 기왕의 채무의 존부 및 액수에 대한 당사자 간의 인식이 다를 수도 있는 점에 비추어 볼 때, **피고가 단순히 기왕에 공급받던 것과 동종의 물품을 추가로 주문하고 공급받았다는 사실만으로는 승인이라고 보기 어렵다**고 한 사례(2005.2.17, 2004다59959)

▣ 채무 일부 변제 ⇨ 통상 채무 전부에 대한 승인(시효 완성 후면 시효이익의 포기로 추정)

원금채무에 관하여는 소멸시효가 완성되지 아니하였으나 이자채무에 관하여는 소멸시효가 완성된 상태에서 **채무자가 채무를 일부 변제한 때에는 그 액수에 관하여 다툼이 없는 한 그 원금채무에 관하여 묵시적으로 승인하는 한편 그 이자채무에 관하여 시효완성의 사실을 알고 그 이익을 포기한 것으로 추정**되며, 채무자의 변제가 채무 전체를 소멸시키지 못하고 당사자가 변제에 충당할 채무를 지정하지 아니한 때에는 민법 제479조, 제477조에 따른 법정변제충당의 순서에 따라 충당되어야 할 것이다.

원심판결 이유를 위 법리와 기록에 비추어 살펴보면 원심이, 피고가 2007. 3. 27. 원고에게 25,000,000원을 변제함으로써 이 사건 차용금증서에 기한 원금채무를 승인하는 한편 소멸시효가 완성된 이자채무에 관한 소멸시효이익을 포기하였다고 판단한 다음 위 변제금 25,000,000원을 이 사건 차용금증서에 기한 1995. 6. 20.부터 1997. 3. 19.까지의 이자채무

변제에 충당한 조치는 정당하고, 거기에 상고이유 주장과 같이 소멸시효이익의 포기 및 변제충당에 관한 법리오해의 위법이 없다(2013.5.23, 2013다12464).[25]

◾ 담보가등기를 경료하고 채권자에게 부동산 인도한 경우

담보가등기를 경료한 부동산을 인도받아 점유하더라도 담보가등기의 피담보채권의 소멸시효가 중단되는 것은 아니지만, 채무의 일부를 변제하는 경우에는 채무 전부에 관하여 시효중단의 효력이 발생하는 것이므로, **채무자가 채권자에게 담보가등기를 경료하고 부동산을 인도하여 준 다음 피담보채권에 대한 이자 또는 지연손해금의 지급에 갈음하여 채권자로 하여금 부동산을 사용수익할 수 있도록 한 경우라면, 채권자가 부동산을 사용수익하는 동안에는 채무자가 계속하여 이자 또는 지연손해금을 채권자에게 변제하고 있는 것으로 볼 수 있으므로 피담보채권의 소멸시효가 중단**된다고 보아야 한다(2009. 11.12, 2009다51028).

◾ 면책적 채무인수 ⇨ 채무 승인, 종전 상사시효 적용

인수채무가 원래 5년의 상사시효의 적용을 받던 채무라면 그 후 면책적 채무인수에 따라 그 채무자의 지위가 인수인으로 교체되었다고 하더라도 그 소멸시효의 기간은 여전히 5년의 상사시효의 적용을 받는다 할 것이고, 이는 채무인수행위가 상행위나 보조적

---

25 구별해야 할 판결: 이자 또는 지연손해금은 주된 채권인 원본의 존재를 전제로 그에 대응하여 일정한 비율로 발생하는 종된 권리라 할 것인데, 하나의 금전채권의 원금 중 일부가 변제로 소멸된 후 나머지 원금에 대하여 소멸시효가 완성된 경우, 가분채권인 금전채권의 성질상 변제로 소멸한 원금 부분과 소멸시효 완성으로 소멸한 원금 부분을 구분하는 것이 가능하고, 이 경우 원금에 종속된 권리인 이자 또는 지연손해금 역시 변제로 소멸한 원금 부분에서 발생한 것과 시효완성으로 소멸된 원금 부분에서 발생한 것으로 구분하는 것이 가능하므로, **위 소멸시효 완성의 효력은 소멸시효가 완성된 원금 부분으로부터 그 시효 완성 전에 발생한 이자 또는 지연손해금에는 미치나, 변제로 소멸한 원금 부분으로부터 그 변제 전에 발생한 이자 또는 지연손해금에는 미치지 않는다고 봄이 타당**하다(2008.3.14, 2006다2940). −제3자가 변제한 경우로 소멸시효 완성의 효력이 미치는 범위에 관한 판례이다. 원본 채권이 소멸하면 그로 인한 이자, 지연손해금 채권도 소멸하나(민법 제183조), 위 사안에서는 변제로 소멸한 원금 부분과 소멸시효가 완성된 원금 부분을 분리해서 그 이자, 지연손해금 채권의 소멸 여부를 검토해야 한다고 한 것이다.
  ⇨ 시효 이익을 주장하는 자가 소멸시효 완성 전에 일부 변제하면, 특별한 사정이 없는 한, 전부 승인이 되나(95다39584), 위 사안은 시효 이익을 주장하는 자가 일부 변제한 사안이 아니므로 채무 승인에 의한 시효 중단을 논하지 않는 것이다.

상행위에 해당하지 아니한다고 하여 달리 볼 것이 아니다. 다만, 그 소멸시효기간은 채무인수와 동시에 이루어진 소멸시효 중단사유, 즉 채무승인에 따라 채무인수일로부터 새로이 진행되는 것일 뿐이므로(1969.10.14, 69다1497 참조), 원고의 피고에 대한 이 사건 인수채무는 1988. 11. 14.로부터 5년이 경과함으로써 소멸시효가 완성되었다고 할 것이다(1999.7.9, 99다12376).

⇨ 회사채무 인수 시 상사소멸시효 적용됨

memo

CHAPTER

05

친족상속법

5-1 이해상반행위

친족상속법

1. 이해상반행위의 의의

- ◉ 자기계약이나 쌍방대리의 금지와 대체로 유사한 이념
- ◉ 친권자와 그 자 사이에 이해상반되는 행위를 하는 경우
- ◉ 법정대리인인 친권자가 그 친권에 복종하는 수인의 자 사이에 이해가 상반 되는 행위를 하는 경우

2. 이해상반행위에 대한 판단

가. 학설대립

1) 형식적 · 객관적 판단설: 법률행위 자체 내지 외형으로 보아 미성년자에 게 불이익이 되는지 판단. 자신이 돈을 사용할 목적으로 자녀 이름으로 돈을 차용하고 미성년자 재산에 저당권설정하는 경우 이해상반행위 아 니게 됨 ⇨ 대리권남용이론으로 해결

2) 실질적 판단설: 친권자의 대리행위 형식 여하를 불문하고 동기, 연유, 결과 등 고려하여 실질적으로 이해상반행위를 판단. 자신이 돈을 사용 할 목적으로 자녀 이름으로 돈을 차용하고 미성년자 재산에 저당권설 정하는 경우 이해상반행위임

3) 실질관계를 고려한 형식적 판단설: 형식적 판단설의 입장을 유지하더라 도 법률행위의 효과로서 객관적으로 예상될 수 있는 결과를 고려할 수 있음

4) 판례의 주류는 형식적 판단설. 실질관계를 고려해야 한다고 판시한 경 우도 있음(2002.1.11, 2001다65960, 미성년자와 친권자가 같이 물상보증인이 된 경우에 이해상반행위 인정)

[1] 친권자인 모가 자신이 연대보증한 차용금 채무의 담보로 자신과 자의 공유인 토지 중 **자신의 공유지분에 관하여는 공유지분권자로서, 자의 공유지분에 관하여는 그 법정대리인의 자격으로 각각 근저당권설정계약을 체결한 경우,** 위 채권의 만족을

CHAPTER
05
친족상속법

얻기 위하여 채권자가 위 토지 중 자의 공유지분에 관한 저당권의 실행을 선택한 때에는, 그 경매대금이 변제에 충당되는 한도에 있어서 모의 책임이 경감되고, 또한 채권자가 모에 대한 연대보증책임의 추구를 선택하여 변제를 받은 때에는, 모는 채권자를 대위하여 위 토지 중 자의 공유지분에 대한 저당권을 실행할 수 있는 것으로 되는바, 위와 같이 **친권자인 모와 자 사이에 이해의 충돌이 발생할 수 있는 것이, 친권자인 모가 한 행위 자체의 외형상 객관적으로 당연히 예상되는 것**이어서, 모가 자를 대리하여 위 토지 중 자의 공유지분에 관하여 위 근저당권설정계약을 체결한 행위는 **이해상반행위로서 무효**라고 보아야 한다.

[2] **법정대리인인 친권자와 그 자 사이의 이해상반의 유무는 전적으로 그 행위 자체를 객관적으로 관찰하여 판단하여야 할 것이지 그 행위의 동기나 연유를 고려하여 판단하여야 할 것은 아니다**(2002.1.11, 2001다65960).

나. 구체적인 예(아래에서 이해상반행위 아닌 경우라도 대리권남용인지를 추가로 검토해야 함[1])

 ▣ 상속재산분할협의 ○

 ▣ 친권자와 자녀가 공동상속인인 경우 또는 여러 명의 자녀가 공동상속인 경우의 상속 포기 ○, 다만, 친권자가 상속을 포기한 후 미성년 자녀 전원을 대리하여 상속 포기 ×(1989.9.12, 88다카28044)[2]

 ▣ 친권자가 매수하여 자에게 증여하는 행위 ×(자기계약에는 해당하나 미성년자인 자에게 이익만을 주는 행위임)

 ▣ 친권자가 부동산을 자에게 명의신탁하는 행위 ×

 ▣ 미성년자 부동산 저당권 설정 관련

  ● 친권자 자신이 주채무자인 경우 이해상반성 인정

  ● 친권자가 제3자의 채무를 담보하기 위하여 미성년자 재산을 담보

---

1 미성년자의 법정대리인인 친권자의 법률행위에 있어서도 이는 마찬가지라 할 것이므로, **법정대리인인 친권자의 대리행위가 객관적으로 볼 때 미성년자 본인에게는 경제적인 손실만을 초래하는 반면, 친권자나 제3자에게는 경제적인 이익을 가져오는 행위**이고, 그 행위의 상대방이 이러한 사실을 알았거나 알 수 있었을 때에는, 민법 제107조 제1항 단서의 규정을 유추 적용하여 그 행위의 효과는 자(子)에게는 미치지 않는다고 해석함이 상당하다(2011.12.22, 2011다64669).

2 결과적으로 성년인 자만이 상속을 받게 한 경우에도 이해상반행위는 아니다.

제공하는 경우 형식적 판단설은 이해상반성 부정하나 실질적 판단
설은 제3자가 실질적으로는 친권자 자신과 실질적으로 이해관계를
같이하는 사람인지 여부 따져본 후 이해상반성 판단

- 성년 자녀가 제3자로부터 금전 차용하는 데 미성년자 대리하여
  저당권설정 ✕
- 친권자 자신의 오빠 채무를 담보하기 위하여 미성년자 대리하여
  근저당권 설정 ✕

- 친권자와 자녀와 함께 제3자의 채무에 대한 물상보증인이 되는 경
  우에는 자녀의 담보제공으로 인한 이익이 직접적으로 친권자에게
  귀속되는 것은 아니지만 궁극적으로 친권자와 자녀 사이에 구상관
  계가 발생할 수 있으므로 이해상반성 인정(2002.1.11, 2001다65960)
  - **다른 취지**: 친권자인 모가 자신이 대표이사로 있는 주식회사의
    채무 보증을 위하여 자신과 미성년인 자(子)의 공유재산을 담보
    로 제공한 행위가 민법 제921조 제1항의 이해상반행위 아님(1996.
    11.22, 96다10270)

3. 이해상반행위의 효과

- ▣ 무권대리행위로서 무효임
- ▣ 특별대리인 선임 요함 ⇨ 상속재산분할 협의와 같이 수인의 미성년자 사이
  에 이해가 각 상반되는 경우 미성년자 각자마다 특별대리인 선임해야 함
  (1993.4.13, 92다54524)

4. 미성년자 자신이 직접 행위를 한 경우, 즉 친권자의 대리행위가 없었던 경우

- ▣ 민법 제921조는 이해상반성 있는 대리행위만 금지하는 것임 ⇨ 미성년자
  자신이 이해상반성이 인정되는 법률행위를 스스로 하였고 친권자가 이에
  동의를 한 경우에 본조를 유추적용하여야 하는지, 아니면 친권자의 동의가
  없는 것과 마찬가지로 보아야 하는지 견해 대립(예 부 사망 시 모 甲과 미성년
  자 乙의 상속재산분할협의가 있는 경우)
- ▣ 변시 제4회에서는 미성년자가 특별대리인이 선임되지 않은 상태에서 스스

로 친권자와 법률행위를 하는 경우에는 적법한 동의권자의 동의를 얻지 않은 행위를 한 경우와 마찬가지이므로 이를 취소할 수 있다고 봄

1. 법정단순승인

1) 1호(상속재산에 대한 처분행위를 한 때)

▣ **취지**

- 상속재산 처분은 한정승인이나 포기를 하지 않겠다는 것을 추정하는 근거가 됨 ⇨ 의사 추정을 복멸할 사정이 있으면 처분행위만으로 단순승인이 되지 않음에 유의

▣ **처분행위 의의**

- 채권의 추심도 처분행위 해당(2010.4.29, 2009다84936)
- 권원 없이 공유물 점유하는 자에 대한 공유물 반환청구는 처분행위 아님(1996.10.15, 96다23283)
- 채권자가 상속인을 대위하여 상속등기를 하는 경우 처분행위 아님(1964.4.3, 63마54)
- 포기 신고 수리 전 상속인들 전원 명의로 법정상속분에 따른 소유권 이전등기 마치고, 상속을 포기하는 상속인들이 상속을 포기하지 않은 상속인 앞으로 지분이전등기 후 상속포기 신고 수리 시 처분행위 아님(2012.4.16, 2011스191, 192): 의사의 추정이 중요!

위 규정의 **입법 취지가 상속재산 처분을 행하는 상속인은 통상 상속을 단순승인하는 의사를 가진다고 추인할 수 있는 점, 그 처분 후 한정승인이나 포기를 허용하면 상속채권자나 공동 내지 차순위 상속인에게 불의의 손해를 미칠 우려가 있다는 점, 상속인의 처분행위를 믿은 제3자의 신뢰도 보호될 필요가 있다는 점 등에 있음을** 고려하여 볼 때, 수인의 상속인 중 1인을 제외한 나머지 상속인 모두가 상속을 포기하기로 하였으나 그 상속포기 신고가 수리되기 전에 피상속인 소유의 미등기 부동산에 관하여 상속인들 전원 명의로 법정상속분에 따른 소유권보존등기가 경료되자 위와 같은 상속인들의 상속포기의 취지에 따라 상속을 포기하는 상속인들의 지분에 관하여 상속을 포기하지 아니한 상속인 앞으로 지분이전등기를 한 것이고 그 후 상속포기 신고가 수리되었다면, 이를 상

속의 단순승인으로 간주되는 민법 제1026조 제1호 소정의 '상속재산에 대한 처분행위'가 있는 경우라고 할 수 없다(2012.4.16. 2011스191,192).

▣ 처분행위 시점

● 3호 사유와 구별: 1호 사유는 한정승인 또는 포기를 하기 이전에

민법 제1026조 제1호는 상속인이 한정승인 또는 포기를 하기 이전에 상속재산을 처분한 때에만 적용되는 것이고, 상속인이 한정승인 또는 포기를 한 후에 상속재산을 처분한 때에는 그로 인하여 상속채권자나 다른 상속인에 대하여 손해배상책임을 지게 될 경우가 있음은 별론으로 하고, 그것이 같은 조 제3호에 정한 상속재산의 부정소비에 해당되는 경우에만 상속인이 단순승인을 한 것으로 보아야 한다(2004.3.12, 2003다63586).

● 상속 포기 신고 후 심판 고지 전 처분에도 1호 적용

1. 상속인이 가정법원에 상속포기의 신고를 하였다고 하더라도 이를 수리하는 가정법원의 심판이 고지되기 이전에 상속재산을 처분하였다면, 이는 상속포기의 효력 발생 전에 처분행위를 한 것에 해당하므로 민법 제1026조 제1호에 따라 상속의 단순승인을 한 것으로 보아야 한다.

2. 원심은, ① 망 소외 1이 2011. 12. 27. 사망하자, 피고를 포함한 상속인들이 2012. 1. 26. 수원지방법원에 망 소외 1의 재산상속을 포기하는 내용의 상속포기 신고를 하였고, 위 법원이 2012. 3. 14. 그 신고를 수리하는 심판을 한 사실, ② 피고는 망 소외 1이 생전에 소유하던 화물차량 6대를 지입하였던 회사인 천우통운 주식회사의 대표이사 소외 2로 하여금 위 상속포기 수리심판일 이전인 2012. 1. 30. 위 화물차량 6대를 폐차하거나 다른 사람에게 매도하도록 한 후 2012. 2. 6. 소외 2로부터 그 대금 2,730만 원을 수령한 사실 등을 인정하였다. 나아가 원심은, 상속인이 상속포기 신고를 한 이상 그 신고를 수리하는 심판이 있기 전에 상속재산을 처분하였더라도 민법 제1026조 제1호가 적용되지 않는다는 전제하에, 피고가 소외 2에게 위 화물차량들을 폐차하거나 매도하게 하여 그 대금을 수령한 시점이 피고가 상속포기 신고를 한 이후이므로, 단순승인을 한 것으로 간주되는 경우에 해당하지 않는다고 판단하였다.

3. 그러나 위와 같은 사실관계를 앞에서 본 법리에 따라 살펴보면, 피고가 상속포기 신고를 한 후 소외 2로 하여금 위 화물차량들을 폐차하거나 매도하게 하여 그 대금을 수령함으로써 상속재산을 처분한 것은 피고의 상속포기 신고를 수리하는 법원의 심

판이 고지되기 이전이므로, 민법 제1026조 제1호에 따라 상속인인 피고가 상속의 단순승인을 한 것으로 보아야 한다(2016.12.29, 2013다73520).

2) 2호(제1019조 제1항의 기간내에 한정승인 또는 포기를 하지 아니한 때)
3) 3호(한정승인 또는 포기를 한 후에 상속재산을 은닉하거나 부정소비하거나 고의로 재산목록에 기입하지 아니한 때)

- ▣ **부정소비**: 정당한 사유 없이 상속재산을 써서 없앰으로써 그 재산적 가치를 상실시키는 행위를 의미
  - ● **주관적 의사의 탐구가 중요**: 아래와 같이 처분대금 전액을 우선변제권자에게 귀속시킨 경우는 부정소비 아님

위 제3호에 정한 '상속재산의 부정소비'라 함은 정당한 사유 없이 상속재산을 써서 없앰으로써 그 재산적 가치를 상실시키는 행위를 의미하는 것이라고 봄이 상당하다.
원심이 적법하게 확정한 바와 같이, 피고들은 상속을 포기한 후에 이 사건 농지를 처분하였으므로 민법 제1026조 제1호는 적용될 여지가 없고, 같은 조 제3호에 정한 상속재산의 부정소비에 해당하는지 여부만이 문제된다 할 것인바, 피고들이 그 주장과 같은 경위로 이 사건 농지를 처분하여 그 처분대금 전액이 우선변제권자인 농업기반공사에게 귀속된 것이라면, 다른 특별한 사정이 없는 한 이러한 피고들의 행위를 상속재산의 부정소비에 해당한다고 볼 수는 없을 것이다(2004.3.12, 2003다63586).

- ▣ 고의로 재산목록에 기입하지 아니한 때(한정승인한 경우임)
  - ● 한정승인을 함에 있어 상속재산을 은닉하여 상속채권자를 사해할 의사로써 상속재산을 재산목록에 기입하지 않는 것

법정단순승인 사유인 민법 제1026조 제3호 소정의 "고의로 재산목록에 기입하지 아니한 때"라는 것은 한정승인을 함에 있어 상속재산을 은닉하여 상속채권자를 사해할 의사로써 상속재산을 재산목록에 기입하지 않는 것을 의미한다.
원심이 확정한 사실과 기록에 의하면, 피고들은 망 소외 1이 사망한 후 소외 1이 가지고 있던 소외 대한생명보험 주식회사에 대한 보험계약 해약환급금 8,793,540원을 수령하여 이를 망인의 장례비용에 충당하였다는 것인바, 위 법리에 비추어 볼 때, **피고들이 상속재산인 해약환급금을 소외 1의 장례비용으로 지출한 것은 합리적인 범위 내의 금액으로**

서 정당하여, 해약환급금은 상속에 관한 비용으로 모두 지출되어 남지 않게 되었다 할 것이므로, 피고들이 한정승인 신고시 해약환급금을 상속재산의 목록에 기재하지 아니하였다 하여 상속재산을 은닉하여 상속채권자를 사해할 의사로써 기입하지 아니한 것이라고 볼 수는 없다(2003.11.14, 2003다30968).

2. 한정승인

가. 한정승인의 효과: 물적 유한책임

1) 상속채권자가 상속인의 고유재산에 대하여 강제집행하는 경우

◨ 주문에 "상속받은 범위 내에서만"이라고 기재 시에는 상속인은 제3자 이의의 소

◨ 소송 당시 한정승인 항변을 하지 않아 주문이 무조건 인용판결인 경우에 그 후 상속인은 한정승인을 주장하여 청구이의의 소 주장 가능(실권되지 않음)

－상속포기는 주장하지 않으면 실권됨, 청구이의의 소 제기 불가 (2009.5.28, 2008다79876)

2) 한정승인 판단에 기판력에 준하는 차단효 인정됨

피상속인에 대한 채권에 관하여 채권자와 상속인 사이의 전소에서 상속인의 한정승인이 인정되어 상속재산의 한도에서 지급을 명하는 판결이 확정된 때에는 그 채권자가 상속인에 대하여 새로운 소에 의해 위 판결의 기초가 된 전소 사실심의 변론종결시 이전에 존재한 법정단순승인 등 한정승인과 양립할 수 없는 사실을 주장하여 위 채권에 대해 책임의 범위에 관한 유보가 없는 판결을 구하는 것은 허용되지 아니한다. 왜냐하면 전소의 소송물은 직접적으로는 채권(상속채무)의 존재 및 그 범위이지만 한정승인의 존재 및 효력도 이에 준하는 것으로서 심리·판단되었을 뿐만 아니라 한정승인이 인정된 때에는 주문에 책임의 범위에 관한 유보가 명시되므로 **한정승인의 존재 및 효력에 대한 전소의 판단에 기판력에 준하는 효력이 있다고 해야 하기 때문이다.** 그리고 이러한 법리는 채권자의 급부청구에 대하여 상속인으로부터의 한정승인의 주장이 받아들여져 상속 재산의 한도 내에서 지급을 명하는 판결이 확정된 경우와 채권자 스스로 위와 같은 판결을 구하여 그에 따라 판결이 확정된 경우 모두에 마찬가지로 적용된다.

3) 상속재산에 관한 상속채권자와 한정승인자의 고유채권자와의 우열의 문제

　　▣ 상속인이 한정승인을 한 경우 상속채권자와 고유채권자와의 관계: 상속채권자 > 고유채권자(다만, 고유채권자가 저당권 취득한 경우는 예외)

1. 한정승인만으로는 상속채권자에게 상속재산에 관하여 한정승인자로부터 물권을 취득한 제3자에 대하여 우선적 지위를 부여하는 규정은 두고 있지 않으며, 민법 제1045조 이하의 재산분리 제도와 달리 한정승인이 이루어진 상속재산임을 등기하여 제3자에 대항할 수 있게 하는 규정도 마련하고 있지 않다. 따라서 상속채권자가 아닌 **한정승인자의 고유채권자가 상속재산에 관하여 저당권 등의 담보권을 취득한 경우**, 담보권을 취득한 채권자와 상속채권자 사이의 우열관계는 **민법상 일반원칙에 따라야 하고** 상속채권자가 우선적 지위를 주장할 수 없다(2010.3.18, 2007다77781 전합).

2. 그러나 상속재산에 관하여 담보권을 취득하였다는 등 사정이 없는 이상, **한정승인자의 고유채권자는** 상속채권자가 상속재산으로부터 채권의 만족을 받지 못한 상태에서 **상속재산을 고유채권에 대한 책임재산으로 삼아 이에 대하여 강제집행을 할 수 없다**고 보는 것이 형평의 원칙이나 한정승인제도의 취지에 부합하며, 이는 한정승인자의 고유채무가 조세채무인 경우에도 그것이 상속재산 자체에 대하여 부과된 조세나 가산금, 즉 당해세에 관한 것이 아니라면 마찬가지이다(2016.5.24, 2015다250574).

　　⇨ ① 고유채권자가 저당권 취득시 고유채권자가 상속채권자보다 우선.

　　　② 고유채권자가 일반채권자에 불과한 경우 상속채권자 우선 → 상속재산에 대한 강제집행시 고유채권자 배당 참가 원칙적 불가

4) 한정승인이 있는 경우 상속재산분할 가능

"우리 민법이 한정승인 절차가 상속재산분할 절차보다 선행하여야 한다는 명문의 규정을 두고 있지 않고, 공동상속인들 중 일부가 한정승인을 하였다고 하여 상속재산분할이 불가능하다거나 분할로 인하여 공동상속인들 사이에 불공평이 발생한다고 보기 어려우며, **상속재산분할의 대상이 되는 상속재산의 범위에 관하여 공동상속인들 사이에 분쟁이 있을 경우에는 한정승인에 따른 청산절차가 제대로 이루어지지 못할 우려가 있는데 그럴 때에는 상속재산분할청구 절차를 통하여 분할의 대상이 되는 상속재산의 범위를 한꺼번에 확정하는 것이 상속채권자의 보호나 청산절차의 신속한 진행을 위하여 필요하**

다는 점 등을 고려하면, 한정승인에 따른 청산절차가 종료되지 않은 경우에도 상속재산 분할청구가 가능하다."(2014.7.25, 2011스226)

3. 상속의 포기

가. 포기의 소급효(제1042조)

▣ 상속포기로 인하여 집행채무자 적격이 없는 자를 집행채무자로 하여 이루어진 채권압류 및 전부명령의 실체법상의 효력 유무(소극)

집행권원에 표시된 채무자의 상속인이 상속을 포기하였음에도 불구하고, 집행채권자가 동인에 대하여 상속을 원인으로 한 승계집행문을 부여받아 동인의 채권에 대한 압류 및 전부명령을 신청하고, 이에 따라 집행법원이 채권압류 및 전부명령을 하여 그 명령이 확정되었다고 하더라도, 채권압류 및 전부명령이 집행채무자 적격이 없는 자를 집행채무자로 하여 이루어진 이상, 피전부채권의 전부채권자에게의 이전이라는 실체법상의 효력은 발생하지 않는다고 할 것이다. 이는 집행채무자가 상속포기 사실을 들어 집행문부여에 대한 이의신청 등으로 집행문의 효력을 다투어 그 효력이 부정되기 이전에 채권압류 및 전부명령이 이루어져 확정된 경우에도 그러하다고 할 것이다(2002.11.13, 2002다41602).

▣ 상속포기신고 후 수리 심판 전 가압류의 경우에는 가압류 효력 있음

상속인은 상속포기를 할 때까지는 그 고유재산에 대하는 것과 동일한 주의로 상속재산을 관리하여야 한다(민법 제1022조). 상속인이 상속을 포기할 때에는 민법 제1019조 제1항의 기간 내에 가정법원에 포기의 신고를 하여야 하고(민법 제1041조), 상속포기는 가정법원이 상속인의 포기신고를 수리하는 심판을 하여 이를 당사자에게 고지한 때에 효력이 발생하므로, 상속인은 가정법원의 상속포기신고 수리 심판을 고지받을 때까지 민법 제1022조에 따른 상속재산 관리의무를 부담한다.

이와 같이 **상속인은 아직 상속 승인, 포기 등으로 상속관계가 확정되지 않은 동안에도 잠정적으로나마 피상속인의 재산을 당연 취득하고 상속재산을 관리할 의무가 있으므로, 상속채권자는 그 기간 동안 상속인을 상대로 상속재산에 관한 가압류결정을 받아 이를 집행할 수 있다.** 그 후 상속인이 상속포기로 인하여 상속인의 지위를 소급하여 상실한다고 하더라도 이미 발생한 가압류의 효력에 영향을 미치지 않는다. 따라서 위 상속채권자는 종국적으로 상속인이 된 사람 또는 민법 제1053조에 따라 선임된 상속재산관리인을

채무자로 한 상속재산에 대한 경매절차에서 가압류채권자로서 적법하게 배당을 받을 수 있다(2021.9.15, 2021다224446).

⇨ 상속포기의 효력이 발생하기 전에 집행이 이루어진 경우에는 상속재산관리의무(제1022조)에 기하여 집행을 유효하게 보았는바, 이미 상속포기의 효력이 발생한 이후에 집행이 이루어진 경우에 집행의 효력을 부인한 2002.11.13, 2002다41602 판결과 비교 요.

⇨ 만약 사망자를 채무자로 적었다면 가압류는 무효일 것이나(1991.3.29, 89그9) 위 사안에서는 사망자의 상속인(상속포기신고 한 사람)을 채무자로 기재하여 가압류를 한 것임에 유의

▣ 상속포기와 대습상속

상속포기의 효력은 피상속인의 사망으로 개시된 상속에만 미치는 것이고, 그 후 피상속인을 피대습자로 하여 개시된 대습상속에까지 미치지는 않는다(2017.1.12, 2014다39824).

⇨ 대습상속은 상속과는 별개의 원인으로 발생하는 것이므로 별도의 절차와 방식을 갖추어 상속포기를 해야 함.

나. 포기자의 상속분

- ▣ 제1043조(다른 상속인에게 귀속)
- ▣ 선순위 상속인으로서 피상속인의 처와 자녀들이 모두 적법하게 상속을 포기한 경우에는 피상속인의 손(孫) 등 그 다음의 상속순위에 있는 사람이 상속인이 됨(2005.7.22, 2003다43681)
- ▣ 피상속인의 자녀 전부가 상속을 포기한 경우의 상속인(=배우자단독상속)

공동상속인인 배우자와 자녀들 중 자녀 일부만 상속을 포기한 경우에는 민법 제1043조에 따라 상속포기자인 자녀의 상속분이 배우자와 상속을 포기하지 않은 다른 자녀에게 귀속된다. 이와 동일하게 **공동상속인인 배우자와 자녀들 중 자녀 전부가 상속을 포기한 경우 민법 제1043조에 따라 상속을 포기한 자녀의 상속분은 남아 있는 '다른 상속인'인 배우자에게 귀속**되고, 따라서 배우자가 단독상속인이 된다. … 이상에서 살펴본 바와 같이 상속에 관한 입법례와 민법의 입법 연혁, 민법 조문의 문언 및 체계적·논리적 해석, 채무상속에서 상속포기자의 의사, 실무상 문제 등을 종합하여 보면, **피상속인의 배우자와 자녀 중 자녀 전부가 상속을 포기한 경우에는 배우자가 단독상속인이 된다**고 봄이 타당하다(2023.3.23, 2020그42 전합).[1]

---

1 피상속인의 배우자와 자녀 중 자녀 전부가 상속을 포기한 경우에는 배우자와 피상속인의 손자녀 또

다. 상속포기와 채권자취소권

▣ 상속의 포기, 유증의 포기 취소권 대상 아님(판례)

1. 상속의 포기는 1차적으로 피상속인 또는 후순위상속인을 포함하여 다른 상속인 등과의 인격적 관계를 전체적으로 판단하여 행하여지는 '인적 결단'으로서의 성질을 가진다고 할 것이다. … 원고와 같이 상속인의 채권자의 입장에서는 상속의 포기가 그의 기대를 저버리는 측면이 있다고 하더라도 채무자인 상속인의 재산을 현재의 상태보다 악화시키지 아니한다. 상속의 포기는 민법 제406조 제1항에서 정하는 "재산권에 관한 법률행위"에 해당하지 아니하여 사해행위 취소의 대상이 되지 못한다고 함이 상당하다(2011.6.9, 2011다29307)

2. 유증을 받을 자는 유언자의 사망 후에 언제든지 유증을 승인 또는 포기할 수 있고, 그 효력은 유언자가 사망한 때에 소급하여 발생하므로(민법 제1074조), 채무초과 상태에 있는 채무자라도 자유롭게 유증을 받을 것을 포기할 수 있다. 또한 채무자의 유증 포기가 직접적으로 채무자의 일반재산을 감소시켜 채무자의 재산을 유증 이전의 상태보다 악화시킨다고 볼 수도 없다. 따라서 유증을 받을 자가 이를 포기하는 것은 사해행위 취소의 대상이 되지 않는다고 보는 것이 옳다(2019.1.17, 2018다260855).

는 직계존속이 공동으로 상속인이 되고, 피상속인의 손자녀와 직계존속이 존재하지 아니하면 배우자가 단독으로 상속인이 된다는 종전 판결(2015.5.14, 2013다48852)을 변경하였다.

친족상속법

채무의 상속 관련

1. 법정상속분의 계산

- ▣ 동순위 상속인이 수인인 경우에는 그 상속분은 균분(민법 제1009조 제1항)
- ▣ 피상속인의 배우자가 직계비속 또는 직계존속과 공동으로 상속하는 경우에 그 직계비속 또는 직계존속의 상속분의 5할을 가산(민법 제1009조 제2항)
- ▣ **구체적인 예:** 피상속인 A가 사망하고, 그의 상속인으로 처 B, 자녀 C, D, E, F, G가 있다고 하면 각 상속분은 B 3/13, 각 자녀들은 각 2/13임
  피상속인 A가 사망하고 그의 상속인으로 남편 B, 친정부모 C, D가 있다고 하면 B의 상속분은 3/7, C, D의 상속분은 각 2/7임
- ▣ 피상속인의 자녀 전부가 상속을 포기한 경우의 상속인(＝배우자 단독상속설)

> 망인의 배우자와 자녀들 중 자녀 전부가 상속을 포기하면, 손자녀나 직계존속이 있더라도 배우자만 단독상속인이 된다고 보아야 하므로, 종래 판례에 따른 원심결정은 파기되어야 함(2023.3.23, 2020그42)

- ▣ 상속포기의 효력이 피상속인을 피대습자로 하여 개시된 대습상속에 미치는지 여부(소극)

> **피상속인의 사망 후 상속채무가 상속재산을 초과하여 상속인인 배우자와 자녀들이 상속포기를 하였는데, 그 후 피상속인의 직계존속이 사망하여 민법 제1001조, 제1003조 제2항에 따라 대습상속이 개시된 경우에 대습상속인이 민법이 정한 절차와 방식에 따라 한정승인이나 상속포기를 하지 않으면 단순승인을 한 것으로 간주**된다. 위와 같은 경우에 이미 사망한 피상속인의 배우자와 자녀들에게 피상속인의 직계존속의 사망으로 인한 대습상속도 포기하려는 의사가 있다고 볼 수 있지만, 그들이 상속포기의 절차와 방식에 따라 피상속인의 직계존속에 대한 상속포기를 하지 않으면 효력이 생기지 않는다(2017. 1.12, 2014다39824).
> ① 원고에 대한 A의 구상금채무를 연대보증한 甲은 2000. 11. 24. 사망하였고, 그 유족으로는 배우자인 피고 1, 자녀인 피고 2, 피고 3이 있었다. 피고들은 모두 상속포기를 하여, 甲의 어머니인 乙이 甲의 재산을 단독 상속함 ② 그 후 乙은 2004. 2. 10. 사망하였고,

그 자녀들로는 甲과 丁이 있음 ③ 乙 사망시 이미 甲이 사망하였으므로 甲의 배우자인 피고 1, 자녀인 피고 2, 3은 대습상속인이 됨 ④ 따라서 피고들이 대습상속인으로 별도의 상속포기를 하지 않는 한 단순승인을 한 것으로 간주됨

⇨ 결론적으로 피고들은 망 甲의 구상금채무를 부담하게 되는 결과가 됨(다만, 공동상속인인 丁이 있으므로 부담부분은 감소함)

2. 채무의 상속

- ▣ 상속재산공유
  - ● 민법 제1006조는 상속인이 수인인 때에는 상속재산은 그 공유로 한다고 규정
- ▣ 판례(공유설): 상속재산분할대상이 아님

[1] 금전채무와 같이 급부의 내용이 가분인 채무가 공동상속된 경우, 이는 상속 개시와 동시에 당연히 법정상속분에 따라 공동상속인에게 분할되어 귀속되는 것이므로, **상속재산 분할의 대상이 될 여지가 없다.**[1]

[2] 상속재산 분할의 대상이 될 수 없는 상속채무에 관하여 공동상속인들 사이에 분할의 협의가 있는 경우라면 이러한 협의는 민법 제1013조에서 말하는 상속재산의 협의분할에 해당하는 것은 아니지만, 위 분할의 협의에 따라 공동상속인 중의 1인이 법정상속분을 초과하여 채무를 부담하기로 하는 약정은 면책적 채무인수의 실질을 가진다고 할 것이어서, 채권자에 대한 관계에서 위 약정에 의하여 다른 공동상속인이 법정상속분에 따른 채무의 일부 또는 전부를 면하기 위하여는 민법 제454조의 규정에 따른 채권자의 승낙을 필요로 하고, 여기에 상속재산 분할의 소급효를 규정하고 있는 민법 제1015조가 적용될 여지는 전혀 없다(1997.6.24, 97다8809).

---

1 가분채무는 위와 같이 상속재산분할대상이 아니나 가분채권은 그렇지 않다. 즉, 금전채권과 같이 급부의 내용이 가분인 채권은 공동상속되는 경우 상속개시와 동시에 당연히 법정상속분에 따라 공동상속인들에게 분할되어 귀속되므로 상속재산분할의 대상이 될 수 없는 것이 원칙이다. 그러나 **가분채권을 일률적으로 상속재산분할의 대상에서 제외하면 부당한 결과가 발생할 수 있다. 예를 들어 공동상속인들 중에 초과특별수익자가 있는 경우 초과특별수익자는 초과분을 반환하지 아니하면서도 가분채권은 법정상속분대로 상속받게 되는 부당한 결과가 나타난다.** 그 외에도 특별수익이 존재하거나 기여분이 인정되어 구체적인 상속분이 법정상속분과 달라질 수 있는 상황에서 상속재산으로 가분채권만이 있는 경우에는 모든 상속재산이 법정상속분에 따라 승계되므로 수증재산과 기여분을 참작한 구체적 상속분에 따라 상속을 받도록 함으로써 공동상속인들 사이의 공평을 도모하려는 민법 제

- 소유권이전등기의무도 상속인이 상속분에 따라 이행할 책임을 부담한 다고 해석(1979.2.27, 78다2281)

▣ 주의: 수인의 채무를 불가분채무로 보는 경우에 수인의 상속인의 채무도 불가분채무로 봄

- 판례상 인정되고 있는 불가분 채무는 수인이 타인의 재산을 공동사용함 으로 인한 부당이득반환의무(2001.12.11, 2000다13948), 공유자의 전세금반 환채무 또는 임대보증금반환채무(1998.12.8, 98다43137)이므로, 수인의 상 속인이 위 의무를 부담시 불가분채무임(2021.1.28, 2015다59801)
- 수인의 상속인이 공동임차인이 된 경우에
  - 차임지급의무는 연대채무임(민법 제654조, 제616조)[2]
  - 임차보증금반환채권은 가분채권[3]

3. 상속분 연혁

▣ 법정상속분의 변천

1960.1.1.~ 1978.12.31	• 동순위 상속인＝균분(상속분 1) • 재산상속인이 호주상속하면 고유상속분의 5할 가산 　(상속분 1−0.5＝1.5) • 여자상속분＝남자의 1/2(상속분 0.5) • 동일가적 내에 없는 여자＝남자의 1/4(상속분 0.25) • 처는 직계비속과 공동상속시 남자의 1/2(상속분 0.5), 직계존속과 공 　동상속시 남자와 같음(상속분 1)

1008조, 제1008조의2의 취지에 어긋나게 된다. 따라서 이와 같은 특별한 사정이 있는 때는 상속재 산분할을 통하여 공동상속인들 사이에 형평을 기할 필요가 있으므로 가분채권도 예외적으로 상속재 산분할의 대상이 될 수 있다(2016.5.4, 2014스122).

2 공동임차인의 목적물반환의무, 손해배상의무는 불가분채무로 보아야 한다는 견해로는 신국미, "전차 인의 과실과 임차인의 책임", 민사법학 제31호, 492면.

3 2015.5.14, 2014다12072가 그와 같은 취지로 설명 가능하다. 다만, 불가분채권으로 주장하는 견 해는 김세진, "임대차관계의 공동상속에 따른 법률관계와 공동소송의 형태", 법조(2012. 12), 31면.

1979.1.1.~
1990.12.31
	• 동순위 상속인＝균분(상속분 1)
	• 재산상속인이 호주상속하면 고유상속분의 5할 가산
	  (상속분 1－0.5＝1.5)
	• 동일가적 내에 없는 여자＝남자의 1/4(상속분 0.25)
	• 처는 직계비속과 공동상속시 동일가적 내에 있는 직계비속 상속분의
	  5할 가산(상속분 1＋0.5＝1.5), 직계존속과 공동상속시 직계존속 상
	  속분의 5할 가산(상속분 1＋0.5＝1.5)
	• 처가 호주상속한 경우 상속분은 기본 상속분 1＋가산 0.5－호주 상
	  속가산 0.5＝2

1991.1.1.~현재	• 동순위 상속인＝균분(남녀, 동일가적 여부 불문하고 상속분 1)
	• 배우자는 직계비속과 공동상속시 직계비속 상속분의 5할 가산(상속
	  분 1＋0.5＝1.5), 직계존속과 공동상속시 직계존속 상속분의 5할 가
	  산(상속분 1＋0.5＝1.5)

▣ 대습상속에 관한 변천

1960.1.1.~ 1990.12.31.	• 처는 대습상속권이 있으나 부(夫)는 대습상속권이 없음.
1991.1.1.~현재	• 배우자 모두 대습상속권이 있음.

※ 상속개시 전 재혼한 자는 대습상속권이 없음.

친족상속법
상속회복청구권

I 의의

- ▣ 진정한 상속인이 아니면서도 상속인인 것처럼 주장하고 행동하는 자(참칭상속인)에 대하여 진정한 상속인이 상속재산의 반환을 구할 수 있는 권리
- ▣ 집합권리설(상속회복청구권으로 인정되면 제척기간에 걸림)

> 가. 진정상속인이 참칭상속인을 상대로 상속재산인 부동산에 관한 등기의 말소등을 구하는 경우에 그 소유권 또는 지분권 등의 귀속원인을 상속으로 주장하고 있는 이상 청구원인 여하에 불구하고 이는 민법 제999조 소정의 상속회복청구의 소라고 해석하여야 할 것이므로 동법 제982조 제2항 소정의 제척기간의 적용이 있다.
> 나. **진정상속인이 참칭상속인으로 부터 상속재산을 양수한 제3자를 상대로 등기말소청구를 하는 경우에도 상속회복청구권의 단기의 제척기간이 적용**된다(1981.1.27, 79다854 전합).

II 의무자 1: 참칭상속인

1. 참칭상속인의 의의

- ▣ **상속인인 것을 신뢰**하게 하는 **외관을 갖추고 있는 자**나 상속인이라고 참칭하여 **상속재산의 전부 또는 일부를 점유**하는 자
  - ● 외관=객관적인 외관이 형성되어 있어야 함. 자신이 진정상속인이라고 믿었다 해도 객관적인 외관이 형성되어 있지 않은 경우에는 참칭상속인이 아님

> 상속회복청구의 소는 진정상속인과 참칭상속인이 주장하는 그 피상속인이 동일인임을 요하는 것으로서, 원고들이 주장하는 그 피상속인과 피고들이 주장하는 피상속인이 다른 사람인 경우에는 원고들의 청구원인이 상속에 의하여 이 사건 임야에 관한 소유권을 취득하였음을 전제로 한다고 하더라도 이를 상속회복청구의 소라 할 수 없다(1995.7.11, 95다9945(진정상속인과 참칭상속인의 피상속인이 다른 경우).

가. 참칭상속인이 아닌 경우(제척기간에 의하여 보호될 수 없음)

1) 상속권을 주장하지 않는 경우

- ▣ 공동상속인 중 1인이 피상속인의 생전에 <u>매수</u>한 사실이 없음에도

매수 주장하여 단독명의 이전등기 한 경우(1982.1.26, 81다851)

▣ 공동상속인 중 1인 명의로 상속재산에 관한 소유권이전등기가 마쳐졌으나 등기부상 등기원인이 <u>매매, 증여 등 다른 원인으로 기재되어 있는 경우</u>(2011.9.29, 2009다78801)

2) 다른 공동상속인을 인정하는 경우

▣ 공동상속인 중 일부가 <u>다른 공동상속인의 승낙 없이 상속부동산 매도</u>하고 서류 위조하여 매수인에게 직접 소유권이전등기 경료(1986. 2.11, 85다카1214)

▣ <u>적법하게 상속등기가 마쳐진 부동산</u>에 대하여 상속인의 일부가 다른 상속인 또는 제3자를 상대로 원인없이 마쳐진 이전등기의 말소를 구하는 소가 상속회복청구의 소에 해당하지 않음(1987.5.12, 86다카2443)

▣ 제3자가 공동상속인의 의사와는 관계없이 서류를 위조하여 그 공동상속인 중 1인 명의로 소유권이전등기를 경료하였고, 달리 <u>공동상속인이 자기만이 상속한 것이라고 주장하지 않은 경우</u>(1994.3.11, 93다24490)

▣ 예외

● 공동상속인 중 1인이 협의분할에 의한 상속을 원인으로 상속부동산에 관한 소유권이전등기를 마친 경우, 협의분할이 무효라는 이유로 다른 공동상속인이 구하는 소유권이전등기 말소등기청구의 소가 상속회복청구의 소에 해당(2007.10.25, 2007다36223)

● 공동상속인 중 1인이 협의분할에 의한 상속을 원인으로 하여 상속부동산에 관한 소유권이전등기를 마친 경우에 그 협의분할이 다른 공동상속인의 동의 없이 이루어진 것으로 무효라는 이유로 다른 공동상속인이 그 등기의 말소를 청구하는 소 역시 상속회복청구의 소에 해당(2011.3.10, 2007다17482)

3) 스스로 서류 위조한 경우

▣ 상대방이 서류 위조한 경우, 상속회복청구권 혜택 줄 수 없음: 사망자의 상속인이 아닌 자가 상속인인 것처럼 허위기재 된 위조의 제적등본, 호적등본 등을 기초로 하여 상속인인 것처럼 꾸며 상속등기

가 이루어졌다면 이는 민법 소정의 참칭상속인에 해당한다고 할 수 없어 상속회복청구의 소에 해당하지 않음(93다34848).

나. 참칭상속인: 공동상속인(제척기간 지나면 소유권 내지 지분권에 기한 권리라도 행사 불가!)

- ▣ 재산상속에 관하여 진정한 상속인임을 전제로 그 상속으로 인한 소유권 또는 지분권 등 재산권의 귀속을 주장하고, **참칭상속인 또는 자기들만이 재산상속을 하였다는 일부 공동상속인들을 상대로 상속재산인 부동산에 관한 등기의 말소 등을 청구하는 경우**(2010.1.14, 2009다41199)
  - ● 위에서 본 것처럼 무효인 협의분할에 기하여 등기경료한 경우에도 해당
- ▣ 제사용 재산을 상속인들 공동 명의로 상속원인으로 소유권이전등기 경료한 경우도 제사주재자의 청구는 상속회복청구권임(2006.7.4, 2005다45452)
- ▣ 예외: 등기 경료가 등기명의인의 의사와 무관한 경우

상속을 유효하게 포기한 공동상속인 중 한 사람이 그 사실을 숨기고 여전히 공동상속인의 지위에 남아 있는 것처럼 참칭하여 그 상속지분에 따른 소유권이전등기를 한 경우에도 참칭상속인에 해당할 수 있으나, 이러한 **상속을 원인으로 하는 등기가 그 명의인의 의사에 기하지 않고 제3자에 의하여 상속 참칭의 의도와 무관하게 이루어진 것일 때에는 위 등기명의인을 상속회복청구의 소에서 말하는 참칭상속인이라고 할 수 없다**(2012. 5.24, 2010다33392).
⇨ 상속 포기한 자가 상속지분에 따른 소유권이전등기 경료한 경우에 참칭상속인으로 보는 것이 원칙이나 위 판시는 그 예외에 해당함

Ⅲ 의무자 2: 참칭상속인으로부터의 제3취득자(제척기간 지나면 소유권 내지 지분권에 기한 권리라도 행사 불가!)

자신이 진정한 상속인임을 전제로 그 상속으로 인한 소유권 또는 지분권 등 재산권의 귀속을 주장하면서 참칭상속인 또는 참칭상속인으로부터 상속재산에 관한 권리를 취득하거나 새로운 이해관계를 맺은 제3자를 상대로 상속재산인 부동산에 관한 등기의 말소 등을 청구하는 경우, 그 재산권 귀속 주장이 상속을 원인으로 하는 것인 이상 청구원인

이 무엇인지 여부에 관계없이 민법 제999조가 정하는 상속회복청구의 소에 해당한다
(2009다42321).

- ▣ 참칭상속인에 대한 소 제기 없이 제3취득자를 상대로 제척기간 내 소 제기
  하면 제척기간 준수한 것임(2009다42321)

Ⅳ 상속회복청구권의 소멸－제척기간의 경과

1. 침해 안 날 3년, 침해행위가 있은 날 10년[1]

- ▣ 상속재산 중 일부만 청구시 나머지는 제척기간 준수한 것 아님
- ▣ 그러나 상속분상당가액지급청구권(제1014조)의 일부 청구는 그렇지 않음

상속분상당가액지급청구권의 가액 산정 대상 재산을 인지 전에 이미 분할 내지 처분된
상속재산 전부로 삼는다는 뜻과 다만 그 정확한 권리의 가액을 알 수 없으므로 **추후 감
정결과에 따라 청구취지를 확장하겠다는 뜻을 미리 밝히면서 우선 일부의 금액만을 청
구한다고 하는 경우** 그 청구가 제척기간 내에 한 것이라면, 대상 재산의 가액에 대한 감
정결과를 기다리는 동안 제척기간이 경과되고 그 후에 감정결과에 따라 청구취지를 확
장한 때에는, 위와 같은 청구취지의 확장으로 추가된 부분에 관해서도 그 제척기간은 준
수된 것으로 봄이 상당하다 할 것이다(2007.7.26, 2006므2757).

2. 소멸의 효과

- ▣ 참칭상속인의 지위는 소급하여 상속인으로서 지위 취득

상속회복청구권이 제척기간의 경과로 소멸하게 되면 상속인은 상속인으로서의 지위 즉
상속에 따라 승계한 개개의 권리의무 또한 총괄적으로 상실하게 되고, 그 반사적 효과로
서 참칭상속인의 지위는 확정되어 **참칭상속인이 상속개시의 시로부터 소급하여 상속인
으로서의 지위를 취득한 것으로 봄이 상당**하므로, 상속재산은 상속 개시일로 소급하여
참칭상속인의 소유로 된다(1998.3.27, 96다37398).

---

1 남북가족특례법에도 적용된다(2016.10.19, 2014다46648).

I 의의

- 인지 이전에 다른 공동상속인이 이미 상속재산을 분할 내지 처분한 경우에 다른 공동상속인들에 대하여 그의 상속분에 상당한 가액의 지급을 청구할 수 있도록 함 ⇨ 피인지자의 이익과 기존의 권리관계를 합리적으로 조정(판례는 제860조 단서의 해석론과 연계하여 설명, 2007.7.26, 2006다83796)
- 상속회복청구권의 일종

II 요건

1. 청구권자

- 피상속인 사망 후에 인지 또는 인지의 재판을 받은 경우, 재판의 확정에 의해 공동상속인이 된 경우 등[1]
- 모자관계에서 민법 제860조 단서, 제1014조 적용되지 않음

> 혼인 외의 출생자와 생모 사이에는 생모의 인지나 출생신고를 기다리지 아니하고 <u>자의 출생으로 당연히 법률상의 친자관계가 생기고</u>, 가족관계등록부의 기재나 법원의 친생자 관계존재확인판결이 있어야만 이를 인정할 수 있는 것이 아니다. 따라서 **인지를 요하지 아니하는 모자관계에는 인지의 소급효 제한에 관한 민법 제860조 단서가 적용 또는 유추적용되지 아니하며**, 상속개시 후의 인지 또는 재판의 확정에 의하여 공동상속인이 된 자의 가액지급청구권을 규정한 **민법 제1014조를 근거로 자가 모의 다른 공동상속인이 한 상속재산에 대한 분할 또는 처분의 효력을 부인하지 못한다고 볼 수도 없다.** 이는 비록 다른 공동상속인이 이미 상속재산을 분할 또는 처분한 이후에 <u>모자관계가 친생자관계존재확인판결의 확정 등으로 비로소 명백히 밝혀졌다</u> 하더라도 마찬가지이다(2018. 6.19, 2018다1049).

---

1 판례는 형성소송을 염두에 두고 있는데, "인지 또는 재판의 확정에 의하여 공동상속인이 된 자"라는 표현을 중시한다.

⇨ 상속분가액상당지급청구권이 아니라 상속회복청구권을 행사해야 한다는 취지임. 위 2018. 6.19, 2018다1049 판결은 법 제1014조의 문언에 충실하게 "재판의 확정에 의하여 공동상속인이 된 자"에게만 가액지급청구권이 인정되는 것으로 해석하면서 모자관계에서는 자녀가 출생과 동시에 공동상속인이 되는 것이고, 재판의 확정에 의해 비로소 공동상속인이 된 것은 아니라고 본 것임.

2. 상대방

가. 다른 공동상속인[2]

나. 후순위상속인 ×: 재판 확정으로 상속인으로 된 자보다 후순위의 상속인이 상속을 하였던 경우

- ▣ 문리해석상 안 됨(1993.3.12, 92다48512) ⇨ 처분행위 효력 전면 부인 가능
  - ● 후순위상속인은 인지의 소급효에 의해서 보호되는 제3자도 아님

민법 제860조는 인지의 소급효는 제3자가 이미 취득한 권리에 의하여 제한받는다는 취지를 규정하면서 민법 제1014조는 상속개시 후의 인지 또는 재판의 확정에 의하여 공동상속인이 된 자는 그 상속분에 상응한 가액의 지급을 청구할 권리가 있다고 규정하여 제860조 소정의 제3자의 범위를 제한하고 있는 취지에 비추어 볼 때, 혼인 외의 출생자가 부의 사망 후에 인지의 소에 의하여 친생자로 인지받은 경우 피인지자보다 **후순위상속인인 피상속인의 직계존속 또는 형제자매 등은 피인지자의 출현과 함께 자신이 취득한 상속권을 소급하여 잃게 되는 것으로 보아야 하고, 그것이 민법 제860조 단서의 규정에 따라 인지의 소급효 제한에 의하여 보호받게 되는 제3자의 기득권에 포함된다고는 볼 수 없다**(1993.3.12, 92다48512).

⇨ 망인의 사망에 따른 상속관계를 위와 같이 풀이하는 한, 소외 2가 위 인지판결의 확정 전에 피고와의 사이에 위 망인의 손해배상청구권을 승계취득하였음을 전제로 그 손해배상문제에 관한 합의를 하였다 하여도, 이는 상속권 없는 자가 한 상속재산에 관한 약정이어서 적법한 상속권자인 위 원고에 대하여는 아무런 효력을 미칠 수 없는 것이고, 따라서 위 원고는 위 합의 약정에 불구하고 다시 피고를 상대로 이 사건 손해배상청구권을 적법하게 행사할 수 있다고 보아야 할 것이다.

---

2 판례는 피인지자와 공동상속인 관계에 서는 사람도 민법 제860조 단서의 제3자에 해당한다고 보고 있다(1993.8.24, 93다12).

3. 다른 공동상속인이 분할 기타의 처분을 하였을 것

- ▣ 별다른 처분하지 않았으면 상속재산분할청구 가능
- ▣ 분할을 마친 경우의 의미: 분할 심판이 확정된 경우에는 이미 분할이 현실적으로 이루어진 것과 같이 보아야 함

Ⅲ 청구의 성질 및 내용

1. 상속회복청구권 ⇨ 제척기간

- ▣ 적극재산에 대하여 자신의 상속분에 상당한 가액의 지급을 구함. 상속채무는 새로운 상속인도 법정상속분의 비율로 책임을 지는 것임

2. 가액 산정의 기준시

- ▣ 판례: 상속분 청구하는 때 시가

> 민법 제1014조에 의하여, 상속개시 후의 인지 또는 재판의 확정에 의하여 공동상속인이된 자가 분할을 청구할 경우에 다른 공동상속인이 이미 분할 기타 처분을 한 때에는 그상속분에 상당한 가액의 지급을 청구할 권리가 있는 바, 이 가액청구권은 상속회복청구권의 일종이므로(당원 1981.2.10, 79다2052 참조), 이 가액은 피인지자등이 상속분을 청구하는 때의 시가를 의미하는 것으로 볼 것이고, 따라서 원심이 이 가액은 다른 공동상속인들이 **상속재산을 실제처분한 가액 또는 처분한 때의 시가가 아니라 사실심 변론종결시의 시가를 의미**한다고 본 것은 옳고 … (1993.8.24, 93다12)

3. 果實 관련

가. 상속재산으로부터 발생한 과실은 상속분상당가액지급청구 대상 ×

> 인지 전에 공동상속인들에 의해 이미 분할되거나 처분된 상속재산은 이를 분할받은 공동상속인이나 공동상속인들의 처분행위에 의해 이를 양수한 자에게 그 소유권이 확정적으로 귀속되는 것이며, 그 후 그 상속재산으로부터 발생하는 과실은 상속개시 당시 존재하지 않았던 것이어서 이를 상속재산에 해당한다 할 수 없고, 상속재산의 소유권을 취득한 자(분할받은 공동상속인 또는 공동상속인들로부터 양수한 자)가 민법 제102조에 따라 그 과실을 수취할 권능도 보유한다고 할 것이며, 민법 제1014조도 '**이미 분할 내지**

처분된 상속재산' 중 피인지자의 상속분에 상당한 가액의 지급청구권만을 규정하고 있을 뿐 '이미 분할 내지 처분된 상속재산으로부터 발생한 과실'에 대해서는 별도의 규정을 두지 않고 있으므로, 결국 민법 제1014조에 의한 상속분상당가액지급청구에 있어 상속재산으로부터 발생한 과실은 그 가액산정 대상에 포함된다고 할 수 없다(2007.7.26, 2006므2757, 2764).

나. 피인지자에 대한 인지 이전에 상속재산을 분할한 공동상속인의 과실취득 시 부당이득반환의무 부담 여부(소극)

인지 이전에 공동상속인들에 의해 이미 분할되거나 처분된 상속재산은 민법 제860조 단서가 규정한 인지의 소급효 제한에 따라 이를 분할받은 공동상속인이나 공동상속인들의 처분행위에 의해 이를 양수한 자에게 그 소유권이 확정적으로 귀속되는 것이며, 상속재산의 소유권을 취득한 자는 민법 제102조에 따라 그 과실을 수취할 권능도 보유한다고 할 것이므로, 피인지자에 대한 인지 이전에 상속재산을 분할한 공동상속인이 그 분할받은 상속재산으로부터 발생한 과실을 취득하는 것은 피인지자에 대한 관계에서 부당이득이 된다고 할 수 없다(2007.7.26, 2006다83796).[3]

⇨ 2018.8.30, 2015다27132는 대상분할 방식으로 상속재산을 분할할 때 "그 특정 상속재산을 분할받은 상속인은 민법 제1015조 본문에 따라 상속개시된 때에 소급하여 이를 단독소유한 것으로 보게 되지만, 상속재산 과실까지도 소급하여 상속인이 단독으로 차지하게 된다고 볼 수는 없다."는 이유로 "상속재산 과실은 특별한 사정이 없는 한, 공동상속인들이 수증재산과 기여분 등을 참작하여 상속개시 당시를 기준으로 산정되는 '구체적 상속분'의 비율에 따라, 이를 취득한다고 보는 것이 타당하다."고 판시하였다는 점에 주목해야 함. 위 2007. 7.26, 2007.7.26, 2006다83796 판결의 입지가 축소.

4. 지체책임: 기한의 정함이 없는 채무이므로 이행청구 다음날부터 지체책임(2007. 7.26, 2006므2757, 2764)

5. 상속분가액상당청구 시 기여분 청구 가능(제1008조의2 제4항)

---

3 상속개시 후 인지된 혼인 외 출생자를 혼인 중 출생자와 차별하는 것이라는 비판이 가능하다.

Ⅳ 제척기간

1. 상속회복청구권의 제척기간 적용

가. 3년 제척기간

- ◧ 혼인 외의 자가 법원의 인지판결 확정으로 공동상속인이 된 때 그 인지판결이 확정된 날에 상속권이 침해되었음을 안 것(2007.7.26, 2006므2757, 2764)

나. 10년 제척기간

- ◧ 10년의 제척기간 기산점은?
  - ● 분할 기타 처분을 한 때부터 10년 vs 인지가 있은 때부터 10년(윤진수)

다. 제척기간 전 청구취지 확장 의사 후 실제 청구취지 확장 시 제척기간 준수한 것임(2007.7.26, 2006므2757, 2764)

I 상속재산분할협의의 성격

▣ 상속재산 분할에는 지정분할, 협의분할, 심판분할이 있음

▣ 분할협의는 재산권을 목적으로 하는 법률행위로서 일종의 계약임(2004.7.8, 2002 다73203) ⇨ 총칙의 의사표시에 관한 규정, 비진의 의사표시, 통정허위표시 등 적용되고, 해제 규정도 규정

1. 의사해석의 문제

   (1) 공동상속인 3인 중 2인이 상속지분을 다른 1인에게 양도 시 협의분할로 볼 수 있음(1995.9.15, 94다23067)

   (2) 상속재산을 공동상속인 1인에게 상속시킬 방편으로 나머지 상속인들이 한 상속포기 신고가 민법 제1019조 제1항 소정의 기간을 경과한 후에 신고된 것이어서 상속포기로서의 효력이 없으나 그 1인에게 상속재산 전부를 취득하도록 하는 협의분할이 이루어진 것으로 보아야 함(1996.3.26, 95다45545,45552,45569)

2. 상속재산 협의분할로 위 부동산을 단독으로 상속한 자가 협의분할 이전에 공동상속인 중 1인이 그 부동산을 제3자에게 매도한 사실을 알면서도 **상속재산 협의분할**을 하였을 뿐 아니라 위 매도인의 배임행위(또는 배신행위)를 유인, 교사하거나 이에 협력하는 등 적극적으로 가담한 경우에는 위 상속재산 협의분할 중 위 매도인의 법정상속분에 관한 부분은 **민법 제103조 소정의 반사회질서의 법률행위에 해당**한다(1996.4. 26, 95다54426,54433).

3. **상속재산 분할협의는 공동상속인들 사이에 이루어지는 일종의 계약**으로서, 공동상속인들은 이미 이루어진 상속재산 분할협의의 전부 또는 일부를 전원의 합의에 의하여 해제한 다음 다시 새로운 분할협의를 할 수 있고, 상속재산 분할협의가 **합의해제**되면 그 협의에 따른 이행으로 변동이 생겼던 물권은 당연히 그 분할협의가 없었던 원상태로 복귀하지만, 민법 제548조 제1항 단서의 규정상 이러한 합의해제를 가지고서는, **그 해제 전의 분할협의로부터 생긴 법률효과를 기초로 하여 새로운 이해관계를 가지게 되고 등기·인도 등으로 완전한 권리를 취득한 제3자의 권리를 해하지 못한다**(2004.7.8, 2002다73203)

▣ **소급효[1]:** 상속재산 분할은 상속이 개시된 때에 소급하여 효력이 있으나 제3자의 권리를 해하지 못함(제1015조)

- 제3자란 상속인으로부터 개개의 상속재산의 지분을 양도받거나 담보로 제공받은 자 또는 압류를 한 채권자를 의미
- 협의분할 이전에 공동상속인 중 1인으로부터 토지를 매수하였을 뿐 이전등기를 마치지 아니한 자는 제3자에 해당하지 않음(1996.4.26, 95다54426)
- 소급효의 문제와 기판력의 시적 범위 논의와는 구별

소유권확인청구의 소송물은 소유권 자체의 존부이므로, **전소에서 원고가 소유권을 주장하였다가 패소 판결이 확정**되었다고 하더라도, 전소 변론종결 후에 소유권을 새로이 취득하였다면 전소의 기판력이 소유권확인을 구하는 후소에 미칠 수 없는데, **상속재산분할협의가 전소 변론종결 후에 이루어졌다면 비록 상속재산분할의 효력이 상속이 개시된 때로 소급한다 하더라도, 상속재산분할협의에 의한 소유권 취득은 전소 변론종결 후에 발생한 사유에 해당**한다. 따라서 전소에서 원고가 단독상속인이라고 주장하여 소유권확인을 구하였으나 공동상속인에 해당한다는 이유로 **상속분에 해당하는 부분에 대해서만 원고의 청구를 인용하고 나머지 청구를 기각하는 판결이 선고되어 확정되었다면, 전소의 기판력은 전소 변론종결 후에 상속재산분할협의에 의해 원고가 소유권을 취득한 나머지 상속분에 관한 소유권확인을 구하는 후소에는 미치지 않는다**(2011.6.30, 2011다24340).

- 상속재산분할심판 후 등기가 이루어지기 전에 제3자가 등기를 한 경우 선의인 경우만 보호

상속재산인 부동산의 분할 귀속을 내용으로 하는 상속재산분할심판이 확정되면 민법 제187조에 의하여 상속재산분할심판에 따른 등기 없이도 해당 부동산에 관한 물권변동의 효력이 발생한다. 다만 민법 제1015조 단서의 내용과 입법 취지 등을 고려하면, **상속재산분할심판에 따른 등기가 이루어지기 전에 상속재산분할의 효력과 양립하지 않는 법률상 이해관계를 갖고 등기를 마쳤으나 상속재산분할심판이 있었음을 알지 못한 제3자에 대하여는 상속재산분할의 효력을 주장할 수 없다고 보아야 한다.** 이 경우 제3자가 상속

---

1 공유물 분할과 구별을 요한다.

▣ 상속재산분할협의의 내용에 따른 물권 변동의 효력 발생을 위해서는 등기가 필요한지 여부: 견해대립 있으나 판례는 등기불요설(187조 적용설)에 가까움 (2001.11.27, 2000두9731, 윤진수 교수는 반대)

Ⅱ 상속재산분할협의의 당사자

1. 상속인 전원

▣ 전원 동의 없으면 추인이 없는 한 무효임(2001.6.29, 2001다28299)

● 추인의 경우 상속인들 전원의 추인이 있어야 하고, 일부 상속인들만 추인하였다고 하여 일부 추인 효과 생기지 않음(2003.2.11, 2002다37320)

▣ 상속을 포기한 사람은 당사자가 될 수 없음. 그러나 참가한 경우 예외적 유효

포기자에게 상속재산에 대한 권리를 인정하지 아니하는 내용인 경우에도 마찬가지라고 판시"(2011.6.9, 2011다29307)

- ▣ 친권자와 미성년자가 상속인인 경우에 친권자가 미성년자를 대리하는 경우 이해상반행위에 해당함(제921조). 각 미성년자마다 특별대리인 선임 요함, if not ⇨ 무효
  - ● 미성년자가 당사자가 되어 친권자와 직접 상속재산분할협의를 한 경우 ⇨ 미성년자에 관한 민법 규정에 따라 미성년자는 취소 가능(제5조 제2항, 제4회 기록형)[2]

상속재산에 대하여 그 소유의 범위를 정하는 내용의 공동상속재산 분할협의는 그 행위의 객관적 성질상 상속인 상호간의 이해의 대립이 생길 우려가 있는 민법 제921조 소정의 이해상반되는 행위에 해당하므로 공동상속인인 친권자와 미성년인 수인의 자 사이에 상속재산 분할협의를 하게 되는 경우에는 **미성년자 각자마다 특별대리인을 선임**하여 그 각 특별대리인이 각 미성년자인 자를 대리하여 상속재산분할의 협의를 하여야 하고, 만약 **친권자가 수인의 미성년자의 법정대리인으로서 상속재산 분할협의를 한 것이라면** 이는 민법 제921조에 위반된 것으로서 이러한 대리행위에 의하여 성립된 상속재산 분할협의는 적법한 **추인이 없는 한 무효**라고 할 것이다(2001.6.29, 2001다28299).
⇨ 상속재산분할협의에 참가한 상속인이 분할협의 무효 주장하는 것은 신의칙에 반하는 것이 아님(2011.3.10, 2007다17482)

2. 포괄적 수유자, 상속분 양수인도 당사자임

3. 분할협의 후 인지 또는 재판 확정으로 공동상속인 사후 추가된 경우

- ▣ 제1014조가 적용되어 분할협의 무효가 되지 않음
- ▣ 다만, 모자관계에서 민법 제860조 단서, 제1014조 적용되지 않음

혼인 외의 출생자와 생모 사이에는 생모의 인지나 출생신고를 기다리지 아니하고 자의 출생으로 당연히 법률상의 친자관계가 생기고, 가족관계등록부의 기재나 법원의 친생자 관계존재확인판결이 있어야만 이를 인정할 수 있는 것이 아니다. 따라서 **인지를 요하지**

---

2 상속재산분할협의는 일종의 계약이므로 총칙의 의사표시에 관한 규정이 적용된다.

아니하는 모자관계에는 인지의 소급효 제한에 관한 민법 제860조 단서가 적용 또는 유추적용되지 아니하며, 상속개시 후의 인지 또는 재판의 확정에 의하여 공동상속인이 된 자의 가액지급청구권을 규정한 **민법 제1014조를 근거로 자가 모의 다른 공동상속인이 한 상속재산에 대한 분할 또는 처분의 효력을 부인하지 못한다고 볼 수도 없다.** 이는 비록 다른 공동상속인이 이미 상속재산을 분할 또는 처분한 이후에 <u>모자관계가 친생자관계존재확인판결의 확정</u> 등으로 비로소 명백히 밝혀졌다 하더라도 마찬가지이다(2018. 6.19, 2018다1049).[3]

Ⅲ 상속재산분할협의 무효에 따른 소송

▣ 공유의 법률관계 논의 적용

▣ 다만, 상속회복청구의 소에 해당 ⇨ 민법 제999조의 10년 제척기간

공동상속인 중 1인이 협의분할에 의한 상속을 원인으로 하여 상속부동산에 관한 소유권이전등기를 마친 경우에 그 협의분할이 다른 공동상속인의 동의 없이 이루어진 것으로 무효라는 이유로 다른 공동상속인이 그 등기의 말소를 청구하는 소 역시 상속회복청구의 소에 해당한다(2011.3.10, 2007다17482).

Ⅳ 상속재산분할협의와 채권자취소소송

▣ 상속재산분할협의는 사해행위취소소송 대상임

● 구별!) 상속포기는 사해행위취소소송 대상이 아님

1. 상속재산의 분할협의는 상속이 개시되어 공동상속인 사이에 잠정적 공유가 된 상속재산에 대하여 그 전부 또는 일부를 각 상속인의 단독소유로 하거나 새로운 공유관계

---

3 2018.6.19, 위 2018다1049 판결은 법 제1014조의 문언에 충실하게 "재판의 확정에 의하여 공동상속인이 된 자"에게만 가액지급청구권이 인정되는 것으로 해석하면서 모자관계에서는 자녀가 출생과 동시에 공동상속인이 되는 것이고, 재판의 확정에 의해 비로소 공동상속인이 된 것은 아니라고 본 것이다. 이에 대해서는 법 제1014조의 입법 취지를 고려할 때 위 조문은 재판의 확정에 의해 비로소 공동상속인이 '된' 자 뿐만 아니라 공동상속인 지위에 다툼이 있어 재판의 확정에 의해 비로소 공동상속인 자격 있음이 가족관계등록부상 명백해진 자에게까지 널리 적용되어야 한다고 보아야 할 것이라는 이유로 비판하는 견해가 있다.

로 이행시킴으로써 상속재산의 귀속을 확정시키는 것으로 그 성질상 재산권을 목적으로 하는 법률행위이므로 사해행위취소권 행사의 대상이 될 수 있고, … , 이미 채무초과 상태에 있는 채무자가 상속재산의 분할협의를 하면서 자신의 상속분에 관한 권리를 포기함으로써 일반 채권자에 대한 공동담보가 감소한 경우에도 원칙적으로 채권자에 대한 사해행위에 해당한다(2007.7.26, 2007다29119).

2. 상속의 포기는 1차적으로 피상속인 또는 후순위상속인을 포함하여 다른 상속인 등과의 인격적 관계를 전체적으로 판단하여 행하여지는 '인적 결단'으로서의 성질을 가진다고 할 것이다. … 원고와 같이 상속인의 채권자의 입장에서는 상속의 포기가 그의 기대를 저버리는 측면이 있다고 하더라도 채무자인 상속인의 재산을 현재의 상태보다 악화시키지 아니한다. 상속의 포기는 민법 제406조 제1항에서 정하는 "재산권에 관한 법률행위"에 해당하지 아니하여 사해행위 취소의 대상이 되지 못한다고 함이 상당하다(2011.6.9, 2011다29307).

I 유류분반환청구권의 성질[4]

1. 학설

가. **형성권설(판례)**: 유증 또는 증여는 유류분을 침해하는 한도에서 소급하여 효력 상실(물권적 형성권)

나. **청구권설**: 유증 또는 증여행위의 효력에는 영향이 없고 유류분권리자는 단순한 반환청구권 또는 이행거절권만을 취득

◼ 원물반환설

◼ 가액반환설

2. 판례(형성권설)

유류분권리자가 반환의무자를 상대로 유류분반환청구권을 행사하는 경우 그의 유류분을 침해하는 증여 또는 유증은 소급적으로 효력을 상실하므로, **반환의무자는 유류분권리자의 유류분을 침해하는 범위 내에서 그와 같이 실효된 증여 또는 유증의 목적물을 사용·수익할 권리를 상실하게 되고, 유류분권리자의 목적물에 대한 사용·수익권은 상속개시의 시점에 소급하여 반환의무자에 의하여 침해당한 것이 된다**(2013.3.14, 2010다42624,42631).

1) 원물반환 원칙

◼ 원물반환을 주장하며 가액반환에 반대 의사를 표시한 경우 법원이 가액반환을 명할 수 없음(2013.3.14, 2010다42624)

◼ 다만, 유류분권리자는 지분에 대한 이전등기를 구해야 하며 말소등기를 구해서는 안 됨[5]

◼ 유증 또는 증여의 목적물에 대하여 제3자가 강제집행, 수유자 또는 수증

---

4 해제에 있어서 물권적 직접효과설, 청산관계설 견해 대립에 대응한다.
5 유류분권리자명의로 등기를 한 적이 없음을 상기해야 한다.

자가 파산한 경우에 제3자 이의의 소, 환취권 인정[6]

- ● 청구권설: 제3자 이의의 소, 환취권 인정안 됨

2) 예외적 가액반환

우리 민법은 유류분제도를 인정하여 제1112조부터 제1118조까지 이에 관하여 규정하면서도 유류분의 반환방법에 관하여는 별도의 규정을 두고 있지 않다. 다만 제1115조 제1항이 "부족한 한도에서 그 재산의 반환을 청구할 수 있다"고 규정한 점 등에 비추어 볼 때 반환의무자는 통상적으로 증여 또는 유증 대상 재산 자체를 반환하면 될 것이나 원물반환이 불가능한 경우에는 가액 상당액을 반환할 수밖에 없다. **원물반환이 가능하더라도 유류분권리자와 반환의무자 사이에 가액으로 이를 반환하기로 협의가 이루어지거나 유류분권리자의 가액반환청구에 대하여 반환의무자가 이를 다투지 않은 경우에는 법원은 가액반환을 명할 수 있지만,** 유류분권리자의 가액반환청구에 대하여 반환의무자가 원물반환을 주장하며 **가액반환에 반대하는 의사를 표시한 경우에는 반환의무자의 의사에 반하여 원물반환이 가능한 재산에 대하여 가액반환을 명할 수 없다**(2013.3.14, 2010다42624,42631).

- ▣ 증여나 유증 후 그 목적물에 관하여 제3자가 저당권이나 지상권 등의 권리를 취득한 경우 가액반환과 원물반환 모두 가능(2014.2.13, 2013다65963)[7]

3) 목적물이 제3자에게 양도

- ▣ 형성권설에 따르면 제3자에 대하여 당연히 권리 행사 가능하나, 판례는 아래와 같이 제3자가 악의인 경우에 권리 행사 가능하다고 판시(거래 안전 보호)[8]

유류분반환청구권의 행사에 의하여 반환하여야 할 증여 또는 유증의 목적이 된 재산이 타인에게 양도된 경우, 그 양수인이 **양도 당시 유류분권리자를 해함을 안 때에는 양수인에 대하여도 그 재산의 반환을 청구할 수 있다**(2002.4.26, 2000다8878 참조).

---

6 청구권설에 의하면 제3자 이의의 소, 환취권이 인정되지 않는다.
7 유류분권리자가 스스로 위험이나 불이익을 감수하면서 원물반환을 구하는 것은 허용되기 때문이다.
8 제1014조 유추적용, 선의 제3자 보호 민법 규정을 전체유추하여 선의 제3자를 보호해야 한다는 견해가 학설로 주장된다.

▣ 참고로 청구권설에 의하면 제3자는 원칙적으로 반환의무 부담하지 않음 (이중매매에서의 법리와 같음)

4) 과실
▣ 판례: 형성권설에 따른 설명이나 선의 점유자 과실수취권 인정[9]

유류분권리자의 목적물에 대한 사용·수익권은 **상속개시의 시점에 소급하여 반환의무자에 의하여 침해당한 것이** 된다. 그러나 민법 제201조 제1항은 "선의의 점유자는 점유물의 과실을 취득한다."고 규정하고 있고, 점유자는 민법 제197조에 의하여 **선의로 점유한 것으로 추정되므로**, 반환의무자가 악의의 점유자라는 사정이 증명되지 않는 한 반환의무자는 목적물에 대하여 과실수취권이 있다고 할 것이어서 유류분권리자에게 목적물의 사용이익 중 유류분권리자에게 귀속되었어야 할 부분을 부당이득으로 반환할 의무가 없다. 다만 … 반환의무자가 악의의 점유자라는 점이 증명된 경우에는 악의의 점유자로 인정된 시점부터, 그렇지 않다고 하더라도 **본권에 관한 소에서 종국판결에 의하여 패소로 확정된 경우에는 소가 제기된 때로부터 악의의 점유자로 의제되어** 각 그때부터 유류분권리자에게 목적물의 사용이익 중 유류분권리자에게 귀속되었어야 할 부분을 부당이득으로 반환할 의무가 있다(2013.3.14, 2010다42624,42631).

⇨ 유류분반환청구권의 행사로 인하여 생기는 원물반환의무 또는 가액반환의무는 이행기한의 정함이 없는 채무이므로, 반환의무자는 그 의무에 대한 이행청구를 받은 때에 비로소 지체책임을 진다(같은 판례).

5) 지체책임: 기한의 정함이 없는 채무이므로 이행청구 받은 다음날부터 지체책임(2013.3.14, 2010다42624, 42631)

6) 실제 case[10]

A는 사망하기 직전 자신의 전 재산인 X부동산을 친구 B에게 증여하였다. B는 이에 따라 X부동산에 대하여 소유권이전등기를 경료하고, 이를 사용수익하고 있다. 한편 B는 C로부터 금원을 차용하면서 C에게 X부동산에 관하여 근저당권 설정등기를 경료해 주었다. 이후 A가 사망하였고 A의 유일한 상속인인 아들 D가 자신의 유류분권을 주장한 경우, X부동산을 둘러싼 당사자들의 법률관계는 어떻게 처리되는가? (A의 상속채무나 그 밖의

---

9 청구권설에 의하면 수증자는 악의이더라도 반환청구를 받기 전에는 과실이나 사용이익 반환 의무가 없다.
10 최준규 교수님 제공.

생전증여는 없다고 가정한다) 유류분반환청구권의 법적 성격을 어떻게 볼 것인지, 그 법적 성격에 따라 법률관계가 어떻게 달라지는지를 중심으로 서술하시오.

[형성권설에 따를 경우]

1. D는 B에 대하여 X부동산의 1/2지분 이전등기 청구 가능. B는 그 지분 한도에서 상속개시 시로 소급하여 소유자가 아니고 D는 상속개시 시로 소급하여 소유자가 됨.
2. 과실반환 문제에 관하여 부당이득 규정, 민법 제201조가 적용됨.
3. C는 악의가 아니라면 근저당권말소청구할 수 없으므로 이 경우에 D는 B에게 가액반환 혹은 지분 이전등기 청구를 선택에 의해서 가능.

[청구권설에 따를 경우]

1. D는 B에 대하여 X부동산의 1/2지분 이전등기 청구 가능. B는 지분이전해 주기 전까지 그 지분에 대해서 계속 소유자임.
2. B는 유류분반환청구받은 후부터 과실반환의무 부담함. 제3자인 C는 선, 악의 불문하고 보호됨. 그러나 민법 747조 2항 유추하여 C에게 채권적 청구권으로서 근저당권말소청구권을 행사할 수 있다고 봄이 타당.
3. C의 근저당이 유효하다면 D는 B에게 가액반환 혹은 지분 이전등기 청구를 선택에 의해서 가능.

Ⅱ 유류분의 산정

1. 유류분반환 당사자, 반환 순서 및 유류분의 비율

가. 유류분권리자

- ▣ 피상속인의 배우자, 직계비속, 직계존속, 형제자매
- ▣ 유류분권리자는 상속인이어야 하므로 상속결격자, 상속포기한 자는 유류분권리자 아님, 포괄적 수유자도 아님
- ▣ 대습상속의 경우에는 피대습인의 유류분 범위 안에서 대습상속인도 유류분 권리자가 됨(제1118조에 의한 제1001조 준용)
- ▣ 채권자대위권 대상 ×(행사상의 일신전속성, 2010.5.27, 2009다93992)
- ▣ 유류분권리자의 상속 개시 전 유류분권 포기 불가

나. 반환청구의 상대방

- ▣ 수유자, 수증자 및 그 포괄승계인
- ▣ 수유자 또는 수증자의 특별승계인에 대하여는 악의가 아닌 한 유류분 반환청구를 하지 못함

다. 반환의 순서

- ▣ 수유자에 대한 반환 청구 다음에 수증자에 대한 반환 청구(제1116조)
- ▣ 유증과 유증 사이, 증여와 증여 사이에는 각자가 얻은 가액의 비례로 반환(제1115조 제2항)
- ▣ 동일한 공동상속인들이 유증과 증여 모두 받은 경우에 수유재산을 먼저 반환해야지 수증재산을 반환할 것은 아님(2013.3.14, 2010다42624, 42631)

> 증여 또는 유증을 받은 재산 등의 가액이 자기 고유의 유류분액을 초과하는 수인의 공동상속인이 유류분권리자에게 반환하여야 할 재산과 범위를 정할 때에, **수인의 공동상속인이 유증받은 재산의 총 가액이 유류분권리자의 유류분 부족액을 초과하는 경우에는 유류분 부족액의 범위 내에서 각자의 수유재산(수유재산)을 반환하면 되는 것이지 이를 놓아두고 수증재산(수증재산)을 반환할 것은 아니다.** 이 경우 수인의 공동상속인이 유류분권리자의 유류분 부족액을 각자의 수유재산으로 반환할 때 분담하여야 할 액은 각자 증여 또는 유증을 받은 재산 등의 가액이 자기 고유의 유류분액을 초과하는 가액의 비율에 따라 안분하여 정하되, 그중 어느 공동상속인의 수유재산의 가액이 그의 분담액에 미치지 못하여 분담액 부족분이 발생하더라도 이를 그의 수증재산으로 반환할 것이 아니라, 자신의 수유재산의 가액이 자신의 분담액을 초과하는 다른 공동상속인들이 위 분담액 부족분을 위 비율에 따라 <u>다시</u> 안분하여 그들의 수유재산으로 반환하여야 한다. 나아가 어느 공동상속인 1인이 수개의 재산을 유증받아 각 수유재산으로 유류분권리자에게 반환하여야 할 분담액을 반환하는 경우, 반환하여야 할 <u>각 수유재산의 범위는 특별한 사정이 없는 한 민법 제1115조 제2항을 유추적용하여 각 수유재산의 가액에 비례하여 안분하는 방법으로 정함이 타당</u>하다(2013.3.14, 2010다42624,42631).

- ▣ 사인증여는 유증과 같이 봄(2001.11.30, 2001다6947)

라. 유류분의 비율

    1) 직계비속, 배우자는 법정상속분의 1/2

    2) 직계존속, 형제자매는 법정상속분의 1/3

2. 실제 산정

가. 개관

▣ 유류분 산정: 피상속인의 상속개시 시에 가진 재산의 총액에 증여 가액 가산하고 채무를 공제(제1113조 제1항)

● 유류분액에서 특별수익액과 순상속액을 공제!

▣ 유류분 침해액＝유류분 산정의 기초가 되는 재산액(A)×그 상속인의 유류분 비율(B) −그 상속인의 특별수익액(C)−그 상속인의 순상속액(D)

• **유류분 산정의 기초가 되는 재산액(A)**＝상속재산(상속개시 시 적극적 상속재산)[11]＋ 산입될 증여−상속채무

• **그 상속인의 특별수익액(C)**＝그 상속인의 수증액＋수유액

• **그 상속인의 순상속액(D)**＝당해 유류분권리자의 구체적 상속분(E)−상속채무분담액

▣ 유류분액은 '유류분 산정의 기초가 되는 재산액(A)×그 상속인의 유류분 비율(B)' 의미

　참고

• 구체적 상속분(E)＝본래의 상속분(F)−특별수익(즉, 당해 상속인의 생전증여 수증액＋당해 상속인의 수유액＋사인증여 수증액)[12]

• 상속인의 본래의 상속분(F)＝상정상속재산(G)×법정상속분

• 상정상속재산(G)[13]＝상속재산＋공동상속인에 대한 생전증여

　참고　유증된 재산이나 사인증여된 재산은 상속재산에 포함되므로 이를 따로 상속재산에 가산할 필요 없음. 다만, 제3자에 대한 유증의 경우 상속인들의 몫이 아니므로 상속상정재산에서 공제하여 산정[14]

---

11 유증된 재산이나 사인증여된 재산은 상속재산에 포함되므로 이를 따로 상속재산에 가산할 필요는 없다.

12 민법 제1008조에 따라 구체적인 상속분을 산정하는 것은 상속인이 피상속인으로부터 실제로 특별수익을 받은 경우에 한정되는 것임!

13 상속재산분할대상이 되는 재산이다.

14 주해상속법, 193면(이봉민 집필). 초과특별수익자에 대한 유증의 경우에도 상속인이 아닌 것처럼 취급해야 하므로 제3자에 대한 유증과 같이 상속상정재산에서 공제하여 산정해야 한다.

▣ 초과특별수익자가 있는 경우 초과특별수익자 부존재 의제설에 따라 유류분 계산해야 함!

유류분에 관한 민법 제1118조에 의하여 준용되는 민법 제1008조는 "공동상속인 중에 피상속인으로부터 재산의 증여 또는 유증을 받은 자가 있는 경우에 그 수증재산이 자기의 상속분에 달하지 못한 때에는 그 부족한 부분의 한도에서 상속분이 있다."라고 규정하고 있다. 이는 공동상속인 중 피상속인으로부터 재산의 증여 또는 유증을 받은 특별수익자가 있는 경우에 공동상속인들 사이의 공평을 기하기 위하여 그 수증재산을 상속분의 선급으로 다루어 구체적인 상속분을 산정함에 있어 이를 참작하도록 하려는 데 취지가 있다.

이러한 유류분제도의 입법 취지와 민법 제1008조의 내용 등에 비추어 보면, 공동상속인 중 특별수익을 받은 유류분권리자의 유류분 부족액을 산정할 때에는 **유류분액에서 특별수익액과 순상속분액을 공제하여야 하고, 이때 공제할 순상속분액은 당해 유류분권리자의 특별수익을 고려한 구체적인 상속분에 기초하여 산정하여야 한다**(2021.8.19, 2017다235791).

⇨ 甲의 상속재산 6억 5,000만 원, 상속채무 2억 4,000만 원.

상속인으로는 자녀들인 乙, 丙, 丁, 戊

생전증여 액수: 乙, 丙이 각 1억 5,000만 원, 丁은 5억 원, 戊는 18억 5천만 원 생전 증여

乙과 丙이 戊를 상대로 유류분반환청구 할 수 있는지 여부가 문제가 됨

• 유류분산정의 기초재산(A)은 30억 6,000만 원(상속재산 6억 5,000만 원＋각 생전증여액합계 26억 5,000만 원－상속채무 2억 4,000만 원)

• 乙에 대한 유류분 침해액: 2억 3,250만 원[＝30억 6,000만 원 × 1/8－1억 5,000만 원(특별수익액)]－乙의 순상속액

• 丙에 대한 유류분 침해액: 2억 3,250만 원[＝30억 6,000만 원 × 1/8－1억 5,000만 원(특별수익액)]－丙의 순상속액

乙과 丙의 순상속액을 계산하면

• 초과특별수익자 부존재 의제설[15]에 따라(즉 丁과 戊는 초과특별수익자임)

• 상정상속재산 9억 5,000만 원(상속재산 6억 5,000만 원＋乙, 丙의 생전증여 수증액 합계 3억 원)×1/2인 4억 7천 5백만 원이 본래의 상속분(F)이고

• 구체적 상속분(E)은 본래의 상속분(F) 4억 7천 5백만 원에서 특별수익 1억 5,000만 원을 공제한 3억 2천 5백만 원임.

---

15 초과특별수익자가 처음부터 없는 것으로 보고 법정상속분에 따라 상속재산 분배하는 것으로 초과특별수익자의 초과특별수익을 다른 공동상송인들의 법정상속분의 비유로 분담하는 것이다.

- 순상속액(D)은 당해 유류분권리자의 구체적 상속분(E) 3억 2천 5백만 원에서 상속채 무분담액 6,000만 원(=2억 4,000만 원×1/4)[16]을 공제한 2억 6천 5백만 원이 됨
- "유류분 침해액=유류분 산정의 기초가 되는 재산액(A)×그 상속인의 유류분 비율(B) −그 상속인의 특별수익액(C)−그 상속인의 순상속액(D)" 공식에 대입하면 2억 3,250만 원−2억 6,500만 원이 되므로 즉 유류분침해액이 없으므로 청구할 수 없음

나. 유류분 산정의 기초가 되는 재산액(A) 관련

1) 상속재산(상속개시시 적극 재산)

- ▣ 피상속인이 증여하였으나 아직 이행이 되지 않은 재산, 유증한 재산 도 해당
- ▣ 사인증여는 유증과 같이 보므로 상속개시시에 가진 재산 해당
- ▣ 제사용 재산과 상속되지 않은 피상속인의 일신전속적 권리는 제외
- ▣ 조건부권리나 존속기간이 불확정한 권리는 가정법원이 선임한 감정 인의 평가에 의하여 가액을 정함(제1113조 제2항)

2) 증여

- ▣ **상속개시 전 1년 간에 행하여진 증여**(제1114조 1문)
  - ● 증여가 행하여진 것은 그 이행이 완료된 때를 의미(상속개시 전 1년 전에 증여 계약, 사망 전 3개월 전에 이행시에는 1년 간에 "행하여 진" 증여가 됨)
  - ● 증여 개념은 폭넓게 파악
    - − 유류분 산정의 기초재산에 산입되는 증여에 해당하는지 여부를 판단할 때에는 피상속인의 재산처분행위의 법적 성질을 형식적·추상적으로 파악하는 데 그쳐서는 안 되고, 재산처분행위가 실질적인 관점에서 피상속인의 재산을 감소시키는 무상처분에 해당하는지 여부에 따라 판단하여야 함(2021.7.15, 2016다210498)
    - − 공동상속인이 다른 공동상속인에게 무상으로 자신의 상속분을 양도하는 것도 해당(2021.7.15, 2016다210498)

---

16 초과특별수익자가 있는 경우에도 상속채무 분담액은 그들을 포함하여 법정상속분 비율에 의한다. 특별수익이 가장 많은 丁부터 내림차 순으로 초과특별수익자를 가려야 하므로 丁과 戊가 초과특별수익자가 된다.

- 상속재산 분할협의에 따라 실질적으로 무상으로 상속분 양도한 경우에도 해당(2021.8.19, 2017다230338)
- 생명보험계약에서 제3자를 수익자로 지정한 경우: 증여가액은 이미 납입된 보험료 총액 중 피상속인이 납입한 보험료가 차지하는 비율을 산정하여 이를 보험금액에 곱하여 산출한 금액(2022.8.11, 2020다247428)[17]
- 증여가액은 유류분 산정의 기초가 되는 재산액에서도 고려해야 하고, 특별수익으로도 고려해야 함에 유의!

◉ **당사자 쌍방이 유류분권리자에 손해를 가할 것을 알고 한 증여**(제1114조 2문)
- 제3자에 대한 증여가 유류분권리자에게 손해를 가할 것을 알고 행해진 것이라고 보기 위해서는, 당사자 쌍방이 증여 당시 증여재산의 가액이 증여하고 남은 재산의 가액을 초과한다는 점을 알았던 사정뿐만 아니라, 장래 상속개시일에 이르기까지 피상속인의 재산이 증가하지 않으리라는 점까지 예견하고 증여를 행한 사정이 인정되어야 하고, 이러한 당사자 쌍방의 가해의 인식은 증여 당시를 기준으로 판단(2012.5.24, 2010다50809)

◉ **공동상속인에 대한 증여는 증여 시기를 묻지 않고 포함됨**(판례)
- 제1118조가 제1008조를 준용하고 있기 때문에 증여 시기 불문
  - 예외: 공동상속인이 상속포기한 경우

> 피상속인으로부터 특별수익인 생전 증여를 받은 공동상속인이 상속을 포기한 경우에는 민법 제1114조가 적용되므로, 그 증여가 상속개시 전 1년간에 행한 것이거나 당사자 쌍방이 유류분권리자에 손해를 가할 것을 알고 한 경우에만 유류분 산정을 위한 기초재산에 산입된다고 보아야 한다. 민법 제1008조에 따라 구체적인 상속분을 산정하는 것은 상

---

17 다만, 언제나 유류분 산정의 기초가 되는 재산액(A)에 산입되는 것이 아님에 유의해야 한다. "공동상속인이 아닌 제3자에 대한 증여이므로 민법 제1114조에 따라 **보험수익자를 그 제3자로 지정 또는 변경한 것이 상속개시 전 1년간에 이루어졌거나 당사자 쌍방이 그 당시 유류분권리자에 손해를 가할 것을 알고 이루어졌어야** 유류분 산정의 기초재산에 포함되는 증여가 있었다고 볼 수 있다."라고 판시하였다.

속인이 피상속인으로부터 실제로 특별수익을 받은 경우에 한정되는데, 상속의 포기는 상속이 개시된 때에 소급하여 그 효력이 있고(민법 제1042조), 상속포기자는 처음부터 상속인이 아니었던 것이 되므로, **상속포기자에게는 민법 제1008조가 적용될 여지가 없기 때문이다.** 위와 같은 법리는 피대습인이 대습원인의 발생 이전에 피상속인으로부터 생전 증여로 특별수익을 받은 이후 대습상속인이 피상속인에 대한 대습상속을 포기한 경우에도 그대로 적용된다(2022.3.17, 2020다267620).

▣ 증여가액 산정 시기: 상속개시시[18]

1. 그 유류분액을 산정함에 있어 반환의무자가 증여받은 재산의 시가는 상속개시 당시를 기준으로 하여 산정하여야 한다. 따라서 그 증여받은 재산이 금전일 경우에는 그 증여받은 금액을 상속개시 당시의 화폐가치로 환산하여 이를 증여재산의 가액으로 봄이 상당하고, 그러한 화폐가치의 환산은 증여 당시부터 상속개시 당시까지 사이의 물가변동률을 반영하는 방법으로 산정하는 것이 합리적이다(2009.7.23, 2006다28126)
2. 피상속인이 상속개시 전에 재산을 증여하여 그 재산이 유류분반환청구의 대상이 된 경우, 수증자가 증여받은 재산을 **상속개시 전에 처분하였거나 증여재산이 수용**되었다면 민법 제1113조 제1항에 따라 유류분을 산정함에 있어서 **그 증여재산의 가액은 증여재산의 현실 가치인 처분 당시의 가액을 기준으로 상속개시까지 사이의 물가변동률을 반영하는 방법으로 산정**하여야 한다(2023.5.18, 2019다222867).

- 예외) 증여 이후 수증자가 성상 변경하여 가액 증가시킨 경우에 증여 당시의 성상 등을 기준으로 상속개시 당시의 가액을 산정해야 함(2022.2.10, 2020다250783)
- 참고) 반환의무자가 증여받은 재산의 시가는 위와 같이 상속개시시로 하되, 원물반환 대신 가액반환을 해야 하는 경우 그 가액은 사실심 변론종결시을 기준으로 해야 함(2005.6.23, 2004다51887)

---

18 증여 이후 나중에 상속개시된 경우 증여받은 부동산의 가액이 오른 것을 평가해야 하는지 여부가 문제가 된다. 최준규 교수는 증여 후 상속개시 전 처분된 경우 처분시가액(+개시시점까지 소비자물가지수 참작)을 기준으로 평가함이 공평하다고 한다. 그리고 판례 중에는 증여받은 주식이 상속개시 전 처분된 사안에서 <u>사실심변론종결시</u>를 기준으로 한 것이 있는데 논거가 약하다.

유류분반환범위는 상속개시 당시 피상속인의 순재산과 문제된 증여재산을 합한 재산을 평가하여 그 재산액에 유류분청구권자의 유류분비율을 곱하여 얻은 유류분액을 기준으로 하는 것인바, 이와 같이 유류분액을 산정함에 있어 반환의무자가 증여받은 재산의 시가는 상속개시 당시를 기준으로 산정하여야 하고, 당해 반환의무자에 대하여 반환하여야 할 재산의 범위를 확정한 다음 그 원물반환이 불가능하여 **가액반환을 명하는 경우에 그 가액은 사실심 변론종결시를 기준으로 산정하여야 한다.**

유류분 반환제도는 피상속인의 증여 및 유증으로 그 유류분에 부족이 생긴 유류분권자에게 그 부족한 한도 내에서 이를 회복하기 위하여 마련된 것이고 **원물반환이나 가액반환은 부족한 유류분의 한도로 재산을 반환받는 방법만 다를 뿐이므로 어느 방법이든지 반환되는 재산의 가치는 사실심 변론종결 시를 기준으로 동일하게 유지되어야 한다.** 따라서 원물반환이 불가능한지 여부에 따라 반환할 가액의 산정 기준이 달라지지 아니한다(2021.6.10, 2021다213514).

3) 공제될 상속채무

- ▣ 피상속인의 채무
- ▣ 상속세, 상속재산의 관리·보존을 위한 소송비용 등 상속재산에 관한 비용은 포함되지 않음(2015.5.14, 2012다21720)[19]

유류분 권리자의 유류분 부족액을 산정함에 있어 상속개시와 동시에 당연히 그에게 승계된 법정상속분 상당의 금전채무를 고려해야 한다고 하면서도 "공동상속인 중 1인이 자신의 법정상속분 상당의 상속채무 분담액을 초과하여 유류분권리자의 상속채무 분담액까지 변제한 경우에는 그 유류분권리자를 상대로 별도로 구상권을 행사하여 지급받거나 상계를 하는 등의 방법으로 만족을 얻는 것은 별론으로 하고, 그러한 사정을 유류분권리자의 유류분 부족액 산정시 고려할 것은 아니다."라고 판시(2013.3.14, 2010다42624)

⇨ 유류분 계산 시에 '상속채무'에 넣는 것은 당연함. 사후에 상속채무 변제된 것을 고려할 것은 아니라는 것임

---

19 피상속인이 사망 당시 부담하고 있던 채무가 아니라는 점을 고려한다.

다. 유류분권리자별 유류분

■ 그 상속인의 순상속액(D) 계산 관련

1. **유류분권리자의 구체적인 상속분보다 유류분권리자가 부담하는 상속채무가 더 많다면, 즉 순상속분액이 음수인 경우에는 그 초과분을 유류분액에 가산하여 유류분 부족액을 산정하여야 한다**(대법원 2022.1.27, 2017다265884 판결 참조).

   이러한 경우에는 그 초과분을 유류분액에 가산해야 단순승인 상황에서 상속채무를 부담해야 하는 유류분권리자의 유류분액 만큼 확보해줄 수 있기 때문이다.

2. 유언자가 임차권 또는 근저당권이 설정된 목적물을 **특정유증하면서 유증을 받은 자가 그 임대차보증금반환채무 또는 피담보채무를 인수할 것을 부담으로 정한 경우**에도 상속인이 상속개시 시에 유증 목적물과 그에 관한 임대차보증금반환채무 또는 피담보채무를 상속하므로 이를 전제로 유류분 산정의 기초가 되는 재산액을 확정하여 유류분액을 산정하여야 한다. 이 경우 상속인은 유증을 이행할 의무를 부담함과 동시에 유증을 받은 자에게 유증 목적물에 관한 임대차보증금반환채무 등을 인수할 것을 요구할 수 있는 이익 또한 얻었다고 할 수 있으므로, 결국 **그 특정유증으로 인해 유류분권리자가 얻은 순상속분액은 없다고 보아** 유류분 부족액을 산정하여야 한다. 나아가 위와 같은 경우에 특정유증을 받은 자가 유증 목적물에 관한 임대차보증금반환채무 또는 피담보채무를 임차인 또는 근저당권자에게 변제하였다고 하더라도 상속인에 대한 관계에서는 자신의 채무 또는 장차 인수하여야 할 채무를 변제한 것이므로 상속인에 대하여 구상권을 행사할 수 없다고 봄이 타당하다(대법원 2022.1.27, 2017다265884 판결 참조).

   ⇨ 유류분권리자는 해당 부동산으로 인하여 이득을 보는 것도 없고(수증자에게 소유권을 이전해야 하므로) 해당 부동산으로 인하여 채무를 부담하는 것도 없으므로(수증자가 보증금을 반환해야 하므로) 위 특정유증과 관련된 유류분권리자의 순상속분액은 없는 것임

3. **그러나 위와 같이 유류분권리자의 구체적인 상속분보다 유류분권리자가 부담하는 상속채무가 더 많은 경우라도 유류분권리자가 한정승인을 했다면, 그 초과분을 유류분액에 가산해서는 안 되고 순상속분액을 0으로 보아 유류분 부족액을 산정해야 한다.**

   유류분권리자인 상속인이 한정승인을 하였으면 상속채무에 대한 한정승인자의 책임은 상속재산으로 한정되는데, 상속채무 초과분이 있다고 해서 **그 초과분을 유류분액에 가산하게 되면 법정상속을 통해 어떠한 손해도 입지 않은 유류분권리자가 유류분액을 넘는 재산을 반환받게 되는 결과가 되기 때문이다**(2022.8.11, 2020다247428).

라. 개정 민법 시행 전 증여 관련 취급

　　■ 개정 민법 시행 전에 피상속인으로부터 증여받아 이미 이행이 완료된 경우에는 그 재산은 유류분산정을 위한 기초재산에 포함되지 않지만 (2012.12.13, 2010다78722), 위 재산은 당해 유류분 반환청구자의 유류분 부족액 산정시에는 특별수익으로 공제 요(2018.7.12, 2017다278422)

3. 공동상속인들 사이의 유류분반환청구

가. 공동상속인 간의 유류분반환청구의 비율

1) 가액비율설

2) 유류분초과비율설(판례)

　　■ 유류분권리자는 수유자 또는 수증자 중 자신의 유류분액을 넘는 유증 또는 증여를 받은 자에 대하여만 반환청구를 할 수 있고, 이러한 자들이 복수이면 그들 사이의 반환비율은 유류분을 초과하는 부분의 비율에 따라 결정되어야 함.

> 유류분권리자가 유류분반환청구를 하는 경우에 증여 또는 유증을 받은 다른 공동상속인이 수인일 때에는, 민법이 정한 유류분 제도의 목적과 같은법 제1115조 제2항의 규정취지에 비추어 유류분권리자는 그 다른 공동상속인들 중 증여 또는 유증을 받은 재산의 가액이 자기 고유의 유류분액을 초과하는 상속인을 상대로 하여 그 유류분액을 초과한 금액의 비율에 따라 반환청구를 할 수 있다고 보아야 한다(1995.6.30, 93다11715).

　　■ 공동상속인과 공동상속인 아닌 제3자가 같이 유류분반환의무자인 경우

> 다른 공동상속인들 중 각자 증여받은 재산 등의 가액이 자기 고유의 유류분액을 초과하는 상속인만을 상대로 하여 그 유류분액을 초과한 금액의 비율에 따라서 반환청구를 할 수 있다고 하여야 하고, 공동상속인과 공동상속인이 아닌 **제3자가 있는 경우**에는 그 제3자에게는 유류분이라는 것이 없으므로 공동상속인은 자기 고유의 유류분액을 초과한 금액을 기준으로 하여, 제3자는 그 수증가액을 기준으로 하여 각 그 금액의 비율에 따라 반환청구를 할 수 있다고 하여야 한다(1996.2.9, 95다17885).

▣ 수유자와 수증자가 공동상속인인 경우(수유자 먼저 부담 후 수증자 부담)

증여 또는 유증을 받은 재산 등의 가액이 자기 고유의 유류분액을 초과하는 수인의 공동 상속인이 유류분권리자에게 반환하여야 할 재산과 범위를 정할 때에, **수인의 공동상속 인이 유증받은 재산의 총 가액이 유류분권리자의 유류분 부족액을 초과하는 경우에는 유류분 부족액의 범위 내에서 각자의 수유재산(수유재산)을 반환하면 되는 것이지 이를 놓아두고 수증재산(수증재산)을 반환할 것은 아니다.** 이 경우 수인의 공동상속인이 유류 분권리자의 유류분 부족액을 각자의 수유재산으로 반환할 때 분담하여야 할 액은 각자 증여 또는 유증을 받은 재산 등의 가액이 자기 고유의 유류분액을 초과하는 가액의 비율 에 따라 안분하여 정하되, 그중 어느 공동상속인의 수유재산의 가액이 그의 분담액에 미 치지 못하여 분담액 부족분이 발생하더라도 이를 그의 수증재산으로 반환할 것이 아니 라, 자신의 수유재산의 가액이 자신의 분담액을 초과하는 다른 공동상속인들이 위 분담 액 부족분을 위 비율에 따라 다시 안분하여 그들의 수유재산으로 반환하여야 한다. 나아 가 어느 공동상속인 1인이 수개의 재산을 유증받아 각 수유재산으로 유류분권리자에게 반환하여야 할 분담액을 반환하는 경우, 반환하여야 할 **각 수유재산의 범위는 특별한 사 정이 없는 한 민법 제1115조 제2항을 유추적용하여 각 수유재산의 가액에 비례하여 안 분하는 방법으로 정함이 타당**하다(2013.3.14, 2010다42624,42631).
⇨ 공동상속인 사이에 형평에 반한다는 문제가 있음(실제 결과에 대해서는 별지 표 참조)

3) 상속분초과비율설
4) 유류분초과부분 면제설

나. 유류분반환과 기여분

1) 유류분반환청구에서 기여분 공제 주장 불가(기여분은 가정법원에서만 심리)

민법 제1008조의2, 제1112조, 제1113조 제1항, 제1118조에 비추어 보면, **기여분은 상속 재산분할의 전제 문제로서의 성격을 가지는 것으로서, 상속인들의 상속분을 일정 부분 보장하기 위하여 피상속인의 재산처분의 자유를 제한하는 유류분과는 서로 관계가 없 다.** 따라서 공동상속인 중에 상당한 기간 동거·간호 그 밖의 방법으로 피상속인을 특별 히 부양하거나 피상속인의 재산의 유지 또는 증가에 특별히 기여한 사람이 있을지라도 **공동상속인의 협의 또는 가정법원의 심판으로 기여분이 결정되지 않은 이상 유류분반환**

청구소송에서 기여분을 주장할 수 없음은 물론이거니와, 설령 공동상속인의 협의 또는 가정법원의 심판으로 **기여분이 결정되었다고 하더라도 유류분을 산정함에 있어 기여분을 공제할 수 없고, 기여분으로 유류분에 부족이 생겼다고 하여 기여분에 대하여 반환을 청구할 수도 없다**(2015.10.29, 2013다60753).

⇨ 기여분과 유류분의 단절!

　2011.12.8, 2010다66644 판결은 위 판결의 문제점을 다음과 같이 시정. "생전 증여를 받은 상속인이 배우자로서 일생 동안 피상속인의 반려가 되어 그와 함께 가정공동체를 형성하고 이를 토대로 서로 헌신하며 가족의 경제적 기반인 재산을 획득·유지하고 자녀들에게 양육과 지원을 계속해 온 경우, 생전 증여에는 위와 같은 배우자의 기여나 노력에 대한 보상 내지 평가, 실질적 공동재산의 청산, 배우자 여생에 대한 부양의무 이행 등의 의미도 함께 담겨 있다고 봄이 타당하므로 그러한 한도 내에서는 생전 증여를 특별수익에서 제외하더라도 자녀인 공동상속인들과의 관계에서 공평을 해친다고 말할 수 없다."고 판시.

⇨ 위와 같은 방식으로 특별수익의 개념 범위를 조정하는 것은 개별 사건에서 현행법상 배우자 상속분 제도의 불합리성, 배우자 부양행위에 대한 기여분 인정 기준의 엄격성, 기여분과 유류분의 단절에 따른 보상의 한계 등을 뛰어넘어 구체적 타당성을 실현하는 데 분명 유용한 측면이 있으나, 다른 공동상속인들의 법적 지위와 상속을 둘러싼 법률관계 전반을 불안정하게 만들고, 법정상속 제도 자체를 잠식하는 부작용이 있음(2010년대 민사판례의 경향과 흐름, 가족법(현소혜 집필)).

⇨ 위와 같은 경우에 배우자가 받은 생전 증여는 유류분 침해액 계산 시 그 상속인의 특별수익액(C)에서도 제외되며 유류분 산정의 기초가 되는 재산액(A)에 산입될 증여에도 포함되지 않음(사실상 기여분의 효과임).[20]

4. 유류분반환청구권의 소멸시효

- ◉ 안 때(＝침해되었음을 안 때)로부터 1년, 상속 개시된 때로부터 10년: 판례는 소멸시효로 봄
  - ● 형성권설을 취하면 논리적으로 제척기간
- ◉ 유류분반환청구권을 행사함으로써 발생하는 목적물의 이전등기청구권에 대해서는 위 소멸시효 규정 적용되지 않음

---

[20] 유류분이나 특별수익은 모두 상속인의 구체적 상속분을 산정하기 위한 하나의 절차이므로, 유류분 산정의 기초재산에 가산되는 특별수익자의 수증재산의 범위는 특별수익자의 상속분의 평가와 동일하여야 한다.

유류분반환청구권 의사표시는 그 목적물을 구체적으로 특정하여야 하는 것은 아니다. 한편 … 유류분반환청구권을 행사함으로써 발생하는 목적물의 이전등기청구권 등은 유류분반환청구권과는 다른 권리이므로, 그 이전등기청구권 등에 대하여는 민법 제1117조 소정의 유류분반환청구권에 대한 소멸시효가 적용될 여지가 없고, 그 권리의 성질과 내용 등에 따라 별도로 소멸시효의 적용 여부와 기간 등을 판단하여야 한다(2015.11.12, 2011다55092,55108).

⇨ 1년 내 유류분반환청구권 의사표시하였고, 1년 지나서 해당 건물의 지분에 관하여 유류분반환을 원인으로 이전등기를 하였어도 건물에 대한 유류분반환청구권은 시효로 소멸하지 않았다고 보아야 함

⇨ 유류분반환청구권을 형성권으로 보기 때문. 그로 인해 발생한 권리를 물권적 청구권으로 보므로 위와 같은 결론 도출(형성권설)

◼ 판례는 재판상 또는 재판 외에서 상대방에 대한 유류분반환청구권 행사를 통해 시효가 중단된다고 함(2002.4.26, 2000다8878)

유류분반환청구권의 행사는 재판상 또는 재판 외에서 상대방에 대한 의사표시의 방법으로 할 수 있고, 이 경우 그 의사표시는 침해를 받은 유증 또는 증여행위를 지정하여 이에 대한 반환청구의 의사를 표시하면 그것으로 족하며, 그로 인하여 생긴 목적물의 이전등기청구권이나 인도청구권 등을 행사하는 것과는 달리 그 목적물을 구체적으로 특정하여야 하는 것은 아니고, 민법 제1117조에 정한 소멸시효의 진행도 그 의사표시로 중단된다(2002.4.26, 2000다8878).

⇨ 소멸시효에서 상대방에게 재판 외에서 위와 같은 의사표시를 하는 것은 최고로 보는 것이 타당하다는 점에서 시효중단효를 인정하는 것은 문제가 있음.

◼ **유류분 실제 문제:** 귀하는 박선민의 변호사이다. 박선민은 귀하를 찾아와 아래의 가~마와 같은 사실관계를 말하였고 확인 결과 모두 사실이었다. 박선민의 요청사항은 다음과 같다. '망 박종숙은 평소 첫째 아들인 박선호만을 편애하였고, 박선호가 대기업 임원이며 서울에 대형 아파트도 소유하고 있는 등 충분한 자력이 있음에도 불구하고 박선호에게 망인의 유일한 부동산(쌍문동 55 소재 토지)을 증여하였는데, 박선민은 법적으로 보장받을 수 있는 범위의 상속재산을 돌려받고 싶다.' 귀하는 누구를 상대로 구체적으로 어떤 청구를 해야 하는지 결론과 논거를 15줄 이내로 기재하시오(소 제기일

은 2018. 3. 6.이다).

가. 망 박종숙(이하 '망인'이라 한다)은 2017. 6. 18. 사망하였는데, 사망 당시 그의 유족으로는 둘째 아들인 박선민과 맏아들인 박선호만 있었다.

나. 망 박종숙은 2015. 2. 5. 박선호에게 서울 도봉구 쌍문동 55 대 100㎡ 토지(이하 '이 사건 토지'라고만 함)를 증여하였다.

다. 망인의 사망 당시 망인 명의로 우리은행 계좌에 8천만 원이 예금되어 있었으며, 그 외 다른 적극재산이나 채무는 없었다. 위 예금에 대하여는 박선호와 박선민은 2017. 12. 5. 각자 4,000만 원씩 취득하는 것으로 상속재산분할협의를 하여 각자 4,000만 원을 인출하였다.

라. 박선호는 2018. 1. 19. 부동산중개업자를 통해 박선호의 집안 사정을 알지 못하는 정경수를 소개받아 정경수에게 이 사건 토지를 1억 6천만 원에 매도하였고, 정경수 앞으로 이 사건 토지에 관하여 소유권이전등기를 마쳐주었다.

마. 이 사건 토지의 시가는 2015. 2. 5. 당시에는 1억 2천만 원이었고, 2017. 6. 18. 당시에는 1억 6천만 원이었고, 2018. 1. 19. 당시에는 2억 원이었다.

[답안]
유류분의 침해 및 반환

1) 유류분 산정[21]의 기초가 되는 재산

   가) 적극적 상속재산: 80,000,000원(우리은행 예금채권)

   나) 피고에 대한 증여액[22]: 160,000,000원(쌍문동 토지의 상속개시 시 시가 상당)

   다) 상속채무액: 없음

   라) 유류분 산정의 기초가 되는 재산: 240,000,000원(80,000,000원 + 160,000,000원)

---

21 유류분액은 피상속인의 상속개시 시점 당시의 적극재산 전체의 가액에 그가 증여한 재산의 가액을 더하고 그 중에서 피상속인이 상속개시 시점에 부담하고 있었던 채무의 전액을 공제하여 유류분 산정의 기초가 되는 재산액을 확정한 후 민법 제1112조에 정해진 유류분의 비율을 곱하여 유류분권리자의 유류분액을 산정하고 유류분권리자가 특별수익을 얻었을 때에는 그 액수를 공제하여야 한다. 유류분 침해액은 이와 같이 산정한 유류분액에서 유류분권리자가 상속에 의해 얻은 재산이 있는 경우에는 그 액수를 공제하고 유류분권리자가 부담해야 할 상속채무가 있는 경우에는 그 액수를 가산하여 산정한다.

22 공동상속인 중의 1인이 피상속인으로부터 증여를 받은 경우에는 민법 제1008조의 취지에 비추어 민법 제1114조의 적용이 배제되어, 그 증여는 상속 개시 전의 1년간에 행해진 것인지 여부에 관계없이 모두 유류분 산정을 위한 기초재산에 산입된다.

2) 박선민의 유류분 비율 및 유류분액, 유류분 부족액

　가) 유류분 비율: 박선민은 망인의 직계비속이므로 그 법정상속분의 1/2인 1/4

　나) 유류분액: 60,000,000원(240,000,000원×1/4)

　다) 유류분 부족액: 20,000,000원(유류분액 60,000,000원 - 상속에 의해 원고가 얻은
　　　재산 40,000,000원[23])

3) 유류분의 반환 방법과 범위

피고가 쌍문동 토지를 이미 매도하여 원물반환이 불가능하므로 가액반환의 방법에
의하여 유류분 부족액을 반환하여야 함. 원래 1/8 지분(2천/1억 6천)을 구해야 하나
원물반환이 불가능하므로 가액반환의 방법(사실심 시가*1/8)으로. 그리고 이 사건 소
장부본 송달 다음날부터 다 갚는 날까지 소송촉진 등에 관한 특례법에서 정한 연
12%의 비율로 계산한 지연손해금

　　▣ 유류분 실제 계산문제[24]

甲은 적극재산 5,000만원과 채무 3,000만원을 남기고 2005. 6. 30. 사망하였고, 상속인으
로는 乙과 丙이 있다. 그런데 甲은 2003. 5. 30. 유류분침해사실을 모르는 乙과 丁에게
각각 7,000만원씩 증여하기로 하였고 2004. 5. 30. 그 채무를 이행하였다. 또한 甲은 남은
재산 2,000만 원을 사회복지단체 戊에게 기증하도록 자필증서에 의한 유언을 했다. 丙이
유류분반환청구를 하는 경우 법률관계는?

丙의 유류분액[25] = {적극재산 5,000 + 乙에 대한 증여 7,000[26] - 상속채무 3,000}×1/4 =
2,250만 원

丙의 특별수익액 = 0

丙의 구체적 상속분

⇨ 乙은 초과특별수익자임 ∵ 상정상속재산 3,000(적극재산 5,000 - 제3자 戊에 대한 유증액
　2,000[27] + 乙에 대한 증여 7,000) × 법정상속분 1/2 - 7,000 < 0

23　상속 당시 상속재산은 우리은행 8천만 원 예금이 전부인데 상속인이 2명이 적법하게 분할합의한다.

24　최준규 교수님이 제공한 문제임.

25　유류분액 = 유류분 산정의 기초가 되는 재산액(A) × 그 상속인의 유류분 비율(B).

26　공동상속인에 대한 증여는 시기를 묻지 않고 산입한다. 제3자에 대한 증여는 **증여계약이 이행된 시
　점**이 상속개시 전 1년 이내인 경우에 한하여 산입한다. 다만 당사자 쌍방이 유류분권자에게 손해를
　가할 것을 알고 이루어진 증여의 경우 시기불문하고 산입.

27　**제3자에 대한 유증액**은 상속개시시 적극재산에서 확정적으로 빠져나간 것으로 보아 구체적 상속분

⇨ 초과특별수익자 부존재의제설에 따라 초과특별수익자는 부존재하는 것으로 취급. 결국 丙이 단독상속인이 됨.

∴ 병의 구체적 상속분＝적극재산 5,000－제3자 戊에 대한 유증액 2,000－3,000×1/2[28]

＝1,500만 원

결국 병의 유류분침해액＝2,250－1,500＝750만 원

수유자 ⇨ 수증자 순서대로 유류분반환의무를 부담. 따라서 **戊는 丙에 대하여 750만원 반환의무를 부담함.**

지연손해금은 유류분반환청구권 행사로 인하여 생기는 반환의무는 기한의 정함이 없는 채무이므로 이행청구 받은 다음날부터 지체책임(2010다42624, 42631)

사안을 달리하여

만약 戊가 시가 2,000만원의 부동산을 유증받았다면 戊는 丙에 대하여 해당 부동산 중 750/2,000 지분 이전등기의무를 부담함(유류분반환의무는 원물반환이 원칙). 판례(형성권설)에 따르면 지분이전등기청구권은 소유권에 기한 물권적 청구권임.

가액배상을 하는 경우에 750/2,000 지분에 대한 사실심변론종결시 시가를 반환해야 함

산정시 상정상속재산에서 제외한다. **공동상속인에 대한 유증액**은 일단 상속개시시의 적극재산에는 포함되고 구체적 상속분 산정을 위해 각 상속인의 특별수익액을 공제할 때 각 상속인별로 공제된다.

28 상속채무는 상속재산분할과 상관없이, 법정상속분에 따라 당연분할된다.

CHAPTER

06

민사소송법

6-1 기판력 관련 I (본질 + 객관적 범위)

민사소송법

I 기판력의 본질

1) 모순금지설(판례): 기판력은 재판의 통일을 기하기 위하여 확정판결과 모순된 판단 불허하는 효력

2) 반복금지설: 기판력은 분쟁해결의 일회성을 위해 후소에 대한 재판 자체를 불허하는 효력

	모순금지설	반복금지설
소송물 동일	승소한 원고가 소 제기 각하, 패소한 원고가 소 제기시 청구 기각	전부 각하
선결관계	본안판단(내용적 구속력)	본안판단(내용적 구속력)
모순관계	본안판단	본안판단

II 기판력의 저촉 여부 판단

기판력의 주관적 범위

⇨ 기판력의 객관적 범위(동일 소송물, 선결관계, 모순관계)

⇨ 기판력의 시적 범위

III 기판력의 작용 – 기판력의 객관적 범위에 관한 기술

기판력은 전소와 후소가 동일한 소송물인 경우에도 미치지만, 전소의 소송물에 대한 판단이 후소의 선결문제가 되거나 모순관계에 해당하는 경우에도 작용한다.

Ⅳ 기판력의 객관적 범위

1. 의의

▣ 판결에서 판단한 사항 중 어느 범위까지 기판력이 인정되는가의 문제임(제216조 제1항)

2. 원칙(판결 주문)

가. 판결 주문의 판단(=소송물)

1) 총설

▣ 기판력의 객관적 범위는 그 판결의 주문에 포함되는 것 즉 <u>소송물로 주장된 법률관계의 존부에 관한 판단의 결론 그 자체</u>에만 미치는 것이고 판결이유에 설시된 그 전제가 되는 법률관계의 존부에까지 미치는 것이 아님(1987.6.9, 86다카2756)

▣ **주문의 해석:** 주문은 간결하게 표시되는 것이므로 기판력의 객관적 범위를 파악하자면 해석이 필요하고 이를 위해 판결이유와 청구취지 참고 요함

2) 동일 소송물의 범위

▣ **청구취지가 다른 경우:** 동일 소송물이 아님. 단 전소의 소송물이 후소와 선결관계·모순관계에 있을 때는 예외

● 선결관계·모순관계의 예에 대하여는 별도 논의

▣ **청구취지는 동일하나 실체법상의 권리만이 다른 때:** 동일 소송물 아님(판례)

▣ **청구취지는 동일하나 사실관계가 다른 경우:** 동일 소송물 아님(판례)

3) 선결관계·모순관계의 예 ⇨ 전부 본안판단 요

▣ **선결관계의 예**

● 소유권확인청구에 대한 판결이 확정 ⇨ 이후 다시 동일 피고를 상대로 소유권에 기한 물권적 청구권(말소등기청구 등)을 청구원인으로 하는 소 제기

– 비교) 피고를 상대로 소유권에 기한 물권적 청구권(말소등기청

구 등)을 행사하여 그 판결이 확정된 후 다시 동일 피고를 상대로 소유권확인청구를 하는 경우 ⇨ 기판력 저촉되지 않음 (2002.9.24, 2002다11847)[1]

● 甲·乙간의 이전등기이행청구에 대하여 乙에게 이행의무 없다 하여 기각판결이 확정 ⇨ 이후 甲이 乙에게 그와 같은 의무가 있음을 전제로 이행불능을 원인으로 乙에게 손해배상청구를 하는 경우(1967.8.29, 67다1179)

● 부동산에 대한 근저당권설정등기명의인을 상대로 그 근저당권이 원인무효임을 주장하여 근저당권설정등기말소청구의 소를 제기하여 패소확정 ⇨ 이후 근저당권에 기한 경매절차에서 부동산의 소유권을 취득한 낙찰인을 상대로 소유권이전등기말소청구의 소를 제기(1994.12.27, 93다34183)[2]

● 배당이의의 소에서 당사자가 패소판결을 받고 확정 ⇨ 이후 상대방에 대하여 위 본안판결에 의하여 확정된 배당액이 부당이득이라는 이유로 그 반환을 구하는 소를 제기한 경우(2000.1.21, 99다3501)

● 전소에서 원금채권의 부존재가 확정된 후에 전소의 변론종결 당시에 원금채권의 존재를 전제로 변론종결 후의 지연이자 부분의 청구를 하는 경우(1976.12.14, 76다1488)

    – 예를 들면 패소된 원금채권청구의 변론종결일이 1992. 10. 1. 이라면, 원금채권의 존재를 전제로 한 1990. 1. 1.부터 1995. 12. 31.까지의 이자를 청구한 경우에 1992. 10. 1.부터 1995. 12. 31.까지의 이자분은 기판력을 받아 청구할 수 없고(선결관계), 1990. 1. 1.부터 1992. 9. 30.까지의 이자분청구는 가능함 (기판력의 시적 범위의 문제와 관련됨, 제9회 변시)

---

1 다만, 뒤에서 보는 바와 같이 판결이유 중의 판단의 구속력 논의를 해야 하며 판례에 따르면 전소의 판단은 후소의 판단의 유력한 증거효를 가진다.
2 논의 순서와 관련하여 기판력의 주관적 범위를 논한 후 기판력의 객관적 범위를 논하여야 한다.

- 선결관계효가 항변사유에 미치는 예
  - 피고가 원고를 상대로 하여 전세금반환청구의 소를 제기하였다가 청구기각(확정) ⇨ 이후 피고가 별소에서 전세금반환청구권을 주장하여 동시이행의 항변하는 경우(1987.6.9, 86다카2756)

- 모순관계의 예
  - 소유권이전등기청구소송의 원고 승소확정판결에 따라 원고 앞으로 소유권이전등기가 경료된 후 피고가 등기원인사실을 부인하면서 그 등기의 말소를 구하는 경우(1996.2.9, 94다61649)
    - 비교) 소유권이전등기말소 청구소송에서 패소(확정) ⇨ 이후 상대방에 대하여 전소송의 변론종결 전에 동일 토지를 매수하였음을 원인으로 한 소유권이전등기청구의 소를 제기한 경우 또는 취득시효 완성을 원인으로 소유권이전등기청구의 소를 제기한 경우 모두 기판력 저촉 안 됨(1995.6.13, 93다43491, 1997.11.14, 97다32239)[3]
  - 확정판결에 의하여 피고가 지급한 금전을 피고가 부당이득반환청구를 하는 경우[4]
    - 참고) 확정판결에 기재된 권리가 실체관계와 일치하지 않는 경우에 확정판결을 집행권원으로 하여 채권압류 및 전부명령을 받은 경우에 집행채무자가 전부채권자에게 부당이득반환청구를 할 수 없음(확정판결의 기판력 때문임). 이와 달리 기판력이 없는 집행증서의 경우에 집행증서의 기재 내용이 객관적 사실과 일치하지 않는 경우에 집행채무자는 전부채권자에게 귀속된

---

3 전소에서 실체관계에 부합하는 등기가 되었다는 항변을 하지 않았다고 하여 바로 항변의 원인이 되는 소유권이전등기청구권이 실권되는 것이 아님에 유의해야 한다(1995.12.8, 94다39628 참조).
4 확정판결이 '법률상 원인'이 되는 것이 아니다. 단지 후소의 부당이득반환소송에서 전소에서 이미 그 존재가 확정된 권리관계의 부존재를 주장하는 것은 전소의 판단과 모순되는 판단을 구하는 것으로 허용될 수 없기 때문에 부당이득반환청구가 되지 않는 것이다[주석 민법, 채권 각칙 5(제5판), 846면 이하(이계정 집필) 참조].

채권에 대하여 부당이득반환청구 가능(2005.4.15, 2004다70024)
- **참고)** 확정판결을 집행권원으로 하여 채권압류 및 전부명령이 이루어진 경우에 집행채무자의 **책임재산이 아닌 채권(집행채무자가 한정승인을 한 사안에서 상속인의 고유채권)**이 전부채권자에게 이전된 경우에는 **제3자의 재산**에 대하여 강제집행이 이루어진 경우와 마찬가지로 집행채무자는 부당이득반환청구를 할 수 있음(2005.4.15, 2005그128)
- 제소전 화해에 기하여 경료된 소유권이전등기에 대하여 진정명의회복을 원인으로 한 소유권이전등기청구를 하는 경우(2002.12. 6, 2002다44014)

▣ **말소등기청구와 진정명의회복을 원인으로 한 소유권이전등기청구**
- 전소인 소유권이전등기말소청구소송의 확정판결의 기판력이 후소인 진정명의회복을 원인으로 한 소유권이전등기청구소송에 미침(2001.9.20, 99다37894[5])

> 말소등기에 갈음하여 허용되는 진정명의회복을 원인으로 한 소유권이전등기청구권과 무효등기의 말소청구권은 어느 것이나 진정한 소유자의 등기명의를 회복하기 위한 것으로서 실질적으로 그 목적이 동일하고, 두 청구권 모두 소유권에 기한 방해배제청구권으로서 그 법적 근거와 성질이 동일하므로, 비록 전자는 이전등기, 후자는 말소등기의 형식을 취하고 있다고 하더라도 그 소송물은 실질상 동일(2001.9.20, 99다37894)

- **해석:** 말소등기청구권이 인정됨을 전제로 진정명의회복을 원인으로 한 소유권이전등기청구 가능(진정명의회복은 말소등기청구/말소등기회복청구의 대용물임!), 따라서 말소등기청구권이 인정되지 않는 경우에 진정명의회복을 원인으로 한 소유권이전등기청구 불가(선결관계-본안판단 요함)
- 전소인 소유권이전등기말소청구소송에서 패소한 피고가 후소로

---

5 원고가 전소에서 말소등기청구해서 패소 확정 후 후소로 원고로서 진정명의회복 청구한 사안.

CHAPTER
06

민사소송법

진정명의회복을 위한 소유권이전등기청구의 소를 제기한 경우
⇨ 기판력 저촉(2003.3.28, 2000다24856)[6]

소유권이전등기말소소송의 승소 확정판결에 기하여 소유권이전등기가 말소된 후 순차 제3자 명의로 소유권이전등기 및 근저당권설정등기 등이 마쳐졌는데 위 말소된 등기의 명의자가 현재의 등기명의인을 상대로 진정한 등기명의의 회복을 위한 소유권이전등기 청구와 근저당권자 등을 상대로 그 근저당권설정등기 등의 말소등기청구 등을 하는 경우 현재의 등기명의인 및 근저당권자 등은 모두 위 확정된 전 소송의 사실심 변론종결 후의 승계인으로서 **위 확정판결의 기판력은 그와 실질적으로 동일한 소송물인 진정한 등기명의의 회복을 위한 소유권이전등기청구 및 위 확정된 전소의 말소등기청구권의 존재 여부를 선결문제로 하는 근저당권설정등기 등의 말소등기청구에 모두 미친다**고 할 것이다.
이 사건에서 원고는 위 확정된 소유권이전등기말소소송에서 패소한 당사자로서, 위 확정판결의 승소당사자 및 변론종결 후의 승계인인 피고들을 상대로 위 확정판결의 대상이었던 토지들 중 일부 토지에 관한 소유권확인청구와 더불어 진정명의회복을 원인으로 한 소유권이전등기청구 및 근저당권설정등기 등의 말소등기청구를 하고 있는바, 소유권확인의 소에 대하여는 위 확정판결의 기판력이 미치지 아니하나 진정명의회복을 원인으로 한 소유권이전등기청구 및 근저당권설정등기 등의 말소등기청구는 앞서 본 바와 같이 위 확정판결의 기판력에 저촉된다고 보아야 할 것이다(2003.3.28, 2000다24856).

- 해석: 전소확정판결에 의하여 소유권이전등기를 말소당한 등기명의인이 후소로 전소의 원고와 그 승계인에 대하여 말소된 소유권이전등기의 말소회복등기를 구하는 것은 전소와 모순관계임. 따라서 진정명의회복을 원인으로 한 소유권이전등기청구는 말소회복등기청구권이 인정되어야 행사할 수 있는 것인바 말소회복등기청구가 기판력에 저촉되는 이상 진정명의회복을 원인으로 한 소유권이전등기청구도 기판력에 저촉.

---

6 甲·乙 간의 소유권이전등기말소소송에서 乙이 패소 → 乙 명의의 등기를 말소 → 甲·乙간의 전소 변론종결 후에 등기명의를 회복한 甲이 丙에게 소유권이전등기 넘겨주고, 丁에게도 근저당권 설정등기가 설정된 사안에서 후소로 乙이 丙에 대하여 진정명의회복을 원인으로 한 소유권이전등기를 구하고, 丁에 대하여 근저당권설정등기 말소등기를 구한 사안이다.

- 전소인 법률행위를 원인으로 한 소유권이전등기청구소송에서 패소한 피고(즉 원고가 전소에 의하여 소유권이전등기 경료한 경우)가 후소로 진정명의회복을 원인으로 한 소유권이전등기청구의 소 제기 ⇨ 기판력 저촉

4) 일부청구와 기판력
  ◉ 일부청구 긍정설
  ◉ 일부청구 부정설
  ◉ 명시설(2000.2.11, 99다10424)

불법행위의 피해자가 일부청구임을 명시하여 그 손해의 일부만을 청구한 경우 그 일부청구에 대한 판결의 기판력은 청구의 인용 여부에 관계없이 청구의 범위에 한하여 미치는 것이고, 잔액 부분 청구에는 미치지 아니한다(2000.2.11, 99다10424).
⇨ 소멸시효는 다소 느슨하게 판시.
"소장에서 청구의 대상으로 삼은 채권 중 일부만을 청구하면서 소송의 진행경과에 따라 **장차 청구금액을 확장할 뜻을 표시하였으나 당해 소송이 종료될 때까지 실제로 청구금액을 확장하지 않은 경우에는** 소송의 경과에 비추어 볼 때 채권 전부에 관하여 판결을 구한 것으로 볼 수 없으므로, **나머지 부분에 대하여는 재판상 청구로 인한 시효중단의 효력이 발생하지 아니한다.**
그러나 이와 같은 경우에도 소를 제기하면서 장차 청구금액을 확장할 뜻을 표시한 채권자로서는 장래에 나머지 부분을 청구할 의사를 가지고 있는 것이 일반적이라고 할 것이므로, 다른 특별한 사정이 없는 한 **당해 소송이 계속 중인 동안에는 나머지 부분에 대하여 권리를 행사하겠다는 의사가 표명되어 최고에 의해 권리를 행사하고 있는 상태가 지속되고 있는 것으로 보아야 하고, 채권자는 당해 소송이 종료된 때부터 6월 내에 민법 제174조에서 정한 조치를 취함으로써 나머지 부분에 대한 소멸시효를 중단시킬 수 있다**(2020.2.6, 2019다223723)".

5) 후유증 등 확대손해
  ◉ 변론종결 당시 그 손해발생을 예견할 수 없었고, 그 부분의 청구를 포기했다고 볼 수 없는 등 특별한 사정이 있다면 별개의 소송물(판례) ⇨ 기판력 저촉 ×(2007.4.13, 2006다78640 참조)

불법행위로 인한 적극적 손해의 배상을 명한 전소송의 변론종결 후에 새로운 적극적 손해가 발생한 경우에 그 소송의 변론종결 당시 그 손해의 발생을 예견할 수 없었고 또 그 부분 청구를 포기하였다고 볼 수 없는 등 특별한 사정이 있다면 전소송에서 그 부분에 관한 청구가 유보되어 있지 않다고 하더라도 이는 전소송의 소송물과는 별개의 소송물이므로 전소송의 기판력에 저촉되는 것이 아니다(2007.4.13, 2006다78640).

⇨ 명시설의 한계를 극복하기 위하여 명시하지 않았더라도 위와 같은 경우에 소송물이 다르다고 판시하였음에 유의.

나. 판결이유 중의 판단

▣ 판결이유 중의 판단사항은 상계의 항변을 제외하고는 기판력이 미치지 않음

▣ 판결이유 중에서 판단된 사실·선결적 법률관계·공격방어방법·법률판단 등은 모두 기판력이 미치지 않음. 단 선결적 법률관계는 중간확인의 소, 공격방어방법은 반소의 제기에 의하여 기판력 있는 판단을 받을 수 있음

3. 예외(상계의 항변)

가. 총설

▣ 상계 주장에 관하여 기판력을 인정하지 않는다면, 상계 주장의 상대방은 상계를 주장한 자가 그 반대채권을 이중으로 행사하는 것에 의하여 불이익을 입을 수 있음+상계 주장에 대한 판단을 전제로 이루어진 원고의 청구권의 존부에 대한 전소의 판결이 결과적으로 무의미하게 될 우려가 있음(2005.7.22, 2004다17207)

나. 기판력이 미치는 범위

1) 상계항변을 인용한 경우

▣ 상계로 대항한 수액에 한하여 원고의 소구채권(수동채권)과 자동채권이 다함께 존재하였다가 상계에 의하여 소멸 ⇨ 후소로 자동채권 청구시 기판력 저촉되어 기각 요함

2) 상계항변을 배척한 경우

▣ 대항한 수액에 관한 자동채권의 부존재에 기판력이 생김 ⇨ 후소로

자동채권 청구시 기판력 저촉되어 기각 요함

● 다만, 후소가 언제나 기판력 저촉되는 것은 아님 ⇨ 자동채권의 액수가 소송물로서 심판되는 수동채권의 액수보다 큰 경우에 판결이유 중의 판단의 기판력은 '법원이 반대채권의 존재를 인정하였더라면 상계에 관한 실질적 판단으로 나아가 수동채권의 상계적상일까지의 원리금과 대등액에서 소멸하는 것으로 판단할 수 있었던 반대채권의 원리금 액수'의 범위에서 발생함(2018.8.30, 2016다46338)

피고가 상계항변으로 2개 이상의 반대채권을 주장하였는데 법원이 그중 어느 하나의 반대채권의 존재를 인정하여 수동채권의 일부와 대등액에서 상계하는 판단을 하고, 나머지 반대채권들은 모두 부존재한다고 판단하여 그 부분 상계항변은 배척한 경우에, 수동채권 중 위와 같이 상계로 소멸하는 것으로 판단된 부분은 피고가 주장하는 반대채권들 중 그 존재가 인정되지 않은 채권들에 관한 분쟁이나 그에 관한 법원의 판단과는 관련이 없어 기판력의 관점에서 동일하게 취급할 수 없으므로, 그와 같이 **반대채권들이 부존재한다는 판단에 대하여 기판력이 발생하는 전체 범위는 위와 같이 상계를 마친 후의 수동채권의 잔액을 초과할 수 없다고 보아야 한다.** 그리고 이러한 법리는 피고가 주장하는 **2개 이상의 반대채권의 원리금 액수의 합계가 법원이 인정하는 수동채권의 원리금 액수를 초과하는 경우에도 마찬가지로 적용**된다. 이때 '부존재한다고 판단된 반대채권'에 관하여 법원이 그 존재를 인정하여 수동채권 중 일부와 상계하는 것으로 판단하였을 경우를 가정하더라도, 그러한 상계에 의한 수동채권과 당해 반대채권의 차액 계산 또는 상계충당은 수동채권과 당해 반대채권의 상계적상의 시점을 기준으로 하였을 것이고, 그 이후에 발생하는 이자, 지연손해금 채권은 어차피 그 상계의 대상이 되지 않았을 것이므로, 위와 같은 가정적인 상계적상 시점이 '실제 법원이 상계항변을 받아들인 반대채권'에 관한 상계적상 시점보다 더 뒤라는 등의 특별한 사정이 없는 한, 앞에서 본 **기판력의 범위의 상한이 되는 '상계를 마친 후의 수동채권의 잔액'은 수동채권의 '원금'의 잔액만을 의미한다고 보아야 한다**(2018.8.30, 2016다46338).

⇨ 수동채권에 대하여 2개의 자동채권(5,000만 원의 3. 1.자 대여금 채권, 1억 원의 5. 1.자 대여금 채권)을 주장한 경우에 0000. 9. 1. 상계적상일로 하여 3. 1.자 대여금채권에 의한 상계를 인정한 후 수동채권이 <u>3,000만 원</u> 남은 상황에서, 피고의 5. 1.자 대여금채권에 의한 상계가 그 채권이 존재하지 않는다는 이유로 배척된 경우를 가정하자. 이 경우 피고가

후소로 5. 1.자 대여금채권을 청구한 경우에 7,000만 원 범위[7]에 대해서는 기판력에 저촉되는 것이 아님(채권자대위 및 기판력 사례).

다. 기판력이 생기지 않는 경우

▣ 실질적 판단을 하지 않은 경우

▣ 예비적 상계항변을 하였는데, 주위적인 다른 항변이 인용된 경우

▣ 피고가 어느 채권을 동시이행항변으로 주장한 경우에 이를 배척하기위하여 원고가 재항변으로 상계항변을 한 경우(2005.7.22, 2004다17207)[8] ⇨ 피고 수동채권, 원고 자동채권 모두 별소로 행사 가능

상계 주장에 관한 판단에 기판력이 인정되는 경우는, 상계 주장의 대상이 된 수동채권이 소송물로서 심판되는 소구채권이거나 그와 실질적으로 동일하다고 보이는 경우(가령 원고가 상계를 주장하면서 청구이의의 소송을 제기하는 경우 등)로서 상계를 주장한 반대채권과 그 수동채권을 기판력의 관점에서 동일하게 취급하여야 할 필요성이 인정되는 경우를 말한다고 봄이 상당하므로 만일 **상계 주장의 대상이 된 수동채권이 동시이행항변에 행사된 채권일 경우에는 그러한 상계 주장에 대한 판단에는 기판력이 발생하지 않는다**고 보아야 할 것인바, 위와 같이 해석하지 않을 경우 동시이행항변이 상대방의 상계의 재항변에 의하여 배척된 경우에 그 동시이행항변에 행사된 채권을 나중에 소송상 행사할 수 없게 되어 민사소송법 제216조가 예정하고 있는 것과 달리 동시이행항변에 행사된 채권의 존부나 범위에 관한 판결 이유 중의 판단에 기판력이 미치는 결과에 이르기 때문이다(2005.7.22, 2004다17207).

---

7 정확히는 수동채권의 원금의 잔액과 대등액에서 소멸하였을 것으로 판단할 수 있었던 반대채권의 원리금 액수를 제외한 나머지 범위가 기판력에 저촉되는 것이 아니다. 따라서 위 사례에서 5. 1.자 대여금채권이 0000. 9. 1.(상계적상일)에 발생한 이자 및 지연손해금이 a원이면 수동채권 원금 잔액 3,000만 원은 a원+5. 1.자 대여금채권의 일부 원금(3,000만 원−a원), 이를 b원이라고 한다)으로 소멸하는바(a원+b원은 3,000만 원임), 이를 제외한 5. 1.자 대여금채권의 나머지 원리금(원금은 1억 원−b원, 상계적상일 다음날인 0000. 9. 2.부터 이자 내지 지연손해금)은 기판력에 저촉되는 것이 아니다.

8 항변권이 부착된 자동채권으로는 원칙적으로 상계할 수 없으나 항변권이 부착된 수동채권에 대하여는 상계가 가능하다.

4. 동시이행 판결과 기판력

▣ 동시이행 판결이 있는 경우에 동시이행 관계에 있는 반대채권의 존재 및 액수에 기판력이 생기는 것이 아니며 동시이행 조건이 붙어 있다는 점에 관하여 기판력이 미침(1996.7.12, 96다19017)[9]

제소전화해의 내용이 채권자 등은 대여금 채권의 원본 및 이자의 지급과 상환으로 채무자에게 부동산에 관한 가등기의 말소등기절차를 이행할 것을 명하고, 채무자는 가등기담보등에관한법률 소정의 청산금 지급과 상환으로 채권자 등에게 가등기에 기한 소유권이전의 본등기절차를 이행할 것과 그 부동산의 인도를 명하고 있는 경우, 그 **제소전화해는 가등기말소절차 이행이나 소유권이전의 본등기절차 이행을 대여금 또는 청산금의 지급을 그 조건으로 하고 있는 데 불과하여 그 기판력은 가등기말소나 소유권이전의 본등기절차 이행을 명한 화해내용이 대여금 또는 청산금 지급의 상환이 조건으로 붙어 있다는 점에 미치는 데 불과하고, 상환이행을 명한 반대채권의 존부나 그 수액에 기판력이 미치는 것이 아니다**(1996.7.12, 96다19017).

5. 판결이유 중의 판단의 구속력

가. 문제점

나. 시정방법: 쟁점효이론, 신의칙설, 독일의 의미관련론, 경제적 가치동일성설

다. 결론

▣ 민사소송법 제216조와 정면으로 배치되어 이를 전면적으로 받아들이기 어렵고, 전소의 판단이 후소에 유력한 증거자료로서 효력을 가짐 (2000.9.8, 99다58471)

Ⅴ 소유권말소등기청구의 소송물

▣ 등기의 말소등기청구권이 소송물이고, 말소등기청구권의 발생원인은 당해 등기원인의 무효이므로, 등기원인의 무효를 뒷받침하는 개개의 사유는 공격방어방법에 불과[10]

---

9 반대채권의 존재 및 액수에 관하여 기판력이 생기게 하려면 그 채권자가 반소를 제기해야 한다.
10 이에 따라 말소등기를 명하는 주문에서는 원칙적으로 말소등기의 원인을 기재하지 않는다.

- 전소에서 사기에 의한 매매의 취소 주장, 후소에서 한 매매의 부존재 또는 불성립의 주장은 기판력 저촉(1981.12.22, 80다1548)
- 전소에서 사기에 의한 매매 취소 주장, 후소에서 해제 주장시
  - 해제가 전소에서 주장 가능했던 경우 기판력의 시적 범위에 의해서 차단 (1981.7.7, 80다2751)[11]
  - 전소 사실심 변론종결 이후에 해제 사유가 발생하여 해제 의사표시한 경우에는 기판력의 시적 범위에 의해서 차단되지 않음
- ▣ **구별해야 할 점: 후발적 원인, 채권적 청구원인**
  - 원인 무효를 이유로 소유권이전등기 말소등기청구(전소) ⇨ 후소는 담보목적으로 경료되었음을 이유로 피담보채무 변제를 주장하여 말소등기청구시 기판력 저촉 안 됨(1983.3.8, 82다카1203), 근저당권말소등기도 마찬가지임
  - 소유권에 기한 방해배제청구권의 행사로 말소등기청구를 하여 원고패소 확정(전소) ⇨ 후소는 계약해제에 따른 원상회복으로 말소등기청구시 기판력 저촉 안 됨[12]
- ▣ 전소는 소유권이전등기 말소, 후소는 건물의 인도 및 차임 상당 부당이득 반환을 구하는 소의 경우 전소 기판력이 후소에 미치지 않음(2014.10.30, 2013다53939)[13]

---

11 이견 있음: 나현, "말소등기청구소송의 소송물과 기판력", 민사소송 제16권 1호(2012) 참조.

12 1993.9.14, 92다1353 참조. 그러나 주의할 점은 해제로 인하여 직접효과설 중 물권적 효과설에 따라 소유권이 물권적으로 복귀한다는 점이다. 따라서 매도인이 해제를 원인으로 한 말소등기청구를 하는 경우에 '소유권에 기한 청구'로 볼 수 있으면 후소는 동일한 소송물로 볼 수 있다는 것이다 (이 경우에는 기판력의 시적 범위의 문제이다). 매도인이 소유권에 기한 말소등기청구를 하는 것인지 민법 제548조의 원상회복청구권의 일환으로 말소등기를 구하는 것인지 잘 살펴보아야 한다.

13 甲 등이 乙을 상대로 건물 등에 관한 소유권이전등기의 말소등기절차 이행을 구하는 소를 제기하여 승소확정판결을 받았는데, 위 판결의 변론종결 후에 乙로부터 건물 등의 소유권을 이전받은 丙이 甲 등을 상대로 위 건물의 인도 및 차임 상당 부당이득의 반환을 구하는 소를 제기한 사안에서, … 전소 판결의 기판력이 미치지 아니하고, **전소인 말소등기청구권에 대한 판단이 건물인도 등 청구의 소의 선결문제가 되거나 건물인도청구권 등의 존부가 전소의 소송물인 말소등기청구권의 존부와 모순관계에 있다고 볼 수 없어 전소의 기판력이 건물인도 등 청구의 소에 미친다고 할 수 없으며, 이는 丙이 전소 판결의 변론종결 후에 乙로부터 건물을 매수하여 소유권이전등기를 마쳤더라도 마찬가지이므로,** 丙이 변론종결 후의 승계인이어서 전소 확정판결의 기판력이 미처 건물 등의 소유권을 취득할 수 없다고 본 원심판결에 법리오해 등의 위법이 있다고 한 사례(2014.10.30, 2013다53939). ⇨ 건물 소유권에 대해서 심리 요.

Ⅵ 소유권이전등기청구의 소송물

□ 소유권이전등기의 각 원인별로 소송물 구성[14]

● 매매 주장하며 소유권이전등기 이행 구함. 후소에서 시효취득을 원인으로 소유권이전등기 구하는 후소는 기판력 저촉되지 않음(1969.12.30, 69다1986, 1987)

─구별

> 소유권확인판결에 패소한 자가 **등기부취득시효**가 완성되었음을 주장하여 소유권에 기한 청구를 하는 경우에, 위 주장이 전소의 확정판결의 변론종결 전에 소유권취득의 하나로 주장할 수 있는 사유라면 전소의 기판력은 후소에도 미친다고 할 것이다(1999.12.20, 99다25785). 이 점은 **점유취득시효**에 있어서 '소유권보존등기 말소 및 소유권 확인을 구하는 前訴에서 패소 확정된 당사자가 後訴로써 전소 변론종결 전 취득시효 완성을 이유로 소유권이전등기를 구하는 경우, 전소의 기판력에 저촉되지 않는다'는 점(1995.12.8, 94다35039)과 구별[15]

□ 원고가 피고에게 소유권이전등기말소청구하여 승소(전소) ⇨ 후소에서 피고가 변론종결전에 매수하였음을 주장하며 소유권이전등기를 청구하는 경우 기판력 저촉 안 됨(1995.6.13, 93다43491)

Ⅶ 물권적 청구권의 소송물

□ 같은 청구취지라도 채권적 청구권의 행사와 물권적 청구권의 행사는 별개의 소송물

● 소유권에 기한 방해배제청구로 근저당권설정등기 말소를 구하여 패소 확정(전소) ⇨ 후소로 근저당권설정계약에 기하여 말소등기 청구시 기판력 저촉 ×

□ 물건을 점유하는 자를 상대로 하여 물건의 인도를 명하는 판결이 확정되

---

14 이에 따라 이전등기를 명하는 주문에서는 이전등기의 원인을 기재한다.
15 이와 다른 취지의 1987.3.10, 84다카2132는 사실상 폐기된 것으로 보아야 한다.

더라도 그 판결의 효력은 이들 물건에 대한 인도청구권의 존부에만 미치고, 인도판결의 기판력이 이들 물건에 대한 불법점유를 원인으로 한 손해배상청구 소송에 미치지 않음(2019.10.17, 2014다46778) ⇨ 불법행위의 성립요건에 관하여 별다른 심리를 하지 않은 채 인도판결이 확정된 사정만을 들어 인도판결 확정 다음 날부터 시설물에 대한 점유가 위법하다고 보아 점유자의 손해배상책임을 인정할 수는 없음

Ⅷ 부당이득반환청구의 소송물

- ▣ '법률상의 원인 없는(민법 제741조)' 사유를 계약의 불성립, 취소, 무효, 해제 등으로 주장하는 것은 공격방법에 지나지 않음
  - ● 전소에서 매매대금반환원인으로 착오를 원인으로 한 취소 주장하여 패소 확정 ⇨ 후소에서 이행불능으로 인한 해제 주장시 기판력 저촉(2007. 7.13, 2006다81141)
  - ● 전소에서 매매대금반환원인으로 사기를 원인으로 한 취소 주장하며 패소 ⇨ 후소에서 해제를 원인으로 매매대금반환청구시 기판력 저촉 (1981.7.7, 80다2751)

Ⅸ 대여금 청구

- ▣ 원금청구와 이자 청구는 별개의 소송물
  - ● 전소에서 원금채권의 부존재가 확정된 후에 전소의 변론종결 당시에 원금채권의 존재를 전제로 변론종결 후의 지연이자 부분의 청구를 하는 경우 ⇨ 선결관계에 기하여 기판력 미침
- ▣ 앞에서 본 바와 같이 선결관계에 의하여 영향을 미칠 수 있음에 유의

Ⅹ 채무불이행과 불법행위

- ▣ 채무불이행에 기한 청구와 불법행위에 기한 청구는 별개의 소송물

XI **불법행위**

　　◙ 적극적 손해, 소극적 손해, 위자료가 각각 별개의 소송물

상소는 자기에게 불이익한 재판에 대하여 유리하게 취소변경을 구하기 위하여 하는 것이므로 전부 승소한 판결에 대하여는 항소가 허용되지 않는 것이 원칙이나, 하나의 소송물에 관하여 형식상 전부 승소한 당사자의 상소이익의 부정은 절대적인 것이라고 할 수도 없는바, **원고가 재산상 손해(소극적 손해)에 대하여는 형식상 전부 승소하였으나 위자료에 대하여는 일부 패소하였고, 이에 대하여 원고가 원고 패소부분에 불복하는 형식으로 항소를 제기하여 사건 전부가 확정이 차단되고 소송물 전부가 항소심에 계속되게 된 경우**에는, 더욱이 불법행위로 인한 손해배상에 있어 재산상 손해나 위자료는 단일한 원인에 근거한 것인데 편의상 이를 별개의 소송물로 분류하고 있는 것에 지나지 아니한 것이므로 이를 실질적으로 파악하여, **항소심에서 위자료는 물론이고 재산상 손해(소극적 손해)에 관하여도 청구의 확장을 허용하는 것이 상당하다**(1994.6.28, 94다3063).
⇨ 전부승소한 자가 상소의 이익이 인정되는 예외임.

　　◙ 변론종결 당시 그 손해발생을 예견할 수 없었던 손해는 별개의 소송물로 보아야 하므로, 이를 후소에서 청구시 기판력 저촉 안 됨

기판력 관련 Ⅱ(시적 범위)

Ⅰ 기판력의 저촉 여부 판단

▣ 기판력의 주관적 범위

⇨ 기판력의 객관적 범위(동일 소송물, 선결관계, 모순관계)

⇨ 기판력의 시적 범위

Ⅱ 기판력의 시적 범위

1. 의의

▣ 기판력이 생기는 판단이 어느 시점에 있는 권리관계의 존부에 관한 것인가 하는 것이 기판력의 시적 범위(민사집행법 제44조 제2항)

2. 기판력의 기준시점

▣ 사실심 변론종결시점에서의 권리관계 존부의 판단에만 기판력 생김

▣ 이전의 과거의 권리관계, 표준시 이후 장래의 권리관계를 확정하는 것이 아님[1]

3. 실권효[2]

가. 의의

▣ 기판력의 기준시 이전에 생긴 사유에 의한 주장이나 항변은 기판력에 의하여 차단되어 이에 의하여 확정판결이 효력을 다툴 수 없게 되는 효력임. 전소에서 제출하지 못한 것에 대한 고의·과실의 유무는 불문

나. 근거

1) 판단효설(통설): 주문의 판단에 부여된 통용력·구속력

---

1 장래에 새로운 사유를 주장할 수 있으며, 다만 다른 사정이 없으면 판결을 존중해야 하는 것이다(변론종결 당시 원금이 없다고 하면 다른 사정이 없는 한 변론종결일부터 이자를 구하는 것은 기판력에 저촉되는 것임).

2 신소송물에 따르면 실권효의 범위가 넓으나(공격방어방법이라고 보는 것이 많기 때문임), 구소송물이론에 따르면 실권효 범위가 축소된다.

2) 제출책임효설: 전소절차에서 사실과 증거자료를 충분히 제출하지 않은 것에 대한 자기책임을 근거로 실권효를 인정

다. 실권의 범위

1) 내용: 공격방어방법만 실권

2) 기준시 이전의 법률관계

▣ 원본채권청구가 부존재를 이유로 기각되었어도 변론종결 전의 존재를 주장하여 변론종결 전까지 생긴 이자의 청구는 가능(1976.12.14, 76다1488)

3) 기준시 이후에 생긴 사유

▣ 변론종결 이후에 발생한 사유로 기판력에 의하여 확정된 법률효과를 다툴 수 있음

● 전소에서 소유권을 주장하였다가 패소 판결이 확정 ▷ 후소에서 변론종결 후 한 상속재산분할협의에 기하여 소유권확인을 구하는 후소 제기시 기판력 저촉 ×(2011.6.30, 2011다24340)

● 전소에서 피담보채무의 변제로 양도담보권이 소멸하였음을 원인으로 한 소유권이전등기의 회복 청구가 기각 ▷ 후소로 장래 잔존 피담보채무의 변제를 조건으로 소유권이전등기의 회복을 청구하는 경우 기판력 저촉 ×(2014.1.23, 2013다64793)

● 주의: 승소판결이 확정된 후 소촉법의 변경으로 소촉법에서 정한 지연손해금 이율이 달라졌다고 하더라도, 확정된 선행판결과 달리 변경된 소송촉진법상의 이율을 적용하여 선행판결과 다른 금액을 원고의 채권액으로 인정할 수 없음(2019.8.29, 2019다215272)[3]

▣ **다투는 방법**: 청구이의의 소, 채무부존재확인의 소

---

3 이행판결의 주문에서 변론종결 이후 기간까지의 급부의무의 이행을 명한 이상 그 확정판결의 기판력은 주문에 포함된 기간까지의 청구권의 존부에 대하여 미치고, 법률의 변경은 변론 종결 후에 발생한 새로운 사유가 아니라는 점이 주된 논거이다.

▣ 현저한 사정변경이 있는 경우

● 명시적 일부청구의제론(1993.12.21, 92다46226 – 소송물이 다르다고
  보는 것임)[4]

토지의 소유자가 법률상 원인 없이 토지를 점유하고 있는 자를 상대로 장래의 이행을
청구하는 소로서, 그 점유자가 토지를 인도할 때까지 토지를 사용·수익함으로 인하여
얻을 토지의 임료에 상당하는 부당이득금(매월 일정한 액)의 반환을 청구하여, 그 청구
의 전부나 일부를 인용하는 판결이 확정된 경우에, 그 소송의 사실심 변론종결후에 토지
의 가격이 현저하게 앙등하고 조세 등의 공적인 부담이 증대되었을 뿐더러 그 인근 토지
의 임료와 비교하더라도 그 소송의 판결에서 인용된 임료액이 상당하지 아니하게 되는
등 경제적사정의 변경으로 당사자간의 형평을 심하게 해할 특별한 사정이 생긴 때에는,
토지의 소유자는 점유자를 상대로 새로 소를 제기하여 전소판결에서 인용된 임료액과
적정한 임료액의 차액에 상당하는 부당이득금의 반환을 청구할 수 있다고 봄이 상당한
바 … 전소판결에서 인용된 임료액과 적정한 임료액의 차액에 상당하는 부당이득금은
전소에서 청구하지 아니한 취지라고 보는 것이 정의와 형평의 이념에 부합되므로, 법원
도 같은 취지에서 위와 같은 청구에 대하여만 판결을 한 것으로 볼 수 있을 것이고, 따
라서 전소의 사실심 변론종결후에 전소판결의 기초가 된 사정이 위와 같이 변경됨으로
말미암아 전소판결에서 인용된 임료액이 현저하게 상당하지 아니하게 된 경우에는, 일
부청구임을 명시하지는 아니하였지만 명시한 경우와 마찬가지로 그 청구가 일부청구이
었던 것으로 보아, 전소판결의 기판력이 그 일부청구에서 제외된 위 차액에 상당하는 부
당이득금의 청구에는 미치지 않는 것이라고 해석함이 옳다고 생각되기 때문이다(1993.
12.21, 92다46226 전합).

⇨ 현재 정기금판결에 대한 변경의 소(민사소송법 제252조)가 있어 이를 활용하는 방안도 있
  을 수 있음.

4. 형성권의 행사

가. 취소·해제권의 경우

1) 실권부정설

---

[4] 위 전원합의체 판결에서 소수견해는 변론종결 후 새로운 사유로 보아야 한다고 주장하였다. 위 다수
견해에 따를 때 기판력의 객관적 범위 논의만 하여도 무방하다.

2) 실권설(1979.8.14, 79다1105)

확정된 법률관계에 있어 동 확정판결의 변론종결 전에 이미 발생하였던 취소권을 그 당시에 행사하지 않음으로 인하여 취소권자에게 불리하게 확정된 경우 그 확정후 취소권을 뒤늦게 행사함으로써 동 확정의 효력을 부인할 수 없다(1979.8.14, 79다1105).

나. 백지보충권의 경우
- 실권(2008.11.27, 2008다59230): 약속어음의 소지인이 전소의 사실심 변론종결일까지 백지보충권을 행사하여 어음금의 지급을 청구할 수 있었음에도 보충하지 않아 패소판결(확정) ⇨ 후소로 백지보충권을 행사하여 어음이 완성된 것을 이유로 전소 피고를 상대로 다시 동일한 어음금을 청구하는 경우 기판력 저촉 ○

다. 상계권의 경우
1) 실권부정설(1998.11.24, 98다25344)

당사자 쌍방의 채무가 서로 상계적상에 있다 하더라도 그 자체만으로 상계로 인한 채무소멸의 효력이 생기는 것은 아니고, 상계의 의사표시를 기다려 비로소 상계로 인한 채무소멸의 효력이 생기는 것이므로, 채무자가 채무명의인 확정판결의 변론종결 전에 상대방에 대하여 상계적상에 있는 채권을 가지고 있었다 하더라도 채무명의인 확정판결의 변론종결 후에 이르러 비로소 상계의 의사표시를 한 때에는 민사소송법 제505조 제2항이 규정하는 '이의원인이 변론종결 후에 생긴 때'에 해당하는 것으로서, 당사자가 채무명의인 확정판결의 변론종결 전에 자동채권의 존재를 알았는가 몰랐는가에 관계없이 적법한 청구이의 사유로 된다(1998.11.24, 98다25344).

2) 제한적 실권설
3) 실권설

라. 건물매수청구권의 경우
- 실권부정(95다421395): 전소에서 임차인이 건물매수청구권을 행사할 수 있음에도 불구하고 이를 행사하지 않아 임대인이 토지인도 및 건물철거청구 소송에서 승소확정 ⇨ 임차인이 건물매수청구권을 행사하여 별소로써 건물매매대금의 지급을 구하는 경우 기판력 저촉 ×

기판력 관련 Ⅲ(주관적 범위)

Ⅰ 의의

▣ 기판력이 누구와 누구 사이에 작용하는가의 문제

Ⅱ 원칙: 기판력의 상대성의 원칙

▣ 기판력은 당사자간에 한하여 생기고, 제3자에게는 미치지 않는 것이 원칙
(민사소송법 제218조 제1항)

Ⅲ 예외: 당사자와 같이 볼 제3자

1. 변론종결한 뒤의 승계인

가. 승계인의 범위

1) 소송물인 실체법상의 권리의무를 승계한 자

▣ 상속인, 채무인수인

● 임차인이 임대인을 상대로 제기한 보증금반환소송의 변론종결 후 임대부동산을 양수한 자 ○ ⇨ 임차인은 양수인에 대하여 승계집행문을 부여받아 집행하면 됨. 만약 양수인에 대하여 보증금반환청구를 하면 원칙적으로 기판력에 저촉되나 소송경제를 이유로 소의 이익을 인정함(2022.3.17, 2021다210720)

▣ 채권양수인: 변론종결 후 승계인인지 여부는 채권양도 합의가 이루어진 때가 기준이 아니고 대항요건이 갖추어진 때를 기준으로 함 (2020.9.3, 2020다210747)

2) 계쟁물에 관한 당사자적격을 승계한 자

■ 소송물이론과 승계인의 범위[1]

● 판례(구소송물이론): 소송물인 청구가 물권적인 효력을 가지는 물권적 청구권일 때에는 피고의 지위를 승계한 자가 변론종결한 뒤의 승계인이 되나, 채권적 청구권일 때에는 승계인이 되지 않음(1991.1.15, 90다9964)

– 실체법적 권리를 중시하는 입장

– 매매에 기한 소유권이전등기청구소송에서 승소 확정판결 받음 ⇨ 변론종결 후 제3자가 소유권이전등기경료한 경우 제3자는 변론종결한 뒤의 승계인 아님(1993.2.12, 92다25151)

– 토지의 소유자가 토지의 무단 점유자를 상대로 차임 상당의 부당이득반환을 구하는 소송을 제기하여 무단 점유자가 점유 토지의 인도 시까지 매월 일정 금액의 차임 상당 부당이득을 반환하라는 판결이 확정됨 ⇨ 변론종결 후 소유권을 취득한 사람은 변론종결한 뒤의 승계인 아님(2016.6.28, 2014다31721)[2]

● 신소송물이론: 소송물인 청구가 물권적 청구권인지 채권적 청구권인지 가리지 않고 등기를 이전받은 자나 점유승계인은 변론종결한 뒤의 승계인

– 승계인 개념을 실체법에 의존하지 않고 판단하는 입장

– 신소송물이론에 의하면 변론종결한 뒤의 승계인은 집행문 부여에 대한 이의의 소를 통해 권리구제 가능

---

1 실제는 소송물이 물권적 청구권인 경우가 문제가 되는 경우가 많으므로, 위 견해 대립이 실익이 없는 경우가 많다.

2 토지의 전 소유자가 제기한 부당이득반환청구소송의 변론종결 후에 토지의 소유권을 취득한 사람에 대해서는 소송에서 내려진 정기금 지급을 명하는 확정판결의 기판력이 미치지 아니하므로, 토지의 새로운 소유자가 토지의 무단 점유자를 상대로 다시 부당이득반환청구의 소를 제기하지 아니하고, 토지의 전 소유자가 앞서 제기한 부당이득반환청구소송에서 내려진 정기금판결에 대하여 변경의 소를 제기하는 것은 부적법하다고 판시하였다.

◨ 원인행위가 아니라 등기를 기준으로 변론종결한 뒤의 승계인 판
단 요
  ● 확정판결의 변론종결 전에 가등기, 본등기는 위 가등기에 기하
    여 위 확정판결의 변론종결 후에 경료한 경우에도 변론종결 후
    승계인(1992.10.27, 92다10883)
◨ 변론종결한 뒤의 승계인에 대한 판단
  ● 소유권에 기한 건물철거판결이 난 뒤에 그 건물을 매수하여 소
    유권이전등기를 마친 자도 승계인에 해당 ○(1992.10.27, 92다
    10883)[3]
  ● 저당권설정등기의 말소판결의 변론종결 후 경락대금을 납부하
    고 소유권을 취득한 자 승계인 ○(1994.12.27, 93다34183)
  ● 근저당권자도 변론종결한 뒤의 승계인 해당 가능
    – 재판상화해에 의하여 소유권이전등기를 말소할 물권적 의무
      를 부담하는 자로부터 그 화해성립 후에 위 부동산에 관한 담
      보권인 근저당권 설정을 받은 자는 변론종결한 뒤의 승계인
      에 해당 ○(1976.6.8, 72다1842)
  ● 다른 취지의 판결 1: 토지인도소송의 사실심 변론종결후에 그
    패소자인 토지소유자로부터 토지를 매수하고 소유권이전등기를
    마친 제3자(1984.9.25, 84다카148, 1999.10.22, 98다6855)
    – 패소자인 토지소유자로부터 토지를 매수하고 소유권이전등
      기를 마친 자는 자신의 소유권에 기하여 인도청구를 하는 것
      이 가능하다는 것임[4]

---

3 "대지 소유권에 기한 방해배제청구로서 그 지상건물의 철거를 구하여 승소확정판결을 얻은 경우 그
  지상건물에 관하여 위 확정판결의 변론종결 전에 경료된 소유권이전청구권가등기에 기하여 위 확정
  판결의 변론종결 후에 소유권이전등기를 경료한 자가 있다면 그는 민사소송법 제204조 제1항의 변
  론종결 후의 승계인이라 할 것이어서 위 확정판결의 기판력이 미친다."고 판시하였다(1992.10.27,
  92다10883).
4 앞서 본 92다10883 판결과 모순되고, 기판력의 주관적 범위를 객관적 범위와 연계시킨 문제점이
  있다[이시윤, 신민사소송법(제14판), 663면].

- 다른 취지의 판결 2: 소유권에 기한 말소등기청구 소송에서 원고측이 패소한 경우, 변론종결 후 소유권 등(사안에서는 근저당권)을 이전받은 제3자가 제기하는 소에 전소판결의 기판력이 미치지 않음(2020.5.14, 2019다261381)
  - 즉, 전소에서 甲이 소유권에 기하여 가등기 말소 청구하여 패소 ⇨ 사실심 변론종결 후 甲으로부터 근저당권을 취득한 乙이 가등기 말소 청구시 乙에게는 전소의 기판력이 미치지 않음[5]
- 대금분할을 명한 공유물분할판결의 변론이 종결된 뒤 해당 공유자의 공유지분에 관하여 소유권이전청구권의 순위보전을 위한 가등기가 마쳐진 경우 그 가등기권자 ○ (2021.3.11, 2020다253836)[6]

◾ **가처분과 관련**

- 등기말소청구시 부동산처분금지가처분을 하는 이유
  - 일단 가처분을 해두면 가처분 이후에 등기를 경료한 자는 가처분권자에게 대항할 수 없음(당사자 항정의 효과)
  - 본안 판결 승소 후 본안의 승소판결에 기한 소유권이전등기 신청과 동시에 가처분 기입등기 후 저촉되는 등기 말소 신청 가능
  - 변론 종결한 뒤의 승계인의 등기도 말소(승계집행문 부여 받을 필요 없음)
- 토지인도, 건물인도 청구시 점유이전금지가처분을 하는 이유
  - 일단 가처분을 해두면 채무자가 점유를 제3자에게 이전하여도 채무자는 여전히 점유자의 지위에 있음(당사자 항정의 효과)

CHAPTER

06

민사소송법

---

5 乙이 소유권을 취득한 경우에도 마찬가지로 보아야 한다. 후소의 근저당권에 기한 말소등기청구나 소유권에 기한 말소등기청구는 근저당권자, 소유자의 각자에게 귀속된 권리이지 甲으로부터 승계를 받은 권리가 아니라는 논거이다. 판례는 일응 소유권에 기한 말소등기청구(인도청구)와 관련하여 원고가 승소한 경우와 원고가 패소한 경우를 준별하라는 입장으로 보인다.
6 대금분할을 명한 공유물분할 확정판결의 당사자가 신청하여 진행된 공유물분할을 위한 경매절차에서 가등기상의 권리는 매수인이 매각대금을 완납함으로써 소멸한다.

- 가처분채권자는 본안의 승소판결을 받아 승계집행문을 부여 받아 제3자의 점유 배제(변론종결 후 승계인에 대하여도 점유 배제 가능)
- ◉ 승계집행문 부여의 문제
  - 통상 강제집행을 위해서는 집행권원(판결문 등)과 집행문이 필요
  - 집행권원에 표시된 당사자 이외의 자를 위하여 또는 그 자에 대하여 부여할 경우에는 '승계집행문'을 부여함
  - 통상 문구: "위 정본은 사법보좌관의 명령에 의하여 피고 甲의 승계인 乙에 대한 강제집행을 실시하기 위하여 원고에게 내어준다"
- 나. 추정승계인

2. 청구의 목적물의 소지자

3. 제3자 소송담당의 경우의 권리귀속주체

가. 채권자대위소송과 기판력

1) 채권자가 확정판결을 받은 경우 ⇨ 채무자
- ◉ 피대위채권 존부에 관한 판단이 있었던 경우: 채무자가 대위소송이 제기된 사실을 알았을 때 채무자에게 기판력이 미침(1975.5.13, 74다1664)
- ◉ 피보전채권의 존부에 관한 판단이 있었던 경우: 채무자에게 기판력이 미치지 않음. 채권자는 채무자에게 피보전채권의 이행을 구하는 소송 제기 가능(2014.1.23, 2011다108095)

민사소송법 제218조 제3항은 '다른 사람을 위하여 원고나 피고가 된 사람에 대한 확정판결은 그 다른 사람에 대하여도 효력이 미친다.'고 규정하고 있으므로, 채권자가 채권자대위권을 행사하는 방법으로 제3채무자를 상대로 소송을 제기하고 판결을 받은 경우 채권자가 채무자에 대하여 민법 제405조 제1항에 의한 보존행위 이외의 권리행사의 통지, 또는 민사소송법 제84조에 의한 소송고지 혹은 비송사건절차법 제49조 제1항에 의한 법원에 의한 재판상 대위의 허가를 고지하는 방법 등 어떠한 사유로 인하였던 적어도 채권자대위권에 의한 소송이 제기된 사실을 채무자가 알았을 때에는 그 판결의 효력이 채무

자에게 미친다고 보아야 한다. 이때 채무자에게도 기판력이 미친다는 의미는 채권자대위소송의 소송물인 피대위채권의 존부에 관하여 채무자에게도 기판력이 인정된다는 것이고, 채권자대위소송의 소송요건인 피보전채권의 존부에 관하여 당해 소송의 당사자가 아닌 채무자에게 기판력이 인정된다는 것은 아니다. 따라서 **채권자가 채권자대위권을 행사하는 방법으로 제3채무자를 상대로 소송을 제기하였다가 채무자를 대위할 피보전채권이 인정되지 않는다는 이유로 소각하 판결을 받아 확정된 경우 그 판결의 기판력이 채권자가 채무자를 상대로 피보전채권의 이행을 구하는 소송에 미치는 것은 아니다**(2014. 1.23, 2011다108095).

⇨ 채무자가 전소판결의 당사자가 아니라는 점을 상기 요함.

[비교 판결]

"甲이 乙을 대위하여 丙을 상대로 취득시효 완성을 원인으로 한 소유권이전등기 소송을 제기하였다가 乙을 대위할 피보전채권의 부존재(매매계약 부존재)를 이유로 소각하 판결을 선고받고 확정된 후 丙이 제기한 토지인도 소송에서 甲이 다시 위와 같은 권리(대위에 의한 취득시효 완성을 원인으로 한 소유권이전등기청구권)가 있음을 항변사유로서 주장하는 것은 기판력에 저촉되어 허용될 수 없다(2001.1.16, 2000다41349): (당사자가 바뀌지 않은 사안임)"

⇨ 전소 판결은 소송판결로서 그 기판력은 소송요건의 존부에 관하여만 미친다 할 것이나, 그 소송요건에 관련하여 甲의 乙에 대한 피보전채권이 없음이 확정된 이상 이 사건에서 甲이 乙에 대하여 피보전채권이 있음을 전제로 다시 위와 같은 주장을 하는 것은 전소의 사실심 변론종결 전에 주장하였던 사유임이 명백할 뿐만 아니라, 甲의 이러한 주장을 허용한다면 甲에게 乙에 대한 피보전채권의 존재를 인정하는 것이 되어 전소판결의 판단과 서로 모순관계에 있다고 하지 않을 수 없으므로 이 사건에서 甲이 이러한 주장을 하는 것은 전소판결의 기판력에 저촉되어 허용될 수 없다고 할 것이라고 판시함(2001.1.16, 2000다41349).

2) 채무자가 확정판결을 받은 경우 ⇨ 채권자

■ **당사자 적격이 없어 소 각하**(1993.3.26, 92다32876): 채무자가 이미 그 권리를 재판상 행사한 경우에 채권자는 채권자대위권을 행사할 수 없기 때문

채권자대위권은 채무자가 제3채무자에 대한 권리를 행사하지 아니하는 경우에 한하여 채권자가 자기의 채권을 보전하기 위하여 행사할 수 있는 것이기 때문에 채권자가 대위

권을 행사할 당시 이미 채무자가 그 권리를 재판상 행사하였을 때에는 설사 패소의 확정판결을 받았더라도 채권자는 채무자를 대위하여 채무자의 권리를 행사할 당사자적격이 없다(1993.3.26, 92다32876).

3) 채권자대위소송의 판결이 다른 채권자에게도 미치는지

◎ 채무자가 채권자대위소송이 제기된 것을 알았을 때 다른 채권자에게 판결의 효력이 미침(1994.8.12, 93다52808)

"어느 채권자가 채권자대위권을 행사하는 방법으로 제3채무자를 상대로 소송을 제기하여 판결을 받은 경우, 어떠한 사유로든 채무자가 채권자대위소송이 제기된 사실을 알았을 경우에 한하여 그 판결의 효력이 채무자에게 미치므로, 이러한 경우에는 <u>그 후 다른 채권자가 동일한 소송물에 대하여 채권자대위권에 기한 소를 제기하면 전소의 기판력을 받게 된다고 할 것이지만</u>, 채무자가 전소인 채권자대위소송이 제기된 사실을 알지 못하였을 경우에는 전소의 기판력이 다른 채권자가 제기한 후소인 채권자대위소송에 미치지 않는다."(1994.8.12, 93다52808)

➡ 위 판례를 설명함에 있어 반사적 효력이 미치는 것으로 설명하는 견해, 법률요건적 효력으로 설명하는 견해, 최근에는 채권자는 기판력을 적용받는 채권자를 대위하기 때문에 그 후 소가 기판력에 저촉되는 것이다라는 견해 등이 있음

➡ 수인의 채권자가 채권자대위소송을 하는 경우 유사필수적 공동소송으로 보는 판례(1991. 12.27, 91다23486)는 위 판례와 같은 맥락으로 이해할 수 있음 → 일부 채권자의 상소제기는 다른 채권자(공동소송인)에게도 효력이 미침

➡ 그러나 동일한 채권에 대해 복수의 채권자들이 압류·추심명령을 받은 경우 어느 한 채권자가 제기한 추심금소송에서 확정된 판결의 기판력은 **그 소송의 변론종결일 이전에 압류·추심명령을 받았던 다른 추심채권자에게 미치지 않음에 유의**(2020.10.2, 2016다35390).[7]

[2020.10.29, 2016다35390 판결 추가 설명]

1. 만약 기존 추심소송의 변론종결 후 추심명령을 받은 채권자가 있다면 그 채권자는 '변론종결 후의 승계인'에 해당하여 선행 추심소송 확정판결의 효력을 받는다고 보아야 함.

2. **추심소송 판결의 기판력이 채무자에게 미치는지 여부**: 아직 판례는 없으나 추심소송은 '갈음형' 법정소송담당이므로 채무자가 소송을 알았는지 몰랐는지를 불문하고 채무자에게 미친다고 보아야 함(채권자대위권과 구별 요).

---

7 "채권자대위소송과 추심금소송은 소송물이 채무자의 제3채무자에 대한 채권의 존부로서 같다고 볼

[추가 논의] 채권자대위권 관련

1) 채권자대위권을 행사하는 경우, 이전에 채권자가 채무자를 상대로 하여 그 보전되는 청구권에 기한 이행청구의 소를 제기하여 승소판결을 선고받아 확정된 경우→피보전채권이 입증되었다고 보아야 하므로 제3채무자는 그 청구권의 존재를 다툴 수 없음(1998.3.27, 96다10522; 2007.5.10, 2006다82700)

그러나 대법원은 "판결에 의하여 확정된 청구권의 취득이, 채권자로 하여금 채무자를 대신하여 소송행위를 하게 하는 것을 주목적으로 이루어진 경우와 같이, 강행법규에 위반되어 무효라고 볼 수 있는 경우 등에는 위 확정판결에도 불구하고 채권자대위소송의 제3채무자에 대한 관계에서는 피보전권리가 존재하지 아니한다고 보아야 한다. 이는 위 확정판결 또는 그와 같은 효력이 있는 재판상 화해조서 등이 재심이나 준재심으로 취소되지 아니하여 채권자와 채무자 사이에서는 그 판결이나 화해가 무효라는 주장을 할 수 없는 경우라 하더라도 마찬가지이다."라고 판시하였음에 유의해야 한다(2019.1.31, 2017다228618).

2) 채권자대위권을 행사하는 경우, 이전에 채권자가 채무자를 상대로 하여 그 보전되는 청구권에 기한 이행청구의 소를 제기하여 패소판결을 선고받아 확정된 경우→보전의 필요성이 인정되지 않으므로 채권자대위소송은 부적법한 것으로 각하(2002.5.10, 2000다55171[8])

4. 일반 제3자에의 확장

- ▣ 한정적 확장
- ▣ 일반적 확장(대세효): 가사소송법 제21조 '기판력의 주관적 범위에 대한 특칙'

수 있지만 그 근거 규정과 당사자적격의 요건이 달라 채권자대위소송의 기판력과 추심금소송의 기판력을 반드시 같이 보아야 하는 것은 아니다."라고 판시하였다.

8 "채권자가 채무자를 상대로 소를 제기하였으나 패소의 확정판결을 받은 종전 소유권이전등기절차 이행 소송의 청구원인이 채권자대위소송에 있어 피보전권리의 권원과 동일하다면 채권자로서는 위 종전 확정판결의 기판력으로 말미암아 더 이상 채무자에 대하여 위 확정판결과 동일한 청구원인으로는 소유권이전등기청구를 할 수 없게 되었고, 가사 채권자가 채권자대위소송에서 승소하여 제3자 명의의 소유권이전등기가 말소된다 하여도 채권자가 채무자에 대하여 동일한 청구원인으로 다시 소유권이전등기절차의 이행을 구할 수 있는 것도 아니므로, 채권자로서는 채무자의 제3자에 대한 권리를 대위행사함으로써 위 소유권이전등기청구권을 **보전할 필요가 없게 되었다고 할 것이어서 채권자의 채권자대위소송은 부적법한 것으로서 각하**되어야 한다."(2002.5.10, 2000다55171)

Ⅰ 판결의 편취의 유형

1) 성명모용판결
2) 소취하 합의한 상태에서 피고의 불출석을 노려 승소판결 받은 경우
3) 피고의 주소를 속여 공시송달에 의한 승소판결 받는 경우
4) 피고의 주소를 허위로 적어 피고 아닌 자가 송달받았음에도 피고가 받은 것으로 법원을 속여 자백간주나 무변론판결 받는 경우

Ⅱ 소송법상의 구제책

1. 1), 2), 3)의 경우

1) 추후보완상소(민사소송법 제173조)
2) 재심: 기본요건은 판결의 확정 + 재심사유
   ▣ 판결의 확정

> 제1심판결 정본이 공시송달의 방법에 의하여 피고에게 송달되었다면 비록 피고의 주소가 허위이거나 그 요건에 미비가 있다 할지라도 그 송달은 유효한 것이므로 항소기간의 도과로 그 판결은 형식적으로 확정되어 기판력이 발생한다(1994.10.21, 94다27922).

   ▣ 재심사유
   ● 1), 2)의 재심사유: 대리권에 흠이 있는 경우에 준하여 민사소송법 제451조 제1항 제3호
   ● 3)의 재심사유: 주소를 거짓으로 하여 소를 제기한 때(같은 항 제11호)

> [1] 당사자가 상대방의 주소 또는 거소를 알고 있었음에도 소재불명 또는 허위의 주소나 거소로 하여 소를 제기한 탓으로 공시송달의 방법에 의하여 판결(심판)정본이 송달된 때에는 **민사소송법 제451조 제1항 제11호에 의하여 재심을 제기할 수 있음은**

물론이나 또한 같은 법 제173조에 의한 소송행위 추완에 의하여도 상소를 제기할 수도 있다.

[2] 공시송달에 의하여 판결이 선고되고 판결정본이 송달되어 확정된 이후에 추완항소의 방법이 아닌 재심의 방법을 택한 경우에는 **추완상소기간이 도과하였다 하더라도 재심기간 내에 재심의 소를 제기할 수 있다고 보아야 한다**(2011.12.22, 2011다73540).

2. 4) 자백간주에 의한 판결편취

1) 항소설(판례): 기판력도 발생하지 않음

1. 민사소송법 제422조 제1항 제11호의 재심사유는 당사자가 상대방의 주소나 거소를 알면서 소재불명이라고 법원을 속여 공시송달의 명령을 얻어 소송이 진행된 때를 뜻하고, 당사자가 상대방의 주소나 거소를 알면서 허위의 주소나 거소로 하여 소를 제기하고 피고가 아닌 제3자로 하여금 소송서류를 수령하도록 하여 **의제자백에 의한 승소판결을 받은 경우에는, 그 판결은 피고에게 적법하게 송달되지 아니하여 항소기간의 진행이 개시되지 아니하고, 따라서 판결이 확정되지도 아니하였으므로, 항소의 대상이 됨은 별론으로 하고 재심의 대상이 될 수 없다**(1993.12.28, 93다48861).

2. 다만, 피고의 대표자를 참칭대표자로 적어 자백간주판결이 선고된 경우에는 451조 1항 3호(대리권 흠결)의 재심사유로 봄
   참칭대표자를 대표자로 표시하여 소송을 제기한 결과 그 앞으로 소장부본 및 변론기일소환장이 송달되어 변론기일에 참칭대표자의 불출석으로 의제자백 판결이 선고된 경우, 이는 적법한 대표자가 변론기일소환장을 송달받지 못하였기 때문에 실질적인 소송행위를 하지 못한 관계로 위 의제자백 판결이 선고된 것이므로, 민사소송법 제422조 제1항 제3호 소정의 **재심사유에 해당**한다(1999.2.26, 98다47290).

2) 추후보완상소 · 재심설: 민사소송법 제451조 제1항 제11호 중시

Ⅲ 실체법상의 구제책

1. 부당이득반환청구 가부: 기판력 저촉 여부의 문제임

- 자백간주에 의한 판결편취의 경우 부당이득반환청구는 기판력에 저촉되지 않으므로 구제수단이 됨

제소자가 상대방의 주소를 허위로 기재함으로써 그 허위주소로 소송서류가 송달되어 그로 인하여 상대방 아닌 다른 사람이 그 서류를 받아 의제자백의 형식으로 제소자 승소의 판결이 선고되고 그 판결정본 역시 허위의 주소로 보내어져 송달된 것으로 처리된 경우에는 상대방에 대한 판결의 송달은 부적법하여 무효이므로 **상대방은 아직도 판결정본의 송달을 받지 않은 상태에 있어 이에 대하여 상소를 제기할 수 있을 뿐만 아니라, 위 사위판결에 기하여 부동산에 관한 소유권이전등기나 말소등기가 경료된 경우에는 별소로서 그 등기의 말소를 구할 수도 있다**(1995.5.9, 94다41010).

- 그러나 1), 2), 3)의 경우에 재심의 소에 의하여 판결을 취소하지 않는 한 강제집행에 의한 이득에 대하여 부당이득반환청구 불가(재심필요설): 기판력의 작용으로 이해![1]

확정판결은 재심의 소 등으로 취소되지 아니하는 한 그 소송당사자를 기속하는 것이므로 비록 그 뒤 관련 소송에서 그 확정판결에 반하는 내용의 판결이 선고되어 확정되었다 하더라도 위 **확정판결에 기한 이행으로 교부받은 돈은 법률상 원인 없는 이익이 되지 아니한다**(2000.5.16, 2000다11850).

2. 불법행위를 원인으로 한 손해배상청구 가부

- 재심에 대하여 제한적 불요설
  - 위법의 정도가 큰 경우 – 재심 불요
  - 위법의 정도가 크지 않은 경우 – 재심 요

---

1 확정판결은 기존의 권리관계를 확정할 뿐 그 권리관계를 변동시키는 효력이 있는 것이 아니므로 확정판결 자체가 '법률상 원인'을 구성하는 것은 아니다. 확정판결에 기한 강제집행으로 취득한 것을 부당이득으로 주장할 수 없는 것은 기판력의 작용으로 이해해야 한다.

편취된 판결에 기한 강제집행이 불법행위로 되는 경우가 있다고 하더라도 당사자의 법적 안정성을 위해 확정판결에 기판력을 인정한 취지나 확정판결의 효력을 배제하기 위하여는 그 확정판결에 재심사유가 존재하는 경우에 재심의 소에 의하여 그 취소를 구하는 것이 원칙적인 방법인 점에 비추어 볼 때 불법행위의 성립을 쉽게 인정하여서는 아니되고, **확정판결에 기한 강제집행이 불법행위로 되는 것은 당사자의 절차적 기본권이 근본적으로 침해된 상태에서 판결이 선고되었거나 확정판결에 재심사유가 존재하는 등 확정판결의 효력을 존중하는 것이 정의에 반함이 명백하여 이를 묵과할 수 없는 경우로** 한정하여야 한다(1995.12.5, 95다21808).

Ⅳ 집행법상의 구제책

1. 청구이의의 소: 권리남용을 원인으로 함

- 청구이의의 소는 집행력 배제를 위한 것이므로 집행력이 발생하지 않는 4) 자백간주에 의한 판결편취에는 구제수단이 안 됨
- 집행이 종료된 경우에도 구제수단이 되지 않음

확정판결의 내용이 실체적 권리관계에 배치되는 경우 그 판결에 의하여 집행할 수 있는 것으로 확정된 권리의 성질과 그 내용, 판결의 성립 경위 및 판결 성립 후 집행에 이르기까지의 사정, 그 집행이 당사자에게 미치는 영향 등 제반 사정을 종합하여 볼 때, 그 확정판결에 기한 집행이 현저히 부당하고 상대방으로 하여금 그 집행을 수인하도록 하는 것이 정의에 반함이 명백하여 사회생활상 용인할 수 없다고 인정되는 경우에는 그 집행은 권리남용으로서 허용되지 않는다(2001.11.13, 99다32899).

6-2

민사소송법

예비적·선택적 공동소송

Ⅰ '법률상 양립할 수 없는 경우'의 의미

1. 판시

1) 사실관계에 대한 법률적인 평가를 달리하는 경우 ⇨ 두 청구 중 어느 한 쪽에 대한 법률효과가 인정되면 다른 쪽에 대한 법률효과가 부정됨으로써 두 청구가 모두 인용될 수는 없는 관계에 있는 경우

   ▣ 공작물책임에서 점유자와 소유자와의 관계, 직접점유자와 간접점유자와의 관계

   ▣ 대리에서 유권대리를 이유로 본인에게 주위적 청구, 무권대리로 인정되는 경우 무권대리인에게 예비적 청구

2) 사실관계 여하에 의하여 또는 청구원인을 구성하는 택일적 사실인정에 의하여 어느 일방의 법률효과를 긍정하거나 부정하고 이로써 다른 일방의 법률효과를 부정하거나 긍정하는 반대의 결과가 되는 경우 ⇨ 실체법적으로 서로 양립 or 소송법상으로 서로 양립할 수 없는 경우(2007.6.26, 2007마515)

2. 예비적·선택적 소송을 인정한 주요 판례: 사실상 양립 불능과 경계가 허물어지고 있음

   ▣ 피고적격이 단체(입주자대표회의)에게 있는지 개인(甲)에게 있는지 불분명할 때에는 단체와 개인을 모두 피고로 하여 예비적·선택적 공동소송으로 제기 가능(2007.6.26, 2007마515)

   ▣ 특정 토지에 대한 1개의 매매계약의 매수인이 A 주식회사인가 B 주식회사인가 여부가 불분명할 때 A 주식회사가 주위적 원고, B 주식회사가 예비적 원고가 되어 매도인을 상대로 매매대금반환 등을 구할 수 있음(2009.4.9, 2008다88207)

   ▣ 주위적 청구는 피고 A카드 주식회사가 피고 B자동차판매 주식회사에게 차량대금을 지급하였음을 전제로 피고 B자동차판매에 대하여 차량미인도로 인한 채무불이행책임 또는 사용자책임을 물음. 예비적 청구는 피고 A카드

가 피고 B자동차판매에게 차량대금을 지급하지 않았음을 전제로, 피고 A카드에 대하여 할부금 지급채무가 없음의 확인과 아울러 이미 납입한 할부금의 반환을 구함(2008.7.10, 2006다57872)

- ▣ 주위적 청구는 피고 甲이 원고에게 부동산에 관한 소유권이전등기의무를 부담하고 있음에도 피고 乙에게 그 소유권을 이전한 것은 통정허위표시 또는 반사회질서의 법률행위에 해당한다고 주장하면서 원고가 피고 甲을 대위하여 피고 乙 명의로 경료된 위 소유권이전등기 말소 구함(주위적 피고: 피고 乙). 예비적 청구는 주위적 청구의 통정허위표시와 반사회질서의 법률행위에 관한 주장이 배척된다면 피고 甲의 원고에 대한 위 소유권이전등기의무는 이행불능의 상태에 빠진 것이라고 주장하면서 피고 甲에 대하여 그 이행불능에 따른 전보배상을 구함(예비적 피고: 피고 甲)(2008.3.27, 2005다49430)주위적으로 투자금 반환약정이 유효함을 전제로 투자신탁회사를 상대로 투자금 반환청구, 예비적으로 투자금 반환약정이 무효인 경우 투자를 유도한 직원 개인에 대하여 불법행위에 기한 손해배상청구

Ⅲ 주관적 · 예비적 공동소송에서 일부 공동소송인에 대해서만 판결을 하여 주위적 피고만 항소한 경우 법률관계

주관적·예비적 공동소송에 있어서 일부 공동소송인에 대해서만 판결을 하였는데, 주위적 공동소송인과 예비적 공동소송인 중 어느 한 사람이 상소를 제기하면 다른 공동소송인에 관한 청구 부분도 상소심에 이심되어 심판대상이 된다.

민사소송법은 주관적·예비적 공동소송에 대하여 필수적 공동소송에 관한 규정인 제67조 내지 제69조를 준용하도록 하면서도 소의 취하의 경우에는 그 예외를 인정하고 있다(제70조 제1항 단서). 따라서 공동소송인 중 일부가 소를 취하하거나 일부 공동소송인에 대한 소를 취하할 수 있고, 이 경우 소를 취하하지 않은 나머지 공동소송인에 관한 청구 부분은 여전히 심판의 대상이 된다(2018.2.13, 2015다242429).

⇨ 제1심법원은 주위적 피고인 소외 1에 대한 원고의 청구를 인용하면서 예비적 피고인 피고들에 대해서는 판결을 하지 않았는데,[1] 주위적 피고인 소외 1이 항소한 후 원고가 주위적 피고인 소외 1에 대한 소를 취하한 경우에, 예비적 피고에 대한 청구는 여전히 원심의 심판대상이 된다.

---

1 민사소송법 제70조 제2항은 "제1항의 소송에서는 모든 공동소송인에 관한 청구에 대하여 판결을 하

Ⅲ 주관적·예비적 공동소송에서 화해권고결정에 대하여 일부 공동소송인이 이의하지 않은 경우 법률관계

주관적·예비적 공동소송에서 화해권고결정에 대하여 일부 공동소송인이 이의하지 않았다면, 원칙적으로 그 공동소송인에 대한 관계에서는 위 결정이 확정될 수 있다. 다만 화해권고결정에서 분리 확정을 불허하고 있거나, 그렇지 않더라도 그 결정에서 정한 사항이 공동소송인들에게 공통되는 법률관계를 형성함을 전제로 하여 이해관계를 조절하는 경우 등과 같이 결정 사항의 취지에 비추어 볼 때 분리 확정을 허용할 경우 형평에 반하고 또한 이해관계가 상반된 공동소송인들 사이에서의 소송 진행 통일을 목적으로 하는 민사소송법 제70조 제1항 본문의 입법 취지에 반하는 결과가 초래되는 경우에는 분리 확정이 허용되지 않는다. 이는 주관적·예비적 공동소송에서 화해권고결정에 대하여 일부 공동소송인만이 이의신청을 한 후 그 공동소송인 전원이 분리 확정에 대하여는 이의가 없다는 취지로 진술하였더라도 마찬가지이다(2022.4.14, 2020다224975).

⇨ 원고가 피고 서울특별시 강동구('주위적 피고')가 사업시행자임을 전제로 주위적 피고를 상대로 부당이득금의 반환을 구하였고, 사업시행자가 피고 서울특별시('예비적 피고')인 경우를 대비하여 예비적 피고를 상대로 부당이득금의 반환을 청구한 사안에서 제1심은 원고의 주위적 피고에 대한 청구를 인용하였으나, 주문에서 예비적 피고에 관하여 아무런 판단을 하지 않았고, 이에 대하여 주위적 피고만 항소함. 모든 당사자들 사이에 결론의 합일 확정을 기할 필요가 인정되므로, 주위적 피고가 항소를 제기한 이상 예비적 피고에 대한 청구 부분도 원심에 이심되어 그 심판대상이 됨. 화해권고결정의 내용은 예비적 피고의 원고에 대한 금원 지급의무를 전제로 원고가 주위적 피고에 대한 청구를 포기한다는 것이어서 위 화해권고결정에 대해서는 당사자들의 의사에 관계없이 분리 확정이 허용되지 않음. 따라서 위 화해권고결정에 대하여 예비적 피고만이 이의신청을 하였더라도, 위 화해권고결정은 원고와 주위적·예비적 피고에 대하여 전부 확정되지 않고, 이 부분 사건은 소송으로 복귀. 주위적 피고와 예비적 피고에 대하여 모두 주문을 내야 함(2022.4.14, 2020다224975).

여야 한다."고 되어 있으므로 제1심 법원이 예비적 피고에 대해서 판단하지 않은 것은 위법하다.

1. 권리주장참가

1) 인정여부의 기준

◨ 권리주장참가에 있어서 '소송목적의 전부 또는 일부가 자신의 권리임을 주장하였는지'가 중요

● 참가인이 물권을 주장하는 경우뿐만 아니라 채권을 주장하는 경우에도 권리주장참가가 가능할 수 있음에 유의

◨ 주장 자체로 판단하는 것임, 실제 이유가 있는지 없는지가 기준이 아님

2) 인정되는 예

◨ 甲과 乙 간의 소유권확인청구에 참가인 丙이 甲을 상대로 소유권확인, 乙을 상대로 등기말소 및 소유권확인 구한 경우(1998.7.10, 98다5708)

◨ 甲이 A로부터 채권을 양수하였다고 주장하면서 채무자 乙에게 양수금지급청구의 소를 제기하자, 참가인 丙이 자신이 A로부터 채권을 양수한 진정한 채권자라고 주장하면서 채무자 乙을 상대로 양수금지급청구의 소를 제기하는 경우(1991.12.24, 91다21145 변형)

◨ 甲이 乙에 대하여 취득시효 완성을 원인으로 한 소유권이전등기청구의 소를 제기하자, 참가인 丙이 같은 토지에 대하여 乙에 대하여 취득시효 완성을 원인으로 한 소유권이전등기청구, 甲에 대하여 토지인도청구를 하는 경우(1997.6.10, 96다25449)

◨ 원고가 피고를 상대로 주위적으로 채권 변제에 갈음하여 동산의 소유권을 이전하기로 하는 대물변제계약을 체결하였다고 주장하면서 소유권에 기한 동산인도청구, 예비적으로 양도담보설정계약에 기한 동산인도청구를 함. 참가인 丙이 원고에 대하여 소유권확인을 구하고, 피고에 대하여 소유권에 기하여 장비 인도를 구한 사안(2007.6.15, 2006다80322)

◨ 기존의 2층 주택이 3층으로 증축된 사안에서, 경락인인 원고가 3층 부분은 기존의 2층에 부합되었으므로 소유권을 주장하면서 3층 부분의 구분

소유권을 주장하는 피고(종전소유자)를 상대로 건물 인도 청구를 함. 참가인이 위 3층 부분은 자신이 증축한 것으로 주장하면서 원고를 상대로 소유권확인, 피고를 상대로 3층 부분 인도를 구함(1992.12.8, 92다26772)

3) 인정되지 않는 예 – 부동산이중매매 – 각하(判)

◉ 원고가 피고에게 매매를 원인으로 소유권이전등기를 구함. 참가인은 피고가 부동산을 이중양도하였고(즉 피고가 참가인에게도 양도하였고) 원·피고 사이의 매매계약은 민법 제103조 위반이라고 주장하며 피고에 대하여 매매를 원인으로 소유권이전등기를 구함

  ● 그러나 사안을 달리하여 위 사안에서 참가인이 자신이 매수당사자라고 주장하면서 피고에 대하여 소유권이전등기를 구하는 경우에는 참가신청이 적법함(즉 하나의 매매계약을 전제로 참가신청을 한 경우, 1988.3.8, 86다148)

◉ 원고가 피고에게 대여금 7,500만 원의 지급을 구함. 참가인은 원고의 위 대여금은 참가인의 돈 7,500만 원을 보관하던 중 원고가 횡령하여 대여한 것이라는 이유로 피고에 대하여 7,500만 원의 손해배상금의 지급을 구함(2011.5.13, 2010다106245 변형)

◉ 원고가 양수도계약에 따라 지급받기로 한 20억 원과 관련하여 주위적으로 그 지급보증을 위해 발행된 액면금 20억 원의 약속어음금의 지급을 구하고, 예비적으로 이 사건 양수도계약을 해제하면서 그 원상회복 불능에 따른 가액배상으로 20억 원의 지급을 구하는 본안 소송 계속 중에 독립당사자참가인이 피고에 대하여 양수도계약에 따라 지급하기로 한 20억 원의 채권이 독립당사자참가인에게 양도되었음을 전제로 그 20억 원의 지급을 구하고, 원고에 대하여는 피고의 독립당사자참가인에 대한 위 20억 원의 채무를 연대보증하였다는 이유로 그 연대보증채무의 이행을 구하면서 두 개의 청구를 병합하여 독립당사자참가 신청 ⇨ 원고에 대하여 연대보증채무 이행 구하는 부분은 독립당사자참가 요건을 갖추지 못했으므로 각하하고 피고에 대한 독립당사자참가만 판단해야 함(2022.10.14, 2022다241608, 241615)[1]

---

1 독립당사자참가인이 수 개의 청구를 병합하여 독립당사자참가를 하는 경우에는 각 청구별로 독립당

2. 권리주장참가가 적법한 경우

▣ 합일확정의 요청 – 일부 판결 ×, 추가판결 ×

▣ 소송자료의 통일

● 원, 피고 사이 화해, 청구 포기·인낙 ×

● 원고청구에 대한 피고 자백은 참가인에게 효력 ×

▣ 소송진행의 통일

● 한 사람 중단 원인 발생시 전소송절차 정지

▣ 판결에 대한 상소시

● 이심되는가? – 이심설(判), 그 전제는 참가신청이 적법하다는 전제임(2007. 12.14, 2007다37776)

● 이심된 경우 상소안 한 사람 지위는? – 단순한 상소심 당사자

● 심판의 범위는? – 불이익변경금지원칙 배제

사자참가의 요건을 갖추어야 하고, 편면적 독립당사자참가가 허용된다고 하여, 참가인이 독립당사자참가의 요건을 갖추지 못한 청구를 추가하는 것을 허용하는 것은 아니기 때문이다.

소송행위 철회와 의사의 하자

1. 문제의 소재

▣ 소송행위는 상대방이 그에 의하여 소송상의 지위를 취득하지 아니한 때에는 자유롭게 철회할 수 있으나, 상대방에게 일정한 법률상 지위가 형성된 소송행위 내지 당해 행위를 한 당사자에게 불리한 '**구속적 소송행위**'는 자유롭게 철회할 수 없음

▣ 이와 같은 구속적 소송행위에 관하여 자백의 경우는 착오로 인한 취소에 관하여 명문의 규정이 있고(민사소송법 제288조 단서), 소송외 행위(예를 들면 관할합의, 부제소 합의)에 대하여는 민법 의사표시 규정을 유추적용하는 방안에 대하여 이견이 없음

▣ 문제는 소송절차 종료 소송행위(예를 들면 소·상소의 취하, 청구의 포기·인낙, 화해)에 대하여 민법의 의사표시 규정을 유추적용할 수 있는지에 관하여 견해가 대립되고 있음

2. 견해의 대립

▣ **부정설**: 민사소송법의 독자성 강조하여 유추적용에 부정적 입장

▣ **긍정설**: 소송절차 종료 소송행위는 소송절차의 안정과 무관하므로 유추적용 가능하다고 주장

▣ **판례(부정설)**

● 소송행위에 관하여 민법상의 법률행위에 관한 규정을 유추적용하여 사기, 강박, 취소 등 의사표시의 하자를 이유로 그 무효나 취소 주장 불가 (1980.8.26, 80다76)

● 민사소송법 제451조 제1항 제5호 재심사유 규정 유추적용 ⇨ 유죄판결의 확정 요구(2012.11.21, 2011마1980)

지급명령에 대한 이의신청의 취하는 채무자가 제기한 이의신청을 철회하여 지급명령에 확정판결과 같은 효력을 부여하는 채무자의 법원에 대한 소송행위로서 **소송행위의 특질상 소송절차의 명확성과 안정성을 기하기 위한 표시주의가 관철되어야 하므로 민법의 법률행위에 관한 규정은 원칙적으로 적용되지 않는다.** 다만 대표자나 대리인(이하 대표자 등이라 한다)이 상대방과 통모하여 형사상 처벌을 받을 배임행위 등에 의하여 지급명령에 대한 이의신청을 취하한 때에는 **민사소송법 제451조 제1항 제5호의 규정을 유추적용하여 그 효력이 부정될 수 있는 경우**가 있을 것이나, 같은 조 제2항에 따라 그 형사상 처벌받을 행위에 대하여 **유죄의 판결**이나 과태료 부과의 재판이 확정된 때 또는 증거부족 외의 이유로 유죄의 확정판결이나 과태료부과의 확정재판을 할 수 없는 때라야 할 것이다(2012.11.21, 2011마1980).

■ 구제수단 정리

● 부정설을 취하건 긍정설을 취하건 권리구제수단 자체는 다르지 않음(다만, 권리구제와 관련하여 인정되는 사유의 폭이 다름)

  - 소 취하의 하자를 다투는 경우: 민사소송규칙 제67조의 기일지정신청 요함

  - 청구의 포기·인낙, 화해의 하자를 다투는 경우: 기판력이 인정되므로 준재심의 소 제기 요함

  - 항소 취하의 하자를 다투는 경우: 항소심 법원에 기일지정신청 요함[1]

[1] 민사소송법 제451조 제1항 제5호는 '형사상 처벌을 받을 다른 사람의 행위로 말미암아 자백을 한 경우'를 재심사유로 인정하고 있는데, … **형사상 처벌을 받을 다른 사람의 행위로 말미암아 상소 취하를 하여 원심판결이 확정된 경우에도 자백에 준하여 재심사유가 된다고 보아야 한다.** 그리고 '형사상 처벌을 받을 다른 사람의 행위'에는 당사자의 대리인이 범한 배임죄도 포함될 수 있으나, 이를 재심사유로 인정하기 위해서는 단순히 대리인이 문제된 소송행위와 관련하여 배임죄로 유죄판결을 받았다는 것만으로는 충분하지 않고, 대리인의 배임행위에 소송상대방 또는 그 대리

---

1 민경도, "흠 있는 소취하 및 상소취하의 효력과 그 구제에 관하여", 인권과정의(2016. 2), 101면 이하. 참고 판결로는 2019.8.30, 2018다259541(항소취하간주를 다투기 위해서는 항소심 법원에 기일지정신청 요).

인이 통모하여 가담한 경우와 같이 대리인이 한 소송행위 효과를 당사자 본인에게 귀속시키는 것이 절차적 정의에 반하여 도저히 수긍할 수 없다고 볼 정도로 대리권에 실질적인 흠이 발생한 경우라야 한다.

[2] 재심대상판결 당시 **피고 주식회사의 실질적 대표자이던 甲이 소송상대방과 공모하여 개인적으로 돈을 받기로 하고 제1심판결에 대한 항소를 취하한 사안에서, 甲이 항소를 취하한 행위에 대하여 업무상배임죄로 유죄판결을 받고 판결이 확정되었으므로 재심대상판결에는 민사소송법 제451조 제1항 제5호에 준하는 재심사유가 있다**고 하면서도, 항소 취하의 효력을 인정하여 피고 회사의 **재심청구**를 기각한 원심판결에 법리오해의 위법이 있다고 한 사례(2012.6.14, 2010다86112).

⇨ 위 판결은 항소 취하의 하자를 다투어 항소심 법원에 기일지정신청을 하였으나 항소심 법원이 소송종료선언을 한 사안이다. 소송종료선언을 한 항소심법원의 판결이 확정된 경우에는 위와 같이 재심청구를 해야 한다. 결국 항소 취하의 하자를 다투는 경우에 1차적으로 항소심 법원에 기일지정신청을 하고, 항소심 법원이 받아들여지지 않은 경우에는 확정 전에는 상고, 확정 후에는 재심의 수단을 취해야 함.

● 판례의 논리를 세분화하여 정리
  - 소 취하에 사기, 강박 등 범죄행위가 있었던 경우: 민사소송법 제451조 제1항 제5호 재심사유에 해당되므로 확정된 유죄판결을 받고 민사소송규칙 제67조의 기일지정신청 요함
● 항소 취하에 사기, 강박 등 범죄행위가 있었던 경우도 같음
  - 소 취하를 착오로 한 경우: 민사소송법 제451조 제1항 제5호 재심사유로 보기 어려우므로 민사소송규칙 제67조에 따른 기일지정신청을 한 경우 재판부는 '소송종료선언' 요함
  - 청구의 포기 · 인낙, 화해에 사기, 강박 등 범죄행위가 있었던 경우: 준재심의 소 제기 요함
  - 청구의 포기 · 인낙, 화해를 착오로 한 경우: 준재심의 소의 사유가 되기 어려움 ⇨ 준재심의 소 기각

1. 의의

▣ 소송중단 사유 발생시 소송절차가 중단되는 것이 원칙이나, 소송대리인이 있으면 중단되지 않음(민사소송법 제238조)

2. 소송대리인의 수권범위와 관련된 중단의 문제

▣ 원칙

● 소송대리인이 있다고 하여 무제한 속행되는 것이 아니라 심급대리가 원칙이므로 그 심급의 판결정본이 당사자에게 송달됨으로써 심급종결로 소송절차는 중단됨[1]

▣ 예외

● 소송대리인에게 <u>상소에 관한 특별한 권한수여</u>가 있으면 판결이 송달되어도 중단되지 않음

▣ 2010.12.23, 2007다22859 판결 분석

● 사실관계[2]

– 원고가 망인을 상대로 소를 제기하였고, 망인은 변호사 A를 선임함 (상소에 관한 특별 수권 부여함). 망인이 소송계속 중 사망하자 망인의 상속인은 甲, 乙, 丙, 丁임에도, 망인으로부터 소송위임을 받았던 변호사 A는 소송수계인을 甲, 乙로 기재하여 소송수계신청을 하였음.

– 제1심은 소송수계신청을 받아들여 甲, 乙을 망인의 소송수계인으로 표시하여 원고 전부승소 판결을 선고하고 변호사 A에게 판결 송달함

– 변호사 A는 항소를 제기하면서 '甲, 乙'을 항소인으로 표시하여 항소장을 제출함

---

1 상속인은 원심 법원에 항소장을 제출하면서 소송수계신청을 함으로써 소송절차 중단을 소멸시킬 수 있다(즉 소송을 속행할 수 있다).
2 사실관계를 다소 변형하였다.

- 쟁점
  - 망인의 상속인 甲, 乙을 제외한 나머지 상속인들에 대하여는 판결이 확정되었는지 여부
- 대법원의 판단

1) 제1심에서 실제로 수계절차를 밟은 甲, 을만을 피고로 표시한 제1심판결의 효력은 그 당사자 표시의 잘못에도 불구하고 당연승계에 따른 수계적격자인 망인의 상속인들 모두에게 미침
2) 위와 같은 제1심판결의 잘못된 당사자 표시를 신뢰한 망인의 소송대리인 A가 판결에 표시된 소송수계인 甲, 乙만을 그대로 항소인으로 표시 ⇨ 제1심 판결은 소송수계인으로 표시되지 아니한 나머지 상속인들 모두에게 효력이 미치는바, A는 위 제1심판결 전부에 대하여 항소를 제기한 것으로 보아야 함
3) 결국 나머지 상속인들은 항소심에서 소송수계신청 가능
   "당사자 표시가 잘못되었음에도 망인의 소송상 지위를 당연승계한 정당한 상속인들 모두에게 효력이 미치는 판결에 대하여 그 잘못된 당사자 표시를 신뢰한 망인의 소송대리인이나 상대방 당사자가 그 잘못 기재된 당사자 모두를 상소인 또는 피상소인으로 표시하여 상소를 제기한 경우에는, 상소를 제기한 자의 합리적 의사에 비추어 특별한 사정이 없는 한 정당한 상속인들 모두에게 효력이 미치는 위 판결 전부에 대하여 상소가 제기된 것으로 보는 것이 타당하다."(2010.12.23, 2007다22859)

- 1992.11.5, 91마342 판결과의 관계
  - 1992.11.5, 91마342 판결은 '망인으로부터 상소제기 권한을 수여받은 소송대리인이 있었는데, 소송대리인은 망인의 정당한 상속인이 네 명(甲, 乙, 丙, 丁)임에도 2명(甲, 乙)에 대해서만 소송수계신청을 하였고, 제1심 판결이 선고되자 甲, 乙만이 항소를 제기' ⇨ 즉 소송대리인이 항소를 제기한 것이 아님
  - 1992.11.5, 91마342 판결은 丙, 丁에 대해서는 판결이 확정되었다고 판시(확정설)
  - 1992.11.5, 91마342 판결에 대해서 丙, 丁의 절차 관여 없이 丙, 丁에 대한 판결이 확정되었다고 보는 것은 부당하다는 비판이 제기 ⇨ 추후보완의 상소로 丙, 丁을 보호하자는 안(추후보완 상소 구제설, 이시

윤), 사망한 당사자가 선임한 '소송대리인'은 상속인과의 관계에서 마치 부재자의 재산관리인과 유사한 지위에 있으므로, 상속인이 수계절차를 밟는 데 필요한 범위 또는 최소한의 보전행위의 범위로 제한된다고 보아, 상소제기의 대리권을 갖지 않는다고 하는 견해(중단설, 호문혁)

- 2010.12.23, 2007다22859 판결의 의의
  - 1992.11.5, 91마342 판결에 대한 비판을 의식하여 당사자 확정에 관한 '의사설'의 논리를 사용하여 구체적 타당성을 기함
  - 1992.11.5, '표시주의 원칙'에 위배된다는 비판이 가능(이시윤)

I 쟁점의 정리

- 제1심 판결에 표시되지 않은 丙, 丁에게 판결의 효력이 미치는지 여부
- 丙, 丁에게 판결의 효력이 미친다면 제1심 재판에 관여한 바 없는 丙, 丁이 취할 수 있는 구제수단으로 어떤 것이 있는지 여부 → 이는 A가 제출한 항소장 제출의 효과가 丙, 丁에게 미치는지와 밀접하게 관련

II 제1심 판결의 효력이 丙, 丁에게 미치는지 여부

- 당사자의 사망시 소송절차의 중단과 예외(소송대리인이 선임된 경우)
- 소송계속 중 당사자 사망한 경우 당사자의 지위는 당연승계 ⇨ 이 사건에서 소송대리인 A는 丙, 丁의 소송대리인임
- 제1심 법원의 판결의 효력이 丙, 丁에게 미침(2010.12.23, 2007다22859)

III A의 항소장 제출의 효과가 丙, 丁에게 미치는지 여부

1. 문제점

- 소송대리인이 있더라도 심급대리의 원칙상 그 심급의 판결정본이 당사자에게 송달됨으로써 심급종결로 소송절차는 중단됨. 그러나 소송대리인에게 상소에 관한 특별 권한 수여가 있으면 판결이 송달되어도 예외적으로 중단되지 않음
- 이와 같은 경우 제1심에 관여한 바 없는 丙, 丁에 대한 판결은 그대로 확정된 것으로 보아야 하는지 문제가 됨

2. 학설의 대립

1) 추후보완상소구제설(이시윤): 상소에 관한 특별수권이 있는 소송대리인이 있으므로 누락된 상속인에 대한 판결은 확정된 것으로 보되, 추후보완의 상

소로 침해된 절차권을 보호해야 한다는 견해[3]

2) 중단설(호문혁): 소송대리인은 상소제기의 대리권을 가지지 않는다고 보아 소송대리인에게 판결문이 송달되면 소송이 중단된다고 보는 견해[4]

3) 확정설: 소송대리인에게 상소에 관한 특별한 권한을 수여하였으므로 소송 중단이 없이 계속되며, 丙, 丁의 소송대리인에게 판결문이 송달된 이상 丙, 丁에 대한 판결은 그대로 확정되었다고 보는 견해

3. 판례

◼ 당사자 표시가 잘못되었음에도 망인의 소송상 지위를 당연승계한 정당한 상속인들 모두에게 효력이 미치는 판결에 대하여 그 잘못된 당사자 표시를 신뢰한 망인의 소송대리인이 그 잘못 기재된 당사자 모두를 상소인으로 표시하여 상소를 제기한 경우, 정당한 상속인들 모두에게 효력이 미치는 위 판결 전부에 대하여 상소가 제기된 것으로 보아야 함(2010.12.23, 2007다22859)

4. 검토

◼ 판례에 따르면 항소장 제출의 효과가 미침, 그러나 학설에 따르면 항소장 제출의 효과가 미치지 않음

Ⅳ 丙, 丁의 구제수단

◼ 판례에 따를 경우 소송대리인이 제출한 항소장 제출의 효과가 丙, 丁에게 미치므로 별도로 항소장을 제출할 필요 없이 항소심 법원에 **소송수계신청을 통해 항소심 심리에 관여하여 제1심 판결을 다툴 수 있음**

◼ 추후보완상소구제설에 따를 경우 제1심 법원에 소송수계신청을 하면서 동시에 추후보완의 항소를 하여야 함

◼ 중단설에 따를 경우 제1심 법원에 소송수계신청을 하면서 동시에 항소장[5]을 제출하여야 함

---

3 이시윤, 신민사소송법(제8판), 434~435면 참조.
4 호문혁, 민사소송법(제12판), 968~967면.
5 추완항소가 아님에 주의.

CHAPTER

07

민사집행법

보전처분 관련 쟁점

I 보전처분의 잠정성

가처분의 피보전권리는 채무자가 소송과 관계없이 스스로 의무를 이행하거나 본안소송에서 피보전권리가 존재하는 것으로 판결이 확정됨에 따라 채무자가 의무를 이행한 때에 비로소 법률상 실현되는 것이어서, 채권자의 만족을 목적으로 하는 이른바 단행가처분의 집행에 의하여 피보전권리가 실현된 것과 마찬가지의 상태가 사실상 달성되었다 하더라도 그것은 어디까지나 임시적인 것에 지나지 않으므로, **가처분이 집행됨으로써 그 목적물이 채권자에게 인도된 경우에도 본안소송의 심리에서는 그와 같은 임시적, 잠정적 이행상태를 고려함이 없이 그 목적물의 점유는 여전히 채무자에게 있는 것**으로 보아야 한다(2007.10.25, 2007다29515).

⇨ 인도단행가처분에 의하여 채권자에게 토지가 인도되었어도 여전히 채무자가 토지를 점유하고 있는 것으로 보아야 하므로, 채권자의 인도청구를 인용하여야 하며 채무자가 점유하고 있지 않음을 이유로 기각하면 안 됨.

II 보전소송에서 당사자 사망

1. 신청 전의 채무자의 사망[1]

▣ 법원의 판단: 각하 결정 요

▣ 결정 당연 무효 ⇨ 시효중단효 ×, 경정사유 ×

▣ 가처분/가압류말소의 방법 ⇨ 가압류결정에 대한 이의신청(2002.4.26, 2000다30578)

▣ 제3취득자는 제3자 이의의 소 제기 가능(1982.10.26, 82다카884)

---

[1] 민사소송에서도 제소 전 피고가 사망한 경우 원칙적으로 당연무효이나, 당사자표시정정, 피고 경정에 의해서 구제될 수 있다. 당사자가 소송위임 후 사망한 경우에 소송대리인이 제기한 소 제기는 적법하다(2016.4.29, 2014다210449).

1. **사망한 자를 채무자로 한 가압류신청은 부적법**하고 위 신청에 따른 가압류결정이 있었다 하여도 그 결정은 당연무효라고 할 것이며, 그 효력이 상속인에게 미친다고 할 수는 없는 것(1991.3.29, 89그9)
   ⇨ 채무자 표시를 상속인으로 경정할 수 없음.[2]
   ⇨ 시효중단 효력 없음(2006.8.24, 2004다26287).
2. **같은 취지)** 이미 사망한 자를 채무자로 한 처분금지가처분신청은 부적법하고 그 신청에 따른 처분금지가처분결정이 있었다고 하여도 그 결정은 당연무효로써 그 효력이 상속인에게 미치지 않는다(2002.4.26, 2000다30578).
3. 구별해야 할 점
   신청 당시 피신청인 생존한 경우 결정시에 피신청인이 사망하여도 보전처분이 당연무효 아님(1993.7.27, 92다48017)

2. 신청 후 보전처분 발령 전 채무자의 사망

   ◼ **원칙:** 절차중단 요(민사소송법 제233조 준용)
   ◼ 간과하고 결정한 경우에 보전처분 당연무효 아님

당사자 쌍방을 소환하여 심문절차를 거치거나 변론절차를 거침이 없이 채권자 일방만의 신청에 의하여 바로 내려진 처분금지가처분결정은 **신청 당시 채무자가 생존하고 있었던 이상 그 결정 직전에 채무자가 사망함으로 인하여 사망한 자를 채무자로 하여 내려졌다고 하더라도 이를 당연무효라고 할 수 없다**(1993.7.27, 92다48017).
[관련 판결] 소송계속 중 어느 일방 당사자의 사망에 의한 소송절차 중단을 간과하고 변론이 종결되어 판결이 선고된 경우에는 그 판결은 소송에 관여할 수 있는 적법한 수계인의 권한을 배제한 결과가 되는 절차상 위법은 있지만 그 판결이 당연무효라 할 수는 없고, 다만 그 판결은 대리인에 의하여 적법하게 대리되지 않았던 경우와 마찬가지로 보아 대리권흠결을 이유로 상소 또는 재심에 의하여 그 취소를 구할 수 있을 뿐이다(1995.5.23, 94다28444 전합).

---

2 민사소송의 경우 이미 죽은 사람에 대하여 소를 제기한 경우에 당사자표시정정을 넓게 허용하고 있으나, 보전소송의 경우에는 당사자표시정정, 결정 경정에 소극적임에 유의해야 한다.

- ◨ 집행을 하는 경우에 승계집행문을 받아 집행 가능(민사집행법 제292조 1항 유추)

3. 발령 후 집행 전 채무자의 사망

- ◨ 집행을 하는 경우에 승계집행문을 받아 집행 가능(민사집행법 제292조 1항 참조)

Ⅲ 상속포기와 가압류

◨ 가압류결정 후 상속인이 상속포기한 경우 가압류의 효력 영향 없음

> 상속인은 아직 상속 승인, 포기 등으로 **상속관계가 확정되지 않은 동안에도 잠정적으로 나마 피상속인의 재산을 당연 취득하고 상속재산을 관리할 의무가 있으므로,** 상속채권 자는 그 기간 동안 상속인을 상대로 상속재산에 관한 가압류결정을 받아 이를 집행할 수 있다. 그 후 **상속인이 상속포기로 인하여 상속인의 지위를 소급하여 상실한다고 하더 라도 이미 발생한 가압류의 효력에 영향을 미치지 않는다.** 따라서 위 상속채권자는 종국 적으로 상속인이 된 사람 또는 민법 제1053조에 따라 선임된 상속재산관리인을 채무자 로 한 상속재산에 대한 경매절차에서 가압류채권자로서 적법하게 배당을 받을 수 있다 (2021.9.15, 2021다224446).

Ⅳ 본안소송과 가처분

◨ 甲이 乙을 상대로 매매계약에 기한 소유권이전등기를 구하는 경우
- ● 甲은 乙 명의 소유권이전등기에 대하여 처분금지가처분등기 기입 요
  - 가처분 이후에 등기가 이전되더라도 乙만을 피고로 하여 청구하면 됨
- ● 처분금지가처분을 하지 않았고, 소송계속 중 乙이 제3자에게 매도한 경우
  - 乙은 이행불능 항변이 가능
  - 甲의 권리는 채권적 청구권이어서 제3자는 소송물의 승계인으로 볼 수 없어서 甲이 인수승계신청을 할 수 없음
- ● 처분금지가처분을 하지 않았고, 변론종결 후 乙이 제3자에게 매도한 경우
  - 甲은 乙에 대한 승소판결의 효력을 제3자에게 주장할 수 없음

▣ 甲이 등기명의인 乙을 상대로 소유권에 기한 말소등기청구를 하는 경우
- 甲은 乙 명의 소유권이전등기에 대하여 처분금지가처분등기 기입 요
  - 가처분 이후에 등기가 이전되더라도 乙만을 피고로 하여 청구하면 됨
- 처분금지가처분을 하지 않았고, 소송계속 중 乙이 제3자에게 소유권이전등기를 마쳐준 경우에 乙에 대한 승소판결의 효력을 제3자에게 주장할 수 없음
  - 제3자를 소송에 끌어들이기 위해 인수승계신청(민사소송법 제82조 제1항)을 해야 하는 불편함이 있음
- 처분금지가처분을 하지 않았고, 乙이 변론종결 후에 제3자에게 소유권이전등기를 마쳐준 경우
  - 제3자는 변론종결한 뒤의 승계인에 해당하여 甲은 乙에 대한 승소판결을 가지고 승계집행문을 받아 제3자 명의 등기 말소 가능 → 처분금지가처분을 해두면 승계집행문 부여 받을 필요 없이 가처분채권자 신청에 의하여 가처분에 위반된 제3자 명의의 소유권이전등기를 말소하는 편리함이 있음

▣ 건물 소유자 甲이 건물 점유자 乙을 상대로 건물인도청구를 하는 경우
- 甲은 乙을 상대로 점유이전금지가처분 신청 요함(판례는 불법점유자에 대한 인도청구는 직접 점유자만을 상대로 할 수 있다고 판시하고 있음, 1999.7.9, 98다9045)
- 점유이전금지가처분을 신청하지 않았고, 소송계속 중 乙이 제3자에게 점유를 이전한 경우에 乙에 대한 승소판결의 효력을 제3자에게 주장할 수 없음
  - 제3자를 소송에 끌어들이기 위해 인수승계신청을 해야 하는 불편함이 있음
- 점유이전금지가처분을 하지 않았고, 乙이 변론종결 후에 제3자에게 점유를 이전한 경우
  - 제3자는 변론종결한 뒤의 승계인에 해당하여 甲은 乙에 대한 승소판결을 가지고 승계집행문을 받아 제3자에 대하여 강제집행이 가능 → 점유이전금지가처분을 해두면 승계집행문 부여 받아 집행 요함(1999.3.23, 98다59118)

- ▣ 토지 소유자 甲이 토지 점유자 乙을 상대로 토지인도청구를 하는 경우
  - ● 앞서 본 '건물 소유자 甲이 건물 점유자 乙을 상대로 건물인도청구를 하는 경우'의 논의가 그대로 적용
- ▣ 토지 소유자 甲이 건물 소유자 乙을 상대로 토지인도 및 건물철거청구를 하는 경우
  - ● 甲은 乙을 상대로 점유이전금지가처분(토지에 관하여) + 건물 처분금지가처분 신청 요함(건물철거청구는 건물을 법률상 또는 사실상 처분할 수 있는 지위에 있는 자에 대해서 청구해야 함, 1989.2.14, 87다카3073, 87다카25)[3]

CHAPTER

07

민사집행법

---

3 만약 토지에 관하여 점유이전금지가처분만 하고 건물에 관하여 처분금지가처분을 하지 않아서 건물이 乙에서 丙으로 이전된 경우에, 토지인도청구는 乙에 대해서, 건물철거청구는 丙에 대해서 하여야 한다.

1. 채권자대위권과 보전처분

◈ 대위하여 보전처분 신청시 합의해제 ×, 채무불이행으로 인한 해제 ○

1. 채권자는 채무자를 대위하여 보전처분의 신청을 할 수 있음
2. 채권자가 대위하여 보전처분 신청시 채무자는 자기채권 처분하거나 행사 금지됨(민법 제405조 제2항)!

   "채권자가 채무자와 제3채무자 사이에 체결된 부동산매매계약에 기한 소유권이전등기청구권을 보전하기 위해 채무자를 대위하여 제3채무자의 부동산에 대한 처분금지가처분을 신청하여 가처분결정을 받은 경우에는 피보전권리인 소유권이전등기청구권을 행사한 것과 같이 볼 수 있으므로, 채무자가 그러한 채권자대위권 행사 사실을 알게 된 후에 그 매매계약을 <u>합의해제함으로써 채권자대위권의 객체인 부동산 소유권이전등기청구권을 소멸시켰다 하더라도 이로써 채권자에게 대항할 수 없고</u>, 그 결과 제3채무자 또한 그 계약해제로써 채권자에게 대항할 수 없다(2007.6.28, 2006다85921)".

3. **구별해야 할 판결**

   "채무자가 채권자대위권행사의 통지를 받은 후에 채무를 불이행함으로써 통지 전에 체결된 약정에 따라 매매계약이 자동적으로 해제되거나, 채권자대위권행사의 통지를 받은 후에 <u>채무자의 채무불이행을 이유로 제3채무자가 매매계약을 해제한 경우 제3채무자는 계약해제로써 대위권을 행사하는 채권자에게 대항할 수 있다.</u> 다만 형식적으로는 채무자의 채무불이행을 이유로 한 계약해제인 것처럼 보이지만 실질적으로는 채무자와 제3채무자 사이의 합의에 따라 계약을 해제한 것으로 볼 수 있거나, 채무자와 제3채무자가 단지 대위채권자에게 대항할 수 있도록 채무자의 채무불이행을 이유로 하는 계약해제인 것처럼 외관을 갖춘 것이라는 등의 특별한 사정이 있는 경우에는 채무자가 피대위채권을 처분한 것으로 보아 제3채무자는 계약해제로써 대위권을 행사하는 채권자에게 대항할 수 없다"(2012.5.17, 2011다87235 전합)

4. 채권자는 채무자를 대위하여 보전처분에 대한 이의신청을 할 수 없음. 그러나 보전처분에 대한 취소신청은 가능함.

▣ 구별) 채권가압류, 압류된 경우에 채권의 발생원인인 기본적 법률관계를 변경, 소멸시키는 행위(합의해제, 계약 취소)는 가능함

> 채권에 대한 가압류는 제3채무자에 대하여 채무자에게의 지급 금지를 명하는 것이므로 채권을 소멸 또는 감소시키는 등의 행위는 할 수 없고 그와 같은 행위로 채권자에게 대항할 수 없는 것이지만, 채권의 발생원인인 법률관계에 대한 채무자의 처분까지도 구속하는 효력은 없다 할 것이므로 채무자와 제3채무자가 아무런 합리적 이유 없이 채권의 소멸만을 목적으로 계약관계를 합의해제한다는 등의 특별한 경우를 제외하고는, 제3채무자는 채권에 대한 가압류가 있은 후라고 하더라도 채권의 발생원인인 **법률관계를 합의해제하고 이로 인하여 가압류채권이 소멸되었다는 사유를 들어 가압류채권자에 대항할 수 있다**(2001.6.1, 98다17930).

2. 보전처분 신청과 시효중단

1) 부동산가압류

- ▣ 시효중단의 효력발생시기: 보전처분 신청시
- ▣ 시효중단의 범위
  - ● 가분채권의 일부를 피보전채권으로 하여 가압류를 한 경우 그 보전채권 일부에만 시효중단의 효력이 있음(1976.2.24, 75다1240)[1]
- ▣ 시효중단의 존속시기

> 1. **보전처분 집행보전의 효력이 존속하는 동안 계속**됨 ⇨ 가압류의 피보전채권에 관하여 본안의 승소판결이 확정되었다고 하더라도 가압류에 의한 시효중단의 효력에 이에 흡수되어 소멸된다고 할 수 없음(2000.4.25, 2000다11102)

---

[1] 관련판결: "한 개의 채권 중 일부에 관하여만 판결을 구한다는 취지를 명백히 하여 소송을 제기한 경우에는 소제기에 의한 소멸시효중단의 효력이 그 일부에 관하여만 발생하고, 나머지 부분에는 발생하지 아니하지만 비록 그중 일부만을 청구한 경우에도 그 취지로 보아 채권 전부에 관하여 판결을 구하는 것으로 해석된다면 그 청구액을 소송물인 채권의 전부로 보아야 하고, 이러한 경우에는 그 채권의 동일성의 범위 내에서 그 전부에 관하여 시효중단의 효력이 발생한다고 해석함이 상당하다 (1992.4.10, 91다43695)."
정리하면, 일부 청구는 원칙적으로 그 일부에 관하여만 시효중단효력이 발생하는데, 위 보전처분에 관한 1976.2.24, 75다1240 판결은 위 논리와 같은 맥락이다. 다만 일부만 청구한 경우라도 구체적인 사정에 비추어 청구하지 않은 나머지 부분에 대해서도 '최고'에 의한 소멸시효 중단효를 인정하는 것은 가능하다(2020.2.6, 2019다223723).

⇨ 따라서 가압류등기 말소시에 비로소 중단사유 종료하여 새로 소멸시효 진행(원칙)[2]
예외적으로 가압류등기 말소되기 전에 배당절차가 진행되어 가압류채권자에 대한 배당표 확정시 그 확정시점에 시효 중단사유는 종료함(2013.11.14, 2013다18622,18639)

2. 보전처분 시효중단 항변에 대한 주요 재항변 내지 반박 사유
① 보전처분이 취소된 경우에는 보전처분의 시효중단 효력이 소급적으로 소멸(민법 제175조)[3]
⇨ 적법한 보전처분으로 볼 수 있으나 다른 사유로 취소 내지 실효된 경우에는 기왕의 시효중단효 소멸하지 않음(제소기간 도과로 가압류취소(2011.1.13, 2010다88019), 압류 실효(2017.4.28, 2016다239840), 무잉여취소(2015.2.26, 2014다228778))
② 가압류 집행 후 채권자의 집행취소 또는 집행해제신청 ⇨ 실질적으로 신청취하이 므로 시효중단 효력이 소급적으로 소멸(2010.10.14, 2010다53273)
③ 무효인 보전처분에는 소멸시효 중단의 효력이 없음(예 사망한 채무자를 상대로 보전처분)

2) 유체동산 가압류
◉ 유체동산에 대한 가압류결정을 받았다고 하더라도 가압류의 집행절차에 착수하지 않은 경우에는 시효중단의 효력이 없음
◉ 그러나 유체동산 집행절차를 개시하였으나 가압류할 동산이 없기 때문에 집행불능이 된 경우에는 집행절차가 종료된 때로부터 시효가 새로이 진행됨(2011.5.13, 2011다10044)
◉ **주의**: 집행관에게 유체동산 가압류집행의 신청을 하면 집행관이 집행절차에 착수하는데, 이 경우에 유체동산 가압류집행의 신청시부터 시효중단의 효력이 발생함(견해 대립은 있음).[4] 집행관의 집행절차 착수가 없는 경우에는 시효중단의 효력이 없음(유체동산 가압류결정만으로 시효가 중단되는 것이 아님에 유의)

---

2 통상 경매절차에서 가압류된 채권에 대하여 그 액수만큼 배당액을 공탁하고 가압류등기를 말소하는데, 말소시점에 소멸시효 중단사유는 종료된다. 가압류를 이유로 공탁이 이루어졌다고 하여 시효중단의 효력이 존속되는 것은 아니다.
3 민법 제175조 "압류, 가압류 및 가처분은 권리자의 청구에 의하여 또는 법률의 규정에 따르지 아니함으로 인하여 취소된 때에는 시효중단의 효력이 없다."
4 이와 달리 부동산가압류집행의 경우 보전처분 신청시에 집행신청도 한 것으로 해석하므로 부동산가압류집행이 이루어지면 가압류신청시에 시효가 중단된다.

3) 주채무자와 보증인

- ▣ 가압류, 가처분에 의한 주채무자에 대한 시효중단사유가 발생한 경우에 보증인에 대한 별도의 중단조치가 통지가 없어도 보증인에 대하여 시효가 중단됨(2005.10.27, 2005다35554, 민법 제440조)

- ▣ 그 역은 성립하지 않음(2002.5.14, 2000다62476[5])

4) 채권가압류

- ▣ **채무자에 대한 채권자의 채권에 대하여는 시효중단효 발생**[6]

  - ● 채권가압류 명령이 제3채무자에게 송달되면 가압류의 효력이 생기고, 이 경우 가압류로 인한 소멸시효 중단의 효력은 가압류 신청 시에 소급(2017.4.7, 2016다35451)

  - ● 채권가압류(압류) 당시 피압류채권이 부존재하는 경우 ⇨ 여전히 채무자에 대한 채권자의 채권에 대하여 시효중단효 발생.[7] 그러나 후속 집행절차를 진행할 수 없어 집행절차가 바로 종료되므로 시효중단사유가 종료되어 집행채권의 소멸시효는 그때부터 다시 새롭게 진행(2020.11.26, 2020다239601).

  - ● 피압류채권이 기본계약관계의 해지·실효 또는 소멸시효 완성 등으로 인하여 소멸함으로써 (가)압류의 대상이 존재하지 않게 되어 (가)압류 자체가 실효된 경우 시효중단사유 종료함(2017.4.28, 2016다239840)[8]

  - ▣ **주의**: 채무자의 제3채무자에 대한 채권에는 시효중단효 발생하지 않음(2003.5.13, 2003다16238) ⇨ 압류(가압류)가 있어도 채무자가 시효중단 위하여 제3채무자에게 이행청구 가능한 이유 제공

---

5 "보증채무에 대한 소멸시효가 중단되었다고 하더라도 이로써 주채무에 대한 소멸시효가 중단되는 것은 아니고, 주채무가 소멸시효 완성으로 소멸된 경우에는 보증채무도 그 채무 자체의 시효중단에 불구하고 부종성에 따라 당연히 소멸된다."(2002.5.14, 2000다62476)

6 가압류명령 신청시에 발생함(2009.6.25, 2008모1396). 부동산 가압류와 마찬가지로 집행보전의 효력이 존속하는 동안 시효중단이 존속된다고 보아야 할 것이다.

7 압류절차에 나아간 경우에 비록 압류할 대상이 부존재하거나 그 밖의 사유로 집행불능이 이르더라도 시효중단의 효력은 생기기 때문(2014.1.29, 2013다47330, 유체동산가압류에 관한 위 2011.5.13, 2011다10044 참조). 권리행사로 인한 모습이 발현된 이상 시효중단효를 인정하는 것이다.

8 소급해서 시효중단효가 사라지는 것은 아니다.

◎ 압류 및 추심명령 ⇨ 채무자의 제3채무자에 대한 채권에 관하여 최고 ○
  ● 채권자가 받은 압류명령 및 추심명령 ⇨ 채권자의 채무자에 대한 채권에 관하여 시효중단 효력 ○, 그러나 채무자의 제3채무자에 대한 채권에 관하여 시효중단 효력 ×, 최고 ○(시효소멸하기 전에 압류 및 추심명령이 제3채무자에게 송달, 그로부터 6개월 내 추심금청구소송 제기시 시효소멸하지 않음, 2003.5.13, 2003다16238)

3. 보전처분에 대한 경정결정

◎ 원칙: 보전처분에 대한 경정결정이 있는 경우에는 당초의 보전명령이 고지된 때 소급하여 경정된 내용의 보전처분의 효력이 발생
◎ 예외: 객관적으로 경정결정이 당초의 채권가압류결정의 동일성에 실질적으로 변경을 가하는 경우에는 경정결정이 제3채무자에게 송달된 때에 경정된 내용의 채권가압류결정의 효력이 발생함(1999.12.10, 99다42346)
  ● 압류의 경합 판단이나 채권양도와의 우열을 판단함에 있어 중요!

일률적으로 채권가압류결정의 경정결정이 확정되면 당초의 채권가압류결정이 송달되었을 때에 소급하여 경정된 내용의 채권가압류결정이 있었던 것과 같은 효력이 있다고 하게 되면 순전히 타의에 의하여 다른 사람들 사이의 분쟁에 편입된 제3채무자 보호의 견지에서 타당하다고 할 수 없으므로, 제3채무자의 입장에서 볼 때에 객관적으로 경정결정이 **당초의 채권가압류결정의 동일성에 실질적으로 변경을 가하는 것이라고 인정되는 경우에는 경정결정이 제3채무자에게 송달된 때에 비로소 경정된 내용의 채권가압류결정의 효력이 발생**한다고 보아야 한다.
… 당초의 채권가압류결정 중 채무자의 상호 '만성기계산업 주식회사'를 경정결정에 의하여 '민성산업기계 주식회사'로 경정한 경우, 당초의 채권가압류결정에 기재된 채무자의 상호 아래 채무자의 주소와 대표이사의 성명이 정확하게 기재되었다 하더라도 제3채무자의 거래상황 등에 비추어 제3채무자의 입장에서 볼 때에 객관적으로 위와 같은 채무자 상호의 경정은 당초의 채권가압류결정의 동일성에 실질적으로 변경을 가하는 것이라고 인정된다는 이유로, '민성산업기계 주식회사'를 채무자로 하는 채권가압류결정의 효력은 경정결정이 제3채무자에게 송달된 때 발생한다고 한 사례(1999.12.10, 99다42346).

제3채무자 이름의 오기(김갑동인데 김갑으로 기재)로 인해 경정결정을 한 경우 동일성에 변경을 가한 경우가 아니어서 당초의 결정이 제3채무자에게 송달된 때에 소급하여 경정된 내용으로 결정의 효력이 발생한다고 한 사례(2017.1.12, 2016다38658)

4. 채권가압류 집행의 효력 소멸 시기

- ◪ 취하통지서가 제3채무자에게 송달시에 발생함(가압류신청 취하시가 아님에 유의!)

채권가압류에 있어서 채권자가 가압류신청을 취하하면 가압류결정은 그로써 효력이 소멸되지만, 채권가압류결정정본이 제3채무자에게 이미 송달되어 가압류결정이 집행되었다면 **그 취하통지서가 제3채무자에게 송달되었을 때 비로소 가압류집행의 효력이 장래를 향하여 소멸**되는 것인바(2001.10.12, 2000다19373 참조), 이러한 법리는 그 취하통지서가 제3채무자에게 송달되기 전에 제3채무자가 집행법원 법원사무관 등의 통지에 의하지 아니한 다른 방법으로 가압류신청 취하사실을 알게 된 경우에도 마찬가지라고 할 것이다. ….

이와 같은 취지에서 원심이, 원고의 이 사건 전부명령은 선행 가압류신청의 취하통지서가 제3채무자에게 송달되어 그 가압류집행의 효력이 소멸되기 전에 압류가 경합된 상태에서 발령된 경우에 해당하여 무효이고, 한번 무효로 된 전부명령은 그 후 채권가압류의 집행해제로 압류의 경합 상태에서 벗어났다고 하여 되살아나지 않는다고 판단한 것은 정당(2008.1.17, 2007다73826).

CHAPTER

07

민사집행법

보전처분 집행의 효력

I 서론

1. 문제의 소재

- ▣ 가압류 집행 후 채무자가 가압류의 처분금지에 반하는 처분행위를 한 경우,
- ▣ (1) 가압류의 효력이 상대적이라면, 그 상대적인 무효를 주장할 수 있는 자의 범위는? → 주관적 범위
- ▣ (2) 가압류 신청시의 피보전채권을 넘는 집행권원상의 채권으로 처분행위 후에 본압류를 한 경우에 가압류권자가 처분의 무효를 주장할 수 있는 범위가 피보전채권의 금액에 국한되는 것인가, 아니면 가압류권자에 의하여 추가, 확장된 채권액에까지 미치는 것인가? → 물적(객관적) 범위

2. 처분금지의 효력

1) 상대적 무효: 가압류 위반한 처분행위라도 당사자 사이에서는 유효하고, 단지 가압류채권자 또는 가압류에 기초한 집행절차에 참가하는 일정 범위의 채권자에게 대하여 주장할 수 없음
   - ▣ 채무자와 제3취득자 사이에 거래행위가 있은 후 가압류가 취소, 해제되거나 피보전권리가 변제 등으로 소멸한 경우, 가압류가 무효인 것으로 판명된 경우에 채무자와 제3취득자 사이의 거래행위는 완전히 유효

2) 상대적 무효의 인적 범위
   - ▣ **개별상대효설**: 압류, 가압류에 반하는 처분행위는 압류·가압류 채권자에 대한 관계에서만 무효일 뿐 그 집행에 참가한 다른 모든 채권자에 대하여는 그 처분의 유효를 주장할 수 있다는 견해[1]
     - ● **참고) 절차상대효설**: 가압류에 반하는 처분행위는 당해 가압류채권자 뿐만 아니라 집행절차에 참가한 채권자의 모든 채권자에 대한 관

---

[1] 가압류(압류)의 상대적 효력을 단순히 가압류(압류) 채권자와의 관계에서만 개별적으로 이해하기 때문에 개별상대효설이라고 부른다.

계에서도 그 효력을 주장할 수 없다는 견해[2]

▣ 개별상대효설의 핵심 논리

● 1) 가압류 후에 저당권을 취득한 자는 가압류채권자와 동순위로 배당을 받음. 그러나 저당권자보다 후순위 일반채권자도 배당요구를 하였을 경우에는 위 세 사람에게 안분배당을 한 후 저당권자가 후순위 일반채권자의 배당을 흡수(안분후흡수설, 1994.11.29, 94마417)[3]

● 2) 가압류 후 채무자가 목적물을 제3자에게 양도한 경우, 양도 후에는 채무자(구 소유자)에 대한 일반 채권자들은 채무자 소유였던 목적물을 압류할 수 없고 배당요구할 수 없음(1998.11.13, 97다57337)[4]

압류의 처분금지 효력은 … 상대적 효력을 가지는데 그치므로 압류의 효력발생 전에 채무자가 처분한 경우에는 그보다 먼저 압류한 채권자가 있어 그 채권자에게는 대항할 수 없는 사정이 있더라도 그 처분 후에 집행에 참가하는 채권자에 대하여는 처분의 효력을 대항할 수 있는 것이고, 동일한 채권에 관하여 가압류명령의 송달과 확정일자 있는 양도통지가 동시에 제3채무자에게 도달함으로써 **채무자가 가압류의 대상인 채권을 양도하고 채권양수인이 채권양도의 대항요건을 갖추었다면 다른 채권자는 더 이상 그 가압류에 따른 집행절차에 참가할 수는 없다**(2004.9.3, 2003다22561).

⇨ 확정일자 있는 채권양도 통지와 채권가압류명령이 동시에 도달됨으로써 제3채무자가 변제공탁을 하고, 그 후에 다른 채권압류 또는 가압류가 이루어졌다 하더라도 채권양수인과 선행가압류채권자 사이에서만 채권액에 안분하여 배당하여야 한다고 한 사례.

● 3) 가압류 후 목적물이 제3취득자에게 양도된 경우, 그 양도 전에 목적물을 압류 또는 가압류 한 채권자들은 집행절차에서 매각대금 중 처분금지적 효력이 미치는 범위의 금액(가압류결정 당시의 청구금액의

---

2 가압류(압류)의 상대적 효력을 당해 집행절차 전체와의 관계에서 이해하기 때문에 절차상대효설이라고 부른다.

3 절차상대효설에 의하면 제3자가 담보물권을 취득하더라도 당해 집행절차가 계속되어 완결되는 한 제3자의 담보물권은 무시된다.

4 절차상대효설에 따르면, 압류·가압류 후에 채무자가 목적물을 제3자에게 양도하여 제3자가 소유권을 취득하더라도, 제3자는 그 소유권 취득의 효력을 주장할 수 없으므로, 채무자(舊소유자)에 대한 다른 채권자는 여전히 배당요구 등을 통하여 집행절차에 참가할 수 있다.

한도 안에서 가압류 목적물의 교환가치)에 관하여 우선적으로 배당받고, 남는 것이 있으면 목적물을 양수한 제3취득자나 그의 채권자에게 내어 줌(2005.7.29, 2003다40637)[5]

3) 상대적 무효의 물적 범위

▣ 가압류의 처분금지적 효력은 목적물의 교환가치 중 피보전권리에 대응하는 목적물의 교환가치에만 미침 ⇨ 제3취득자는 완전한 권리를 취득하기 위하여 저촉처분이 있기 전까지의 가압류 채권액만을 변제하면 되고, 그 처분 후에 추가 확장된 채권까지 변제할 필요 없음[6]

가압류 집행 후 가압류목적물의 소유권이 제3자에게 이전된 경우 가압류채권자는 채무명의를 얻어 제3취득자가 아닌 가압류채무자를 집행채무자로 하여 그 가압류를 본압류로 전이하는 강제집행을 실행할 수 있으나, 이 경우 그 강제집행은 가압류의 처분금지적 효력이 미치는 객관적 범위인 가압류결정 당시의 청구금액의 한도 안에서만 집행채무자인 가압류채무자의 책임재산에 대한 강제집행절차라 할 것이고, **가압류결정 당시의 청구금액이 채권의 원금만을 기재한 것**으로서 가압류채권자가 가압류채무자에 대하여 원금 채권 이외에 이자와 소송비용채권을 가지고 있다 하더라도 가압류결정 당시의 청구금액을 넘어서는 이자와 소송비용채권에 관하여는 가압류의 처분금지적 효력이 미치는 것이 아니므로, 가압류채권자는 **가압류목적물의 매각대금에서 가압류결정 당시의 청구금액을 넘어서는 이자와 소송비용채권을 배당받을 수 없다**(1998.11.10, 98다43441).

4) 부동산가압류(개별상대효설) 사례

[사안의 구성]

1) 甲이 채무자 겸 원소유자, 乙이 제3취득자, A는 甲의 채권자, 丙은 乙의 채권자임
2) ① A가 가압류한 후(청구금액 1억 원), ② 甲의 채권자 B가 근저당권설정(피담보채권 1억 원), ③ 그 후 C가 甲의 채권자로 가압류(청구금액 1억 원), ④ 그 후 丙은 乙에게 소유권이 이전된 후 가압류를 함(청구금액 2억 원), ⑤ 그 후 D는 甲의 일반채권자(청구금액 2억 원)로서 배당요구함.

---

5 절차상대효설에 따르면 목적물의 환가대금으로 집행채권자 및 배당요구채권자 전원을 만족시킨 후 잔액이 있으면 이를 채무자(舊소유자)에게 교부하여야 한다.
6 절차상대효설에 따르면 압류·가압류의 처분금지효력은 집행채권 또는 피보전채권의 금액의 여하에 불구하고 목적물의 교환가치 전체에 미친다.

3) A가 경매신청하여 목적물이 2억 7천만 원에 매각.[7]

[개별상대효설에 따른 검토]

1) 배당은 A, B, C 사이에 안분하여 각 9,000만 원씩 배당한 후, B가 후순위자인 C의 배당금 중 1,000만 원 흡수함.
   ➪ 결국 A가 9,000만 원, B가 1억 원, C가 8,000만 원을 각 배당받음.
2) D는 구 소유자 甲의 일반채권자이므로 배당받을 수 없음.
3) A, C는 가압류 청구금액 부분에 대하여만 권리주장 가능(물적 범위).

Ⅱ 처분금지가처분의 효력

1. 효력의 기본 내용

가. **등기와의 관계**: 가처분등기 후의 저촉행위에 본안 승소확정판결이나 이와 동일시 할 수 있는 사정 발생한 때 저촉행위의 효력 부인

  ▣ 인수승계신청, 변론종결 후 승계인 논의를 축소시킴

나. **효력의 주관적 범위(상대적 무효)**

  ▣ 처분금지가처분에 위반되는 행위는 그 당사자 사이에서나 다른 제3자에 대한 관계에서는 완전히 유효하고, 다만 가처분채권자에게 대항할 수 없을 뿐임

   ● 피보전권리가 없이 처분금지가처분이 내려진 경우, 가처분 등기가 적법하게 말소된 경우, 가처분이 취소된 경우에 가처분등기 이후에 마쳐진 소유권이전등기 또는 저당권설정등기는 완전히 유효

  ▣ **무효주장의 시기**: 본안승소설

   ● 가처분채권자가 가처분 위반의 처분 행위의 효력을 부정할 수 있는 것은 본안소송에서 승소확정판결을 얻은 때 또는 이와 동일시 할 수 있는 경우(예컨대, 화해, 조정, 청구의 인낙)에 한함

   ● **확정적으로 무효가 되는 시기**: 피보전권리 실현의 등기를 한 때(민

---

7 甲의 乙에 대한 처분행위는 A, C에 대하여는 효력이 없으므로 A, C는 甲의 처분행위를 무시하고 여전히 甲을 위 부동산의 소유자로 취급하여 그에 대한 강제경매절차를 진행할 수 있다.

법 제186조)

- ▣ **소급효 인정 여부**: 소급효 인정되지 않음
  - ● 제3자의 소유권취득등기가 말소되기 전에 제3자가 소유자로서 한 행위는 모두 유효하고,[8] 그 동안의 목적물의 사용·수익이 부당이득이 되는 것은 아님

다. 효력의 객관적 범위

- ▣ 가처분채권자의 피보전권리에 저촉되는 한도내에서 무효로 됨
- ▣ 피보전권리가 소유권이전등기청구권이나 소유권이전등기말소청구권이면 가처분에 위반된 처분 행위의 효력은 전부 부정. 피보전권리가 제한물권이나 임차권 등의 설정등기청구권이면 가처분 위반으로 이루어진 등기가 소유권이전등기나 피보전권리의 등기와 양립할 수 있는 설정등기인 경우에는 '피보전권리의 부담을 승인하는 한도' 내에서 가처분 위반의 처분행위는 유효하게 됨
  - ● 저당권설정등기청구권 피보전권리로 한 가처분 ⇨ 그 후 가처분채무자가 제3자에게 소유권이전등기 마쳐준 경우: 가처분채권자가 본안에서 승소판결을 받는 경우 제3자의 소유권이전등기는 말소대상이 아님. 다만, 제3자는 저당권의 부담을 승인하여야 함(2015.7.9, 2015다202360)

라. 선순위 등기와의 관계

- ▣ 처분행위가 가처분에 저촉되는지 여부는 그 처분행위에 따른 등기와 가처분등기의 선후에 따라 정해짐(2009.9.24, 2009다32928)
- ▣ 근저당권이 소멸되는 경매절차에서 부동산이 매각된 경우, 근저당권설정등기와 가처분등기의 선후에 따라 채무자가 채권자에게 대항할 수

---

8 제3취득자가 소유자로서 한 행위가 유효하다고 해서, 제3취득자와 근저당권설정계약을 체결하고 근저당권설정등기를 마친 자나 임차권설정계약을 체결하고 임차권설정등기를 마친 자 등이 가처분채권자에게 대항할 수 있다는 의미는 아님을 유의할 필요가 있다. 처분금지가처분은 가처분채무자뿐만 아니라 제3취득자에 대해서도 그 처분행위를 금지하고 있는 효과를 갖고 있다고 보아야 하기 때문이다. 위 경우에 가처분채권자는 본안승소판결에 의해 소유권이전등기를 경료하면서 근저당권설정등기나 임차권설정등기의 말소를 단독으로 신청할 수 있다(1997. 9. 11. 등기예규 882호)

있는지 여부가 정해짐(2022.3.31, 2017다9121, 2017다9138(병합)).

2. 대위에 의한 부동산처분금지가처분

1) 甲 → 乙 → 丙 순으로 순차 양도되어 丙이 乙을 대위하여 乙이 甲에 대하여 가지는 소유권이전등기청구권을 보전하기 위하여 甲을 상대로 부동산처분금지가처분 결정을 받아 집행된 경우

   甲이 乙에게 소유권이전등기 경료시 가처분 위배되지 않고, 乙이 위 등기에 터잡아 丁 명의로 소유권이전등기를 마쳐도 유효함[9]

2) 甲 → 乙 → 丙 → 丁 순으로 순차 매도하여 丁이 丙, 乙을 순차 대위하여 甲을 상대로 처분금지가처분한 경우 甲으로부터 丙으로의 중간생략등기는 가처분에 위배됨(1998.2.13, 97다47897)

3. 채권자취소권에 기초한 처분금지가처분

채권자가 수익자를 상대로 사해행위취소로 인한 원상회복을 위하여 소유권이전등기 말소등기청구권을 피보전권리로 하여 그 목적부동산에 대한 처분금지가처분을 발령받은 경우, 그 후 **수익자가 계약의 해제 또는 해지 등의 사유로 채무자에게 그 부동산을 반환하는 것은** 가처분채권자의 피보전권리인 채권자취소권에 의한 원상회복청구권을 침해하는 것이 아니라 오히려 그 피보전권리에 부합하는 것이므로 **위 가처분의 처분금지 효력에 저촉된다고 할 수 없다**(2008.3.27, 2007다85157).

⇨ 사해행위취소의 소 각하 요(취소 및 원상회복의 대상이 존재하지 아니함).

⇨ 참고 사해행위취소소송의 결과 채무자가 반환받은 부동산을 처분한 경우에 그 처분은 효력이 없음(2017.3.9, 2015다217980). 그런데 수익자가 위와 같이 임의로 반환한 경우에도 같은 법리가 적용되는지에 대해서는 추가 검토를 요함.

---

9 대위에 의한 처분금지가처분에 대한 일반적인 설명으로는 이계정, "대위에 의한 처분금지가처분의 효력과 전득자의 권리보전방안에 관한 연구", 법조 제52권 제1호(2003) 참조.

채권의 양도와 보전처분

Ⅰ 채권양도의 요건사실

📖 요건사실

양수금 청구의 요건사실

1. 채권의 존재사실
2. 채권양도계약
3. 대항요건의 구비(통지 또는 승낙. 제3자에 대해서는 확정일자 있는 증서에 의한 통지 또는 는 승낙)

항변사유

1. 채권의 성질이 양도를 허용하지 않는다(민법 제449조 제1항).
1. 양도인과 채무자 간의 양도금지 특약이 있고 그에 관하여 양수인이 악의이다(민법 제449 조 제2항).
1. 양수인에 우선하는 권리가 존재한다.
   ⅰ. 제3자가 먼저 양수하여 확정일자 있는 대항요건을 갖추었다.
   ⅱ. 양수인이 대항요건을 갖추기 전에 채권에 대한 가압류 결정이 있었고, 그 송달을 받 았으며, 본안에서 승소확정판결을 받았다.
   ⅲ. 기타 통지시까지 양도인에게 대항할 수 있는 사유의 존재(민법 제451조)

Ⅱ 제3자에 대한 대항요건 ⇨ 확정일자 있는 증서에 의한 통지 또는 승낙

1) 채권(가)압류권자와 채권양수인/채무자 사이의 권리 관계

   ▣ 핵심

① 채권가압류 통지가 확정일자 있는 채권양도 통지보다 먼저 도달한 경우에, 채권양수인 의 채무자에 대한 청구에 대하여 채무자는 채권가압류 통지가 먼저 있었음을 이유로 위 청구를 거절할 수 없으나(무조건 청구인용설), 가압류채권자가 본안소송에서 승소 하는 등으로 집행권원을 취득하는 경우에는 그 범위 내에서 채권양도는 무효가 된다.

② 채권가압류 통지가 확정일자 있는 채권양도 통지와 동시에 도달한 경우에, 마찬가지로 채무자는 채권가압류통지가 동시에 도달하였음을 이유로 양수인의 청구를 거절할 수 없으며(채권가압류통지를 동시에 받았다는 채무자의 주장은 유효한 항변이 되지 못함!), 다만 양수인은 채무자로부터 변제를 받은 경우에 이를 정산할 의무가 있다.

③ 채권가압류 통지가 확정일자 있는 채권양도 통지보다 나중에 도달한 경우에, 가압류채권자는 존재하지 않는 채권을 가압류한 셈이 되어 그 채권가압류는 효력을 발생할 수 없으므로 채무자는 채권양수인에게 양수금을 지급하여야 유효한 변제가 되며, 만약 가압류채권자가 집행권원을 얻어 압류 및 전부명령을 받은 후 채무자에 대하여 전부금 청구의 소 내지 추심금청구의 소를 제기하는 경우에 채무자는 가압류의 통지가 채권양도 통지보다 늦었다는 사실을 주장하여 가압류채권자의 청구를 거절할 수 있다.[1]

   ▣ 관련 판례 모음

① **채권가압류 〉 채권양수**

일반적으로 채권에 대한 가압류가 있더라도 이는 가압류채무자가 제3채무자로부터 현실로 급부를 추심하는 것만을 금지하는 것이므로 가압류채무자는 제3채무자를 상대로 그 이행을 구하는 소송을 제기할 수 있고, 법원은 가압류가 되어 있음을 이유로 이를 배척할 수 없는 것이며(1989.11.24, 88다카25038, 1992.11.10, 92다4680), 채권양도는 구 채권자인 양도인과 신 채권자인 양수인 사이에 채권을 그 동일성을 유지하면서 전자로부터 후자에게로 이전시킬 것을 목적으로 하는 계약을 말한다 할 것이고, 채권양도에 의하여 채권은 그 동일성을 잃지 않고 양도인으로부터 양수인에게 이전된다 할 것이며, **가압류된 채권도 이를 양도하는 데 아무런 제한이 없으나, 다만 가압류된 채권을 양수받은 양수인은 그러한 가압류에 의하여 권리가 제한된 상태의 채권을 양수받는다고 보아야 할 것이다**(2000.4.11, 99다23888).

⇨ 동일한 채권에 관하여 채권가압류결정이 제3채무자에게 송달된 후에 당해 채권을 양도받은 자가 제3채무자를 상대로 이행의 소를 제기할 수 있으므로, 채무자의 특별한 항변 사유가 없는 한 양수인의 청구를 인용하여야 한다고 설시하였다(**무조건 청구인용설**).

---

1 만약 채권양도 통지가 <u>확정일자를 갖추지 않은 경우</u>에 위 채권양도로 가압류권자, 압류 및 추심명령을 받은 채권자 등 양수인의 지위와 양립할 수 없는 법률상의 지위를 취득한 제3자에 대하여 대항할 수 없는 것은 당연하다(2017.1.25, 2014다52933 등 참조).

소유권이전등기청구권에 대하여 가압류가 있는 경우 해제조건부 인용 판결을 하여야 한다는 점과 구별 요.

채권가압류의 처분금지의 효력은 본안소송에서 가압류채권자가 승소하여 채무명의를 얻는 등으로 피보전권리의 존재가 확정되는 것을 조건으로 하여 발생하는 것이므로, **채권가압류결정의 채권자가 본안소송에서 승소하는 등으로 집행권원을 취득하는 경우에는 가압류에 의하여 권리가 제한된 상태의 채권을 양수받는 양수인에 대한 채권양도는 무효가 된다**(2002.4.26, 2001다59033).

⇨ 甲이 乙의 丙에 대한 채권을 일부 양도받았으나 확정일자 있는 양도통지 또는 승낙에 의한 대항요건을 갖추지 아니하는 사이에 丁과 戊가 각각 위 채권 전부를 가압류하였는바, 甲이 丙을 상대로 위 양수금의 지급을 명하는 판결을 받았고(위 2000.4.11, 99다23888 참조), 그 후 丁이 乙에 대한 채무명의를 취득하여 그에 기하여 가압류를 본압류로 전이하는 압류 및 추심명령을 받았고, 이에 丙이 채권가압류의 중복 등을 이유로 하는 집행공탁을 하여 그 공탁금이 丁 등의 채권자들에게 배당되었고, 위 집행절차에서 배당을 받지 못한 甲이 위 판결에 기하여 <u>丙의 다른 재산에 대하여 강제집행을</u> 하려고 하자 丙이 청구이의의 소를 제기한 사안이다. 이에 대하여 대법원은 위와 같이 설시하며 丙의 청구를 인용하였다.

② **채권가압류 = 채권양수**

채권양도 통지, 가압류 또는 압류명령 등이 제3채무자에 **동시에 송달**되어 그들 상호간에 우열이 없는 경우에도 그 채권양수인, 가압류 또는 압류채권자는 모두 제3채무자에 대하여 완전한 대항력을 갖추었다고 할 것이므로, **전액에 대하여 채권양수금, 압류전부금 또는 추심금의 이행청구를 하고 적법하게 이를 변제받을 수 있고, 제3채무자로서는 이들 중 누구에게라도 그 채무 전액을 변제하면 다른 채권자에 대한 관계에서도 유효하게 면책**되는 것이며, 만약 양수채권액과 가압류 또는 압류된 채권액의 합계액이 제3채무자에 대한 채권액을 초과할 때에는 그들 상호간에는 법률상의 지위가 대등하므로 공평의 원칙상 각 채권액에 안분하여 이를 내부적으로 다시 정산할 의무가 있다.[2](1994.4.26, 93다24223 전합) 압류의 처분금지 효력은 절대적인 것이 아니고, 이에 저촉되는 채무자의 처분행위도 그 압류채권자와 처분 전에 집행절차에 참가한 압류채권자나 배당요구채권자에게 대항하지 못한다는 의미에서의 상대적 효력을 가지는데 그치므로 압류의 효력발생 전에 채무자가 처분한 경우에는 그보다

---

2 동시에 송달된 경우에도 제3채무자는 송달의 선후가 불명한 경우에 준하여 채권자를 알 수 없다는 이유로 변제공탁을 함으로써 법률관계의 불안으로부터 벗어날 수 있다(1994.4.26, 93다24223 전합).

먼저 압류한 채권자가 있어 그 채권자에게는 대항할 수 없는 사정이 있더라도 그 처분 후에 집행에 참가하는 채권자에 대하여는 처분의 효력을 대항할 수 있는 것이고, 이는 가압류의 경우에도 마찬가지이므로 동일한 채권에 관하여 가압류명령의 송달과 확정일자 있는 **양도통지가 동시에 제3채무자에게 도달함으로써 채무자가 가압류의 대상인 채권을 양도하고 채권양수인이 채권양도의 대항요건을 갖추었다면 다른 채권자는 더 이상 그 가압류에 따른 집행절차에 참가할 수는 없다**(2004.9.3, 2003다22561).

③ **채권가압류 〈 채권양수**
채무자가 압류 또는 가압류의 대상인 채권을 양도하고 확정일자 있는 통지 등에 의한 채권양도의 대항요건을 갖추었다면, 그 후 채무자의 다른 채권자가 양도된 채권에 대하여 압류 또는 가압류를 하더라도 압류 또는 가압류 당시에 피압류채권은 이미 존재하지 않는 것과 같아 압류 또는 가압류로서의 효력이 없다(2022.1.27, 2017다256378).[3]

- ▣ 채무자의 지체책임 ⇨ 공탁
  - ● 금전채권이 압류(가압류)되어도 피압류채권의 이행기가 도래한 때에는 제3채무자는 지체책임을 면할 수 없음
  - ● 민사집행법은 가압류된 채권의 제3채무자로 하여금 권리공탁 인정(민사집행법 제291조, 제248조 제1항) ⇨ 공탁으로 제3채무자는 채무를 면하고 가압류의 효력은 청구채권액에 해당하는 채무자의 공탁금출급청구권에 대하여 존속
- ▣ 임대차보증금반환채권에 대한 가압류가 있는 경우 양수인이 제3채무자의 지위를 승계하는지 여부(적극)

---

3 위 판결에서 "채권가압류취소결정의 집행으로서 집행법원이 제3채무자에게 가압류집행취소통지서를 송달한 경우 그 효력은 확정적이므로, 채권가압류결정이 제3채무자에게 송달된 상태에서 그 채권을 양수하여 확정일자 있는 통지 등에 의한 대항요건을 갖춘 채권양수인은 위와 같이 <u>가압류집행취소통지서가 제3채무자에게 송달된 이후에는 더 이상 처분금지효의 제한을 받지 않고 아무런 부담이 없는 채권 취득의 효력을 가압류채권자에게 대항할 수 있게 된다. 위와 같이 가압류취소결정의 집행이 완료된 이상 이후 항고심에서 가압류취소결정을 취소하여 가압류결정을 인가하였다고 하더라도, 이미 취소된 가압류집행이 소급하여 부활하는 것은 아니므로, 채권양수인이 아무런 부담이 없는 채권 취득의 효력을 가압류채권자에게 대항할 수 있음은 마찬가지이다.</u>"라고 판시하였다(2022.1.27, 2017다256378).

대항력을 갖춘 임차인의 임대차보증금반환채권이 가압류된 상태에서 임대주택이 양도되면 양수인이 채권가압류의 제3채무자의 지위도 승계하고, 가압류권자 또한 임대주택의 양도인이 아니라 양수인에 대하여만 위 가압류의 효력을 주장할 수 있다고 보아야한다(2013.1.17, 2011다49523 전합).

⇨ 임차인 채권자 甲이 임차인 乙이 임대인 丙에 대하여 가지는 임차보증금반환채권을 가압류한 상태에서 임대인 丙이 해당 주택을 丁에게 양도한 경우에, 甲은 丁에 대하여 압류 및 추심명령을 받을 수 있고, 丁에 대하여 추심금지급청구가 가능하다는 것임.

(이와 달리 소수의견에 따르면 제3채무자 지위 이전은 인정되지 않으므로 丁에 대하여 압류 및 추심명령을 할 수 없고, 丙에 대하여 압류 및 추심명령을 해야 함. 甲이 丙에 대하여 추심금청구를 하는 경우에 丙은 주택이 양도되어 임차보증금반환채무를 부담하지 않는다는 실체법상의 항변이 가능함)

Ⅲ 채권양도 관련 중요 쟁점은 1-5 참조

7-1 가압류와 가처분과의 경합

1. 부동산의 경우: 집행의 선후(선집행우선설)

◾ 가처분 > 가압류

- 가처분 집행 이후 가처분 채권자 본안승소시 가처분 집행 후 마쳐진 가압류등기는 말소대상임(2005.1.14, 2003다33004)

> 부동산에 대하여 가압류등기가 된 경우에, 그 가압류채무자(현 소유자)의 전 소유자가 위의 가압류 집행에 앞서 같은 부동산에 대하여 소유권이전등기의 말소청구권을 보전하기 위한 처분금지가처분등기를 경료한 다음, 채무자를 상대로 매매계약의 해제를 주장하면서 소유권이전등기 말소소송을 제기한 결과 승소판결을 받아 확정되기에 이르렀다면, 위와 같은 가압류는 결국 말소될 수밖에 없고, 따라서 이러한 경우 가압류채권자는 민법 제548조 제1항 단서에서 말하는 제3자로 볼 수 없으며, 가처분채권자가 받은 본안판결이 전부 승소판결이 아닌 동시이행판결인 경우도 이와 달리 볼 이유가 없다(2005.1.14, 2003다33004).

◾ 가처분 = 가압류

- 등기관이 동일한 부동산에 관한 가압류등기 촉탁서와 처분금지가처분등기 촉탁서를 동시에 받아 양 등기에 대하여 동일 접수번호와 순위번호를 기재하여 처리한 경우 ⇨ 가압류권자가 집행권원을 얻어 강제경매를 신청하기 전에 가처분권자 명의로 소유권이전등기가 경료되면 가압류권자의 강제경매신청은 타인 소유의 부동산에 대한 것으로서 부적법

◾ 가처분 < 가압류

- 가압류 집행 이후 가압류 채권자 본안승소하여 강제경매시 가처분은 말소대상임

2. 채권의 경우: 집행의 선후(선집행우선설)

채권자가 채무자의 **금전채권에 대하여 가처분결정**을 받아 가처분결정이 제3채무자에게 송달되고 그 후 본안소송에서 승소하여 확정되었다면, **가처분결정의 송달 이후에 실시된 가압류 등의 보전처분 또는 그에 기한 강제집행은 가처분의 처분금지 효력에 반하는 범위 내에서는 가처분채권자에게 대항할 수 없다**(2014.06.26, 2012다116260).

3. 소유권이전등기청구권의 경우

- ◙ 소유권이전등기청구권 처분금지가처분＋그 후 소유권이전등기청구권 가압류 ⇨ 채무자가 제3채무자를 상대로 소유권이전등기청구의 소를 제기하는 경우에 가압류 및 가처분의 해제를 조건으로 인용 요함(본안판결의 문제)

***소유권이전등기청구권에 대한 압류나 가압류가 있는 경우에 가압류의 해제를 조건으로 하지 않는 한 법원은 이를 인용하여서는 안되는 것이며, 소유권이전등기청구권 처분금지가처분[1]이 있는 경우도 이와 마찬가지로 그 가처분의 해제를 조건으로 하여야만 소유권이전등기절차의 이행을 명할 수 있다(1999.2.9, 98다42615).

⇨ 甲이 乙에 대하여 가지고 있는 소유권이전등기청구권에 대하여 丙과 丁이 각각 위 소유권이전등기청구권에 대하여 가압류를 하기 전에, 戊가 위 소유권이전등기청구권에 대하여 처분금지가처분을 한 사안에서 戊가 甲을 대위하여 乙에 대하여 소유권이전등기를 구하였다. 이에 대해 **대법원은 소유권이전등기청구권에 대한 가압류가 있기 전에 가처분이 있었다고 하여도 가처분이 뒤에 이루어진 가압류에 우선하는 효력이 없으므로**, 가압류는 가처분채권자와의 관계에서도 유효하다고 하면서(1998.4.14, 96다47104), **乙이 丙과 丁의 가압류 및 戊의 가처분의 해제를 조건으로 하여 소유권이전등기절차를 하겠다고 항변하는 경우(乙의 항변사항이다), 乙의 항변에 따라 가압류 및 가처분의 해제를 조건으로 戊의 청구를 일부인용**하여야 한다고 판시하였다.

[참고 판례]

소유권이전등기청구권에 대한 압류가 있는 부동산에 대하여 소유권이전등기를 명하는

---

1 "채무자는 소유권이전등기청구권을 양도하거나 기타 일체의 처분행위를 하여서는 아니 된다. 제3채무자는 채무자에게 소유권이전등기절차를 이행하여서는 아니 된다."는 주문의 가처분이다. 위 가처분에는 채무자의 추심을 금지하는 효력도 포함되어 있다고 보아야 하는데(1998.2.27, 97다45532), 위 가처분에 위배되어 채무자가 자기 앞으로 소유권이전등기를 마치고 제3자 앞으로 소유권이전등기를 마친 경우에 제3자의 소유권이전등기는 유효하다. 만약 채권자가 제3채무자에 대하여

판결은 의사의 진술을 명하는 판결로서 이것이 확정되면 채무자는 일방적으로 이전등기를 신청할 수 있고 제3채무자는 이를 저지할 방법이 없으므로, 소유권이전등기청구권이 압류된 경우에는 변제금지의 효력이 미치고 있는 제3채무자로서는 **일반 채권이 압류된 경우와는 달리 채무자 또는 그 채무자를 대위한 자로부터 소유권이전등기 청구소송이 제기되었다면 이에 응소하여 그 소유권이전등기청구권이 압류된 사실을 주장하고 자신이 송달받은 압류결정을 제출하는 방법으로 입증하여야 할 의무**가 있다고 할 것이고, 만일 제3채무자가 고의 또는 과실로 **위 소유권이전등기 청구소송에 응소하지 아니한 결과 의제자백에 의한 판결이 선고·확정됨에 따라 채무자에게 소유권이전등기가 경료되고 다시 제3자에게 이전등기가 경료됨으로써 채권자가 손해를 입었다면,** 이러한 경우는 제3채무자가 채무자에게 임의로 소유권이전등기를 경료하여 준 것과 마찬가지로 **불법행위를 구성**한다(2000.2.11, 98다35327).

⇨ 소유권이전등기청구권에 대한 가처분이 있는 경우도 마찬가지.

피보전권리를 가지는 경우에 제3채무자에 대하여 부동산처분금지가처분을 할 수 있으나, 실제 피보전권리를 가진다고 보기 어려운 경우가 많고(1997.5.16, 97다485 참조), 제3채무자가 아직 소유권보존등기를 경료하지 않은 경우가 많으므로(미등기부동산 분양권 전매의 경우) 부동산처분금지가처분을 구할 수 없는 경우가 많다.

민사집행 총론

1. 중요성

- ◉ 실제 채무 이행은 임의로 이루어지지 않은 경우가 많음
- ◉ 집행되지 않은 판결을 구하면 시간과 비용이 낭비됨 − 판결이 휴지조각에 불과
    - ● 대법원은, 토지의 인도를 명한 채무명의의 효력은 그 지상에 건립된 건물이나 식재된 수목의 인도에까지 미치는 것이 아니어서 수목이 식재되어 있는 토지에 대하여는 그 지상물의 인도, 철거 등을 명하는 채무명의가 따로 없는 이상 토지를 인도하라는 채무명의만으로는 그 인도집행을 실시할 수 없다고 판시(1986.11.18, 86마902)
    - ● 청구취지를 구성할 때 집행이 가능한지를 염두에 두고 해야 함

2. 민사집행절차 개관

- ◉ 압류
    ⇩
- ◉ 환가
    ⇩
- ◉ 배당

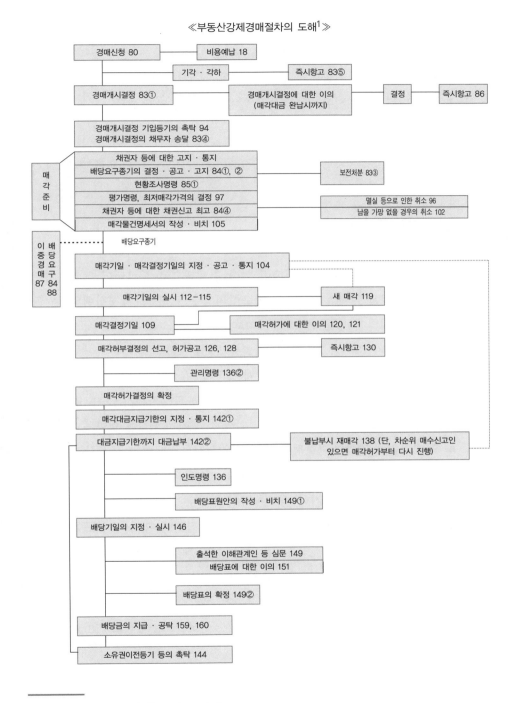

≪부동산강제경매절차의 도해[1]≫

경매신청 80 ── 비용예납 18

기각 · 각하 ── 즉시항고 83⑤

경매개시결정 83① ── 경매개시결정에 대한 이의 (매각대금 완납시까지) ── 결정 ── 즉시항고 86

경매개시결정 기입등기의 촉탁 94
경매개시결정의 채무자 송달 83④

매각준비

채권자 등에 대한 고지 · 통지
배당요구종기의 결정 · 공고 · 고지 84①, ② ── 보전처분 83③
현황조사명령 85①
평가명령, 최저매각가격의 결정 97 ── 멸실 등으로 인한 취소 96
채권자 등에 대한 채권신고 최고 84④ ── 남을 가망 없을 경우의 취소 102
매각물건명세서의 작성 · 비치 105

이중경매 87 84 88
배당요구

배당요구종기

매각기일 · 매각결정기일의 지정 · 공고 · 통지 104

매각기일의 실시 112−115 ── 새 매각 119

매각결정기일 109 ── 매각허가에 대한 이의 120, 121

매각허부결정의 선고, 허가공고 126, 128 ── 즉시항고 130

관리명령 136②

매각허가결정의 확정

매각대금지급기한의 지정 · 통지 142①

대금지급기한까지 대금납부 142② ── 불납부시 재매각 138 (단, 차순위 매수신고인 있으면 매각허가부터 다시 진행)

인도명령 136

배당표원안의 작성 · 비치 149①

배당기일의 지정 · 실시 146

출석한 이해관계인 등 심문 149
배당표에 대한 이의 151

배당표의 확정 149②

배당금의 지급 · 공탁 159, 160

소유권이전등기 등의 촉탁 144

---

1 사법연수원, 민사집행법(2019), 148면.

3. 청구이의의 소[2]

- ▣ 의의: 집행권원이 가지는 집행력의 배제를 구함
- ▣ 이의사유의 제한 – 기판력의 시적 범위와 연계(민사집행법 제44조 제2항)
  - ● 지급명령 – 이의사유 제한 받지 않음(기판력이 없기 때문)
- ▣ 청구취지

> 피고의 원고에 대한 부산지방법원 2012.3.18, 2011가합39251 판결에 기초한 강제집행을 불허한다.

- ▣ 잠정처분의 중요성
  - ● 청구이의의 소의 이익과 관련
    - – 집행권원에 기한 강제집행이 일단 전체적으로 종료되어 채권자가 만족을 얻은 후에는 더 이상 청구이의의 소로써 그 강제집행의 불허를 구할 이익이 없음(2014.5.29, 2013다82043)
  - ● 청구이의의 소 + 잠정처분 신청(민사집행법 제46조 제2항)
- ▣ 관련 문제: 담보권 실행을 위한 경매절차 정지시켜야 하는 경우
  - ● 채무부존재확인의 소 또는 저당권말소청구의 소 제기 + 수소법원 잠정처분 신청(2012.8.14, 2012그173, 본안의 소 먼저 제기하는 것이 중요)
  - ● 경매법원에 경매개시결정에 대한 이의신청 + 경매법원 잠정처분 신청(민사집행법 제268조, 제86조 제2항, 제16조 제2항)
  - ● 청구이의의 소를 제기한 경우 – 각하 사유
  - ● **구별)** 제소전 화해조서에 기한 점포 인도집행에 대하여 청구이의의 소가 아닌 점포임대차계약존속확인의 소를 제기한 상태에서의 강제집행 정지신청은 부적법(2003.9.8, 2003그74)
  - ● **구별)** 청구권원이 집행증서인 경우에 본안소송으로 채무부존재확인의 소를 구하면서 이를 근거로 잠정처분 신청할 수 없음(2015.1.30, 2014그553)

---

2 판결 편취에 대한 민사집행법적 구제수단에 해당한다.

4. 제3자 이의의 소

- ◉ **의의**: 제3자가 집행의 목적물에 대한 개별적인 집행의 배제를 구하는 소(민사집행법 제48조 제1항)

- ◉ **이의사유**
    - ● 소유권
    - ● 점유권
    - ● 채무자에 대한 채권적 청구권은 원칙적 불가

- ◉ **청구취지**

> 피고의 소외 甲에 대한 부산지방법원 2012.3.18, 2011가합39251 판결의 집행력 있는 정본에 기초하여 2013. 9. 17. 별지 목록 기재 물건에 대하여 한 강제집행을 불허한다.
> **※ 개개의 목적물을 표시한다는 점에 주목(청구이의의 소와 구별)**

- ◉ **잠정처분의 중요성**
    - ● 목적물에 대한 강제집행이 끝난 뒤에는 소의 이익이 없음(1996.11.22, 96다37176)

- ◉ **청구이의의 소와 구별의 문제**
    - ● 본압류 집행 후(이미 집행권원이 있은 후) 제3취득자가 변제한 경우
        - ‒ 변제만으로 집행권원 효력이 좌우되지 않으므로 제3취득자는 제3자 이의의 소를 제기할 수 없고, 청구이의의 소를 제기 요(1982.9.14, 81다527)
        - ‒ **구별**) 본압류 집행 전에 변제한 경우에는 제3자 이의의 소 제기 가능[3]

> 강제집행에 대한 제3자 이의의 소는 집행목적물에 대하여 채무자 이외의 제3자가 소유권 기타 목적물의 양도나 인도를 저지하는 권리를 주장하여 강제집행의 배제를 구하는 것이기 때문에 그 소의 원인이 되는 권리는 집행채권자에게 대항할 수 있는 것이어야만

---

[3] 아직까지 본집행을 위한 집행권원이 존재하지 않는 가압류 집행 상태에서 제3취득자의 변제로 피보전권리가 소멸되면 그 후 개시된 강제집행절차에서 제3취득자는 그로써 집행채권자에게 대항할 수 있으나, 이미 본압류가 집행된 후에는 변제만으로 집행권원의 효력에 아무런 영향이 없으므로 제3취득자로서는 채무자를 대위한 청구이의의 소를 통하여 집행력을 배제시키지 않는 이상 집행채권자에게 대항할 수 없다.

하는바, 강제집행 개시결정 후 소유권을 취득한 제3자는 집행채권이 변제 기타사유로소
멸된 경우에도 청구에 관한 이의의 소에 의하여 채무명의의 집행력이 배제되지 아니한
이상 그 경매개시 결정은 취소 될 수 없고 그 결정이 취소되지 않는 동안에는 집행채권
이 변제되었다는 사유만으로 소유권을 집행채권자에게 대항할 수 없으므로 제3자 이의
의 소에 의하여 그 강제집행의 배제를 구할 수 없다(1982.9.14, 81다527).

- 건물의 철거를 명하는 확정판결의 변론종결 전에 건물에 관하여 경료된
  가등기에 기하여 변론종결 후 본등기를 경료한 자가 제3자 이의의 소를
  제기할 수 있는지(소극)
  - 위 본등기를 경료한 자는 **청구이의의 소**를 통해 권리구제 가능[4]

제3자이의의 소의 원고적격은 집행의 목적물에 대하여 양도 또는 인도를 저지할 권리가
있음을 주장하는 제3자에게 있고, 제3자란 채무명의 또는 집행문에 채권자, 채무자 또는
그 승계인으로 표시된 자 이외의 자를 말하며, **승계집행문으로 인하여 피고의 승계인으
로 표시된 자가 그 채무명의 집행력의 배제를 구하는 소는 제3자이의의 소라 할 수
없다**(1992.10.27, 92다10883).

5. 배당이의의 소

- ◙ **의의**: 배당표에 대한 이의를 진술한 자가 그 이의를 관철하기 위하여 배당
  표의 변경을 구하는 소임
- ◙ **특칙**: 첫 변론기일에 출석하지 않으면 소 취하 간주(민사집행법 제158조)
- ◙ 원고가 법률상, 사실상의 사유를 주장
  - 주된 사유는 배당 순위의 문제, 피고 채권의 부존재 등
- ◙ **청구취지**

귀원 20××타경×××× 부동산강제경매 사건에 관하여 귀원이 20××. ××. ××. 작
성한 배당표 중 원고에 대한 배당액 ×,000,000원을 ××,000,000원으로, 피고에 대한 배
당액 ××,000,000원을 ××,000,000원으로 각 경정한다.

---

4 집행문 부여에 대한 이의의 소로 권리구제 가능하다.

- ▣ 가집행선고 있는 제1심 판결을 가진 채권자를 상대로 채무자가 배당이의의 소 제기 여부 ⇨ 부적법함(2020.10.15, 2017다228441)[5]
  - ● 채무자는 상소와 함께 집행정지결정을 받아서 해당 집행절차를 정지시켜야 함
- ▣ 배당이의의 소 제기시 배당금 공탁됨(민사집행법 제160조 제1항 제5호)
  - ● 배당이의의 소의 결과에 따라 배당표가 확정되어 그에 따른 배당 실시 ⇨ 채권의 변제효는 배당표 확정 시에 발생(2018.3.27, 2015다70822)[6]
- ▣ **사해행위취소소송과 관련:** 근저당권설정계약을 사해행위로서 취소하는 경우 채권자가 배당기일에 출석하여 수익자의 배당 부분에 대하여 이의를 하였다면 그 채권자는 **사해행위취소의 소와 병합하여 원상회복으로서 배당이의의 소를 제기**할 수 있음(2004.1.27, 2003다6200)

CHAPTER
07

민사집행법

---

5 채무자가 가집행선고 있는 제1심판결을 가진 채권자를 상대로 채권의 존부와 범위를 다투기 위해 제기한 배당이의의 소는 부적법하지만, 배당이의소송 도중 가집행선고 있는 제1심판결이 항소심에서 전부 취소되었고 그대로 확정되기까지 하였다면 위와 같은 배당이의의 소의 하자는 치유된다고 보아야 한다. 이러한 배당이의의 소의 하자 치유 여부는 특별한 사정이 없는 한 사실심 변론종결일을 기준으로 판단해야 한다(2020.10.15, 2017다228441). ⇨ 채권자가 더는 집행력 있는 정본을 가진 채권자가 아니기 때문에 하자 치유 인정한 것이다.
6 다만 배당표의 확정 전에 어떤 경위로든 채권자가 공탁된 배당금을 지급받아 수령하고 그 후 같은 내용으로 배당표가 확정된 경우에는, 채권자가 현실적으로 채권의 만족을 얻은 시점인 공탁금 수령 시에 변제의 효력이 발생한다.

민사집행법의 중요 법리
인수주의/소멸주의/용익권

> 민사집행법 제91조 제3항: 용익권은 저당권·압류채권·가압류채권에 대항할 수 없는 경우에는 매각으로 소멸

1) 원칙: 경매신청자 기준
   - ▣ 강제경매 신청한 경우
     - ● 경매개시결정등기와 용익권 설정등기 선후에 의해서 결정
       - 예 경매개시결정등기 후 설정된 용익권 전부 소멸
     - ● 가압류에 기하여 본압류(경매개시결정등기)한 경우에는 가압류와 용익권 설정등기 선후에 의해서 결정
       - 예 가압류 ⇒ 용익권 설정 ⇒ 가압류에 기한 본압류시 위 용익권 소멸
   - ▣ 임의경매 신청한 경우
     - ● 저당권설정등기와 용익권 설정등기 선후에 의해서 결정
2) 확장: 경매신청자보다 앞서는 저당권이 있는 경우에 최선순위 저당권을 기준으로 함(강제경매, 임의경매 불문)
   - ▣ 1순위 저당권 ⇒ 용익권 ⇒ 2순위 저당권인 경우 강제경매가 이루어지건 임의경매가 이루어지건 간에 위 용익권은 소멸함
   - ▣ 1순위 저당권 ⇒ 용익권 ⇒ 가압류 ⇒ 가압류에 기한 본압류인 경우에도 위 용익권 소멸

1. 배당요구의 의의

- ▣ 다른 채권자에 의하여 개시된 집행절차에 참가하여 동일한 재산의 매각대금에서 변제를 받으려는 집행법상의 행위
- ▣ **구별)** 권리신고는 부동산 위의 권리자가 그 권리를 증명하는 것으로 권리신고를 한 것만으로 당연히 배당받지 않음

2. 배당요구를 하여야 배당에 참가할 수 있는 채권자(민사집행법 제88조 제1항)

1) 집행력 있는 정본을 가진 채권자
2) 첫 경매개시결정을 한 뒤에 가압류를 한 채권자
3) 민법·상법 그 밖의 법률에 의하여 우선변제청구권이 있는 채권자
   - ▣ 주택임대차보호법, 상가건물 임대차보호법에 의하여 우선변제권이 인정되는 임차보증금반환채권(소액임차인의 소액보증금반환채권 포함)
   - ▣ 임금채권
4) 첫 경매개시결정을 한 뒤에 저당권과 같은 제한물권이나 등기된 임차권을 취득한 자
5) 최선순위 전세권자
6) 경매개시결정등기 전에 압류등기 못한 조세채권자

3. 배당요구를 하여야 배당에 참가할 수 있는 채권자가 배당요구를 하지 않는 경우의 효과

- ▣ 배당을 받은 후순위자를 상대로 부당이득반환청구 불가(2002.1.22, 2001다70702)

[1] 민사소송법 제605조 제1항에서 규정하는 배당요구가 필요한 배당요구채권자는, 압류의 효력발생 전에 등기한 가압류채권자, 경락으로 인하여 소멸하는 저당권자 및 전세권자로서 압류의 효력발생 전에 등기한 자 등 당연히 배당을 받을 수 있는 채권

자의 경우와는 달리, 경락기일까지 배당요구를 한 경우에 한하여 비로소 배당을 받을 수 있고, 적법한 배당요구를 하지 아니한 경우에는 비록 실체법상 우선변제청구권이 있다 하더라도 경락대금으로부터 배당을 받을 수는 없을 것이므로, 이러한 **배당요구채권자가 적법한 배당요구를 하지 아니하여 그를 배당에서 제외하는 것으로 배당표가 작성·확정되고 그 확정된 배당표에 따라 배당이 실시되었다면 그가 적법한 배당요구를 한 경우에 배당받을 수 있었던 금액 상당의 금원이 후순위채권자에게 배당되었다고 하여 이를 법률상 원인이 없는 것이라고 할 수 없다.**

[2] 주택임대차보호법에 의하여 우선변제청구권이 인정되는 **소액임차인의 소액보증금반환채권**은 현행법상 민사소송법 제605조 제1항에서 규정하는 배당요구가 필요한 배당요구채권에 해당한다(2002.1.22, 2001다70702).

▣ **구별**: 배당요구를 하였으나 배당이의는 하지 않은 경우에 부당이득반환청구권 소멸 ×(2019.7.18, 2014다206983 전합)

4. 배당요구의 효과로서 시효중단효

▣ 집행력 있는 정본에 의한 배당요구는 압류에 준하는 것으로 시효중단효 ○

집행력 있는 채무명의 정본을 가진 채권자는 … 다른 채권자의 신청에 의하여 개시된 경매절차를 이용하여 **배당요구를 신청하는 행위도 채무명의에 기하여 능동적으로 그 권리를 실현하려고 하는 점에서는 강제경매의 신청과 동일**하다고 할 수 있으므로, 부동산 경매절차에서 집행력 있는 채무명의 정본을 가진 채권자가 하는 배당요구는 **민법 제168조 제2호의 압류에 준하는 것으로서 배당요구에 관련된 채권에 관하여 소멸시효를 중단하는 효력이 생긴다**고 할 것이고, 따라서 원인채권의 지급을 확보하기 위하여 어음이 수수된 당사자 사이에 채권자가 어음채권에 관한 집행력 있는 채무명의 정본에 기하여 한 배당요구는 그 원인채권의 소멸시효를 중단시키는 효력이 있다(2002.2.26, 2000다25484).

▣ **관련문제**: 근저당권의 채권계산서 제출도 시효중단효 ○

저당권으로서 첫 경매개시결정등기 전에 등기되었고 매각으로 소멸하는 것을 가진 채권자는 담보권을 실행하기 위한 경매신청을 할 수 있을뿐더러 다른 채권자의 신청에 의하여 개시된 경매절차에서 배당요구를 하지 않아도 당연히 배당에 참가할 수 있는데, 이러한 **채권자의 그 채권신고는 민법 제168조 제2호의 압류에 준하는 것으로서 신고된 채권**

에 관하여 소멸시효를 중단하는 효력이 생긴다. 그러나 민법 제175조에 "압류, 가압류 및 가처분은 권리자의 청구에 의하여 또는 법률의 규정에 따르지 아니함으로 인하여 취소된 때에는 시효중단의 효력이 없다."고 규정하고, 민사집행법 제93조 제1항에 "경매신청이 취하되면 압류의 효력은 소멸된다."고 규정하고 있으므로 경매신청이 취하되면 특별한 사정이 없는 한 압류로 인한 소멸시효 중단의 효력이 소멸하는 것과 마찬가지로 위와 같이 첫 경매개시결정등기 전에 등기되었고 매각으로 소멸하는 저당권을 가진 채권자의 채권신고로 인한 소멸시효 중단의 효력도 소멸한다(2010.9.9, 2010다28031).

5. 배당요구를 하지 않아도 당연히 배당에 참가하는 채권자(민사집행법 제148조)

가. 배당 불요 채권자

1) 배당요구의 종기까지 경매신청을 한 압류채권자(민사집행법 제148조 제1호)

2) 첫 경매개시결정등기 전에 등기된 가압류채권자(민사집행법 제148조 제3호)

3) 저당권·전세권 그 밖의 우선변제권으로서 첫 경매개시결정등기 전에 등기되었고 매각으로 소멸하는 것을 가진 채권자(민사집행법 제148조 제4호)

▣ 임차권등기명령의 집행에 의한 임차권등기가 첫 경매개시결정 전에 등기된 경우도 이에 해당됨(2005.9.15, 2005다33039)

4) 경매개시결정등기 전에 압류한 조세채권자

나. 특징

▣ 배당요구를 하지 않아도 배당에 참가할 수 있는 채권자가 배당기일에 출석하지 아니하였거나 출석하여 이의를 신청하지 않았다 하더라도 배당표에 실체적으로 부당한 것이 있다면 부당이득반환청구를 할 수 있음에 유의(2004.4.9, 2003다32681)

확정된 배당표에 의하여 배당을 실시하는 것은 실체법상의 권리를 확정하는 것이 아니므로 배당을 받아야 할 자가 배당을 받지 못하고 배당을 받지 못할 자가 배당을 받은 경우에는 배당에 관하여 이의를 한 여부 또는 형식상 배당절차가 확정되었는가의 여부에 관계없이 배당을 받지 못한 우선채권자에게 부당이득반환청구권이 있다(1997.2.14, 96다51585; 2000.10.10, 99다53230 등 참조).이 사건에 관하여 보면, **원고는 경매개시결정 등기 전에 등기된 후순위근저당권자로서 배당요구를 하지 않아도 당연히 배당요구의 효력이 생기는 것이므로, 원고가 배당요구를 하지 않고 나아가 배당기일에 배당표에 대하여 이의하지 않았다고 하여도 그가 배당받을 수 있었던 금액을 배당받은 후순위채권자인 피고들을 상대로 부당이득반환청구를 할 수 있다**(2006.9.28, 2004다68427).

6. 근저당권자와 부당이득

가. 첫 경매개시결정 전에 등기된 근저당권자 관련

1) 배당요구 종기까지 채권 신고 전혀 안 한 경우

   ◉ 등기부등본에 기재된 채권최고액을 현실의 채권액으로 보아 배당 (2006.9.28, 2004다68427)

   ◉ 위와 같은 배당이 없으면 부당이득반환청구 가능(2006.9.28. 2004다 68427)

2) 배당요구 종기까지 채권 신고하였으나 축소 신고한 경우

   ◉ 부당이득반환불가(2002.10.11, 2001다3054)

나. 근저당권자가 경매 신청한 경우

   ◉ 피담보채권 중 일부만을 청구금액으로 기재하고 임의경매신청한 경우 이중경매를 신청하는 등의 조치를 취하지 아니하는 한 배당받은 후순위채권자들에게 부당이득반환청구 불가(1997.2.28, 96다495)

민사집행법의 중요 법리

수동채권에 관한 압류와 상계의 문제

1. 수동채권에 대한 (가)압류와 상계의 문제

1) 민법 제498조의 해석의 문제

◉ 민법 제498조는 제3채무자는 지급금지명령 후에 취득한 채권에 의한 상계로 그 명령을 신청한 채권자에게 대항하지 못한다고 규정

2) 대법원의 입장

◉ 민법 제498조를 축소하여 해석 – 제3채무자의 상계권 제한(합리적 기대이익설)

> 채권압류명령 또는 채권가압류명령을 받은 제3채무자가 압류채무자에 대한 반대채권을 가지고 있는 경우에 상계로써 압류채권자에게 대항하기 위하여는, **압류의 효력 발생 당시에 대립하는 양 채권이 상계적상에 있거나, 그 당시 자동채권의 변제기가 도래하지 아니한 경우에는 그것이 수동채권(피압류채권)의 변제기와 동시에 또는 그보다 먼저 도래**하여야 한다(2012.2.16, 2011다45521 전합).

3) 분석

◉ (가)압류의 효력 발생 당시는 (가)압류 명령이 제3채무자에게 송달된 날을 의미

◉ (가)압류 명령이 제3채무자에게 송달된 당시를 기준으로

● 자동채권과 수동채권의 변제기가 모두 도래한 경우 ⇨ 상계적상에 있었으므로 제3채무자는 제한 없이 상계권 행사 가능

● 자동채권의 변제기가 도래한 경우 ⇨ 제3채무자는 제한 없이 상계권 행사 가능

● 자동채권의 변제기가 도래하지 않았으나, 자동채권의 변제기가 수동채권의 변제기보다 동시에 또는 먼저 도래하는 경우 ⇨ 상계권 행사 가능

2. 지급금지명령 후에 취득한 채권으로도 상계할 수 있는 경우

1) 자동채권이 수동채권과 동시이행관계인 경우

제3채무자의 압류채무자에 대한 **자동채권이 수동채권인 피압류채권과 동시이행의 관계에 있는 경우**에는, 비록 압류명령이 제3채무자에게 송달되어 압류의 효력이 생긴 후에 비로소 자동채권이 발생하였다고 하더라도 동시이행의 항변권을 주장할 수 있는 제3채무자로서는 그 채권에 의한 상계로써 압류채권자에게 대항할 수 있는 것으로서, 이 경우 **자동채권이 발생한 기초가 되는 원인은 수동채권이 압류되기 전에 이미 성립하여 존재하고 있었던 것이므로 그 자동채권은 민법 제498조에 규정된 '지급을 금지하는 명령을 받은 제3채무자가 그 후에 취득한 채권'에 해당하지 않는 것이다**(2005.11.10, 2004다37676).

⇨ 제3채무자 도급인이 수급인(채무자)에 대하여 가지는 손해배상채권(하자확대손해로 인함)을 자동채권으로 전부채권자의 전부금 청구에 대하여 상계의 의사표시를 한 사안으로, 손해배상채권이 압류 및 전부명령 이후에 발생한 것이나 상계할 수 있다고 한 사례

2) 이자채권

▣ 원본 채권이 지급금지명령을 받기 이전부터 존재하였으면 지분적 이자채권의 발생이 되는 원인이 지급금지명령을 받기 이전부터 존재하고 있었던 것으로 보아야 하므로, 지급금지명령 이후에 발생한 이자채권을 자동채권으로 하여 상계할 수 있음

3. 상계 관련 주요 쟁점은 1-8 참조

7-2 추심명령, 전부명령 관련

I 총설

- ▣ 대표적인 금전채권에 대한 강제집행방법
  - ● 채권자의 채무자에 대한 집행권원을 전제로 함
- ▣ 집행권원에 기하여 채무자의 제3채무자에 대한 금전채권('피압류채권'이라고 칭하나, 전부명령에서는 '피전부채권'이라고도 칭함)에 대한 압류명령을 전제로 함
  - ● **집행채권**: 압류권자가 채무자에 대하여 가지는 채권으로 이 부분은 이미 확정되었음을 전제로 함
  - ● 전부금청구의 소, 추심금청구의 소에 있어서 제3채무자가 '집행채권의 부존재나 소멸'을 항변사유로 할 수 없음 → 채무자의 '청구에 관한 이의의 소' 필요
  - ● 추심명령, 전부명령 심리시에 집행채권이나 피압류채권의 실체적 존부 심리 불가
- ▣ 통상 압류 및 전부명령, 압류 및 추심명령이 동시에 이루어짐

II 추심명령

1. 의의

- ▣ 압류채권자가 대위의 절차를 거치지 않고 채무자에 갈음하여 제3채무자에 대하여 피압류채권의 이행을 청구하고 이를 수령하여 원칙적으로 자기의 채권의 변제에 충당할 수 있도록 하는 권능(추심권능)을 주는 집행법원의 결정
- ▣ 주문(압류명령 + 추심명령)

채무자의 제3채무자에 대한 별지 기재의 채권을 압류한다.
제3채무자는 채무자에 대하여 위 채권에 관한 지급을 하여서는 아니된다.
채무자는 위 채권의 처분과 영수를 하여서는 아니된다.
채권자는 위 압류한 채권을 추심할 수 있다.

2. 요건

1) 강제집행의 일반적 요건 및 유효한 압류명령의 존재

2) 압류한 채권이 금전채권일 것

3) 압류한 채권이 양도성을 가질 것

3. 효력발생시기

▣ 제3채무자에게 송달시!(민사집행법 제229조 제4항, 제227조 제2항)[1]

4. 효과

▣ **추심권의 행사**

● 채권의 추심에 필요한 채무자의 일체의 권리를 채무자에 갈음하여 자기 명의로 재판상 또는 재판 외에서 행사 가능 ⇨ 추심의 범위는 '압류의 효력이 미치는 채권 전액'(민사집행법 제232조 제1항 본문, 원칙임)[2]

● 추심명령은 기본적으로 채무자의 채권자들을 대표하여 추심권능을 부여받은 것이어서 배당의 절차가 예정 → 우선변제가 보장되지 않음
   – 추심신고를 빨리하여 배당요구 차단하는 방안이 실무상 활용

▣ **변제효 관련**

● 추심채권자가 실제로 그 금원을 수령하여 채권의 변제에 충당한 경우에 변제의 효과 발생

● **전부명령과 구별 요**: 추심명령은 제3채무자의 무자력의 위험을 감수하지 않음

---

1 지체책임 관련: 추심명령은 압류채권자에게 채무자의 제3채무자에 대한 채권을 추심할 권능을 수여함에 그치고, 제3채무자로 하여금 압류채권자에게 압류된 채권액 상당을 지급할 것을 명하거나 그 지급 기한을 정하는 것이 아니므로, 제3채무자가 압류채권자에게 압류된 채권액 상당에 관하여 지체책임을 지는 것은 집행법원으로부터 추심명령을 송달받은 때부터가 아니라 추심명령이 발령된 후 압류채권자로부터 추심금 청구를 받은 다음날부터라고 하여야 한다(2012.10.25, 2010다47117). 추심금청구는 채무자의 채권에 대한 추심권능을 대신 행사하는 것이므로, 피압류채권의 법정이율을 그대로 청구할 수 있다.

2 민법 제232조 제1항 본문은 "추심명령은 그 채권전액에 미친다."고 규정하고 있는데 여기서 채권전액은 '압류의 효력이 미치는 채권 전액'이라는 뜻으로 압류의 대상인 채권 중 일부만 압류한 경우에 압류금액을 한도로 추심할 수 있고, 다른 압류권자로 인하여 압류의 경합이 발생한 경우에는 압류효의 확장에 의해 채권전액을 추심할 수 있다(법원실무제요, 민사집행(Ⅳ), 367면).

▣ 추심권자는 법정 소송담당 기능을 함[3]

● 추심권자가 소 제기 후 채무자 소 제기

   – 채무자 당사자 적격 상실(2000.4.11, 99다23888)[4] ⇨ 채무자가 소 제기 시 각하!,[5] 추심권자가 받은 판결의 효력은 채무자에게 기판력 미침

   – 채권 일부에 대한 압류 및 추심명령의 경우 그 부분에 대해서만 당사자 적격이 없어 각하임(2000.4.11, 99다23888)

● 채무자가 소 제기 후 추심권자가 소 제기

   – 채무자가 제3채무자를 상대로 제기한 이행의 소가 법원에 계속되어 있는 경우 압류채권자는 제3채무자를 상대로 압류된 채권의 이행을 청구하는 추심의 소를 제기 가능, 중복 제소 해당 ×(2013.12.18, 2013다202120)[6]

   – 다만, 추심권자가 별도 소 제기할 필요 없이 채무자의 소에 승계인으로 참가 가능(인수승계)

● 채무자가 확정판결을 받은 경우

   – 추심권자는 변론종결 후 승계인에 해당됨, 승계집행문 받아 집행 가능(2008.8.21, 2008다32310)

● 추심소송 판결의 효력이 변론종결 전 추심명령을 받은 다른 채권자에게 미치는지(소극)

---

3 채무자가 제3채무자를 상대로 제기한 금전채권의 이행소송이 압류 및 추심명령으로 인한 당사자적격의 상실로 각하되더라도, 위 이행소송의 계속 중에 피압류채권에 대하여 채무자에 갈음하여 당사자적격을 취득한 추심채권자가 위 각하판결이 확정된 날로부터 6개월 내에 제3채무자를 상대로 추심의 소를 제기하였다면, 채무자가 제기한 재판상 청구로 인하여 발생한 시효중단의 효력은 추심채권자의 추심소송에서도 그대로 유지된다고 보는 것이 타당하다(2019.7.25, 2019다212945).

4 채권양도나 전부명령이 있는 경우에는 추심명령과 달리 채권양도인이나 전부채무자가 자기가 이행청구권자임을 주장하는 이상 원고 적격을 가지고, 다만, 제3채무자를 상대로 급부를 구하는 이행청구소송은 실체법상의 이행청구권의 상실로 인하여 본안에서 기각이 된다.

5 공익사업을 위한 토지 등의 취득 및 보상에 관한 법률에 따른 토지소유자 또는 관계인의 사업시행자에 대한 손실보상금 채권에 관하여 압류 및 추심명령이 있는 경우, 채무자인 토지소유자 등이 보상금의 증액을 구하는 소를 제기한 경우에 그 소송을 수행할 당사자적격을 상실하지 않는다(2022.11.24, 2018두67 전합).

6 채무자의 소가 부적법하다는 점을 강조한 것으로 보인다.

동일한 채권에 대해 복수의 채권자들이 압류·추심명령을 받은 경우 어느 한 채권자가 제기한 추심금소송에서 확정된 판결의 기판력은 **그 소송의 변론종결일 이전에** 압류·추심명령을 받았던 다른 추심채권자에게 미치지 않는다(2020.10.29, 2016다35390)[7]

[추가 설명]

1. 채권자대위권과 구별: 어느 채권자가 채권자대위권을 행사하는 방법으로 제3채무자를 상대로 소송을 제기하여 판결을 받은 경우, 어떠한 사유로든 채무자가 채권자대위소송이 제기된 사실을 알았을 경우에 한하여 그 판결의 효력이 채무자에게 미치므로, 이러한 경우에는 <u>그 후 다른 채권자가 동일한 소송물에 대하여 채권자대위권에 기한 소를 제기하면 전소의 기판력을 받게 된다</u>(1994.8.12, 93다52808)고 판시.
   만약 기존 추심소송의 변론종결 후 추심명령을 받은 채권자가 있다면 그 채권자는 '변론종결 후의 승계인'에 해당하여 선행 추심소송 확정판결의 효력을 받는다고 보아야 함

2. 추심소송 판결의 기판력이 채무자에게 미치는지 여부: 아직 판례는 없으나 추심소송은 '갈음형' 법정소송담당이므로 채무자가 소송을 알았는지 몰랐는지를 불문하고 채무자에게 미친다고 보아야 함(채권자대위권과 구별 요)

▣ 소멸시효 관련
   ● 채권자가 받은 압류명령 및 추심명령 ⇨ 채권자의 채무자에 대한 채권에 관하여 시효중단 효력 ○, 그러나 채무자의 제3채무자에 대한 채권에 관하여 시효중단 효력 ×, 최고 ○(시효소멸하기 전에 압류 및 추심명령이 제3채무자에게 송달, 그로부터 6개월 내 추심금청구소송 제기시 시효소멸하지 않음, 2003.5.13, 2003다16238)

---

7 "민사집행법 제249조 제3항, 제4항은 추심의 소에서 소를 제기당한 제3채무자는 집행력 있는 정본을 가진 채권자를 공동소송인으로 원고 쪽에 참가하도록 명할 것을 첫 변론기일까지 신청할 수 있고, 그러한 참가명령을 받은 채권자가 소송에 참가하지 않더라도 그 소에 대한 재판의 효력이 미친다고 정한다. 위 규정 역시 참가명령을 받지 않은 채권자에게는 추심금소송의 확정판결의 효력이 미치지 않음을 전제로 참가명령을 통해 판결의 효력이 미치는 범위를 확장할 수 있도록 한 것이다."라고 판시하였다.

5. 추심금청구소송

◙ 제3채무자가 채권자의 추심금 청구에 응하지 않는 경우에 제기됨

◙ 추심금청구의 요건사실

● 피압류채권의 발생사실

● 그 채권에 관하여 추심명령을 받은 사실

● 추심명령이 제3채무자에게 송달된 사실[8]

[기재례]

A는 0000. 00. 00. 피고 甲으로부터 별지 목록 기재 건물을 임차보증금 1억 원, 차임 월 100만 원, 임대차기간 0000. 00. 00부터 0000. 00. 00.까지로 정하여 임차하고, 같은 날 피고 甲에게 보증금 전액을 지급하였는데 위 임대차계약은 기간만료로 종료되었습니다. 원고는 서울중앙지방법원 0000. 00. 00.자 0000호 집행력 있는 지급명령 정본에 기초하여 0000. 00. 00. A의 피고 甲에 대한 임차보증금 반환채권에 대하여 채권압류 및 추심명령을 받았고, 위 채권압류 및 추심명령은 0000. 00. 00. 제3채무자인 피고 甲에게 송달되었습니다.

따라서 피고 甲은 원고에게 위 추심명령에 기한 추심금을 지급할 의무가 있습니다.

◙ 제3채무자의 항변

● 피압류채권 부존재

● 추심명령 송달 전에 피압류채권 소멸 – 변제, 채권양도

● **상계 항변**: 합리적 기대이익설 자동채권 변제기 ≥ 수동채권 변제기[9]

● 압류금지채권에 대한 압류

● 주의) 집행채권의 부존재 – 항변 불가

Ⅲ 전부명령

1. 의의

◙ 압류된 금전채권을 집행채권의 변제에 갈음하여 압류채권자에게 이전시키

---

8 추심명령이 채무자에게 송달되어 확정된 사실은 요건사실이 아니다(전부명령과 구별).

9 가압류의 경우에도 마찬가지이다.

는 집행법원의 명령

　▣ 주문(압류명령 + 전부명령)

> 채무자의 제3채무자에 대한 별지 기재의 채권을 압류한다.
> 제3채무자는 채무자에 대하여 위 채권에 관한 지급을 하여서는 아니된다.
> 채무자는 위 채권의 처분과 영수를 하여서는 아니된다.
> 위 압류된 채권은 지급에 갈음하여 채권자에게 전부한다.

2. 요건

　1) 강제집행의 일반적 요건 및 유효한 압류명령의 존재

　2) 압류한 채권이 금전채권으로 권면액을 가지고 있을 것

　　▣ 장래의 채권에 대해서 폭넓게 인정하고 있음 ⇨ 많은 분쟁의 원인

　3) 압류한 채권이 양도성을 가질 것

　　▣ 양도금지특약 있어도 전부명령 유효(1976.10.29, 76다1623)[10]

　4) 압류(가압류 포함)의 경합 또는 배당요구가 없을 것

　　▣ **압류 경합의 판단시**: 전부명령이 제3채무자에게 송달된 시점(민사집행법 제229조 제5항)

　　확정일자 있는 채권양도통지가 전부명령과 함께 송달된 경우 채권양도가 있었다는 점은 압류 경합에서 고려대상 아님(2002.7.26, 2001다68839)

3. 효력발생시기

　▣ 전부명령 확정시(민사집행법 제229조 제7항)

　　● 확정을 막기 위해 즉시항고 + 청구이의의 소 제기(집행정지 결정문을 받아 항고법원에 제출 요)

---

10 관련 판결: "당사자 사이에 양도금지의 특약이 있는 채권이더라도 전부명령에 의하여 전부되는 데에는 지장이 없고, 양도금지의 특약이 있는 사실에 관하여 집행채권자가 선의인가 악의인가는 전부명령의 효력에 영향을 미치지 못하는 것인바, 이와 같이 **양도금지특약부 채권에 대한 전부명령이 유효한 이상, 그 전부채권자로부터 다시 그 채권을 양수한 자가 그 특약의 존재를 알았거나 중대한 과실로 알지 못하였다고 하더라도 채무자는 위 특약을 근거로 삼아 채권양도의 무효를 주장할 수 없다.**"(2003.12.11, 2001다3771)

4. 효과

1) 피전부채권의 전부채권자에게 이전(권리이전효)

▣ 권리이전효와 변제효의 효과는 제3채무자에게 송달된 때에 발생함에 주의(**소급효**, 민사집행법 제231조)

2) 집행채권의 소멸(변제효)

▣ **채권양도와 구별**: 전부채권자가 압류채권의 채권자의 지위에 있게 된다는 점에서 유사하나, 채권양도는 '채무 변제를 위한 담보'로 양도되는 것인 반면, 전부명령은 채무의 변제에 '갈음하여' 이루어짐

▣ 전부명령에 따른 채권의 이전만으로(즉 실제로 전부채권자가 제3자로부터 피전부채권을 현실적으로 추심하였는지 여부와 상관없이) 채권자의 집행채권이 소멸하므로 제3채무자가 무자력인 경우에는 채권자가 현실적인 만족을 얻지 못하게 되는 위험을 부담. 반면, 경합하는 다른 채권자를 배제하고 전부채권자만이 **독점적 만족**을 얻을 수 있는 이점이 있음

● 실제 피전부채권의 전부 또는 일부가 부존재한 경우에는 그 부분에 관한 전부명령의 실체적 효력은 소급하여 실효(민사집행법 제231조 단서, 2001.9.25, 99다15177[11])

− 이 경우 집행채권자의 구제수단: 집행권원에 기하여 채무자 다른 재산에 대하여 다시 집행 가능

− 전부명령 발령 당시의 장래의 채권액을 기준으로 하면 압류의 경합이 아니지만, 나중에 확정된 채권액을 기준으로 하면 압류의 경합이 된다면, 전부채권자 甲 또는 乙에게 이전되는 피전부채권의 금액은 얼마로 보아야 할지 문제가 됨 ⇨ 일단 유효한 전부명령을

---

11 "전부명령이 확정되면 피압류채권은 제3채무자에게 송달된 때에 소급하여 집행채권의 범위 안에서 당연히 전부채권자에게 이전하고 동시에 집행채권 소멸의 효력이 발생하는 것으로, 이 점은 피압류채권이 그 존부 및 범위를 불확실하게 하는 요소를 내포하고 있는 장래의 채권인 경우에도 마찬가지라고 할 것이나 장래의 채권에 대한 전부명령이 확정된 후에 그 피압류채권의 전부 또는 일부가 존재하지 아니한 것으로 밝혀졌다면 민사집행법 제231조 단서에 의하여 그 부분에 대한 전부명령의 실체적 효력은 소급하여 실효된다."고 판시하였다.

받은 전부채권자인 甲, 乙 모두 압류나 가압류의 선후에 관계없이 확정된 피전부채권액의 범위 내에서 자신의 전부금 전액에 대하여 각기 지급을 청구할 수 있다고 보는 전액설(1998.8.21, 98다15439)

- ▣ 집행채권이 수 개인 경우 ⇨ 채권자의 의사에 기하여 전부명령에 의해 소멸될 집행채권의 종류와 범위를 확정해야 함. 바로 법정변제충당의 문제로 접근하여서는 아니 됨(2021.11.11, 2018다250087)[12]

5. 전부금청구소송

- ▣ 제3채무자가 채권자의 청구에 응하지 않는 경우에 제기됨
- ▣ **전부금청구의 요건사실**
  - 피전부채권의 발생사실
  - 그 채권에 관하여 전부명령을 받은 사실
  - 전부명령이 제3채무자에게 송달된 사실
  - 전부명령이 채무자에게 송달되어 확정된 사실

[기재례]

A는 0000. 00. 00. 피고 甲으로부터 별지 목록 기재 건물을 임차보증금 1억 원, 차임 월 100만 원, 임대차기간 0000. 00. 00부터 0000. 00. 00.까지로 정하여 임차하고, 같은 날 피고 甲에게 보증금 전액을 지급하였는데 위 임대차계약은 기간만료로 종료되었습니다. 그 후 원고가 0000. 00. 00. 공증인가 △△합동법률사무소 증서 0000년 제0000호로 작성된 집행력 있는 약속어음공정증서 정본에 기초하여 0000. 00. 00. 이 법원 0000타채0000호로 A의 피고 甲에 대한 위 임대차보증금 반환채권에 대하여 채권압류 및 전부명령을 받고, 위 채권압류 및 전부명령이 0000. 10. 12. A, 피고 甲에게 각 송달된 후 0000. 10.

---

12 "가집행선고부 판결에 대한 강제집행정지를 위하여 공탁한 담보금액과 피공탁자인 담보권자가 그 공탁금회수청구권에 대하여 압류 · 전부명령을 신청하면서 신청서에 적은 청구금액이 모두 피담보 채권인 손해배상채권액을 초과하고 압류 · 전부명령신청서에 적은 집행권원이 그 손해배상채권을 포함하여 이를 초과하는 금액의 지급을 명하는 것일 경우에, 담보권자인 <u>채권자의 의사는 특별한 사정이 없는 한 담보되는 손해배상채권부터 우선적으로 집행채권에 포함시키려 하는 데에 있다고 봄이 합리적이므로 담보되는 손해배상채권부터 우선적으로 집행채권에 포함되고, 담보되지 않는 기본채권은 압류명령신청서에 적은 청구금액에서 손해배상채권을 뺀 잔액의 범위에서 집행채권에 포함된다고 보아야 한다</u>"고 판시하였다.

20. 확정되었습니다.

따라서 피고 甲은 원고에게 위 전부명령에 기한 전부금을 지급할 의무가 있습니다.

- ▣ 제3채무자의 항변
  - ● 피압류채권 부존재
  - ● 전부명령 송달 전에 피전부채권 소멸 – 변제, 채권양도
  - ● 전부명령 송달 전에 질권 설정(2022.3.31, 2018다21326)
  - ● **상계 항변**: 합리적 기대이익설 즉, 자동채권 변제기≥수동채권 변제기

"가분적인 금전채권의 일부에 대한 전부명령이 확정되면 특별한 사정이 없는 한 전부명령이 제3채무자에 송달된 때에 소급하여 전부된 채권 부분과 전부되지 않은 채권 부분에 대하여 각기 독립한 분할채권이 성립하게 되므로, 그 채권에 대하여 압류채무자에 대한 반대채권으로 상계하고자 하는 제3채무자로서는 전부채권자 혹은 압류채무자 중 어느 누구도 상계의 상대방으로 지정하여 상계하거나 상계로 대항할 수 있고, 그러한 <u>제3채무자의 상계 의사표시를 수령한 전부채권자는 압류채무자에 잔존한 채권 부분이 먼저 상계되어야 한다거나 각 분할채권액의 채권 총액에 대한 비율에 따라 상계되어야 한다는 이의를 할 수 없다.</u>"(2010.3.25, 2007다35152)
▷ 채권의 일부양도와 상계에 관한 2002.2.8.2000다50596 연장선상임.

- ● 압류금지채권에 대한 압류
- ● 압류의 경합
- ● 채권자대위권이 행사됨

채권자대위소송이 제기되고 대위채권자가 채무자에게 대위권 행사사실을 통지하거나 채무자가 이를 알게 된 이후에는 민사집행법 제229조 제5항이 유추적용되어 피대위채권에 대한 전부명령은, 우선권 있는 채권에 기초한 것이라는 등의 특별한 사정이 없는 한, 무효이다(2016.8.29, 2015다236547).
▷ 다만, 채무자의 다른 채권자는 피대위채권이 변제 등으로 소멸하기 전이라면 압류 · 가압류는 가능함(2016.9.28, 2016다205915).

- ● **주의)** 집행채권의 부존재 – 항변 불가

▣ 채권자를 제3채무자로 하는 전부명령은 유효

수익자가 채권자취소권을 행사하는 채권자에 대해 가지는 별개의 다른 채권을 집행하기 위하여 그에 대한 집행권원을 가지고 채권자의 수익자에 대한 가액배상채권을 압류하고 전부명령을 받는 것은 허용된다. 이는 수익자의 채무자에 대한 채권을 기초로 한 상계나 임의적인 공제와는 내용과 성질이 다르다. 또한 채권자가 채무자의 제3채무자에 대한 채권을 압류하는 경우 제3채무자가 채권자 자신인 경우에도 이를 압류하는 것이 금지되지 않으므로 **단지 채권자와 제3채무자가 같다고 하여 채권압류 및 전부명령이 위법하다고 볼 수 없다**(2017.8.21, 2017마499).

⇨ 1. 수익자가 채권자취소권을 행사하는 채권자에 대해 가지는 별개의 다른 채권을 집행하기 위하여 그에 대한 집행권원을 가지고 위 채권자의 수익자에 대한 가액배상채권을 압류하고 전부명령을 받는 것은 허용됨. 혼동의 법리에 따라 가액배상채권을 행사하지 못하게 되고 수익자가 마치 상계항변을 한 것과 같은 효과를 거둠[13](다만 가액배상채권이 채권자에게 귀속됨을 전제로 한 판시가 타당한지 의문이 있음).

2. 추가로 상계가 금지되는 채권이라고 하더라도 압류금지채권에 해당하지 않는 한 강제집행에 의한 전부명령의 대상이 될 수 있다고 판시했음에 유의(근로자 임금채권 중 1/2는 압류가 금지되나 나머지 1/2는 압류가 금지되지 않으나 상계금지채권에는 해당됨 ⇨ 위 임금채권 1/2에 대한 사용자의 자기채권 전부명령 신청 허용됨. 즉 사용자가 집행채권자가 되어 근로자를 집행채무자로, 사용자 자신을 제3채무자로 하는 압류전부명령이 허용된다는 것으로 실제 임금전액지급 원칙을 회피하는 효과가 있음).

6. 미성년자, 무권대리, 명의모용에 의한 집행증서에 기한 압류 및 전부명령의 특수성

1) 전부명령 확정 이전 채무자 구제수단

▣ 청구이의(+잠정처분) 또는 집행문 부여에 대한 이의(1999.6.23, 99그20)

● 전부명령의 확정을 막기 위해 즉시항고 제기 요

● 다만, 즉시항고의 사유는 아님(1998.8.31, 98마1535)

▣ 채무부존재확인의 소를 제기하는 경우에 잠정처분를 받을 수 없음(2015.1.30, 2014그553)

---

13 수익자가 사해행위취소에 따른 원상회복으로서 취소채권자에게 가액배상을 할 때에 취소채권자에 대하여 가지는 자기의 채권과의 상계가 금지되는 점을 회피할 수 있는 수단이다.

2) 전부명령 확정 이후 채무자 구제수단

 ▣ 집행증서 성립요건에 흠결이 있어서 집행증서 무효 ⇒ 이에 기한 압류
   및 전부명령 무효 ⇒ 권리이전효 발생하지 않음

 ▣ 채권자를 상대로 채권존재확인, 제3채무자를 상대로 이행청구

3) 전부금청구소송에서 제3채무자

 ▣ 집행증서의 무효를 항변으로 주장 가능

4) 관련: 위와 같은 집행증서에 기하여 경매가 마쳐진 경우라도 매수인에 대하
 여 말소등기청구 가능(2000.2.11, 99다31193)

5) 관련: 집행채권에 무효사유(예 통모허위표시)가 있는 경우

 ▣ 전부명령의 효력에 영향이 없음. 다만, 무효부분에 대하여 집행채권자가
   부당이득을 한 것이므로 부당이득반환청구 가능(2005.4.15, 2004다70024)

채무자 또는 그 대리인의 유효한 작성촉탁과 집행인낙의 의사표시에 터잡아 작성된 공
정증서를 집행권원으로 하는 금전채권에 대한 강제집행절차에서, 비록 그 공정증서에
표시된 청구권의 기초가 되는 법률행위에 무효사유가 있다고 하더라도 그 강제집행절차
가 청구이의의 소 등을 통하여 적법하게 취소·정지되지 아니한 채 계속 진행되어 채권
압류 및 전부명령이 적법하게 확정되었다면, 그 **강제집행절차가 반사회적 법률행위의
수단으로 이용되었다는 등의 특별한 사정이 없는 한, 단지 이러한 법률행위의 무효사유
를 내세워 확정된 전부명령에 따라 전부채권자에게 피전부채권이 이전되는 효력 자체를
부정할 수는 없고,** 다만 위와 같이 전부명령이 확정된 후 그 집행권원인 집행증서의 기
초가 된 법률행위 중 전부 또는 일부에 무효사유가 있는 것으로 판명된 경우에는 그 무
효 부분에 관하여는 **집행채권자가 부당이득을 한 셈이 되므로, 그 집행채권자는 집행채
무자에게, 위 전부명령에 따라 전부받은 채권 중 실제로 추심한 금전 부분에 관하여는
그 상당액을 반환하여야 하고, 추심하지 아니한 나머지 부분에 관하여는 그 채권 자체를
양도하는 방법에 의하여 반환하여야 한다**(2005.4.15, 2004다70024).

7. 불가분채권과 전부명령

 ▣ 불가분채권자들(임차보증금반환채권자들) 중 1인을 집행채무자로 한 압류 및
   전부명령이 있어도 다른 불가분채권자(다른 임차보증금반환채권자)는 전부
   이행 청구 가능

수인의 채권자에게 금전채권이 불가분적으로 귀속되는 경우에, **불가분채권자들 중 1인을 집행채무자로 한 압류 및 전부명령이 이루어지면 그 불가분채권자의 채권은 전부채권자에게 이전되지만, 그 압류 및 전부명령은 집행채무자가 아닌 다른 불가분채권자에게 효력이 없으므로,** 다른 불가분채권자의 채권의 귀속에 변경이 생기는 것은 아니다. 따라서 **다른 불가분채권자는 모든 채권자를 위하여 채무자에게 불가분채권 전부의 이행을 청구할 수 있고, 채무자는 모든 채권자를 위하여 다른 불가분채권자에게 전부를 이행할 수 있다.** 이러한 법리는 불가분채권의 목적이 금전채권인 경우 그 일부에 대하여만 압류 및 전부명령이 이루어진 경우에도 마찬가지이다(2023.3.30, 2021다264253).

Ⅳ 채권자대위권과 집행의 문제

1. 대위소송판결이 확정된 후 대위채권자의 채권자가 이를 압류할 수 있는가(소극)

자기의 금전채권을 보전하기 위하여 채무자의 금전채권을 대위행사하는 대위채권자는 제3채무자로 하여금 직접 대위채권자 자신에게 지급의무를 이행하도록 청구할 수 있고 제3채무자로부터 변제를 수령할 수도 있으나, 이로 인하여 채무자의 제3채무자에 대한 피대위채권이 대위채권자에게 이전되거나 귀속되는 것이 아니므로, **대위채권자의 제3채무자에 대한 추심권능 내지 변제수령권능은 자체로서 독립적으로 처분하여 환가할 수 있는 것이 아니어서 압류할 수 없는 성질의 것이고, 따라서 추심권능 내지 변제수령권능에 대한 압류명령 등은 무효이다.** 그리고 채권자대위소송에서 제3채무자로 하여금 직접 대위채권자에게 금전의 지급을 명하는 판결이 확정되었더라도 판결에 기초하여 금전을 지급받는 것 역시 대위채권자의 제3채무자에 대한 추심권능 내지 변제수령권능에 속하므로, 채권자대위소송에서 확정된 판결에 따라 대위채권자가 제3채무자로부터 지급받을 채권에 대한 압류명령 등도 무효이다(2016.8.29, 2015다236547).

2. 채권자대위권이 행사된 채권에 대한 압류명령의 효력(유효)

채권자대위소송에서 제3채무자로 하여금 직접 대위채권자에게 금전의 지급을 명하는 판결이 확정되더라도, 대위의 목적인 권리, 즉 채무자의 제3채무자에 대한 피대위채권이 판결의 집행채권으로서 존재하고 대위채권자는 채무자를 대위하여 피대위채권에 대한 변제를 수령하게 될 뿐 자신의 채권에 대한 변제로서 수령하게 되는 것이 아니므로, 피대위채권이 변제 등으로 소멸하기 전이라면 채무자의 다른 채권자는 이를 압류·가압류할 수 있다(2016.8.29, 2015다236547).

3. 채권자대위권이 행사된 채권에 대한 전부명령의 효력(무효)

● 압류 및 추심은 가능 ⇨ 이 경우 대위채권자는 직접 변제수령이 금지됨

대위채권자와 평등한 지위를 가지는 채무자의 다른 채권자가 피대위채권에 대하여 전부명령을 받는 것도 가능하다고 하면, 채권자대위소송의 제기가 채권자의 적법한 권리행사방법 중 하나이고 채무자에게 속한 채권을 추심한다는 점에서 추심소송과 공통점도 있음에도 그것이 무익한 절차에 불과하게 될 뿐만 아니라, 대위채권자가 압류·가압류나 배당요구의 방법을 통하여 채권배당절차에 참여할 기회조차 가지지 못하게 한 채 전부명령을 받은 채권자가 대위채권자를 배제하고 전속적인 만족을 얻는 결과가 되어, 채권자대위권의 실질적 효과를 확보하고자 하는 민법 제405조 제2항의 취지에 반하게 된다. 따라서 **채권자대위소송이 제기되고 대위채권자가 채무자에게 대위권 행사사실을 통지하거나 채무자가 이를 알게 된 이후에는 민사집행법 제229조 제5항이 유추적용되어 피대위채권에 대한 전부명령은, 우선권 있는 채권에 기초한 것이라는 등의 특별한 사정이 없는 한, 무효**이다(2016.8.29, 2015다236547).[14]

[정리]

1. 위 판결에 따르면 채권자대위권이 행사된 채권에 대하여 채무자의 다른 채권자는 압류명령 또는 압류 및 추심명령만 가능함.

   ⇨ 위와 같은 다른 채권자의 압류명령 또는 압류 및 추심명령이 있는 경우 압류 등이 해제되지 않는 한 대위채권자가 대위소송판결에 기초하여 피대위채권을 추심할 수 없음은 물론 제3채무자도 대위채권자 또는 채무자에게 변제 불가능. 대위권자 실제 변제수령이 금지되고 자신도 집행권원을 얻어 집행절차에서 변제를 받아야 함(2016.9.28, 2016다205915).

2. 채무자의 다른 채권자가 추심명령까지 받았으면 추심명령에 기하여 제3채무자로부터 추심 가능.

   ⇨ 제3채무자로서는 추심명령을 받은 다른 채권자의 추심청구에 응하여 그에게 변제하거나 또는 피대위채권에 대한 압류 등을 원인으로 집행공탁을 함으로써 채무를 면할 수 있

---

14 위 판결에 대한 비판은 이계정, "채권자대위권의 행사와 전부명령의 효력", 법조 제728호(2018. 4) 참조.

음. 대위채권자는, 피대위채권을 직접 압류하지 않은 다른 채권자들과 마찬가지로, 배당요구의 종기(추심채권자의 추심 후 추심신고시 또는 제3채무자의 집행공탁 후 사유신고시)까지 적법유효한 압류·가압류 또는 배당요구를 통하여 채권배당절차에 참가하여야만 그 배당절차에서 배당받을 수 있음.

3. 채권자대위권이 행사된 채권에 대하여 채무자의 다른 채권자가 압류명령 또는 압류 및 추심명령을 받은 경우에 제3채무자는 공탁을 통해 자신의 채무를 면할 수 있음 (2016.9.28, 2016다205915).

7-2 압류의 경합

I 압류의 경합의 의의

▣ 동일한 목적채권에 관하여 복수의 압류명령이 발하여져 그 압류된 금액의 합
계가 압류채권의 총액을 초과하는 상태

▣ 예를 들어 압류대상 채권액은 1,000만 원에 불과한데, 甲과 乙이 채무자에 대
한 채권 각 700만 원을 집행권원으로 하여 위 채권에 대하여 각 압류명령을 신
청한 경우

II 압류의 경합의 요건

1) 복수의 압류명령

  ▣ 선행 압류채권자의 전부명령이 제3채무자에게 송달된 후에 다른 채권자
    의 압류명령이 제3채무자에게 송달될 경우에는 압류 경합 생기지 않음

2) 압류의 대상이 되는 채권이 동일

3) 압류액의 합계가 압류의 대상인 채권의 액보다 많을 것

III 압류의 경합의 효과

1) 압류효의 확장

  ▣ 압류가 경합하는 경우에 각 압류가 목적채권의 일부에 대한 것이라고 하
    더라도 그 압류의 효과는 목적채권의 전부에 미침(민사집행법 제235조 제1
    항), 이를 강학상 '압류효의 확장'이라고 함

  ▣ 예컨대 140만 원의 채권에 대하여 채권자 甲이 50만 원, 채권자 乙이 100
    만 원의 집행채권으로 각 압류한 경우, 목적채권 전부에 대하여 압류의
    경합이 있는 것이므로 甲·乙 중 한 사람이 전부명령을 얻어도 그 전부
    명령은 무효이고, 추심 등에 의하여 배당을 하게 되는 경우에 배당액은

집행채권의 비율에 따라 안분배당 요함 ⇨ 위 사안에서 채권자 甲이 추심명령을 얻은 경우에, **압류효의 확장에 따라 채권자 甲의 추심권능은 140만 원 전액에 미치며**, 제3채무자로서도 추심권자에게 변제하면 그 효력은 모든 채권자에게 미치므로, 압류된 채권을 경합된 압류채권자 및 다른 추심권자의 집행채권액에 안분하여 변제하여야 하는 것이 아님 (2001.3.27, 2000다43819)

2) 제3채무자의 공탁의무 발생
   ▣ 금전채권 중 압류되지 아니한 부분을 초과하여 거듭 압류명령이 있는 경우에 그 명령을 송달받은 경우에 압류채권자의 청구가 있으면 그 채권의 전액에 해당하는 금액을 공탁하여야 함(민사집행법 제248조 제3항)

3) 전부명령의 효력 불발생
   ▣ 전부명령이 제3채무자에게 송달될 때까지 그 금전채권에 관하여 압류의 경합이 발생한 경우에는 전부명령은 효력이 없음(민사집행법 제229조 제5항)
   ▣ 그러나 압류명령의 효력에는 영향이 없음에 주의[1]

4) 배당요구의 효과
   ▣ 이중의 압류명령이 제3채무자에게 송달되면 각 압류는 그 선후와는 관계없이 서로 배당요구(민사집행법 제247조)를 한 것과 동일한 효력을 가짐

---

1 제6회 변시의 논점이었다.

7-2 민사집행과 시효중단

1. 경매 관련

- ◨ 경매개시결정은 압류에 해당하므로 당연히 시효 중단
  - ● 물상보증인에 대하여 임의경매 실시하는 경우 채무자에게 압류 사실 통지되어야 시효 중단되나 절차상 채무자에게 통지하게 되어 있음(민법 제176조 참조)
  - ● 연대채무에서 이행청구에 의하지 않는 시효중단의 경우

> [1] 채권자의 신청에 의한 경매개시결정에 따라 연대채무자 1인의 소유 부동산이 압류된 경우, 이로써 위 채무자에 대한 채권의 소멸시효는 중단되지만, 압류에 의한 시효중단의 효력은 다른 연대채무자에게 미치지 아니하므로, **경매개시결정에 의한 시효중단의 효력을 다른 연대채무자에 대하여 주장할 수 없다.**
>
> [2] **채권자가 연대채무자 1인의 소유 부동산에 대하여 경매신청을 한 경우, 이는 최고로서의 효력을 가지고 있고, 연대채무자에 대한 이행청구는 다른 연대채무자에게도 효력이 있으므로, 채권자가 6월 내에 다른 연대채무자를 상대로 재판상 청구를 하였다면 그 다른 연대채무자에 대한 채권의 소멸시효가 중단**되지만, 이로 인하여 중단된 시효는 위 경매절차가 종료된 때가 아니라 **재판이 확정된 때로부터 새로 진행**된다(2001.8.21, 2001다22840).
>
> ⇨ 甲과 乙은 연대채무자, 채권자 丙이 甲에 대하여 경매신청하여 경매개시결정이 내려진 경우에 乙에 대한 채무가 시효로 소멸하는지 여부가 쟁점임.
> ① 압류에 의한 시효중단의 효력은 乙에게 아무런 효력이 없음.
> ② 만약 丙이 甲에 대한 경매신청 후 6개월 내에 乙에게 소를 제기한 경우에 甲에 대한 경매신청은 이행청구에 해당하므로 乙에게도 효력이 미치고, 甲이 그 6개월 내에 소를 제기하였으면 시효중단의 효과가 발생함. 그러나 위 소에 의한 판결이 확정되고 그로부터 10년이 경과하였으면 소멸시효가 완성된 것임.

- ◨ 압류 취소시 시효중단 효력 없음(민법 제175조)
  - ● 중단효가 소급적으로 상실되므로 최고로서의 효력도 인정되지 않음
    - -압류 실효된 경우와 구별: 기왕의 시효중단효는 소멸하지 않음(2019.9.26, 2016다239810)

- 경매신청 취하의 경우에도 시효중단 효력 소급적 소멸(2010.9.9, 2010다 28031)
- 적법한 집행절차였는데 다른 이유로 압류 사유 배제시(예 무잉여취소) 기왕의 시효중단효는 소멸하지 않음(2015.2.26, 2014다228778)

경매신청이 취하된 경우에는 특별한 사정이 없는 한 압류로 인한 소멸시효 중단의 효력은 물론, 첫 경매개시결정등기 전에 등기되었고 매각으로 소멸하는 저당권을 가진 채권자의 채권신고로 인한 소멸시효 중단의 효력도 소멸하지만, 이와 달리 민사집행법 제102조 제2항(무잉여취소)에 따라 경매절차가 취소된 경우에는 압류로 인한 소멸시효 중단의 효력이 소멸하지 않고, 마찬가지로 첫 경매개시결정등기 전에 등기되었고 매각으로 소멸하는 저당권을 가진 채권자의 채권신고로 인한 소멸시효 중단의 효력도 소멸하지 않는다(2015.2.26, 2014다228778).

2. 배당요구의 효과로서 시효중단효

◨ 집행력 있는 정본에 의한 배당요구는 압류에 준하는 것으로 시효중단효 ○

1. **집행력 있는 채무명의 정본을 가진 채권자는** … 다른 채권자의 신청에 의하여 개시된 경매절차를 이용하여 **배당요구를 신청하는 행위도 채무명의에 기하여 능동적으로 그 권리를 실현하려고 하는 점에서는 강제경매의 신청과 동일**하다고 할 수 있으므로, 부동산경매절차에서 집행력 있는 채무명의 정본을 가진 채권자가 하는 배당요구는 **민법 제168조 제2호의 압류에 준하는 것으로서 배당요구에 관련된 채권에 관하여 소멸시효를 중단하는 효력이 생긴다**고 할 것이고, 따라서 원인채권의 지급을 확보하기 위하여 어음이 수수된 당사자 사이에 채권자가 어음채권에 관한 집행력 있는 채무명의 정본에 기하여 한 배당요구는 그 원인채권의 소멸시효를 중단시키는 효력이 있다 (2002.2.26, 2000다25484).

2. 가압류채권자에 대한 배당액을 공탁한 뒤 그 공탁금을 가압류채권자에게 전액 지급할 수 없어서 추가배당이 실시됨에 따라 배당표가 변경되는 경우에는 추가배당표가 확정되는 시점까지 배당요구에 의한 권리행사가 계속된다고 볼 수 있으므로, 그 **권리행사로 인한 소멸시효 중단의 효력은 추가배당표가 확정될 때까지 계속**된다(2022.5. 12, 2021다280026).

⇨ 배당요구는 압류에 준하여 시효중단효 인정됨(2009.3.26, 2008다89880), 종전 배당표 확정된 다음날이 아닌 추가배당표 확정된 다음날부터 다시 시효 진행하는 것임.

▣ **관련문제: 근저당권의 채권계산서 제출도 시효중단효 ○**

> **저당권으로서 첫 경매개시결정등기 전에 등기되었고 매각으로 소멸하는 것을 가진 채권자는** 담보권을 실행하기 위한 경매신청을 할 수 있을뿐더러 다른 채권자의 신청에 의하여 개시된 경매절차에서 배당요구를 하지 않아도 당연히 배당에 참가할 수 있는데, 이러한 **채권자의 그 채권신고는 민법 제168조 제2호의 압류에 준하는 것으로서 신고된 채권에 관하여 소멸시효를 중단하는 효력이 생긴다.** 그러나 민법 제175조에 "압류, 가압류 및 가처분은 권리자의 청구에 의하여 또는 법률의 규정에 따르지 아니함으로 인하여 취소된 때에는 시효중단의 효력이 없다."고 규정하고, 민사집행법 제93조 제1항에 "경매신청이 취하되면 압류의 효력은 소멸된다."고 규정하고 있으므로 경매신청이 취하되면 특별한 사정이 없는 한 압류로 인한 소멸시효 중단의 효력이 소멸하는 것과 마찬가지로 위와 같이 첫 경매개시결정등기 전에 등기되었고 매각으로 소멸하는 저당권을 가진 채권자의 채권신고로 인한 소멸시효 중단의 효력도 소멸한다(2010.9.9, 2010다28031).

3. 추심명령과 소멸시효

- ▣ 채권자가 받은 압류명령 및 추심명령 ⇨ 채권자의 채무자에 대한 채권에 관하여 시효중단 효력 ○, 그러나 채무자의 제3채무자에 대한 채권에 관하여 시효중단 효력 ×, 최고 ○(시효소멸하기 전에 압류 및 추심명령이 제3채무자에게 송달, 그로부터 6개월 내 추심금청구소송 제기시 시효소멸하지 않음, 2003.5.13, 2003다16238)

- ▣ 채무자의 재판상 청구로 인한 시효중단의 효력이 추심채권자에게 미치는지 여부(적극)

> 채무자의 제3채무자에 대한 금전채권에 대하여 압류 및 추심명령이 있더라도, 이는 추심채권자에게 피압류채권을 추심할 권능만을 부여하는 것이고, 이로 인하여 채무자가 제3채무자에게 가지는 채권이 추심채권자에게 이전되거나 귀속되는 것은 아니다. 따라서 채무자가 제3채무자를 상대로 금전채권의 이행을 구하는 소를 제기한 후 채권자가 위 금전채권에 대하여 압류 및 추심명령을 받아 제3채무자를 상대로 추심의 소를 제기한 경우, 채무자가 권리주체의 지위에서 한 시효중단의 효력은 집행법원의 수권에 따라 피압류채권에 대한 추심권능을 부여받아 일종의 추심기관으로서 그 채권을 추심하는

민사집행법

추심채권자에게도 미친다.

한편 재판상의 청구는 소송의 각하, 기각 또는 취하의 경우에는 시효중단의 효력이 없지만, 그 경우 6개월 내에 재판상의 청구, 파산절차참가, 압류 또는 가압류, 가처분을 한 때에는 시효는 최초의 재판상 청구로 인하여 중단된 것으로 본다(민법 제170조). 그러므로 **채무자가 제3채무자를 상대로 제기한 금전채권의 이행소송이 압류 및 추심명령으로 인한 당사자적격의 상실로 각하되더라도, 위 이행소송의 계속 중에 피압류채권에 대하여 채무자에 갈음하여 당사자적격을 취득한 추심채권자가 위 각하판결이 확정된 날로부터 6개월 내에 제3채무자를 상대로 추심의 소를 제기하였다면, 채무자가 제기한 재판상 청구로 인하여 발생한 시효중단의 효력은 추심채권자의 추심소송에서도 그대로 유지된다고 보는 것이 타당**하다(2019.7.25, 2019다212945).

4. 기타

▣ 재산관계명시결정은 최고 ○(2001.5.29, 2000다32161)

민사집행의 중요 법리

집행공탁과 변제공탁

Ⅰ 변제공탁

1. 요건

◉ 민법 제487조

2. 상대적 불확지 변제공탁이 허용된 사례

◉ 채권양도의 효력에 의문이 있는 경우

◉ 장래의 불확정채권에 관하여 수개의 전부명령이 존재하고, 각 전부명령이 그 송달 당시 압류의 경합이 없어 유효한데, 그 후 확정된 피전부채권액이 각 전부금액의 합계액에 미달(1998.8.21, 98다15439)

3. 효과

◉ 채무의 소멸(공탁금 납입시 발생)

◉ 해제조건설: 변제공탁 성립에 의하여 채무는 소멸하나 공탁금을 회수하면 공탁시에 소급해서 채무소멸의 효과가 발생하지 않음

Ⅱ 집행공탁

1. 의의

◉ 민사집행법상의 권리/의무

◉ 집행공탁에 대하여 변제의 효력을 인정하고 있으므로 집행공탁도 큰 의미에서는 변제공탁의 범주

◉ 기본적으로 집행공탁은 집행법에 따른 배당을 예정한 공탁이라는 점에서 변제공탁과 차이가 있음

2. 권리공탁(민사집행법 제248조 제1항)

1) 권리공탁이 가능한 경우

◉ 단일 또는 복수의 가압류만 있는 경우-종전 변제공탁으로 해결(1994.12.

CHAPTER

07

민사집행법

13, 93다951)

- ▣ 압류가 경합되지 않는 경우－종전 변제공탁으로 해결
- ▣ 압류된 채권에 대하여 배당요구 있는 경우(민사집행법 제248조 제2항)
- ▣ 압류경합의 경우(민사집행법 제248조 제3항)

2) 공탁할 금액

- ▣ **채권 전부가 압류된 경우:** 채권 전액
- ▣ **채권 일부가 압류된 경우:** 압류된 금액 또는 채권 전액
  - ● 압류된 금액은 집행공탁의 성격, 초과한 부분은 변제공탁의 성격

민사집행법 제248조 제1항은 "제3채무자는 압류에 관련된 금전채권의 전액을 공탁할 수 있다"고 규정하여 채권자의 공탁청구, 추심청구, 경합 여부 등을 따질 필요 없이 당해 압류에 관련된 채권 전액을 공탁할 수 있도록 규정하고 있는바, 이에 따라 금전채권의 일부만이 압류되었음에도 그 채권 전액을 공탁한 경우에는 그 **공탁금 중 압류의 효력이 미치는 금전채권액은 그 성질상 당연히 집행공탁으로 보아야 하나, 압류금액을 초과하는 부분은 압류의 효력이 미치지 않으므로 집행공탁이 아니라 변제공탁으로 보아야 한다** (2008.5.15, 2006다74693).

3. 의무공탁(민사집행법 제248조 제2항, 제3항)

- ▣ **민사집행법 제248조 제2항:** 압류에 해당하는 금액만 공탁 의무
- ▣ **민사집행법 제248조 제3항:** 전액 공탁 의무

구 민사소송법(2002. 1. 26. 법률 제6626호로 전문 개정되기 전의 것) 제581조 제1항에 기한 제3채무자의 집행공탁은 피압류채권에 대한 압류경합을 요건으로 하는 것으로서, 이 경우 **제3채무자가 위 법 규정에 따라 공탁하여야 할 금액은 채무 전액이라고 할 것이고, 이러한 법리는 압류경합상태에 있는 피압류채권 중 일부에 관하여 일부 압류채권자가 추심명령을 얻은 후 추심금청구소송을 제기하여 승소확정된 경우** 제3채무자가 그 추심금청구 사건의 **확정판결에 기한 강제집행을 저지하기 위하여 위 법 규정에 따라 집행공탁하는 경우에도 달리 볼 것이 아니다**(2004.7.22, 2002다22700).

▣ 의무공탁 위반의 효과

● 공탁의무가 있는데 1인의 추심채권자에게 변제한 경우 공탁청구한 채권자에게 채무의 소멸을 주장할 수 없음(다른 채권자에 대한 관계에서 채무소멸 주장할 수 있음)

민사집행법 제248조 제3항은 "금전채권 중 압류되지 아니한 부분을 초과하여 거듭 압류명령 또는 가압류명령이 내려진 경우에 그 명령을 송달받은 제3채무자는 압류 또는 가압류채권자의 청구가 있으면 그 채권의 전액에 해당하는 금액을 공탁하여야 한다."고 규정하고 있다. 여기서 '공탁하여야 한다'란 공탁의 방법에 의하지 아니하고는 면책을 받을 수 없다는 의미이므로, 제3채무자가 추심채권자 중 한 사람에게 임의로 변제하거나 일부 채권자가 강제집행절차 등에 의하여 추심한 경우, **제3채무자는 이로써 공탁청구한 채권자에게 채무의 소멸을 주장할 수 없고** 이중지급의 위험을 부담한다. 그런데 민사집행법 제248조 제3항에서 정한 공탁의무는 민사집행절차에서 발생하는 제3채무자의 절차협력의무로서 제3채무자의 실체법상 지위를 변경하는 것은 아니다. 또한 공탁의무를 부담하는 제3채무자가 추심채권자 중 한 사람에게 임의로 변제하거나 일부 채권자가 강제집행절차 등에 의하여 추심한 경우에도 **제3채무자는 공탁청구한 채권자 외의 다른 채권자에게는 여전히 채무의 소멸을 주장할 수 있다고 보아야 한다**(2012.2.9, 2009다88129).

4. 집행공탁의 효과

1) 변제효

▣ 공탁을 하게 되면 채무를 면함

▣ 공탁 후 다른 채권자가 압류한 경우 그 압류명령은 존재하지 않는 피압류채권에 대하여 발령된 것으로 실체상 효력이 생기지 않는다는 의미에서 무효라고 해석됨

2) 집행공탁 이후 압류명령의 취하 또는 취소의 불가

▣ 압류명령은 공탁에 의한 목적달성으로 인하여 그 존재 의의를 잃고 장래를 향하여 소멸 ⇨ 압류명령의 취하 또는 취소의 불가

3) 배당가입차단효 발생의 문제

▣ 제3채무자는 공탁 후 집행법원에 사유신고 요(민사집행법 제248조 4항)[1]

---

1 배당절차가 예정되어 있으므로 배당을 주관하는 집행법원에 신고하는 것이다.

⇨ 사유신고를 한 때가 배당요구의 종기가 됨(민사집행법 제247조 제1항 제1호)

● 사유신고를 통해 배당절차가 진행 ⇨ 공탁금 전부는 배당재단에 포함됨

▣ 예외적으로 압류·가압류명령이 제3채무자의 집행공탁 후에야 제3채무자에게 송달되었는데 배당요구의 효력이 인정되는 경우(공탁사유신고서에 기재되는 등으로 집행법원이 그 사실을 알 수 있는 경우)

채권에 대한 압류·가압류명령은 그 명령이 제3채무자에게 송달됨으로써 효력이 생기므로(민사집행법 제227조 제3항, 제291조), 제3채무자의 집행공탁 전에 동일한 피압류채권에 대하여 다른 채권자의 신청에 의하여 압류·가압류명령이 발령되었더라도, 제3채무자의 집행공탁 후에야 그에게 송달되었다면 그 압류·가압류명령은 집행공탁으로 인하여 이미 소멸한 피압류채권에 대한 것이어서 효력이 생기지 아니한다. 다만 **다른 채권자의 신청에 의하여 발령된 압류·가압류명령이 제3채무자의 집행공탁 후에야 제3채무자에게 송달되었더라도 공탁사유신고서에 이에 관한 내용까지 기재되는 등으로 집행법원이 배당요구의 종기인 공탁사유신고 시까지 이와 같은 사실을 알 수 있었고, 또한 그 채권자가 법률에 의하여 우선변제청구권이 있거나 집행력 있는 정본을 가진 채권자인 경우라면 배당요구의 효력은 인정**된다. 이러한 법리는 **다른 채권자의 신청에 의하여 발령된 압류·가압류명령이 제3채무자의 공탁사유신고 이후에 제3채무자에게 송달되었다고 하더라도 마찬가지**이다(2021.12.16, 2018다226428).

▣ 배당가입차단효는 배당을 전제로 한 집행공탁에 대해서 미치는 것임 ⇨ 공탁금 중 압류의 효력이 미치지 않는 부분은 변제공탁이므로 배당가입차단효가 없음(2008.5.15, 2006다74693)

● 변제공탁 부분에 대해서 다른 채권자는 채무자가 가지는 공탁금출급청구권에 대해 압류, 가압류, 배당요구를 통해 만족을 얻을 수 있음

민사집행법 제247조 제1항 제1호가 압류채권자 이외의 채권자가 배당요구의 방법으로 채권에 대한 강제집행절차에 참가하여 압류채권자와 평등하게 자신의 채권의 변제를 받는 것을 허용하면서도, 다른 한편으로 그 배당요구의 종기를 제3채무자의 공탁사유 신고시까지로 제한하고 있는 이유는 제3채무자가 채무액을 공탁하고 그 사유 신고를 마치

면 배당할 금액이 판명되어 배당절차를 개시할 수 있는 만큼 늦어도 그 때까지는 배당요구가 마쳐져야 배당절차의 혼란과 지연을 막을 수 있다고 본 때문이다. 따라서 민사집행법 제247조 제1항에 의한 배당가입차단효는 배당을 전제로 한 집행공탁에 대하여만 발생하므로, 집행공탁과 변제공탁이 혼합된 소위 혼합공탁의 경우 **변제공탁에 해당하는 부분에 대하여는 제3채무자의 공탁사유신고에 의한 배당가입차단효가 발생할 여지가 없다**(2008.5.15, 2006다74693).

5. 금전채권에 대한 가압류를 원인으로 하는 공탁

1) 의의

- ▣ 민사집행법 제291조가 제248조 제1항 준용
- ▣ **민사집행법 제297조**: 가압류의 효력은 채무자의 출급청구권에 존속

2) 공탁의 법적 성질

- ▣ 민사집행법 제248조 제1항이 준용되나 권리공탁과 같은 성질의 공탁은 아님 ⇨ 채권압류와 마찬가지로 공탁 및 사유신고와 동시에 배당절차가 진행되는 것은 아님
- ▣ 원래의 채권자인 가압류채무자를 피공탁자로 하는 일종의 변제공탁
- ▣ 그러나 민사집행법 시행이후 변제공탁으로는 처리하고 있지 않음

Ⅲ 혼합공탁

1. 의의

- ▣ 변제공탁＋집행공탁
- ▣ ⑩ 채권양도가 있었으나 효력에 의문이 있음(변제공탁 사유)＋채권양도 통지 후에 그 채권에 관하여 다수의 채권 가압류 또는 압류결정이 내려짐(집행공탁 사유)

채권가압류명령과 채권양도통지가 동시에 제3채무자에게 송달된 경우, 제3채무자는 송달의 선후가 불명한 경우에 준하여 채권자를 알 수 없다는 이유로 변제공탁을 할 수도 있고(1994.4.26, 93다24223 전합 판결 참조), 또한 민사집행법 제291조, 제248조 제1항에 의하여 가압류에 관련된 금전채권에 대한 집행공탁을 할 수도 있으며, 위와 같은 사유를

들어 **채권자 불확지 변제공탁과 집행공탁을 합한 혼합공탁을 할 수도 있다.** 한편 공탁자는 자기의 책임과 판단하에 변제공탁이나 집행공탁 또는 혼합공탁을 선택하여 할 수 있으므로, 제3채무자가 그중 어느 공탁을 한 것인지는 피공탁자의 지정 여부, 공탁의 근거조문, 공탁사유, 공탁사유신고 등을 종합적·합리적으로 고려하여 판단할 것이다(2005. 5.26, 2003다12311 등 참조)(2013.4.26, 2009다89436).

2. 요건

▣ 혼합공탁 중 어느 한 부분, 즉 변제공탁이 무효라거나 집행공탁이 무효라면 혼합공탁 전체가 무효가 됨

Ⅳ 집행공탁과 변제공탁의 구별

	집행공탁	변제공탁
요건(근거조문)	민사집행법 제248조[2] 등	민법 제487조
효과	배당가입차단효, 채무변제의 효과	채무의 소멸, 공탁금 지급청구권의 발생
공탁시 피공탁자 기재 여부	피공탁자 기재하지 않음	피공탁자 기재 요
공탁금 관리	집행법원	공탁소
출급절차	집행법원의 지급위탁	공탁소에 대한 출급청구
지급방법	배당	공탁소에 대한 출급청구
공탁금회수청구권	인정되지 않음(원칙)	인정됨

---

2 민사집행법 제248조 【제3채무자의 채무액의 공탁】 ① 제3채무자는 압류에 관련된 금전채권의 전액을 공탁할 수 있다.
② 금전채권에 관하여 배당요구서를 송달받은 제3채무자는 배당에 참가한 채권자의 청구가 있으면 압류된 부분에 해당하는 금액을 공탁하여야 한다.
③ 금전채권 중 압류되지 아니한 부분을 초과하여 거듭 압류명령 또는 가압류명령이 내려진 경우에 그 명령을 송달받은 제3채무자는 압류 또는 가압류채권자의 청구가 있으면 그 채권의 전액에 해당하는 금액을 공탁하여야 한다.

금전 공탁서(변제 등)

공 탁 번 호		년 금 제 호	년 월 일 신청	법령조항	
공 탁 자	성 명 (상호, 명칭)		피 공 탁 자	성 명 (상호, 명칭)	
	주민등록번호 (법인등록번호)			주민등록번호 (법인등록번호)	
	주 소 (본점, 주사무소)			주 소 (본점, 주사무소)	
	전화번호			전화번호	
공 탁 금 액	한글		보 관 은 행	은행 지점	
	숫자				
공탁원인사실					
비고(첨부서류 등)			□ 계좌납입신청		
1. 공탁으로 인하여 소멸하는 질권, 전 세권 또는 저당권 2. 반대급부 내용					

위와 같이 신청합니다.　　　　　　　　　　대리인 주소
　　　　　　　　　　　　　　　　　　　　전화번호
　공탁자 성명　　　　　인(서명)　　　성명　　　　　　　　인(서명)

위 공탁을 수리합니다.
공탁금을　　년　　월　　일까지 위 보관은행의 공탁관 계좌에 납입하시기 바랍니다.
위 납입기일까지 공탁금을 납입하지 않을 때는 이 공탁 수리결정의 효력이 상실됩니다.

　　　　　　　　　　년　　　　월　　　　일

　　　　　　　　　　법원　　　지원 공탁관　　　　　　　　(인)

(영수증)　위 공탁금이 납입되었음을 증명합니다.

　　　　　　　　　　년　　　　월　　　　일

　　　　　　　　　　공탁금 보관은행(공탁관)　　　　　　　(인)

※ 1. 도장을 날인하거나 서명을 하되, 대리인이 공탁할 때에는 대리인의 주소, 성명을 기재하고 대리인의
　　　도장을 날인(서명)하여야 합니다.
　2. 공탁당사자가 국가 또는 지방자치단체인 경우에는 법인등록번호란에 '사업자등록번호'를 기재하시기
　　　바랍니다.
　3. 공탁금 회수청구권은 소멸시효완성으로 국고에 귀속될 수 있으며, 공탁서는 재발급 되지 않으므로 잘
　　　보관하시기 바랍니다.

CHAPTER

08

민사법 최신 판례

1. 민법총칙

1) 통정허위표시

◉ 허위채권에 대한 추심권자는 제3자 해당 ○

1. 대차보증금반환채권이 양도된 후 양수인의 채권자가 임대차보증금반환채권에 대하여 채권압류 및 추심명령을 받았는데 임대차보증금반환채권 양도계약이 허위표시로서 무효인 경우 채권자는 그로 인해 **외형상 형성된 법률관계를 기초로 실질적으로 새로운 법률상 이해관계를 맺은 제3자**에 해당한다(2014.4.10, 2013다59753).

제3자의 예)

① 가장매매에 의한 대금채권 양수인

② 가장소비대차의 채권 양수인

③ 가장의 채무에 대한 보증인이 보증채무 이행한 경우(2000.7.6, 99다51258)

④ 가장채권을 압류한 자(2004.5.28, 2003다70041)[2]

그러나 채권을 가장양도한 경우의 채무자는 제3자 해당하지 않음(1983.1.18, 82다594).

구별 원고가 소외인과 사이에 통정허위표시인 근저당권설정계약에 의하여 근저당권을 설정하였는데, 피고가 통정허위표시인 근저당권설정계약이 유효하다고 믿고 그 피담보채권에 대하여 가압류결정을 받은 경우 원고가 소외인을 상대로 근저당권말소등기를 구하고 피고는 근저당권 말소에 대한 승낙의 의사표시를 할 의무가 있음 ⇨ 근저당권설정등기에 부기등기의 방법으로 그 피담보채권의 압류사실을 기입등기하는 목적은 근저당권의 피담보채권이 압류되면 담보물권의 수반성에 의하여 종된 권리인 근저당권에도 압류의 효력이 미치게 되어 피담보채권의 압류를 공시하기 위한 것이므로, 만일 근저당권의 피담보채권이 존재하지 않는다면 그 압류명령은 무효임(2004.5.28, 2003다70041). ⇨ 통정허위표시에 의한 피담보채권 성립행위가 없다는 점에 착안 요.

---

1 2023. 11. 15.자 공보까지.

2 가장채권자의 일반채권자는 제외한다.

   ⇨ 계약상 채권 자체를 양수하거나 압류/추심/전부한 자 모두 제3자 아님.[3]

   ▣ 통정한 허위의 의사표시에 기하여 허위 가등기(乙 가등기)가 설정된 후
      그 원인이 된 통정허위표시가 철회되었으나 그 외관인 허위 가등기가 제
      거되지 않고 잔존하는 동안에 가등기명의인인 소외인이 임의로 소유권
      이전의 본등기를 마친 다음(乙 본등기), 다시 위 본등기를 토대로 丙, 원
      고에게 순차적으로 소유권이전등기가 이전된 경우 원고는 "제3자"로서
      보호되지 않음

(甲이 부동산 관리를 위해 乙에게 매매예약을 등기원인으로 소유권이전등기청구권 가등
기를 마쳐주었고, 그 후 乙이 제기한 가등기에 기한 본등기의 이행을 구하는 소송이 공
시송달로 진행된 결과 乙의 승소판결이 선고되어 외형상 확정되었으나, 甲이 추완항소
를 제기하여 가등기의 등기원인인 매매예약이 甲과 乙의 통정한 허위의 의사표시에 의한
것으로 무효라는 이유로 제1심판결을 취소하고 乙의 청구를 기각하는 판결이 선고·확정
되었는데, 위 부동산에 관하여 乙이 甲의 추완항소 이전에 발급받았던 송달증명원 및 확
정증명원을 가지고 확정판결을 원인으로 지분소유권이전등기를 마쳤고, 乙의 남편인 丙
이 재산분할을 원인으로 지분소유권이전등기를 마쳤으며, 그 후 원고가 위 부동산에 관
하여 매매를 원인으로 지분소유권이전등기를 순차로 마친 사안임.)
乙 명의의 본등기는 甲과 乙 사이의 허위 가등기 설정이라는 통정한 허위의 의사표시
자체에 기한 것이 아니라, 이러한 통정한 허위의 의사표시가 철회된 이후에 乙이 항소심
판결에 의해 취소·확정되어 소급적으로 무효가 된 제1심판결에 기초하여 일방적으로
마친 원인무효의 등기라고 봄이 타당하고, 이에 따라 乙 명의의 본등기를 비롯하여 그
후 원고에 이르기까지 순차적으로 마쳐진 각 지분소유권이전등기는 부동산등기에 관하

---

3 다만 채권양수인에게 부당이득반환청구가 가능한지는 별도의 문제이다. 시행사가 대리사무계약에
  기하여 신탁업자에게 수분양자에 대한 분양대금채권을 양도하여 수분양자가 신탁업자에게 분양대금
  을 납부하였는데, 수분양자가 신탁업자를 상대로 분양계약 해제 또는 분양계약 취소로 인한 부당이
  득을 구한 사안이다. 대법원은 수분양자가 신탁업자 명의의 계좌에 분양대금을 입금한 것은 이른바
  '단축급부'에 해당하고, 이러한 경우 신탁업자는 대리사무계약에 근거하여 분양대금을 수령한 것이므
  로 신탁업자에 대하여 법률상 원인 없이 급부를 수령하였다는 이유로 원상회복청구나 부당이득반환
  청구를 할 수 없다고 판시하였다(2017.7.11, 2013다55447).

여 공신력이 인정되지 아니하는 우리 법제하에서는 특별한 사정이 없는 한 무효임을 면할 수 없으며, 나아가 甲과 乙이 통정한 허위의 의사표시에 기하여 마친 가등기와 丙 명의의 지분소유권이전등기 사이에는 乙이 일방적으로 마친 원인무효의 본등기가 중간에 개재되어 있으므로,[4] 이를 기초로 마쳐진 丙 명의의 지분소유권이전등기는 乙 명의의 가등기와는 서로 단절된 것으로 평가되고, 가등기의 설정행위와 본등기의 설정행위는 엄연히 구분되는 것으로서 丙 내지 그 후 지분소유권이전등기를 마친 자들에게 신뢰의 대상이 될 수 있는 '외관'은 乙 명의의 가등기가 아니라 단지 乙 명의의 본등기일 뿐이라는 점에서도 이들은 乙 명의의 허위 가등기 자체를 기초로 하여 새로운 법률상 이해관계를 맺은 제3자의 지위에 있다고 볼 수 없으며, 이는 甲의 추완항소를 계기로 甲과 乙 사이의 통정한 허위의 의사표시가 실체적으로는 철회되었음에도 불구하고 그 외관인 乙 명의의 가등기가 미처 제거되지 않고 잔존하는 동안에 乙 명의의 본등기가 마쳐졌다고 하여 달리 볼 수 없는데도, 원고가 통정한 허위의 의사표시의 제3자에 해당한다고 본 원심 판단에 법리오해 등의 잘못이 있다(2020.1.30, 2019다280375).

⇨ 위 사안에서 제108조 제2항에 의하여 유효로 볼 수 있는 범위는 '매매예약과 그에 따른 乙 명의의 가등기일 뿐'이라는 점에 유의. 다른 법률관계의 흠까지 보정해주지는 않음.

2) 착오

[1] 법률행위 내용의 중요부분에 착오가 있는 때에는 그 의사표시를 취소할 수 있으나 그 착오가 표의자의 중대한 과실로 인한 때에는 취소하지 못한다. 여기서 '중대한 과실'이란 표의자의 직업, 행위의 종류, 목적 등에 비추어 보통 요구되는 주의를 현저히 게을리한 것을 의미한다. 토지매매에서 특별한 사정이 없는 한 매수인에게 측량을 하거나 지적도와 대조하는 등의 방법으로 매매목적물이 지적도상의 그것과 정확히 일치하는지 여부를 미리 확인하여야 할 주의의무가 있다고 볼 수 없다.

[2] 甲이 乙로부터 토지를 매수하는 계약을 체결하면서 '위 토지에 인접한 매실나무 밭 바로 앞부분 약 80평이 포함되고 인접한 도로 부분 약 40평이 포함되지 않는다'고 잘못 알고 있었는데, 乙도 甲과 같이 토지의 경계를 잘못 인식하고 있어 매매계약 당시 甲에게 토지의 경계에 대하여 정확한 설명을 하지 않은 사안에서, 甲이 잘못 인식한 부분의 면적이 위 토지면적의 상당한 부분을 차지하므로, 甲은 매매계약의

---

4 乙이 일방적으로 마친 본등기는 원인무효의 등기라는 점에 유의한다.

목적물의 경계에 대하여 착오를 하였고, **그 착오는 중요한 부분에 해당하며, 乙 측의 잘못된 설명으로 甲의 착오가 유발되었으므로 甲의 착오에는 중대한 과실이 있다고 보기 어렵다**고 한 사례(2020.3.26, 2019다288232).

3) 계약서 해석

◉ **오표시무해의 원칙**

계약당사자 쌍방이 모두 동일한 물건을 계약 목적물로 삼았으나 계약서에는 착오로 다른 물건을 목적물로 기재한 경우 계약서에 기재된 물건이 아니라 **쌍방 당사자의 의사합치가 있는 물건에 관하여 계약이 성립한 것**으로 보아야 한다. 이러한 법리는 계약서를 작성하면서 계약상 지위에 관하여 당사자들의 합치된 의사와 달리 착오로 잘못 기재하였는데 **계약 당사자들이 오류를 인지하지 못한 채 계약상 지위가 잘못 기재된 계약서에 그대로 기명날인이나 서명을 한 경우**에도 동일하게 적용될 수 있다.

⇨ 당사자들이 지급기한을 유예하면서 기존의 연대보증인을 근질권설정자로 기재하고 날인한 경우에도 문언과 달리 당사자의 진정한 의사인 연대보증에 따른 효력이 발생하는 것임 (2018.7.26, 2016다242334)

4) 무권대리인

◉ **무권대리인의 상대방에 대한 책임은 무과실책임!**

무권대리인의 상대방에 대한 책임은 무과실책임으로서 **대리권의 흠결에 관하여 대리인에게 과실 등의 귀책사유가 있어야만 인정되는 것이 아니고, 무권대리행위가 제3자의 기망이나 문서위조 등 위법행위로 야기되었다고 하더라도 그 책임은 부정되지 아니한다** (2014.2.27, 2013다213038).

⇨ 본인을 자칭한 사람에게 속아서 그 사람에게 대리권을 수여받은 무권대리인에 대해서도 책임을 물을 수 있다.

◉ **무권대리인은 채무불이행책임을 지는 경우에 손해배상액 감액 규정도 적용됨**

무권대리인이 계약에서 정한 채무를 이행하지 않으면 상대방에게 채무불이행에 따른 손해를 배상할 책임을 진다. 위 계약에서 채무불이행에 대비하여 손해배상액의 예정에 관한 조항을 둔 때에는 특별한 사정이 없는 한 무권대리인은 조항에서 정한 바에 따라 산정한 손해액을 지급하여야 한다. 이 경우에도 <u>손해배상액의 예정에 관한 민법 제398조</u>가 <u>적용됨은 물론이다</u>(2018.6.28, 2018다210775).

⇨ 무권대리인은 마치 자신이 계약의 당사자가 된 것처럼 계약에서 정한 채무를 이행할 책임을 지는 것이기 때문이다.

▣ 무권대리행위의 철회와 부당이득반환의무

1. 민법 제134조에서 정한 상대방의 철회권은, 무권대리행위가 본인의 추인에 따라 효력이 좌우되어 상대방이 불안정한 지위에 놓이게 됨을 고려하여 대리권이 없었음을 알지 못한 상대방을 보호하기 위하여 상대방에게 부여된 권리로서, **상대방이 유효한 철회를 하면 무권대리행위는 확정적으로 무효가 되어 그 후에는 본인이 무권대리행위를 추인할 수 없다.** 한편 상대방이 대리인에게 대리권이 없음을 알았다는 점에 대한 주장·입증책임은 철회의 효과를 다투는 본인에게 있다.
2. 부당이득제도는 이득자의 재산상 이득이 법률상 원인을 갖지 못한 경우에 공평·정의의 이념에 근거하여 이득자에게 반환의무를 부담시키는 것이므로, 이득자에게 실질적으로 이득이 귀속된 바 없다면 반환의무를 부담시킬 수 없다.
   ⇨ 무권대리인에게 매매계약에 따른 계약금을 지급한 경우에 본인에게 계약금의 반환을 구할 수 없음(2017.6.29, 2017다213838).

5) 소멸시효

▣ 전소 확정판결이 있으나 신소가 예외적으로 허용되는 경우에도 전소 판단과 다른 판단을 할 수 없음

확정된 승소판결에는 기판력이 있으므로 당사자는 확정된 판결과 동일한 소송물에 기하여 신소를 제기할 수 없는 것이 원칙이나, <u>시효중단 등 특별한 사정이 있는 경우에는 예외적으로 신소가 허용되는데</u>, 이러한 경우에 신소의 판결이 전소의 승소확정판결의 내용에 저촉되어서는 아니 되므로, <u>후소 법원으로서는 그 확정된 권리를 주장할 수 있는 모든 요건이 구비되어 있는지에 관하여 다시 심리할 수 없다.</u>

⇨ 甲 유한회사가 乙 은행으로부터 채권을 양도받은 다음 채무자인 丙을 상대로 양수금 청구소송을 제기하여 승소판결을 받고 그 무렵 판결이 확정되었는데, 그 후 채권을 전전 양도받은 丁 주식회사가 소멸시효 완성을 차단하기 위해 丙을 상대로 양수금 청구소송을 제기한 사안에서, 전소에서 甲 회사의 丙에 대한 채권이 확정된 이상 확정된 채권의 소멸시효 중단을

위하여 제기된 후소에서는 乙 은행이 丙에 대하여 甲 회사에 채권을 양도한 사실을 통지하였는지 등 채권양도 대항요건의 구비 여부에 관하여 다시 심리할 수 없다고 판시(2018. 4.24, 2017다293858).

⇨ 2018.7.19, 2018다22008 전합에서 확정판결이 있는 경우에 시효중단을 위한 재소는 허용되어서는 안된다는 반대의견이 개진된 바 있음.

⇨ 전소판결이 확정된 후 10년이 지나 후소를 제기한 경우에 소의 이익이 없다고 각하할 것이 아니라 피고가 소멸시효 항변을 하면 기각 판결 요함(2019.1.17, 2018다24349).

◼ 수급인(하수급인)의 저당권설정등기청구권의 소멸시효 기간은 3년

[1] 건물신축공사에 관한 도급계약에서 수급인이 자기의 노력과 출재로 건물을 완성하여 **소유권이 수급인에게 귀속된 경우에는** 수급인으로부터 건물신축공사 중 일부를 도급받은 **하수급인도 수급인에 대하여 민법 제666조에 따른 저당권설정청구권을 가진다.**

[2] 도급받은 공사의 공사대금채권은 민법 제163조 제3호에 따라 3년의 단기소멸시효가 적용되고, 공사에 부수되는 채권도 마찬가지인데, 민법 제666조에 따른 **저당권설정청구권은 공사대금채권을 담보하기 위하여 저당권설정등기절차의 이행을 구하는 채권적 청구권으로서 공사에 부수되는 채권에 해당하므로 소멸시효기간 역시 3년**이다 (2016.10.27, 2014다211978).

◼ 리조트 객실과 식당 사용료의 소멸시효는 1년(2020.2.13, 2019다271012)[5]

◼ 배당요구와 시효중단

가압류채권자에 대한 배당액을 공탁한 뒤 그 공탁금을 가압류채권자에게 전액 지급할 수 없어서 추가배당이 실시됨에 따라 배당표가 변경되는 경우에는 추가배당표가 확정되는 시점까지 배당요구에 의한 권리행사가 계속된다고 볼 수 있으므로, 그 **권리행사로 인한 소멸시효 중단의 효력은 추가배당표가 확정될 때까지 계속**된다(2022.5.12, 2021다280026).

⇨ 배당요구는 압류에 준하여 시효중단효 인정됨(2009.3.26, 2008다89880), 종전 배당표 확정된 다음날이 아닌 추가배당표 확정된 다음날부터 다시 시효 진행하는 것임

---

5 민법 제164조 제1호 참조.

◈ **최고: 실제 청구금액 확장하지 않은 경우에도 인정 ○**

[1] 하나의 채권 중 일부에 관하여만 판결을 구한다는 취지를 명백히 하여 소송을 제기한 경우에는 소제기에 의한 소멸시효중단의 효력이 그 일부에 관하여만 발생하고, 나머지 부분에는 발생하지 아니하나, 소장에서 청구의 대상으로 삼은 채권 중 일부만을 청구하면서 소송의 진행경과에 따라 **장차 청구금액을 확장할 뜻을 표시하고 당해 소송이 종료될 때까지 실제로 청구금액을 확장한 경우에는** 소제기 당시부터 채권 전부에 관하여 판결을 구한 것으로 해석되므로, 이러한 경우에는 **소제기 당시부터 채권 전부에 관하여 재판상 청구로 인한 시효중단의 효력이 발생한다.**

[2] 소장에서 청구의 대상으로 삼은 채권 중 일부만을 청구하면서 소송의 진행경과에 따라 **장차 청구금액을 확장할 뜻을 표시하였으나 당해 소송이 종료될 때까지 실제로 청구금액을 확장하지 않은 경우에는** 소송의 경과에 비추어 볼 때 채권 전부에 관하여 판결을 구한 것으로 볼 수 없으므로, 나머지 부분에 대하여는 재판상 청구로 인한 시효중단의 효력이 발생하지 아니한다.

그러나 이와 같은 경우에도 소를 제기하면서 장차 청구금액을 확장할 뜻을 표시한 채권자로서는 장래에 나머지 부분을 청구할 의사를 가지고 있는 것이 일반적이라고 할 것이므로, 다른 특별한 사정이 없는 한 **당해 소송이 계속 중인 동안에는 나머지 부분에 대하여 권리를 행사하겠다는 의사가 표명되어 최고에 의해 권리를 행사하고 있는 상태가 지속**되고 있는 것으로 보아야 하고, 채권자는 당해 **소송이 종료된 때부터 6월 내에 민법 제174조에서 정한 조치를 취함으로써 나머지 부분에 대한 소멸시효를 중단시킬 수 있다**(2020.2.6, 2019다223723).

◈ 채권가압류(압류) 당시 피압류채권이 부존재하는 경우 ⇨ 여전히 채무자에 대한 채권자의 채권에 대하여 시효중단효 발생.[6] 그러나 후속 집행절차를 진행할 수 없어 집행절차가 바로 종료되므로 시효중단사유가 종료되어 집행채권의 소멸시효는 그때부터 다시 새롭게 진행(2020.11.26, 2020다239601).

◈ 체납처분에 의한 채권압류로 채권자의 채무자에 대한 채권의 시효가 중

---

6 압류절차에 나아간 경우에 비록 압류할 대상이 부존재하거나 그 밖의 사유로 집행불능이 이르더라도 시효중단의 효력은 생기기 때문(2014.1.29, 2013다47330). 권리행사로 인한 모습이 발현된 이상 시효중단효를 인정하는 것이다.

단된 후, 피압류채권이 기본계약관계의 해지·실효 또는 소멸시효 완성 등으로 소멸함으로써 압류의 대상이 존재하지 않게 되어 압류 자체가 실효된 경우, 시효중단사유가 종료됨

보험계약자의 보험금 채권에 대한 압류가 행하여지더라도 채무자나 제3채무자는 기본적 계약관계인 보험계약 자체를 해지할 수 있고, **보험계약이 해지되면 그 계약에 의하여 발생한 보험금 채권은 소멸하게 되므로 이를 대상으로 한 압류명령은 실효**된다.

체납처분에 의한 채권압류로 인하여 채권자의 채무자에 대한 채권의 시효가 중단된 경우에 그 압류에 의한 체납처분 절차가 채권추심 등으로 종료된 때뿐만 아니라, 피압류채권이 그 기본계약관계의 해지·실효 또는 소멸시효 완성 등으로 인하여 소멸함으로써 압류의 대상이 존재하지 않게 되어 **압류 자체가 실효된 경우에도 체납처분 절차는 더 이상 진행될 수 없으므로 시효중단사유가 종료한 것**으로 보아야 하고, 그때부터 시효가 새로이 진행한다고 할 것이다(2017.4.28, 2016다239840).

⇨ 보험금청구권 압류하더라도, 보험료 미납으로 보험계약이 실효되면 그 때부터 다시 소멸시효가 진행됨

■ 채권자대위권에 기한 시효 원용의 효과

소멸시효가 완성된 채무를 피담보채무로 하는 근저당권이 실행되어 채무자 소유의 부동산이 경락되고 대금이 배당되어 채무의 일부 변제에 충당될 때까지 채무자가 아무런 이의를 제기하지 아니하였다면, 경매절차의 진행을 채무자가 알지 못하였다는 등 다른 특별한 사정이 없는 한, 채무자는 시효완성의 사실을 알고 채무를 묵시적으로 승인하여 시효의 이익을 포기한 것으로 볼 수 있기는 하다. 그러나 **소멸시효가 완성된 경우 채무자에 대한 일반채권자는 채권자의 지위에서 독자적으로 소멸시효의 주장을 할 수는 없지만 자기의 채권을 보전하기 위하여 필요한 한도 내에서 채무자를 대위하여 소멸시효 주장을 할 수 있으므로 채무자가 배당절차에서 이의를 제기하지 아니하였다고 하더라도 채무자의 다른 채권자가 이의를 제기하고 채무자를 대위하여 소멸시효 완성의 주장을 원용하였다면, 시효의 이익을 묵시적으로 포기한 것으로 볼 수 없다**(2017.7.11, 2014다32458).

■ 채권자대위권 행사시 소멸시효 중단의 효과가 채무자에게 생김

[1] 채권자대위권 행사의 효과는 채무자에게 귀속되는 것이므로 채권자대위소송의 제기로 인한 소멸시효 중단의 효과 역시 채무자에게 생긴다.

[2] **채권자 甲이** 채무자 乙을 대위하여 丙을 상대로 부동산에 관하여 부당이득반환을 원인으로 한 소유권이전등기절차 이행을 구하는 소를 제기하였다가 피보전권리가 인정되지 않는다는 이유로 소각하판결을 선고받아 확정되었고, **그로부터 3개월 남짓 경과한 후에 다른 채권자 丁이** 乙을 대위하여 丙을 상대로 같은 내용의 소를 제기하였다가 丙과 사이에 피보전권리가 존재하지 않는다는 취지의 조정이 성립되었는데, 또 **다른 채권자인 戊가 조정 성립일로부터 10여 일이 경과한 후에** 乙을 대위하여 丙을 상대로 같은 내용의 소를 다시 제기한 사안에서, 채무자 乙의 丙에 대한 위 부동산에 관한 부당이득반환을 원인으로 한 소유권이전등기청구권의 소멸시효는 甲, 丁, 戊의 순차적인 채권자대위소송에 따라 최초의 재판상 청구인 甲의 채권자대위소송 제기로 중단됨(민법 제170조 참조7)(2011.10.13, 2010다80930)

관련 최고를 여러번 거듭하다가 재판상 청구 등을 한 경우에 있어서의 시효중단의 효력은 항상 최초의 최고시에 발생하는 것이 아니라 재판상 청구 등을 한 시점을 기준으로 하여 이로부터 소급하여 6월 이내에 한 최고시에 발생한다(1987.12.22, 87다카2337)는 판례와 구별. 1987.12.22, 87다카2337은 최고에 관한 민법 제174조 해석의 문제이고 위 2011.10.13, 2010다80930 판결은 제170조 해석의 문제.

■ 객관적 장기소멸시효에 관한 민법 제766조 제2항은 과거사 사건에 대하여 적용되지 않음(2019.11.14, 2018다233686) ⇒ 소멸시효 남용의 법리의 적용이 축소됨8

---

7 ① 재판상의 청구는 소송의 각하, 기각 또는 취하의 경우에는 시효중단의 효력이 없다.

② 전항의 경우에 6월내에 재판상의 청구, 파산절차참가, 압류 또는 가압류, 가처분을 한 때에는 시효는 최초의 재판상 청구로 인하여 중단된 것으로 본다.

8 과거사 사건에 장기소멸시효가 적용되지 않은 결과 피해자는 소멸시효 남용의 재항변을 할 필요가 없으며, 국가도 위 재항변(再抗辯)에 대하여 재심무죄판결 확정일부터 6개월이 경과하여 소 제기가 되었다는 등의 재재항변(再再抗辯)을 할 수 없는 것이다. 결국 과거사 사건에 대해서는 피해자나 법정대리인이 그 손해 및 가해자를 안 날로부터 3년 내에 국가배상청구권을 행사하였는지, 즉 단기소멸시효만 문제가 된다. 단기소멸시효만 적용되더라도 소멸시효 남용의 법리는 여전히 적용될 수 있을 것이다.

2. 물권

1) 소유권

- ◉ 공유물분할판결은 제187조 적용, 공유물분할에 관한 조정은 제186조 적용(2013.11.21, 2011두1917)
- ◉ 공유지분 포기 ⇨ 제186조에 따라 등기하여야 효력 발생(2016.10.27, 2015다52978)
- ◉ 배타적 사용수익권 제한의 법리[9]

[1] 피상속인이 사망 전에 그 소유 토지를 일반 공중의 이용에 제공하여 독점적·배타적인 사용·수익권을 포기한 것으로 볼 수 있고 그 토지가 상속재산에 해당하는 경우에는, 피상속인의 사망 후 그 토지에 대한 **상속인의 독점적·배타적인 사용·수익권의 행사 역시 제한**된다고 보아야 한다.

[2] 원소유자의 독점적·배타적인 사용·수익권의 행사가 제한되는 토지의 소유권을 경매, 매매, 대물변제 등에 의하여 특정승계한 자는, 특별한 사정이 없는 한 그와 같은 사용·수익의 제한이라는 부담이 있다는 사정을 용인하거나 적어도 그러한 사정이 있음을 알고서 그 토지의 소유권을 취득하였다고 봄이 타당하므로, 그러한 **특정승계인은 그 토지 부분에 대하여 독점적이고 배타적인 사용·수익권을 행사할 수 없다**.

[3] 토지이용상태에 중대한 변화가 생기는 등으로 독점적·배타적인 사용·수익권의 행사를 제한하는 기초가 된 객관적인 사정이 현저히 변경되고, 소유자가 일반 공중의 사용을 위하여 그 토지를 제공할 당시 이러한 변화를 예견할 수 없었으며, 사용·수익권 행사가 계속하여 제한된다고 보는 것이 당사자의 이해에 중대한 불균형을 초래하는 경우에는, 토지 소유자는 그와 같은 **사정변경이 있은 때부터는 다시 사용·수익 권능을 포함한 완전한 소유권에 기한 권리를 주장할 수 있다**고 보아야 한다.

⇨ 이 사건 토지에 우수관이 설치되어 일반 공중을 위해 사용되어 왔는데 망인의 상속인들은 우수관 철거 및 토지 사용에 따른 부당이득반환청구할 수 없다고 한 사안(부당이득 요건에서 손실 요건 충족하지 않은 것임)(2019.1.24, 2016다264556 전합)

---

[9] 대상판결이 종전 대법원판결과 다른 점은 배타적 사용수익권의 포기가 아닌 '배타적 사용수익권의 행사 제한'으로 사실상 판시를 변경하였다는 점에 있다. 배타적 사용수익권의 포기가 아니라 그 행사가 일시적으로 제한되는 것이므로 소유자는 일반 공중의 통행 등 이용을 방해하지 않는 범위 내에서 사용·수익 권능을 상실하지 않고, 사정변경이 있으면 다시 완전한 소유권을 행사할 수 있음을 명확히 하였다는 점에서 의의가 있다.

토지소유자의 독점적·배타적 사용·수익권 행사 제한의 법리는 토지가 도로, 수도시설의 매설 부지 등 일반 공중을 위한 용도로 제공된 경우에 적용되는 것이어서, 토지가 건물의 부지 등 지상 건물의 소유자들만을 위한 용도로 제공된 경우에는 적용되지않음. 따라서 토지소유자가 그 소유 토지를 건물의 부지로 제공하여 지상 건물소유자들이 이를 무상으로 사용하도록 허락하였다고 하더라도, 특별한 사정이 없는 한 토지의 특정승계인의 그 토지에 대한 소유권 행사가 제한된다고 볼 수 없음 ⇒ 결국 토지의 특정승계인의 부당이득반환청구 행사 가능(2019.11.14, 2015다211685).

2) 물권적 청구권

■ 쓰레기매립행위에 대한 방해배제청구 ✕

甲 지방자치단체가 30여 년 전 쓰레기매립지에 쓰레기를 매립하는 과정에서 매립지와 경계를 같이하는 인접 토지에 상당한 양의 쓰레기가 매립되었고, 그 후 인접 토지의 소유권을 취득한 乙이 토지를 굴착한 결과 지하 1.5~4m 지점 사이에 비닐, 목재, 폐의류, 오니류, 건축폐기물 등 각종 생활쓰레기가 뒤섞여 혼합된 상태로 매립되어 있었고 주변 토양은 검게 오염되어 있었으며, 이에 乙이 甲 지방자치단체를 상대로 매립물제거 등을 구한 사안에서, 위 토지 지하에 매립된 생활쓰레기는 매립된 후 30년 이상 경과하였고, 그 사이 오니류와 각종 생활쓰레기가 주변 토양과 뒤섞여 토양을 오염시키고 토양과 사실상 분리하기 어려울 정도로 혼재되어 있다고 봄이 타당하며, 이러한 상태는 과거 **甲 지방자치단체의 위법한 쓰레기매립행위로 인하여 생긴 결과로서 토지 소유자인 乙이 입은 손해에 불과할 뿐 생활쓰레기가 현재 乙의 소유권에 대하여 별도의 침해를 지속하고 있는 것이라고 볼 수 없으므로, 乙의 방해배제청구는 인용될 수 없다**(2019.7.10, 2016다205540).

3) 점유

■ 점유자가 점유물 반환 이외의 원인으로 물건의 점유자 지위를 잃어 소유자가 그를 상대로 물권적 청구권을 행사할 수 없게 된 경우, 점유자가 민법 제203조를 근거로 비용상환청구권을 행사할 수 없음

점유자가 점유물 반환 이외의 원인으로 물건의 점유자 지위를 잃어 소유자가 그를 상대로 물권적 청구권을 행사할 수 없게 되었다면, 그들은 더 이상 민법 제203조가 규율하는 점유자와 회복자의 관계에 있지 않으므로, 점유자는 위 조항을 근거로 비용상환청구권

을 행사할 수 없고, 다만 비용 지출이 사무관리에 해당할 경우 그 상환을 청구하거나(민법 제739조), 자기가 지출한 비용으로 물건 소유자가 얻은 이득의 존재와 범위를 증명하여 반환청구권(민법 제741조)을 행사할 수 있을 뿐이다(2022.6.30, 2020다209815).

▣ 상대방으로부터 점유를 위법하게 침탈당한 점유자가 상대방으로부터 자력구제에 해당하지 않는 방법으로 점유를 탈환한 경우, 상대방이 점유자를 상대로 민법 제204조 제1항에 따른 점유의 회수를 청구할 수 있는지 여부(소극)

상대방으로부터 점유를 위법하게 침탈당한 점유자가 상대방으로부터 점유를 탈환하였을 경우(이른바 '점유의 상호침탈'), 상대방의 점유회수청구가 받아들여지더라도 점유자가 상대방의 점유침탈을 문제삼아 점유회수청구권을 행사함으로써 다시 자신의 점유를 회복할 수 있다면 **상대방의 점유회수청구를 인정하는 것이 무용할 수 있다.** 따라서 이러한 경우 점유자의 점유탈환행위가 민법 제209조 제2항의 자력구제에 해당하지 않는다고 하더라도 특별한 사정이 없는 한 상대방은 자신의 점유가 침탈당하였음을 이유로 점유자를 상대로 민법 제204조 제1항에 따른 점유의 회수를 청구할 수 없다고 보는 것이 타당하다(2023.8.18, 2022다269675).

⇨ 乙로부터 점유를 침탈당해 점유회수를 청구할 수 있는 사람(甲)이 자력구제의 요건이 충족되지 않는 방법으로 현 점유자(乙)를 상대로 점유를 탈환한 경우("점유의 상호침탈") 점유를 탈환당한 사람(乙)에게 점유회수청구권을 부정한 것임

4) 공유

공유물의 소수지분권자인 피고가 다른 공유자와 협의하지 않고 공유물의 전부 또는 일부를 독점적으로 점유하는 경우 소수지분권자인 원고가 피고를 상대로 공유물의 인도를 청구할 수는 없다고 보아야 한다.

(1) 공유자 중 1인인 피고가 공유물을 독점적으로 점유하고 있어 다른 공유자인 원고가 피고를 상대로 공유물의 인도를 청구하는 경우, 그러한 행위는 공유물을 점유하는 피고의 이해와 충돌한다. 애초에 **보존행위를 공유자 중 1인이 단독으로 할 수 있도록 한 것은 보존행위가 다른 공유자에게도 이익이 되기 때문이라는 점을 고려하면, 이러한 행위는 민법 제265조 단서에서 정한 보존행위라고 보기 어렵다.**

(2) 모든 공유자는 공유물 전부를 지분의 비율로 사용·수익할 수 있다(민법 제263조). 피고가 공유물을 독점적으로 점유하는 위법한 상태를 시정한다는 명목으로 원고의 인도 청구를 허용한다면, 피고가 적법하게 보유하는 '지분 비율에 따른 사용·수익권'까지 근거 없이 박탈하는 부당한 결과를 가져온다(2020.5.21, 2018다287522).

⇨ 종전에 다른 공유권자는 자신이 소유하고 있는 지분이 과반수에 미달되더라도 공유물을 점유하고 있는 자에 대하여 공유물의 보존행위로서 공유물의 인도나 명도를 청구할 수 있다(1994.3.22, 93다9392, 9408 전합 다수의견)고 한 판결 변경됨.

⇨ 그러나 소수지분권자인 원고는 **지분권에 기초하여 방해배제청구권 행사(지상물 수거청구권 행사)를 행사할 수 있음**(보존행위에 기하여 방해배제를 구하는 것이 아님에 유의!) '과반수지분권자'가 공유물을 배타적으로 사용·수익하는 경우에 소수지분권자는 공유물의 인도를 구할 수는 없고, 다만 부당이득을 구할 수 있음. 취득시효가 완성되어 '과반수 지분권자가 될 지위'에 있는 자에 대하여도 마찬가지의 법리가 적용됨 (2001.11.27, 2000다33638, 33645)

5) 취득시효

▣ 부동산 시효취득에서 부동산에 대한 압류 또는 가압류는 취득시효의 중단사유 ×

점유로 인한 부동산소유권의 시효취득에 있어 취득시효의 중단사유는 종래의 점유상태의 계속을 파괴하는 것으로 인정될 수 있는 사유이어야 하는데, 민법 제168조 제2호에서 정하는 '압류 또는 가압류'는 금전채권의 강제집행을 위한 수단이거나 그 보전수단에 불과하여 취득시효기간의 완성 전에 부동산에 **압류 또는 가압류 조치가 이루어졌다고 하더라도 이로써 종래의 점유상태의 계속이 파괴되었다고는 할 수 없으므로 이는 취득시효의 중단사유가 될 수 없다**(2019.4.3, 2018다296878).

▣ 계약명의신탁에서 명의신탁자는 자주 점유 추정 ×

계약명의신탁에서 명의신탁자는 부동산의 소유자가 명의신탁약정을 알았는지 여부와 관계없이 부동산의 소유권을 갖지 못할 뿐만 아니라 매매계약의 당사자도 아니어서 소유자를 상대로 소유권이전등기청구를 할 수 없고, 이는 명의신탁자도 잘 알고 있다고 보아야 한다. 명의신탁자가 명의신탁약정에 따라 부동산을 점유한다면 명의신탁자에게 점유할 다른 권원이 인정되는 등의 특별한 사정이 없는 한 명의신탁자는 소유권 취득의 원인이 되는 법률요건이 없이 그와 같은 사실을 잘 알면서 타인의 부동산을 점유한 것이다. **이러한 명의신탁자는 타인의 소유권을 배척하고 점유할 의사를 가지지 않았다고 할 것이므로 소유의 의사로 점유한다는 추정은 깨어진다**(2022.5.12, 2019다249428).

6) 등기청구

　▣ 소유권이전등기말소 청구의 피고 적격 ⇨ 부기등기한 사람 ×

[1] 등기부상 진실한 소유자의 소유권에 방해가 되는 불실등기가 존재하는 경우에 그 등기명의인이 허무인 또는 실체가 없는 단체인 때에는 소유자는 그와 같은 허무인 또는 실체가 없는 단체 명의로 실제 등기행위를 한 자에 대하여 소유권에 기한 방해배제로서 등기행위자를 표상하는 허무인 또는 실체가 없는 단체 명의 등기의 말소를 구할 수 있다.

[2] 등기의무자, 즉 등기부상의 형식상 그 등기에 의하여 권리를 상실하거나 기타 불이익을 받을 자(등기명의인이거나 그 포괄승계인)가 아닌 자를 상대로 한 등기의 말소절차이행을 구하는 소는 당사자적격이 없는 자를 상대로 한 부적법한 소이다.
　⇨ 원고가 세금감면을 목적으로 실체가 없는 단체인 대한불교○○○○ 명의로 소유권이전등기를 마치고, 피고가 대한불교○○○○ 명의의 소유권이전등기를 주등기로 하여 단체의 대표자 변경을 원인으로 한 부기등기를 마친 경우에 원고의 말소등기청구는 부적법함(2019.5.30, 2015다47105).

7) 명의신탁

　▣ 양자간 등기명의신탁에서 신탁자가 수탁자를 상대로 부동산 가액 상당 손해배상을 구할 수 있는지 여부(소극)

(갑이 을 앞으로 마쳐준 부동산 소유권이전등기가 명의신탁에 의한 것으로 무효라고 주장하면서 을을 상대로 소유권이전등기말소청구의 소를 제기하여 제1심과 항소심 모두 승소하였으나 상고심 계속 중 소를 취하하였는데, 그 후 재차 을을 상대로 소유권이전등기의 말소를 구하는 소를 제기하였다가 부동산 가액 상당 손해배상을 구하는 것으로 청구를 변경한 사안)
양자 간 등기명의신탁의 경우 부동산 실권리자명의 등기에 관한 법률에 따라 명의신탁 약정과 그에 터 잡은 등기가 무효이므로, 갑이 부동산 소유권을 여전히 보유하고 있는 이상 을 앞으로 마친 소유권이전등기로 인하여 어떠한 손해를 입게 되는 것은 아니며, 재소금지의 효과는 동일한 당사자 사이에 같은 소송물에 관하여 다시 소를 제기하지 못하게 하는 것일 뿐 **실체상의 권리는 소멸하지 않으므로,** 갑이 종전 소송을 취하함에 따라 원인무효인 을 명의 소유권이전등기의 말소를 소송을 통해 강제할 수 없을 뿐 부동산 소유권은 계속 갑에게 남아 있고, 을이 부동산을 제3자에게 처분할 경우에 비로소 갑이 소유권을 상실하게 되는데도, 이와 달리 **을이 원인무효인 소유권이전등기의 말소를 거부하고 있을 뿐인데도 갑의 소유권이 침해되어 부동산 가액 상당 손해가 발생했다고 보아 그 금액의 배상을 명한 원심판단에 법리오해의 잘못이 있다**(2023.1.12, 2022다266874)

▣ 삼자간 등기명의신탁에서 실체관계 부합하는 등기가 되는 경우

3자간 등기명의신탁의 경우 명의신탁약정과 그에 기한 등기는 무효로 되고, 그 결과 명의신탁된 부동산은 매도인 소유로 복귀하므로 매도인은 명의수탁자에게 무효인 그 명의 등기의 말소를 구할 수 있게 된다. 한편 부동산실명법은 매도인과 명의신탁자 사이의 매매계약의 효력을 부정하는 규정을 두고 있지 아니하므로 매도인과 명의신탁자 사이의 매매계약은 여전히 유효하고, 명의신탁자는 매도인에 대하여 매매계약에 기한 소유권이전등기를 청구하거나 그 소유권이전등기청구권을 보전하기 위하여 매도인을 대위하여 명의수탁자에게 무효인 그 명의 등기의 말소를 구할 수 있다. 그러므로 이러한 지위에 있는 **명의신탁자가 제3자와 사이에 부동산 처분에 관한 약정을 맺고 그 약정에 기하여 명의수탁자에서 제3자 앞으로 마쳐준 소유권이전등기는 다른 특별한 사정이 없는 한 실체관계에 부합하는 등기로서 유효하다고 보아야 한다**(2022.9.29, 2022다228933).

▣ 조합과 명의신탁

조합원들이 공동사업을 위하여 매수한 부동산에 관하여 합유등기를 하지 않고 조합원 중 1인 명의로 소유권이전등기를 한 경우 조합체가 조합원에게 명의신탁한 것으로 보아야 한다. 조합체가 조합원에게 명의신탁한 부동산의 소유권은 물권변동이 무효인 경우 매도인에게, 유효인 경우 명의수탁자에게 귀속된다. 이 경우 조합재산은 소유권이전등기청구권 또는 부당이득반환채권이고, **신탁부동산 자체는 조합재산이 될 수 없다.**
⇨ 선의 계약명의신탁에서 조합재산은 조합원(수탁자)에 대한 매매대금에 해당하는 부당이득반환채권 등이고 신탁부동산인 이 사건 임야는 조합재산이 될 수 없으므로 조합원이 탈퇴시 명의신탁 부동산에 대하여 조합재산임을 전제로 지분이전등기를 청구할 수 없다고 한 사례 (2019.6.13, 2017다246180).

8) 구분소유권

▣ 적정 대지지분을 가진 구분소유자가 대지의 사용·수익에 따른 부당이 득반환의무를 부담 ×

집합건물에서 전유부분 면적 비율에 상응하는 **적정 대지지분을 가진 구분소유자는 그 대지 전부를 용도에 따라 사용·수익할 수 있는 적법한 권원을 가지므로,** 구분소유자 아닌 대지 공유자는 그 대지 공유지분권에 기초하여 적정 대지지분을 가진 구분소유자를 상대로는 대지의 사용·수익에 따른 부당이득반환을 청구할 수 없다(2022.8.25, 2017다257067 전합).

9) 부합

▣ 대출기관이 대출금 채무의 담보를 위하여 저당권과 함께 지료 없는 지상권을 설정한 경우, 토지소유자(지상권설정자)로부터 사용대차계약을 체결한 사람은 자신이 식재한 수목에 대하여 권원을 주장할 수 있음

[1] 지상권자는 타인의 토지에 건물 기타 공작물이나 수목을 소유하기 위하여 그 토지를 사용하는 권리가 있으므로(민법 제279조), 지상권설정등기가 경료되면 토지의 사용·수익권은 지상권자에게 있고, 지상권을 설정한 토지소유자는 지상권이 존속하는 한 토지를 사용·수익할 수 없다. 따라서 지상권을 설정한 토지소유자로부터 토지를 이용할 수 있는 권리를 취득하였다고 하더라도 지상권이 존속하는 한 이와 같은 권리는 원칙적으로 민법 제256조 단서가 정한 '권원'에 해당하지 아니한다.

[2] **금융기관이 대출금 채권의 담보를 위하여 토지에 저당권과 함께 지료 없는 지상권을 설정하면서 채무자 등의 사용·수익권을 배제하지 않은 경우,** 지상권은 저당권이 실행될 때까지 제3자가 용익권을 취득하거나 목적 토지의 담보가치를 하락시키는 침해행위를 하는 것을 배제함으로써 저당 부동산의 담보가치를 확보하는 데에 목적이 있으므로, **토지소유자는 저당 부동산의 담보가치를 하락시킬 우려가 있는 등의 특별한 사정이 없는 한 토지를 사용·수익할 수 있다고 보아야 한다. 따라서 그러한 토지소유자로부터 토지를 사용·수익할 수 있는 권리를 취득하였다면 이러한 권리는 민법 제256조 단서가 정한 '권원'에 해당한다고 볼 수 있다.**

⇨ 담보지상권자는 당초 토지 사용을 의도하지 않았으므로 사용·수익권 침해를 이유로 손해배상을 청구할 수 없음(2008.1.17, 2006다586), 담보지상권은 피담보채권이 변제 등으로 소멸한 경우에 소멸한다고 보아 담보지상권의 부종성을 인정(2014.7.24, 2012다97871).

대상판결에서 담보지상권을 지상권과 구별하여 판시. 만약 이 사건 토지에 '지상권'이 설정되었다면 토지소유자가 토지를 사용·수익할 수 없는 이상, 토지소유자로부터 사용대차계약에 기하여 수목을 식재하였더라도 위 계약에 기한 권리는 민법 제256조 단서의 '권원'에 해당한다고 볼 수 없어 수목을 식재한 사람은 소유권을 취득할 수 없다고 판시. 그러나 이 사건 토지에 '담보지상권'이 설정되어 있으므로 토지소유자는 토지를 사용·수익할 수 있으므로 토지소유자와 사용대차계약에 기하여 수목을 식재한 원고는 수목의 소유권을 취득한다고 결론을 도출(2018.3.15, 2015다69907).

　　▣ **부합과 부당이득**: 민법 제261조 해석의 문제

매도인에게 소유권이 유보된 자재가 제3자와 매수인 사이에 이루어진 도급계약의 이행으로 제3자 소유 건물의 건축에 사용되어 부합된 경우 보상청구를 거부할 법률상 원인이 있다고 할 수 없지만, 제3자가 도급계약에 의하여 제공된 자재의 소유권이 유보된 사실에 관하여 과실 없이 알지 못한 경우라면 **선의취득의 경우와 마찬가지로 제3자가 그 자재의 귀속으로 인한 이익을 보유할 수 있는 법률상 원인이 있다고 봄이 상당**하므로, **매도인으로서는 그에 관한 보상청구를 할 수 없다.**
이러한 법리는 매도인에게 소유권이 유보된 자재가 본인에게 효력이 없는 계약에 기초하여 **매도인으로부터 무권대리인에게 이전되고, 무권대리인과 본인 사이에 이루어진 도급계약의 이행으로 본인 소유 건물의 건축에 사용되어 부합된 경우**에도 마찬가지로 적용된다(2018.3.15, 2017다282391).

10) 법정지상권

　　▣ **분묘기지권**: 분묘기지권 시효 취득은 장사 등에 관한 법률의 시행일 이전에 설치된 분묘에 대해서도 인정됨(2017.1.19, 2013다17292)
　　　● 취득시효형 분묘기지권에 있어서 분묘기지권자는 토지소유자에게 지료를 지급할 의무가 있고, 지료는 소유자가 지료를 청구한 날부터 발생함(2021.4.29, 2017다228007 전합)

11) 전세권

　　▣ 전세권 존속기간 전에 마친 전세권설정등기는 등기한 날부터 유효

전세권이 용익물권적인 성격과 담보물권적인 성격을 모두 갖추고 있는 점에 비추어 전세권 존속기간이 시작되기 전에 마친 전세권설정등기도 특별한 사정이 없는 한 유효한 것으로 추정된다.

⇨ 전세권의 존속기간이 시작되는 날은 2015. 2. 24.부터이나 전세권설정등기를 2015. 2. 13. 마친 경우에 2015. 2. 13.부터 효력이 발생하므로, 위 전세권은 2015. 2. 16. 마친 근저당권설정등기에 기한 경매절차에서 이 사건 부동산을 매수한 재항고인에게 대항할 수 있다 (2018.1.25, 2017마1093).

　　▣ 임대차계약에 따른 임대차보증금반환채권을 담보할 목적으로 유효한 전세권설정등기가 마쳐진 경우 ⇨ 전세권저당권자가 저당권 설정 당시 그 전세권설정등기가 임대차보증금반환채권을 담보할 목적으로 마쳐진 것임을 **알고 있었다면**, 제3채무자인 전세권설정자는 전세권저당권자에게 그 전세권설정계약이 임대차계약과 양립할 수 없는 범위에서 무효임을 주장할 수 있으므로, 그 임대차계약에 따른 연체차임 등의 공제 주장으로 대항할 수 있음(2021.12.30, 2018다268538).

12) 유치권

　　▣ 체납처분 압류 후 유치권 ⇨ 유치권 효력 ○

　　▣ 가압류 후 유치권 ⇨ 유치권 효력 ○

　　▣ 압류 후 유치권 ⇨ 유치권 효력 ✕

　　▣ 저당권 다음에 성립된 상사유치권 ⇨ 유치권 효력 ✕(2013.2.28, 2010다57350)

　　▣ 저당권 다음에 성립된 유치권 ⇨ 유치권 효력 ○

　　▣ 유치권의 성립요건인 유치권자의 점유에 간접점유가 포함되며, 간접점유에서 점유매개관계를 이루는 임대차계약 등이 종료된 이후에도 직접점유자가 목적물을 점유한 채 이를 반환하지 않고 있는 경우, 여전히 유치권 존속 ○

유치권의 성립요건인 유치권자의 점유는 직접점유이든 간접점유이든 관계없다. 간접점유를 인정하기 위해서는 간접점유자와 직접점유를 하는 자 사이에 일정한 법률관계, 즉 점유매개관계가 필요한데, **간접점유에서 점유매개관계를 이루는 임대차계약 등이 해지 등의 사유로 종료되더라도 직접점유자가 목적물을 반환하기 전까지는 간접점유자의 직접점유자에 대한 반환청구권이 소멸하지 않는다.** 따라서 점유매개관계를 이루는 임대차계약 등이 종료된 이후에도 직접점유자가 목적물을 점유한 채 이를 반환하지 않고 있는 경우에는, 간접점유자의 반환청구권이 소멸한 것이 아니므로 간접점유의 점유매개관계가 단절된다고 할 수 없다(2019.8.14, 2019다205329).

⇨ 유치권자가 임대를 하였는데 임대가 종료한 사안으로 유치권의 효력은 존속

> 참고 위 판결은 종전 소유자로부터 승낙을 받아 유치물을 사용한 경우에(민법 제324조 제2항) 새로운 소유자로부터 승낙을 받을 필요가 없다고 판시함.

■ 여러 필지의 토지에 대하여 유치권을 취득한 유치권자가 그중 일부 필지의 토지에 대하여 선량한 관리자의 주의의무를 위반한 경우, 위반행위가 있었던 필지의 토지에 대하여만 유치권 소멸청구 가능

하나의 채권을 피담보채권으로 하여 여러 필지의 토지에 대하여 유치권을 취득한 유치권자가 그중 일부 필지의 토지에 대하여 선량한 관리자의 주의의무를 위반하였다면 특별한 사정이 없는 한 위반행위가 있었던 필지의 토지에 대하여만 유치권 소멸청구가 가능하다고 해석하는 것이 타당하다.

① 여러 필지의 토지에 대하여 유치권이 성립한 경우 유치권의 불가분성으로 인하여 각 필지의 토지는 다른 필지의 토지와 관계없이 피담보채권의 전부를 담보한다. 이때 일부 필지 토지에 대한 점유를 상실하여도 나머지 필지 토지에 대하여 피담보채권의 담보를 위한 유치권이 존속한다. 같은 취지에서 일부 필지 토지에 대한 유치권자의 선량한 관리자의 주의의무 위반을 이유로 유치권 소멸청구가 있는 경우에도 그 위반 필지 토지에 대하여만 소멸청구가 허용된다고 해석함이 타당하다.

② 민법 제321조에서 '유치권의 불가분성'을 정한 취지는 담보물권인 유치권의 효력을 강화하여 유치권자의 이익을 위한 것으로서 이를 근거로 오히려 유치권자에게 불이익하게 선량한 관리자의 주의의무 위반이 문제 되지 않는 유치물에 대한 유치권까지 소멸한다고 해석하는 것은 상당하지 않다(2022.6.16, 2018다301350).

■ 유치권소멸청구는 유치물의 소유권을 취득한 제3자도 포함됨

민법 제324조에서 정한 유치권소멸청구는 유치권자의 선량한 관리자의 주의의무위반에 대한 제재로서 채무자 또는 유치물의 소유자를 보호하기 위한 규정이므로(2022.6.16, 2018다301350 참조), 특별한 사정이 없는 한 **민법 제324조 제2항을 위반한 임대행위가 있은 뒤에 유치물의 소유권을 취득한 제3자라도 유치권소멸청구를 할 수 있다**(2023.8. 31, 2019다295278).

13) 질권

■ 임차보증금반환채권 입질해도 묵시적 갱신 가능

임대인이 별도로 갱신거절을 하지 아니함에 따라 임대차계약이 묵시적으로 갱신되는 결과가 발생하는 것은, 질권의 목적인 임대차보증금반환채권 자체가 아니라 이를 발생시키는 기본적 계약관계에 관한 사유에 속할 뿐만 아니라, 질권설정자인 임차인이 위 채권 자체의 소멸을 목적으로 하거나 질권자의 이익을 해하는 변경을 한 것으로도 볼 수 없다. 그러므로 이 경우에는 민법 제352조의 제한을 받지 아니한다(2020.7.9, 2020다223781).
⇨ 임차보증금반환채권에 대한 양도가 이루어진 경우 임대차계약 갱신 합의는 양수인에게 미칠 수 없는 것과 구별 요(1989.4.25, 88다카4253)
⇨ 임차보증금반환채권이 압류된 경우 채권 발생원인인 계약관계에 대한 채무자나 제3채무자의 처분을 구속하는 효력은 없으므로 임대차계약 갱신도 할 수 있다고 보아야 함. 그러나 전부명령이 이루어진 경우에는 위 1989.4.25, 88다카4253 법리가 적용됨에 유의.

■ 질권이 설정된 채권에 대한 전부명령

질권설정자가 민법 제349조 제1항에 따라 제3채무자에게 질권이 설정된 사실을 통지하거나 제3채무자가 이를 승낙한 때에는 제3채무자가 질권자의 동의 없이 질권의 목적인 채무를 변제하더라도 질권자에게 대항할 수 없고, 질권자는 여전히 제3채무자에게 직접 채무의 변제를 청구할 수 있다. **질권의 목적인 채권에 대하여 질권설정자의 일반채권자의 신청으로 압류·전부명령이 내려진 경우에도 그 명령이 송달된 날보다 먼저 질권자가 확정일자 있는 문서에 의해 민법 제349조 제1항에서 정한 대항요건을 갖추었다면**, 전부채권자는 질권이 설정된 채권을 이전받을 뿐이고 **제3채무자는 전부채권자에게 변제했음을 들어 질권자에게 대항할 수 없다**(2022.3.31, 2018다21326).
⇨ 위 경우에 질권자가 전부채권자에 대하여 부당이득반환청구 불가!

14) 저당권

■ **저당물 제3취득자의 비용상환청구권**: 제3취득자가 직접 저당권설정자, 저당권자 또는 경매절차 매수인 등에 대하여 비용상환을 청구할 수 있는 권리가 인정되는 것은 아니므로, 비용상환청구권을 피담보채권으로 주장하면서 유치권을 행사할 수 없음

민법 제367조에 의한 우선상환은 제3취득자가 경매절차에서 배당받는 방법으로 민법 제203조 제1항, 제2항에서 규정한 비용에 관하여 경매절차의 매각대금에서 우선변제받을 수 있다는 것이지 이를 근거로 제3취득자가 직접 저당권설정자, 저당권자 또는 경매절차 매수인 등에 대하여 비용상환을 청구할 수 있는 권리가 인정될 수 없다. 따라서 **제3취득자는 민법 제367조에 의한 비용상환청구권을 피담보채권으로 주장하면서 유치권을 행사할 수 없다**(2023.7.13, 2022다265093).

■ 공동근저당권자가 스스로 근저당권을 실행하거나 타인에 의하여 개시된 경매·공매 절차, 수용 절차 또는 회생 절차 등을 통하여 공동담보의 목적 부동산 중 일부에 대한 환가대금 등으로부터 다른 권리자에 우선하여 피담보채권의 일부에 대하여 배당받은 경우, 공동담보의 나머지 목적 부동산에 대한 경매 등의 환가절차에서 나머지 피담보채권에 대하여 다시 최초의 채권최고액 범위 내에서 공동근저당권자로서 우선변제권을 행사할 수 있는지 여부(소극)

공동근저당권이 설정된 목적 부동산에 대하여 이시배당이 이루어지는 경우에도 동시배당의 경우와 마찬가지로 공동근저당권자가 공동근저당권 목적 부동산의 각 환가대금으로부터 채권최고액만큼 반복하여 배당받을 수는 없다고 해석하는 것이 민법 제368조 제1항 및 제2항의 취지에 부합한다.
그러므로 공동근저당권자가 스스로 근저당권을 실행하거나 타인에 의하여 개시된 경매 등의 환가절차를 통하여 공동담보의 목적 부동산 중 일부에 대한 환가대금 등으로부터 다른 권리자에 우선하여 피담보채권의 일부에 대하여 배당받은 경우에, 그와 같이 우선변제받은 금액에 관하여는 공동담보의 나머지 목적 부동산에 대한 경매 등의 환가절차에서 다시 공동근저당권자로서 우선변제권을 행사할 수 없다고 보아야 하며, 공동담보의 나머지 목적 부동산에 대하여 **공동근저당권자로서 행사할 수 있는 우선변제권의 범**

위는 피담보채권의 확정 여부와 상관없이 최초의 채권최고액에서 위와 같이 우선변제받은 금액을 공제한 나머지 채권최고액으로 제한된다고 해석함이 타당하다. 그리고 이러한 법리는 채권최고액을 넘는 피담보채권이 원금이 아니라 이자·지연손해금인 경우에도 마찬가지로 적용된다(2017.12.21, 2013다16992 전합).

⇨ 8억의 피담보채권을 가지고 있는 甲이 A 부동산(시가 3억 원), B 부동산(시가 3억 원)의 채권최고액 4억 원인 공동근저당권을 설정한 경우 동시배당이라면 A 부동산에서 2억 원, B 부동산에서 2억 원 배당받는다. 이시배당의 경우에도 마찬가지의 결과를 관철해야 하므로(즉 총 4억 원 지급받는 것을 관철해야 하므로), A 부동산이 먼저 경매되어 甲이 3억 원을 받은 경우에 甲은 B 부동산에 대한 경매절차에서 1억 원(4억 원−1억 원)만을 배당받을 수 있음

▣ 누적적 저당의 법리: 물상보증인은 변제자대위 행사 가능

[1] 당사자 사이에 하나의 기본계약에서 발생하는 동일한 채권을 담보하기 위하여 **여러 개의 부동산에 근저당권을 설정하면서 각각의 근저당권 채권최고액을 합한 금액을 우선변제받기 위하여** 공동근저당권의 형식이 아닌 개별 근저당권의 형식을 취한 경우, 이러한 근저당권은 민법 제368조가 적용되는 공동근저당권이 아니라 피담보채권을 **누적적으로 담보하는 근저당권에 해당한다.**[10] 이와 같은 누적적 근저당권은 공동근저당권과 달리 담보의 범위가 중첩되지 않으므로, 누적적 근저당권을 설정받은 채권자는 여러 개의 근저당권을 동시에 실행할 수도 있고, 여러 개의 근저당권 중 어느 것이라도 먼저 실행하여 그 채권최고액의 범위에서 피담보채권의 전부나 일부를 우선변제받은 다음 피담보채권이 소멸할 때까지 나머지 근저당권을 실행하여 그 근저당권의 채권최고액 범위에서 반복하여 우선변제를 받을 수 있다.

[2] 채권자가 하나의 기본계약에서 발생하는 동일한 채권을 담보하기 위하여 채무자 소유의 부동산과 물상보증인 소유의 부동산에 **누적적 근저당권을 설정받았는데 물상보증인 소유의 부동산이 먼저 경매되어 매각대금에서 채권자가 변제를 받은 경우, 물상보증인은 채무자에 대하여 구상권을 취득함과 동시에 민법 제481조, 제482조에 따라 종래 채권자가 가지고 있던 채권 및 담보에 관한 권리를 행사할 수 있다.** 이때 물상보증인은 변제자대위에 의하여 종래 채권자가 보유하던 채무자 소유 부동산에 관한 근저당권을 대위취득하여 행사할 수 있다고 보아야 한다(2020.4.9, 2014다51756, 51763).

---

10 상호저축은행이 75억 원을 대출하면서 차주와 그 연대보증인 소유의 부동산 위에 채권최고액을

▣ 물상대위

- 저당권자가 물상대위권을 행사하여 채권압류 및 추심명령 또는 전부
  명령을 신청하면서 청구채권 중 이자·지연손해금 등 부대채권의 범
  위를 **신청일 무렵**까지의 확정금액으로 기재한 경우, **배당기일**까지의
  부대채권을 포함하여 원래 우선변제권을 행사할 수 있는 범위에서
  우선배당을 받을 수 있는지 여부(원칙적 적극)

저당권자가 물상대위권을 행사하여 채권압류 및 추심명령 또는 전부명령을 신청하면서
그 청구채권 중 이자·지연손해금 등 **부대채권의 범위를 신청일 무렵까지의 확정금액으
로 기재한 경우**, 그 신청 취지와 원인 및 집행 실무 등에 비추어 저당권자가 부대채권에
관하여는 신청일까지의 액수만 배당받겠다는 의사를 명확하게 표시하였다고 볼 수 있는
등의 특별한 사정이 없는 한, 그 배당절차에서는 채권계산서를 제출하였는지 여부에 관
계없이 **배당기일까지의 부대채권을 포함하여 원래 우선변제권을 행사할 수 있는 범위에
서 우선배당을 받을 수 있다고 봄이 타당하다.** 그 이유는 아래와 같다.

① … 현행 민사집행 실무에서는 금전채권에 대한 압류명령신청서에 기재하여야 하는
   청구채권 중 부대채권의 범위를 신청일까지의 확정금액으로 기재하도록 요구하고
   있다. 이러한 실무는 법령상 근거가 있는 것은 아니나, 제3채무자가 압류 범위를 파
   악하는 데 과도한 부담을 가지지 않도록 압류채권자에게 협조를 구하는 한도에서 합
   리적인 측면이 있다.

② 그러나 본래 저당권자는 물상대위권을 행사할 때 청구채권인 저당권의 피담보채권
   중 부대채권의 범위를 원금의 지급일까지로 하는 채권압류명령 등을 신청할 수 있
   다. 따라서 … 특별한 사정이 없는 한, 위와 같이 제3채무자를 배려하기 위한 것일
   뿐 나머지 부대채권에 관한 우선변제권을 확정적으로 포기하려는 의사에 기한 것이
   라고 추단할 수 없다(2022.8.11, 2017다256668).

25억 원으로 하는 제1공동근저당권, 채권최고액을 40억 원으로 하는 제2공동근저당권, 기타 채권
최고액을 9천만 원에서 16억 원 사이로 한 제3근저당권을 설정해준 사안이다. 채권최고액이 어느
것도 피담보채무액에 미치지 못하고 모두 합쳐 피담보채무를 담보하고자 하는 취지임을 알 수 있는
바, 이를 '누적적 근저당권'이라고 한다. 누적적 근저당권은 각 근저당권의 담보 범위가 중첩되지 않
고 서로 다르지만 이러한 점을 들어 피담보채권이 각 근저당권별로 자동으로 분할된다고 볼 수도 없
다. 이는 동일한 피담보채권이 모두 소멸할 때까지 자유롭게 근저당권 전부 또는 일부를 실행하여
각각의 채권최고액까지 우선변제를 받고자 누적적 근저당권을 설정한 당사자의 의사에 반하기 때문
이다. 따라서 물상보증인의 구상권이 인정되는 것이다.

15) 양도담보권

3. 채권총론

1) 채무불이행

◾ 제3자가 단순히 호의로 행위를 하였으나 그것이 채무자의 용인 아래 이루어진 경우, 제3자는 이행보조자에 해당 ○

이행보조자는 **채무자의 의사 관여 아래 채무의 이행행위에 속하는 활동을 하는 사람이면 충분**하고 반드시 채무자의 지시 또는 감독을 받는 관계에 있어야 하는 것은 아니다. 따라서 그가 채무자에 대하여 종속적인 지위에 있는지, 독립적인 지위에 있는지는 상관없다. 또한 이행보조자가 채무자와 계약 그 밖의 법률관계가 있어야 하는 것이 아니다. 제3자가 단순히 호의로 행위를 한 경우에도 그것이 채무자의 용인 아래 이루어지는 것이면 제3자는 이행보조자에 해당한다. 이행보조자의 활동이 일시적인지 계속적인지도 문제 되지 않는다.

⇨ 숙박권 구매 계약에는 숙박이용자 1인에 대한 무료 승마체험 서비스를 제공하는 것 역시 계약의 내용으로 되어 있는데, 丙이 乙 법인의 부탁으로 甲에게 숙박권 구매 계약에 포함된 승마체험 서비스를 제공하기 위해서 채무의 이행행위에 속하는 승마 지도활동을 하였으므로, 채무자의 지시·감독을 받았는지 여부나 호의로 활동하였는지 여부와 관계없이 민법 제391조에서 정한 이행보조자에 해당한다고 한 사례(2018.2.13, 2017다275447).

◾ 예금계약 만기가 도래한 사정만으로 지체책임 부담하지 않음

만기가 정해진 예금계약에 따른 금융기관의 예금 반환채무는 만기가 도래하더라도 임치인이 미리 만기 후 예금 수령방법을 지정한 경우와 같은 특별한 사정이 없는 한 임치인의 적법한 지급 청구가 있어야 비로소 이행할 수 있으므로, 예금계약의 만기가 도래한 것만으로 금융기관인 수치인이 임치인에 대하여 예금 반환 지연으로 인한 지체책임을 부담한다고 볼 수는 없고, 정당한 권한이 있는 임치인의 지급 청구에도 불구하고 수치인이 예금 반환을 지체한 경우에 지체책임을 물을 수 있다고 보아야 한다(2023.6.29, 2023다218353).

⇨ 예금기관에 따른 금융기관의 채무는 추심채무로 볼 수 있기 때문임

2) 채권자대위권

▣ 금전채권자는 공유물분할청구권에 대하여 대위 행사 불가

[다수의견] 채권자가 자신의 금전채권을 보전하기 위하여 **채무자를 대위하여 부동산에 관한 공유물분할청구권을 행사하는 것은, 책임재산의 보전과 직접적인 관련이 없어 채권의 현실적 이행을 유효·적절하게 확보하기 위하여 필요하다고 보기 어렵고 채무자의 자유로운 재산관리행위에 대한 부당한 간섭이 되므로 보전의 필요성을 인정할 수 없다.** 또한 특정 분할 방법을 전제하고 있지 않은 공유물분할청구권의 성격 등에 비추어 볼 때 그 대위행사를 허용하면 여러 법적 문제들이 발생한다. 따라서 극히 예외적인 경우가 아니라면 금전채권자는 부동산에 관한 공유물분할청구권을 대위행사할 수 없다고 보아야 한다. 공유지분의 경매대가에 비례해서 공동근저당권의 피담보채권을 분담하게 되어 채무자의 공유지분 경매대가에서 근저당권의 피담보채권 분담액을 변제하고 남을 가망이 있는 경우에도 마찬가지이다.

⇨ 금전채권자는 대금분할을 원하지만 법원은 다른 공유물분할방법에 따른 분할을 명할 수 있는바, 그 경우 채권자대위소송은 보전의 필요성을 인정하기 어렵다. 만약 금전채권 보전을 위한 공유물분할청구권 대위행사를 폭넓게 허용하게 되면 이와 같이 본안 전 판단 사항인 소송요건(보전의 필요성)의 구비 여부가 본안에 대한 최종심리 결과에 따라 달라지게 되어 본말이 전도된 기이한 모습이 된다(2020.5.21, 2018다879 전합).[11]

▣ 채무자가 소 제기하여 각하판결 받은 경우 채권자대위권 행사 가능

비법인사단이 사원총회의 결의 없이 제기한 소는 소제기에 관한 특별수권을 결하여 부적법하고, 그 경우 소제기에 관한 비법인사단의 의사결정이 있었다고 할 수 없다. 따라서 **비법인사단인 채무자 명의로 제3채무자를 상대로 한 소가 제기되었으나 사원총회의 결의 없이 총유재산에 관한 소가 제기되었다는 이유로 각하판결을 받고 그 판결이 확정**

---

11 위 전합 판결에 이어 채권자대위권의 인정범위를 넓히지 않은 판결로는 2022.8.25, 2019다 229202 전합(피보험자가 임의 비급여 진료행위에 따라 요양기관에 진료비를 지급한 다음 실손의료보험계약상의 보험자에게 청구하여 진료비와 관련한 보험금을 지급받았는데, 진료행위가 위법한 임의 비급여 진료행위로서 무효인 동시에 실손의료보험계약상 보험금 지급사유에 해당하지 아니하여 보험자가 피보험자에 대하여 보험금 상당의 부당이득반환채권을 갖게 된 경우, 채권자인 보험자가 위 부당이득반환채권을 보전하기 위하여 채무자인 피보험자를 대위하여 제3채무자인 요양기관을 상대로 진료비 상당의 부당이득반환채권을 행사하는 형태의 채권자대위소송에서 채무자의 자력 유무에 관계없이 보전의 필요성이 인정되지 않는다고 판시).

된 경우에는 채무자가 스스로 제3채무자에 대한 권리를 행사한 것으로 볼 수 없다(2018.10.25, 2018다210539).

■ 채권자대위소송에서 제3채무자가 피보전채권에 관하여 무효 항변 ○

채권자가 채권자대위소송을 제기한 경우, 제3채무자는 채무자가 채권자에 대하여 가지는 항변권이나 형성권 등과 같이 그 권리자에 의한 행사를 필요로 하는 사유를 들어 채권자의 채무자에 대한 권리가 인정되는지 여부를 다툴 수 없지만, **채권자의 채무자에 대한 권리의 발생원인이 된 법률행위가 무효라거나 위 권리가 변제 등으로 소멸하였다는 등의 사실을 주장하여 채권자의 채무자에 대한 권리가 인정되는지 여부를 다투는 것은 가능**하고, 이 경우 법원은 제3채무자의 위와 같은 주장을 고려하여 채권자의 채무자에 대한 권리가 인정되는지 여부에 관하여 직권으로 심리·판단하여야 한다(2015.9.10, 2013다55300).
⇨ 인정되면 채권자대위소송 각하 판결 要

　　구별 　채권자의 소멸시효가 완성된 경우에 제3채무자 ⇨ 시효원용 불가(2009.5.28, 2009다4787)

■ 채무자가 대위소송보다 하루 먼저 제기하고 합의에 의하여 소취하한 경우 ⇨ 대위소송 각하!

① 채무자의 소제기(채권자 소 제기 하루 전) − ② 채권자대위의 소제기 − ③ 채무자와 제3채무자의 소송 외에서의 합의 − ④ 채무자의 소취하
김○○은 피고를 상대로 이 사건 반소를 제기한 다음 피고와 상호 양보하여 민·형사상의 분쟁을 종료하기로 하는 내용의 이 사건 합의를 함으로써 피고에 대하여 이 사건 토지에 관한 소유권이전등기말소청구권을 행사하였다고 할 것이므로, 김○○이 이미 이 사건 반소를 제기한 후에 원고가 김○○을 대위하여 피고를 상대로 동일한 권리를 행사하며 제기한 이 사건 소는 당사자적격을 흠결하여 부적법하다고 할 것이다(2016.4.12, 2015다69372).

3) 채권자취소권

▣ 채무자의 처분행위 ⇨ 무효

사해행위의 취소는 채권자와 수익자의 관계에서 상대적으로 채무자와 수익자 사이의 법률행위를 무효로 하는 데에 그치고 채무자와 수익자 사이의 법률관계에는 영향을 미치지 아니하므로, 채무자와 수익자 사이의 부동산매매계약이 사해행위로 취소되고 그에 따른 원상회복으로 수익자 명의의 소유권이전등기가 말소되어 채무자의 등기명의가 회복되더라도, 그 부동산은 취소채권자나 민법 제407조에 따라 사해행위 취소와 원상회복의 효력을 받는 채권자와 수익자 사이에서 채무자의 책임재산으로 취급될 뿐, 채무자가 직접 그 부동산을 취득하여 권리자가 되는 것은 아니다(2015.11.17, 2012다2743 등 참조).
따라서 **채무자가 사해행위 취소로 그 등기명의를 회복한 부동산을 제3자에게 처분하더라도 이는 무권리자의 처분에 불과하여 효력이 없으므로, 채무자로부터 제3자에게 마쳐진 소유권이전등기나 이에 기초하여 순차로 마쳐진 소유권이전등기 등은 모두 원인무효의 등기로서 말소되어야 한다. 이 경우 취소채권자나 민법 제407조에 따라 사해행위 취소와 원상회복의 효력을 받는 채권자는 채무자의 책임재산으로 취급되는 그 부동산에 대한 강제집행을 위하여 위와 같은 원인무효 등기의 명의인을 상대로 그 등기의 말소를 청구할 수 있다고 보아야 한다**(2017.3.9, 2015다217980).[12]

▣ 수급인의 저당권설정청구권 행사에 따라 저당권 설정하는 행위는 사해행위 해당 ×

[1] 수급인의 저당권설정청구권 행사에 의하여 수급인의 지위가 목적물에 대하여 유치권을 행사하는 지위보다 더 강화되는 것은 아니어서 도급인의 일반 채권자들에게 부당하게 불리해지는 것도 아닌 점 등에 비추어 **신축건물의 도급인이 민법 제666조가 정한 수급인의 저당권설정청구권의 행사에 따라 공사대금채무의 담보로 그 건물에 저당권을 설정하는 행위는 특별한 사정이 없는 한 사해행위에 해당하지 아니한다.**
[2] 민법 제666조에서 정한 수급인의 저당권설정청구권은 공사대금채권을 담보하기 위하여 인정되는 채권적 청구권으로서 공사대금채권에 부수하여 인정되는 권리이므

---

12 위 판결에서 채권자가 말소등기를 구할 수 있는 권원이·문제가 된다. 민법 제407조에 의하여 채권자에게 선행 사해행위 취소 판결의 효력이 미치는 조항으로 해석하여 위와 같이 채권자에게 말소등기를 인정한 것으로 보인다.

로, 당사자 사이에 공사대금채권만을 양도하고 저당권설정청구권은 이와 함께 양도하지 않기로 약정하였다는 등의 특별한 사정이 없는 한, **공사대금채권이 양도되는 경우 저당권설정청구권도 이에 수반하여 함께 이전**된다고 봄이 타당하다. 따라서 신축건물의 수급인으로부터 공사대금채권을 양수받은 자의 저당권설정청구에 의하여 신축건물의 도급인이 그 건물에 저당권을 설정하는 행위 역시 다른 특별한 사정이 없는 한 사해행위에 해당하지 아니한다(2018.11.29, 2015다19827).

- ◉ 채무자의 유일한 재산인 부동산에 관하여 예약완결권의 제척기간을 연장하기 위하여 새로 매매계약 체결하는 경우 사해행위 해당(2018.11.29, 2017다247190)

- ◉ 채무자가 제3자로부터 자금을 차용하여 부동산을 매수하고 해당 부동산을 차용금채무에 대한 담보로 제공하거나, 채무자가 제3자로부터 부동산을 매수하여 매매대금을 지급하기 전에 소유권이전등기를 마치고 해당 부동산을 매매대금채무에 대한 담보로 제공한 경우와 같이 기존 채권자들의 공동담보가 감소되었다고 볼 수 없는 경우에는 담보제공행위는 사해행위 아님(2018.12.28, 2018다272261)

- ◉ 유증의 포기는 사해행위 취소 대상 아님(2019.1.17, 2018다260855)

- ◉ 채무자의 수익자에 대한 채권양도가 사해행위로 취소되는 경우, 채권자는 채무자를 대위하여 제3채무자에게 채권에 관한 지급을 청구할 수 있는지 여부(소극)

사해행위의 취소는 채권자와 수익자의 관계에서 상대적으로 채무자와 수익자 사이의 법률행위를 무효로 하는 데에 그치고, 채무자와 수익자 사이의 법률관계에는 영향을 미치지 아니한다. 따라서 채무자의 수익자에 대한 채권양도가 사해행위로 취소되고, 그에 따른 원상회복으로서 제3채무자에게 채권양도가 취소되었다는 취지의 통지가 이루어지더라도, **채권자와 수익자의 관계에서 그 채권이 채무자의 책임재산으로 취급될 뿐, 채무자가 직접 그 채권을 취득하여 권리자로 되는 것은 아니므로, 채권자는 채무자를 대위하여 제3채무자에게 그 채권에 관한 지급을 청구할 수 없다**(2015.11.17, 2012다2743).

⇨ 채무자의 제3채무자에 대한 채권에 대한 압류 및 추심, 압류 및 전부 명령 등 강제집행을 해야 함

▣ 예금주 명의신탁계약도 사해행위 해당하나 신탁자가 해당 계좌를 지배
하여 사용한 경우에 수탁자에 대한 가액배상 청구 인정 ×

출연자와 예금주인 명의인 사이의 예금주 명의신탁계약이 사해행위에 해당하여 취소되
는 경우 그 취소에 따른 원상회복은 수탁자인 명의인이 금융회사에 대한 예금채권을 출
연자에게 양도하고 아울러 금융회사에 대하여 양도통지를 하도록 명하는 방법으로 이루
어져야 한다.
예금계좌에서 예금이 인출되어 사용된 경우에는 위와 같은 원상회복이 불가능하므로 가
액반환만이 문제 되는데, 신탁자와 수탁자 중 누가 예금을 인출·사용하였는지에 따라
결론이 달라진다(2018.12.27, 2017다290057).
⇨ 신탁자가 해당 계좌를 지배하여 사용한 경우에 수탁자에 대한 가액배상 청구 인정 ×

4) 채무불이행
   ▣ 채권자가 계약의 이행으로 얻을 수 있는 이익이 인정되지 않는 경우, 지
      출비용의 배상(신뢰이익)을 청구할 수 없음(2017.2.15, 2015다235766)
5) 주채무자와 보증인
   ▣ 주채무자 일부변제시 주채무자의 채무 전부를 대상으로 변제충당

연대보증인이 주채무자의 채무 중 일정 범위에 대하여 보증을 한 경우에 주채무자가 일
부변제를 하면, 특별한 사정이 없는 한 **일부변제금은 주채무자의 채무 전부를 대상으로
변제충당의 일반원칙에 따라 충당되고, 연대보증인은 변제충당 후 남은 주채무자의 채
무 중 보증한 범위 내의 것에 대하여 보증책임을 부담**한다.
원제1심 공동피고 1은 2011. 8. 18. 원고로부터 300,000,000원을 **이율 연 18%**, 변제기
2012. 8. 18.(이후 2013. 8. 18.로 연장되었다)로 정하여 차용하였는데, 피고는 위와 같은
제1심 공동피고 1의 원고에 대한 채무 중 원금 전부와 이에 대한 **연 4%의 비율에 의한
이자 및 연 8%의 비율에 의한 지연손해금에 대하여만 연대보증을 하였다**고 판단하였다.
나아가 원심은, 제1심 공동피고 1이 2011. 8. 18.부터 2013. 11. 14.까지 원고에게 22차례
에 걸쳐 변제한 합계 248,500,000원은 **연 18%의 비율에 의한 각 변제일까지의 이자 또는
지연손해금에 우선 충당**되고 나머지가 원금에 충당되는 것이지, 피고에 대한 관계에서라
도 연 4% 또는 연 8%의 비율에 의한 각 변제일까지의 이자 또는 지연손해금에만 우선 충
당되고 나머지는 원금에 충당되는 것이 아니다(2016.8.25, 2016다2840).

▣ 타인이 보증인의 이름을 대신 쓰면 보증 효력 ×

구 보증인 보호를 위한 특별법(2015. 2. 3. 법률 제13125호로 개정되기 전의 것, 이하 '구 보증인보호법'이라 한다) 제3조 제1항에서 보증의 의사표시에 보증인의 기명날인 또는 서명이 있는 서면을 요구하는 것은, 보증 의사를 명확하게 표시하게 함으로써 보증 의사의 존부 및 내용에 관하여 분명한 확인수단을 보장하여 분쟁을 예방하는 한편, 보증인으로 하여금 가능한 한 경솔하게 보증에 이르지 아니하고 숙고의 결과로 보증을 하도록 하려는 취지에서 나온 것이다. 따라서 이러한 구 보증인보호법의 입법 목적과 취지, 규정 내용 등을 종합해 보면, 구 보증인보호법 제3조 제1항에서 정한 '보증인의 서명'은 원칙적으로 보증인이 직접 자신의 이름을 쓰는 것을 의미하며 타인이 보증인의 이름을 대신 쓰는 것은 이에 해당하지 아니한다고 해석함이 타당하다.

⇨ 구 보증인 보호를 위한 특별법 제3조는 2015. 2. 3. 민법 제428조의2 제1항[13]이 신설되면서 폐지되었으므로, 위 판례는 이제 보증 일반에 적용된다.

⇨ 대부업자인 甲 주식회사의 직원이, 乙이 채무자로, 丙이 연대보증인으로 각 기재되어 있고 乙과 丙의 이름이 적힌 대부거래계약서 및 연대보증계약서 등을 받은 후 丙과 대출 심사를 위한 통화를 하여, 丙이 연대보증계약서 등을 자필로 작성하여 팩스로 보낸 것이 맞다고 답변하였으나 그 후 丙이 대출중개업자의 안내에 따라 응한 것일 뿐이라고 하여 답변 내용을 다투어 왔고 실제로 연대보증계약서의 연대보증란에 적힌 丙의 이름이 丙의 필체와 다르다고 보이는 사정까지 있음에 비추어 보면, 丙이 직접 연대보증계약서에 서명하였다는 점에 대한 증명이 충분하지 않다고 판단한 사례(2017.12.13, 2016다233576).

⇨ 보증인의 기명날인은 타인이 대행하는 것으로 하여도 무방(2019.3.14, 2018다282473)

6) 물상보증인

▣ 물상보증인의 채무자에 대한 구상 범위는 부동산 시가 ○, 매각대금 ×

물상보증인이 담보권의 실행으로 타인의 채무를 담보하기 위하여 제공한 부동산의 소유권을 잃은 경우 물상보증인이 채무자에게 구상할 수 있는 범위는 특별한 사정이 없는 한 **담보권의 실행으로 부동산의 소유권을 잃게 된 때, 즉 매수인이 매각대금을 다 낸 때의 부동산 시가를 기준으로 하여야 하고, 매각대금을 기준으로 할 것이 아니다.** 경매절차에서 유찰 등의 사유로 소유권 상실 당시의 시가에 비하여 낮은 가격으로 매각되는

---

13 "보증은 그 의사가 보증인의 기명날인 또는 서명이 있는 서면으로 표시되어야 효력이 발생한다. 다만, 보증의 의사가 전자적 형태로 표시된 경우에는 효력이 없다."

경우가 있는데, 이 경우 소유권 상실로 인한 부동산 시가와 매각대금의 차액에 해당하는 손해는 채무자가 채무를 변제하지 못한 데 따른 담보권의 실행으로 물상보증인에게 발생한 손해이므로, 이를 채무자에게 구상할 수 있어야 하기 때문이다(2018.4.10, 2017다283028).

7) 채권양도

◾ 양도금지특약의 효력: 물권적 효과설

양도금지특약을 위반하여 이루어진 채권양도는 원칙적으로 효력이 없다. 다만, 양수인이 중대한 과실 없이 양도금지특약의 존재를 알지 못하였다면 채권양도는 유효하게 되어 채무자는 양수인에게 양도금지특약을 가지고 채무 이행을 거절할 수 없다. 채권양수인의 악의 내지 중과실은 양도금지특약으로 양수인에게 대항하려는 자가 주장·증명하여야 한다.[14]

위와 같은 **물권적 효과설이 타당한 이유는 다음과 같다. ① 민법 제449조 제2항 본문이 당사자가 양도를 반대하는 의사를 표시한 경우 채권을 양도하지 못한다고 규정한 것은 양도금지특약을 위반한 채권양도의 효력을 부정하는 의미라고 해석하여야 한다.** ② 계약당사자가 그들 사이에 발생한 채권을 양도하지 않기로 약정하는 것은 계약자유의 원칙상 당연히 허용되는 것인데, 민법에서 별도의 규정까지 두어 양도금지특약에 관하여 규율하는 것은 이러한 특약의 효력이 당사자 사이뿐만 아니라 제3자에게까지 미치도록 하는 데 그 취지가 있다고 보아야 한다.

⇨ <u>반대의견</u>: 채권양도에 따라 채권은 양도인으로부터 양수인에게 이전하는 것이고, 채권양도의 당사자가 아닌 채무자의 의사에 따라 채권양도의 효력이 좌우되지는 않는다(채권적 효력설 채택). 따라서 양수인이 채무자에게 채무 이행을 구할 수 있고 채무자는 양도인이 아닌 양수인에게 채무를 이행할 의무를 진다고 보아야 한다. 상세한 이유는 다음과 같다. … 양도금지특약의 효력은 특약의 당사자만을 구속하고 제3자에게 미치지 않는다는 채권적 효력설이 계약법의 기본원리에 부합한다.

⇨ 甲이 피고에 대한 공사대금채권이 있었는데, 그 채권에는 양도금지특약이 있었다. 위 채권이 乙에게 양도된 후에 甲이 파산하여 파산관재인인 원고가 피고에 대하여 공사대금의 지급

---

14 물권적 효력설에 의하면 양수인이 자신의 선의를, 채권적 효력설에 의하면 채무자가 양수인의 악의를 증명하는 것이 논리적일 수 있다. 그러나 판례는 물권적 효력설을 취하면서도 채무자가 악의에 대한 증명책임을 진다고 하는바, 다수의견이나 반대의견이나 증명책임에서 차이가 없다.

을 구한 사안이다. 다수의견은 양수인인 乙에게 중대한 과실이 인정되므로 채권양도는 무효이고 원고의 청구를 인용해야 한다고 보았다.

반대의견은 양수인이 악의(중대한 과실 포함, 이하 같음)가 있어도 채권양도는 유효하되, 채무자는 양수인이 악의임을 들어 이행거절 항변을 하고 양도인에게 이행하거나, 악의가 있는 양수인에 대한 이행거절 항변권을 포기하고 양수인에게 이행할 수 있다는 입장이다. 반대의견은 피고가 악의 항변을 포기한 것으로 볼 수 있으므로[15] 양수인인 乙에게 채무를 이행하여야 하는바, 원고의 청구를 기각하여야 한다고 판시함(2019.12.19, 2016다24284 전합).

8) 변제자대위

- ◉ 제3취득자가 목적부동산에 대하여 권리를 취득한 후 채무를 변제한 보증인은 대위의 부기등기를 하지 않고도 대위할 수 있다고 보아야 하는지 여부(적극)

보증인과 제3취득자 사이의 변제자대위에 관하여 민법 제482조 제2항 제1호 … 규정은 **보증인의 변제로 저당권 등이 소멸한 것으로 믿고 목적부동산에 대하여 권리를 취득한 제3취득자를 예측하지 못한 손해로부터 보호하기 위한 것이다. 따라서 보증인이 채무를 변제한 후 저당권 등의 등기에 관하여 대위의 부기등기를 하지 않고 있는 동안 제3취득자가 목적부동산에 대하여 권리를 취득한 경우 보증인은 제3취득자에 대하여 채권자를 대위할 수 없다.**
그러나 제3취득자가 목적부동산에 대하여 권리를 취득한 후 채무를 변제한 보증인은 대위의 부기등기를 하지 않고도 대위할 수 있다고 보아야 한다. 보증인이 변제하기 전 목적부동산에 대하여 권리를 취득한 제3자는 등기부상 저당권 등의 존재를 알고 권리를 취득하였으므로 나중에 보증인이 대위하더라도 예측하지 못한 손해를 입을 염려가 없다(2020.10.15, 2019다222041).

9) 무권한자의 변제수령과 부당이득반환

- ◉ 채권담보권자가 제3채무자로부터 변제를 받은 채권양수인에 대하여 부당이득반환을 할 수 있는 경우

---

15 채무자가 乙에게 채권양도가 되었음을 이유로 원고의 청구에 다투고 있다는 점을 위와 같이 해석 가능하다.

민법 제472조는 불필요한 연쇄적 부당이득반환의 법률관계가 형성되는 것을 피하기 위하여 변제받을 권한 없는 자에 대한 변제의 경우에도 채권자가 이익을 받은 한도에서 효력이 있다고 규정하고 있는데, 여기에서 말하는 '채권자가 이익을 받은' 경우에는 변제의 수령자가 진정한 채권자에게 채무자의 변제로 받은 급부를 전달한 경우는 물론이고, 그렇지 않더라도 무권한자의 변제수령을 채권자가 사후에 추인한 때와 같이 무권한자의 변제수령을 채권자의 이익으로 돌릴 만한 실질적 관련성이 인정되는 경우도 포함된다. 그리고 이와 같이 무권한자의 변제수령을 채권자가 추인한 경우에 채권자는 무권한자에게 부당이득으로서 그 변제받은 것의 반환을 청구할 수 있다.

따라서 **채권담보권자가 채권양수인보다 우선하고 담보권설정의 통지가 제3채무자에게 도달하였음에도, 그 통지보다 채권양도의 통지가 먼저 도달하였다는 등의 이유로 제3채무자가 채권양수인에게 채무를 변제한 경우에 채권담보권자가 무권한자인 채권양수인의 변제수령을 추인하였다면, 이러한 추인에 의하여 제3채무자의 채권양수인에 대한 변제는 유효하게 되는 한편 채권담보권자는 채권양수인에게 부당이득으로서 그 변제받은 것의 반환을 청구할 수 있다**(2016.7.14, 2015다71856, 71863).

10) 상계

▣ 채권양수인이 양수채권을 자동채권으로 하여 채무자가 채권양수인에 대해 가지고 있던 기존 채권과 상계한 경우, 상계적상일(=대항요건 갖추어진 날인 채권양도통지 도달일)

상계적상은 자동채권과 수동채권이 상호 대립하는 때에 비로소 생긴다. 채권양수인이 양수채권을 자동채권으로 하여 그 채무자가 채권양수인에 대해 가지고 있던 기존 채권과 상계한 경우, 채권양수인은 채권양도의 대항요건이 갖추어진 때 비로소 자동채권을 행사할 수 있으므로 **채권양도 전에 이미 양 채권의 변제기가 도래하였다고 하더라도 상계의 효력은 변제기로 소급하는 것이 아니라 채권양도의 대항요건이 갖추어진 시점으로 소급한다**(2022.6.30, 2022다200089).

▣ 사전구상권에 기한 상계시 유의할 사항

항변권이 붙어 있는 채권을 자동채권으로 하여 다른 채무(수동채권)와의 상계를 허용한다면 상계자 일방의 의사표시에 의하여 상대방의 항변권 행사의 기회를 상실시키는 결과가 되므로 그러한 상계는 허용될 수 없고, 특히 수탁보증인이 주채무자에 대하여 가지

CHAPTER

08

민사법 최신 판례

는 민법 제442조의 사전구상권에는 민법 제443조의 담보제공청구권이 항변권으로 부착되어 있는 만큼 이를 자동채권으로 하는 상계는 원칙적으로 허용될 수 없다.

채권압류명령을 받은 제3채무자가 압류채무자에 대한 반대채권을 가지고 있는 경우에 상계로써 압류채권자에게 대항하기 위하여는, 압류의 효력 발생 당시에 대립하는 양 채권이 상계적상에 있거나, 그 당시 반대채권(자동채권)의 변제기가 도래하지 아니한 경우에는 그것이 피압류채권(수동채권)의 변제기와 동시에 또는 그보다 먼저 도래하여야 한다(2012.2.16, 2011다45521 전합 등 참조). 이러한 법리는 채권압류명령을 받은 제3채무자이자 보증채무자인 사람이 압류 이후 보증채무를 변제함으로써 담보제공청구의 항변권을 소멸시킨 다음, 압류채무자에 대하여 압류 이전에 취득한 사전구상권으로 피압류채권과 상계하려는 경우에도 적용된다고 봄이 타당하다.

결국 제3채무자가 압류채무자에 대한 사전구상권을 가지고 있는 경우에 상계로써 압류채권자에게 대항하기 위해서는, **① 압류의 효력 발생 당시 사전구상권에 부착된 담보제공청구의 항변권이 소멸하여 사전구상권과 피압류채권이 상계적상에 있거나, ② 압류 당시 여전히 사전구상권에 담보제공청구의 항변권이 부착되어 있는 경우에는 제3채무자의 면책행위 등으로 인해 위 항변권을 소멸시켜 사전구상권을 통한 상계가 가능하게 된 때가 피압류채권의 변제기보다 먼저 도래하여야 한다.**

⇨ 피고가 충남우리쌀조합의 소외 2에 대한 이 사건 약정상 채무를 연대보증한 이후로서 소외 2가 주식회사 새들만에게 위 벼를 임의처분한 2013. 4. 19. 피고의 연대보증채무의 이행기가 도래함으로써 민법 제442조 제1항 제4호에 따라 충남우리쌀조합에 대한 이 사건 사전구상권을 취득하였으나, 피고가 소외 2에게 1억 1,000만 원을 변제하여 그 범위에서 이 사건 사전구상권에 부착된 담보제공청구권을 소멸시킨 시점은 2016. 9. 29.로서 이 사건 압류·추심명령의 효력이 발생한 2015. 11. 23. 이후임이 명백하고, 피고가 이 사건 사전구상권으로 상계하려는 수동채권인 이 사건 부당이득반환채권의 변제기는 늦어도 2013. 12. 27.에 도달하였으므로, 이 사건 압류·추심명령 이후에 비로소 담보제공청구의 항변권이 일부 소멸한 이 사건 사전구상권으로 그 이전에 이미 변제기가 도래한 이 사건 부당이득반환채권과 상계하는 것은 허용되지 않는다고 판단한 것은 정당함(2019.2.14, 2017다274703).

◼ 한정승인과 상계

상속채권자가 피상속인에 대하여는 채권을 보유하면서 상속인에 대하여는 채무를 부담하는 경우, 상속이 개시되면 위 채권 및 채무가 모두 상속인에게 귀속되어 상계적상이 생기지만, **상속인이 한정승인을 하면 상속이 개시된 때부터 민법 제1031조에 따라 피상**

속인의 상속재산과 상속인의 고유재산이 분리되는 결과가 발생하므로, 상속채권자의 피상속인에 대한 채권과 상속인에 대한 채무 사이의 상계는 제3자의 상계에 해당하여 허용될 수 없다. 즉, 상속채권자가 상속이 개시된 후 한정승인 이전에 피상속인에 대한 채권을 자동채권으로 하여 상속인에 대한 채무에 대하여 상계하였더라도, 그 이후 상속인이 한정승인을 하는 경우에는 민법 제1031조의 취지에 따라 상계가 소급하여 효력을 상실하고, 상계의 자동채권인 상속채권자의 피상속인에 대한 채권과 수동채권인 상속인에 대한 채무는 모두 부활한다(2022.10.27, 2022다254154, 254161).

11) 연대채무

▣ 연대채무자 중 1인이 채무를 일부 면제받은 경우에 다른 연대채무자의 채무에 미치는 영향 ⇨ 항상 절대적 효력이 인정되는 것이 아니라 일부 면제의 결과 피면제자의 잔존 채무액이 부담부분보다 적은 경우에만 발생

민법 제419조는 … 면제의 절대적 효력을 인정한다. 이는 당사자들 사이에 구상의 순환을 피하여 구상에 관한 법률관계를 간략히 하려는 데 취지가 있는바, 채권자가 연대채무자 중 1인에 대하여 채무를 일부 면제하는 경우에도 그와 같은 취지는 존중되어야 한다. 따라서 연대채무자 중 1인에 대한 채무의 일부 면제에 상대적 효력만 있다고 볼 특별한 사정이 없는 한 **일부 면제의 경우에도** 면제된 부담부분에 한하여 **면제의 절대적 효력이 인정**된다고 보아야 한다.
구체적으로 **연대채무자 중 1인이 채무 일부를 면제받는 경우**에 그 연대채무자가 지급해야 할 **잔존 채무액이 부담부분을 초과하는 경우**에는 그 연대채무자의 부담부분이 감소한 것은 아니므로 다른 연대채무자의 채무에도 영향을 주지 않아 **다른 연대채무자는 채무 전액을 부담**하여야 한다. 반대로 일부 면제에 의한 피면제자의 잔존 채무액이 부담부분보다 적은 경우에는 차액(부담부분 – 잔존 채무액)만큼 피면제자의 부담부분이 감소하였으므로, 차액의 범위에서 면제의 절대적 효력이 발생하여 다른 연대채무자의 채무도 차액만큼 감소한다(2019.8.14, 2019다216435).

12) 불가분채권

▣ 불가분채권자들(임차보증금반환채권자들) 중 1인을 집행채무자로 한 압류 및 전부명령이 있어도 다른 불가분채권자는 전부 이행 청구 가능

수인의 채권자에게 금전채권이 불가분적으로 귀속되는 경우에, **불가분채권자들 중 1인을 집행채무자로 한 압류 및 전부명령이 이루어지면 그 불가분채권자의 채권은 전부채권자에게 이전되지만, 그 압류 및 전부명령은 집행채무자가 아닌 다른 불가분채권자에게 효력이 없으므로**, 다른 불가분채권자의 채권의 귀속에 변경이 생기는 것은 아니다. 따라서 **다른 불가분채권자는 모든 채권자를 위하여 채무자에게 불가분채권 전부의 이행을 청구할 수 있고, 채무자는 모든 채권자를 위하여 다른 불가분채권자에게 전부를 이행할 수 있다.** 이러한 법리는 불가분채권의 목적이 금전채권인 경우 그 일부에 대하여만 압류 및 전부명령이 이루어진 경우에도 마찬가지이다(2023.3.30, 2021다264253).

4. 채권각론

1) 위험부담 – 대상청구권

- 매매의 목적물이 화재로 소실됨으로써 매도인의 매매목적물 인도의무가 이행불능된 경우, 매수인이 화재사고로 매도인이 지급받게 되는 화재보험금, 화재공제금에 대하여 대상청구권을 행사할 수 있고, 대상청구권 행사 범위는 매매대금 상당액 한도 내로 제한되지 않음

손해보험은 본래 보험사고로 인하여 생길 피보험자의 재산상 손해의 보상을 목적으로 하는 것으로(상법 제665조), 보험자가 보상할 손해액은 당사자 간에 다른 약정이 없는 이상 손해가 발생한 때와 곳의 가액에 의하여 산정하고(상법 제676조 제1항), 이 점은 손해공제의 경우도 마찬가지이므로, 매매의 목적물이 화재로 소실됨으로써 매도인이 지급받게 되는 **화재보험금, 화재공제금에 대하여 매수인의 대상청구권이 인정되는 이상, 매수인은 특별한 사정이 없는 한 목적물에 대하여 지급되는 화재보험금, 화재공제금 전부에 대하여 대상청구권을 행사**할 수 있고, 인도의무의 이행불능 당시 매수인이 지급하였거나 지급하기로 약정한 **매매대금 상당액의 한도 내로 범위가 제한된다고 할 수 없다**(2016.10.27, 2013다7769).

2) 해제

- 계약 해제로 인한 매매대금 반환채권은 해제된 날 발생(2021.5.7, 2018다25946[16])

---

16 상계적상일에 있어서 중요하다. 매매대금 반환채권이 상계로 인하여 일부 소멸되면 그 부분에 대해

▣ 문자메시지에 의한 이행 최고는 부적법

> 甲 유한회사가 乙 등으로부터 부동산을 매수하는 매매계약을 체결하면서, 甲 회사의 잔금 지급과 동시에 乙 등이 부동산에 관한 소유권이전등기절차를 이행하기로 하였으며, 매매계약에 따른 의무를 이행하지 아니할 경우 **서면으로 이행을 최고하고 계약을 해제할 수 있다고 정하였는데**, 갑 회사가 최종 잔금 지급기일까지 잔금을 지급하지 않자, 乙 등이 다음 날 甲 회사에 잔금 미지급을 이유로 위 매매계약을 해제한다는 내용의 문자메시지를 보냈고, … , 갑 회사의 이행지체를 이유로 한 乙 등의 매매계약 해제 통지 중 **문자메시지에 의한 해제 통지는 그에 앞서 서면에 의한 이행의 최고가 없어 해제 통지로서의 효력을 인정할 수 없다고 한 사례**(2022.10.27, 2022다238053)
>
> ⇨ 위 사안에서 乙 등이 문자메시지를 보낸 후 소송 중 2020. 7. 7. 자 답변서를 통해 甲 유한회사의 잔금 미지급으로 해제되었다는 취지의 답변서를 제출하였는바(2020. 7. 8. 송달됨), 위 답변서에 잔금 수령을 거부하는 취지가 포함되어 있지 않은 이상 이행의 최고서의 효력이 있다고 보아, 2020. 7. 8.부터 상당한 기간이 경과할 때까지 乙 등의 이행제공이 계속된 경우에는 해제권이 발생한 것으로 보아야 한다고 보았음에 유의!

▣ 채무불이행 대상이 되는 본래 채권이 시효로 소멸 시 채권자가 해제권 및 이에 기한 원상회복청구권 행사 불가

> 본래 채권이 시효로 인하여 소멸하였다면 그 채권은 그 기산일에 소급하여 더는 존재하지 않는 것이 되어 채권자는 그 권리의 이행을 구할 수 없는 것이고, 이와 같이 본래 채권이 유효하게 존속하지 않는 이상 본래 채무의 불이행을 이유로 계약을 해제할 수 없다고 보아야 한다. 결국 **채무불이행에 따른 해제의 의사표시 당시에 이미 채무불이행의 대상이 되는 본래 채권이 시효가 완성되어 소멸하였다면**, 채무자가 소멸시효의 완성을 주장하는 것이 신의성실의 원칙에 반하여 허용될 수 없다는 등의 특별한 사정이 없는 한, **채권자는 채무불이행 시점이 본래 채권의 시효 완성 전인지 후인지를 불문하고 그 채무불이행을 이유로 한 해제권 및 이에 기한 원상회복청구권을 행사할 수 없다**(2022.9.29, 2019다204593).
>
> ⇨ 소유권이전등기청구권의 이행불능을 원인으로 해제의 의사표시를 하였는데, 해제권 행사 당시 이전등기청구권의 시효가 완성된 사안임.

서는 상계적상일 다음날부터 민법 제548조 제2항에 정한 이자가 발생하지 않고 남은 원금에 대해서만 이자가 발생한다.

3) 하자담보책임

   ▣ 담보책임과 착오의 관계

민법 제109조 제1항에 의하면 법률행위 내용의 중요 부분에 착오가 있는 경우 착오에 중대한 과실이 없는 표의자는 법률행위를 취소할 수 있고, 민법 제580조 제1항, 제575조 제1항에 의하면 매매의 목적물에 하자가 있는 경우 하자가 있는 사실을 과실 없이 알지 못한 매수인은 매도인에 대하여 하자담보책임을 물어 계약을 해제하거나 손해배상을 청구할 수 있다. 착오로 인한 취소 제도와 매도인의 하자담보책임 제도는 취지가 서로 다르고, 요건과 효과도 구별된다. 따라서 **매매계약 내용의 중요 부분에 착오가 있는 경우 매수인은 매도인의 하자담보책임이 성립하는지와 상관없이 착오를 이유로 매매계약을 취소할 수 있다**(2018.9.13, 2015다78703).
⇨ 도자기가 진품인지 여부의 착오는 동기의 착오가 아니라 성상의 착오이므로 동기의 착오 논의를 할 필요는 없음.

4) 증여

   ▣ 부담부증여에서 수증자가 부담의 이행을 완료한 경우 서면에 의하지 않은 증여임을 이유로 해제 불가

부담부증여에도 민법 제3편 제2장 제2절(제554조부터 제562조까지)의 증여에 관한 일반 조항들이 그대로 적용되므로, **증여의 의사가 서면으로 표시되지 않은 경우 각 당사자는 원칙적으로 민법 제555조에 따라 부담부증여계약을 해제할 수 있다.**
그러나 **부담부증여계약에서 증여자의 증여 이행이 완료되지 않았더라도 수증자가 부담의 이행을 완료한 경우에는**, 그러한 부담이 의례적·명목적인 것에 그치거나 그 이행에 특별한 노력과 비용이 필요하지 않는 등 실질적으로는 부담 없는 증여가 이루어지는 것과 마찬가지라고 볼 만한 특별한 사정이 없는 한, 각 **당사자가 서면에 의하지 않은 증여임을 이유로 증여계약의 전부 또는 일부를 해제할 수는 없다**고 봄이 타당하다(2022.9.29, 2021다299976, 299983).

5) 임대차

   ▣ 임차건물 소유권 이전 시 이미 발생한 연체차임 등이 양수인에게 이전되지 않으나 위 연체차임 등은 임차보증금에서 당연히 공제됨

1. 임대를 한 상가건물을 여러 사람이 공유하고 있다가 이를 분할하기 위한 경매절차에서 건물의 소유자가 바뀐 경우에도 양수인이 상가건물 임대차보호법에 따라 임대인의 지위를 승계한다.

2. **임차건물의 소유권이 이전되기 전에 이미 발생한 연체차임이나 관리비 등은 별도의 채권양도절차가 없는 한 원칙적으로 양수인에게 이전되지 않고 임대인만이 임차인에게 청구할 수 있다.** 차임이나 관리비 등은 임차건물을 사용한 대가로서 임차인에게 임차건물을 사용하도록 할 당시의 소유자 등 처분권한 있는 자에게 귀속된다고 볼 수 있기 때문이다.

3. 임대차계약에서 **임대차보증금은** 임대차계약 종료 후 목적물을 임대인에게 명도할 때까지 발생하는, **임대차에 따른 임차인의 모든 채무를 담보**한다. 임차건물의 양수인이 건물 소유권을 취득한 후 임대차관계가 종료되어 임차인에게 임대차보증금을 반환해야 하는 경우에 **임대인의 지위를 승계하기 전까지 발생한 연체차임이나 관리비 등이 있으면 이는 특별한 사정이 없는 한 임대차보증금에서 당연히 공제**된다(2017.3.22, 2016다218874).

    ⇨ 임차건물의 양수인이 소유권을 이전받기 전에 발생한 연체차임이 3,500만 원이고, 소유권을 이전받은 후에 발생한 연체차임이 1,500만 원이고, 보증금이 5,000만 원인 경우에
    ① 양수인은 3,500만 원 지급을 구할 수 없고 1,500만 원의 지급만 구할 수 있으며,
    ② 임차인이 보증금 5,000만 원의 지급을 구하면, 1,500만 원의 공제 뿐만 아니라 3,500만 원의 공제를 주장할 수 있다는 것임.

▣ 저당권자가 차임채권 등에 대하여 별개로 저당권을 실행하지 아니한 경우, 연체 차임 등이 보증금에서 당연히 공제＋저당권자가 차임채권 등에 대하여 별개로 저당권을 실행한 경우, 채권집행 절차에서 임차인이 지급하거나 공탁하지 아니하여 잔존하는 차임채권 등은 보증금에서 당연히 공제

보증금이 수수된 저당부동산에 관한 임대차계약이 저당부동산에 대한 경매로 종료되었는데, 저당권자가 차임채권 등에 대하여는 민사집행법 제273조에 따른 채권집행의 방법으로 별개로 저당권을 실행하지 아니한 경우에 저당부동산에 대한 압류의 전후와 관계없이 임차인이 연체한 차임 등의 상당액이 임차인이 배당받을 보증금에서 당연히 공제

됨은 물론, **저당권자가 차임채권 등에 대하여 위와 같은 방법으로 별개로 저당권을 실행한 경우에도 그 채권집행 절차에서 임차인이 실제로 그 차임 등을 지급하거나 공탁하지 아니하였다면 잔존하는 차임채권 등의 상당액은 임차인이 배당받을 보증금에서 당연히 공제된다**(2016.7.27, 2015다230020).

▣ 전대차계약상의 차임을 감액한 경우 임대인에 대하여도 감액된 차임만 지급하면 됨

전대인과 전차인은 계약자유의 원칙에 따라 전대차계약의 내용을 변경할 수 있다. 그로 인하여 민법 제630조 제1항에 따라 전차인이 임대인에 대하여 직접 부담하는 의무의 범위가 변경되더라도, 전대차계약의 내용 변경이 전대차에 동의한 임대인 보호를 목적으로 한 민법 제630조 제1항의 취지에 반하여 이루어진 것이라고 볼 특별한 사정이 없는 한 **전차인은 변경된 전대차계약의 내용을 임대인에게 주장할 수 있다. 전대인과 전차인이 전대차계약상의 차임을 감액한 경우도 마찬가지**이다.
또한 그 경우, 임대차종료 후 전차인이 임대인에게 반환하여야 할 차임 상당 부당이득액을 산정함에 있어서도, 부당이득 당시의 실제 차임액수를 심리하여 이를 기준으로 삼지 아니하고 약정 차임을 기준으로 삼는 경우라면, 전차인이 임대인에 대하여 직접 의무를 부담하는 차임인 변경된 차임을 기준으로 할 것이지, 변경 전 전대차계약상의 차임을 기준으로 할 것은 아니다(2018.7.11, 2018다200518).

▣ 임대인의 차임 증액 청구에 따른 이행기=증액청구 의사표시가 도달한 때 ○, 법원 결정 시 ×

민법 제628조에 의하여 장래에 대한 차임의 증액을 청구하였을 때에 당사자 사이에 협의가 성립되지 아니하여 법원이 결정해 주는 차임은 그 증액청구의 의사표시를 한 때에 소급하여 그 효력이 생기는 것이므로, 특별한 사정이 없는 한 증액된 차임에 대하여는 법원 결정 시가 아니라 증액청구의 의사표시가 상대방에게 도달한 때를 그 이행기로 보아야 한다(2018.3.15, 2015다239508, 239515).
⇨ 지연손해금은 증액청구 의사표시 도달한 다음날부터 발생함.
⇨ 다만, 법원이 차임을 결정할 때까지는 종전의 차임액을 지급하여도 임대차계약의 해지 사유인 차임연체에 해당하지 않음(2003.2.14, 2002다60931).

▣ 임대차계약 종료에 따른 임차인의 임차목적물 반환의무와 임대인의 권리금 회수 방해로 인한 손해배상의무가 동시이행관계에 있는지 여부(소극, 2019.7.10, 2018다242727)

▣ 갱신거절권 사유로 임차주택의 양수인의 실거주도 포함

주택임대차보호법 제6조, 제6조의3 등 관련 규정의 내용과 체계, 입법 취지 등을 종합하여 보면, 임차인이 같은 법 제6조의3 제1항 본문에 따라 계약갱신을 요구하였더라도, 임대인으로서는 특별한 사정이 없는 한 같은 법 제6조 제1항 전단에서 정한 기간 내라면 제6조의3 제1항 단서 제8호에 따라 임대인이 목적 주택에 실제 거주하려고 한다는 사유를 들어 임차인의 계약갱신 요구를 거절할 수 있고, 같은 법 제3조 제4항에 의하여 **임대인의 지위를 승계한 임차주택의 양수인도 그 주택에 실제 거주하려는 경우 위 갱신거절 기간 내에 위 제8호에 따른 갱신거절 사유를 주장할 수 있다**고 보아야 한다(2022.12.1, 2021다266631).

▣ 상가건물 임대차보호법: 사업자등록의 중요성

사업자등록신청서에 첨부한 임대차계약서와 등록사항현황서(이하 '등록사항현황서 등'이라 한다)에 기재되어 공시된 임대차보증금 및 차임에 따라 환산된 보증금액이 구 상가건물 임대차보호법(2013. 6. 7. 법률 제11873호로 개정되기 전의 것, 이하 '구 상가임대차법'이라 한다)의 **적용대상이 되기 위한 보증금액 한도를 초과하는 경우에는, 실제 임대차계약의 내용에 따라 환산된 보증금액이 기준을 충족하더라도, 임차인은 구 상가임대차법에 따른 대항력을 주장할 수 없다.**
이러한 법리는 임대차계약이 변경되거나 갱신되었는데 임차인이 사업자등록정정신고를 하지 아니하여 등록사항현황서 등에 기재되어 공시된 내용과 실제 임대차계약의 내용이 불일치하게 된 경우에도 마찬가지로 적용된다(2016.6.9, 2013다215676).

6) 도급
　　▣ 수급인이 채무불이행책임을 지는 경우 하자담보책임에 관한 규정이 적용되지 않음[17]

---

17 수급인의 하자담보책임과 채무불이행책임은 경합하므로 하자담보책임 제척기간이 경과하였어도 채무불이행책임 성립이 가능하다(2020.6.11, 2020다201156).

도급계약에 따라 완성된 목적물에 하자가 있는 경우, 수급인의 하자담보책임과 채무불이행책임은 별개의 권원에 의하여 경합적으로 인정된다. **민법 제669조 본문은 완성된 목적물의 하자가 도급인이 제공한 재료의 성질 또는 도급인의 지시에 기인한 때에는 수급인의 하자담보책임에 관한 규정이 적용되지 않는다고 정하고 있다. 그러나 이 규정은 수급인의 하자담보책임이 아니라 민법 제390조에 따른 채무불이행책임에는 적용되지 않는다**(2020.1.30, 2019다268252).

- ▣ 채무불이행을 이유로 한 도급계약 해제의 의사표시에 민법 제673조의 임의 해제의 의사표시가 포함되지 않음(2022.10.14, 2022다246757)[18]

7) 부당이득
- ▣ 타인의 마이너스 통장 은행계좌로 송금한 경우 착오송금임을 주장하며 수취은행을 상대로 부당이득반환을 구할 수 없음

대출채무가 있는 상태에서 약정계좌로 자금이 이체되면, 그 금원에 대해 수취인의 예금채권이 성립됨과 동시에 수취인과 수취은행 사이의 대출약정에 따라 **수취은행의 대출채권과 상계가 이루어지게 된다**. 그 결과 **수취인은 대출채무가 감소하는 이익을 얻게 되므로**, 설령 송금의뢰인과 수취인 사이에 자금이체의 원인인 법률관계가 없더라도, 송금의뢰인은 수취인에 대하여 이체금액 상당의 부당이득반환청구권을 가지게 될 뿐이고, **수취인과의 적법한 대출거래약정에 따라 대출채권의 만족을 얻은 수취은행에 대하여는 부당이득반환청구권을 취득한다고 할 수 없다.**
이와 같은 법리에 비추어 보면, 원고가 송금한 이 사건 금원은 설령 착오송금되었다고 하더라도 그와 관계없이 소외인 명의의 종합통장자동대출의 약정계좌인 이 사건 계좌가 마이너스인 상태에서 입금됨으로써 종합통장자동대출에서 실행된 소외인의 대출채무가 감소하게 되었으므로, 이로 인해 피고가 부당한 이득을 취득한 것이 없다고 본 원심판결은 정당하다(2022.6.30, 2016다237974).[19]

---

18 도급인이 수급인의 채무불이행을 이유로 도급계약을 해제하면 수급인에게 손해배상 청구 가능하나, 민법 제673조에 따라 해제되면 도급인이 오히려 손해배상을 해 주어야 하기 때문이다.
19 은행은 단지 송금의뢰자가 행하는 금전 지급의 통로 내지 수단이므로 착오송금에서 부당이득의 상대방이 될 수 없다는 견해로는 양창수, "마이너스 통장 착오 송금에서 부당이득반환청구의 상대방", 법률신문(2022. 8. 25.).

■ 무권리자 처분 시 부당이득반환청구 가부(원칙적 소극), 무권리자로부터 부동산을 매수한 제3자나 그 후행 등기 명의인의 등기부취득시효가 완성되어 원소유자가 소급하여 소유권을 상실한 경우에도 마찬가지임

적법한 원인 없이 타인 소유 부동산에 관하여 소유권보존등기를 마친 무권리자가 그 부동산을 제3자에게 매도하고 소유권이전등기를 마쳐주었다고 하더라도, 그러한 소유권보존등기와 소유권이전등기는 실체관계에 부합한다는 등의 특별한 사정이 없는 한 모두 무효이다. 따라서 이 경우 원소유자가 소유권을 상실하지 아니하고, 또 무권리자가 제3자와 체결한 매매계약의 효력이 원소유자에게 미치는 것도 아니므로, 무권리자가 받은 매매대금이 부당이득에 해당하여 이를 원소유자에게 반환하여야 한다고 볼 수는 없다. 무권리자로부터 부동산을 매수한 제3자나 그 후행 등기 명의인이 과실 없이 점유를 개시한 후 소유권이전등기가 말소되지 않은 상태에서 소유의 의사로 평온, 공연하게 선의로 점유를 계속하여 10년이 경과한 때에는 민법 제245조 제2항에 따라 바로 그 부동산에 대한 소유권을 취득하고, 이때 원소유자는 소급하여 소유권을 상실함으로써 손해를 입게 된다. 그러나 이는 민법 제245조 제2항에 따른 물권변동의 효력일 뿐 무권리자와 제3자가 체결한 매매계약의 효력과는 직접 관계가 없으므로, 무권리자가 제3자와의 매매계약에 따라 대금을 받음으로써 이익을 얻었다고 하더라도 이로 인하여 원소유자에게 손해를 가한 것이라고 볼 수도 없다(2022.12.29, 2019다272275).

■ 미등기건물 원시취득자와 사실상 처분권자의 부당이득반환의무 관계＝부진정연대채무

건물 소유자가 미등기건물의 원시취득자이고 그 건물에 관하여 사실상의 처분권을 보유하게 된 양수인이 따로 존재하는 경우에도 다르지 아니하므로, 미등기건물의 원시취득자는 토지 소유자에 대하여 부당이득반환의무를 진다.
한편 미등기건물을 양수하여 건물에 관한 사실상의 처분권을 보유하게 됨으로써 그 양수인이 건물 부지 역시 아울러 점유하고 있다고 볼 수 있는 경우에는 미등기건물에 관한 사실상의 처분권자도 건물 부지의 점유·사용에 따른 부당이득반환의무를 부담한다. 이러한 경우 미등기건물의 원시취득자와 사실상의 처분권자가 토지 소유자에 대하여 부담하는 부당이득반환의무는 동일한 경제적 목적을 가진 채무로서 부진정연대채무 관계에 있다고 볼 것이다(2022.9.29, 2018다243133, 243140).

▣ 구분소유자가 집합건물의 공용부분을 정당한 권원 없이 배타적으로 점유·사용하는 경우 부당이득 성립 ○

[다수의견] (가) 구분소유자 중 일부가 정당한 권원 없이 집합건물의 복도, 계단 등과 같은 공용부분을 배타적으로 점유·사용함으로써 이익을 얻고, 그로 인하여 다른 구분소유자들이 해당 공용부분을 사용할 수 없게 되었다면, **공용부분을 무단점유한 구분소유자는 특별한 사정이 없는 한 해당 공용부분을 점유·사용함으로써 얻은 이익을 부당이득으로 반환할 의무**가 있다. 해당 공용부분이 구조상 이를 별개 용도로 사용하거나 다른 목적으로 임대할 수 있는 대상이 아니더라도, 무단점유로 인하여 다른 구분소유자들이 해당 공용부분을 사용·수익할 권리가 침해되었고 이는 그 자체로 민법 제741조에서 정한 손해로 볼 수 있다. 그 상세한 이유는 다음과 같다.[20]
① 물건의 소유자는 다른 특별한 사정이 없는 한 법률이 정한 바에 따라 그 물건에 관한 모든 이익을 향유할 권리를 가진다. 소유권의 내용으로서 민법 제211조에서 정한 '사용·수익·처분'의 이익이 그 대표적인 예다. 집합건물의 소유 및 관리에 관한 법률에 따르면, 각 공유자는 전원의 공유에 속하는 공용부분을 그 용도에 따라 사용할 수 있고(제11조), 규약에 달리 정한 바가 없으면 그 지분비율에 따라 공용부분에서 생기는 이익을 취득한다(제17조).
② 구분소유자 중 일부가 정당한 권원 없이 집합건물의 복도, 계단 등과 같은 공용부분을 배타적으로 사용하는 경우 다른 구분소유자들은 해당 공용부분을 사용할 수 없게 되는 불이익을 입게 된다. 즉 다른 구분소유자들의 해당 공용부분에 대한 사용권이 침해되는 것이다(2020.5.21, 2017다220744).

▣ 매도인의 토지 매수인에 대한 부당이득반환청구 불가

토지의 매수인이 아직 소유권이전등기를 마치지 않았더라도 매매계약의 이행으로 토지를 인도받은 때에는 매매계약의 효력으로서 이를 점유·사용할 권리가 있으므로, 매도인이 매수인에 대하여 그 점유·사용을 법률상 원인이 없는 이익이라고 하여 부당이득반환청구를 할 수는 없다. 이러한 법리는 대물변제 약정 등에 의하여 매매와 같이 부동

---

20 타인의 재산권 등을 침해하여 이익을 얻었음을 이유로 부당이득반환을 구하는 이른바 침해부당이득에서는, 권리자가 침해행위로 현실적·구체적 손해를 입을 것이 요구되지 않고, 침해행위로 말미암아 그 재산으로부터 이익을 누릴 가능성이 박탈되었다는 것 자체로 권리자에게 손해가 있다고 보아 부당이득반환을 인정해야 한다는 김재형 대법관 보충의견 참조.

산의 소유권을 이전받게 되는 사람이 이미 부동산을 점유·사용하고 있는 경우에도 마찬가지로 적용된다(2016.7.7, 2014다2662).

■ 악의의 수익자가 반환해야 하는 법정이자의 성격

계약무효의 경우 각 당사자가 상대방에 대하여 부담하는 반환의무는 성질상 부당이득반환의무로서 악의의 수익자는 그 받은 이익에 법정이자를 붙여 반환하여야 하므로(민법 제748조 제2항), 매매계약이 무효로 되는 때에는 매도인이 악의의 수익자인 경우 특별한 사정이 없는 한 매도인은 반환할 매매대금에 대하여 민법이 정한 연 5%의 법정이율에 의한 이자를 붙여 반환하여야 한다. 그리고 위와 같은 **법정이자의 지급은 부당이득반환의 성질을 가지는 것이지 반환의무의 이행지체로 인한 손해배상이 아니므로, 매도인의 매매대금 반환의무와 매수인의 소유권이전등기 말소등기절차 이행의무가 동시이행의 관계에 있는지 여부와는 관계가 없다**(2017.3.9, 2016다47478).

⇨ 원고 종중이 무효인 결의에 근거하여 피고로부터 부동산을 매수하였는데, 피고가 결의가 무효라는 점을 안 경우에 피고는 매매대금을 받은 날부터(즉 악의의 수익자로 인정되는 날부터) 받은 매매대금에 대하여 연 5%의 비율에 의한 이자를 가산하여 지급하여야 한다고 한 사례.

참고 쌍무계약이 취소된 경우의 선의 수익자에 대한 1993.5.14, 92다45025 판결과 비교 요함.[21]

■ 금전 이득에 대한 이득소멸의 항변이 인정되는 경우[22]

수익자가 취득한 것이 금전상의 이득인 때에는 그 금전은 이를 취득한 자가 소비하였는지 여부를 불문하고 현존하는 것으로 추정되나, **수익자가 급부자의 지시나 급부자와의**

---

21 1993.5.14, 92다45025는 "쌍무계약이 취소된 경우 선의 매수인에게 민법 제201조가 적용되어 과실취득권이 인정되는 이상 선의 매도인에게도 민법 제587조의 유추적용에 의하여 대금의 운용이익 내지 법정이자의 반환을 부정함이 형평에 맞다."고 하였다. 법정이자와 관련하여 선의 매도인은 민법 제587조가 아니더라도 법정이자를 반환할 필요가 없다(우리 민법은 악의의 수익자에 한해서 이자를 가산하고 있음, 1997.9.26, 96다54997). 그러나 선의 매도인은 원래 대금 운용이익은 그것이 통상적인 운용이익인 한 이를 반환해야 하는데(2008.1.18, 2005다34711), 이를 부정하였다는 점에서 1993.5.14, 92다45025 판결이 의미가 있다. 만약 선의 매수인이 점유를 하지 않아 과실을 취득한 바 없는 경우에는 원칙으로 돌아가 선의 매도인은 운용이익을 반환해야 한다.
22 이득소멸의 항변에 대한 자세한 논의는 이계정, "수익증권 매매계약 취소에 따른 부당이득의 법률관계와 이득소멸의 항변", 한국민법과 프랑스민법 연구(남효순 교수 정년기념논문집), 박영사(2021) 참조.

합의에 따라 그 금전을 사용하거나 지출하는 등의 사정이 있다면 위 추정은 번복될 수 있다.

⇨ 甲 공익법인이 투자중개업자인 乙 주식회사와 FX마진거래계약을 체결하고 甲 법인 명의로 개설한 위탁계좌에 기본재산을 예탁한 후, 그 돈을 위탁증거금 및 거래대금으로 하여 乙 회사의 전자중개 서비스를 통해 FX마진거래를 하였다가 손실을 입자, 乙 회사를 상대로 주무관청의 허가 없이 기본재산을 예탁한 것은 공익법인의 설립·운영에 관한 법률을 위반한 것으로 무효라며 부당이득반환을 구한 사안에서, 乙 회사가 FX마진거래계약에 따라 甲 법인으로부터 기본재산을 예탁받았으나 甲 법인의 위탁에 따라 그 돈으로 FX마진거래를 실행한 다음 甲 법인에 거래에 따른 정산결과가 반영된 잔액을 전부 반환하였으므로, 乙 회사에는 예탁된 돈과 관련하여 현존하는 이익이 없다고 한 사례(2022.10.14, 2018다244488).

▣ 판결이 확정되지 않았으나 피고의 패소판결을 전제로 부당이득반환청구 가능

선의의 수익자가 패소한 때에는 그 소를 제기한 때부터 악의의 수익자로 간주되고(민법 제749조 제2항), 악의의 수익자는 그 받은 이익에 이자를 붙여 반환하고 손해가 있으면 이를 배상하여야 한다(민법 제748조 제2항). 여기에서 '패소한 때'라고 함은 점유자 또는 수익자가 종국판결에 의하여 패소 확정되는 것을 뜻하지만, 이는 악의의 점유자 또는 수익자로 보는 효과가 그때 발생한다는 것뿐이고 점유자 등의 패소판결이 확정되기 전에는 이를 전제로 하는 청구를 하지 못한다는 의미가 아니다. 그러므로 소유자가 점유자 등을 상대로 물건의 반환과 아울러 그 권원 없는 사용으로 얻은 이익의 반환을 청구하면서 물건의 반환 청구가 인용될 것을 전제로 하여 그에 관한 소송이 계속된 때 이후의 기간에 대한 사용이익의 반환을 청구하는 것은 허용된다고 할 것이다.

그런데 원심은, 이 사건 자동차의 소유자임을 전제로 한 원고의 이 사건 자동차 인도청구 등을 받아들였고, 기록에 의하면 원고는 원심에 이르러 피고의 이 사건 자동차의 점유·사용으로 인한 부당이득 반환 등을 구하는 청구를 추가하였다. 그러므로 원심으로서는, 위 법리에 따라 피고가 악의의 점유자 또는 수익자로 되는지 여부, 부당이득반환의무의 성립 여부와 그 범위, 액수 등에 관하여 나아가 심리·판단하였어야 한다(2016.7.29, 2016다220044).

8) 불법행위

▣ **과실비율설 폐기됨**

금액이 다른 채무가 서로 부진정연대 관계에 있을 때 다액채무자가 일부 변제를 하는 경우 변제로 인하여 먼저 소멸하는 부분은 당사자의 의사와 채무 전액의 지급을 확실히 확보하려는 **부진정연대채무 제도의 취지에 비추어 볼 때 다액채무자가 단독으로 채무를 부담하는 부분으로 보아야 한다.** 이러한 법리는 사용자의 손해배상액이 피해자의 과실을 참작하여 과실상계를 한 결과 타인에게 직접 손해를 가한 피용자 자신의 손해배상액과 달라졌는데 다액채무자인 피용자가 손해배상액의 일부를 변제한 경우에 적용되고, 공동불법행위자들의 피해자에 대한 과실비율이 달라 손해배상액이 달라졌는데 다액채무자인 공동불법행위자가 손해배상액의 일부를 변제한 경우에도 적용된다. 또한 중개보조원을 고용한 개업공인중개사의 공인중개사법 제30조 제1항에 따른 손해배상액이 과실상계를 한 결과 거래당사자에게 직접 손해를 가한 중개보조원 자신의 손해배상액과 달라졌는데 다액채무자인 중개보조원이 손해배상액의 일부를 변제한 경우에도 마찬가지이다(2018.3.22, 2012다74236 전합).

▣ **일반육체노동을 하는 사람의 가동연한은 65세**(2019.2.21, 2018다248909)
▣ **공작물 책임과 Hand Rule의 적용**

'공작물의 설치·보존상의 하자'란 공작물이 그 용도에 따라 통상 갖추어야 할 안전성을 갖추지 못한 상태에 있음을 말하고, 위와 같은 안전성의 구비 여부를 판단할 때에는 공작물을 설치·보존하는 자가 그 공작물의 위험성에 비례하여 사회통념상 일반적으로 요구되는 정도로 위험방지조치를 다하였는지 여부를 기준으로 판단하여야 한다.
이 경우 하자 여부를 판단할 때에는 위험의 현실화 가능성의 정도, 위험이 현실화하여 사고가 발생하였을 때 침해되는 법익의 중대성과 피해의 정도, 사고 방지를 위한 사전조치에 드는 비용이나 위험방지조치를 함으로써 희생되는 이익 등을 종합적으로 고려하여야 한다.
…. 이때는 이른바 '**Hand Rule**'을 참고하여, **사고 방지를 위한 사전조치를 하는 데 드는 비용(B)과 사고가 발생할 확률(P) 및 사고가 발생할 경우 피해의 정도(L)를 살펴, 'B < P·L'인 경우에는 공작물의 위험성에 비하여 사회통념상 요구되는 위험방지조치를 다하지 않은 것으로 보아 공작물의 점유자에게 불법행위책임을 인정하는 접근 방식도 고려**할 수 있다(2019.11.28, 2017다14895).

5. 친족법

☑ 친권자의 대리권 남용행위에 대하여 이해관계를 맺은 선의 제3자는 보호됨

법정대리인인 친권자의 대리행위가 객관적으로 볼 때 미성년자 본인에게는 경제적인 손실만을 초래하는 반면, 친권자나 제3자에게는 경제적인 이익을 가져오는 행위이고 행위의 상대방이 이러한 사실을 알았거나 알 수 있었을 때에는 <u>민법 제107조 제1항 단서의 규정을 유추적용하여 행위의 효과가 자에게는 미치지 않는다</u>고 해석함이 타당하나, 그에 따라 <u>외형상 형성된 법률관계를 기초로 하여 새로운 법률상 이해관계를 맺은 선의의 제3자에 대하여는 같은 조 제2항의 규정을 유추적용하여 누구도 그와 같은 사정을 들어 대항할 수 없다.</u>

⇨ 친권자가 아들 원고의 재산을 乙에게 매도하였고, 乙은 피고에게 매도한 경우에, 피고가 선의라면 보호됨(2018.4.26, 2016다3201).

☑ 당사자가 이혼이 성립하기 전에 이혼소송과 병합하여 재산분할의 청구를 한 경우, 재산분할청구권을 미리 양도하는 것이 허용 안 됨

이혼으로 인한 재산분할청구권은 이혼을 한 당사자의 일방이 다른 일방에 대하여 재산분할을 청구할 수 있는 권리로서, 이혼이 성립한 때에 법적 효과로서 비로소 발생하며, 또한 협의 또는 심판에 의하여 구체적 내용이 형성되기 전까지는 범위 및 내용이 불명확·불확정하기 때문에 구체적으로 권리가 발생하였다고 할 수 없다. 따라서 **당사자가 이혼이 성립하기 전에 이혼소송과 병합하여 재산분할의 청구를 한 경우에, 아직 발생하지 아니하였고 구체적 내용이 형성되지 아니한 재산분할청구권을 미리 양도하는 것은 성질상 허용되지 아니하며,** 법원이 이혼과 동시에 재산분할로서 금전의 지급을 명하는 판결이 확정된 이후부터 채권 양도의 대상이 될 수 있다(2017.9.21, 2015다61286).

☑ 추가 재산분할청구에서도 2년 이내라는 제척기간을 준수해야 하는지 여부 (적극)

재산분할청구권은 협의상 또는 재판상 이혼한 날부터 2년이 지나면 소멸한다. 2년 제척기간 내에 재산의 일부에 대해서만 재산분할을 청구한 경우 청구 목적물로 하지 않은 나머지 재산에 대해서는 제척기간을 준수한 것으로 볼 수 없으므로, 재산분할청구 후 제척기간이 지나면 그때까지 청구 목적물로 하지 않은 재산에 대해서는 청구권이 소멸한다.

재산분할재판에서 분할대상인지 여부가 전혀 심리된 바 없는 재산이 재판확정 후 추가로 발견된 경우에는 이에 대하여 추가로 재산분할청구를 할 수 있다. 다만 추가 재산분할청구 역시 이혼한 날부터 2년 이내라는 제척기간을 준수하여야 한다(2018.6.22, 2018스18).

■ ① 아내가 혼인 중 제3자의 정자를 제공받아 인공수정으로 임신하여 출산한 자녀와 남편과 혈연관계가 없는 자녀에 대해서 친생추정이 미치는지 여부(적극), ② 혼인 중 아내가 임신하여 출산한 자녀가 남편과 혈연관계가 없다는 점이 밝혀진 경우에도 친생추정이 미치는지 여부(적극): 자녀의 복리를 우선시한 판결로 이해 요함

가. 민법은 친생추정 규정과 이에 대한 번복방법인 민법 제847조의 친생부인의 소 규정을 엄격하게 정하고 있고, 친생부인을 할 수 없게 된 경우 자녀의 법적 지위가 종국적으로 확정된다. 따라서 혼인 중 출생한 자녀의 부자관계는 민법 규정에 따라 일률적으로 정해지는 것이고 혈연관계를 개별적·구체적으로 심사하여 정해지는 것이 아니다. 따라서 **아내가 혼인 중 남편이 아닌 제3자의 정자를 제공받아 인공수정으로 자녀를 출산한 경우에도 친생추정 규정을 적용하여 인공수정으로 출생한 자녀가 남편의 자녀로 추정된다고 보는 것이 타당**하다.

⇨ 혈연관계가 없음을 안 날부터 2년 내에 친생부인의 소 제기가 가능하나, 기간 경과한 경우 친생자관계부존재확인의 소를 제기하면 각하임(친자관계를 더는 부정할 수 없음).

나. 혈연관계의 유무를 기준으로 친생추정 규정이 미치는 범위를 정하는 것은 민법 규정의 문언에 배치될 뿐만 아니라 친생추정 규정을 사실상 사문화하는 것으로 친생추정 규정을 친자관계의 설정과 관련된 기본 규정으로 삼고 있는 민법의 취지와 체계에 반한다. 따라서 **혼인 중 아내가 임신하여 출산한 자녀가 남편과 혈연관계가 없다는 점이 밝혀졌더라도 친생추정이 미치지 않는다고 볼 수 없다.**

⇨ 마찬가지로 혈연관계가 없음을 안 날부터 2년 내에 친생부인의 소 제기가 가능하나, 기간 경과한 경우 친생자관계부존재확인의 소를 제기하면 각하임(친자관계를 더는 부정할 수 없음)(2019.10.23, 2016므2510 전합).

▣ 친생자관계부존재확인의 소의 당사자 적격 축소

1. 민법 제777조에서 정한 **친족이라는 사실만으로 당연히 친생자관계부존재확인의 소를 제기할 수는 없고, 민법 제865조 제1항에서 정한 제소권자로 한정**된다(① 친생자관계의 당사자로서 부, 모, 자녀, ② 당사자인 자녀의 직계비속과 직계존속, ③ 부(夫) 또는 처(妻)의 직계존속이나 직계비속 등).
2. 건국훈장 4등급 애국장 포상대상자로 결정된 甲의 장녀인 乙의 자녀인 丙이 행정소송을 통해 독립유공자의 유족으로 인정되자, 갑의 장남인 정의 손자인 무가 검사를 상대로 甲과 乙 사이에 친생자관계가 존재하지 않는다는 확인 등을 구한 사안에서, 위 확인의 소는 원고적격을 갖추지 못한 사람이 제기한 것으로 부적법하다고 한 사례(2020.6.18, 2015므8351 전합).

6. 상속법

▣ 상속포기의 효력이 피상속인을 피대습자로 하여 개시된 대습상속에 미치는 지 여부(소극)

피상속인의 사망 후 상속채무가 상속재산을 초과하여 상속인인 배우자와 자녀들이 상속 포기를 하였는데, 그 후 피상속인의 직계존속이 사망하여 민법 제1001조, 제1003조 제2항에 따라 대습상속이 개시된 경우에 대습상속인이 민법이 정한 절차와 방식에 따라 한 정승인이나 상속포기를 하지 않으면 단순승인을 한 것으로 간주된다. 위와 같은 경우에 이미 사망한 피상속인의 배우자와 자녀들에게 피상속인의 직계존속의 사망으로 인한 대습상속도 포기하려는 의사가 있다고 볼 수 있지만, 그들이 상속포기의 절차와 방식에 따라 피상속인의 직계존속에 대한 상속포기를 하지 않으면 효력이 생기지 않는다(2017. 1.12, 2014다39824).

① 원고에 대한 A의 구상금채무를 연대보증한 甲은 2000. 11. 24. 사망하였고, 그 유족으로는 배우자인 피고 1, 자녀인 피고 2, 피고 3이 있었다. 피고들은 모두 상속포기를 하여, 甲의 어머니인 乙이 甲의 재산을 단독 상속함 ② 그 후 乙은 2004. 2. 10. 사망하였고, 그 자녀들로는 甲과 丁이 있음 ③ 乙 사망시 이미 甲이 사망하였으므로 甲의 배우자인 피고 1, 자녀인 피고 2, 3은 대습상속인이 됨 ④ 따라서 피고들이 대습상속인으로 별도의 상속포기를 하지 않는 한 단순승인을 한 것으로 간주됨
⇒ 결론적으로 피고들은 망 甲의 구상금채무를 부담하게 되는 결과가 됨(다만, 공동상속인인 丁이 있으므로 부담부분은 감소함)

▣ 상속포기 신고 후 수리 심판 고지 전 처분은 단순승인에 해당

상속의 한정승인이나 포기는 상속인의 의사표시만으로 효력이 발생하는 것이 아니라 가정법원에 신고를 하여 가정법원의 심판을 받아야 하며, … **상속인이 가정법원에 상속포기의 신고를 하였더라도 이를 수리하는 가정법원의 심판이 고지되기 이전에 상속재산을 처분**하였다면, 이는 상속포기의 효력 발생 전에 처분행위를 한 것이므로 민법 제1026조 제1호에 따라 **상속의 단순승인을 한 것**으로 보아야 한다(2016.12.29, 2013다73520).

▣ 상속 포기 전 가압류의 효력 ⇨ 유효

상속인은 아직 상속 승인, 포기 등으로 상속관계가 확정되지 않은 동안에도 잠정적으로나마 피상속인의 재산을 당연 취득하고 상속재산을 관리할 의무가 있으므로, 상속채권자는 그 기간 동안 상속인을 상대로 **상속재산에 관한 가압류결정**을 받아 이를 집행할 수 있다. **그 후 상속인이 상속포기로 인하여 상속인의 지위를 소급하여 상실한다고 하더라도 이미 발생한 가압류의 효력에 영향을 미치지 않는다**(2021.9.15, 2021다224446).

▣ 상속재산분할 전 초과특별수익자의 법정상속분에 따른 소유권이전등기의 효력(유효)

공동상속인들은 상속이 개시되어 상속재산의 분할이 있을 때까지 민법 제1007조에 기하여 각자의 법정상속분에 따라서 이를 잠정적으로 공유하다가 특별수익 등을 고려한 구체적 상속분에 따라 상속재산을 분할함으로써 위와 같은 잠정적 공유상태를 해소하고 최종적으로 개개의 상속재산을 누구에게 귀속시킬 것인지를 확정하게 된다. 그러므로 공동상속인들 사이에서 상속재산의 분할이 마쳐지지 않았음에도 특정 공동상속인에 대하여 특별수익 등을 고려하면 그의 **구체적 상속분이 없다는 등의 이유를 들어 그 공동상속인에게는 개개의 상속재산에 관하여 법정상속분에 따른 권리승계가 아예 이루어지지 않았다거나, 부동산인 상속재산에 관하여 법정상속분에 따라 마쳐진 상속을 원인으로 한 소유권이전등기가 원인무효라고 주장하는 것은 허용될 수 없다**(2023.4.27, 2020다292626).

⇨ 상속재산분할 전에는 법정상속분에 따른 상속재산공유만을 인정함이 타당하므로, 비록 상속인 중 1명(甲)이 초과특별수익자라 하더라도 상속재산분할 전에는 상속부동산에 대하여 자신 앞으로 법정상속분에 따른 소유권이전등기를 마칠 수 있음. 따라서 다른 상속인(乙)이 상속권 침해를 주장하며 甲에 대하여 상속회복청구를 주장하면서 진정명의 회복을 원인으로 한 소유권이전등기 절차의 이행을 구할 수 없음.

◙ 가분채권이 상속재산분할의 대상이 되는 예외적인 경우

[1] 금전채권과 같이 급부의 내용이 가분인 채권은 공동상속되는 경우 상속개시와 동시에 당연히 법정상속분에 따라 공동상속인들에게 분할되어 귀속되므로 상속재산분할의 대상이 될 수 없는 것이 원칙이다. 그러나 **가분채권을 일률적으로 상속재산분할의 대상에서 제외하면 부당한 결과가 발생할 수 있다. 예를 들어 공동상속인들 중에 초과특별수익자가 있는 경우 초과특별수익자는 초과분을 반환하지 아니하면서도 가분채권은 법정상속분대로 상속받게 되는 부당한 결과가 나타난다.** 그 외에도 특별수익이 존재하거나 기여분이 인정되어 구체적인 상속분이 법정상속분과 달라질 수 있는 상황에서 상속재산으로 가분채권만이 있는 경우에는 모든 상속재산이 법정상속분에 따라 승계되므로 수증재산과 기여분을 참작한 구체적 상속분에 따라 상속을 받도록 함으로써 공동상속인들 사이의 공평을 도모하려는 민법 제1008조, 제1008조의2의 취지에 어긋나게 된다. 따라서 이와 같은 특별한 사정이 있는 때는 상속재산분할을 통하여 공동상속인들 사이에 형평을 기할 필요가 있으므로 가분채권도 예외적으로 상속재산분할의 대상이 될 수 있다.

[2] 상속개시 당시에는 상속재산을 구성하던 재산이 그 후 처분되거나 멸실·훼손되는 등으로 상속재산분할 당시 상속재산을 구성하지 아니하게 되었다면 그 재산은 상속재산분할의 대상이 될 수 없다. 다만 상속인이 그 대가로 처분대금, 보험금, 보상금 등 대상재산(대상재산)을 취득하게 된 경우에는, 대상재산은 종래의 상속재산이 동일성을 유지하면서 형태가 변경된 것에 불과할 뿐만 아니라 상속재산분할의 본질이 상속재산이 가지는 경제적 가치를 포괄적·종합적으로 파악하여 공동상속인에게 공평하고 합리적으로 배분하는 데에 있는 점에 비추어, 대상재산이 상속재산분할의 대상으로 될 수는 있다(2016.5.4, 2014스122).

◙ 상속재산 과실은 '구체적 상속분'의 비율에 따라 취득

상속재산분할심판에서 이러한 상속재산 과실을 고려하지 않은 채, 분할의 대상이 된 상속재산 중 특정 상속재산을 상속인 중 1인의 단독소유로 하고 그의 구체적 상속분과 특정 상속재산의 가액과의 차액을 현금으로 정산하는 방법(이른바 대상분할의 방법)으로 상속재산을 분할한 경우, 그 특정 상속재산을 분할받은 상속인은 민법 제1015조 본문에 따라 상속개시된 때에 소급하여 이를 단독소유한 것으로 보게 되지만, 상속재산 과실까지도 소급하여 상속인이 단독으로 차지하게 된다고 볼 수는 없다. 이러한 경우 **상속재**

과실은 특별한 사정이 없는 한, 공동상속인들이 수증재산과 기여분 등을 참작하여 상속 개시 당시를 기준으로 산정되는 '구체적 상속분'의 비율에 따라, 이를 취득한다고 보는 것이 타당하다.

⇨ '차임 수입'에 관하여 법정상속분의 비율에 따라 취득하는 것도 아니고 해당 건물의 단독소 유자가 된 상속인이 차임 수입을 전부 취하는 것도 아님에 유의(2018.8.30, 2015다27132, 27149).

▣ 공동상속인이 상속재산의 분할에 관하여 공동상속인 사이에 협의가 성립되지 아니하거나 협의할 수 없는 경우, 상속재산에 속하는 개별 재산에 관하여 민법 제268조의 규정에 따라 공유물분할청구의 소를 제기할 수 없음

공동상속인은 상속재산의 분할에 관하여 공동상속인 사이에 협의가 성립되지 아니하거 나 협의할 수 없는 경우에 가사소송법이 정하는 바에 따라 **가정법원에 상속재산분할심 판을 청구할 수 있을 뿐**이고, 상속재산에 속하는 개별 재산에 관하여 민법 제268조의 규 정에 따라 공유물분할청구의 소를 제기하는 것은 허용되지 않는다(2015.8.13, 2015다 18367).

▣ 피상속인의 배우자가 장기간 피상속인과 동거하면서 피상속인을 간호한 경우, 그 배우자에게 기여분을 인정하려면 특별한 사정이 있어야 함: 배우자에 게 쉽게 기여분을 인정하여서는 안 된다는 취지

배우자가 장기간 피상속인과 동거하면서 피상속인을 간호한 경우, 민법 제1008조의2의 해석상 가정법원은 배우자의 동거·간호가 부부 사이의 제1차 부양의무 이행을 넘어서 '특별한 부양'에 이르는지 여부와 더불어 동거·간호의 시기와 방법 및 정도뿐 아니라 동 거·간호에 따른 부양비용의 부담 주체, 상속재산의 규모와 배우자에 대한 특별수익액, 다른 공동상속인의 숫자와 배우자의 법정상속분 등 일체의 사정을 종합적으로 고려하여 공동상속인들 사이의 실질적 공평을 도모하기 위하여 배우자의 상속분을 조정할 필요성 이 인정되는지 여부를 가려서 기여분 인정 여부와 그 정도를 판단하여야 한다.
배우자의 장기간 동거·간호에 따른 무형의 기여행위를 기여분을 인정하는 요소 중 하 나로 적극적으로 고려할 수 있다. 다만 이러한 배우자에게 기여분을 인정하기 위해서는 앞서 본 바와 같은 일체의 사정을 종합적으로 고려하여 공동상속인들 사이의 실질적 공 평을 도모하기 위하여 배우자의 상속분을 조정할 필요성이 인정되어야 한다(2019.11.21,

민사법 최신 판례

2014스44, 45 전합).

⇨ 이와 달리 반대의견은 피상속인의 배우자가 상당한 기간에 걸쳐 피상속인과 동거하면서 간호하는 방법으로 피상속인을 부양한 경우, 배우자의 이러한 부양행위는 민법 제1008조의2 제1항에서 정한 기여분 인정 요건 중 하나인 '특별한 부양행위'에 해당하므로, 특별한 사정이 없는 한 배우자에게 기여분을 인정하여야 한다고 판시.

◉ 유증의 목적물이 제3자의 권리(사용대차)인 경우 법률관계

민법 제1085조는 "유증의 목적인 물건이나 권리가 유언자의 사망 당시에 제3자의 권리의 목적인 경우에는 수증자는 유증의무자에 대하여 그 제3자의 권리를 소멸시킬 것을 청구하지 못한다."라고 규정하고 있다. 이는 유언자가 다른 의사를 표시하지 않는 한 유증의 목적물을 유언의 효력발생 당시의 상태대로 수증자에게 주는 것이 유언자의 의사라는 점을 고려하여 수증자 역시 유증의 목적물을 유언의 효력발생 당시의 상태대로 취득하는 것이 원칙임을 확인한 것이다. 그러므로 **유증의 목적물이 유언자의 사망 당시에 제3자의 권리의 목적인 경우에는 그와 같은 제3자의 권리는 특별한 사정이 없는 한 유증의 목적물이 수증자에게 귀속된 후에도 그대로 존속하는 것**으로 보아야 한다(2018. 7.26, 2017다289040).

⇨ 유언자 소유의 건물을 피고가 무상사용하였는데, 위 건물에 관하여 원고에게 유증이 이루어진 경우에 사용대차는 종료되는 것이 아님.

◉ 유증과 사인증여의 구별

가. 유증은 유언으로 수증자에게 일정한 재산을 무상으로 주기로 하는 행위로서 상대방 없는 단독행위이다. **사인증여는** 증여자가 생전에 무상으로 재산의 수여를 약속하고 증여자의 사망으로 약속의 효력이 발생하는 **증여계약의 일종으로 수증자와의 의사의 합치가 있어야 하는 점에서 단독행위인 유증과 구별**된다.

나. 유언자인 망인이 자신의 상속인인 여러 명의 자녀들에게 재산을 분배하는 내용의 유언을 하였으나 민법상 요건을 갖추지 못하여 **유언의 효력이 부정되는 경우 유언을 하는 자리에 동석하였던 일부 자녀와 사이에서만 '청약'과 '승낙'이 있다고 보아 사인증여로서의 효력을 인정한다면, 자신의 재산을 배우자와 자녀들에게 모두 배분하고자 하는 망인의 의사에 부합하지 않고 그 자리에 참석하지 않았던 나머지 상속인들과의 형평에도 맞지 않는 결과가 초래된다.**

따라서 이러한 경우 유언자인 **망인과 일부 상속인 사이에서만 사인증여로서의 효력을 인정하여야 할 특별한 사정이 없는 이상 그와 같은 효력을 인정하는 판단에는 신중을 기해야 한다**(2023.9.27, 2022다302237).

7. 민사소송법

1) 기판력

토지의 전 소유자가 무단 점유자를 상대로 제기한 부당이득반환청구소송의 변론종결 후에 토지의 소유권을 취득한 사람이 위 소송에서 확정된 정기금 판결에 대하여 변경의 소를 제기하는 것이 적법한지 여부(소극)

1. 민사소송법 제252조 제1항은 "정기금의 지급을 명한 판결이 확정된 뒤에 그 액수 산정의 기초가 된 사정이 현저하게 바뀜으로써 당사자 사이의 형평을 크게 침해할 특별한 사정이 생긴 때에는 그 판결의 당사자는 장차 지급할 정기금 액수를 바꾸어 달라는 소를 제기할 수 있다."라고 규정하고 있다. 이러한 정기금판결에 대한 변경의 소는 정기금판결의 확정 뒤에 발생한 현저한 사정변경을 이유로 확정된 정기금판결의 기판력을 예외적으로 배제하는 것을 목적으로 하므로, 확정된 정기금판결의 당사자 또는 민사소송법 제218조 제1항에 의하여 확정판결의 기판력이 미치는 제3자만 정기금판결에 대한 변경의 소를 제기할 수 있다.

2. 한편 토지의 소유자가 소유권에 기하여 토지의 무단 점유자를 상대로 차임 상당의 부당이득반환을 구하는 소송을 제기하여 무단 점유자가 점유 토지의 인도 시까지 매월 일정 금액의 차임 상당 부당이득을 반환하라는 판결이 확정된 경우, 이러한 소송의 소송물은 **채권적 청구권인 부당이득반환청구권**이므로, 소송의 변론종결 후에 토지의 소유권을 취득한 사람은 민사소송법 제218조 제1항에 의하여 확정판결의 기판력이 미치는 변론을 종결한 뒤의 승계인에 해당한다고 볼 수 없다.

   따라서 **토지의 전 소유자가 제기한 부당이득반환청구소송의 변론종결 후에 토지의 소유권을 취득한 사람에 대해서는 소송에서 내려진 정기금 지급을 명하는 확정판결의 기판력이 미치지 아니하므로, 토지의 새로운 소유자가 토지의 무단 점유자를 상대로 다시 부당이득반환청구의 소를 제기하지 아니하고, 토지의 전 소유자가 앞서 제기한 부당이득반환청구소송에서 내려진 정기금판결에 대하여 변경의 소를 제기하는 것은 부적법**하다(2016.6.28, 2014다31721).

▣ 채무자와 수익자 사이의 소송절차에서 확정판결 등을 통해 마쳐진 소유권이전등기가 사해행위취소로 인한 원상회복으로써 말소되는 경우, 그것이 확정판결 등의 효력에 반하지 않음

[1] 무자력상태의 채무자가 소송절차를 통해 수익자에게 자신의 책임재산을 이전하기로 하여, 수익자가 제기한 소송에서 자백하는 등의 방법으로 패소판결 또는 그와 같은 취지의 화해권고결정 등을 받아 확정시키고, 이에 따라 수익자 앞으로 책임재산에 대한 소유권이전등기 등이 마쳐졌다면, 이러한 일련의 행위의 실질적인 원인이 되는 채무자와 수익자 사이의 이전합의는 다른 일반채권자의 이익을 해하는 사해행위가 될 수 있다.

[2] 채권자가 사해행위의 취소와 함께 수익자 또는 전득자로부터 책임재산의 회복을 명하는 사해행위취소의 판결을 받은 경우 수익자 또는 전득자가 채권자에 대하여 사해행위의 취소로 인한 원상회복 의무를 부담하게 될 뿐, 채권자와 채무자 사이에서 취소로 인한 법률관계가 형성되는 것은 아니다. 따라서 **위와 같이 채무자와 수익자 사이의 소송절차에서 확정판결 등을 통해 마쳐진 소유권이전등기가 사해행위취소로 인한 원상회복으로써 말소된다고 하더라도, 그것이 확정판결 등의 효력에 반하거나 모순되는 것이라고는 할 수 없다**(2017.4.7, 2016다204783).

▣ 소유권에 기한 말소등기청구 소송에서 원고측이 패소한 경우, 변론종결 후 소유권 등(사안에서는 근저당권)을 이전받은 제3자가 제기하는 소에 전소판결의 기판력이 미치지 않음(2020.5.14, 2019다261381)

● 전소에서 甲이 소유권에 기하여 가등기 말소 청구하여 패소 ⇨ 사실심 변론종결 후 甲으로부터 근저당권을 취득한 乙이 가등기 말소 청구시 乙에게는 전소의 기판력이 미치지 않음[23]

▣ 승소판결이 확정된 후 소촉법의 변경으로 소촉법에서 정한 지연손해금 이율이 달라졌다고 하더라도, 확정된 선행판결과 달리 변경된 소송촉진법상의 이율을 적용하여 선행판결과 다른 금액을 원고의 채권액으로 인

---

23 乙이 소유권을 취득한 경우에도 마찬가지로 보아야 한다. 후소의 근저당권에 기한 말소등기청구나 소유권에 기한 말소등기청구는 근저당권자, 소유자의 각자에게 귀속된 권리이지 甲으로부터 승계를 받은 권리가 아니라는 논거이다.

정할 수 없음(2019.8.29, 2019다215272)[24]

- ▣ 물건을 점유하는 자를 상대로 하여 물건의 인도를 명하는 판결이 확정되더라도 그 판결의 효력은 이들 물건에 대한 인도청구권의 존부에만 미치고, 인도판결의 기판력이 이들 물건에 대한 불법점유를 원인으로 한 손해배상청구 소송에 미치지 않음(2019.10.17, 2014다46778) ⇒ 불법행위의 성립요건에 관하여 별다른 심리를 하지 않은 채 인도판결이 확정된 사정만을 들어 인도판결 확정 다음 날부터 위 시설물에 대한 점유가 위법하다고 보아 원고에 대한 점유반환 시까지 기간에 대하여 피고(점유자)의 손해배상책임을 인정한 원심판단에는 법리오해 등의 잘못이 있다고 판시

2) 재소금지

- ▣ 구분소유자가 부당이득반환청구의 소를 제기하였다가 본안에 대한 종국판결이 있은 뒤에 소를 취하한 경우, 관리단이 부당이득반환청구의 소를 제기한 것이 민사소송법 제267조 제2항의 재소금지 규정에 반하는지 여부(원칙적 소극)

관리단이 집합건물의 공용부분이나 대지를 정당한 권원 없이 점유·사용하는 사람에 대하여 부당이득반환청구 소송을 하는 것은 구분소유자의 공유지분권을 구분소유자 공동이익을 위하여 행사하는 것으로 구분소유자가 각각 부당이득반환청구 소송을 하는 것과 다른 내용의 소송이라 할 수 없다. **관리단이 부당이득반환 소송을 제기하여 판결이 확정되었다면 그 효력은 구분소유자에게도 미치고**(민사소송법 제218조 제3항), 특별한 사정이 없는 한 구분소유자가 부당이득반환 소송을 제기하여 판결이 확정되었다면 그 부분에 관한 효력도 관리단에게 미친다고 보아야 한다. 다만 관리단의 이러한 소송은 구분소유자 공동이익을 위한 것으로 구분소유자가 자신의 공유지분권에 관한 사용수익 실현을 목적으로 하는 소송과 목적이 다르다. <u>구분소유자가 부당이득반환청구 소송을 제기하였다가 본안에 대한 종국판결이 있은 뒤에 소를 취하하였더라도 관리단이 부당이득반환청구의 소를 제기</u>

---

24 이행판결의 주문에서 변론종결 이후 기간까지의 급부의무의 이행을 명한 이상 그 확정판결의 기판력은 주문에 포함된 기간까지의 청구권의 존부에 대하여 미치고, 법률의 변경은 변론 종결 후에 발생한 새로운 사유가 아니라는 점이 주된 논거이다.

한 것은 특별한 사정이 없는 한 새로운 권리보호이익이 발생한 것으로 민사소송법 제267조 제2항의 재소금지 규정에 반하지 않는다고 볼 수 있다(2022.6.30, 2021다239301).

- ▣ 먼저 제기된 소송의 제1심에서 상계 항변을 제출하여 제1심판결로 본안에 관한 판단을 받았다가 항소심에서 상계 항변을 철회하였더라도 이는 소송상 방어방법의 철회에 불과하여 민사소송법 제267조 제2항의 재소금지 원칙이 적용되지 않음(2022.2.17, 2021다275741) ⇨ 그 자동채권과 동일한 채권에 기한 소송을 별도로 제기 가능

3) 예비적 선택적 소송
- ▣ 주관적·예비적 공동소송에서 일부 공동소송인에 대해서만 판결을 하여 주위적 피고만 항소한 경우의 법률관계

주관적·예비적 공동소송에 있어서 일부 공동소송인에 대해서만 판결을 하였는데, 주위적 공동소송인과 예비적 공동소송인 중 어느 한 사람이 상소를 제기하면 다른 공동소송인에 관한 청구 부분도 상소심에 이심되어 심판대상이 된다.
민사소송법은 주관적·예비적 공동소송에 대하여 필수적 공동소송에 관한 규정인 제67조 내지 제69조를 준용하도록 하면서도 소의 취하의 경우에는 그 예외를 인정하고 있다(제70조 제1항 단서). 따라서 공동소송인 중 일부가 소를 취하하거나 일부 공동소송인에 대한 소를 취하할 수 있고, 이 경우 소를 취하하지 않은 나머지 공동소송인에 관한 청구 부분은 여전히 심판의 대상이 된다(2018.2.13, 2015다242429).
⇨ 제1심법원은 주위적 피고인 소외 1에 대한 원고의 청구를 인용하면서 예비적 피고인 피고들에 대해서는 판결을 하지 않는데, 주위적 피고인 소외 1이 항소한 후 원고가 주위적 피고인 소외 1에 대한 소를 취하한 경우에, 예비적 피고에 대한 청구는 여전히 원심의 심판대상이 된다.

4) 필수적 공동소송
- ▣ 제3자가 승계참가하였는데 여전히 원고가 소송에 남아 있는 경우에 필수적 공동소송이 됨

승계참가에 관한 민사소송법 규정과 2002년 민사소송법 개정에 따른 다른 다수당사자 소송제도와의 정합성, 원고 승계참가인(이하 '승계참가인'이라 한다)과 피참가인인 원고의 중첩된 청구를 모순 없이 합일적으로 확정할 필요성 등을 종합적으로 고려하면, 소송이 법원에 계속되어 있는 동안에 **제3자가 소송목적인 권리의 전부나 일부를 승계하였다**고 주장하며 민사소송법 제81조에 따라 **소송에 참가한 경우, 원고가 승계참가인의 승계여부에 대해 다투지 않으면서도 소송탈퇴, 소 취하 등을 하지 않거나 이에 대하여 피고가 부동의하여 원고가 소송에 남아 있다면** 승계로 인해 중첩된 원고와 승계참가인의 청구 사이에는 **필수적 공동소송에 관한 민사소송법 제67조가 적용**된다(2019.10.23, 2012다 46170 전합).

⇨ 제1심판결 중 원고의 청구를 기각한 부분에 대하여 원고가 항소하지 않고 승계참가인의 청구를 일부 인용한 부분에 대하여 승계참가인과 피고들만 그 패소 부분에 대해 항소하였다고 하더라도, 원고 청구 부분을 포함한 제1심판결 전체의 확정이 차단되고 사건 전부에 관하여 이심의 효력이 생김. 그러므로 원고가 원심에서 제기한 부대항소는 적법함.

5) 독립당사자참가

독립당사자참가인이 수 개의 청구를 병합하여 독립당사자참가를 하는 경우에는 각 청구별로 독립당사자참가의 요건을 갖추어야 하고, 편면적 독립당사자참가가 허용된다고 하여, 참가인이 독립당사자참가의 요건을 갖추지 못한 청구를 추가하는 것을 허용하는 것은 아니다.

⇨ 원고가 이 사건 양수도계약에 따라 지급받기로 한 20억 원과 관련하여 주위적으로 그 지급보증을 위해 발행된 액면금 20억 원의 약속어음금의 지급을 구하고, 예비적으로 이 사건 양수도계약을 해제하면서 그 원상회복 불능에 따른 가액배상으로 20억 원의 지급을 구하는 본안 소송 계속 중에 독립당사자참가인이 피고에 대하여 이 사건 양수도계약에 따라 지급하기로 한 20억 원의 채권이 독립당사자참가인에게 양도되었음을 전제로 그 20억 원의 지급을 구하고, 원고에 대하여는 피고의 독립당사자참가인에 대한 위 20억 원의 채무를 연대보증하였다는 이유로 그 연대보증채무의 이행을 구하면서 두 개의 청구를 병합하여 독립당사자참가 신청 ⇨ 원고에 대하여 연대보증채무 이행 구하는 부분은 독립당사자참가 요건을 **갖추지 못했으므로 각하**하고 피고에 대한 독립당사자참가만 판단해야 함(2022.10.14, 2022다241608, 241615).

8. 민사집행법

1) 가압류 후 가등기

소유권이전등기청구권 보전의 가등기보다 후순위로 마쳐진 근저당권의 실행을 위한 경매절차에서 매각허가결정에 따라 매각대금이 완납된 경우에도, 선순위인 가등기는 소멸하지 않고 존속하는 것이 원칙이다. 다만 그 **가등기보다 선순위로 기입된 가압류등기는 근저당권의 실행을 위한 경매절차에서 매각으로 인하여 소멸하고, 이러한 경우에는 가압류등기보다 후순위인 가등기 역시 민사집행법 제144조 제1항 제2호에 따라 매수인이 인수하지 아니한 부동산의 부담에 관한 기입에 해당하여 말소촉탁의 대상이 된다**(2022. 5.12, 2019다265376).

2) 근저당권 후 가처분

근저당권이 소멸되는 경매절차에서 부동산이 매각된 경우에는 근저당권설정등기와 가처분등기의 선후에 따라 채무자가 채권자에게 대항할 수 있는지 여부가 정해진다. 따라서 **가처분등기보다 먼저 설정등기가 마쳐진 근저당권이 소멸되는 경매절차에서의 매각으로 채무자가 건물 소유권을 상실한 경우에는 채권자로서도 가처분 효력을 내세워 채무자가 여전히 그 건물을 처분할 수 있는 지위에 있다고 주장할 수 없다.**
한편 경매절차에서 매각대금이 지급되면 법원사무관 등은 매수인 앞으로 소유권을 이전하는 등기와 함께 매수인이 인수하지 아니한 부동산의 부담에 관한 기입을 말소하는 등기 등도 촉탁하여야 하는데(민사집행법 제144조 제1항), 이때 토지 소유자가 그 소유 토지 위에 채무자 소유 건물 철거청구권을 보전하기 위하여 건물에 대한 **처분금지가처분으로 마쳐진 가처분등기는, 건물에 관한 압류 또는 근저당권설정등기 이후에 마쳐졌더라도 말소되지 않은 채 남아 있지만**, 이는 위 가처분이 건물 자체에 대한 어떠한 권리를 보전하기 위한 것이 아니기 때문이다. 위와 같이 압류나 근저당권설정등기 이후에 마쳐진 위 가처분등기가 경매절차 매각대금 지급 후에도 **말소되지 않은 채 남아 있다고 해서 채무자가 여전히 그 건물을 처분할 수 있는 지위에 있다고 볼 수는 없다**(2022.3.31, 2017다9121, 9138).

3) 채권압류의 효력

- ▣ 양도인의 제3채무자에 대한 채권이 압류된 후 채권의 발생원인인 계약의 당사자 지위를 이전하는 계약인수가 이루어진 경우, 제3채무자가 계

약인수에 의하여 그와 양도인 사이의 계약관계가 소멸하였음을 내세워 압류채권자에 대항할 수 없음

채권의 압류는 제3채무자에 대하여 채무자에게 지급 금지를 명하는 것이므로 채무자는 채권을 소멸 또는 감소시키는 등의 행위를 할 수 없고 그와 같은 행위로 채권자에게 대항할 수 없는 것이지만, 채권의 발생원인인 법률관계에 대한 채무자의 처분까지도 구속하는 효력은 없다. 그런데 계약 당사자로서의 지위 승계를 목적으로 하는 계약인수의 경우에는 양도인이 계약관계에서 탈퇴하는 까닭에 양도인과 상대방 당사자 사이의 계약관계가 소멸하지만, 양도인이 계약관계에 기하여 가지던 권리의무가 동일성을 유지한 채 양수인에게 그대로 승계된다. 따라서 **양도인의 제3채무자에 대한 채권이 압류된 후 채권의 발생원인인 계약의 당사자 지위를 이전하는 계약인수가 이루어진 경우 양수인은 압류에 의하여 권리가 제한된 상태의 채권을 이전받게 되므로, 제3채무자는 계약인수에 의하여 그와 양도인 사이의 계약관계가 소멸하였음을 내세워 압류채권자에 대항할 수 없다**(2015.5.14, 2012다41359).

관련 채권 압류가 있는 경우에 합의해제로 압류채권자에게 대항 가능(2001.6.1, 98다17930)

4) 추심명령
  ▣ 채무자의 재판상 청구로 인한 시효중단의 효력이 추심채권자에게 미치는지 여부(적극)

채무자의 제3채무자에 대한 금전채권에 대하여 압류 및 추심명령이 있더라도, 이는 추심채권자에게 피압류채권을 추심할 권능만을 부여하는 것이고, 이로 인하여 채무자가 제3채무자에게 가지는 채권이 추심채권자에게 이전되거나 귀속되는 것은 아니다. 따라서 채무자가 제3채무자를 상대로 금전채권의 이행을 구하는 소를 제기한 후 채권자가 위 금전채권에 대하여 압류 및 추심명령을 받아 제3채무자를 상대로 추심의 소를 제기한 경우, 채무자가 권리주체의 지위에서 한 시효중단의 효력은 집행법원의 수권에 따라 피압류채권에 대한 추심권능을 부여받아 일종의 추심기관으로서 그 채권을 추심하는 추심채권자에게도 미친다.
한편 재판상의 청구는 소송의 각하, 기각 또는 취하의 경우에는 시효중단의 효력이 없지만, 그 경우 6개월 내에 재판상의 청구, 파산절차참가, 압류 또는 가압류, 가처분을 한 때에는 시효는 최초의 재판상 청구로 인하여 중단된 것으로 본다(민법 제170조). 그러므로 **채무자가 제3채무자를 상대로 제기한 금전채권의 이행소송이 압류 및 추심명령으로**

인한 당사자적격의 상실로 각하되더라도, 위 이행소송의 계속 중에 피압류채권에 대하여 채무자에 갈음하여 당사자적격을 취득한 추심채권자가 위 각하판결이 확정된 날로부터 6개월 내에 제3채무자를 상대로 추심의 소를 제기하였다면, 채무자가 제기한 재판상 청구로 인하여 발생한 시효중단의 효력은 추심채권자의 추심소송에서도 그대로 유지된다고 보는 것이 타당하다(2019.7.25, 2019다212945).

▣ 추심금 청구와 재소금지

[1] 민사소송법 제267조 제2항은 "본안에 대한 종국판결이 있은 뒤에 소를 취하한 사람은 같은 소를 제기하지 못한다."라고 정하고 있다. 이는 소취하로 그동안 판결에 들인 법원의 노력이 무용화되고 다시 동일한 분쟁을 문제 삼아 소송제도를 남용하는 부당한 사태를 방지할 목적에서 나온 제재적 취지의 규정이다. 여기에서 '같은 소'는 반드시 기판력의 범위나 중복제소금지에서 말하는 것과 같은 것은 아니고, 당사자와 소송물이 같더라도 이러한 규정의 취지에 반하지 않고 소제기를 필요로 하는 정당한 사정이 있다면 다시 소를 제기할 수 있다.

[2] 甲 주식회사가 乙 등에 대하여 가지는 정산금 채권에 대하여 甲 회사의 채권자 丙이 채권압류 및 추심명령을 받아 乙 등을 상대로 추심금 청구의 소를 제기하였다가 항소심에서 소를 취하하였는데, 그 후 甲 회사의 다른 채권자 丁 등이 위 정산금 채권에 대하여 다시 채권압류 및 추심명령을 받아 乙 등을 상대로 추심금 청구의 소를 제기한 사안에서, **丙이 선행 추심소송에서 패소판결을 회피할 목적 등으로 종국판결 후 소를 취하하였다거나 丁 등이 소송제도를 남용할 의도로 소를 제기하였다고 보기 어려운 사정 등을 감안할 때, 丁 등은 선행 추심소송과 별도로 자신의 甲 회사에 대한 채권의 집행을 위하여 위 소를 제기한 것이므로 새로운 권리보호이익이 발생한 것으로 볼 수 있어 재소금지 규정에 반하지 않는다**고 본 원심판결이 정당하다고 한 사례(2021.5.7, 2018다259213)

5) 전부명령

▣ 채권자대위권이 행사된 피대위채권에 대한 전부명령 ×

채권자대위소송이 제기되고 대위채권자가 채무자에게 대위권 행사사실을 통지하거나 채무자가 이를 알게 되면 민법 제405조 제2항에 따라 채무자는 피대위채권을 양도하거나 포기하는 등 채권자의 대위권 행사를 방해하는 처분행위를 할 수 없게 되고 이러한 효력은 제3채무자에게도 그대로 미치는데, 그럼에도 그 이후 대위채권자와 평등한 지위를 가지는 채무자의 다른 채권자가 피대위채권에 대하여 전부명령을 받는 것도 가능하다고 하면, 채권자대위소송의 제기가 채권자의 적법한 권리행사방법 중 하나이고 채무자에게 속한 채권을 추심한다는 점에서 추심소송과 공통점도 있음에도 그것이 무익한 절차에 불과하게 될 뿐만 아니라, 대위채권자가 압류·가압류나 배당요구의 방법을 통하여 채권배당절차에 참여할 기회조차 가지지 못하게 한 채 전부명령을 받은 채권자가 대위채권자를 배제하고 전속적인 만족을 얻는 결과가 되어, 채권자대위권의 실질적 효과를 확보하고자 하는 민법 제405조 제2항의 취지에 반하게 된다.

따라서 **채권자대위소송이 제기되고 대위채권자가 채무자에게 대위권 행사사실을 통지하거나 채무자가 이를 알게 된 이후에는 민사집행법 제229조 제5항이 유추적용되어 피대위채권에 대한 전부명령은, 우선권 있는 채권에 기초한 것이라는 등의 특별한 사정이 없는 한, 무효**이다(2016.8.29, 2015다236547).

⇨ 다만, 채무자의 다른 채권자는 피대위채권이 변제 등으로 소멸하기 전이라면 압류·가압류는 가능함(2016.9.28, 2016다205915).

◼ 채권자를 제3채무자로 하는 전부명령은 유효(사실상 상계의 효과)

수익자가 채권자취소권을 행사하는 채권자에 대해 가지는 별개의 다른 채권을 집행하기 위하여 그에 대한 집행권원을 가지고 채권자의 수익자에 대한 가액배상채권을 압류하고 전부명령을 받는 것은 허용된다. 이는 수익자의 채무자에 대한 채권을 기초로 한 상계나 임의적인 공제와는 내용과 성질이 다르다. 또한 채권자가 채무자의 제3채무자에 대한 채권을 압류하는 경우 제3채무자가 채권자 자신인 경우에도 이를 압류하는 것이 금지되지 않으므로 **단지 채권자와 제3채무자가 같다고 하여 채권압류 및 전부명령이 위법하다고 볼 수 없다**(2017.8.21, 2017마499).

⇨ 추가로 상계가 금지되는 채권이라고 하더라도 압류금지채권에 해당하지 않는 한 강제집행에 의한 전부명령의 대상이 될 수 있다고 판시했음에 유의.

6) 배당요구

◼ 압류·가압류명령이 제3채무자의 집행공탁 후에야 제3채무자에게 송달되었더라도 공탁사유신고서에 기재되는 등으로 집행법원이 공탁사유신고시까지 이와 같은 사실을 안 경우에 배당요구의 효력이 인정되는 경우

채권에 대한 압류·가압류명령은 그 명령이 제3채무자에게 송달됨으로써 효력이 생기므로(민사집행법 제227조 제3항, 제291조), 제3채무자의 집행공탁 전에 동일한 피압류채권에 대하여 다른 채권자의 신청에 의하여 압류·가압류명령이 발령되었더라도, 제3채무자의 집행공탁 후에야 그에게 송달되었다면 그 압류·가압류명령은 집행공탁으로 인하여 이미 소멸한 피압류채권에 대한 것이어서 효력이 생기지 아니한다. 다만 **다른 채권자의 신청에 의하여 발령된 압류·가압류명령이 제3채무자의 집행공탁 후에야 제3채무자에게 송달되었더라도 공탁사유신고서에 이에 관한 내용까지 기재되는 등으로 집행법원이 배당요구의 종기인 공탁사유신고 시까지 이와 같은 사실을 알 수 있었고, 또한 그 채권자가 법률에 의하여 우선변제청구권이 있거나 집행력 있는 정본을 가진 채권자인 경우라면 배당요구의 효력은 인정**된다. 이러한 법리는 **다른 채권자의 신청에 의하여 발령된 압류·가압류명령이 제3채무자의 공탁사유신고 이후에 제3채무자에게 송달되었다고 하더라도 마찬가지**이다(2021.12.16, 2018다226428).

7) 근저당권과 경매

◉ 배당액에 대한 이의가 있었던 채권은 **배당표 확정시에 변제의 효력**이 발생 → 이때 **배당기일 이후에 발생한 이자나 지연손해금은 배당 받을 수 없고** 배당기일까지 발생한 것만 배당받을 수 있음(배당액 산정의 문제) → 변제의 효력이 발생하였으므로 변제충당의 문제가 발생하는데 **변제충당시에는 배당표 확정 시까지 발생한 이자나 지연손해금에 먼저 충당요**(배당받은 금원에 대한 변제충당의 문제)

[1] 근저당권자가 배당요구의 종기 전에 피담보채권액에 관한 채권계산서를 제출하거나 그 후 배당표가 작성될 때까지 이를 보정함으로써 그에 따라 배당표가 확정되었다면, 채권최고액 범위 내에서 제출되거나 보정된 채권계산서에 기재된 이자 또는 지연손해금으로서 배당기일까지 발생한 것은 배당에 포함될 수 있지만 배당기일 이후에 발생한 이자나 지연손해금은 배당에 포함될 여지가 없다.
이러한 법리는 채권계산서를 제출한 근저당권자의 피담보채권에 대하여 다른 채권자가 이의를 하여 해당 배당액이 공탁되었다가 배당이의소송을 거쳐 배당표가 확정됨에 따라 공탁된 배당금이 지급되는 경우에도 마찬가지로 적용된다. 따라서 위와 같은 경우에 배당기일 이후 배당금이 공탁되어 있는 동안 실체법상 이자나 지연손해금이 발생하더라도, 해당 근저당권자가 수령할 배당액을 정하는 단계에서는 채권최고액

범위 내에서 **배당기일까지의 이자나 지연손해금만이 배당액에 포함**될 수 있다.

[2] 채권계산서를 제출한 근저당권자의 피담보채권에 대하여 다른 채권자가 이의함으로써 해당 배당액이 공탁되었다가 배당이의소송을 거쳐 배당표가 확정됨에 따라 공탁된 배당금이 지급되는 경우에, 그 배당금은 특별한 사정이 없는 한 민법 제479조 제1항에 따라 **배당표의 확정 시까지**(배당표 확정 시보다 앞서는 공탁금 수령 시에 변제의 효력이 발생한다고 볼 수 있는 경우에는 공탁금 수령 시까지를 의미한다. 이하 같다) 발생한 이자나 지연손해금 채권에 먼저 충당된 다음 원금에 충당된다고 보아야 한다(2018.3.27, 2015다70822).

9. 상법

▣ 영업임차인이 임대인의 상호를 계속 사용하는 경우 상법 제42조 제1항의 유추적용에 의하여 임차인이 임대인의 영업상 채무에 대하여 변제책임을 부담하는지 여부(소극)

영업임대차의 경우에는 상법 제42조 제1항과 같은 법률규정이 없을 뿐만 아니라, 영업상의 채권자가 제공하는 신용에 대하여 실질적인 담보의 기능을 하는 영업재산의 소유권이 재고상품 등 일부를 제외하고는 모두 임대인에게 유보되어 있고 임차인은 그 사용·수익권만을 가질 뿐이어서 임차인에게 임대인의 채무에 대한 변제책임을 부담시키면서까지 임대인의 채권자를 보호할 필요가 있다고 보기 어렵다. 여기에 상법 제42조 제1항에 의하여 양수인이 부담하는 책임은 양수한 영업재산에 한정되지 아니하고 그의 전재산에 미친다는 점 등을 더하여 보면, 영업임대차의 경우에 상법 제42조 제1항을 그대로 유추적용할 것은 아니다(2016.8.24, 2014다912).

INDEX
판례색인

저자 약력

이계정

서울대학교 사회학과 졸업(1998)
서울대학교 법학박사(2016)
서울중앙지방법원 등 판사, 사법연수원 교수(2002~2013)
미국 U. C. Berkeley LL.M.
현 서울대학교 법학전문대학원 교수

주요 저서 및 논문

신탁의 기본법리에 관한 연구(2017), 주석민법 채권각칙(5)(제5판, 2022)(공저), 추완청구권과 민
　법 개정(2023) 등 논문 다수

민사법실무강의

초판발행	2024년 3월 15일
중판발행	2024년 8월 30일
지은이	이계정
펴낸이	안종만·안상준
편 집	이승현
기획/마케팅	조성호
표지디자인	Benstory
제 작	고철민·조영환
펴낸곳	(주) **박영사**
	서울특별시 금천구 가산디지털2로 53, 210호(가산동, 한라시그마밸리)
	등록 1959. 3. 11. 제300-1959-1호(倫)
전 화	02)733-6771
f a x	02)736-4818
e-mail	pys@pybook.co.kr
homepage	www.pybook.co.kr
ISBN	979-11-303-4486-7　93360

정 가　　　36,000원